中国图书馆学报

创刊六十周年文选

（1957—2017）

下 册

《中国图书馆学报》编辑部 编

国家图书馆出版社

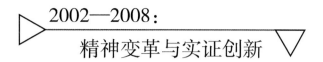

2002—2008：
精神变革与实证创新

叶 鹰

2002年11月,十六大报告明确提出切实尊重和保障人民的政治、经济和文化权益。人们的文化权利意识开始觉醒。图书馆界开始思考如何实现理论转型、功能回归和实践突破,以满足人们对文化信息资源的需要,保障人们的文化权益。2004年7月,中国图书馆学会年会在苏州召开,主题是"回顾与展望——中国图书馆事业百年",图书馆界纪念图书馆事业百年,呼唤现代公共图书馆精神的回归。

2005年以来,公共文化服务的理念、思想逐步形成,构建公共文化服务体系的方针政策密集出台,图书馆界的研究和实践密切跟踪党中央、国务院的战略部署,理论界深入研究图书馆精神、图书馆权利、信息公平、阅读保障等问题,有效启蒙了全行业的现代图书馆理念,中国图书馆学会、国家图书馆组织实施"全国图书馆志愿者行动",有效推动了现代图书馆理念的广泛传播,催生了2008年中国图书馆学会发布《图书馆服务宣言》,也影响和指导了2008年政府主管部门出台的《公共图书馆建设标准》。

2002至2008年是《中国图书馆学报》历史上的一段转折时期,以精神理念的变革和实证研究的发兴为标志,《中国图书馆学报》在这一时期弘扬公共图书馆精神、推进服务创新、开展实证研究,为中国图书馆事业发展和图书馆学研究谱写了壮美篇章。突出表现在以下方面。

一、开启图书馆立法探讨和图书馆学问题意识

理想的号角首先在2002年吹响。伴随十六大深化改革的春风,中国图书馆学界首先开启了图书馆事业层面的立法探讨和图书馆学研究层面的问题意识,这一转折首见于李国新发表在《中国图书馆学报》2002年第1期的《关于中国图书馆立法的若干问题》一文和吴建中发表在《中国图书馆学报》2002年第2期的《中国图书馆发展中的十个热点问题》一文。鉴于法制是事业的保障、问题是

研究的起点,两文分别助力中国图书馆事业和图书馆学研究,直接导引了这一时期的事业进步和研究发展。

二、弘扬图书馆精神并深化图书馆服务研究

承继20世纪90年代以来中国图书馆学界针对图书馆精神的研讨,公共图书馆精神在这一时期得以升华,标志性论文见于范并思发表在《中国图书馆学报》2004年第2期的《公共图书馆精神的时代辩护》一文,其中用"开拓新的服务方式,为公民自由获取信息的权利提供基本保障"界定了信息时代的公共图书馆精神,随后在《中国图书馆学报》2004年第4期蒋永福论文《知识秩序·知识共享·知识自由——关于图书馆精神的制度维度思考》和2004年第5期王宗义论文《"公共图书馆精神"的科学解读》中继续发扬光大,并落实到了2008年发布的《图书馆服务宣言》(载于《中国图书馆学报》2008年第6期)里。

图书馆服务是图书馆精神的具体表现。为此,图书馆学界不遗余力推动图书馆服务的持续"升级",在这一时期《中国图书馆学报》发表的论文中,发表于2006年第1期的陈力的《公共服务中的图书馆服务》和2008年第3期的于良芝、邱冠华、许晓霞的《走进普遍均等服务时代:近年来我国公共图书馆服务体系构建研究》两文是为代表。

这些发表在《中国图书馆学报》上的论文与这一时期图书馆2.0热潮一脉相承,从2006、2007、2008分别在上海、厦门、杭州召开的三次Web/Lib2.0"草根"大会以及2008年北京图书馆出版社出版的《图书馆2.0:升级你的服务》一书中也可见一斑。同时,中国图书馆学会在2006年单独设置了阅读推广委员会,引发全国性阅读推广活动,《中国图书馆学报》2006年第5期王余光的《让阅读成为我们生活的一部分》是为见证。

图书馆精神的弘扬和图书馆服务的"升级"直接促进了图书馆服务的制度创新和图书馆学研究的实证创新。

三、图书馆服务的制度创新和图书馆学研究的实证创新

如果说中国图书馆服务创新的理念起于公共文化界,则为中国图书馆服务创新注入持续动力的是国家在高等教育界实施的CALIS(China Academic Library & Information System)计划。作为中国高等教育"211工程""九五""十五"总体规划中三个公共服务体系之

一,CALIS 的宗旨是把国家的投资、现代图书馆理念、先进的技术手段、高校丰富的文献资源和人力资源整合起来,建设以中国高等教育数字图书馆为核心的教育文献联合保障体系,实现信息资源共建、共知、共享,以发挥最大的社会效益和经济效益,这无疑符合公共图书馆精神和均等服务理想。2002 年后,CALIS 二期与 CADAL（China-America Digital Academic Library）整合为 CADLIS（China Academic Digital Library & Information System）,进一步推动建设以系统化、数字化的学术信息资源为基础,以先进的数字图书馆技术为手段的具有国际先进水平的开放式中国高等教育数字图书馆及其服务体系。中国图书馆服务的制度创新和图书馆学研究的实证创新正是在这一大背景下波浪壮阔地展开。

《中国图书馆学报》这一时期发表的涉及制度创新的代表性论文如 2005 年第 3 期李春旺、李广建的《学科馆员制度范式演变及其挑战》、2005 年第 4 期燕今伟的《图书馆联盟的构建模式和发展机制研究》等;而 CALIS 主导的数字化服务和数字资源则成为这一时期图书馆学研究的主流,《中国图书馆学报》上发表的代表性论文有 2002 年第 4 期马文峰的《数字资源整合研究》、2003 年第 2 期初景利、孟连生的《数字化参考咨询服务的发展与问题》、2004 年第 3 期王军的《基于分类法和主题词表的数字图书馆知识组织》、2006 年第 5 期肖希明的《信息资源建设：概念、内容与体系》、2008 年第 3 期柯平的《数字时代的信息与知识组织研究》等。伴随这些研究产生了 2008 年第 1 期邱五芳的《中国图书馆学应进一步弘扬实证研究》,中国图书馆学界迎来实证图书馆学时期。

四、中外交流和思想碰撞中的火花

中外交流是学术研究的重要环节,这一环节中既有本土学者对中外学术的比较梳理,也有外籍华人学者亲自传经送宝,碰撞出的思想火花也在《中国图书馆学报》上时有呈现,代表性文献如 2002 年第 2 期王锦贵的《20 世纪俄国目录学发展的特点与中国目录学现实思考》、2003 年第 1 期王京山的《英美目录学的源流与发展》、2003 年第 4 期曾蕾、张甲、张晓林合作的《元数据标准的演变》、2005 年第 6 期吕耀怀的《信息伦理学：从西方到中国及其全球性整合》等。

五、《图书馆服务宣言》应运而生

在记录精神变革和实证创新的 2002—2008 年中国图书馆界学

术成果的同时,《中国图书馆学报》2008 年第 6 期发表了集大成之《图书馆服务宣言》。这一以中国图书馆学会名义发布的服务宣言向全世界宣告:中国图书馆人经过不懈的追求与努力,逐步确立了对社会普遍开放、平等服务、以人为本的基本原则。我们的目标是:①图书馆是一个开放的知识与信息中心。②图书馆向读者提供平等服务。③图书馆在服务与管理中体现人文关怀。④图书馆提供优质、高效、专业的服务。⑤图书馆开展信息资源共建共享。⑥图书馆努力促进全民阅读。⑦图书馆与一切关心图书馆事业的组织和个人真诚合作。宣言如划破长空的一道闪电,导引着中国图书馆事业发展的方向。

关于中国图书馆立法的若干问题

李国新

中国图书馆界长期热切期盼的"图书馆法"的制定工作终于在 21 世纪伊始宣告正式启动。在中国目前的经济发展阶段制定图书馆法,主要应该规范、解决什么问题? 主要能够规范、解决什么问题? 这不仅是立法工作的参与者面临的实际问题,也是中国图书馆界同人普遍关注的问题。

1 目前图书馆法应该规范的主要内容

1.1 图书馆的性质及基本任务

在我国,图书馆事业是国家教育、科技、文化事业的组成部分,因此,图书馆的基本性质具有教育性、学术性和公益性。从这一性质定位出发概括出的图书馆整体的基本任务是:(1)传播先进文化和科学知识,成为对公众进行爱国主义、社会主义教育的基地;(2)为政府决策、经济文化建设、科学研究提供文献信息保障和服务;(3)成为民众终生教育的重要基地;(4)成为国家社会信息化网络中的重要枢纽;(5)为丰富人民的文化生活,提高全民族的道德与文化素养提供文献信息服务与相关活动;(6)收集和保存文献信息资源;(7)开展图书馆学研究与学术交流活动。

上述基本任务是针对图书馆整体而不是个体而言的。其中,成为终生教育的重要基地和国家社会信息化网络中的重要枢纽,是今天的图书馆具有时代特色的任务,在表述上应该让它们突显出来。

对于图书馆从业者来说,性质、任务一类问题或许耳熟能详,但在引导全社会的图书馆意识和对图书馆的认知水平方面,把这类阐述法律化至关重要,它是普及现代图书馆观念的基础。

1.2 图书馆设置与体制

图书馆法首先应该对图书馆的设置做出规范:国家设置国家图书馆;各级政府设置公共图书馆;机关团体或法人单位设置专门图书馆;鼓励集体和个人兴办图书馆。之所以应该如此规范,是立足现实并略具前瞻的结果。从世界范围看,由个人作为设置主体去设置真正意义上的图书馆并不多见,发达国家也不例外。但是,在市场经济环境下用具有前瞻性、开放性的眼光看,法律做出这样的规定对促进图书馆事业的发展是有益的。

对于各级各类学校和科学研究机构,法律应该明确规定图书馆的"必置制"——学校和科研机构的设置主体必须设置图书馆。这是由学校和科研机构承担的特殊任务所决定的。

实际上,《义务教育法》《职业教育法》《高等教育法》及其配套规章中已经对学校的图书馆或图书资料配置有了较为明确的规定,所以图书馆立法不仅可以确立"必置制",而且可以规定其收藏的文献信息资源必须达到有关法律、规章规定的数量与质量标准。做出这样的规定,正体现了通过法律体系实现对事业的综合保障的思路。

为体现图书馆的教育性和公益性,同时体现与现行《教育法》相一致的精神,法律应该明确规定禁止任何机构和个人以营利为目的设置图书馆。这一规定的另一意义,就是排除了某些机构或个人拉起图书馆的大旗,却以出版物为媒介去实现营利目的的可能。因为按照国际惯例,"图书馆"实行"名称非独占"原则,但这一原则只有在非营利的基础上才适用。

明确了图书馆的设置主体,实际上是明确了图书馆的最终责任者。"谁设置,谁投入"是图书馆活动的基本原则。设置主体拥有管理图书馆的权利,也承担着向图书馆投入经费、人员、设施设备,保证图书馆正常运营的责任。

我国的图书馆在发展过程中按隶属关系形成了不同的系统。这种系统分割并不完全科学合理,但目前制定图书馆法,没有能力对隶属关系做出调整,只能以法律的形式对现行体制做出确认。比如,作为国务院文化行政部门的文化部,目前就没有可能全面行使对全国所有图书馆的管理,像高校图书馆、中小学图书馆、科研机构图书馆、专门图书馆等,只能继续实行按隶属关系归口管理的体制。不过,图书馆事业毕竟是一项需要协调发展以便实现资源高度共享的事业,因此,法律必须引导图书馆向淡化系统壁垒的方向发展,所以,法律在确认现状的基础上,应该明确规定国务院文化行政部门具有指导、协调各类型图书馆的管理工作和文献信息资源配置的权力。对于一个国家的图书馆事业来说,追求的目标应该是不同类型的图书馆共同构成国家的文献信息资源保障体系和图书馆服务体系。

公共图书馆是图书馆社会形象的集中体现,是公众认识和理解图书馆的主要渠道,因此,法律应该对公共图书馆系统的服务网络建设做出基本规定。服务网络建设说到底还是一个图书馆的设置问题,因此,法律应该关注两个核心问题:一是各级政府应当根据当地的社会发展状况、人口数量和分布,并参照国际通行标准确定公共图书馆的数量、布局和规模;二是公共图书馆网点建设应该纳入地方社会发展、城镇与社区建设总体规划。前者说的是建设图书馆服务网的依据,后者说的是图书馆服务网的实现途径。这两点的责任主体是各级政府。

1.3 图书馆服务与利用者权益保障

提供服务是图书馆的根本任务,因此,它应该在法律中占有重要地位。就国际惯例来看,图书馆服务不外乎是提供文献信息资源、提供活动、提供场地三大方面。法律应该结合国际惯例与中国的现实,对图书馆服务的主要内容做出基本界定。在提供文献信息资源方面,除了一些传统的服务内容外,法律应该强调"电子与网络信息资源的检索、浏览、传输"是基本内容之一。强调这一点,既体现了图书馆的发展方向,又为图书馆创造性地开展此类服务提供了法律保障,例如,图书馆开展提供电子与网络资源服务,有关部门并不能把它等同于经营性的"网吧"去管理。在提供活动方面,考虑现实状况,法律应该对图书馆做出适当的规范。例如图书馆可以举办培训班、辅导班等,但前提是以提高公众的科学文化素养为目的;图书馆可以开展其他服务项目和服务活动,但前提是与图书馆的性质、功能相称。这是为图书馆的长远发展计,为图书馆的社会形象计。

免费提供图书馆服务作为现代图书馆活动的核心精神之一,在法律中应该给予确认。确认的意义,更主要的在于通过法律向社会公众传达了一种现代图书馆活动的理念。但是,考虑到中国的现实,考虑到伴随着图书馆服务的深化在某些图书馆服务中负载着的创造性智力劳动越来越多,考虑到世界范围内自20世纪60年代以来"免费"与"有偿"观念的变化,目前制定图书馆法可以考虑让"图书馆基本服务"与"图书馆特殊服务"的概念法律化,并界定其区别。基本服务必须是免费的,而特殊服务可以收取补偿费用。什么是"基本服务"和"特殊服务"?应该通过配套法规做出明确规定,以保障图书馆和利用者双方的权益。

利用者权益保障与图书馆服务密切相关。20世纪50年代以来,世界范围内的利用者权益保障在图书馆活动中占据了越来越重要的地位。最基本的理念是:平等、自由地利用图书馆、享受图书馆服务是现代社会中每一个公民的一项基本"权利"。我国有关利用者权益保障的理论和实践还比较薄弱,因此,目前制定图书馆法在这方面还很难做到规范具体,但这种理论应该有明确的体现,以引导图书馆和社会公众转变观念。例如,法律应该确立一个基本原则:国家保障公民、法人及非法人单位公平、自由、合法地利用图书馆的权利。与此相联系,应该规定图书馆不得超越法律法规、主管部门的规定以及业务工作规范限制、封存、损毁、变卖收藏的文献信息资源。

1.4　文献信息资源建设

图书馆法中谈文献信息资源建设,不应该降低到业务规程或技术规范的层面,而应该是确立基本原则,建立基本制度,规范基本环节。

法律应该明确国家文献信息资源建设的基本原则:统一规划、合理布局、分工协作、共建共享。这一基本原则,必然要求所有图书馆承担文献信息资源共建的义务,接受有关共建的指导与协调,同时也享有利用共建成果的权利。把参与共建提升为图书馆的法律义务,把利用共建成果确立为图书馆的法律权利,这是把文献信息资源共建共享真正纳入法制轨道的标志。

关于文献信息资源的收集,应该通过立法确立两项基本制度:一是国内外机构、个人向图书馆捐赠文献信息资源的税收优惠或减免制度;二是各级政府编印的政府出版物向所辖公共图书馆的免费缴送制度。关于文献信息资源的加工整序,图书馆法应该强调的是必须采用标准技术规范,必须建立完善的馆藏资源揭示与检索体系。

数字化、网络化、自动化是一个非常有时代特色的问题,但它归根到底主要还是一个文献信息资源建设问题。在起步阶段,法律对一些基础性、方向性的问题做出规范是十分必要的。法律应该规定国务院文化行政部门统筹全国的数字化图书馆建设,为避免重复建设、实现资源共享提供制度上的保证。法律应该为图书馆的文献信息资源建设指出方向:逐步实现馆藏资源数字化,积极拓展虚拟馆藏资源。法律还必须强调图书馆的数字化、网络化、自动化建设必须遵循统一的技术标准,因为这是实现资源共享的技术基础。

1.5　工作人员与内部管理

法律对图书馆工作人员的要求,只能是最基本的要求,而不能变成对"先进工作者"的要求。图书馆工作人员作为国家公职人员,最低要求是必须遵纪守法;作为特定职业集团的成员,最低要求是必须恪守职业道德。现代图书馆必须在专业技术职务的基础上运营,因此要求工作人员必须符合规定的学历,具备专业知识和技能。同时,体现社会对图书馆员专业性的承认,图书馆工作人员实行专业技术职务聘任制。

目前我国的图书馆都实行馆长负责制,这对馆长的综合素质提出了较高的要求。馆长的综合素质主要表现为三个方面:科学文化素养、专业知识水平和组织管理能力。法律应该明确提出这些要求,作为图书馆的设置主体遴选馆长的基本准则。专业技术职务资格是专业技术水平的重要标志之一,法律对大中型公共图书馆、高校图书馆、科研机构图书馆的馆长做出必须具备高级专业技术职务资格的要求,是完全必要的。这一方面体现了图书馆是具有学术性、教育性的专业机构,另一方面也符合专业性、学术性机构的领导规律。国外有学者说得好:"要求图书馆的馆长具有专业资格,就像要求学校的校长应该是教师,医院的院长应该是医生一样。"

图书馆事业的健康发展,图书馆服务质量的提高,归根结底离不开人的素质的提高。因此,应该以图书馆立法为契机,着手建立我国统一的图书馆工作人员岗位培训或继续教育制度,为建立规范、高起点的"行业准入"制度奠定基础。尽管这一制度到底如何设计尚需假以时日研究,但法律应该在原则上予以确认。

民主性是现代图书馆的基本标志之一,民主的图书馆内部管理机制,是民主性的重要体现。借鉴国外的经验和国内许多图书馆的成功实践,应该以图书馆立法为契机,建立中国的图书馆运营、服务、管理咨询机制,使民主管理制度化、法律化。

1.6 经费、馆舍、设备

这些事项的责任主体都是图书馆的设置者,包括各级政府,而不是图书馆。总的来看,目前阶段制定图书馆法,这些问题不可能求得比较完美的解决,因此法律的规定只能原则一些,但也应力求有所突破。

以经费而论,总的原则应该是图书馆的经费列入各级政府或图书馆的设置主体的财政预算,确保图书馆的经费随财政收入的增长而增长。从理论上说,"列入财政预算"是对图书馆经费的一个基本保证,因为预算项目具有法律权威性。问题是目前我国的预算机制并没有完全法制化,但图书馆法解决不了这一问题。好在目前国家的预算体制改革已经启动。

经费问题可以寻求的突破点有二:一是规定图书馆的设置主体应确保图书馆的文献信息资源购置费随资源价格上涨而即时增加;二是规定国家设立图书馆事业发展专项资金,并明确专项资金以国家拨款为主。

设立国家图书馆事业发展专项资金,是国家对发展图书馆事业支持的体现,对地方各级政府也起一种示范和引导作用,同时又使国家文化行政部门有了一种有效调控全国图书馆事业发展的经济手段。这种手段,对于行业主管部门来说,绝不是可有可无。既然绝不是可有可无,那就必须保证专项资金的落实;如果要保证专项资金的落实,资金的来源就必须以国家拨款为主,而不能寄希望于主要依靠社会捐赠。实际上,国务院在1996年就发布过《关于进一步完善文化经济政策的若干规定》,其中有一项政策就是"建立健全专项资金制度",规定"专项资金的来源为财政预算资金和按国家有关规定批准的收费等预算外资金",明确了"专项资金是财政资金"。目前国家已经设立了"宣传文化发展专项资金""优秀剧(节)目创作演出专项资金""国家电影事业发展专项资金"和"出版发展专项资金"等。所以,以制定图书馆法为契机建立国家图书馆事业发展专项资金,有现行有效的政策和事实为依据。

2 目前制定图书馆法难以解决的主要问题

在中国目前阶段的综合国力和法律体系建设水平上，图书馆界长期关注的一些制约事业发展的"实质性"问题，难以通过一部图书馆法的制定得以彻底解决。

2.1 经费

目前中国图书馆事业面临的许多问题都与经费不足有关，所以这些年来在有关图书馆立法的研讨中，人们往往希冀图书馆法能够明确规定政府向图书馆事业经费投入的"比例数"，甚至把有没有此类规定视为图书馆法有无实际意义的标志。不过，如果跳出行业圈子而从国家法律体系建设的角度理性地思考一下，就会发现：经费问题不可能通过目前阶段的图书馆立法解决，至少是不可能比较彻底地解决。

为什么呢？首先，世界范围内图书馆事业发展的基本规律告诉我们，图书馆事业发展的速度与走向迅速发展的契机，主要受两个社会因素的制约：一是社会经济发展水平，一是国民受教育水平。只有这两个社会性因素的综合指标达到一定高度后，图书馆事业的迅速发展才会真正启动，"契机"才会来临。换言之，图书馆事业是一项在社会进入追求全面文明进步阶段才有可能迅速发展的事业，而不是在"奔小康"阶段就能够迅速发展的事业。这就是规律，任何社会形态概莫能外。中国目前的最大国情之一，就是经济发展、教育水平的不平衡。发达地区已经进入了"全面提升整体竞争力、综合创新水平和服务水平"的阶段，正在构建"现代化国际大都市的基本框架"，而欠发达地区温饱尚未完全解决，"扶贫"攻坚战还在持续。法律需要有前瞻性，但更需要立足现实。面对中国目前的现实，作为国家立法的图书馆法无法也不可能整齐划一地规定出各级政府向图书馆事业经费投入的"比例数"；即便规定了，也无法真正有效地实施，最终势必造成"政府违法"而又无法追究的尴尬局面。

其次，从迄今为止世界上其他国家的立法实践来看，图书馆法大都规定了图书馆的设置主体，但对设置主体的经费投入行为的规定大都是原则的，而非具体的，有些国家的图书馆法甚至根本没有涉及设置主体的经费投入问题。为什么是这样一种立法思路呢？从理论上说，"谁设置，谁投入"是一个普遍原则，规定了设置主体，它就有了保证图书馆正常运营的责任和义务，其中就包括对图书馆的经费、人员、设施设备的投入。那么，设置主体的经费投入行为是不是就不需要法律规范了呢？不是。因为经费投入的行为主体是图书馆的设置主体，就公共图书馆而言，就是各级政府，所以，政府对图书馆的经费投入主要是靠以政府为主要规范对象的法律来规范的，如有关政府组织与运行方面的法律，有关政府的财政、预算、税收方面的法律等。图书馆法是调整与图书馆事业发展有关的各种关系的法律，仅靠它来实现对政府或其他设置主体行为的规范，在思路上是一种错位，在实践中必定难奏其效。

在目前的中国，由于规范政府行为的法律体系建设尚不完备，由于政府的预算、财政体制法制化程度不高，所以，建立较为完善的图书馆事业经费投入法律保障体系还有很长的道路，一部图书馆法没有能力根本解决这一问题。

2.2　工作人员待遇

面对目前我国图书馆工作人员的社会声望与实际待遇偏低的现实,许多人寄希望制定图书馆法时对工作人员的地位、待遇做出明确规定,以稳定队伍,对事业健康、持续发展的根本基础给予切实保障。如有人提出公共图书馆工作人员应纳入公务员系列,有人提出高校图书馆工作人员应与本校的教师享受同等待遇等。中国目前阶段制定图书馆法,这一问题同样不可能得以根本解决。

如果仅从理论上说,图书馆工作人员实行专业技术职务聘任制,馆员与讲师、研究馆员与教授并没有什么高下之分,只不过是工作岗位不同。但实际上如果不是选择个例而是从整体上看,地位、待遇等确实有所不同。这种不同从大的方面说是一个社会性问题,还包括了许多在社会转型时期无法根本解决的历史遗留问题,仅此就决定了一部图书馆法很难做出什么实质性的改变。

如果再联系现行有效的相关法律来看,图书馆法也没有理由做出一些与既有法律相抵触的具有"行业保持"色彩的规定。如公共图书馆工作人员纳入公务员系列,世界上许多国家确实就是这样的体制,事实证明它对提高图书馆员的社会声望和实际待遇起了很好的作用。但中国目前的图书馆界并没有建立起类似于公务员那样的"行业准入"制度,而现行有效的《国家公务员暂行条例》明确规定了公务员"采用公开考试、严格考核的办法,按照德才兼备的标准择优录用"。再如高校图书馆工作人员与教师享受同等待遇的问题,《教师法》明确规定了高校教师的任职资格是"应当具备研究生或者大学本科毕业学历"。如果规定图书馆工作人员与教师享受同等待遇,是否也要规定图书馆员必须具有和教师相同的任职资格?因为法律必须贯彻权利与义务相均衡的原则。这些,都是目前阶段制定图书馆法无法对提高工作人员地位、待遇问题做出实质性规定的制约因素。

在我看来,目前制定图书馆法可以暂时抛开地位、待遇等难以有所作为问题,而是首先考虑建立中国统一的图书馆工作人员"行业准入"制度,工作人员分类管理制度,由此起步,为谋求根本解决地位、待遇一类问题打好基础。国外的图书馆员有较好的地位和待遇,但图书馆行业也有较高的门槛,图书馆从业者还有专业性职员、事务性职员的区分。如果中国的图书馆事业不建立具有法律权威的行业准入制度,图书馆从业人员的"入口"没有法律制约,提高社会声望与实际待遇恐怕只能是一种奢望。

2.3　出版物呈缴

自从 1573 年法国建立出版物呈缴制度以来,世界上已经有 100 多个国家和地区确立了这一制度。我国的出版物呈缴制度,早在 1952 年就已确立。20 世纪 80 年代以来,伴随着我国图书馆经费短缺现象的加剧,许多图书馆试图通过这一制度来缓解困境,呈缴本引起了图书馆界的广泛关注。目前已经颁布的几部地方性图书馆法规,都把向当地公共图书馆缴送呈缴本规定为当地出版机构的法律义务。在国家图书馆立法的研讨过程中,图书馆界也有许多人迫切希望把呈缴本制度法律化。但是,应该看到,我国现行的呈缴本制度是在计划经济体制下形成的一种很不科学、很不合理、事实上也难以为继的制度,因此,今天制定图书馆法,很难把它全盘引入法律而加以强化。

我国现行呈缴本制度的不科学、不合理主要表现在两个方面。首先是"多头呈缴"。按照国家出版行政部门的规定,呈缴本的接受者包括国家出版行政部门、版本图书馆、国家图书馆,图书的总份数达6件,杂志则更多。地方出版行政部门往往又规定属地出版机构向地方出版行政部门、公共图书馆呈缴。结果是,越是基层的出版机构需要履行的呈缴义务越多,责任与义务显然失衡。出版物呈缴制度的根本意义是什么？是为了完整地收集和保存民族的科学文化成果,而不是一种免费获得出版物的特权。从这个意义上说,"多头呈缴"是完善出版物呈缴制度的大敌。

其次是没有建立起合理、有效的呈缴本经济补偿机制。如果说在计划经济体制下无偿呈缴尚可维持的话,在市场经济体制下作为独立法人的出版机构并没有多头、免费地赠送其产品的义务。况且近年来大部头、高定价的各种载体的出版物越来越多,出版机构恐怕事实上也没有能力完整地履行呈缴义务。按现行有效的规定,国家出版行政部门对不履行呈缴义务的出版机构有明确的处罚措施,从警告处分到经济处罚直至停业整顿,不一而足,但这些措施基本上形同虚设,这从反面说明了我国现行呈缴制度存在的问题。国外建立了出版物呈缴经济补偿机制的国家无一例外地较好地实行了这一制度,这从正面说明了建立经济补偿机制的必要。

鉴于此,目前制定图书馆法如果一定要全盘引入现行的出版物呈缴规定,从而使之法律化,其结果只能是损害法律的尊严。但国家出版行政部门关于呈缴本的规定在理论上确实是有效的,因此,目前制定图书馆法关于一般出版物的呈缴规定可以写得模糊一些。比如,不要将处罚措施写进法律。呈缴本问题的根本解决,出路在于重新设计科学合理、符合惯例又适合国情的呈缴制度,这又不是一部图书馆法所能解决的。

倒是有另外一种出版物呈缴制度应该而且可能在目前制定图书馆法时加以确立:各级政府将非保密性的政府出版物(包括正式出版和非正式出版的各种载体形式的出版物)向所辖公共图书馆免费缴送。为什么政府出版物应该向公共图书馆免费缴送呢？首先,在现代社会,"政府具有公开社会信息的义务","图书馆具有提供社会信息的义务"。换言之,现代公共图书馆具有政府政务公开窗口的功能;其次,政府出版物的出版资金来源于税金,公共图书馆的运行经费同样来源于税金,"免费"缴送没有利益上的冲突。正因为如此,目前世界上许多国家的图书馆法中都有明确的此类规定。

按照我的分析,目前制定图书馆法,上述三个"实质性"问题难以根本解决。如此说来,制定图书馆法对中国图书馆事业、对中国图书馆界还有什么意义呢？最大的意义就在于通过法律的权威和力量引导整个社会的图书馆意识、图书馆观念,提高图书馆及图书馆事业的社会认知程度。如果全社会对图书馆事业有了较高的认知程度,图书馆事业的发展以及与发展相关的一系列"实质性"问题的根本解决就有了坚实的基础,就为今后通过修订图书馆法或制定实施细则真正解决一些"实质性"问题开辟了道路。

（选自《中国图书馆学报》2002年第1期）

中国图书馆发展中的十个热点问题

吴建中

1　关于图书馆的生存价值

在过去的 20 年里,图书馆经历了两次大的冲击。第一次发生在 20 世纪 80 年代中期,由于计算机技术和通信技术的结合推动了互联网的发展,有人预测随着无纸化社会的来临,图书馆将走向消亡。不少人因此而责备著名情报学家兰开斯特(F. W. Lancaster),说他建议书籍会消失是不负责任的,但实际上兰开斯特也说,我不过将电子化的未来作一描绘而已,这并不意味着我认可这一未来或者热切期待着这一天早日到来。显然,那种认为图书馆将走向消亡的观点已经成为过去,处于上风的是这样一种认识:信息贮存与传递的新系统和新载体并没有取代原有的系统和载体,而是成为一种补充。载体的多样化为信息的贮存和传递带来了活力,通过对新系统和新载体的掌握和运用,知识和信息的交流将变得更加方便、更有效率。另一方面,人们从图书馆的使命这一角度来思考更深层次的问题。加拿大伯德萨尔(W. F. Birdsall)的《电子图书馆的神话》一书,引导人们冷静地理性地思考现代技术环境下图书馆的社会作用问题。针对人们对电子图书馆的盲目崇拜和模糊认识,提出图书馆具有永恒的社会意义。他认为,对图书馆的理解不能局限在对其固有的信息处理和传递功能的认识上,图书馆作为设施和建筑还具有文化"象征"的作用。

事实证明,图书馆不仅没有消亡,相反,20 世纪末出现了空前的新馆建设热潮,人们不再把图书馆看作是一个藏书楼,而是一个传播知识、交流思想的社会文化事业。从近年来大英图书馆、法国国家图书馆、中国国家图书馆、上海图书馆以及首都图书馆等一大批文化标志性建筑的相继启用,从传统图书馆向兼有信息中心、文化中心和知识中心功能的现代化图书馆的演进过程,我们可以看到,今天的图书馆正在成为人们社会生活中不可缺少的重要文化设施。

第二次冲击发生在 20 世纪 90 年代末,并一直延续到现在。由于互联网的大量普及,电子信息以几何级数迅速膨胀,有人认为互联网的导引系统和搜索引擎会替代图书馆的功能,成为人们获取信息的重要途径。于是人们怀疑图书馆还有没有存在的价值。今天,图书馆正在面临第二次考验:图书馆能否向人们提供比互联网的导引系统和搜索引擎更有效的服务手段? 能否继续成为人们获取信息的"第一选择"? 我想这里有一个前提,如果图书馆没有必要去关注互联网资源组织和整序的话,或者如果认为图书馆没有必要在互联网上占有一席之地的话,可以说,靠着千百年来积累的经验和知识,图书馆这一专业似乎还可以维持一段时间,但是我们已经可以看到尽头了。我相信,很少有人会赞同这一假设。

我们正在进入一个网络化时代。网络资源层出不穷,网页内容以每 12 个月翻一番的速度向前发展。如何使用户从浩如烟海的网络资源中获得所需要的信息,是互联网世界面临的一大难题。目前网上流行的大部分搜索引擎都是以自动抽取关键词为主要手段,辅以一些如布尔检索、加权检索等增强措施,但仍然难以克服检索效率低、有用信息少的问题。这些年来,图书馆界的专家们一直在探索如何将知识组织与整理的技术应用到网络上的问题。五年前,我曾经请教过南京政治学院张琪玉教授有关人工语言与自然语言的关系问题。张教授断定,自然语言要全面胜过人工语言是不可能的,除非它引进许多情报检索语言的原理和方法,而不是单纯的自然语言。今天,在自然语言检索更加成熟的时候,张教授依然坚持"网络信息的人工标引在现阶段的必要性和合理性"。2001 年 5 月在上海图书馆举行的一次国际中文元数据应用研讨会上,与会代表们都有这样的共识,时代赋予图书馆员一个新的使命,就是通过网上资源编目,把无序的网络空间变成有序的数字图书馆。实践将证明,图书馆员需要互联网,而互联网更需要图书馆员。

2 关于图书馆的范型转变

1994 年,新加坡出版了一份涉及图书馆未来的重要文件,即《图书馆 2000》,这份报告提到了图书馆"范型转变"的七个方面,很有参考价值。

①从图书的保管者(custodian of books)到服务本位的信息提供者(service-oriented information provider);

②从单一媒体(one median)到多媒体(multiple media);

③从本馆收藏(own collection)到无边界图书馆(library without walls);

④从我们到图书馆去(we go to the library)到图书馆来到我们中间(the library comes to us);

⑤从按时提供(in good time)到及时提供(just intime);

⑥从馆内处理(in sourcing)到外包处理(outsourcing);

⑦从区域服务(local reach)到国际服务(global reach)。

"范型转变"是美国科学哲学家库恩(Thomas Kuhn)定义并被广泛使用的一个术语,指学术研究的整套方法及态度正在被另外一套方法及态度所取代。一门学科范型的转变,标志着该学科的革命性发展。新旧两种学科范型之间不是二元对立的,新学科不会立刻与旧学科彻底决裂,新的范型容易对旧的范型产生归属和认同感,在这个意义上,"范型转变"是一个历时性的动态过程。就图书馆而言,我们正处在"范型转变"的过程之中,有的图书馆正在经历向新范型的转变,而有的图书馆还存在于旧的范型之中,即使是那些在国内领先的现代化图书馆,也有一个不断转变的过程,主要表现在不同思路、方法和行为之间的冲突上。我曾经在 1987 年提出三个重心转移,即工作重心从书本位向人本位转移,业务重心从第二线向第一线转移,服务重心从一般服务向参考服务转移。现在我们正在经历这一转移。有人认为,以人为本,主要体现在图书馆对读者的服务上,只要在服务方式上方便读者就可以了。其实以人为本和以书为本,这一字之差,差在整个图书馆管理的观念和方式上。以人为本的办馆思想,既反映在信息收集和加工的过程里,又体现在信息传递和咨询的手段上,图书馆的整个业务环节自始至终贯穿着人本位的思想。当今图书馆事业正处在这一"范型转变"之中,我认为图书馆一定要适应外部形势的变化,转变思想观念,调整工作重心,尽快与国际接轨,使中国的图书馆事业走向一个新的高度。

3 关于 WTO 与图书馆

加入 WTO 以后,中国的文教卫生事业将和其他领域一样,逐步地进入经济全球化的循环体系。由于长期来受计划经济体制的影响,这些领域面临着资源配置不合理、市场机制不完善、市场环境不成熟的严重问题。加入 WTO 对图书馆等公益性领域到底会产生什么样的影响,我们现在还很难预料。但可以肯定地说,图书馆将面临新一轮的挑战。

2001 年 8 月,在美国波士顿举行的国际图联年会上,专门公布了一份"国际图联关于 WTO 对图书馆影响的声明"的讨论稿(GB01-035)。经过图联管理委员会的讨论,估计不久将会正式对外公布。"声明"强调图书馆是公共产品,是为所有公众(不分年龄、宗教、社会地位、种族和语种)提供各类信息和意见的唯一社会机构。但 WTO 最近的动向表明它已经直接或间接地影响到图书馆服务的日常运作和未来发展。新一轮贸易谈判框架要求包括图书馆在内的公共服务领域向所有外国竞争者开放,只要这些服务有非公有资本或企业的参与,外国竞争者就有足够的理由与国内的同行进行所谓具有国民待遇的公平竞争。实际上,在新的一轮谈判中已经有 13 个国家和地区允许图书馆、档案馆和博物馆及其他文化服务行业纳入谈判的范畴。因此,图联呼吁图书馆界同行团结起来,抵制对任何合法生产的信息和文化内容的国际交流设置障碍的行为和对印刷品及电子内容产品设置进口税及其他各种关税的规定。

图书馆历来是属于由国家全额拨款的社会公益性的部门,国外相当多的国家都将此以法的形式即"图书馆法"固定下来,但是由于近 20 年来,一些发达国家推行公共服务私有化,使得相当一部分图书馆的管理以外包(Outsourcing)或委托合同(Contractout)等方式被推向市场,一向被认为没有商业因素的图书馆开始引进商业竞争机制,进入市场经济轨道。对于 WTO 来说,市场贸易主要分为两大类,一类是 GATT(关贸总协定)确定的货物贸易规则,一类是 GATS(服务贸易总协定)确定的服务贸易规则。因此,文教卫生领域开展的服务一般被纳入后者即服务贸易的范围。GATS 规定,凡是有私有资本参与、有商业行为的服务活动都将根据 GATS 规则在国际实行公平自由的交易。现在图书馆中商业性成分越来越多,已经很少有哪一家图书馆提供完全免费的公益性服务。如果有更多的成员允许图书馆等公益性行业纳入谈判范畴的话,那么图书馆私有化步伐将进一步加快。这是全世界广大图情工作者不愿意看到的结局。由于国情的不同,我们现在对这一问题还不是很敏感,但对世界不少国家来说,这一问题将影响到《图书馆法》的修改和图书馆与图书馆员的社会地位问题,因此,我们必须对此引起足够的重视。

4 关于免费和收费的争论

多年来,关于免费与收费的争论一直是一个热门话题。1999 年 3 月,我在 OCLC 参加研究图书馆馆长会议时,曾经听了一位美国大趋势公司阿伯玎女士(Patricia Aburdene)关于"图书馆是一门商业"(Library is a business)的报告,她说如果把图书馆看作是一个企业的话,你就会发现图书馆有很多与企业相类似的结构和运作环境,当你将经营机制和竞争机制引进图书馆的时候,你就会发现自己手上有一大笔可运作、待开发的资源,因此她希望图书馆要学会经营,学会推销。报告赢得了热烈的掌声,据说过去这类报告结束时往往会遇到不同的反响,特别是持不同观点的人对这一问题的抗议。

在美国,我发现不少图书馆在经营上很有特色。如北郊图书馆系统,是一个由上百家大学、科研、公共系统图书馆组成的图书馆网络,美国图书馆协会的前任主席莎拉朗(Sarah Long)女士是这家网络的总经理。在她的领导下,该网络发展非常迅速。很多人都赞扬她富有新的思路,是一个很有社会影响力和组织才能的管理者。她经常邀请一些国际同行为该网络中的馆长演讲,当她知道上海图书馆在规范达标上有特色,就邀请我于 1999 年 11 月为该网络的同行做了一次共 25 分钟的电话发言。该网络属于非营利机构,但也要通过创收来维持。她组织的社会讲座有 1400 多人报名参加。莎拉朗女士告诉我,讲座也是该系统可观的创收来源,1997 年,讲座所得 900 美元,1998 年为 6 万美元,1999 年达到 9 万美元。讲座扩大了图书馆的社会影响,同时这笔收入又用来推动事业的发展。另外,在芝加哥市公共图书馆,也有不少很好的创收项目,如把图书馆咖啡厅的窗户大开,吸引行人走进图书馆,把该馆很有特色的大礼堂对外出租,每周举办约两次婚礼,他们认为这些活动不仅可以创收,更重要的是让更多的人对图书馆产生好感。

美国每年要举办两次年会,据说每次都有上万人参加。会议的主办者美国图书馆协会不仅拥有一栋大楼,而且还在不断拓展。年会已经形成了一个会议经济,美国图书馆协会自身培育出一种良性循环的企业运作机制。

我这里不想给读者一个误导,就是说图书馆应该去赚钱。在美国图书馆界,免费服务是一条重要的原则。我们能不能引进企业经营机制和竞争机制来降低我们的管理成本和信息处理成本呢? 管理、编目包括库存都有成本问题,如果这些成本都能够降低的话,那么图书馆的管理效率、服务水平将会得到根本的改善和提高。

5 关于虚拟参考服务

这几年我们常常听到 VRD 这个新术语。所谓 VRD,指的是虚拟参考台,它是 1998 年由美国教育部资助的一个数字图书馆研究项目。当时对数字图书馆有两种意见:一种是把图书馆看作是一个为众多用户提供同时服务的技术平台,还有一种是把图书馆看作是一个在图书馆员的协助下为广大用户提供智能服务的透明的知识网络。VRD 就是根据第二种意见建立起来的对话式的智能服务系统。两年来,这种新型的服务模式在美国及欧美各国得到迅速发展。2001 年 1 月 12 日,在美国图书馆协会冬季会议上,美国国会图书馆与 OCLC 联合举行了一个题为"建立虚拟参考咨询台"的研讨会,英文名称为 Building the Virtual Reference Desk in a 24/7 World。会上大洛杉矶地区的都市联合图书馆系统(MCLS)、康乃尔大学图书馆和山塔莫尼卡公共图书馆等都介绍了各自的虚拟参考服务活动。尤其是美国国会图书馆与 OCLC 合作开发的 CDRS,即联合数字参考服务系统是美国目前规模最大、最成功的一个系统,通过世界各地图书馆的共同参与和开发,实现数字资源和智力资源的共享。2001 年 5 月,随着华盛顿县联合图书馆系统(WOCLS)的加盟,CDRS 已拥有 100 个包括美国、加拿大、澳大利亚、德国、英国以及香港地区的成员。CDRS 的宗旨是在任何时候都可以为任何地点提出问题的任何人提供专业的参考服务。2000 年 11 月,国会图书馆已经完成了 CDRS 第三阶段的测试,并建立了问答档案资源数据库。测试的目标是建立问答程序的网页,建立分派和跟踪的程序,测量应答的时间和互操作性等。OCLC 将在建立和维护成员馆问答数据库方面提供技术和研发支撑,并计划将拥有 4600 多万种记录的 WorldCat 从一个共享目录体系变成一个开放的、全球的学习社区,使 CDRS 系统建立起一个由全球书目和全文数据库作为资源库(第三层次)、问答档案库作为知识库(第二层次)以及各地参考馆员作为专家库(第一层次)的网上知识导航系统。2001 年 11 月 12 至 13 日在美国奥兰多市将举行第三次 VRD 年会,会议着重研究标准的制定和实时对话系统的问题。

上海地区文献资源协作网于 2001 年 5 月 28 日正式开通网上联合知识导航站,由上海图书馆、复旦大学图书馆、交通大学图书馆、上海社会科学院图书馆、中科院上海文献情报中心、华东师范大学图书馆以及同济大学图书馆等 7 家单位的 16 位中青年参考馆员志愿参加。近四个月来,该系统通过联合解答来自广大读者各种各样的问题,积累了较丰富的网上参考咨询经验,并建立了问答一览表数据库,深受广大读者的好评。

6 关于数字图书馆与资源描述

在相当长的一段时期里,MARC 和 AACR 是书目数据描述领域的主流工具。从世界范围来看,绝大部分的书目记录都是依据上述方式编制的,只有 2% 左右的数据采用了其他著录方式。有人估计即使 5 年以后,也不过翻一番,达到 4%。无论是从数据描述的丰富性,还是从数据检索的查准率来看,MARC 和 AACR 都是名列前茅的。但是进入数字时代,图书馆将在更大范围的网络环境下工作,原有的数据描述手段就明显地跟不上形势发展的要求了。

由此,既能解决数据的结构化问题,同时又能克服数据过于烦琐和复杂的新一轮元数据项目便应运而生,如美国联邦地理数据委员会的地理元数据项目 FGDC、适应于档案和原稿的 EAD 以及广泛使用于图书馆界和情报界的 DC 等。很多新的元数据项目都基于 XML(可扩展标记语言)环境,克服了 HTML 的显示能力强而结构性描述差等问题,同时又能够保持元数据创建部门的地方特色和个性特点。但是,由于这些不同的元数据格式虽有相似性却彼此之间难以兼容,在 W3C(互联网联盟)的授权下,一些元数据研究部门集思广益,制定出符合多种需要,又有灵活性的 RDF(资源描述框架),来支持互联网上各种元数据格式。XML 和 RDF 结合起来,使得各种元数据的格式都可以出现或运行在同一个界面上,提高了元数据的规范化和互操作性。为了普及 DC 在图书馆界的广泛应用,DC 图书馆工作组公布了一个叫作"DC-LAP"(DC 图书馆应用档)的文件草案,提交 2001 年 10 月第 9 次 DC 东京会议讨论,其目的是在各种元数据方案的互操作性上确定一些原则和政策。

我们应该防止另外一种倾向,因为有了 DC 元数据而舍弃 MARC。我认为今后的发展趋势是各种规范的元数据都能够根据一定的原则共存于一个平台上。2001 年 5 月在上海举行的国际中文元数据国际研讨会上,发表的会议纪要有五点内容,其中第五点是:要针对各种元数据的不同特点,取长补短,发挥各自特长,对各种信息资源形态与特点的资源进行有效的内容组织与信息挖掘。加强各种元数据格式之间的融合，提高中文元数据应用的互操作性。我认为，中国在发展中文元数据的问题上，要跟踪国际元数据及其应用的发展动向，制订出既符合国际发展潮流，又结合本国特点的中文元数据规范。

7　关于图书馆联盟

图书馆联盟即 Library Consortia 是一个国际性的热门话题。在这里特别要介绍一下国际图书馆联盟协会（International Coalition of Library Consortia，ICOLC）。该组织成立于 1997 年，是图书馆联盟的第一个国际性专业组织，到 2000 年 9 月已经有 150 家世界各地的图书馆联盟加盟。这些年来，该组织成了各联盟交流的论坛，如推荐新的电子资源库、提供商或代理商的价格政策以及其他共同关心的问题。在 2001 年 8 月国际图联波士顿年会前，该组织举行了一次题为"图书馆联盟"图联会前会，与会者讨论了图书馆联盟的行政管理、经费控制、电子资源的联合采集与服务、知识产权与许可证等共同感兴趣的问题。

图书馆联盟是近年来各图书馆之间为降低成本、共享资源而共同发起的一种新的联合体，既有政府主办的，也有自发组织的，既有集中型的，也有分布式的，前者较典型的有俄亥俄图书馆联盟（OhioLINK），后者较典型的有宾州学术图书馆联盟（PALCI）。这种组织在研究性图书馆之间比较普遍，由于大多数研究性图书馆都是国立或公立的，因此很多图书馆联盟都得到了政府的资助，如美国有 14 个州的图书馆联盟得到来自各级政府的经费支持。在国外比较成功的有 OhioLINK，它是俄亥俄地区 79 家图书馆的联合体，为 50 多万师生提供信息服务。该联盟自 1989 年成立以来，已拥有 700 万条书目记录，可提供的检索资源达 3100 万件、98 个各类书目或全文数据库，可为 4500 个读者提供同时检索服务，每年下载的文章总量达到 100 万篇。而在国内首推中国高等教育文献保障系统即 CALIS，该系统于 1998 年启动以来，建立了文理、工程、农学、医学四个全国文献信息中心、七个地区中心和一个国防信息中心，建立了一系列国内外文献数据库。该系统的联合目录数据库中包含了 124 个成员馆的 115 万条书目记录、260 万条馆藏记录和 5500 种刊物的 137 万条中文现刊目次记录。开展了公共目录查询、信息检索、馆际互借、文献传递、网络导航等网络化、数字化文献信息服务。该系统通过 CERNET 把各高校图书馆连接成一个整体，改变了过去一校一馆孤立发展的模式，推动了高校图书馆的整体化建设。

总而言之，国际合作和政府资助是图书馆联盟发展的两大重要的趋势。我国目前有不少地区和系统正在发展这种联盟式的协作体，但总体上还存在基础薄弱、手段落后的问题。要发展图书馆联盟，除了高效精干的行政管理以外，还要有信息基础设施和信息技术手段的支撑。

8　关于图书馆员的专业性

近代图书馆从诞生到现在不过 100 多年，在整个人类文明史上只是短短的一瞬间，但是图书馆由小到大，由一般的社会文化机构，成为一个国家或地区的文化中心、信息中心和知识中心，成为一个城市的标志性景观，成为人们社会生活中不可缺少的"第二起居室"和获取知识和信息的"第一求助对象",即使哪一天人们完全可以从网上获得所需要的信息,但人们仍然需要到图书馆去,因为那里是人们交流思想、传播信息的知识殿堂。

如果不为图书馆培养和输送人才,那么图书馆学院还有什么存在的必要? 如果图书馆不再需要图书馆学院毕业的人才,那么图书馆学还有什么存在的必要? 如果任何人都可以从事图书馆工作,那么图书馆员作为一个社会职业还有什么存在的必要? 提出这些问题的目的,是希望图书馆界能够对此问题作一深层次的思考。在中国内地,现在还没有真正意义上的图书馆专业人员制度,也没有图书馆员的行业协会,从事图书馆工作并不需要有什么专业资格证书。我认为,建立职业资格制度对于中国图书馆事业的发展绝对是一次良机,以此为突破口,不仅可以提高图书馆的人才素质,提高图书馆的服务水平,而且可以刺激和推动图情专业教育行业的发展。如果《图书馆法》不对此做一明确规定的话,那么图书馆员的专业制度就很难确立并得到有效的保障。

9 关于图书馆法

要确保图书馆事业的发展,光靠行政部门或图书馆员一时的积极性和热情是不行的。即使一些有《图书馆法》的发达国家,也面临不少新的挑战。中国还没有颁布《图书馆法》,目前仅深圳、上海、山东和内蒙古等地区出台了公共图书馆的地方性法规或政策。在某种程度上可以说,公共图书馆事业发展还存在着很大的随意性和盲目性。前面已经说过,国内现在还没有真正意义上的图书馆专业人员制度,也没有图书馆员的行业协会,从事图书馆工作并不需要有什么专业资格证书。在经费拨款上也是这样,经济状况好一些或者领导重视一些,就多拨一点,随意性很大。当然,最近几年从中央到地方各级政府对图书馆是非常重视的。在过去的 20 多年里,中国图书馆事业的发展速度是惊人的,可以说,用不了多少时间就会赶上世界一般水平。但是,如何来确保图书馆事业的持续发展呢? 我认为还是需要有法的保障。我希望中国的《图书馆法》能够早日出台,中国的行业性图书馆协会能够早日成立,图书馆员的资格认证制度能够早日推出。

10 关于国际图联的改革及未来走向

近几年,国际图联正在进行一场改革。新的国际图联章程已于 2000 年耶路撒冷大会上通过,新的程序正在作进一步的修订。作为新章程的产物,今年通过广泛的选举成立了第一届管理委员会。这届委员会最显著的特点是有较多来自第三世界国家的代表参与到管理层中来了。长期以来,图联具有浓厚的欧美中心色彩,无论是行政管理还是业务活动基本上都是由欧美国家的代表一统天下。第三世界的代表扮演的主要还是参与或旁观的角色。由于选举方式的改变,使得更多没有能力参加大会的第三世界的代表也能够行使选举权。今年是改革的第一年,预计在 2003 年,也就是博茨瓦纳的代表拉索莱卡(Kay Rasoreka)女士正式上任以后,国际图联将出现一个全新的政治格局。从目前的趋势来看,对第三世界图书馆的发展是很有利的,更多来自第三世界的代表将陆续进入各分委员会或专业组担任常委或委员,而目前常委或委员中第三世界代表的人数明显偏少,而且都没有担任重要角色。

　　我认为,现在是中国图书馆界参与图联活动最好的时机。目前中国在图联各专业组中总共只有五至六人,很多外国同行都希望中国能够有更多的人参与到图联活动中来。这次社会科学专业组的同行就希望我们能够推荐中国社会科学院图书馆的代表担任该组的常委。当然,在图联活动不仅需要有扎实的专业能力,而且需要有流利的英语表达和交流能力。我曾与图联的官员谈过将中文成为图联官方语言的可能性,但似乎难度很大,因为这几年图联财政情况很不理想,国际文献联盟(FID)就是因为经费困难而不得不解散。翻译费是一笔不小的开支,根据2003年柏林年会估算,同声翻译将花费88 500欧元,如果以六个语种平均分摊,大约需12万元人民币。汉语成为官方语言以后,所有的文件都需要翻译,这笔费用是很可观的。因此,我觉得在继续努力争取实现中文官方化的同时,也要积极主动地参与图联的各种信息交流和专业活动。

　　　　　　　　　　　　　　　　　　(选自《中国图书馆学报》2002年第2期)

20 世纪俄国目录学发展的特点与中国目录学现实思考

王锦贵

因为俄罗斯曾经是苏联社会主义大厦的主体部分,所以当本文讨论它在整个 20 世纪有关问题的时候,尽管仅冠以"俄国"二字,但这里的"俄国"既指俄罗斯自身,也应视为苏联的代称。毋庸置疑,放眼刚刚过去的 20 世纪,无论从哪个角度上看,俄国都是一个非同寻常的国度。以俄国的目录学为例,不仅历史悠久,是俄国各民族珍贵的文化遗产,也堪称是世界文化宝库中闪闪发光的一个亮点。20 世纪的我国目录学原本就与俄国目录学关系密切,因而认真考察该国目录学的现代进程,揭示其显著的特点和规律,这对于建设当代中国目录学,具有重要的现实意义。

从 20 世纪俄国目录学走过的历程看,大体可以区别为前期、中期和后期三个阶段。其中,前期从 20 世纪初至 50 年代中叶,中期从 50 年代末至 70 年代末,后期从 80 年代初至 20 世纪末。以篇幅所限,本文首先就其前期、中期谈谈个人一孔之见。

1 20 世纪前期:高度重视书目的教育职能,突出其应用层面,注重发挥书目在阅读中的指导作用

书目除了在微观层面上具有通信、检索、评价等三种内在职能外,在宏观层面上还有三大社会职能,这就是在与图书文献相关的基本业务工作中所反映的管理职能,在科学研究及创造性活动中搜集资料、交流信息的科学职能,在普及科学文化知识、读书治学和加强思想教育诸方面的教育职能。由于社会环境、文化条件的巨大差异,三大社会职能得以发挥作用的程度也往往有很大的不同。20 世纪俄国目录学前期的情况就是这样:在这一时期,书目的管理职能、科学职能固然都曾得到一定的发展,但发挥最充分、影响最深远者,当推书目的教育职能。

高度重视书目的教育职能,特别注重书目在指导阅读中的作用,是 20 世纪俄国目录学前期极其突出的特点。

1.1 20 世纪 20 年代前俄国书目教育职能

1903 年,列宁领导的布尔什维克党崛起于俄国社会民主工党第二次代表大会。建党伊始,该党就非常注意"宣传教育工作",强调文献分类索引的社会意义。他们以公开的或地下的期刊和小册子为阵地,推出一批又一批布尔什维克书目。尤其是在列宁领导的《火星报》《前进报》《无产者报》《新生活报》等无产阶级报纸上进行广泛宣传,系统报道了国内外党组织出版的新书。《真理报》甚至专门辟出"书目""新书""出版述评""工人文学书架"等栏

目，及时反映马克思、恩格斯和列宁的著作，并向社会推荐进步书刊。

这一时期最杰出的代表人物是无产阶级革命导师列宁。他所写的许多图书评论（如《卡尔·马克思》《关于布尔什维主义》等）都是重要的书目文献，特别是 1914 年那篇关于鲁巴金著作的评论，无愧为书目文献的经典之作。鲁巴金是一位杰出的民主主义目录学家，他的《书林概述》是当时影响远播的一部推荐书目。列宁对该书给予很高的评价，甚至指出"任何一个相当大的图书馆都必须备有鲁巴金先生的著作"，但同时也对鲁巴金关于目录学不介入思想斗争的"超党派性"给予尖锐的批判。列宁认为，书目与社会生活存在着密切的联系，所谓书目与政治无关的理论是资产阶级的欺人之谈。这是列宁在马克思主义学说基础上建立起来的书目党性原则。这个原则既属于方法论范畴，也是目录学的重要理论基础，对书目事业的发展具有普遍的指导意义。

1.2　20 年代初—50 年代中叶俄国书目教育职能

十月社会主义革命的胜利，揭开了俄国目录学发展的新篇章。考察俄国目录学 20 年代初至 50 年代中叶的发展与进步，特别是考察这一阶段书目教育职能的突出发挥，以下三个方面是其根本原因和基础。

（1）党和国家高度重视，书目工作得到有力的组织保障

为了实现列宁的文化建设纲领，苏维埃党和国家领导人对书目事业给予了一贯的特别关注。早在 1920 年 6 月 30 日，列宁便亲笔签发了人民委员会《关于把俄罗斯苏维埃联邦社会主义共和国的书目工作交由教育人民委员部管理》的重要法令。这项法令对确立书目事业的国家性质及发展苏联整个书目事业，具有战略意义。同年 8 月，教育人民委员部颁布了国家"出版物登记制"，并在国家出版局下建立了俄罗斯中央图书局。该局除了负责接受呈缴本外，还对各共和国图书局进行业务辅导。为了进一步加大管理力度，1935 年苏联中央执行委员会主席团通过决议，把俄罗斯联邦国家中央图书局升级为全苏中央图书局，并改由苏联中央执行委员会学术机构与学校管理委员会直接领导。1940 年联共（布）中央甚至特别通过了《关于文学评论与书目》的重要决议，指示各地加强书目工作，改善报刊评论的书目专栏，进一步搞好推荐书目。从此，全苏各主要学术机构、出版机构、图书馆、图书局等部门开始注意彼此的合作，使书目活动的协调机制得到加强。

（2）努力编写各类型书目，推荐书目占突出地位

俄罗斯是一个有着重视书目编制优良传统的国家，十月革命后的书目事业更是蓬勃发展。不仅现行国家书目、回溯性国家书目等大型国家书目都在尽量地坚持编纂，即使是专业科学辅助书目、地方文献书目、推荐书目等其他类型的书目也相当活跃，甚至于旨在反映二次文献的"书目之书目"也得到明显的发展。当然，最活跃、最引人瞩目的始终是推荐书目。由于这种书目能在较短时间内向群众传播重要的文化知识或进行必要的思想教育，使他们较快地成为国家的积极建设者，所以在苏俄历史上的各个时期，党和政府都始终关怀着推荐书目的发展。例如早在 1930 年就成立了推荐书目研究所，直属政治教育委员会书目部，1931 年更名为书目评论研究所，1936 年该所与国立列宁图书馆的图书馆学研究所合并，建立起被克鲁普斯卡娅认为是具有重大意义的"国家图书馆学与推荐书目科学研究所"。从此，这个研究所连续编纂出版了大批紧密服务于当代社会的推荐书目。如果说在苏维埃政权的最初年代，推荐书目主要是服务于扫除文盲，那么在以后的卫国战争、经济建设等不同

时期,推荐书目则担负起更为繁重的历史使命。仅以卫国战争时期的国立列宁图书馆为例,便在当时的书目季刊《伟大的卫国战争》上,发表了许多反映苏军英勇斗争及宣传苏联人民爱国主义精神的推荐书目和文献索引。苏联人民以书目文献为武器,为最终赢得卫国战争的胜利做出了重要的贡献。

(3)立足文化事业发展,加强目录学专业教育

为使书目事业更好发挥社会功能,重视目录学专业教育、培养专门人才,是促进目录学快速发展的必要措施。俄国在这方面的表现有目共睹。早在1906年的彼得堡大学和1907年的莫斯科大学中,已经出现了目录学小组。十月革命后不久,书目课程已经列为高等图书馆院校基本科目。甚至在卫国战争之前,在列宁格勒克鲁普斯卡娅政治教育学院和莫斯科图书馆学院已经相继建立目录学教研室。为了专业教育的深入开展,许多著名的图书馆学家、目录学家(如西蒙、沙穆林、马萨诺夫等人)都曾做出重要贡献。特别是著名的目录学家艾亨戈列茨(1897—1970),更是长年致力于目录学研究。他1949年就在《苏联目录学》文集上发表文章,后来更是为《列宁与书目》这一专题的完成倾注了心血,为高等院校普通目录学教材的建设发挥了重要作用。

2 20世纪中期:重视目录学学科建设,突出理性层面系统研究

进入中期之后,俄国目录学明显加强了理论建设。著名目录学家卡尔叔诺夫曾明确指出:"我们从现代苏联目录学的形成来看,大约由50年代末期开始的这个最新时期是尤其重要的。这一时期重要的界标就是1959年苏共中央《关于改进国家图书事业的状况及措施》的决定和1974年苏共中央《关于提高图书馆在劳动人民的共产主义教育和科学技术发展中的作用》的决定。这是苏联图书馆——图书目录事业在前进中获得巨大成就的年代。"也就是说,从1959年到70年代末的大约20多年间,是俄国目录学全面地由实践到理论,由经验叙述模式到科学的理性思维的阶段,也是从此迈入了理性层面系统研究的新时代。

2.1 目录学基本理论研究

加强目录学基本理论研究,是这一时期最突出的特点。50年代末,苏联兴起了一场关于目录学理论问题的广泛论争。这场论争不只涉及目录学的专业问题,如目录学的研究对象、任务,书目类型的划分以及同其他学科的关系等,甚至还涉及最一般性问题的挑战,如目录学究竟是不是一门独立的学科,目录学是否有自己的理论等。通过研究和争辩,明确了方向、任务,澄清了长期困扰学科发展的许多糊涂观念,大大推动了目录学的进步。例如关于目录学的概念,以往的理解比较狭隘,常常把"目录学"与"书目"混为一谈。经过深入研究,使"书目"的文献情报意识突现出来。这种意识"是建立在对书目活动根本问题的深刻的逻辑分析的基础之上,充分考虑到现代哲学、科学学、情报学、图书馆学、社会学等学科的成就,奠基于这样一个基础之上的思想,能够完善整个书目活动"。至于说"目录学",尽管这个术语早已经成为科学活动中的日常现象,尽管很长时间以来它甚至没有被一些目录学家所认可,但是,目录学的确立则是不争的事实。"我们不能纯粹地把它当作是目录科学领域中个别术语的以新代旧",究其实质,"这正是反映了一个事物发展的客观过程。这种发展一方面

同图书目录的复杂、图书目录活动的规模以及它的社会威望的迅速增长相联系，另一方面也是同图书目录的完整认识，同概念性质的重大变化相联系的"。

这一时期，伴随着大批优秀目录学著作的问世，也涌现出一批杰出的目录学家。国立莫斯科文化学院目录学教研究室主任卡尔叔诺夫就是一位代表性人物。他在 1975 年出版了《目录学一般理论问题》，1977 年与巴尔苏克合作出版了《苏联目录学：现状、问题与前景》，1978 年出版了《普通目录学基础理论》，1979 年又出版了《苏维埃书目分类问题》，成果丰富。

2.2 目录学方法研究

到了 20 世纪 60、70 年代，目录学的方法学提到议事日程上来。一些学者认为，由于当今世界"研究对象变得日益复杂，揭示其掩盖实质的外壳日益困难"，同时也基于"知识的抽象因素日益增加"，所以科学知识精确性的呼声渐起，目录学的数学化要求变成为现实。以往传统的人文科研方法（历史法、比较法等）固然还有很大市场，但是目录学界毕竟有很多人已经开始重视起目录学的数学化了，并且进行了广泛的调查和研究。与此同时，自从图戈夫发表了《推荐书目——系统研究的对象》一文后，系统论的思维方法也受到目录学界普遍关注。尽管还有一些人心存疑虑，但人们对目录学研究方法的兴趣已经大大提高。

2.3 目录学科学研究的组织

要使目录学得到健康、快速的发展，科学地组织研究工作，尤其是加强目录学与图书馆学、情报学等相关学科及相关部门间的联系与协调，是相当重要的。毫无疑问，自从苏联文化部 1971 年颁布《关于进一步改善图书馆学和目录科学研究组织的措施》后，等于在相关部门的协作中架设起一座桥梁。正是在这一背景下，确立了此后科学研究的主攻方向，还建立了直属文化部的科研工作协调委员会。该机构涉及文化部、国家科委、苏联科学院、全苏农科院、苏联高等专业和中等专业教育部、教育学科学院、苏联职工会中央理事会、国家共产主义出版社、教育部等 12 个部门，包括了 300 多个大型图书馆。这个协调委员会直属苏联文化部，由当时的苏共中央政治局候补委员、苏联文化部长捷米切夫直接领导，其主要任务就是负责图书事业的协调，重点解决图书馆学、目录学及其他学科间的彼此合作问题。为了加强目录学研究的质量，该机构特别组织了一批专家研究科研课题。总之，协调委员会建立后，对于科研任务的合理布局和规划，对于认定牵头科研单位与明确其具体工作，对于保质保量地及时完成承担的任务，都具有重要意义。

3 面向中国目录学的现实思考

回顾俄国目录学 20 世纪走过的漫长道路，确有许多东西可作借鉴。笔者觉得有如下两个方面应当深入研究和实践。

3.1 新世纪应当进一步发挥书目的教育职能

在俄国目录学历史上，推荐书目仅仅是众多书目中的一种类型，但它的地位却不同寻常。且不说专门的推荐书目研究所从 20 世纪 30 年代已经应运而生,即使翻阅当代俄国的《目录学普通教程》,亦足以深受启发。我们可以从这部书中看到,推荐书目与国家书目并列,甚至以专章反映"苏联推荐书目的现状"。推荐书目的"特殊"是与它在社会上发挥的巨大教育职能分不开的。

俄国的优秀推荐书目为后人留下了许多宝贵经验。以鲁巴金的《书林概述》为例,除了注意收录文献的系统性、完备性之外,还有重要一条:许多内容是聘请了包括列宁在内的一批专家完成的。专家的参与是保证书目质量、提升书目层次的重要手段。我国以往最有影响的推荐书目也证明了这一点。1953 年北京图书馆编写的《中国古代重要著作选目》之所以影响深远,也与其中一些重要条目是由郭沫若等著名学者的撰写有关。

要在新世纪编出优秀的推荐书目,不仅要向国外学习,还应当汲取本国的经验教训。我国历史悠久,文化灿烂,传统文献称得上无际的海洋。如果为一般读者编写这方面的书目而不作精选,一味地贪大、求全,就很可能达不到效果。当年北京图书馆编写《中国古代重要著作选目》总共选了 20 种名著,1923 年吴虞的《中国文学选读书目》也只收录历代名著 40 多种。当然,吴氏书目后来风靡学界,其影响甚至胜出于梁启超的《国学入门书要目》及胡适的《一个最低限度的国学书目》,除了做到少而精外,加强书目的引导性(如将书目区分为"专精"与"涉猎"两个层次,对不同版本注释说明),也应该是重要原因。

3.2　新世纪理论建设贵在与时俱进

没有科学的理论,就不会有科学的实践。但包括俄国目录学在内的科学发展史表明,理论的建设贵在与时俱进。

目录学理论建设涉及两个重要的问题:一是根据社会形势的变化,把握住学科发展的制高点;二是根据这个制高点,为本学科构筑科学的理论体系。客观地说,20 世纪的中国目录学界已经在这两个方面做出了成绩,但其中不无遗憾之处。无论是制高点的寻觅,还是理论框架的建筑,都不能说"及时"二字,都走了一段较长的弯路。

当然,构建理论体系之路要略微好些。中国传统目录学以往一直表现为读书治学的工具,单从学科建设而言,本来就无所谓严整的理论体系。但从 20 年代起,理论体系建设不仅提到议事日程上来,而且步伐也逐渐加快。首开先河的是姚名达先生。他在 1933 年完成的《目录学》中,第一次勾画出原理、历史、方法的初步框架。"文革"后的 1982 年,北大、武大两校合作出版了《目录学概论》。本书在形式上虽带有姚氏专著旧痕,但视角、内容焕然一新。仅仅过去四年,彭斐章教授等人根据社会发展特点,又于 1986 年推出新作《目录学》,构建了理论、方法技术、组织管理的新型理论体系。

相比之下,为寻求学科制高点所走的道路要漫长、曲折得多。进入 20 世纪以后,事实上"辨章学术,考镜源流"这一传统目录学的制高点早就难以支撑现代目录学的理论大厦了,然而新的制高点在哪里?经过多年的"求索",甚至经过了 60 年代初和 80 年代初关于目录学对象、任务等有关问题的两场大辩论,依然没有"求索"到真正的"对象"。一直到了 80 年代中期,经彭斐章教授从苏联引进"书目情报"这一全新概念并进行深入研究后,问题才算基本得到解决。笔者以为,透过此事足以引出两条经验教训:一是寻求学科制高点实属不易之事,但因为它是"牵一发动全身"的至为关键的理论问题,又必须毫不含糊地解决它,所以目录学界很需要一批像彭斐章教授那样功底深厚的学者潜心研究;二是学术领域的问题、特别是学术领域里的重大问题,只有经过严肃认真的研究、探讨,才能得到解决。从这个意义上说,坚持经常性的学术交流势在必行,不仅要经常进行国内的学术交流,还要经常进行国际的学术交流。

以上事实表明,既然时代在前进,目录学理论便不会也不应该就此踏步。在已经是信息时代和高科技时代的 21 世纪,深入开展目录学理论研究的任务尤为繁重。因为"我们提倡多元化的理论建设,但不希望看到杂乱无章的理论体系;我们树立大目录学观,但不可能包罗万象"。紧跟时代步伐,及时融入新观念,占领关系全局的学科制高点,并据此构建更加科学、严谨的理论体系,应该是新时代目录学工作者肩负的一个重要任务。

(选自《中国图书馆学报》2002 年第 4 期)

数字资源整合研究

马文峰

1 数字资源整合界说

1.1 含义

"整合"可以理解为由两个或两个以上事物、现象、过程、属性、关系、信息、能量等在符合一定条件、要求的前提下,融合、聚合或重组成一个较大整体的发展过程及其结果。"整合"的实质就在于涵盖了整合后系统内部的功能和各要素之间的关系。

"数字资源"主要指经过一定程度加工整序过的、一个个相对独立的不同类型不同学科的数字资源系统,不包括网上无序的和自身没有控制的数字信息资源。"数字资源整合"是数字资源优化组合的一种存在状态,是依据一定的需要,对各个相对独立的数字资源系统中的数据对象、功能结构及其互动关系进行融合、类聚和重组,重新结合为一个新的有机整体,形成一个效能更好、效率更高的新的数字资源体系。数字资源的整合程度直接关系到它能否被高效吸收与利用。

1.2 理论基础

数字资源整合的理论基础是系统论方法。系统是由相互作用、相互依存的若干组成部分结合而成,具有特定功能的有机整体。系统方法就是按照事物本身的系统性把对象放在系统的形式中加以考察的方法,其显著特点是整体性、关联性和优化性。整体性是系统方法的基本出发点,是指系统诸要素有机集合起来的不同于孤立状态下各要素机械相加的整体性能。关联性是整体性的延续,是指系统的要素之间、要素与系统整体之间的相互联系。优化性是指在一定条件下系统的组织、结构和功能的整体改进,使得系统有机整体具有较大的灵活性和得到发展。

数字资源体系是由各个相互作用、相互联系的数据库整合成的有机整体。以系统论观点,确定资源整合的方法论原则,将系统论方法运用于数字资源整合实践中,从而实现数字资源的整体优化,具有重要现实意义。

1.3 基本原则

整体性原则,是指要保持数字资源对象学科的完整性。整合后的资源系统应涵盖各子系统内部功能,反映数据对象间的内在关系。

连续性原则,是指数字资源整合的发展性和不间断性。只有通过连续、系统、动态的整合过程,数字资源才能发挥持续效用,才具有生命力。

针对性原则,是指数字资源整合的目的性。整合后的数字资源应满足特定用户需求。

层次性原则,是指数字资源整合的结构性(多维性)。数字资源本身和用户需求的层次性,要求按多种类型、多种层次、多种方式进行多维整合。

科学性原则,是指对数字资源的整合对象、内容、方式要进行科学论证,切忌随意凑合、拼合。

优化性原则:是指运用一定的技术手段和方法,使数字资源得到合理组合,取得最好的组织结构和组织功能。

1.4 主要特征

(1)整合后的数字资源来自不同学科的数据库,因而知识覆盖面较广,能够提供系统的学科知识。

(2)因是根据学科、专业来整合资源,所以具有较强的专业性。专业性是建立在整体性基础之上,建立在整体性上的专业性是更为优化的专业性。

(3)整合后数据对象间具有统一性和有机关联性,体现了数字资源的系统性。这种关联性反映了学科间的内在联系。

(4)整合后的数字资源具有相同的组织结构和组织功能,提供统一的用户界面和共同的检索方法。

(5)整合后的数字资源在结构功能上的统一性便于数据的更新和扩充。

2 数字资源整合缘起

2.1 数字资源的构成

从 CALIS 数字资源系统建设情况来看,目前图书馆数字资源主要包括:

(1)自建数据库:包括中外文馆藏书目数据库、中文现刊目次库、学位论文和会议论文数据库、教学参考书数据库以及各类中文特色数据库等。

(2)联机数据库:CALIS 引进国外联机数据库 20 多种,囊括了最主要的品种,类型包括题录、文摘和全文数据库,如 OCLC、FirstSearch、EI、EBSCO 等。国内联机数据库如中国期刊网、万方数据资源系统、国研报告、中经专网等。

(3)光盘数据库:包括网络光盘数据库和单机光盘数据库。如中国人民大学图书馆购置的人文社科光盘数据库已达 100 余种。

(4)学术导航库:CALIS 47 所院校图书馆共建设了 204 个重点学科导航库。从整体上说,CALIS 数字资源建设涉及面广,几乎涵盖所有的学科和重点专业。

2.2 数字资源整合的动因

数字资源整合的直接动因是数字化实践发展的需要。从数字资源内容来看,目前存在以下问题:一是内容交叉重复,影响用户对信息的选择与获取。二是存在冗余信息。多数数据库的资源收录原则是"全",使得大量使用价值不高的信息进入资源系统,干扰用户对信息的获取,这在人文社科领域尤为明显。三是知识关联程度低。人类知识是一个紧密联系的有机整体,而现有数据资源系统内的数据对象大都是孤立存在的,无法体现学科知识的内在联系。四是目前数字资源系统大多为题录型数据库,二次数字资源和一次数字资源之间缺少链接关系,用户难以获取全文。

从技术角度看,不同的数字资源系统有着不同的编码结构和表达方式,数据格式的不同导致描述和组织标准的差异,导致检索途径和方法的不同;不同的数据库使用不同的检索软件,使得数据库网检索界面也风格各异,迥然不同,具有差异性和复杂性。

图书馆数字资源数量虽呈增长趋势,但因其整体的无序化,内容组织程度不高,数字资源间交叉关联程度较低,用户需要在不同的网络环境之间穿梭漫游,需要在不同的信息空间来回切换,需要掌握不同检索软件的使用方法。从某种意义上讲,数字资源量越大,给用户造成的负担也就越重。如果不对数字资源进行合理有效的整合,必然会使用户陷于不得门径而入的困惑境地,影响着数字资源的有效利用。

3 数字资源整合基本构想

3.1 数字资源整合的立足点

数字资源整合应立足于数字资源系统结构性优化整合。系统的结构性是指系统中各要素之间所形成的某种关系,是系统有机联系的反映。相同的要素具有不同的结构形式时,系统就会产生不同的功能和效果。数字资源体系的结构性是一种组织性的表现,是指数字资源体系中不同数据库之间所形成的某种关联性,是数字资源系统有机联系的反映。

数字资源系统的结构整合包括横向纵向结构整合。横向结构指的是数字资源学科专业上的相互关联性,横向整合即对不同的数据库中相同学科专业的数字对象进行优化整合。纵向结构指数字资源在空间上的相互关联性,纵向整合则是将不同学科专业的数字资源整合为具有多维立体网状结构的有机知识整体。

结构是功能的基础,结构决定功能。要发挥数字资源系统的整体功能,必须合理地整合结构,构建有效发挥功能的数字资源体系结构。

3.2 数字资源整合方式

它包括多种类型、多种层次、多种方式的整合,目前主要有以下四个层次上整合方式。

(1)汇合整合方式。主要是基于 OPAC 资源系统的一种整合方式。OPAC 是图书馆重要馆藏数字资源系统,对 OPAC 资源系统的整合是图书馆数字资源最基本的整合方式。

它的实现主要是通过执行 Z39.50 协议,聚合不同平台上的异构 OPAC 数据库,建立书目整合检索系统。用户只要通过一个 OPAC 系统界面即可检索相关图书馆的 OPAC。如上海交通大学图书馆的"Webpac 检索系统"的"多节点数据库检索",可在统一检索界面上通过著者、题名、主题、关键词、标准书号等途径检索上海交通大学图书馆、华东师范大学图书馆、复旦大学图书馆、上海图书馆的 OPAC 书目信息,不需要在各个图书馆不同的 OPAC 界面间来回切换。韩国"国立图书馆整合信息系统"可以一次性检索到图书、期刊、CD-ROM、录像、音响等所有资料。

汇合整合方式实际上是不同 OPAC 系统中数字信息量的综合与合并,是多个馆藏的简单相加,只是通过统一的查询界面,显示各馆 OPAC 系统符合检索条件的命中记录,用户还须逐一点击各馆藏记录,自己进行查重处理,进行二次选择。

(2)组合整合方式。即对相关数据库内的数据对象去除重复信息的整合方式,提供给用户的不单是统一的查询界面,而且是不重复和高质量的信息。组合方式是多个数据库系统的有机优化整合,既是不同数字资源系统中信息量的综合,也体现了数字信息质的优化。如"Web of Knowledge 学术资源体系"不仅提供跨数据库交叉检索功能,而且对命中记录做了查重处理,节省了用户对各数据库重复内容进行去重的时间和精力。

(3)重组整合方式。重组整合方式主要是基于数字图书馆应用系统的一种资源整合方式。其主要功能是通过对数字资源的分解重组,按数字资源的逻辑关系组织成立体网状、相互联系的知识资源系统。这是当前数字资源整合的一种新模式。

数字图书馆应用系统是进行数字化建设及整合各类数字资源的基础平台,支持对知识和数字化资源的采集、加工、处理、存储、归档、组织、发布和利用等全过程,一般由数字资源建设体系、数字资源存储与管理体系和用户服务体系三大模块组成。如 IBM 公司和中国文津信息技术研究中心开发的数字图书馆应用系统。

该整合方式的主要优势有:其一,能够整合多种媒体多种渠道的数字信息,不仅包括文字信息,还包括图像、音频、视频等不同载体、不同介质的数字信息;不仅包括数字化的纸质资源,还包括网络各类学术资源。其二,能够实现不同类型、不同级次(一次和二次)资源间的链接,建立起图书、期刊、会议、机构、人物等科学研究所需核心资源和相关资源间的整合与链接关系。其三,能够保持知识体系的整体性和关联性,通过知识因子的有序化和知识关联的网状化,沟通相互隔绝的学科领域,使之成为相互渗透、相互作用的有机体,发挥科学知识的整体功能。其四,能够形成具有新的组织结构和功能的资源系统。这种整合不是简单的"库集合"和"库链接",而是剔除冗余、重复和劣质信息,对数字资源内容与结构进行新的类聚和重组,形成一个获取便捷、利用率高的新数字资源体系。例如,"中国试验型数字式图书馆",实现了资源的深层标引和分布式资源库的跨库连接,对分布在不同地点、不同单位制作的不同资源库之间,与书目资源、规范资源、百科全书资源和网上读书之间的连接与查询。

(4)一体化综合整合方式。以 MARC 格式描述资源对象的 OPAC 是目前图书馆馆藏主体资源系统,是用户利用数字馆藏的切入点。MARC 注重形式、结构复杂、制作成本高的局限,使其难以承担对大量多媒体数字资源进行编目的重任,也无法完全实现知识资源的立体化和网状化整合。数字图书馆应用系统是以 DC 格式描述资源对象,DC 虽有基于内容、简单明晰、可修饰可扩展等优点,通过 DC 可以对知识资源进行纵向和横向整合,但不可能解决所有资源的元数据描述问题,还不是十分稳定成熟的元数据标准,也不可能完全代替 MARC。

这种情况下,数字图书馆的资源整合既要考虑图书馆原有的 OPAC 资源基础,又要考虑多种数字资源的建设,一体化综合整合方式便成了图书馆数字资源整合的不二选择。一体化综合整合是指在 OPAC 资源整合系统和数字图书馆资源整合系统之间再建立多维度关联,以形成更为优化的数字图书馆资源整合系统。其中之关键是要实现 OPAC 系统和数字图书馆应用系统之间的技术兼容,实现各种元数据之间以及与其他资源对象之间的互操作。在这方面有许多问题需要探索。上海数字图书馆的以 DC 为核心元素集,多种元数据方法并存,并以基于 XML 结构的 RDF 资源描述体系封装整合多种元数据的设想,为实现综合整合方式提供了一种思路和途径。

(选自《中国图书馆学报》2002 年第 4 期)

再论图书馆服务

程亚男

服务是贯穿图书馆发展的主线,是图书馆的核心价值观。图书馆现代化发展的最终目的就是提供更好的服务。笔者曾指出,服务是 21 世纪图书馆发展的主题之一。本文对此进一步阐述。

1 图书馆服务的发展

由于图书馆社会职能的演进,图书馆服务经历了从封闭到开放,从借阅服务到参考服务,从信息服务到知识服务;从无偿服务到有偿服务;从按时服务到及时服务;从在馆服务到多馆服务、馆外服务;从在线服务到全球化服务的发展过程。其服务内容从"提供给读者馆藏文献"变为"帮助读者获取馆内外信息",服务方式由面对面变为远程(通过电话和网络),并呈现出多种服务并存、其手段与方式不断更新与拓展的前景。

在西方,图书馆服务可以追溯到公元前6—公元前5世纪。在雅典出土的古希腊一个图书馆墙壁上,就刻有"不得将图书携出馆外"的文字。可见阅览是图书馆最早的一种服务方式。尔后,由阅览逐步扩展到外借。

15 世纪,英国著名藏书家里查德·伯里在其专著《热爱图书》中明确指出,收集大量图书是为了学者的共同利益而非个人享受。他编制了藏书目录,拟定了借书办法。尽管其借书办法有多种限制,如办理外借时不得少于三人、抄录图书内容时不得带出本馆围墙、无复本的书不得外借等,但服务的思想十分明确:"我们的目的是使这些书不时借与该大学城区的学生和教师,不论僧俗,均可用以学习和进修。"这体现了平等服务的精神。

17 世纪,法国近代图书馆学理论的创始人之一诺德在其《关于图书馆建设的意见》中,对创办图书馆目的有十分精当的说明:"图书馆是供人研究而不仅仅只供看一眼。""如果不打算将书提供给公众使用,那么一切执行本建议前述方法的努力,一切巨大的购书开支,全属徒劳。因此,即使对最卑微的能多少获益的人也不要限制,要让人借阅。"服务时间也应相应延长,即使是"偶尔要去图书馆的人也应有机会见到管理员,不受阻挠,毫无耽误地得到进馆的许可","知名人士应允许借出一些普通书籍,携回住所"。

19 世纪中叶,随着邮借和馆际互借方式的出现,以及 20 世纪初电话咨询方式的兴起,出现了并不访问图书馆的图书馆读者。

20 世纪以后,以开架服务为基础、方便读者为目的的各种服务方式相继出现并得到广泛推广与应用。如 20 世纪初在美国和英国出现的流动书库,以及在许多大型图书馆和大学图书馆设立的参考服务。第二次世界大战以后,图书馆服务的内容和方式日益增多。

1956 年美国国会制定了《图书馆服务法》（1964 年发展成《图书馆服务与建设法》），图书馆服务逐渐走向法制化、科学化和现代化。

20 世纪 70 年代前后，图书馆工作的计算机化主要应用于内部业务，并未从根本上改变图书馆服务的基本架构。80 年代兴起的信息化热潮，对图书馆传统的一次文献服务形成强烈的冲击。信息服务是以向人们提供有用的显性信息为内容的信息传播过程。其特点和局限性在于：信息内容限于素材性的显性信息与显性知识。在信息服务过程中采集、提供的信息，主要是将作为素材化的材料直接提供给用户。如一次文献、二次文献等。人们通过各种检索手段，获取文献或数据、事实信息。

90 年代网络的出现，文献利用的"场所束缚"、图书馆利用的"时间限制"、文献与利用者的"地理间隔"等问题不复存在。为此，美国加利福尼亚大学伯克利分校图书馆情报学院（现改为信息管理与系统系）教授伯克兰德在《图书馆服务的再设计：宣言》一书中提出："未来一百年将是图书馆员必须重新构筑图书馆服务架构的时代。"他指出，信息技术的发展已经从根本上改变图书馆世界，一场图书馆革命迫在眉睫。但是这场正在进行的革命是一场技术方法的革命，并没有证据说明图书馆的历史使命会有根本变化。他认为，整个图书馆服务的架构要发生根本性变化，有必要重新设计。这也就是该书的"宣言"。他认为，图书馆服务的变化主要表现为：服务的便利性，服务的自助利用与馆外利用等。

网络的出现同时使图书馆人认识到，"我们的核心能力不在于所拥有的资源，而在于我们具备的利用广泛信息资源为用户创造价值的知识和能力"，"我们应该将核心能力定位在知识服务，即以信息知识的搜寻、组织、分析、重组的知识能力为基础，根据用户的问题和环境，融入用户解决问题的过程之中，提供能够有效支持知识应用和知识创新的服务"。

图书馆服务发展的三个因素是：社会经济和生产力的发展水平，这是决定性的；社会与读者的需要，这是导向性的；图书馆自身服务的组织形式及管理水平的提高，这是保障性的。

与图书馆服务方式和服务内容同步嬗变的是图书馆服务思想的形成与日渐成熟。包括公共图书馆运动精神、读者至上、开架服务、读者帮助与用户研究等。笔者认为阮冈纳赞的"图书馆学五定律"不仅是图书馆学的奠基之作，也是图书馆服务精神的最高体现。尽管该书写作于 20 世纪 20 年代，然而其倡导的服务精神仍然值得现代每个图书馆员用一生的时间去体验。信息技术的变化改变了读者利用文献与图书馆的方式，但图书馆服务的宗旨不能变。正如谢拉所言："服务，这是图书馆的基本宗旨。"

2　图书馆服务的危机

所谓"服务危机"，是指在图书馆活动过程中出现的读者信任危机。它极大地影响了图书馆的社会形象和图书馆事业的发展。

2.1　短视的经营观念导致的"服务危机"

短视的经营观念主要表现在：（1）不少图书馆因为经费短缺，出租本来已经十分拥挤的图书馆馆舍；（2）乱收费。其实，有限的场地出租费用和服务收费并不能从根本上解决图书馆经费拮据问题，反而会因读者的日益减少和不满给图书馆带来某种生存威胁。但至今不少图书馆领导并未真正体会到这一问题的严重性。

2.2 文明意识淡薄出现的"服务危机"

图书馆的服务水平虽然总是在提高,读者却并未为此感到满意,其原因是读者对服务的期望也在提高,尤其是相对于其他服务行业服务水平的提高,使图书馆的服务相形见绌。以深圳为例,由于各大超市存包不收费,读者对图书馆存包收费就十分有意见。走进宾馆或餐厅的如沐春风的问候,更是对照出图书馆服务的不足。而我们的服务仍然是缺乏微笑、没有说"您好""对不起"的习惯、没有无微不至的导读服务,即使是印刷精美的服务指南,也让读者茫茫然找不着北。又比如,我们总是在理论上强调要把最好的空间给读者,但是在南方的某些建筑富丽的图书馆里,有限的空调却首先安装在员工的工作间。显然,这些都不是仅靠形式和倡导就能解决的问题,也都不是小事。而正因为我们以往把这些看作小事,所以到了今天这些问题还依然并非个别地存在着。正因为我们更多地把"文明素养"看成是小问题,才使这个"小问题"成了总也解决不好的问题。

2.3 读者期望值的增长出现的"服务危机"

读者的需求总是在不断变化,而且呈现出多层次、多样化和个性化趋势。网络的出现使人们只需轻点鼠标,就可以获得大量信息,然而信息垃圾同时泛滥。图书馆虽有提供快速、大信息量服务的优势,但难以简捷而系统地提供针对性地、能解决读者的问题。传统的、以一次文献为主的以及浅层次的信息服务已无法满足人们对知识的需求。读者更希望得到的是深化到文献中的数据、公式、事实、结论等最小的独立的"知识元"(20世纪70年代被称为"数据元")。信息资源开发的滞后和不完全,使许多读者对图书馆的信息服务能力产生怀疑,把眼光投向别的信息服务机构。

2.4 技术进步带来的"服务危机"

由于图书馆自动化程度的提高及网络的普及,图书馆逐步将一些服务转交给了电脑,如电脑查目、网上检索与阅读,而机器却给读者一种冰凉的感觉。随着世界的高科技的发展,人们渴望人际间亲切接触和面对面交流的愿望更为强烈。由于对网络美好前景的过分渲染,不少图书馆无视本馆实际,把有限的人力和财力过多地投向了数字化,加之科技日趋复杂及更新的速度,使工作人员追赶不及,而忽视了服务,致使读者渐渐更依赖网络而疏远图书馆。正如哲人所言:"一切社会进步都有一个共同的特点,它总是右手扔给人类一束金羊毛,左手又悄悄拿走一点人类原有的东西。"

3 图书馆服务的改造与创新

面对激烈的市场与技术的竞争,改造与创新图书馆服务,已成为一种必然。

3.1 建立新的服务理念

服务是人与人之间的一种特殊形式的"互动"(Interaction),是一种满足人的需求的活动,是人与人之间生存方面互相依赖关系的具体体现。相互服务已经成为当今社会人与人之间的一种基本关系形态。可谓是:互帮互助,我为人人,人人为我。

图书馆早就提出了"读者第一""读者是上帝"等口号,也形成了相应的服务理论。但是服务不是只需要承诺就可以的问题,它不仅内容具体,而且比较琐碎,不是一蹴而就的事情。任何成熟的行动都要有理论的支撑。要把口号升华为一种思想,将理论变为自觉的行动,不是十分容易的事。要使思想成为相应的管理文化和组织文化,并使这种文化逐步地被认同,形成一种强有的文化力,成为全体员工的潜意识,有一个相当长期的、艰苦的过程。

图书馆服务理念可以具体为八个字:关爱、无限、完美、超值。

关爱,体现的是一种精神,倡导这种精神不能仅仅是理论上的"务虚"。服务既具体又无形,却涉及方方面面,体现在服务的每一个细节,大到建筑布局,小到着装说话。不管读者的身份如何,也不管读者的要求多么微小,都应竭力满足,这就需要有一种发自内心的关爱,反之,即使是满脸堆笑,读者也会被这种做作吓跑。

无限,体现服务的无止境。读者提出各种要求是一种正常现象,问题总是无限,服务总是有限,这就需要服务方不断提高服务能力、服务质量,满足读者不断变化的要求。

完美,这是对服务质量的要求。服务方的每一个动作、每一个步骤都要力求完美。服务是一个持续的、有很多过程的任务。即使工作不直接面对读者,其工作"成果"仍然有一个为读者服务的问题。一个工作环节出了错,就可能全盘皆错。对读者负责,是每一位员工的责任。

超值服务就是用爱心、诚心和耐心向读者提供超越其心理期待(期望值)的、超越常规的满意服务。美国纽约皇后公共图书馆在20世纪70年代成立了一个名为"就业信息中心"(简称JIC)的小型资料室,帮助失业读者找工作。1994年度读者使用人次为2830;1995年为7655,增幅为170%;1996年以来一直保持每年7000—8000人次(不含借阅JIC资料者)。读者的评语是"极为有用","从未想到图书馆会帮我找到工作"。

建立新的服务理念,首先要进行全员服务培训,教育员工,充分认识服务的重要性,牢固树立图书馆要生存发展,必须在服务领域领先一步的理念。第二,建立专门的服务监测体系,执行服务领导、服务监督和读者征询等任务,定期监督、检查和考核服务质量,同时通过对读者电话回访和信访,汇集读者的意见和建议。第三,完善服务规范。制定读者满意工作手册,确立员工服务行为准则与礼仪规范。规范服务的各个环节、各种行为,界定各个岗位的服务内涵和要求,包括服务质量、服务效率和服务态度等。

3.2 奠定品牌化服务的基础

服务是一种品牌,强调的是一种服务社会的形象与口碑。品牌化服务突出的是服务的特性与特色。品牌化服务是服务品牌的延伸与深化。借用冰山现象,我们可以把服务品牌理解为冰山的一角,冰山的7/8是在水下,只有1/8露出水面,水面下的7/8人们一般看不到,但正是这个通常被忽视的7/8是支撑品牌化服务的基础。

图书馆品牌化服务的基础主要是特色馆藏。在网络化、数字化不断发展的今天,数字资源是网络服务的基础,具体到每一个图书馆就是特色馆藏的数字化和特色数据库的建设。现在最重要的是警惕一窝蜂的"数字化",即在什么是数字图书馆尚不是十分清楚的情况下,动辄就是投入成百上千万元资金,而且不同的图书馆重复数字化同一份文献,不少图书馆主要考虑的是如何在网络世界分得一杯羹,而不是如何协调建立一个互补的中国特色网络资源库。现在急切地需要对全国图书馆数字化工作进行指导与协调,避免因盲目建设而造成的财力与物力的浪费。

数据库作为另一种网络资源,使网络信息服务更具专业特点。图书馆通常按信息载体形式和内容范畴对数据进行分类加工,数据库的鉴定一般也是侧重其信息采集范围的完备性、层次性、数据更新的及时性、数据可交换性等。为使数据库更具有应用前景,图书馆应面向特定类型的机构和群体,针对具体用途、各种人群需要的各种层次和范围的知识信息,开发个性化知识库,并集成为更大的专业知识仓库,同时开发网络化知识元数据库,从全文数据库中提炼出能够明确表述一个知识内容的知识元,形成相互印证、相互关联的"网络化知识元数据库",并与各种数据库的全文进行链接,构成内容广泛的知识网络。知识的控制单位由文献深化到"知识元",大量文献中所包含的"知识元"及相关信息间的链接,将产生极大的知识增值,从而大大推进人类对知识的利用,促进对新知识的创造。

也就是说,图书馆的网络服务,不能只是仅仅提供 ADSL、ISDN 和 Cable Modem,而应搭建一个网络知识平台和基础知识库,即可实现个性化的服务的、能支持各种层次知识学习的数据库。这就是图书馆的核心能力。正如青年图书馆学者张晓林所言:"原有的藏书资源都是微不足道的,我们不排除单一馆藏,但是有凝聚力的是虚拟馆藏。""图书馆基于知识的网络化服务是具有个性和交互性的信息服务,图书馆需要帮助用户建立课题专门信息平台。"

3.3 改造与创新服务

(1)优化服务流程。简便是服务的核心。现在有不少的图书馆办证和借书的手续都比较烦琐,人为地制造麻烦,加之馆舍越建越大,读者走进图书馆犹如进迷宫。图书馆应有十分简明的指示图,方便读者。佛家有言"不从简便入手,便是旁门"。这一繁一简的距离,就是服务的学问。

(2)关注弱者。在我国,不要说边远山区,即使是繁华都市,也同样存在知识的沙漠。2001 年 5 月,当我们一行深入社区送书办证时,曾感受到人们对图书馆的生疏和对知识的渴求。为弱势群体和社会边缘人群提供力所能及的服务,应该成为服务的方向。

(3)引进 ISO 9001 质量管理体系。ISO 9001 标准是世界上普遍认同的国际质量管理体系标准,目前,已有 150 个国家将其作为国家标准等同采用,我国将其作为国家推荐标准始于 80 年代末期。ISO 9001 标准适用于各行各业,也适用于图书馆。图书馆界应该按照 ISO 管理思想和方法实施有效管理,坚持以读者为关注焦点和持续改进两项最重要的原则,确保读者的要求得到确定并予以满足,并通过这一标准的认证,向读者证明服务质量保证的能力,增强读者的满意度,取得读者的广泛信任。

(4)从信息服务转向知识服务。知识服务是指从各种显性和隐性信息资源中,针对人们的需要,将知识提炼出来的服务,是以资源建设为基础的高级阶段的信息服务。

图书馆信息化建设的核心是信息资源的开发利用。国家"十五"计划第一次明确地把信息资源开发利用,纳入了国家信息基础设施建设的范畴。

中国图书馆学会基础理论专业委员早在 2000 年工作会议暨学术研讨会上,就曾从图书馆学的生长点出发,研究探讨了在新技术环境下图书馆的定位和发展问题,一些同志认为,传统图书馆服务的知识含量正受到严峻考验。提高图书馆服务的知识含量应是图书馆发展必备的前提,而加强图书馆的咨询服务是提高知识含量的重要环节。图书馆应从零起点考虑服务用户的问题。

从信息服务向知识服务转变,其中蕴涵着图书馆信息服务的发展方向和运作的新机理。它既是信息服务业面临的重大机遇和战略挑战,也是其实现跨越式发展的必由之路。现在最主要的任务是,打造一个好的信息资源及网络服务基础,建立一个适合国情的信息与知识服务模式,实现图书馆之间的互动和应用的无缝集成。

(选自《中国图书馆学报》2002 年第 4 期)

英美目录学的源流与发展

王京山

1 英美目录学发展历史的回顾及"目录学"概念和学科体系的演变

在探讨英美目录学发展史之前,对西方尤其是英语中"目录学"(Bibliography)的概念作一下说明是非常必要的。西方目录学界对目录学下过各种定义:目录学"字面意义是图书的抄写";"自 18 世纪以来,此词就用来表示系统地揭示图书和图书的历史";"目录学是描述图书的技术和科学";"目录学是'将书作为物质对象研究的学科'";"目录学就其最广泛的意义而言,包括书籍的物质方面和知识方面的一切研究"。

从英美目录学的发展历史可知,西方目录学更偏重目录学的技术传统。西方目录学循着以图书为对象,以"关于图书的描述"为核心,以方便检索为目的的思想发展,逐步形成了自己的研究路径及发展特色。随着计算机和通信技术在西方目录学领域的运用,先进的技术不仅改变了传统手工编目工作面貌,而且使技术的方法在研究领域得到应用。

西方现代书目的发展实际上是从文艺复兴,尤其是从德国人谷腾堡发明铅活字印刷术以后才开始的。15—16 世纪,西方开始出现一些传记性评论书目。其代表性著作是 1545 年格斯纳的《国际书目》,他最先使用了书目(Bibliotheca)一词。1548 年英国约翰·贝尔(John Bale)撰写《英国描述性手抄本目录》(*Illustium Majors Britannuae Scriptorum Otorum Aummarium*)将作者姓名依年代排列,所附《教会索引》是单位名称索引之开始。1560 年特里弗腊斯(Florianus Treflerus)提出建立由著者字顺目录、分类排架目录、主题字顺索引、保存本目录等组成的目录体系。

1595 年蒙歇尔(A. Maunshall)在其所编的《英文印本图书目录》(*Catalogue of English Printed Books*)的序言中,讨论了著录标目的选取方法。1605 年鲍德利(Thomas Bodley)编成《鲍德利图书馆目录》(*Bodleiam Library Catalogue*),明确提出基本著录的概念,提出以著者为标目的基本著录最初编目规则和图书分类"四分法"。

17—18 世纪,西方目录一直以分类主题目录为传统目录。18 世纪中叶,欧洲出现了狄德罗的百科全书式以字母排列的检索结构索引。1782 年诺切尔把目录学定义为"著述的知识及其因素的描述",差不多等同于"著述史"或图书信息(Notitia Librorum)。1797 年,《大英百科全书》第三版收入了"目录学"一词,标志着目录学术语的成熟。在西方目录活动实践的基础上,18 世纪法国出现了夏尔·穆泰(Charles Martet)等以"图书"为起点、以"关于书的写作"为轴心的理论体系;俄国出现以索比科夫(B. C. Conhkob)为代表的以"书中的知识"为起点、以"评价图书(启发读者阅读兴趣和选择图书)"为核心的理论学说;德国出现以爱尔贝特(Ebert. Frad)为代表的以"目录"为起点、以"纯粹目录学和应用目录学"为中轴的理论系统。

西方目录学以图书的抄写——图书的描述作为目录学研究的起点。与我国目录学存在学术史派和账簿派类似，西方目录学也存在分析目录学和列举目录学两个分支。19 世纪以前，西方的书目基本上都是列举式书目（Enumerative Bibliography），也称作系统书目（Systematic Bibliography），其使命在于提供完整的书目信息。分析目录学或曰评论目录学的形成是西方目录学发展的一个重要结果。分析目录学或评论目录学，是以积累学术文化信息为主的，在西方被称之为"目录学的科学方面"。

19 世纪以来与分析目录学并行发展着书目提要——文摘、书评乃至综述、述评等高密度积累学术文化信息的目录方式方法。这样，西方目录活动走向系统化，西方目录学开始出现各种理论体系，标志着西方目录学从经验科学开始走向理论科学。

西方早在中世纪时就出现了文摘的形式。1830 年德国出版的《药学综览》通常被认为是文摘工作和近现代情报工作形成的标志。18 世纪前后，西方随着最早出现的评论性杂志而产生图书评论。到 19 世纪中叶，除书目评论通报外，杂志还登载现代登记性书目和报纸杂志述评以及专科书目。至此，随着文摘、书评的发展，综合叙述或评述一书、一学派、一专题或一专科的过去、现状与未来发展的综述、述评——近现代情报工作（文献工作）的核心工作也在形成发展。

英美目录学对图书编目理论和技术也十分重视。英美编目理论和技术发展有三个里程碑。其一是卡片目录与《英美编目条例》的产生。C. A. 克特（Charles Ammi Citter）集西方近代编目法之大成，于 1861 年建立了美国最早的卡片目录，1876 年发表著名的《印刷本字典式目录规则》（Rules for a Printed Dictionary Catalogue），建立了以书名、著者、主题三合一多功能检索的字典式目录体系。1891—1893 年他又发表了《展开式分类法》（或称《主题分类法》）。克特的目录学思想对近现代各国目录活动实践产生了重大的影响，成为英美现代编目理论最主要的奠基人之一。作为编目实践技术的总结，1908 年，英美两国图书馆协会合作出版了《英美条例》（AA）。20 世纪 60 年代后，鉴于集中编目、合作编目的兴起和国际书目交换的需要，在国际图联的推动下，1967 年英、美、加三国合作出版了《英美编目条例》（AACR）。1978 年年底，美、英、加三国分别出版了《英美编目条例》第二版（AACR2），改革了传统手工编目方法，适应了编目标准化、网络化、自动化发展的要求，成为文献编目的参考指南。

第二个里程碑是机读目录的出现和 MARC 的推行。1964—1968 年，美国国会图书馆研究成功并发行机读目录（MARC），各国都相继采用或研制。1969 年，美国国会图书馆开始发行 MARC 磁带目录，生产了计算机输出的缩微胶卷，缩微型目录正式出现。1972 年国际图联开始研究国际机读目录（UNIMARC）。新型的联机目录的出现，标志着目录的发展进入了一个新的阶段。同时，美国、澳大利亚出版界于 1971 年正式开展的在版编目（CIP），也令各国竞相仿效。

第三个里程碑是网络文献的兴起与元数据的提出。网络文献信息的日益增长要求探索网络环境下目录学发展的新理论、新技术和新方法，为数字图书馆的建设和资源共享创造条件。近年来，随着数字图书馆的发展，英美目录学界为实现网络文献控制兴起了研究元数据的热潮。元数据正在成为网络环境下实现资源共享的重要标准格式之一，是对 MARC 的重大革命。开展对元数据及其应用的研究，是网络环境下目录学发展的需要，更是建设数字图书馆和实现资源共享的需要，具有重要的现实意义。

2 20世纪英美目录学的进展、趋势与研究热点

2.1 目录学理论体系的发展

在英美,与中国学术史派目录学相对应的分析目录学极为发达。自19世纪起,由于莎士比亚戏剧研究日盛,整理英美文学遗产的风气亦因之大开,跨越世纪至今不衰,并进而导致了英美分析目录学的产生、发展和兴盛。

英美分析目录学的形成与我国校雠学的形成有雷同之处:校雠学起于汉代典籍的整理,分析目录学则起于莎士比亚戏剧文献的整理;校雠学集版本、校勘、目录和文献编纂于一体,并进而演化出一些相关学科;分析目录学则熔版本、校勘、目录和文献编纂于一炉,并进而演化出一些相关学科。两者相异之处也很明显:除历史的长短之外,中国校雠学长期与版本、校勘、目录和文献编纂诸学混杂不清,分析目录学则起初就与版本、校勘、目录和文献编纂诸学有明显的分途;在中国是先有校雠学,然后才有目录学(从校雠学中分离而成),而在英美则是先有目录学(列举目录学),然后才有分析目录学。

英美分析目录学有其自己的渊源和传统。1719年间出版的米歇尔·梅苔尔的《印刷编年史》可以被看作是迈向古版书研究成熟阶段的一种预备草案。1909年波拉德发表了《莎士比亚著作的对开本和四开本;莎士比亚戏剧目录研究,1594—1685》,被称为"莎士比亚著作评论发展的一个里程碑"。1934年,约翰·卡特和格雷尼姆·波拉德发表了《对某些19世纪小册子性质的调查》的辨伪目录。1925—1940年在莱比锡开始出版的15世纪欧洲印本书总目和欧美4000个图书馆藏的联合目录——《摇篮本总目》,反映了欧美版本目录学的成就。正是在这些目录活动和目录著作的基础上,形成和发展出分析目录学。英美分析目录学与传统的列举目录学相辅相成,共同构成了英美目录学的学科体系。分析目录学与列举目录学有本质的区别:研究对象方面,前者以文献的"物质存在"为研究对象,而后者以文献的"精神存在"为研究对象;在其研究目的上,前者旨在精密、准确地鉴别和描述文献,而后者则旨在将关于各种文献的信息汇集成为一个有逻辑的和有用的编辑物。

分析目录学有三个分支学科:版本目录学主要通过版本和印刷技术来研究和比较文献正文的异同及其流变;历史目录学则认定文献和确定文献的年代;而描述目录学鉴别文献的"理想本"(ideal copy)及其一切异本。分析目录学完全不揭示文献的内容特征,只揭示文献的物质形式特征,如:纸的特征、版式的特征、铅字的特征等等,其分析和描述的精密程度和准确程度,往往令人叹为观止。

分析目录学包含着两项重要内容:Textual Criticism(近乎我国的校雠学)和Scholarly Editing(近乎文献编纂学)。它们又是分析目录学常用的两种方法。分析目录工作的成果一般是单个的"款目",而这种"款目"又常常附在其描述的单本书中,其做法与汉代刘向作的"叙录"颇为相似。但这种"叙录"既不述作者之意,也不评价书籍内容之优劣得失,而只是描述文献的物质形式特征;在形式上,这种"叙录"除部分内容充作其所描述的文献的"序跋"以外,大多以"注"的方式穿插于文献的相关正文之间,而这种"注"基本上又是"辑录"式的,目录学家们不对正文中字词的意义作具体的解释阐发。从这些做法上看,分析目录学与我国古代的校雠学和现在的古籍整理十分类似。

2.2 书目控制理论的提出与深化

书目控制论是将控制论原理应用于目录工作而逐渐形成的一门目录学分支学科。1948年维纳发表了《控制论》,1949年芝加哥大学的著名学者伊根和谢拉随即发表了《书目控制绪论》一文,提出了"书目控制"的概念,将控制论的一些定律和公式引入目录学。由于它具有新颖性、实用性和开拓性的特点,在世界范围内普遍受到重视。

书目控制(Bibliographical Control,BC)是西方现代目录学的重要概念。书目控制理论提出后,英美图书馆学、情报学、目录学界对其进行了不断深入的研究,集中于技术对书目控制的影响与作用、书目控制的理论基础和控制论的概念歧义内涵三个方面。

在技术对书目控制的影响和作用方面,1977年罗纳德·威金顿等研究认为,利用新的信息技术建立书目控制系统是不可避免的,书目控制也离不开新技术的辅助。他们的论点因计算机技术在书目控制中的普遍使用且产生很好的效果而被广泛认同,英美目录学界对于书目控制的技术研究也越来越重视。

在书目控制的理论基础方面,1968年,P.威尔逊对书目控制功能作了深入探究,提出书目控制具有描述控制和揭示控制两种功能。描述控制着眼于文献外形特征,揭示控制则控制文献的主题内容。此后,学者们广泛引进控制论和系统论,围绕书目控制结构和功能问题,使得书目控制研究更加深入。

书目控制含义今天仍有争议,争议的根源在于"Control"一词,戴维森在 *Bibliographical Control* 一书中倾向于把书目控制看作是由两个具有特别意义的短语所组成,即"人类交流的记录"(the Records of Human Communication)和"系统编目"(Systematic listing),并认为系统编目的目的是保证那些可获得的人类写下的或其他形式记录下来的知识不被拒之于编目之外或被控制。综合各种定义,我们能够发现书目控制的基本意义在于控制人类的一切记录下来的文献。

通过英美目录学家的不懈研究,对书目控制今天已经明了以下问题:

(1)书目控制的对象是文献或文献流。

(2)书目控制的基本构成为描述控制和开发控制,其他如人的控制、版权控制、文献编目源控制、书目技术方法控制、书目系统控制、主观信息控制、启发信息控制等观点的出现使得书目控制的构成得到了更充分的总结。

(3)书目控制与现代科学技术密切相关,它离不开计算机等现代科技设施。可以说控制技术是实现书目控制的关键,它包括"文献数据的识别、转换、组织和检索"等"互相关联的四个环节。"

(4)关于书目控制的发展步骤,一般认为应先做到国家书目控制(NBC),然后达到世界书目控制(UBC),而且 NBC 必须与 UBC 配合,即尽量采用 UBC 的有关标准,以求得 NBC 向 UBC 靠拢时尽量减少关碍。

20世纪90年代之后,随着计算机互联网的蓬勃兴起,网络书目控制又成为研究热点。英美目录学家普遍认为因特网在书目控制方面将占据重要地位,网络虚拟文献也需要充分的书目控制——有技术的组织和检索以便高效率地使用。故书目控制也可用在互联网,把无序的信息转换为有序的信息。由于数字图书馆时代对图书情报目录学界提出了新的要求,出现网络书目控制的热潮当在意料之中。

2.3 书目定量分析的趋势

随着科学方法论的推广,目录学研究也出现了计量化和精确化的趋势。这为数学方法在目录学中的运用展示了广阔的领域。英美目录学界很早就开始了目录学的定量研究。1923 年赫尔姆提出了"统计书目学"一词。他的目的是通过对书面交流的统计与分析,探讨书面交流的过程及某个专业的性质和方向。随着书目计量研究的进展,1969 年"计量书目学"被"书目计量学"替代,后发展为今天的"文献计量学",成为英美目录学的一大成果。

今天文献计量学已是图书馆学、情报学、目录学的有机组成部分。通过利用数学方法研究文献交流,文献计量学总结了著名的三个定律:①洛特卡的科学生产规律;②齐普夫词频分布规律;③布拉德福文献分布定律。其中以布拉德福定律产生最早,最有名,影响最大。

英美文献计量学当前另一个活跃的领域是对引文的研究。由于计算机存储能力的提高以及引文索引类文献的畅销,引文性质及作用的研究在英美图书情报学目录学界被广泛开展。罗兰德·布尔普和丹尼尔·奥康纳分别发表了《计量书目学与引文分析概要》和《经验的定律、理论构成和计量书目学》等理论著作。由于注重实例分析和经验的总结,英美目录学专家得出了一系列较为新颖的结论和观点。

网络文献的骤增导致对网络文献的研究、评估等成为新的趋势。文献计量学也不甘落后。现在已出现了"网络目录学"和"网络计量学"等名词,意在研究网络文献的分布与传播规律。虽然英美的目录学家大多并不精通计算机与通信技术,但是他们敢于接受和采用新的信息技术,已逐步建立一套以书目工作自动化网络化为基础的新的目录学定量研究的理论与方法,如网络文献的规范控制、网络检索策略、网络文献分析等方面的研究。

目前,整个目录学学科(方法、内容)的数学化还在发展之中。英美目录学还将强化书目计量方法在科学发展中的功用,并结合比较、"三论"、解释学、移植、社会调查等科学方法,从文化、知识、信息等角度着眼的目录学研究,深化目录学内容。

2.4 目录学的发展与西方编目技术的进步

英美目录学基于实用主义传统和技术为先的观点,对于图书馆编目技术和方法给予了充分重视,能够做到与时俱进,不断研究新问题、新情况,在图书文献编目技术研究方面取得了突出的成就。

在手工编目时代,英美目录学就根据编目工作的要求,研究书目款目著录的具体问题、项目及标目选取的规则,在目录学实践方面着重研究图书目录的组织与排序法,推动编目方法有了大发展。

计算机应用于图书编目,促成了 MARC 格式的进步。对 MARC 格式存在的问题与解决改进办法,英美图书馆学、情报学、目录学界进行了仔细的研究。MARC 成为国际标准后,他们对国际合作编目也十分重视。如欧洲发展研究和培训机构协会(European Association of Development Research and Training Institutes,EADI)1983 年在柏林召开情报文献工作组会议,就决定加强 EADI 内部和亚洲、非洲、美洲及阿拉伯国家地区文献工作协会的联系。

网络时代开始后,英美目录学界又投入到元数据(Metadata)的研究中去。英美目录学界不但研究元数据格式问题,还对 MARC 与元数据的衔接问题进行研究。通过英美图书馆学、情报学、目录学界大力研究和倡导,已产生了各式各样的电子资源描述格式,如都柏林核心集(Dublin Core)、EAD、TEI header 等。其中以都柏林核心集和档案采用的编码标准 EAD 最受瞩目。通过对元数据的研究,英美目录学对网络信息组织又有了新的见解和新的技术。

除元数据外,英美目录学界对网络编目中的具体问题也做了研究。如 Roy Tennant 就讨论了因特网信息网络编目时遇到的一些问题。还有的研究者研究用图书馆分类法对因特网资源进行处理的问题,因特网信息编目与图书情报服务的关系,以及传统编目方法的改进等问题。

2.5　对书目信息产业的研究

英美目录学界很注意书目信息产业的研究。在理论研究方面,目录学界注意吸收信息经济学的内容,开展对"新经济"的研究;在实践研究方面,他们除了关注书目信息产品开发过程中的具体技术方法外,目录学专家和计算机技术人员还合作对电子化书目工具作了认真细致的研究。现在英美常用的书目信息生成工具很多都包含了目录学界苦心研究的成果。

英美近年来研制了一系列书目信息开发工具。如 EndNote,已能够自动产生书目并通过因特网获得这种网络目录。再如 TextWare,可以从大量的非标准网络文献信息中尽可能简单快速地生成索引或检索信息。书目检索方面,Pno-Cite 是很流行的书目信息检索软件。

随着知识经济的兴起,英美目录学界也开始重视对知识管理(RM)的研究,注意从理论上解释知识管理过程中的问题。他们认为,在具体的产业发展过程中,也会大量产生文献信息,因此高效的知识管理非常重要。

由于英美目录工作计算机化的步伐大大加快,其研究的重点也很快转到网络信息的组织与管理,力求占领新时代的制高点。英美目录学十分重视对因特网信息组织与利用的研究,这是值得我们学习的。

3　中国目录学和以英美为代表的西方目录学比较的启示

当今,以英美为代表的西方目录学已独领新潮,在目录学理论与技术方法的研究方面占据主导地位。我国传统的目录学已不是目录学的主体,这是毋庸置疑的。西方目录学为什么能够长盛不衰、逐步发展呢?

西方目录学的兴起与发展,首先与西方学术文化的优良传统有关。西方学术文化讲求主客体的区别,把客体作为研究对象,分别探讨自然与人的科学理论,重科学方法,重视对外在真理的探索和知识的追求,讲究理性认识、抽象思辨、逻辑分析、建立理论体系。故此,西方目录学很早就有目录学名词的词源研究和探讨,注意目录学重要概念、范畴的严密阐述和定义,重视目录方法的深入研究和目录活动分科分类型发展。这同我国传统目录学与校雠学、版本学、校勘学等绞在一起难分彼此的现象相比,对目录学成长为一个成熟的科学无疑具有重要的催化作用。

其次,英美目录学拥有两大优良法宝——致用与变通。自文艺复兴以来,英美目录学一直秉承着致用的优良传统,所研究的一切问题均是书目工作中的实际问题,不蹈空言,不尚思辨。故此,其目录学研究成果对目录工作也就具有真正的指导意义。同时,英美目录学一直秉承着变通的优良传统,注意研究新情况、新问题,提出新设想,而不故步自封,执着于静态的学科体系,才能长盛不衰。正因如此,西方目录学技术才获得飞速发展,目录学才真正成为一门致用的科学。

今天的目录学研究必须高度重视目录技术方法的研究,尤其是要重视研究计算机技术在目录工作中的应用和网络文献的组织传播。因为新技术手段的运用,可以极大地提高研究的效率和质量,同时运用于书目情报活动中,也可使服务效率成百上千倍地增长,并且在理论上具有方法论意义。因此,对以书目数据库为主体的计算机情报检索理论的研究,借鉴与探索,必然成为当代目录学研究的重要内容。同时,当今英美目录学均将网络环境下的书目工作作为研究的基点,其发展前景难以估量。这些正是我们应当学习和借鉴的。

(选自《中国图书馆学报》2003 年第 1 期)

数字化参考咨询服务的发展与问题

初景利　孟连生

参考咨询服务在国外有 130 年的历史,在中国也有 70 年的历史。但自 20 世纪中期以来,国外的一些图书馆正在摆脱传统的参考咨询模式,充分利用网络技术成果,极大地改变了参考服务的形态。参考服务正在从面对面的直接交流转向利用网络开展虚拟的参考咨询活动。有些图书馆处于计划阶段,有些处于试验阶段,有些则启动了正式的服务项目。

1　数字化参考咨询产生的背景

数字化参考服务(DRS),又称为虚拟参考服务(VRS)、电子参考服务(E-reference)等。就是通过利用因特网向实体图书馆以外的用户提供个性化的参考资源。按照美国教育部虚拟咨询台(VRD)的定义,数字参考服务就是建立在网络基础上的将用户与专家和学科专门知识联系起来的问答式服务。

尽管向远程用户提供参考服务不是一个全新的思想,图书馆员多年来已经通过电话、传真、甚至电视会议系统解答咨询问题,但许多图书馆现在正开始探索利用网络这种更高层次的方式,帮助提供这些服务。网络使得我们提供远程支持的层次更高、时效性更强。

虚拟参考服务是 90 年代以后才产生的。据 Carol Tenopir 对 70 所大学图书馆的调查,1992 年美国就有一所大学图书馆开展电子邮件参考服务,现在大多数图书馆都在提供电子邮件参考(99%)和预约参考(96%),有 20 个图书馆(占 29%)提供最新的形式——实时参考咨询。

虚拟参考服务的产生有多种因素。

1.1　传统的咨询量日益减少

传统意义上的参考服务是指与提供对用户的亲身帮助有关的各种活动,包括选书、联络活动、书目教育以及电子产品的使用。它指的是馆员与用户之间的直接交互,这种交互发生在某一个物理服务点,通常在咨询台。近年来,人们对传统的参考咨询进行了某些变革,一是提出"分层次服务模式"(tiered service model),将咨询台分成两个或更多的服务点,将复杂或有深度的服务从简单的问答中区分出来。另外一个模式叫作"研究咨询模式"(research consultation model),它完全取消咨询台,但建立一个"问讯台"和"研究咨询服务处"。此外,建立"流动参考馆员"(floating,或 roving reference librarian)制度也是参考服务的一种趋势。

传统模式最明显的不足是,它在指向上最有用,但对复杂并且有深度的问题处理往往简略而肤浅。这是因为由于其他用户的排队等候而影响了对问题的进一步澄清。另外一个不足是由于咨询台人员的流动,用户不能随着查询的进行而继续咨询。W. L. Whitson 将传统模式的缺点总结为:成本高,缺乏控制,员工使用不灵活,缺乏责任制,抬高不切实际的用户期望,重复性劳动,图书馆员的形象是办事员。

用户利用参考咨询的人数在逐渐减少。据 Carol Tenopir 的调查,有84%的图书馆在咨询台提出的咨询问题在减少。用户现在可以利用大量的资源并且可以很容易地自己找到基本问题的答案。当然提交到咨询台的问题比过去几年更为复杂,要花费更多的时间才能解答。甚至一些用户在向参考馆员咨询之前,已经自己查询了网络或其他电子资源。

1.2 数字化信息资源与日俱增

电子期刊、电子图书、光盘数据库和网络数据库越来越丰富,出版物数字化和网络化的趋势越来越明显。网络上的参考源正在变成参考馆员和用户解决问题的重要途径。馆藏数字化资源的增加既引起用户积极利用这种馆藏的兴趣,他们也发现,他们所面对的需要解决的问题更多,更为复杂。这不仅包括英文的电子资源占绝大多数,利用起来也并非唾手可得,而且以计算机和网络为手段利用电子资源在技术上的难度更大。越来越多的用户选择在家中或办公室利用电子或网络资源,他们对帮助的需求也就更为强烈。为此,参考馆员需要向远程用户提供支持通道。国外的多数图书馆员感到,仅仅在网上提供馆藏内容是不够的,必须有专人帮助用户学会使用这些资源,找到所需的信息,从而与提供电子馆藏形成互补。

1.3 网络技术飞速发展

虚拟参考服务之所以能够实现,其中一个很重要的原因,是网络技术的发展为在网上提供参考服务提供了可能。没有因特网,就不可能有今天意义上的虚拟参考服务。数字化参考咨询可以充分利用为商业领域建立的技术和服务模式。例如,电子商务的发展促进了在网上提供个性化服务的系统的开发。这样,在网上提供客户关系管理软件的新的行业便形成了。

客户关系管理(CRM)软件和网络呼叫中心是虚拟参考服务不可缺少的组成部分。客户关系管理(CRM)是能使组织向远程用户提供个性化帮助的软件和服务,能向大量客户提供个别的帮助。CRM 软件能使用户服务人员记录服务请求,显示用户服务历史,查找类似的服务请求(案例),迅速而一致地解决问题,监控不同时期用户服务质量。将 CRM 软件应用在参考服务环境,能使多家服务机构共同参与服务,合并馆内外为远程服务的工作流程,通过减少冗余和共享专业知识而实现规模经济,在答复同样的咨询时实现更高的标准化,促使同行间的取长补短和其他质量保证计划。

网络呼叫中心将电话、电子邮件、聊天、视频等输入在一个强大的工作站内集成为一体(见图1)。信息专家可以利用 FAQ、语音识别数据库、便捷参考馆藏、电子工具书和其他信息源、在 CRM 系统内积累的服务历史状况以及直接解答咨询的各种服务协议(硬件、软件、参考),提交专家应答,或与专家预约。

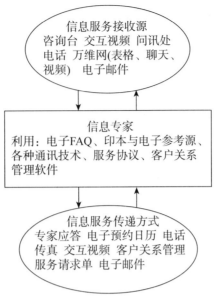

图 1　网络呼叫中心示意图

1.4　商业和非商业咨询公司提出严峻挑战

组织网上信息似乎是图书馆员的专长，但网络公司（如 Yahoo）以及商业性的专业网站 About.com 等似乎有取而代之之势，对图书馆的核心职能——参考，提出挑战。商业公司，如 AskJeeves，一天能收到 300 万个咨询。对 Jeeves 的答案不满意，可以利用 Jeeves 免费的 An-swer-Point，在这里用户可以通过电子邮件提出或回答问题。或者，可以访问对 Jeeves 提供广告支持的收费服务 Exp.com，阅读各个专家的服务价格和资历。其他一些靠收费或广告支持的网站如雨后春笋般涌现，如 AskMe.com，AskAnything.com，有的还招聘图书馆员，Web-help.com 甚至向困惑的冲浪者提供免费的现场帮助。

一些成功的非商业性 Q&A 项目并不是图书馆的。AskEric 是由国家教育图书馆建立的，每周处理 1400 个咨询。这些问题一半来自教师，一半来自管理人员、研究人员、图书馆员和一般公众。美国教育部主办有虚拟咨询台 VRD（wwwi.vrd.org）为中小学师生提供专家咨询服务。数学方面有 Ask Dr. Math，科学方面有 Ask a Scientist，青少年问题有 Ask Alice。对图书馆员来说，这表明一种威胁和机会。人们花大量时间在网上寻求答案，但往往苦于没有合适的途径。用户或者选择商业网站，或者选择图书馆。图书馆不能与商业机构直接竞争，直接竞争也不是图书馆的目标，但图书馆必须让公众了解图书馆提供免费的、有效的服务。美国国会图书馆的 Diane Kresh 说："到了图书馆在社会中重新建立知识中心的时候了。"

2　虚拟参考服务的发展

2.1　提供服务的主体多样化

许多 DRS 是由政府机构、大学系部和专业团体提供的。这种情况下，解答通常是由具有专业技能或知识的人提供的。图书馆提供的服务通常是免费的,其他机构提供的服务有的是免费的,有的是商业性的。

2.2 对商业软件进行改造

新技术提供了巨大的能力,包括不仅能够向用户推送网站,而且能够移动用户的光标(需要下载软件),在网上交谈,举办电视会议。虚拟参考服务的最新发展是实时虚拟参考(real time virtual reference),或者叫实时联机咨询(live online reference)。但实时虚拟参考尚处于早期阶段(在多数情况下,处于计划阶段)。东南研究图书馆协会成立了一个委员会,调查和推荐实时虚拟参考软件。其中用得比较多的是聊天软件,如 AOL 的 Instant Messenger 或 Human Click,通过聊天进行咨询接洽。有图书馆员预测:"在不久的将来,我们可以让图书馆员在家中利用 Instant Messenger 开展参考工作。"一些图书馆,特别是大学图书馆已经利用或改造聊天或商业呼叫中心软件,实时与冲浪者沟通,向浏览器发送网络资源。实时软件允许图书馆员向用户浏览器发送网站,同时可与用户聊天。

值得一提的是美国图书馆系统与服务公司(LSSI)。LSSI(http://www.lssi.com/)已经为图书馆开发了一套产品和服务。几十所大学和公共图书馆与 LSSI 签订合同,但多数处于测试阶段。尽管 LSSI 是这一方面目前唯一的销售商,但 50 多家公司正在开发基本软件。城市图书馆合作系统 24/7 计划(洛杉矶)正在测试 4 种软件(E-gain、Webline、WebEx、PlaceWare)。

2.3 合作提供数字参考服务

多数情况下,没有一个图书馆拥有足够的人力资源,可以全天候地(每天 24 小时、每周 7 天)提供虚拟参考服务。然而,如果更多的图书馆进行合作分配和分担虚拟参考,这个目标就可以实现。如果这些图书馆分布在不同地区,合作就可以利用时区差异,缓解在晚上提供服务的负担。

一个最雄心勃勃的虚拟参考计划是美国国会图书馆正在实施的合作数字参考服务(CDRS)。OCLC 最近已与国会图书馆建立合作关系,参与这一计划的进一步开发。CDRS 将通过图书馆和其他机构间国际的、数字化网络,向研究人员随时随地提供专业参考服务。其目标是:运用最新的技术,在最好的环境下,利用因特网和图书馆所拥有的其他资源,提供最好的答案。其目的是建立一个全球图书馆网络,该网络可以合作提供一个有效的系统来回答参考咨询问题。CDRS 对图书馆的支持是:向终端用户提供另外一种服务的选择。对用户的支持是:与 CDRS 相连发送问题,由专家和全世界的机构提供最好答案。到目前为止,只限于图书馆之间的问答咨询问题,共有 60 多个图书馆和其他机构参加(包括香港科技大学和香港中文大学)。

这不是一个实时的类似聊天的联机参考系统,而是提交问题后迅即(但不一定立即)回复答案的系统。主要有 3 部分构成:①成员馆资料:成员馆的优势和特点。②请求管理器数据库:这是一种登录、路由选择和解答咨询问题的软件。③知识库:可检索的大量问题和答案的数据库。CDRS 的过程:先是请求馆向系统登录一个问题(代表用户)。问题包括附加的元数据,如关键词、主题词、教育层次、所需答复时间、已查询过的资源等。第二步,如果功能完整的话,将自动向知识库提问。如果问题(答案)存在,则自动返回请求馆。否则,问题提交到请求管理器,进行分析和分配。请求管理器是 CDRS 的主体。它拥有成员馆的资料,并使用"最佳匹配"运算法则,向相应的成员馆发送问题,获得答案。第三步,答复图书馆接收电子邮件讯息,并登录到系统中,利用一个 ID 号码检索问题。利用馆内的专业知识和资源以及其他网上资源和服务,对问题作出答复。第四步,问题一旦答复,通知就返回请求馆,并将答案存储在结果库中。与此同时,问题和答案加到知识库中,进行编辑,去掉个人资料,增加其他的关键词和主题词,对 URL 和书目引文进行标准化,并对时间敏感的数据加上标记,以便以后审查。将来,还将开展馆际互借(ILL,Inter Library Loan)、从哪里可买到所引图书的信息,以及文献传递功能。

一些图书馆转向联合体开展区域性参考服务。例如,洛杉矶(城市图书馆合作系统24/7参考计划)和旧金山(Bay Area 图书馆计划)地区的联合体开始培训馆员测试实时参考服务软件。2000 年 11 月,俄亥俄的 NOLA 地区图书馆系统开始一项实时参考项目。每晚上 4 个小时,每周 5 天工作。该系统没有选择常用的图书馆 URL,而是选择更容易记忆的 AskUsQuestions.com(http://www.askusquestions.com)。14 个参加馆在第 1 年的试用期支付 3500 美元,以支付图书馆人员晚上在家中工作每小时 20 美元的工资。两个月后,服务系统每周收到 25—30 个问题,用户平均等待时间为 30—45 秒。NOLA 计划再增加 25 个图书馆,并将服务时间延长到白天。由 Illinois 8 所大学图书馆参加的联合图书馆系统试验实时、网络化的全天候便捷参考服务(www.rsa.lib.il.us/ready)。

3　虚拟参考服务需解决的问题

电子资源的引入导致对参考咨询及服务模式重新定义。参考服务的本质在于馆员与用户之间的交互。网络为这种交互提供了最有效、最便捷的手段。数字图书馆建设中,必须充分考虑以虚拟参考服务为核心的信息服务问题。在这一方面,国外已经比我们先行一步。我们要实现参考咨询从传统到虚拟的变革,还有很多工作要做。

3.1　知识库的建立

知识库是参考咨询的资源基础,就像传统的参考咨询必须配备各种工具书一样。知识库的建立可以通过集中建库和累计建库两种方式来解决。知识库要形成规模,内容要新颖,检索要便捷。知识库在我国还是一个薄弱领域,需要计算机、出版和图书情报各方面的共同合作。

3.2　DRS 的技术解决方案

提供虚拟参考服务必须利用虚拟参考产品。在一件虚拟参考产品中需要具有下列特征。

①建立能解答各种问题的知识库是用户在求助于参考馆员之前自行查找答案和参考馆员提供参考服务的重要资源。②网上聊天已成为网络用户最受欢迎的一种交流方式。但聊天的内容往往限于简单问题。③电子邮件目前是人们利用网络最频繁的方式。电子邮件通常用于解决比较复杂的咨询问题的交流。④可与用户交互,并可控制用户的网页浏览器,特

别是提供网络数据库、电子期刊之类的服务。图书馆员可能想看看用户浏览器正在显示什么,通过遥控操作用户的话路,或向用户推送其他的网页。通过这些共同浏览特征,图书馆员可以更好地看到用户的问题,更容易地演示解决办法。⑤预构信息。许多重复性的内容可实现自动化。为减少虚拟参考系统操作员的打字量,应该有某种设施通过键盘或鼠标向远程用户发送经常使用的文本。⑥数据记录与统计报告。能够知道系统如何被使用,利用模式,评价整个系统的效益。

3.3 DRS 服务质量

答案的质量和事实的准确性对所有的参考咨询都是至关重要的。合作提供参考服务取决于维护高水平的参考服务。CDRS 制订有《CDRS 服务水平协议》,对质量(5 条)和速度(6条)都有明确的规定。

3.4 DRS 的馆际合作

参考咨询服务的一个重要保证是随时随地。要做到这一点,仅仅靠一个馆的力量无法胜任。数字化参考咨询的一个重要特点和发展趋势就是合作提供参考咨询。这既涉及技术问题,也涉及管理问题,如管理规范、人员培训、市场推广等。只有 DRS 的功能保证图书馆和用户享受到 DRS 所带来的利益,DRS 的馆际合作才会成功。

(选自《中国图书馆学报》2003 年第 2 期)

元数据标准的演变

曾　蕾　张　甲　张晓林

最近 10 余年来，随着网络化数据交流的普及应用和数字图书馆的崛起，元数据的重要性受到广泛认识，与其相关的标准的发展日益引人注目。元数据的概念部分起源于图书馆编目工作，但是它的发展趋势又超出图书馆的机读目录格式的格式标准。如果不理清两者之间的关系，我们就无法在元数据标准的研究与应用上取得快速的进展。

1　怎样看待前网络时代机读目录格式

机读目录格式是图书馆编目规则与计算机磁带存储格式的结合。图书馆编目规则是长期图书情报工作的经验总结，它既是元数据概念的渊源，也是目前处理书目数据、产生描述元数据的最佳方式。计算机磁带存储格式是 20 世纪 60 年代计算机技术的产物，也是目前机读目录格式继续发展的主要障碍。机读目录格式的目录区、指示符和子字段都是为适应顺序存取的技术要求而设置的。据此，我们可以说机读目录格式是元数据标准中的一种，它需要改进的部分是数据的组织结构，也就是如何将现有的数据元素根据新技术标准（如可扩充置标语言 XML）组织起来。

为了发挥机读目录格式的作用，而且弥补现在元数据中缺乏比较详细的综合性的描述元数据的缺陷，机读目录格式已在美国国会图书馆的标准工作组的操作下，脱胎换骨，先是从机读目录格式中衍生出来的元数据物件描述格式表 MODS（Metadata Object Description Schema），紧接着是机读目录格式的 XML 表现形式（MARC XML），再加上元数据编码与传输标准 METS（Metadata Encoding and Transmission Standard）的完善，使机读目录格式及任何其他描述元数据记录都能被融入一个综合的元数据记录，"古老"的机读目录格式终于又受到人们的青睐，其魅力在新的一代数字图书馆中逐渐发挥出来。

在网络时代，如果简单地将机读目录格式划到元数据标准之外，排斥机读目录，我们就无法将书目记录与数字图书馆结合在一起，会将目前仍是主要信息源的书目记录排除在数字图书馆之外。但是，若一味坚持采用机读目录格式而阻止新的元数据标准开发则会影响整个数字图书馆工作的进程，这是我们需要避免的另一个极端。

2　网络时代数据类型的特点

元数据是关于数据的数据，换句话说，元数据需要容纳可能出现的任何类型的数据。多样化的数据类型包括书目型数据、文献型数据(半结构化或无结构)、数字型数据(图、声、像)、数值型数据(地理数据、统计数据、软硬件数据交换)等。针对这些数据而产生的元数据产品远远超出了机读目录格式时代"编目"概念的内涵。与处理单一数据类型的机读目录格式相比,现今元数据所要担负的任务超过传统图书馆过去能承担的范围,涉及我们生活的每个方面。从数量上看,现在一年中被处理和将被处理的数据比过去图书馆处理了几十年的数据还要多。

3 网络时代元数据的特征

数据类型的多样化和数据量的猛增、数字化信息用户群体的形成以及信息技术的迅速发展,促成了元数据从量变到质变的飞跃。我们以下分别从几方面来考察。

3.1 功能:从单一(描述)到综合(描述、管理、技术、保护等)

机读目录格式的确应被纳入元数据标准或元数据集的范围,但它只是所有元数据中一个侧重于书目描述用的元数据标准,描述在这里基本上是其唯一的宗旨。机读目录格式基本上满足了对各类型出版物描述的需要,例如早中期的机读目录格式分别为单本书、连续出版物、地图、缩微资料、音像资料等等编制了特定的格式。到后期这些形式被有机地统一起来了,但是其基本作用和使用方式并没有变。以机读目录格式为代表的数据记录是在非数字化、非网络化时代为了详细描述图书馆所收藏的出版物而设计的,比起卡片式和书本式书目记录来,机读目录格式机读记录已经是一个飞跃。自从有了联机目录,起码读者不用到几十里外或几百里外去查目录,或去验证某一本书或文献到底是不是自己所要的。机读目录格式将过去印在卡片和书本目录上的信息用机器可读形式存贮在数据库中,不仅方便管理、查寻,而且通过联机形式得到信息共享,大大提高了图书馆工作效率。但是,这种工作程序的主要功能局限在"描述"方面,一条机读目录格式数据往往要动用几十个字段和子字段,将一本书或其他实体的物理特征和内容特征详细地记录在编码中。这种详细程度是因为书目记录与图书馆馆藏中的实物是分开的,书目记录需要帮助读者根据目录上的描述决定此书是否就是他所要的。从目录厅到书库,又从一个目录柜到一排书架,最起码也要有点距离,一个读者根据目录上的描述,决定一本书是否是他所要的。在开架的情况下这些书可以直接由读者从书库中把书取出来。在闭架的情况下,书单被送进书库,由馆员取来(至今在美国国会图书馆、纽约公共图书馆等有世界一流藏书的图书馆仍是以闭架取书为主)。这种情况下,当要靠书目记录来决定取舍时,人们当然总是希望对实体的描述越彻底越好。

数字化馆藏、特藏和数字化图书馆的基本特点之一是信息源的数字化,几乎所有形式的出版物和其他信息源都可以用数字化的形式来表现和存贮。这几年,进展最明显的主要是图像、声音文字材料等的处理。一个人在计算机目录上找到一条关于某作品的记录时,就可以直接点击联到原作的数字化版本。这种情况下,对元数据记录关于文献源的详细描述的要求就自然而然地降低了。另一方面,由于一个作品现在往往不仅有其最原始的出版形式,通过数字化等过程又产生一个或多个衍生品,这就要求在书目数据中加入管理元数据内容,阐明每个原作和衍生作品的版权所有、使用权限、参与部分制作的单位的情况等。同时,每个数字化的文件在使用中又有对平台、软件、插入软件(PLUG-IN)等的要求,有在其数字化过程中经过处理的各种参数,例如存贮格式(PDF,DOC,JPG,GIF 等)、扫描清晰度、体积、文件 SIZE 等。这些则要求在书目数据中加入技术元数据内容。根据各种类型数字图书馆的需要,有些记录中还要求加入保存元数据内容。这样,现在的元数据的功能不再仅仅是描述或以描述为主,元数据集描述、管理、结构、技术、保存等信息为一体,在数字图书馆中的功能早已超出了单纯的书目描述功能。

3.2 结构:从整体式到模块化

描述、管理、结构技术、保存等元数据元素的存在给机读目录格式时代的元数据带来了另一些特点。首先,元数据可以是模块化的,即描述、管理、结构技术、保存等方面的元数据可以各自在自己的模块中形成,有些是批量形成,有些可以是自动形成。模块不一定要由同一个人、同一个部门做成,而形成的模块又可以被反复使用、分散使用或修改,既避免重复,又保证了一致性。例如,一幅关于武汉黄鹤楼全貌的摄影作品经数字化处理后可能产生好几份文件,例如按不同清晰度扫描或存贮成 TIFF 或 JPG 格式,这几份文件的元数据记录中,描述元数据部分可能基本上是一样的,但是技术元数据部分则不同。又如,该摄影者将图片的出版印刷等权利卖给了不同的出版者,其中有一处将照片放入网上教学教材中,另一处将其加工制成电子明信片的形式,还有一处将其电子版复原成与原件一模一样的作品,存在档案中,请注意,这时的电子版文件是由不同的单位制作的。这种情况下,该照片的描述部分可能还是相同的,但其管理和技术元数据成分则各有不同。

模块化的另一个好处是不要求采用唯一的、统一的元数据格式标准。大家不需要非要采用机读目录格式或都柏林核心集的格式来生产元数据记录。有必要时,不同格式下产生的数据可以互相转换,比如在甲方可以将乙方的原始元数据记录根据甲方需要转换过来。有的时候,这种转换甚至都成了多余的。例如 METS 的思想,是像粘胶一样,把不同模块粘在一起,人们可以把描述部分放上详细的数据,也可以只是放上引导(链接)到该描述元数据记录的 URL。对结构、技术、管理等部分也可照此处理。这种粘胶的方法,原则上允许任何形式的原始数据引入。

模块化改变了过去用统一一种格式处理所有文件、万变不离其宗的大而全方式、全国乃至全世界"统一"化的方式。机读目录格式时代允许千变万化的有机组合的局面,对于充分利用各种原始数据特别是多年累积的书目数据来兴建数字化馆藏和数字化图书馆提供了先决条件。

3.3 形式:从繁(几十个字段,上百个字段)到简(10 来个核心元素),并且可自由伸缩

机读目录格式时代的元数据也以简略著称。可以说,"简单化"和"实用性"是一些主要元数据标准的基本准则。过去机读目录格式本身的烦琐,加上对英美编目条例 AACR Ⅱ 的严格实施,和对国际标准书目描述格式(ISBD)的标点符号的严格采纳等,使许多非图书馆编目人员望而生畏。比如,编目人员除了要了解机读目录格式的固定字段和非固定字段、可重复和不可重复字段的不同用法,还要掌握成百个子字段的应用场合、第一和第二个指示符(IN-DICATOR)的取值条件等。每条机读目录格式数据的产生往往需要耗费相当多的人力物力,而且只有经过严格训练的编目人员才能做出符合质量要求的书目记录来。对机读目

录格式编目烦琐哲学的挑战首先是都柏林核心集(Dublin Core,DC)的"打群众战争"的思想。面对浩瀚的网上资源、与日俱增的电子化资源,过去那条机读目录格式编目的道路是行不通的。DC工作小组最早提出的,就是要让每个网上资源的作者本人成为其作品的编目者,其采用的"核心"一词,一语道破天机——不要烦琐的面面俱到、层层区分的格式,而只要能揭示最基本特征的核心元素。经过几次改进,DC形成15个核心元素的一套定义,根据需要,每个元素都可以重复使用,也可以被弃之不用,十分灵活。

简单化并非是唯一的原则,它的实现还要靠可伸缩的原则。都柏林核心集的可自由伸缩性保证了某些具体项目的需要,例如,对需要具体一些的数据源,DC又定义了一套"特征词汇"(QUALIFIER),允许在一个元素下按照特征进行细分;此外,对于面向类用户、资源的数据源,允许在DC基础上增加少数元素(例如DC—教育版)。尽管DC从纵向(扩展的"特征")和横向(增加的专用元素)都有所发展,在申报国家标准时,仍仅有15个核心元素被纳入和定为国家(NISO)标准。在利用DC的基础而开展的OAI(开放描述数据)的基本协议中,也只有15个核心元素被OAI接纳,任何要参与在OAI下进行的数据交换和投放库的数字图书馆,在自己的资源中虽然仍可保留比DC更详细的记录,在交换中则必须将数据转换输出或允许匹配为与DC 15个元素一致的格式。

在机读目录格式之后制定的元数据标准,有简有繁,一般来说越早期的越烦琐,比如档案元数据格式(EAD)是继机读目录格式之后为了解决档案材料的处理问题而编制的,其目的是协助查找档案(FINDING AIDS),因为档案资料是以盒、文件夹为单位的,FINDING AIDS也是为了检索者通过这个目录来了解档案资源。虽然EAD及时采用了标准通用置标语言SGML为表现形式,其内容仍十分烦琐。由GETTY出面组织制作的描述艺术作品的元数据范畴(Categories for the Description of Works of Art,CDWA)也是较早问世,可以说十分详细(好几十个元素)。与其对应的是后来居上的图像资源协会的原数据核心集VRA CORE,其对"核心"(Core)一词的采纳表明了它走简单化道路的意向。VRA Core最早将描述作品(Work)本身的元素与描述作品图像(Image)的元素分成两大组,共有30多个元素,后来将二者合并,形成今天(第3版)的17个核心元素类目。

3.4 覆盖面:从包罗万象到面向特定学科、专业、文献(物件)类型

在欧美国家虽说没有"百花齐放""百家争鸣"一说,机读目录格式时代的元数据发展却正是这种精神的体现。多少年来,机读目录格式是处于垄断地位的唯一的描述格式,大大小小的图书馆,不论什么专业,都以机读目录格式为自己的编目格式。机读目录格式时代,这种局面已经一去不复返,许多以某个特定学科、专业(如地理、艺术)、某个用户群(如教育)、某种文献源形式(如图像资料、毕业论文)、某种用途(如拍卖、鉴定)等为目的而编制的元数据标准应运而生,如果把元数据集、数据字典和以可扩充置标语言(XML)的格式表(Schema)或文件类型定义(DTD)形式发表的数据格式与定义都纳入人们所说的"元数据运动",其覆盖面和种类的确可以用"如雨后春笋、层出不穷"来形容。而且,这些面向专门使用对象的标准格式可能互相之间有所重复,例如在处理艺术作品时,人们可以看到起码5种比较通用的标准格式。它们可能是由有不同背景的人或团体制作的,发表元数据标准的团组有计算机行业、非营利机构、学会、协会等。

3.5　表现方式:从数字型字段代码到文字型含语义的元素标签,并逐渐实现 XML 化

机读目录格式时代的元数据几乎无一例外地采用了带语义的文字标记,虽然有少数元数据标准(例如 IEEE LOM 和 DLESE)的标记仍然带有数字,其作用只是将元素归类,将相关的元素集合在一起,实际应用中产生的数据仍是文字标记。近两年来 XML 的成熟和普遍应用,以及 XML 编辑工具的不断完善,大大促进了元数据格式的 XML 化趋势。有些元数据标准在发表之时既以 XML 的格式表或文件类型定义形式出现(例如档案元数据),更多的是在将元数据及元素间关系严格定义后,另将其用 XML 形式发表(例如 LOM、MODS)。当然有的时候,XML 版本要晚于原定义的发表。例如 LOM 的语义定义经过不断修改已经公布了第 6.3 版,但其 XML DTD 仍反映的是 2.1 版的内容。MODS 在这方面做得好一些,它集中了分散在机读目录中的相关字段(例如 100 字段和 700 字段都是关于作者的),又用带有清晰语义的文字形式作为元素标记(TAG),不再用数字作为标记。MODS 公布时,其 XML Schema 同时问世。

最有轰动效应的是 MARC21-XML 征求意见稿的问世,这项工程不仅将机读目录格式元素全部用 XML SCHEMA 形式表现,而且提供了相应的将传统机读目录格式记录转换成 MARC XML 记录的工具,这项工作将大大促进图书馆将书目数据 XML 化、文字化,对图书馆数字化特藏或数字图书馆工作将起到推动作用。

3.6　生成方式:由手工向自动化方向发展

机读目录格式时代,大多数用于资源发掘的原数据都是经过耗费人力的图书馆编目完成的,虽然图书馆编目至今仍然是查找书刊资源的最佳标准,但对网上资源来说,耗费太大,不可能在实践中实现。在另一个极端,检索引擎则用机器在短时间内处理大量搜索来的网页,做成索引文档,以供检索,从其成本—效益之比来看可以说走了一条十分成功的道路,但其质量可想而知。在这两个极端之间,是否有新的道路? 经计算机处理的文件(如 Word 文件、PDF 文件、网页、TIFF 图像等)本身带有多项元数据,例如大多数编辑软件都支持用户自己输入元数据(标题、关键词、作者隶属单位等),能自动记录一些元数据(生产日期、有标记的文件结构、文件生成中采用的软件名、文件格式等),还有一些高级算法可以对文件按内容自动分类,或与内部分类词表匹配,自动给类目关键词。所有这些若能相结合,有不少元数据可以做到自动生成。采用 XML 为元数据格式、使用 XML Schema 描述元数据标准也促成了数据处理和转换的自动化。比如使用 JAVA 和 Oracle 数据库系统可以通过共享 XML Schema,将 XML 格式的元数据直接装入数据库,或将数据库记录输出 XML 元数据文件。

自动抽取、生成元数据是当前重点研究对象,是未来趋势。前面所谈到的几个特点,模块化、简单化、语义化等都为自动生成元数据提供了先决条件。

3.7　对元数据互操作的前所未有的重视和要求

多种元数据的出现,带来了元数据之间的互相转换的需求。由于不再以一(一个机读目录格式)当十,众多元数据标准和元数据集、定义等共存于信息世界的有限空间。就好像过去大家曾被强迫学说同一种语言,现在一经"解放",许多新的语种被创造出来,在不同规模

的团体中得到应用,人们不再局限于用一套规定的词汇和语法来创造各种作用,他们充分发挥想象力,为自己需要的作品形式定义自己的词汇和语法。但是,语言之间若互不沟通,最后的交流便不能实现,再好的作品也无法得到最大面的欣赏。同时,动辄产生一种语言(含词汇和语法),也是很耗人力物力的。

为了排除这两方面的隐患,元数据之间互换性的工作得以在以下几种主要方式下进行:

(1)制作元数据之间的对照表(Crosswalks)。目前大多数比较通用或有名的元数据格式之间都有对照表,取一种元数据集为源格式(Source),将其他的目标(Target)格式中的元素一一与源格式相对照。

(2)在已有元数据集的基础上扩充,既保证了专用性,又保证了兼容性,而且省却许多重新定义的过程,比如在 DC 元素集上加入几个元素而形成用于教育的元素集(DC-ED),和在教育专用 DC-ED 上再进一步扩展的毕业论文元数据集。再如 DLESE 在整个 IEEE-LOM/IMS 元数据的九大类基础上,加入第 10 类,专门用于地球科学的专业元数据。

2002 年产生的 MODS,可以说是一套新的描述元数据格式,但它的产生完全是在 MARC 基础上的,首先,MODS 将机读目录格式中相关的字段、元素加以集中,仍如原来的 100 号和 700 号字段都与作者有关,现在被放在"作者"下。其次,MODS 不再采用数字符号,而采用与其他元数据相同的含语义的文字标记。MODS 的出现,将缓解前一段没有详细的描述元数据标准的矛盾。

(3)"资源描述框架"(Resource Description Framework,RDF)标准的产生。在 W3C 的标准中,有一项是 RDF,简单地说,RDF 允许在一条数据中"借"用不同元数据格式的元素,用这些分别选出的元素形成一个完整的格式。在每条数据前面,RDF 要求用 XMLNS(Name Space,XML 域名地点)指出这些元素的出处,通常是其元素集的元素定义的网上地址。从理论上讲,今后也许不需要产生新的元数据格式、元素集,因为人们所需要的元数据记录中可以容纳从现有的众多的元数据格式来的元素。

(4)METS。前面已经几次提到 METS,在这里再从互操作性方面来解释一下。METS 可以由 6 部分数据组成:

标示部分(Header):记录本身有关信息,如元数据制作人或单位,数据生成更新时间,数据识别符,以及数据状态。

描述元数据:METS 自己不定义描述性元数据,使用时可以引用任何描述性元数据标准如 DC 或 MARC。既可以是原始数据记录本身,也可以是一个记录的辨识号指向存贮在外部的(称为 external)元数据。

管理元数据:包括在这里的有技术性、信息来源、版权管理或数字信息校对等类型的元数据。它们分别来自不同类型的元数据标准,例如数码图形式美国标准或国会版权元数据标准。如同描述元数据,记录本身可以是一个实际记录或是连接到其他数据库的链接符。

文档部分:可以数字文件(TIFF 或 JPEG)直接与元数据存在一起,也可以将数字文件的地址存储于此。相关信息可以按文件格式排列。

结构部分:用来管理多个数字文件的相互关系,例如图形文件与音响文件的对应关系,扫描文件的页码顺序。

行为部分(Behavior Section):METS 提供了一个新的途径将播放数字文件所需要的软件

信息与元数据存储在一起。

4 结束语

Caplan 在 2000 年美国国会图书馆召开的"新世纪的书目控制会议"上形象地把元数据的发展形容成"百花齐放的花园，布满了许多的交叉走道，在一条陡峭而布满石块的路的顶上"。事实上，现在"元数据"一词的应用已经走出数字图书馆的界限，在工业界，元数据标准化也成为公司数据库或知识库的首要一环。我们尚不能预见元数据的发展还会形成什么样的局面，什么是理想的目的地。本文通过以上分析，希望给大家留下这样一幅画面，让大家看到远远超出图书馆目录、数字图书馆、数据库的范围的元数据发展和应用范围，这种范围在理论上可以说是无限的。

（选自《中国图书馆学报》2003 年第 4 期）

公共图书馆精神的时代辩护

范并思

1 公共图书馆精神的历史演化

按西方图书馆史学家的说法,"公共图书馆"这个词至少已经存在了 2000 多年。到了文艺复兴时期,意大利还出现过正式对公众开放的图书馆,它也被人当作公共图书馆。但古代的公共图书馆与现代公共图书馆的意义有很大差异。塞萨在为美国《图书馆学情报学百科全书》撰写的"国际的公共图书馆"词条中说,古代公共图书馆的意思"也许是说图书馆是公共的,而不是私人拥有。尽管远古的'公共'图书馆的藏书既被它的建立者使用,也被得到许可的学者、学生、牧师、官员使用,但它的拥有者要为某些目的而限制图书馆的使用"。这种限制,就成了以往的各种图书馆与现代公共图书馆的最根本区别。

现代公共图书馆是 19 世纪公共图书馆运动的产物。在公共图书馆的历史发展过程中,形成了现代公共图书馆精神。公共图书馆的基本理念形成经历了以下几个阶段。

1.1 平民化的理想

公共图书馆理念的奠基人,是英国图书馆学家爱德华兹。爱德华兹没有受过正规的学校教育,他在为砌砖工的父亲做学徒的 7 年中业余学习。1834 年,22 岁的爱德华兹成为不列颠博物院图书馆的一名读者,1839 年成为该馆的编外编目员。1847 年,爱德华兹发表了研究欧洲公共图书馆的文章,引起当时的下议院议员尤尔特的注意。1849 年,爱德华兹作为尤尔特的助手,协助起草了英国公共图书馆法,并帮助这部法令于 1850 年在英国下院得到通过。这也就是人们常说的世界第一部公共图书馆法。除了帮助起草公共图书馆法,爱德华兹还投入极大热情研究公共图书馆的历史。爱德华兹写下了长篇巨著《图书馆纪要》,其中有很大篇幅是古代公共图书馆史。

在通过公共图书馆法后,爱德华兹担任过曼彻斯特公共图书馆的馆长。时过不久,他就离开了这个岗位,开始了贫困潦倒的后半生。尽管在现有各种文献中,我们很难看到爱德华兹对他的公共图书馆理念的直接明确的表述,但我们仍然可以从英国公共图书馆法的实施中看到爱德华兹对公共图书馆的理解:爱德华兹的理念,就是建立一种由地方当局授权管理,由地方税收支出支持,因而对所有纳税人(实际也就是所有社会公众)免费开放的真正的公共图书馆。爱德华兹为区别这种公共图书馆与古代公共图书馆,称它为免费公共图书馆。

在这种免费公共图书馆出现之前,图书馆是有其特定服务对象的。这些服务对象,要么是皇室成员、达官贵人,要么是知识分子、神职人员。爱德华兹倡导的免费公共图书馆,却将图书馆服务对象扩大到了所有社会成员。爱德华兹本人是一位连享受正规教育的机会也没有的"平民",他所倡导的图书馆理想,也极具平民化色彩。

1876 年,芝加哥图书馆馆长普勒发表了一篇名为《公共图书馆的起源与管理》的论文,文中对平民化的现代公共图书馆写下了一个经典性定义:"公共图书馆是依据国家法律建立的,是受地方税收与自愿捐赠支持的,是被当作公共信念管理的,每一位维护这个城市的市民都有平等地享有它的参考与流通服务的权力。"这种理念,成了现代公共图书馆的基本精神。

公共图书馆发展最需要得到社会公众的支持,为得到这种支持,图书馆人需要一套理论,说明公共图书馆的社会价值,以说服社会公众接受他们建立公共图书馆的理想。而爱德华兹只是凭直觉意识到社会需要平民化的公共图书馆,至于这种图书馆可以为社会带来什么,爱德华兹没有来得及考虑。

1.2 承担社会教育职能

19 世纪后期,公共图书馆的发展重心转移到了美国。美国是一个新兴的移民国家,没有欧洲的贵族图书馆传统。美国的公共图书馆发展,一开始就是以地方政府、社团、慈善家捐款建设为主,充满了平民化色彩。但是,以杜威为代表的美国图书馆学家没有停步于平民化理念,而是将图书馆当作一个社会教育机构,当作"人民的大学"。"杜威坚信知识应当战胜愚昧,图书馆应该是造就新一代文明领袖和文明国民的有力工具。"他们希望通过发挥图书馆的社会教育职能,对社会发展做出贡献。

杜威一生的图书馆活动可分为两个阶段:第一阶段 1873—1888 年间,杜威致力于图书馆管理的改进和国家图书馆活动,他的主要贡献,如发明十进分类法,创建美国图书馆协会,创办图书馆管理学校等,都是出现于这一期间。第二阶段 1889—1906 年间,是杜威的公共图书馆活动时期。《世界图书馆与情报服务百科全书》称"杜威毕生追求将图书馆办成'人民的大学'这一宏伟的目标",这种追求,体现在杜威 1889 年担任纽约州立图书馆馆长期间。

杜威倡导的"人民的大学"的公共图书馆精神为公共图书馆的发展带来了新的理念,它被写入 1949 年版的《联合国教科文组织公共图书馆宣言》,成了该宣言的基本精神之一。该宣言在"人民的大学"一节中写道:"依靠训练有素、学识丰富、充满想象力的工作人员,凭借充足的经费和公共财政的支持,公共图书馆就能成为一所人民的大学,为所有读者提供义务教育。民主社会的公民需要这种随时进行的自我教育的机会,今天复杂多变的生活使这种需要更为迫切。"杜威将公共图书馆当成"人民的大学",希望图书馆承担起社会教育的职能,这一理想是十分崇高的。但是,公共图书馆并不能通过收藏文献并提供服务而自动地达到社会教育的目的。承担这一职能,要求图书馆员更多地介入读者教育。杜威等人正是这样做的。黄纯元说:"以杜威为代表的早期图书馆员充满着理想主义的色彩。他们一方面热衷图书馆管理的完美化,另一方面高度信奉着图书馆的社会教化的信念。他们把自己的工作看得非常神圣,就好像牧师、教师一样,向人们传播着知识和道德的福音,净化人们的心灵。"而图书馆员介入读者社会教育在理论上带来的问题是:"没有任何'证据'可以证明图书馆员要比读者来得高明,也没有任何'原理'可以说明图书馆员所提供的精神食粮要优于读者自己选择的。"1939 年《美国图书馆权利宣言》确立了"图书馆自由"的原则。这一原则挑战了社会教育的理念。它要求图书馆员在服务时,在意识形态上必须保持中立性、客观性和被动性。因此,公共图书馆的发展仍需要寻找新的理论支持。

582 | 《中国图书馆学报》创刊六十周年文选(1957—2017)

1.3　民主社会的保障

二战结束后,各国社会经济重建步伐加快,公共图书馆进入了新一轮发展时期。尽管这一时期的公共图书馆事业中缺少了卡内基捐款这样令人鼓舞的事件,但由于国家或社会的强力介入,使战后图书馆的发展超出了图书馆事业早期过分依靠个人捐款的局面。随着各国在财政上对公共事业投入显著增加,公共图书馆的发展已经建立在一种更为科学的制度保证的基础上了。就总体而言,公共图书馆已经成为一种社会化事业。随着公共图书馆事业的重新高速发展,理论界对公共图书馆的性质与职能的认识有了新的提高。代表这种认识的,是几部公共图书馆理论专著的出版及《公共图书馆宣言》的颁布。

1947 年,美国图书馆学会发表了 S. H. Ditzion 的著名专著《民主文化的武器库》。这部著作第一次将公共图书馆的职能与对社会底层人士的人文关怀联系在一起,深刻揭示了公共图书馆与现代民主政治的关系。这部著作实际为《公共图书馆宣言》的问世奠定了理论基础。在很长一个时期里,"民主文化的武器库"代表了国际图书馆界对公共图书馆的认识,成为西方国家图书馆学家描述公共图书馆职能的最流行用语。

1949 年,谢拉的博士论文《公共图书馆基础》出版。虽然这是一部以研究新英格兰公共图书馆史为主要内容的著作,但它同样表达了作者对公共图书馆与社会民主进程的认识。这部著作同样是一部被后来的公共图书馆研究者反复引用的著作。同年,加库出版了《公共图书馆与政治作用》,表达了他的公共图书馆的信念:"我们现在称为的'图书馆信念'是由来已久的。它是一种基本信仰,由于已被人们普遍接受,以致常常是不言自明的。通过印刷文字不仅使阅读方便得多,而且也使我们文明世界中的许多主要准则得以保存下来。至于谈到文化,那么书本知识、读物的总量和图书馆的藏书量都将成为不仅是个别的,而且是全社会的价值的衡量标准。"

1948 年 12 月 10 日,联合国大会第 217A(Ⅲ)号决议通过并颁布了《世界人权宣言》,该宣言从多方面规定了人的权利,包括人的信息权利。《世界人权宣言》第十九条是:"人人有权享有主张和发表意见的自由;此项权利包括持有主张而不受干涉的自由,和通过任何媒介和不论国界寻求、接受和传递消息和思想的自由。"

1949 年,联合国教科文组织通过了《联合国教科文组织公共图书馆宣言》。该宣言第一次以正式的方式,表达了世界图书馆界对公共图书馆的基本立场:

第一,公共图书馆是社会民主政治的产物,也是民主社会的保障之一。"公共图书馆是现代民主政治的产物,是作为终身教育的大众教育中体现的民主信念的实际典范。"

第二,必须立法保障公共图书馆事业,完全由公费支持。作为一种民享民有的民主化机构/制度,公共图书馆必须是"在清晰、权威的法律下建立与管理,完全或主要由公共资金所支持"。

第三,对社区所有成员实行同样条件的服务,对所有人免费服务。"以同样条件对社区的所有成员免费开放,不分职业、信仰、阶层或种族。"

这一宣言不但阐明了公共图书馆由公共资金支持、以同样条件对社区所有人免费开放、它承担社会教育职能等早期形成的公共图书馆理念,而且很好地解释了公共图书馆平民化的基本理由。公共图书馆是社会民主政治的产物,它通过以同样条件地、免费地为全体社会成员提供信息服务,使社会成员获得民主信念及参与社会管理所需的知识。这就是公共图书馆是"民主社会的保障"的观点。

2 公共图书馆精神的时代意义

2.1 公共图书馆精神的实质

公共图书馆是各类型图书馆中最为重要的一种类型。在世界大多数国家中,公共图书馆不但是数量最多、服务面最广、藏书量最为丰富的图书馆,而且也是最受社会和公众关注的图书馆。公共图书馆又是非常特殊的一种图书馆。中外图书馆史上,都因公共图书馆的出现而导致全国性的图书馆运动。公共图书馆与社会运动的互动关系可以从多个方面去认识,但我们认为,导致这种互动最主要的原因只有一个,那就是从社会的角度看,其他类型的图书馆只是一种社会机构,而公共图书馆不但是一种社会机构,而且是一种社会制度。尽管公共图书馆的文献信息组织方式与大学图书馆或研究图书馆没有区别,但建立公共图书馆的理念却并非单纯是保存与利用文献。公共图书馆的社会意义在于,它的存在使社会中每一个公民具备了自由获取知识或信息的权利,它代表的是一种社会用以调节知识或信息分配,以实现社会知识或信息保障的制度。公共图书馆制度能够保障社会成员获取信息机会的平等,保障公民求知的自由与求知的权利,从而从知识、信息的角度维护了社会的公正。

知识的普及是政治民主的前提。公共图书馆为社会所有成员免费地无区别地提供知识与信息,使社会的每一个成员都有了公平获取信息的机会,因而它就为社会政治民主提供了一种基本保障。这一思想产生于1947年的《民主文化的武器库》一书,而在各个版本的《公共图书馆宣言》中,都涉及"民主"的内容,如1949年版《宣言》称"图书馆是现代民主政治的产物",1972年版《宣言》称公共图书馆取得的成就是"民主信念的实际证明",1994年版《宣言》将"人民对社会的建设性参与和民主的发展依赖于良好的教育以及知识、思想和信息的无限开放"放在了该宣言的第一节文字中。

民主的发展依赖于社会成员的良好教育,也依赖于"知识、思想和信息的无限开放"。社会教育曾是1949年版《公共图书馆宣言》的重要主题,该《宣言》认为公共图书馆提供了自我教育的机会,"民主社会的公民需要这种自我教育的机会,今天复杂多变的生活使这种需要变得更加迫切"。现在,这一任务已越来越多地由国家义务教育机构/制度来承担。而知识与信息的开放(可自由获得),自19世纪开始就是由公共图书馆制度承担的,直到现在,公共图书馆仍然是最好的保障社会信息公平的机构/制度。

在信息社会中,人们获取信息的渠道非常多。只要具备一定知识、技术或金钱,社会成员很容易从多样化的信息传播渠道中获取自己所需的知识或信息。互联网所带来的信息公平主要是地域间的信息公平。也即利用互联网,以往信息资源严重匮乏地区的社会成员可以获得与信息资源丰裕地区人们基本相当的信息。但是,由于社会经济、文化差异的存在,仍有部分社会成员在获取知识或信息方面处于极端弱势的地位。他们不但缺乏通过网络自由获取信息的技术能力,也缺乏通过产业化的信息服务机构获取信息的财力。尤其在发展中国家,这种信息弱势人群在总人口中占有相当比例,他们的信息匮乏已成为这种国家民主政治进程的最大障碍。而目前可以为他们提供信息保障的机构/制度,仍只有公共图书馆。

2.2 公共图书馆精神面临的挑战

今天,我们之所以重提公共图书馆精神,是因为公共图书馆精神的确遇到了前所未有的挑战。公共图书馆能够为民主政治建设提供"武器",成为社会民主政治的保障。但是,公共图书馆要能够成为维护社会信息公平的保障制度,它就必须以"免费服务"和对所有社会成员"无区别服务"为基本前提。而正是在这些基本点上,公共图书馆的运作遭遇重大挑战。

20世纪70年代开始,西方图书馆界出现了"收费对免费"的大讨论,这场看似非常"操作化"的讨论却是公共图书馆精神面临的最大挑战。J. Jaeger对西方公共图书馆收费问题有较全面的综述。他认为产生收费的原因有:①财政紧缩;②新技术导致服务成本大幅上升;③私有化趋势;④改善图书馆管理的需要;⑤保护知识产权的要求;⑥馆际互借。以上收费的理由中,几乎每一种理由都是十分现实而充分的理由。但是,主张收费服务的讨论者却几乎都忘了一个道理,一些被我们当成常识的公共图书馆理念,如免费服务、无区别服务,并不可简单地从图书馆工作内部运作的需要来论证可否取消。

在旷日持久的公共图书馆"收费对免费"的讨论中,图书馆学理论家们所讨论的问题很多,除了就图书馆活动本身进行论证外,还讨论与之相关的经济学问题(如公共商品的消费)、政治学伦理学问题(如信息公平与政治民主)、社会学问题(如社区中老年、儿童、残疾人保障),等等。这些问题甚至已远远超出传统图书馆学范畴。但是,几乎所有讨论都回避了一个根本性问题:一旦公共图书馆实行收费服务,谁来维护社会弱者的信息权力? 到现在为止,我们没有看到一种信息服务可以取代公共图书馆的这一职能。

公共图书馆"收费对免费"的讨论,直接关系到现代社会是否还需要公共图书馆制度。我们认为,只要社会还需要信息保障机制,并且社会没有出现更好的机构/制度取代公共图书馆保障社会信息公平的职能,公共图书馆精神就不可轻言放弃。

所以,尽管存在理论上的大讨论与实践中的不断尝试,公共图书馆的基本精神却没有改变。《公共图书馆宣言》在1972年和1994年经历过两次大的修改,但政府费用支持、免费服务、平等对待读者这些最基本的精神,在新的《宣言》中仍得到体现。尤其是1994年的修改,当时信息产业化浪潮席卷世界,公用事业改革成为世界性潮流,而图书馆服务中大量采用高新技术手段,使服务的成本大幅上升。在此背景下,理论界和图书馆内部要求修改《公共图书馆宣言》中免费服务的呼声很高。但新的《宣言》最后仍坚持了公共图书馆的基本原则:"公共图书馆原则上应该无偿提供服务。建立公共图书馆是地方政府和国家的责任,公共图书馆必须受到专门立法的支持,并由国家和地方政府财政拨款资助。"

2.3 信息时代的公共图书馆精神

不可否认,由于信息技术和信息产业的发展,今天的社会公众有了更多的获取信息的途径。图书馆曾经是唯一的社会公共信息中心,如今它已不具备这种地位了。广播、电视在传播信息方面的普及性、多样性与快速性方面是图书馆不可企及的,而互联网信息服务更是具备了完全取代图书馆的理论上的可能性。当今理论界对公共图书馆的悲观情绪或改革的呼声,很大程度上是出于对互联网信息服务发展的一种回应。

但是,公共图书馆参与开发信息资源的市场竞争,在理论上是存在重大缺陷的。早在1981年私营信息机构大发展之初,美国国家图书情报科学委员会发表了研究报告《信息服务提供中公私部门的关系》,这份被认为影响了美国政府信息政策思想的报告主张通过政府努力解决公私信息服务部门竞争问题。我们曾对这一缺陷作过更明白的说明:"公共图书馆如果放弃公共资金进入信息服务领域,由于其必须承担公益性服务成本,因此无法与私营信息服务商竞争;而如果在享受公共资金的同时进入竞争性信息服务领域,必然要伤害私营信息服务资金的利益。"在这一理论缺陷得到正确解决之前,公共图书馆很难从制度上合理地实施收费服务。

更为现实的问题是,网络信息服务的迅速发展并没有消除社会公众自由获取信息的障碍:经济上,商业化运作的网络信息服务商必须以赢利为目的,某些为拓展市场而进行的免费服务并不能形成一种保障公民自由获取信息的机制;技术上,上网及搜索网上信息的技术对信息弱者而言无疑是新的障碍,其影响甚至大于以往"文化教育程度"对获取信息的障碍。1994 年版《公共图书馆宣言》在"公共图书馆的使命"中写上了"促进信息的发展和计算机应用能力的提高",是发现了信息技术障碍后对公共图书馆服务提出的新要求。

因此,尽管我们不反对某些公共图书馆开拓新的服务方式,尝试新的运作机制,但作为制度存在的公共图书馆在信息时代的核心任务,仍然是为公民自由获取信息的权利提供基本保障。就是说,公共图书馆的基本精神在信息时代仍有其特殊的意义。

3 公共图书馆精神在中国

3.1 中国的公共图书馆精神

中国近代图书馆诞生于 100 年前,其标志也是公共图书馆的出现。

1902 年,绍兴乡绅徐树兰兴办的古越藏书楼对外开放。古越藏书楼虽然名称上仍保留了"藏书楼",但其对社会公众开放的特征明显,已具备了公共图书馆的形态。此后,1903 年在湖南常德出现公共图书馆,1904 年在湖南、浙江出现了较为正式的省级公共图书馆,公共图书馆在全国各地迅速发展。1908 年清政府颁布《京师及各省图书馆通行章程》,使公共图书馆的建设有法可依。到 1910 年京师图书馆开放,中国的图书馆事业完成了从封建藏书楼到近代图书馆的艰难跨越。

但是,公共图书馆的建立并没有使中国社会建成社会信息保障制度。中国公共图书馆理论的奠基人,是一批留学归国人员。他们归来之前,世界公共图书馆理论处在"社会教育"阶段。中国社会教育的极度落后很自然地使他们更看重图书馆的社会教育功能。在人的生存权、生命权都得不到基本保障的极度贫穷落后的旧中国社会中,"信息自由"的权利显然是一种奢谈。

中华人民共和国成立后,公共图书馆事业得到了普及与发展。但是,在强调"阶级斗争"的社会政治环境中,与外部世界缺少交往的中国图书馆学家不但很难了解战后公共图书馆精神的新内涵,甚至没有条件宣讲爱德华兹的理念。1951 年杜定友发表《新图书馆手册》,提及"图书馆为人民服务,对于读者,不分阶级,一视同仁"的公共图书馆精神,结果招来了严厉的批判。

改革开放以来,我国社会政治环境发生了根本变革。制约公共图书馆理念更新的思想束缚已不再存在。随着国家经济实力的加强,一大批硬件出色的公共图书馆出现在全国各地。但是,理念的落后仍然制约着公共图书馆的发展。一些违背公共图书馆精神的思路成为我们常见的做法。例如,国外公共图书馆为确认借阅者是本地居民,也要发借阅证件。但这种发证完全是免费的、对所有市民一律平等的。旧金山图书馆中文主页上公告,市民免费申请图书证,可用任何有照片的证件,甚至可用银行支票本、房租收据、公用收费单等做依据。而我国公共图书馆运作实践中普遍采用的,要么是有选择的、仅对某些读者发证的"有条件服务",要么是收费发证的有偿服务。不但外借如此,甚至进馆阅览也需要证件。又例如,公共图书馆精神主张的是"每一个人都有平等享受公共图书馆服务的权利",提供特殊服务的对象是残疾人、囚犯等"不能享受常规服务和资料的用户"。而我们的公共图书馆管理者却常常将"为领导决策服务""为科学研究服务"作为服务优先的目标。这些看似漂亮的口号甚至写进了全国性公共图书馆会议文件中。但它们的实质却是放弃平等服务,使公共图书馆的信息服务向信息优势人群倾斜。

中国有中国的国情,我们不能说这些做法或口号"背叛"或"践踏"了公共图书馆精神。但是,中国的国情应该是中国的贫困人口更多,低文化程度、低信息能力的人口更多,因此中国比发达国家更加需要维护公共图书馆的制度与理念,以保障社会基本的信息公平。

3.2 理论研究与公共图书馆精神

导致我国公共图书馆理念的落后原因是多种多样的,而图书馆学理论界对公共图书馆精神的态度,就是原因之一。我们曾以统计数据表明我国关于公共图书馆的论文数量远不如高校图书馆,其实,比研究数量的不足更严重的是人们对公共图书馆精神的漠视与无知。

例如,在我国图书馆学教科书中,公共图书馆一般被定义为"面向社会与公众开放的图书馆"。这一定义中没有涉及"开放"是收费还是免费,没有规定对公众应该一视同仁。按照这一定义,街上的租书摊都可称公共图书馆了。我国的理论家们喜好为图书馆学的概念进行学究味十足的争辩,但对这一定义与国际图书馆标准、与世界大多数国家公共图书馆定义的明显差异,却很少有人质疑。

1996 年,一家省级图书馆刊物在刊登《公共图书馆宣言》译文全文时,不但没有按常规将这一重要文件登于该刊显著位置,而且十分罕见地将这篇 2000 字左右的宣言接排到了三个地方。尽管这只是一个偶然事件,或是编辑一时失察,但一篇世界上最重要的公共图书馆文献受到如此冷遇,从一个侧面反映了我国图书馆界对公共图书馆精神的淡漠。

我国研究公共图书馆问题的学者,大多数是图书馆实际工作者。研究能力较强的教授、博士很少涉及这一领域。而在不多的涉及这一领域的知名学者中,还有些是强烈批评公共图书馆精神的。有的图书馆学理论专著中,甚至将现代公共图书馆精神要点,包括"为所有人服务""公共基金维持""免费服务"等,予以批评。现代公共图书馆精神在中国根本没有真正形成,不知理论家为何对它进行如此彻底的批评。

在法理精神方面,图书馆学理论家的表现也令人不解。例如,常有图书馆学家的研究说明图书馆为什么必须"有偿服务",却很少有人研究如何推动政府为图书馆服务"埋单"。很多图书馆学家研究"知识产权"问题,其实知识产权主要是保护作者利益的。图书馆学更应该做的是保护读者利益。西方图书馆学家围绕"公众借阅权"与作家利益方的争斗,就是希望为读者争取更多的权利。

理论家的使命之一,是发现并宣扬新的观念,以观念更新推动人的发展与事业进步。纵观西方公共图书馆观念史,可以发现图书馆学家在推进与宣扬公共图书馆理念方面所起的重要作用。在公共图书馆领域,理论界既要推动立法部门为保障信息公平的立法,推动政府增加对公共图书馆的投入,也要推动图书馆管理者运用已有资源维护社会信息公平。在这一领域,图书馆学家有太多太多的事情要做。

3.3 推动我国公共图书馆事业的动力

今天,公共图书馆精神已成为我们推动公共图书馆事业发展的动力。

在现代社会中,知识或信息已经成为一种竞争性资源。知识与信息的积累能够增强人的社会竞争力,使他们获得公平的发展机会,使社会政治文明有了"武器库"。中国是一个发展中国家,是一个离社会公平还有相当距离的国家。公共图书馆制度为所有社会成员无区别地提供知识或信息,它所带来的信息公平是对社会机会不公的一种弥补。尽管实现信息公平不能仅靠图书馆界的努力,尽管公共图书馆的资源还不足以保障社会的信息公平,但是,如果放弃了保障社会信息公平这一独特使命,不但社会将失去一个民主文化的武器库,而且对公共图书馆本身,它们也将失去赖以立足于社会的核心能力。

中国公共图书馆界过去与现在遇到的困难,是很难通过收费服务根本摆脱的。我国某些大型公共图书馆,如国家图书馆、上海图书馆,实际上承担了研究图书馆的职能。它们开展收费服务,在实践中也许能够推动图书馆服务的发展,但这种经验不应该被移植到其他大多数公共图书馆。对于主要为社区服务的公共图书馆,即使收费服务可以带来某些效益,也是以牺牲社会信息公平和放弃公共图书馆核心能力为代价的,是不可取的。

目前,在一些经济较为发达的地区,地方政府开始意识到包括公共图书馆在内的一批社会公益机构必须完全放弃以"创收"为目的的经营,而由政府对其服务全额"埋单"。这可以被看作公共图书馆一个最好的发展机会。但若要抓住这一机会,公共图书馆界必须补上公共图书馆精神这一课,与国际上流行的公共图书馆理念接轨,使公共图书馆真正成为保障社会信息公平的机构/制度。

(选自《中国图书馆学报》2004 年第 2 期)

图书馆学、情报学与信息科学、信息管理学等学科的关系问题

叶继元

图书馆学、情报学与信息科学、信息管理学、信息资源管理、知识管理等学科或领域之间到底是什么关系? 如果是不同的学科,那么各自不同的、独特的学科性质何在? 探讨这些问题,对于图书馆学、情报学(以下简称图情学)等学科的基础理论建设和工作实践,对于图情学的教育及课程的合理设置,对于学生的专业选择等,均有十分重要的意义。

1 图情学等学科的起源及其名称的变化

由于图书馆学、情报学、信息管理学等均起源于国外,因此,简要回顾一下各学科的发展情况,对于探讨它们之间的关系是必要和有益的。

图书馆学作为一门学科概念,最早产生于德国。1807 年德国学者施莱廷格(Martin Schrettinger)首次提出了"图书馆学"(Bibliothekswissenschaft)的概念。1894 年在美国芝加哥出现了图书馆学系(Department of Library Science)。美国的图书馆学家杜威、巴特勒、谢拉,尤其是印度著名学者阮冈纳赞对图书馆学有着最重要的贡献。阮冈纳赞在其两篇代表作中使用了图书馆学这个概念,即 1948 年的《图书馆学前言》(*Preface to library science*)和 1957 年的《图书馆学五定律》(*The Five Laws of Library Science*)。目前图书馆学这个概念在国外还有人使用,但在大多数情况下,它已被图书馆学情报学(Library and Information Science,简称 LIS)所代替。1969 年英国著名检索期刊《图书馆学文摘》(*Library Science Abstracts*)改名为《图书馆学情报学文摘》(*Library and Information Science Abstracts*,LISA)就是一个例证。

Information Science(IS)的概念来源于 Documentation(文献学或文献工作)。文献工作是比利时图书馆学家奥特勒(Paul Otlet)发明的新词,其含义就是现今我们所说的情报/信息存储与检索。1934 年出版的 *Traite de Documentation* 被认为是最早的 IS 教科书之一。而文献工作与目录工作又有密切的渊源关系。1895 年由奥特勒和法学家方丹(Henri La Fontaine)创建的"国际目录学会"(Institut Internationale de Bibliographie,IIB)于 1938 年改名为"国际文献工作联合会"(Federation Internationale de la Ducomentation,FID)。1968 年"美国文献工作协会"(American Documentation Institute,ADI)改名为"美国情报/信息科学学会"(American Society far Information Science,ASIS)。相应地,已有 21 年历史的该会会刊《美国文献工作》(*American Documentation*)从 1970 年起也改名为《美国情报/信息科学学会会刊》(J. ASIS)。图书馆学(目录工作)——文献工作——情报学/信息科学(IS),这些变化说明 IS 由文献工作及目录工作发展而来,它与图书馆学有着千丝万缕的关系。国外很多同行和有关院校经常将"Library Science"与"Information Science"紧密结合,固定成为"Library and

Information Science,LIS",其部分原因盖源于此。

美国情报/信息科学学会(ASIS)曾描述过情报/信息科学(IS)的概念:情报/信息科学是有关情报/信息产生、收集、组织、阐释、存储、检索、传播和利用,且特别强调现代技术在这些方面应用的学科。它寻求创建有关情报/信息传递的科学、技术和系统的知识,包括理论科学和应用科学(用于服务和产品)两部分。

关于"Information Science"的概念,国外同行也是众说纷纭。据报道,Schrade 曾专门分析了 1900 年至 1981 年的 80 年间有关"Information Science"及其前身术语的定义,他发现这些定义概念混乱,或不加评论的引用前人定义,或与实际工作相抵触,或着魔似的要求科学性,或用狭窄的技术观点来定义,或忽视表面上没有科技标签的资料,或不适当地推论,或循环定义,或对术语"Information"的属性做出许多含糊的、矛盾的、有时是莫名其妙的解释。

目前国外有关"Information Science"和"Information"确切含义的探讨仍在进行。丹麦学者 Hjorland 认为,这一问题的研究要取得进展依赖于理论的清晰阐述,而理论的清晰阐述又依赖于对不同研究或"范式"中是非曲直和问题的理解。

目前欧美有关院校或系的名称,大体上有 5 种:

图书馆学(Library Science/Library Studies)

情报学/信息科学(Information Science/Information Studies)

文献工作/文献科学(Documentation/Documentation Studies/Documentation Science)

图情学(Library and Information Science,LIS)

图书馆(学)、文献工作/文献科学和情报学馆/信息科学(Library,Documentation,and Information Science)

国外不同的图情院校、信息管理院系强调不同的专业重点,正如这些院系有着不同的学科发展史一样。教师和研究人员的理论倾向和研究的问题亦有很大区别,例如,重点关注于信息技术应用的专业人员情愿用"情报学/信息科学";而从事于图书馆学史研究的人员则更青睐于"图书馆学";既研究情报学/信息科学,又研究图书馆学的人员则更愿意使用混合的名称"图情学"或"图书馆学、文献科学和情报学/信息科学"。

2 国内图情学等学科的起源及其名称、译名的变化

国外有关图情学概念的演进与争论直接影响到国内对有关概念的理解,加上外文术语具有多义性,与汉语的一个词很难完全对应,使得国内有关学科概念和各学科关系,较之国外更加复杂。

20 世纪初我国学者接受并引进了图书馆学(Library Science)的概念。沈祖荣、戴志骞、杜定友、袁同礼、洪有丰、李小缘和刘国钧等为国内图书馆学的发展做出突出贡献。1957年,刘国钧教授在《什么是图书馆学》一文中,以精练的语言、严密的逻辑论证了图书馆学不仅是一门独立的学科,而且是一门正在发展的有广阔前景的学科。目前图书馆学的名称还在广泛使用,如中国图书馆学会、本科目录中的"图书馆学专业"(情报学则被信息管理与信息系统专业取代)。

1957 年 12 月中国科技信息研究所的前身——中国科学院情报所创办期刊《科学情报

工作》标志着我国情报学理论研究的开始。1958 年第一届全国科技情报工作会议召开,第一部情报学教材《科技情报工作讲义》问世,情报学作为一门新兴学科开始出现。

1964 年著名化学家、文献学家、中国科技情报事业的创始人之一袁翰青院士发表了《现代文献工作基本概念》一文,对英文的总体文献(Document)和专题文献(Literature)进行了辨异,首次系统论述了文献工作(Documentation)的概念,他给文献工作做了这样的定义:"文献工作是组织知识的工作。更明确一点可以说,文献工作是将分散记录起来的知识,特别是文献中新发现的知识单元,经过学术分析与抽出之后,用一定的方法组织起来,对使用者提供最大的便利,能随时被检索到并参考利用。文献中的知识单元实质上就是所含的情报,通常所谓文献工作实际上有两个方面:知识组织工作的一方面和情报检索工作的一方面。只有经过科学地组织起来,检索工作才有基础。组织工作是体,检索工作是用。这体和用的两面,构成文献工作的基本内容。"

可见这种理解与当时国外有关概念是接轨的。特别值得注意的是,文中首次提到了"知识单元"的概念,这与英国情报学家布鲁克斯(B. C. Brookes)1967 年提出的知识与情报的关系、"知识组织"、"知识地图"的概念非常相似,且比布氏还早提出 3 年。我国一些著名老专家、学者的许多论著蕴涵着丰富的知识精华,值得我们深入挖掘和充分吸收。

1983 年严怡民教授的《情报学概论》问世,标志着我国情报学研究进入一个新阶段。当时基本上将"Information"译成情报。如该书讲到有名的"四 R"原则(Right Information,Right Time,Right User,Right Cost),就将 Right Information 译成"准确的情报";将联合国教科文组织 1971 年发表的"The Flow of Scientific and Technical Information"译成"情报流通渠道"。作者在该书 2000 年 9 月第 2 版第 8 次印刷本中已经指出,Information 具有情报、信息、数据等各种含义,有时可译成情报,有时又可译成信息。但是"在汉语中,信息和情报两个术语所反映的概念还是有所区别的。"

1992 年经国家科委核准,一律将 Information 译成信息,并通过各种传媒,尤其是在中央电视台晚上 7 点新闻联播中向全国发出这一消息,影响甚大。从此,许多机构名称、文献中的情报一词被信息一词所代替,如中国科学技术情报研究所,变成了中国科学技术信息研究所。在 1998 年教育部本科生专业目录中,情报学一词消失了,取而代之的是信息管理与信息系统专业。1992 年以后,几乎所有的图书馆学、情报学学院或系均改名为信息管理学院或信息管理系。图书馆学的名称也从院系名称中消失了。这比国外同行来得彻底,在国外的院系名称中,至今许多还在名称前或名称中保留着"图书馆学"的名称。

但是在我国教育部研究生专业目录中,情报学三个字还赫然在目。图书馆学、情报学、档案学均设有硕士点和博士点。然而有关信息管理与图书馆学、情报学、档案学的关系问题,该目录没有也不可能给出明确的说明。

不仅如此,目前在我国国家哲学社会科学研究项目指南和教育部专业目录中,有关图情学的名称并不一致,在各校课程表和专业论著中有关术语的使用更为混乱。例如,哲学社会科学研究项目指南中为"图书馆、情报与文献学",教育部则用"图书馆与情报学、档案学",或"图书馆学、情报学、档案学",或"图书馆、情报和档案管理"。在专业文献中则经常见到"图书情报学"、"文献情报学"、"图书馆学与信息科学"、"图书馆与信息学"等不同的名称。

我国对 LIS 的译名或叫法不统一,日本、韩国及我国台湾地区对 LIS 的翻译或叫法也各不相同。日本为"图书馆情报学"、"知识情报学"。韩国为"文献情报学"。台湾为"图书资讯学"(将 Information 译成资讯,但台湾淡江大学却叫"资讯与图书馆学系",简称资图系)。尽管日、韩和我国台湾地区翻译的用词不一样,但大都不译"and",把 Library、Information Science 看成是一个整体。

以上我们粗线条地勾勒了图情学及信息科学有关概念的来龙去脉,可见,要厘清这些概念、给出恰当的名称,并非易事,正所谓"剪不断,理还乱"。但是,一门学科的成熟与发展必须以规范、科学的基本概念和范畴为基础,必须有约定俗成、名副其实、相对稳定、科学的名称。因此,下面笔者将从历史、实践和技术等角度,根据近年来较新的研究成果,谈谈对信息、信息资源、知识、情报以及信息科学、信息(资源)管理学、图书馆学、情报学、知识管理等概念及各学科关系的认识。

3 有关基本概念及其名称的辨异和规范

目前图情学常用的概念有很多,其中最基本的有信息、知识、情报、信息资源及图书馆等等。下面是笔者对这些基本概念的新近认识。

3.1 信息的概念

信息(Information)的本质到底是什么?目前不同学科的学者有不同的理解和表达。有关的定义不下数十种。从哲学角度上看,信息的概念存在两个基本的层次,一为本体论信息,一为认识论信息。本体论信息是指所有事物的存在方式和运动状态的自我表述。这说明信息无时无处不在,取之不尽,用之不竭。认识论信息是指主体对于该事物的存在方式和运动状态的具体描述,其内涵比本体论信息更丰富、更有意义。这说明主体不仅要知道信息的形式,而且要知道信息的内在含义和价值效用。

信息既是客观存在的,又是人的主观认识的产物,它不同于客观世界(世界1),也不同于精神世界(世界2),而是物质与精神的中介(世界3)。正如模糊集合理论(Fuzzy Sets Theory)创始人美国加州大学伯克利分校教授查德(L. A. Zadeh)所指出的那样,现实并不是"非白即黑"的二元世界,在黑白之间存在灰度的连续过渡。世界并非绝对的"非此即彼",更多的是"亦此亦彼"。

钟义信教授近年来有关"全信息理论"的观点值得参考。他认为,信息是事物运动的状态与方式,是物质的一种属性。信息不同于消息,也不同于信号、数据、情报和知识。香农的贡献在于用概率熵(负熵原理)描述通信信号波形的复制,建立相应的信息的度量,进而建立信息论的第一、第二和第三编码定理,揭示了信息在通信系统中有效和可靠传输的基本规律。但其局限性也在于此,只研究信息信号波形的复制,舍去了信息的内容和信息的价值,而信息内容和信息价值是远比通信更复杂的信息活动(如推理、思维和决策)中最重要的因素。在通信以外的许多场合,信息不一定符合概率统计规律。研究全信息的本质、全信息的度量方法以及全信息的运动(变换)规律的理论被称为"全信息理论"。该理论引入主观因素、非形式化的因素和模糊、混沌因素,重视主观与客观相互作用、非形式化和形式化有效结合,强调用新的科学观、新的方法论和新的数学工具研究信息的本质。

我们认为,信息(Information)是所有事物的存在方式和运动状态的反映。它具有客观性、普遍性、无限性、相对性、抽象性、依附性、动态性、共享性、传递性等特点。从形式上看，信息量的大小是可以测量的；从内容和价值上看，信息是可以评估选择的，并根据其内容和价值做出恰当的判断和决策。从不同的角度对信息进行划分，可产生不同的类型。

3.2 知识的概念

知识(Knowledge)是人类通过信息对自然界、人类社会及思维方式与运动规律的认识与概括，是人的大脑通过思维重新组合的系统化了的信息，是信息中最有价值的部分。信息是创造知识的原材料，知识是信息加工的抽象化产物。知识有主观知识（又称为隐性知识，Tacit Knowledge）和客观知识（又称为显性知识，Explicit Knowledge）。主观知识是存在于人脑之中的，它被某种载体记录下来，就成为打破时空的、可传递的客观知识。

被誉为"20 世纪最伟大的哲学家之一"的英国哲学家波普尔早在 1972 年出版的《客观知识：一个进化论的研究》一书中，就提出了客观主义知识论，进而提出了著名的世界 3 理论。他认为，世界 1 是物质世界，世界 2 是精神世界，世界 3 是知识世界。

中国学者王克迪先生在 2002 年推出新作《赛伯空间之哲学研究》中，对波普尔的世界 3 理论进行了较深入的探讨，并结合近年来信息化、网络化、计算机化的实际，对世界 3 理论进行了修正，用"编码""文本"的概念限定世界 3 的有关表述，以计算机能够做出一些人脑做不出的发现为依据，提出赛伯空间和虚拟现实既不是单纯的世界 1，也不是单纯的世界 3，它们是一个动态过程的体现，是这两个世界相互作用的体现。深入研究世界 3 理论对于找出理解信息时代的理论平台，对于建立和完善知识理论体系，具有积极意义。

3.3 情报的概念

情报(Intelligence)是有特定传递对象的特定知识或有价值的信息。其一部分在知识之内，另一部分则在知识之外、信息之内。信息、知识与情报三者的逻辑关系见下面的示意图：

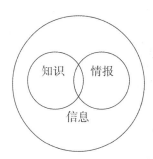

图 1　信息、知识与情报逻辑关系示意图

情报通常是秘密的、专门的、新颖的信息，如军事情报、国家安全情报、企业竞争情报等。美国中央情报局(CIA，Central Intelligence Agency)、竞争情报(CI，Competitive Intelligence)中的情报(Intelligence)就是此意。

Intelligence 在英文中亦有智力、智慧的意思。情报是信息与知识的深化，是针对具体对象或特定问题的信息和知识，是能帮助决策的智能。

3.4　信息资源的概念

信息资源(Information Resources)的定义与信息的定义一样,目前仍是众说纷纭,其核心是对"信息""资源"二词的理解及对二词语法结构的理解(是偏正结构,还是并列结构,何为中心词)不同,是信息化的资源,还是资源化的信息,还是资源仅为同位语,可有可无? 一般说来,信息与信息资源可视为同义语,在英文中,"资源"一词为单数(Information Resource)时则是指信息本身。但在有些场合,尤其二词同时出现,需要严格辨异时,二者还是有区别的。信息是普遍存在的,但并非所有的信息都是信息资源,只有经过人类加工、可被利用的信息才可称为信息资源。在英文中,"资源"一词为复数时,常指信息及与信息有关的设备、人员等的集合体。我们认为,信息资源是人类存储于载体(包括人脑)上的已知或未知的可供直接或间接开发和利用的信息集合。它包括未经加工的原始信息资源或叫作"生信息资源"、潜在信息资源和主体感知与加工的信息资源或叫作"熟信息资源",现实信息资源。对于不同的主体而言,"生""熟"的程度具有相对性。信息中的载体信息和主体信息是信息资源的最基本的组成部分。其特点为客观性、寄载性、传递性、动态性、相对性、增长性、共享性、规模性。按照不同的标准,可以将信息资源划分出不同的类型。按照信息资源的开发程度来区分,信息资源可分为潜在信息资源与现实信息资源两大类。

文献(Document)信息资源是当前数量最大、利用率最高的信息资源。它记录着无数有用的事实、数据、理论、方法、假说、经验和教训,是人类进行跨时空交流,认识和改造世界的基本工具。这类信息经过加工、整理,较为系统、准确、可靠,便于保存与利用,但也存在信息相对滞后、部分信息尚待证实的情况。

3.5　图书馆的概念

图书馆(Library)是搜集、整理、保管和利用印刷或非印刷型文献资源信息,为读者服务的文化教育的机构。信息资源中非文献信息资源,如实物信息资源等主要是博物馆收藏的对象。Library 在英文中有多项含义,除指图书馆外,尚可译为书库、藏书、丛书、文库。难怪有的学者主张将 Library Science 译成文献学,而不译成图书馆学,将 Digital Library 译成数字资源库,而不译成数字图书馆。上文提到的,LIS 在日本被译为"知识情报学",韩国为"文献情报学",我国台湾为"图书资讯学",可能就是将 Library 译为知识(注:人们常说知识渊博的人就像一个"图书馆",即是此意)、文献和图书的缘故。从系统论的观点看,图书馆与档案馆、博物馆、出版社等一样是"记忆机构",都是信息系统中的一个子系统。

从上可知,之所以产生概念理解问题,很大原因在于图情学及信息科学是引进的学科,且相应的外文术语具有多义性,单一的汉字或词都难以传达其确切和完整的含义。这就是翻译的难之所在。

不仅如此,概念的歧义还由于图情学、信息科学的实践活动发展太快,人们还来不及充分认识其实质,以便用确切的概念来表达。实际上,国内外对有关概念的认识不断深化和完善的过程,正意味着图情学科在向规范科学方面逐步发展。

对有关基本概念辨异和规范之后,再从图情学及信息科学研究的内容、研究方法、涉及的知识领域、其分支学科和相关学科等方面进行分析,也许更有助于认清图情学及信息科学的实质和它们相互的关系。

4 图情学及信息科学研究现状分析

丹麦学者 Hjorland 把目前世界上从事图情学及信息科学研究的学者分成三种类型。第一类是图情技术专家或图情管理专家。他们研究热点内容,诸如网络资源、信息存储与检索、书目学、词表、信息技术应用等。他们大都认为这些研究不属于"科学",而仅为"技术"。第二类是文化论者。他们也不把他们研究的领域看成是科学。他们不热衷于将自己目前所从事的领域发展成一门专门的学科,以拥有自己的理论、自己的术语。他们经常进行不同的文化研究,认为自己是其他学科的学者。第三类是学科论者。他们把图情学作为一门学科来研究,但他们的人数很少,主要是图书情报学院、系的教师和博士生。在图书情报机构的专业人员几乎没有足够的时间来从事真正的学术研究,尽管他们也发表一些文章。据美国图书情报学期刊的一项调查显示,仅有 19% 的作者说他们所在的单位每周平均只给 4 小时的研究时间。没有足够高质量的研究者和充足的研究时间就不能维持这种研究的活力。

我国的情况也大致相仿,三种类型及混合型的研究者均有。在中国科学院或社会科学院"国家队"里,至今没有专门的图情学研究机构。真正将这门知识生产的主要领域作为一门学科来研究的人还太少。此外,目前国内还存在过分追求时尚的不良倾向,如有的研究者认为过去的图情学知识都是无用的。这种对传统和现存知识采取虚无主义的态度是不可取的。

对于一个真正的图情学家而言,他需要具备各种各样的知识,诸如广泛的文化知识、各学科知识(法学、医学等)、科学哲学和科学社会学知识、经济学和管理学知识、专门信息源知识、信息技术知识、语言和交流、传播知识及其他知识。但是从研究的角度看,图书情报学中有无值得研究的问题,则是最为关键的事情,因为这关系到这门学问是否能建立在科学的基础之上。例如,开发新的分类和标引系统(或评论现有的系统);评价不同数据库的内容范围和质量;确认引文索引是否比词语索引更有效;确认像杜威十进分类法或国际十进分类法这样的分类系统是否已经过时;确认不同的学科/领域是否需要不同的标引原则;开发各种知识领域的学科指南和绘制信息资源地图;测试具体学科(如医学、音乐或心理学)或者具体的目标(如大学生)对特殊信息服务的需求,等等,这些都是值得研究的问题。图情学中不同的学派或范式将强调不同的研究问题。如果图情学能够明确表述所研究的问题,那么它就可以成为一门科学,而不仅仅是一门技艺(Art)。图情学教育不应只教给学生事实和知道怎么做,还要从第一学期开始教育学生知道所要研究的问题。如果我们不能创造出所需知识和研究问题的意识,那么就不能教育研究者和专业人员在这个领域具有一种科学的态度。

瑞典图书情报学研究者 Olsson 在 1995 年她的博士论文中曾描述图书情报学领域的专业策略模型,见图 2。

在该模型中,将图书情报学的知识分成四个部分,上下分别为专门家和博学家,左右为形式和内容。在专门家与形式组合部分中,编目员、书目标引员、数据生产者是通过某些标准如马克格式、AACR 来工作;在博学家与形式的组合部分中,系统设计者为新图书馆系统和情报系统进行设计和维护;在专门家与内容的组合部分中,是各学科专家;在博学家与内容组合部分中,是畴分析家、文化使者、自然科学/人文社科学信息专家。这是一个富有启发性的模型,它提供了一个新视角,对整合图书情报学有关知识有所帮助。

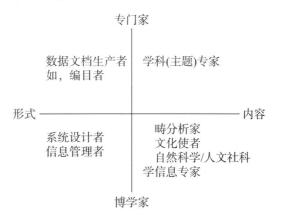

图2　图书情报专业知识模型

Hjorland 又发展了这个模型。他认为,在专门家与内容方格中,包括学科和主题专家、传统的研究型馆员、文献学家和学科专家;在博学家与内容方格中,包括在公共图书馆的教育、文化工作者、领域分析家、科学社会学家等;在博学家与形式的方格中,包括无特殊内容的信息技术专家。在这个领域,真正的专家是计算机科学家、工程师、系统规划专家等,其理论的特点是优先形式而不是内容,如信息理论、系统理论,但这些理论必须与专门知识领域相结合、与具体内容相结合才有意义;在专门家与形式方格中,包括数据文档制作者,如编目家等,他们讲究规范、标准化,但纯粹形式化的理论将很快显示出其局限性,即不同的学科领域有不同的文献,需要给予不同的描述。标准化不应成为内容的限制,而应是综合化的产物。

图书情报学的一个主要领域是从各种数据库中、因特网中和图书馆中查找信息。包括在各种系统中查找有序化了的信息。对于大型图书馆和信息系统而言,内容专门家(学科专家)和形式专门家(管理、教育、技术和市场问题专家)均有用武之地。但在小型图书馆(尤其是小型公共图书馆)和信息系统则必须依赖于博学家。因为他们能够在广泛的主题领域工作,发挥各种作用。相对于大馆,小馆倾向于“博”,当然也有些小馆是非常专门和专业化的。

内容专家和形式专家不是外部的因素任意组合就能奏效的,如通过研究中国和医学这两个不同的领域,你不可能成为中医专家;类似地,通过学习音乐和信息这两个不同的领域,你也不可能学到有关音乐数据库、音乐数据源、音乐用户需求、音乐检索等知识。此外,这也是需要考虑的一个问题:如何理解从所有内容中抽象出来的、作为纯粹形式的信息研究?

因此,信息科学(IS)的真正挑战是发展专门化的知识,这些知识是相对独立的学科知识,但它不是空洞的抽象的知识。例如,与教育这门学科并行不悖的是发展有关数学、音乐、化学教学方面的知识(教学法),这门知识既不是学科知识,也不是空洞的抽象知识,而且与每个学科的特别问题也无关。

图情学的目的是撰写一部从具体技术抽象出理论的发展史。其中的一些原则已被研究,但是图情学总的学科基础还没有被很好地建立起来,因此这是一项困难的任务。而且,从发展趋势看,图情学已经在被动地利用技术而没有对技术有所贡献。如果图情学能够贡献有价值的知识,那么其核心就是从具体的技术中抽象出理论来。

图情学像医学一样是一门实践性很强的学科。信息检索、分类标引、文献选择和馆藏发展、信息系统设计、信息服务的质量管理、信息/文献查找的教育与培训等等,是图情学的核心内容,研究这些内容的目的是将所需的信息便利、有效地传递给用户。但这个目的并不意味着图情学(或医学)没有基础研究。基础理论研究是非常重要的。真正的理论能够应用于不同的技术平台和各种环境,尤其是被新技术所利用,尽管新技术经常忽视现存的知识,如1876年的卡特规则、阮冈纳赞的分类分面技术等。

Hjorland 从经验法、推理法、历史法和实用法上出发,认为图情学的分支学科领域至少有:数据库和网上搜索技术;多媒体存储与检索;信息计量学;科学的传播与交流;图书馆自动化与数字图书馆;读者/用户研究;图书馆史;学科专家,如音乐馆员、数学馆员等研究(图情学的所有分支领域都可进行各门学科的研究)。

根据引文分析法和经验观察法,图情学的相关学科至少应包括计算机科学(包括人工智能)、传播学、认识论、语言学(包括计算机语言学、特种语言等)、数学和统计学、心理学和认知科学、科学学、语义学、符号学、社会学(特别是科学社会学)等。

关于图情学的研究方法,他认为有调查法、推理法(思辨法)、统计法、实验法(特别是信息检索实验)、理论法(包括思想实验)、行为研究法、概念分析法、历史研究法、比较研究法等。

综观近年来我国图情学的研究,可以发现其研究内容、方法等也发生了与国外相类似的情况。其研究的内容已大大拓展,与其他学科的关系日趋密切,研究方法越来越多样化。这种情况被某些研究者称为"泛化现象"。图情学研究的泛化,一方面有利于图情学学科的生存,有利于与其他学科的交流,有利于专业人员的知识扩展,但另一方面亦有研究成果失之于浅,低水平重复、短期行为等不利影响。

明确了信息、信息资源、知识、情报等有关概念,了解了国内外图情学等学科研究现状等情况后,厘清图情学与信息科学、信息管理学等各学科之间的关系就有了基础。

5 笔者对图书馆学情报学与信息科学、信息管理学等关系的看法

5.1 信息科学是个大学科群

原先人们认为信息科学(IS)是用数学方法研究信息计量、变换和贮存的一门学科。但随着对信息本质认识的不断加深,信息科学的概念已经扩大。信息科学是研究信息的产生、收集、组织、存储、检索、传播和利用的学科。它既包括研究信息形式的信息论和控制论(信息检测、识别、通信、存储等偏重于自然科学技术),又包括研究信息含义、价值的认知论、咨询论、决策论、系统论和智能论(信息阐释、评价、表达、优化、再生等偏重于人文、社会科学)。其核心是研究信息、知识和智能的转化理论与信息论、知识论和智能论的统一理论。信息科学是个横跨自然科学和社会科学的综合性的大学科群,凡与信息、知识、情报、智能有关的学科或领域均可全部纳入或部分纳入其中。如图书馆学、情报学、编辑出版学、档案学、传播学、新闻学等。

5.2 信息管理学是交叉学科

信息管理学/信息资源管理学是信息科学与管理学交叉形成的一个领域或学科，它从属于信息科学和管理学。管理学是一门实践性很强的、新兴的综合性学科，或称为软科学。由于笔者倾向于信息资源是信息本体型的观点，即认为信息资源特指经过人类开发与组织的信息的集合，故将信息资源管理学作为信息管理学的同义词组看待，知识管理则是信息管理领域中的高级阶段。

5.3 图书馆学是信息科学的分支学科

图书馆学是研究各类型图书馆系统中文献信息资源、馆员、读者/用户、建筑/设施等要素及其相互运动规律的学科。它从属于信息科学，是一门偏重于社会科学的综合性学科。它与信息管理学是交叉关系。或者说，图书馆学大部分在信息管理学之内，但仍有一小部分在信息管理学之外。

5.4 情报学与图书馆学基本重合

情报学（Intelligence Science）是研究情报及其交流过程的规律的学科。它与图书馆学一样从属于信息科学，也是一门偏重于社会科学的综合性学科。它与图书馆学、信息管理学都是交叉关系。但它与图书馆学的关系更为密切，在许多情况下二者是一回事，故有图书情报学之说。如果说图书馆学侧重于信息和知识研究或文献信息资源研究的话，则情报学侧重于智能、策略、行为、竞争对手或敌国情况的研究或除文献信息资源之外还要进行口语信息资源、体语信息资源、实物信息资源、网络信息资源和多媒体信息资源的研究。军事情报学、国家安全情报学、竞争情报学等都是其分支学科。当然，Intelligence Science 一词是否适当，能否得到公认，可需进一步讨论。当图书馆学与情报学同时出现时，为了与美英的 Library and Information Science，日本的图书馆情报学、韩国的文献情报学以及我国台湾的图书资讯学大体相当，可以将图书馆学与情报学合称为"图情学"或"文献情报学"，作为过渡性名称。

在信息社会和知识经济时代，整合图情学科体系，促进学科建设是项迫切而艰巨的任务，其中涉及很多问题要讨论。本文仅从一些最基本的概念出发，在吸收国内外较新研究成果的条件下，不揣浅陋地探讨了各相关学科之间的关系，以此试图引起图情学界有识之士对这一重大问题的重视和研究的兴趣。相信经过同行广泛而深入的讨论，一定会尽快解决学科定位问题。

（选自《中国图书馆学报》2004 年第 3 期）

基于分类法和主题词表的数字图书馆知识组织

王 军

1 引言

新时期数字图书馆(DL)的历史使命是知识管理,国内 DL 的建设者和研究者都将知识服务作为新世纪图书情报的增长点。那么,如何在现有 DL 的架构上实现知识管理和知识服务,就成为亟待研究的一个课题。

国内 DL 的发展,目前取得成就主要是在以信息资源建设为主的基础设施建设方面。当前,国内的 DL 一方面继续加强资源的建设;另一方面,在已有相当资源积累的基础上,强调用户服务。特别是国家科学数字图书馆,提出了面向用户的信息服务体系,张扬知识服务的理念。但是,目前的 DL 体系,沿袭了传统图书馆以信息资源为中心的管理运行模式,所支持的仍然是以文献检索和传递为核心的信息服务,不能够有效支持面向用户的知识服务。正如张晓林博士指出的那样,要实现 DL 的知识管理,需要一个新型的技术机制,它"应该充分支持基于虚拟资源体系的服务集成,充分支持基于内容的数据检索、信息内容分析和动态集成,充分支持数据挖掘和知识发现,充分支持个性化、专题化和智能化服务,充分支持以用户为中心的信息交流、知识析取和知识应用,充分融合用户信息资源和信息系统"。它不是以信息资源为中心,而是能将信息资源融入其中的一个知识管理系统。

那么,如何构建 DL 的体系结构,使得当前以信息资源为中心的 DL 能够平滑过渡到面向用户、提供知识服务的未来 DL,为以后的发展奠定基础并留下广阔的发展空间,就是我国 DL 当前必须关注的问题。实际上,从传统图书馆沿袭而来的信息管理模式已经成为当前 DL 利用和发展的障碍。主要体现在如下几个方面:

(1)缺乏有效的资源利用手段,特别是缺乏元数据资源。当前主要的检索手段——关键词检索和超文本浏览,远不足以满足用户的检索需求和充分挖掘信息资源的价值。这无疑是对业已累积的大量信息资源的浪费,特别是缺乏对于包含主题标引信息的元数据资源。关键词检索将主题标引信息(主题词、分类号)和普通字段同等对待,几乎完全浪费了标引员宝贵的智力劳动。

(2)缺乏对 DL 内外各类信息资源统一组织和整合的能力。Web 信息资源的丰富价值和急剧增长,使得人们期望 DL 在组织自身资源的同时,也能对 Web 上的网页、多媒体、地址等资源提供导航和管理。遍布 DL 之上的"信息门户""学科导航"便是对这一需求的响应。实现 DL 内外各类信息资源的整合和统一管理,需要一个一致的综合资源组织管理模型。

(3)不能充分发挥 DL 的教育功能。现代教育的高额费用和教育技术的复杂性,造成了教育机会的不平等和教育资源占有的两极分化。数字图书馆,全社会高价值网络信息资源的收集者、组织者和管理者,应当提供知识导航、虚拟参考等服务,以集成和发挥图书馆的教育功能,辅助用户自学习。但是当前 DL 的体系机构缺乏相应的支持机制。

造成这些问题的一个根本原因是 DL 中的信息资源缺乏组织。就图书馆工作的三个基本环节(资源、组织和服务)比较 DL 和传统图书馆,DL 中的资源是数字化的,服务是网络化的,唯有在资源的组织方面存在严重缺陷。免除了传统图书馆的分类排架和目录组织,也随之丧失了按学科门类和知识体系进行浏览和检索的手段;不能提供主题词表在检索阶段的辅助,关键词查找乃不得已而为。

综上所述,无论是基于肩负的历史使命还是解决目前 DL 发展和建设中的问题,都需要改造 DL 从传统图书馆中继承来的以信息资源为中心的信息管理模式,进化到知识管理。实现这一改造的关键是将 DL 的信息资源按照知识体系进行重组——知识组织。那么,能否将传统图书馆中以分类法和主题词表为主的知识组织工具应用于数字化、网络化的信息资源的知识组织呢? 分类法和主题词表是传统图书馆中最重要的知识组织工具,是数代图书馆员智慧和经验的积累,它们的知识组织能力在两百多年的发展和应用过程中得到了充分证明和不断的丰富。当前 Web 社区对词表、知识本体、网络知识组织工具(NKOS)的热烈讨论说明了它们在新的信息环境下的生存能力和应用前景。但是,起源并应用于传统图书馆的知识组织工具——分类法与主题词表,直接应用于 DL 中,尚有许多缺陷。第一,DL 所管理的对象是动态的、海量的、分布的数字化信息资源。规范化的、严格受控的分类法和主题词表的编制和修订都要依赖专家。其结构和内容相对于网络信息资源的迅速更新和变化,结构和内容滞后,难于自动更新。第二,分类法和主题词表是面向图书馆员的,体系和规则都较为复杂。DL 直接面向分布在整个因特网上的最终用户,他们的职业不同、年龄不同、教育背景不同,体系庞大、结构复杂的分类法和主题词表难于被普通用户所掌握。第三,二者的功能都侧重于对文献的标引和组织,对检索服务的应用要求考虑得较少。而这正是 DL 所需要的。第四,大多数 DL 中的信息资源,都有自己的收藏特色,面向特定的领域,服务于特定的用户,而通用的分类法和词表缺乏对所应用资源的针对性。第五,分类法的一大功能是藏书排架和目录组织。这一功能能否继续用于 DL 的资源组织和服务呢?

因此,将分类法和主题词表应用于 DL 资源的知识组织,必须对它们进行改造。本文提出了一个将分类法、主题词表与语义元数据集成起来,构造 DL 的知识组织系统(DLKOS)的方法,以解决上述的所有问题。国内 DL 已经取得的建设成就和国际上网络知识组织系统的研究成果为 DLKOS 的实现提供了必要的物质和技术保障。下面,首先简介国内外知识组织相关领域的研究现状,然后讨论对改造分类法和主题词表,并集成元数据以构造 DLKOS 的全过程。其次是我们据此开发的原型系统 VISION 的介绍,它以《中国分类主题词表》为基础,集成北京大学图书馆提供的 5 千多条书目数据。最后是全文的总结。

2 集成分类法、主题词表和语义元数据构造 DLKOS

上文已经提到,国内 DL 的建设已经积累了大量的元数据资源,而且目前 DL 资源利用不足的问题主要体现在元数据资源上。元数据是 DL 中最重要信息资源,是 DL 建设的重中之重。"元数据是关于数据的数据",其中所包含的原始文献的内容标引信息(如分类号、主题词等)是标引员在理解文献内容的基础上,根据分类法、主题法的知识体系和标识系统来表示的。它凝聚着标引员宝贵的智力劳动。为了强调这一点,我们称其为语义元数据。由于元数据资源没有像传统图书馆中的馆藏那样,进行分类排架和目录组织,从而肢解了隐藏其中知识系统,因此,构建 DL 知识组织系统的关键是使元数据资源中被掩盖的知识体系显现出来,发挥它资源组织和检索服务的功能。这就是集成分类法、主题词表和语义元数据,构造数字图书馆的知识组织系统(DLKOS)的基本方法。这种方法的要点是:首先改造分类法和主题词表,形成一个由类目或同义词集合作为概念节点、以学科等级关系或概念语义关系作为边的概念网络;然后将各元数据记录按照它们的主题标引信息分配到对应的概念节点下,作为对应概念节点的文献实例,相当于元数据的"上架"。这样,结合了具体元数据记录的概念节点不仅包含抽象的概念,而且包含具体的文献实例,成为一个知识节点。上述概念网络就成为一个知识的网络——DLKOS。

DLKOS 的具体构造方法如下(如图 1 所示):

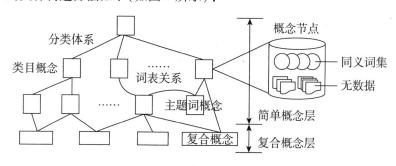

图 1 DLKOS 的结构

(1)改造主题词表,并和分类法结合起来,构造一个嵌入了分类体系的抽象的概念网络。词表中一个主题词和所有与它具有等同关系的关键词形成一个同义词集合,作为 DLKOS 中的一个抽象概念。概念沿袭原词表中的等级关系,具有等级关系的若干概念形成一个概念族,对应于原词表中的词族。若两个或多个概念共同参与了一篇文献的标引,则它们相互之间具有组配关系。这样,词表被改造成一个抽象的概念网络。随后,再将分类法的学科体系结构嵌入到这个概念网络中,充当概念网络的主干结构。若是分面主题词表,类表和词表已经完全结合在一起,每一个类目都对应着一个概念,类目间的学科等级就是概念间的等级关系;若是分类主题对照表,二者没有完全的等值对应关系,需要另外创建类目概念节点,并建立类目概念和主题词概念间的双向索引。

(2)根据元数据的语义标引信息,将它们分配到上述的抽象概念网络中去,形成一个知识的网络。这是构造 DLKOS 的关键。假设 m 是一条元数据记录,若 m 是由一个概念 A 标引的,则将 m 作为 A 的文献实例,置入 A 的概念节点之下;如果 m 是由若干个概念标引的,例如 A 和 B,则建立 A 与 B 之间的边"A—B"以反映 A、B 间的组配关系,并将 m 作为边 A—B 的实例。在 DLKOS 中,组配关系边实现为一个同时以 A 和 B 为上位的复合概念(如图 1 所示)。组配关系可以认为是对词表中相关关系的替代。词表中的相关关系是非常松散的和不确定的:在 DLKOS 中,当且仅当存在相应的文献实例时,即同时用 A、B 标引的元数据记录,才确认 A、B 间的相关关系。元数据充当了概念间相关关系的验证。进一步,当出现了新的专业术语来表示 A—B 间的组配关系时,边 A—B 可以进而演化为新的概念节点,从而提供了 DLKOS 的自丰富机制。结合了元数据记录的概念节点不再是一个抽象的概念,即有表达概念内涵的同义词集合,又有表达概念外延的元数据集合,成为一个知识的节点,抽象的概念网络成为附有文献实例的知识网络,完成了 DLKOS 的构造。DLKOS 中的概念间有三类联系:来自于词表的概念间的等级关系;来自于分类法的概念间的学科相属关系;来自于元数据的概念间的组配关系,即相关关系。这三类关系用统一的上下位关系表示。

(3)从元数据中自动提取专业术语,并添加到 DLKOS 中,实现 DLKOS 的自丰富与增强。要保持 DLKOS 的可应用性与生命力,必须及时地对 DLKOS 中的词汇、概念以及概念间的关系进行更新和补充。元数据是原始文献的替代物,能够及时地反映学科的最新进展。特别是科技文献的元数据资源,在标题字段中包含有大量的专业术语。而且科技文献的标题具有鲜明的语法特征,语义上能忠实地反映文献的主题内容,从而和主题标引信息有着较直接的对应关系。基于此,采用统计语言学的方法从元数据的标题字段提取专业术语,并且计算它们在 DLKOS 中的语义位置,确定和已有概念间的关系。需要解决的关键技术问题有三个:标题的切分及关键词的提取;提取的关键词的筛选;筛选出的关键词在 DLKOS 中的定位。这部分是 DLKOS 构造的关键技术和突破所在。

如此构建的 KOS 具备五大功能:

(1)分类法和主题词表为 DL 资源的组织和管理提供了一个知识框架:下层的元数据作为概念网络的数据实例继承了概念间的所有关系,原本离散、孤立的元数据单元相互间拥有了丰富的语义联系,加入一个统一的知识体系中。以此为组织框架,还可以吸纳馆外的信息资源,形成以 DL 为中心的大一统 KOS,实现 Web 信息资源的泛 DL 化管理。

(2)为 DL 业已累积的元数据资源提供有效的利用手段:由于所有的元数据资源都组织到 DLKOS,一方面,用户可以循着学科等级和概念间的语义关系进行浏览,实现了知识导航;另一方面,定位了相应的概念就检出了所需的文献,无须对数据资源进行遍历式的搜索,检索过程的关键不再是检索词的匹配,而是用户检索需求的概念化表达,实现了概念检索。

(3)为用户提供了一个检索、服务、教育一体化的知识空间:DLKOS 除了提供知识浏览和概念检索的功能,它还提供了一个共同的知识空间,用户在浏览和检索的过程中,可以定位感兴趣的知识点及其在知识体系中的位置,并了解相关的知识点,帮助、指导用户自学习。

(4)一个自丰富、自增强、自适应的知识系统:元数据是原始文献的替代物,包含丰富的专业词汇。可以从中自动提取新的术语丰富到 DLKOS 中,解决分类法和主题词表不易更新、只能依赖专家修订的问题,同时也增强了 DLKOS 的检索能力。结合了元数据的 DLKOS,凡是有元数据实例存在的概念节点就显现出来;没有的则隐藏起来,通用的概念网络根据资源的学科领域和规模自动地适应和调整,减轻了用户的负担。

(5)实现 DL 知识管理的技术基础:DLKOS 为 DL 资源的知识组织提供了现实可行的解决方案,为 DL 开展知识服务,实现以资源为中心的信息管理模式向以知识体系为中心的知识管理模式的演进提供了技术基础。

3 原型系统 VISION

在《中国分类主题词表》的基础上,我们实现了这样的一个知识组织系统——VISION。

VISION 集成了北京大学图书馆提供的 5000 余条计算机领域的书目数据,DLKOS 在服务器端,用 Oracle9i 实现;前端是一个概念检索系统,采用 Java 来实现。Oracle9i 中丰富的面向对象技术,如嵌套表和可变长数组,为 VISION 中复杂对象的实现提供了支持。

建立 DLKOS 的数据流程如图 2 所示。首先,将分类主题词表中所有的款目导入数据库中,具有等同关系的所有主题词形成一个概念,概念之间通过等级关系构成概念树;然后建立分类法的类目和概念间的对应关系,并利用类目节点间的学科等级关系将所有的概念树连缀起来,形成一个由概念节点和类目节点组成的概念网络。最后将书目记录按照它们的主题组织到相应的概念节点中去,完成 DLKOS 的构造。在此之前需要对原始数据作些规范化的处理,如全角半角的转换,英文大小写的转换,标点符号的处理等。

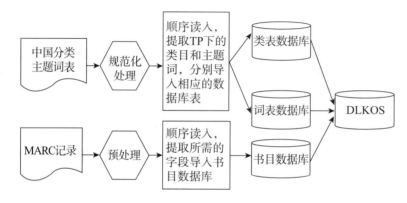

图 2　DLKOS 的建立流程

在 DLKOS 的基础上,我们开发了一个概念检索系统。目前提供的主要功能有:词汇辅助、知识导航和单概念检索,其它功能尚在完善之中。

左侧窗口显示了概念网络,可以从学科分类、字顺、概念族三种方式查看概念网络;右侧中部窗口显示用户选取或查询的概念的信息,包括属于这一概念的词汇,上下位概念,所属类目等;右侧左上窗口用图形化的方式显示了给定概念和其他概念间的关系;右侧下部窗口是属于这个概念的所有书目数据。用户在 VISION 以知识点为基本单元(包括属于一个概念的所有词汇以及以此概念为主题的所有元数据)进行知识导航,定位了一个概念,也就定位了该概念在知识体系中的位置;用户可以从任何一个同义词出发,检索对应的概念和以之为主题的文献。查询不再需要在数据集合中进行关键词匹配,而是在概念网络进行概念检索。

VISION 的另一个技术突破是 DLKOS 的自丰富机制。科技文献的标题通常能忠实地反映文献的内容,包含了丰富的反映学科最新进展的专业技术术语。标题通常都是名词性短语,具有鲜明的语法特征。根据这些特点我们应用基于 bigram 的统计方法提取候选词,并利用元数据记录中主题标引信息和标题间的语义对应关系,从候选词中筛选出有价值的、专指度高的词,并计算新词在 DLKOS 中的合适位置。从 5000 余条书目记录中,在阈值为 5 的情况下,我们提取出 554 个词,抽词准确度达到 89.5%;从这 554 个词中,正确选出 356 个专业词汇,准确度达到 95%,其中 341 个被正确定位在 DLKOS 中,准确度达 95.8%。实验结果是相当令人满意的。DLKOS 的自丰富机制充分利用了图书馆员在标引过程中的智力投入。可以说,VISION 所做的是将编目员的手工劳动挖掘和显现出来。限于篇幅所限,DLKOS 的自丰富机制和抽词算法待另外撰文介绍。

  VISION 下一阶段的开发工作将扩展实验数据集。目前 VISION 中仅仅集成了计算机领域的 5000 余条书目数据,新词的提取和定位也是在这些书目数据上完成的。我们希望能在更多的领域、规模更大的其它元数据类型上进行实验,最终将 VISION 推向实用。

4 结 语

  集成分类法、主题词表和语义元数据构造 DL 的知识组织系统,为 DL 提供一个现实可行的知识组织模型,为 DL 从信息管理向知识管理的过渡提供技术基础。它为当前我国 DL 业已累积的信息资源提供了基于内容、面向知识的利用和服务手段。VISION 原型系统的成果充分说明分类法、主题词表等传统知识组织工具在网络信息环境下仍然有着重要的价值,为了适应数字化、网络化的信息环境,传统图书馆的理论和方法需要不断进行变革与发展。正如国际著名信息学家奈斯比特(J. Naisbit)所指出的:"我们正受信息淹没,但却渴求知识。"DLKOS 将为人们提供一个驾驭海量的、日益增长的网络信息资源的知识框架,为解决信息爆炸和信息污染的问题做出图书馆学领域的贡献。

(选自《中国图书馆学报》2004 年第 3 期)

知识秩序·知识共享·知识自由
——关于图书馆精神的制度维度思考

蒋永福

知识可分为主观知识(个体知识)和客观知识(公共知识),本文所称"知识"均指客观知识。

给知识以秩序,给人们以知识共享的公共平台,给人们以知识自由的制度保障,这就是图书馆存在的目的与价值所在,因而也是图书馆精神的真谛所在。于是,知识秩序、知识共享和知识自由何以成为图书馆精神的真谛问题,成了图书馆学研究中必须回答的一个重要问题。本文从制度视角探讨了这一问题。

1 知识秩序与图书馆

对人类来说,知识的重要性无论怎么强调都不为过。人作为地球生灵的"首领",倚仗的就是知识的力量。于是,求获知识,传播知识,利用知识,创造知识,已成为人类活动的基本方式与核心欲求。靠着这种基本方式与核心欲求,人类创造出了绚丽多彩的"人化自然"——知识世界,即创造出了以知识为核心的"世界3"。

从知识存在的客观性角度看,知识世界可以称为是一种自在的世界,但它还不是一种自为的世界,即知识世界的运行秩序离不开人的"干预"。尽管知识世界依其客观性表现出一定的"自发秩序"(哈耶克语)即表现出来某种自身发展规律,但这种自发秩序必须以人为的秩序维护为初始条件,才能保证其运行和发展的顺利性与优质性。知识世界的累积性和多样性,已向人们明示了这样一个道理:无序的知识世界,不仅不能成为人类的力量,反而是人类的敌人。因而,维护和保障知识秩序,自然也就成了人类共同的任务。

对知识的求获、传播、利用和创造活动,是全人类的共同活动。因此,从宏观上看,维护和保障知识秩序的活动必须是一种社会性行为,而不可能是个体性行为。这种社会性行为,自然主要依靠国家或政府以制度安排方式设立相关组织机构来执行,而图书馆正是国家或政府委以维护和保障知识秩序为主要任务的派出机构。这就说明,图书馆是国家或政府以维护和保障知识秩序为目的而设立的一种制度产品。因此,我们可以看到,自古至今的各种类型图书馆,都是以知识的公共积累和公共整序为主要内部活动任务的。反过来说,不以知识的公共积累和公共整序为主要内部活动任务的社会机构,就不能称其为图书馆。事实证明,世界上无数个各类型图书馆的知识整序活动,整体上成功地实现了维护和保障知识秩序的共同目标,由此图书馆也就成了世界性的共同建制,即世界上的各国都设立有图书馆这样一种社会建制。

从社会的角度看,维护和保障知识秩序,是各国政府为图书馆事业所确立的基本目标与任务,而从单个图书馆的角度看,给知识以秩序,也就成了每个图书馆的基本的也是相同的目标与任务。毋庸置疑,所有图书馆的知识组织活动——收集、整理(分类、编目、排列等)和存贮知识的活动——的目的,就是为了给知识以秩序。

谢拉说过,秩序对于图书馆是至关重要的。如果没有对知识秩序的诉求,社会上便不可能产生图书馆这样一种社会组织机构。知识通过图书馆的组织活动,便获得了集中和秩序化的能量,为以后的传播、利用和创造过程奠定了基础。因此,我们可以说,给知识以秩序,是图书馆最基本的诉求所在;维护和保障知识秩序,是图书馆最基本的历史使命与理念精神所在。

2　知识共享与图书馆

客观知识具有可共享性特征,即增加一个利用者其边际成本为零。这是从经济学角度对知识产品所界定的属性特征。其实,知识一旦被生产出来就已经在客观上具有了公共产品(public goods)的性质,尽管某些知识产品借助知识产权具有一定时限的专有性或私有性,但任何专有性或私有性的知识一旦超过其产权保护期限,最终还要汇入到公共产品领域。美国科学社会学家罗伯特·默顿(Robert K. Merton)在科学精神的"四特性说"中指出,科学知识具有"共有性"(Communism),即任何科研成果都是社会协作的产物,并且应该分配给全体社会成员,发现者和发明者不应据为私有。所以,所有客观知识在客观上都具有公共产品的性质而可供人们共享。人类正是借助知识的这种可共享机制,实现了不同地域、不同传统人群之间在思想和心理上的可交流性或可通约性。因此,共享知识,已成为人类一种共同的诉求。由此也决定了只有可共享的知识才是力量、不可共享的知识只能成为个体力量的来源而不能成为推动社会发展的力量源泉。即使是个体知识,其来源也是从可共享的知识中获取而来,所以从根本上说,所有知识都具有可共享性。

从知识的共享性角度看,在"知识就是力量"的判断中,自然包含着"可共享的知识才是力量"的含义。从根本上说,知识的力量来自共享,共享的程度越高其力量也越大。这一原理,正是当前知识管理理论极力强调的一个基本论断。

如何尽力提高知识共享的程度,如何尽力扩大知识共享的范围,这是任何一个组织包括国家和政府必须考虑的极其重要的问题。因此,任何一个负责任的政府,在法律和制度安排上必然考虑保障人们知识共享的需求。图书馆正是国家和政府为满足人们知识共享的需要而提供的一种制度性公共产品,因为图书馆同教育机构一样能够为人们的知识共享活动提供一种非常有效的公共平台。

图书馆是客观知识与主观知识相互碰撞的社会场所,或者说,图书馆是促进人类的客观知识主观化的社会场所。而客观知识与主观知识相互碰撞或客观知识主观化的过程,实际上就是知识共享的过程,因为从广义上说,所谓知识共享就是主观知识与主观知识之间、客观知识与客观知识之间以及主观知识与客观知识之间的相互交融与转化过程。而这种交融与转化,尤其是主观知识与客观知识的相互交融与转化过程,必须具有一定的载体或平台环境才能顺利进行,图书馆正是国家或政府为这种交融与转化过程的顺利进行而提供的公共平台。

至此,我们完全可以说,人类的知识共享的需要促使图书馆这样一种社会机构的产生;为了满足人们的知识共享需要,国家或政府必须提供图书馆这样一种制度性公共产品。这是各个国家或政府在长期的历史实践中逐渐摸索和相互借鉴而形成的知识共享的制度保障模式。一句话,图书馆为知识共享而产生、而存在、而发展。这也是历史赋予图书馆的一种基本精神。

3 知识自由与图书馆

人类是以追求幸福为最高祈望的动物,而人类对幸福的追求是以自由的获得为基本前提与标志之一。近代法国大思想家卢梭就曾说过,自由与平等是人类的两大价值目标。其实,在现实生活中,自由和平等往往是以"合二为一"的形式被人感觉,因为不自由的平等和不平等的自由都不是人所追求的最佳目标状态,而既自由又平等才是最佳目标状态,尽管两者之间有时发生矛盾。为了叙述的方便,本文将两者"合二为一"的形式简称为"自由"。这样,人类对幸福的追求可称之为对自由的诉求。

人类对自由的诉求,是一种基于自身本性的最内在的和最普遍的诉求。这种诉求体现在人之思想和行动的所有方面。因此,这种诉求也必然贯穿在人的知识活动之中。在人的知识活动中体现的自由诉求,我们可专门称其为"知识自由"(knowledge freedom 或 intellectual freedom)。

知识自由,这一术语或概念在国内图书馆界尚未普遍使用,但在国外图书馆界已有较普遍的使用。如美国图书馆协会(ALA)设有"知识自由办公室"(Office for Intellectual Freedom),IFLA 也设有"信息存取与表达自由委员会"(Committee on Free Access to Information and Freedom of Expression),日本的川崎良孝和高秋裕树著有《图书馆、互联网与知识自由》一书,等等。

所谓知识自由,是指在现实条件下不受限制地进行知识的自由生产、自由接受、自由传播、自由利用和自由管理活动的状态。知识自由是人的精神自由的一种,因而也是人权自由的重要组成部分。

按照哈耶克(F. A. Hayek)的自由理论,知识自由也是一种否定性概念,即知识自由是针对知识活动的不自由状态而言的。所谓知识活动的不自由状态,是指知识自由的障碍因素所造成的知识活动的非自由状态。知识自由的障碍因素可分为物理障碍、生理障碍、经济与技术障碍、政治障碍、文化与传统观念障碍等多方面。而按照制度经济学理论,这些障碍可分为制度性障碍和非制度性障碍两大类。所谓制度性障碍,从宏观上看,是指由于国家或政府对知识资源的配置和供给不当或不足而造成的障碍。如果这种制度性障碍问题比较严重的话,就会造成制度经济学中所说的"政府失灵(State Failure)"。因此,在知识自由问题上,国家或政府的职责是尽力消除知识自由的障碍,改善和优化知识资源的配置与供给,以保障公民知识自由的权利。国家或政府兴办并不断扩大教育、科学、文化事业的目的就是为了优化配置和供给知识资源,以此加大保障公民知识自由权利的力度。国家或政府兴办并不断扩大图书馆事业,也是为了优化配置和供给知识资源以保障公民知识自由权利的一项重要举措。因此可以说,保障公民的知识自由权利,是图书馆最高的也是最本质的历史使命与理念精神。这种使命与精神,应该成为从事图书馆职业的人们的最高职业信念与职业道德的基础。

图书馆保障公民的知识自由权利,主要体现在保障公民的知识接受的自由权利。我们日常所说的读者到图书馆看书学习的行为,其实质就是接受知识的行为。人们接受知识的行为,主要通过两种途径实现:一是被动途径,主要指在各类学校借助教者被动接受知识的过程;二是主动途径,即指通过图书馆等社会教育设施主动接受知识的过程。毋庸置疑,这两种途径都是保障人们知识接受自由权利的不能相互替代的有效形式。因此,每个民主国家或政府都有责任为公民同时提供这两种知识接受自由权利的保障途径。这就是为什么世界各国都设立有学校和图书馆建制的原因所在。

知识接受的自由权利,是各民主国家宪法中规定的一项基本的公民权利。这种权利的规定一般包含在学习权(接受教育权)、休闲权、思想自由权等权利项的规定中。这就说明,图书馆所具有的保障公民知识接受的自由权利的权利,是国家法律所赋予和规定的一种"获得性权利",不能随意被轻视、削弱和剥夺,而只能被重视和加强。这就是图书馆事业应该受到重视的法理证明。

图书馆是国家或政府为了保障公民的知识自由权利而提供的制度性公共产品。所以,图书馆活动领域是一种"公域",而不属于也不应该属于"私域"。也就是说,图书馆事业属于公共利益范围,而不属于私人利益范围。因此,图书馆事业理应属于国家公共政策所调整的对象,而不应该是市场调节的对象。美国学者哈里斯等人提出的图书馆事业完全可由市场调节的观点,笔者难以苟同。关于这一点,当代著名思想家罗尔斯(John Rawls)有过精当论述:公共利益具有不可分性和公共性特征,因此,必须借助公共过程而不是市场来安排公共利益的提供;公共利益的数量及其财政需求应以立法形式确定,而不是借助于市场供求关系和自由交换。

图书馆为保障公民的知识自由权利而存在,因此,维护和保障公民的知识自由权利,应成为图书馆活动始终予以贯穿的基本精神。对此,IFLA在一则声明中郑重指出,"履行知识自由使用的义务是图书馆和信息业的主要职责","IFLA因此而号召图书馆界及工作人员恪守知识自由使用、无条件获取信息、言论自由和尊重读者隐私权的原则"。美国加利福尼亚州立大学图书馆馆长戈曼(M. Gorman)更是认为图书馆应该体现人类的自由诉求,他曾指出,"图书馆是自由(社会的、政治的及思想的自由)的集中体现。一个标榜是真正自由的社会,如果没有所有人都可以自由平等使用的图书馆,则是一种可笑的矛盾修饰法"。

4 结论

(1)维护和保障知识秩序、知识共享和知识自由,是古今中外各类型图书馆的共同的基本精神。也就是说,知识秩序、知识共享和知识自由是构成图书馆基本精神的三大方面。今后的图书馆发展,其模式与方法肯定会有日新月异的变化,但维护和保障知识秩序、知识共享和知识自由的基本精神将永恒不变。

(2)维护和保障知识秩序,即给知识以秩序,是对所有类型图书馆的内部活动的基本概括。给知识以秩序,是图书馆全部业务活动的基础与核心。能够给知识以秩序,也是图书馆这一行业优越于其他行业的"比较优势"所在。因而,这一比较优势将始终成为图书馆这一行业能够立足于世的核心能力之一。

(3)知识是人类社会的公共产品,因而全体人类都应共享这一公共产品。从全社会的角度看,知识的力量来自共享。因此,任何民主国家或政府都有责任为公民提供知识共享的公共平台,而图书馆正是最适合承担知识共享职能的公共平台之一。所以说,图书馆实质上是一种制度性公共产品。这就表明,为人类的知识共享活动提供公共平台,是所有类型图书馆共同遵循的基本精神之一。

(4)知识自由是人权自由的重要组成部分,因而,追求知识自由是人类的共同祈愿。图书馆的存在,为人类实现知识接受自由提供了社会化的制度性保障。因此,从制度意义上说,图书馆实质上是国家或政府为保障公民的知识自由权利而提供的一种制度产品。由此我们也可以说,维护和保障人类的知识自由,是最高意义上的图书馆基本精神。

(5)维护和保障知识秩序,是图书馆基本精神的基础表现或内部表现;维护和保障知识共享,是图书馆基本精神在社会意义上的表现;维护和保障知识自由,是图书馆基本精神的最高指望或宗旨所在。可见,对图书馆来说,维护和保障知识秩序和知识共享,最终要服务和服从于维护和保障知识自由这一最高指望或宗旨。总之,从制度意义上说,维护和保障知识秩序、知识共享和知识自由,是国家或政府设立图书馆这一公共设施或公共产品的制度性的功能定位与精神体现。

(选自《中国图书馆学报》2004 年第 4 期)

"公共图书馆精神"的科学解读

王宗义

当代中国的公共图书馆事业,有着整体前行的良好趋势,也有着不容忽视的事业内部差异扩大的隐忧。经济发达地区公共图书馆掀起了又一次馆舍建设浪潮,但是,社会服务能力普遍不足,以及基层公共图书馆大多窘迫如故,依然是公共图书馆事业的两大软肋。面对现实的巨大反差,重提"公共图书馆精神"成为一种新的发展思考。一般的理解是,已经是殿堂式图书馆的服务能力提升,需要图书馆员发扬公共图书馆精神,搞好社会公益服务;依然在简陋环境中的图书馆工作者,也需要继承传统的公共图书馆精神,坚守社会公共服务的道德底线。

对"公共图书馆精神"的呼吁时时见于专业报章,行政管理文件中也常常反复强调。但事实是图书馆界很少能够认真付诸实践。更有一些论述则着力分析、阐述当代社会的技术、环境、服务手段等变化对图书馆活动的影响,其真正目的是力图证明"公共图书馆精神"已经不合时宜。

这样的现实促使思考走向深入,"公共图书馆精神"之理想与实践背离的社会原因究竟是什么?公共图书馆精神到底是什么?它如何与公共图书馆实践联系?

1 现状:公共图书馆精神与实践的背离

1.1 崇高的精神

范并思先生在曼彻斯特公共图书馆创建 150 周年的纪念论述中,回顾了世界公共图书馆事业的发展历程,并从法理角度为公共图书馆这一社会文化机构,及其对应的社会文化制度的合理性进行系统的"辩护"。强调了现代社会中的公共图书馆不仅仅是一个文化教育、科技普及、生活娱乐的机构或设施,更重要的是它代表着一种维护社会公正的制度。因为,公共图书馆精神已经赋予了一种让社会知识得到公平利用,保障社会弱者平等获得竞争资源的社会正义内涵。

对于公共图书馆事业而言,这样的注解应该是给予公共图书馆工作的最高精神激励。日常平凡的图书借阅工作也关系着维护社会公正的崇高职责,公共图书馆员的职业自豪感应该为之显著提升。

公共图书馆的传统理想教育,一般无法提升到这一层面。通常表现为"为社会大众贡献精神食粮""为科技进步甘当好二传""发扬先人后己的人梯精神"等,但都曾经让一代代公共图书馆工作者尽职尽责。它至今依然支撑着全国大部分清贫的公共图书馆员,继续默默地奉献着青春和智慧。

问题是:专家和管理高层津津乐道、极力倡导的"公共图书馆精神"社会效益如何?近

50 年来,公共图书馆馆员在这样的精神鼓励下,所做的大量付出,其价值是否得到社会的共同认可? 否则,如何解释当代公共图书馆活动的困窘?

1.2　难言的认同

当代公共图书馆工作者的地位十分微妙。尽管图书馆管理高层为公共图书馆员的工作涂上了神圣的色彩,诸多图书馆学专业论述也提出图书馆活动崇高的使命。然而,不无遗憾的是,所有这些赞颂大多仅仅来自于图书馆和图书馆学界自身。公共图书馆员不难发现,所有一切美好的词语,一旦走出公共图书馆大门就迅速贬值了。现实社会对图书馆员及其活动的认同程度,绝对难以令图书馆员自豪起来。只要是公共图书馆工作者,无论他身在宫殿式的发达城市图书馆,或是坚守在穷街陋巷的乡镇、街道图书馆,对此自然都会有切身的体会。

"信息时代""知识经济"等社会新潮在公共图书馆活动与发展研究中,曾经掀起过一阵阵波澜,公共图书馆活动也在适应社会发展口号下作了大量改革实验,图书馆员在发扬公共图书馆精神,改善图书馆服务方面付出了巨大的努力。但是这一切,在改善公共图书馆的社会地位,增加对图书馆活动的社会认同等方面,并没有产生显著效果。

20 世纪 90 年代以来,图书馆理论界经常有一些论述,对图书馆学研究领域中的盲目拓展、自我拔高等倾向表示不满,但是面对"公共图书馆精神"这一炫目的理想光环,却未见有人对现实的"背离"提出过质疑。而公共图书馆员则清楚地看到了社会认同与自身认定之间的巨大差异。在社会舆论中常见的表述是:科学研究工作者指引着"社会的未来",学校的教授老师应该是"人类灵魂的工程师",医生护士是"生命的守护神"或"白衣天使",只有法官律师才代表着"社会的公正"。而绝大部分公共图书馆工作者,在国内未充分发展的市场经济环境中,在很大程度上还是属于被同情的社会弱势群体成员。"公共图书馆精神"和"实践的社会认同"发生了背离。

继续复诵"公共图书馆精神",继续期望以苦修内功、加强服务来赢得社会的尊重,提升公共图书馆的地位,显然只能是脱离现实的无效说教而已。

任何一种社会活动及其发展都有着自身的规律,人们能够做的只能是不断摸索,逐步深化对规律的认识。解决"公共图书馆精神"与"实践的社会认同"背离,不能简单地要求公共图书馆员精神的净化或专业能力的提升,而需要把更多的注意力放在社会现实中相互关系的梳理与分析,从实践过程本身探寻问题的根源。

2　解析:公共图书馆精神与环境的梳理

2.1　经济环境的考察

20 世纪 50 年代中期以来,公共图书馆事业的建设始终是各级行政投入的一个基本组成。若暂时撇开投入数量的多少,或投入是否充足等问题,公共图书馆事业是社会各领域中,能够持续不断地获得行政投入的少数部门之一,这是不争的事实。

但公共图书馆事业似乎永远处于"饥饿状态",即使在 20 世纪 80 年代的大规模新馆舍建设浪潮中,经费不足的呼吁也未曾停歇过,更别说"低谷时期"的"悲愤呐喊"了。应该引起公共图书馆界重视和反省的是,社会对图书馆经费呼吁的回应正在逐渐淡漠。自 20 世纪的 50、60 年代、80、90 年代,到 21 世纪初,社会各界对于公共图书馆要求增加投入的"声援"越来越弱,为公共图书馆"大声疾呼"的声音近年来几乎听不到了。对此,公共图书馆界需要认真地自我反省:问题究竟出在哪里?

近 50 年,公共图书馆事业的发展始终处于"铺与补"交替过程:社会经济形势良好时,公共图书馆把争取到的经费投入,大量投向各种类型、不同层面的新馆建设,迅速地"铺摊子";接踵而来的往往就是维持经费不足的苦恼,于是千方百计地"补"足维持经费成为各个图书馆管理者的日常难题;而一旦社会经济环境出现异常,大量守不住的"摊子"就只好抛弃。何况,如此恶性循环在某些地区已经好几次。

这表明以往的发展选择中,存在着明显的思考误区。众多"摊子"的反复"铺"与"补",直至相当部分无可奈何的"弃",客观证实了公共图书馆发展决策的失误,必然地导致社会发展投入的空耗。正是因为公共图书馆活动一再浪费了社会发展资源,才会令社会各界对图书馆活动日渐冷漠,这是客观规律对于公共图书馆活动的惩罚。公共图书馆怨天怨地,就是不反省自身,自然是一误再误。

公共图书馆一次次大规模"铺摊子"时,总是举着"满足广大人民的精神文化需求"旗帜。20 世纪 90 年代中期以后,更与"国际化""公共图书馆精神"等联系起来,阐释为"公平地提供社会服务",等等。但是,在这些良好的主观意愿后面,几乎没有一份科学的调查研究资料,用以解释各个地区,不同城镇,多种层面的公共图书馆服务具体需求到底是什么!而在没有把握具体的需求之前,所谓"广大人民的精神文化需求"就只能是决策层的主观臆定,由此做出的公共图书馆发展决策也必然是盲目的。任何发展投入若缺乏事先的科学论证,只能得到苦涩的结果,公共图书馆不幸也在其中。

2.2　人文环境的思考

中国公共图书馆事业发展过程的特点之一,表现为与社会活动的功利性诉求联系特别紧密。每当社会发展需要具有激励效果的事物时,公共图书馆建设或许就因此获得了一个发展投入的机遇。

例如,在国家的首都和少数国际性都市建立一些标志性的文化建筑,包括公共图书馆,原本是可以理解。但在近年来的文化建设中,"标志性文化建筑——城市公共图书馆大厦"在各个大中城市成为一种潮流,似乎只有这样一种方式,才能使地方文化"上台阶",达到"一流",树立"文化大省""文化大市"的形象。

在这些"标志性文化建筑"建设的决策中,很少有人基于本地区经济的可持续发展能力,对高标准、殿堂式文化设施的未来维护投入进行认真思考,更谈不上本地区的具体社会需求的研究与把握。于是,社会用于公共文化发展的投入,被集中于一幢幢现代化图书馆大厦。也许用不了多久,中国就能成为世界上公共图书馆大楼最多的国家之一。

在有限的公共文化发展投入被高楼大厦鲸吞的背后,大量城镇、街区的基层公共图书馆依然处于苟延残喘的困境。即使是在经济相对发达的地区、城市,能够稳定获得经费的基层公共馆也极少。特别需要指出的是,就是在经济环境相对比较宽裕地区的基层图书馆,其发展投入的非理性状况也是十分严重的。往往是平日捉襟见肘地勉强应付,直到考核、评估的"临战时期",才可能争取一笔"意外之财"。若是该地区主管领导"要面子",钱就可能更多一些,赶紧添置设备,补充书刊。殊不知,公共图书馆活动有其内在的规律,突击投入铺出来的摊子,事后大多没有相应的持续投入来维持日常运作,结果只能是投入的空耗,部分甚至全部被丢弃。"突击整改"(铺摊子)时期的资金投入就白白流失了,只剩下一批毫无真正社会价值的"匾、牌"。更遗憾的是这种规律性的投入浪费在公共图书馆界已经见怪不怪,习惯成自然了。

如果对此缺乏清醒认识,客观规律必然会使公共图书馆受到更大的报复,只是事先谁也无法预测其形式和规模而已。

2.3 精神境界的分析

长期生存于畸形的经济、人文氛围中,公共图书馆活动的精神境界必然出现各种"异化"。在改革的旗帜下,众多诡异的发展思维充斥于公共图书馆活动的研究领域。从荒诞的"变图书馆为租书馆"设想,到时髦的"数字化、网络化"的技术替代理论,直至虚幻的知识元素等研究,一波波没有科学根底的"新论"不断涌来,又很快随着更新的技术出现、社会环境的急速变化而被迅速淹没。

近50年的公共图书馆活动发展规划中,从来没有关于具体社会需求的科学调研成果支撑。在公共图书馆精神的宣传中,也同样只有崇高理想的鼓动,而缺少严肃的实践运作研究。几十年来,图书馆学研究人员对于谢拉关于公共图书馆理论基础的"社会文化制度—社会文化机构"学说,都表示由衷的信奉,并由此做了大量解释性的阐述,但是对于公共图书馆形式的诞生地——欧美地区,这种"社会文化制度"何以形成,却没有认真地深入探索。

任何一种社会制度的形成,都有其社会发展的内在动力,有着相关的社会发展环境。人们对任何一种制度的认识和抽象表述,都只是对客观社会现象的理性归纳。在欧美地区形成的社会文化制度,及其公共图书馆活动理念,不应该像文献整理的具体技术与方法一样,直接简单地移植,更不应该作为实践工作的指导原则,或图解为事业的目标。不同社会环境中形成的文化制度,不可能在社会文化背景有着重大差异的环境中机械地嫁接成功。中国公共图书馆活动的曲折发展历程,已经证明了这一点。

必须深入剖析欧美公共文化制度得以形成的内在经济动因,深入探析这一制度的社会人文内涵,才能科学地解读"公共图书馆精神",并为中国当代公共图书馆发展提供科学参考。

3 探索:公共图书馆精神与科学的解读

3.1 市场经济与规律

东西方公共图书馆活动的诞生与发展环境,有着先天的差异。萌发于欧美的公共图书馆活动,其背景是19世纪欧美国家工业化高潮,市场经济活动趋向完善的时代。而位于东亚地区的中国公共图书馆活动则是在学习近现代世界科学技术的同时,通过"移植",甚至是"辗转嫁接"方式,引进的一种社会文化制度。将一种社会经济环境下自然生长出来的文化制度,直接"嫁接"到另一种社会经济环境中,产生"水土不服"是必然的。

欧美地区的公共图书馆制度植根于规范的市场经济土壤,公共图书馆活动的内在经济动因,可以归之为社会在文献集藏领域的最小投入,获得最大的社会利用效益。这是现代社会经济条件下图书馆活动的一种内在的必然规律。所谓"看不见的手",就是这样规定着公共图书馆的活动。而所谓"公共图书馆精神",则仅仅应该是公共图书馆员道德规范层面领域的事物。设若把一种"精神"当作相关社会文化制度建立的前提,那就已经脱离了唯物主义认识论的基础。

当一个世纪前的社会改革家把公共图书馆模式引进中国时,他们注意到了这一文化制度在普及现代文化,提高公民素质中能够发挥的作用。但对于这一文化制度的基本运作规则及其环境条件等,尚未来得及仔细研究,就因为各种外部因素的干扰所打断了。80 年代改革开放后的经济体制变革及其波折、信息科学技术的突破性进展等一系列因素,竟然最终使长期缺乏严肃的科学理论素养的中国公共图书馆界,把市场经济的社会环境与公共图书馆活动,与公益性文化事业的发展对立起来,于是出现了诸多令人啼笑皆非的议论。

现代社会的公益性文化服务制度,包括公共图书馆活动,原本是随着欧美社会市场经济的规范而逐步健全、发展起来的,并通过这些活动的优越效应成为世界其他地区仿效的样式。为何在当代中国却是因为社会环境向市场经济体制的转换,使得很多地方的公共图书馆到了"危及生存"的地步? 其原因之一,就在于思维方式的偏差,把发达国家图书馆员从业精神的文字概括,或鼓动口号等,生吞活剥地拿来,当作图书馆活动的准则或工作的目标,进一步指导行为方式,自然是盲目的决策,非理性举措,最后导致难堪的社会效益。

为此,需要观察欧美地区公共图书馆活动的具体运作方式,以及在市场经济环境中,居民及其社会活动中行为模式。

3.2 公民义务与权益

欧美地区极为普及的公共图书馆设置,自然使我们羡慕。但在学习、模仿欧美公共图书馆的专业技术、服务方式时,往往很少注意分析背后支撑图书馆活动的社会运作机制。橘生淮南为橘,橘生淮北为枳。这或许就是公共图书馆制度在东西方不同的根本原因。

在商品经济环境下,"等价交换"是维持社会不同分工领域之间正常关系的最基本法则。市场经济社会的公平、公正原则,及其影响到上层建筑的种种严肃的规范,高深的理论,本质上都源于此。改革开放 25 年后,中国人对于"谁投入,谁得益"的市场经济规则,开始已经有了基本认同。对于"没有免费的午餐"等现代社会的经济观念也有了切身体会。但是一旦离开经济领域,传统的思维方式依然在不自主地主宰着人们的认知模式,对于公共图书馆精神机械、呆板的理解就是典型的例证之一。

欧美公共图书馆立足于城市或居民社区,对于任何一个具体图书馆的建设或发展投入,决策者一般是本市的居民代表——市议会或区议会。他们既清楚地了解本地区居民的基础文化需求是什么,也清楚地了解本地区经济社会水平能够维持怎样规模的图书馆。只有在了解具体需求与实现可能这两个基本前提的情况下,他们才得以自然地设计一条合理地维持公共图书馆发展的途径,既能最大限度地满足本地区居民的文化需求,又能保证为图书馆提供稳定的行政拨款等物质支持。

反观机械移植到东方的公共图书馆制度,一般停留公共图书馆是通过行政拨款举办的表层上,于是,公共图书馆制度便成为政府向公民提供的一种文化福利事业。政府大包大揽地操办,一些地区的公共图书馆甚至成为政府机构的一部分,图书馆员也进入了行政公务员的编制。这一文化福利事业模式,在社会经济发展上升阶段一般有着比较正面的效应;但社会经济活动进程一旦出现波折,公共图书馆活动必然大受冲击。东邻日本图书馆活动自20世纪70年代以来的波折就是一个典型例证。中国公共图书馆活动及其相关文化制度受日本影响很深,所以各个时期的具体举措或许有所差异,但基本思维方式则是大体一致的。于是,当代公共图书馆活动客观上成了政府的一个负担,继续投入是个无底洞,不增加投入则可能受到不重视文化事业的指责。

另一个例证,或许也可以说明我们对"公共图书馆精神"的理解偏颇。法兰克福的德意志图书馆是德国三所国家图书馆之一,具有全新的馆舍和现代化的设施,面积与上海图书馆相仿,达8万平方米左右,但它只向社会提供1000张读者证,用户必须具有硕士研究生以上资格,日常接待读者在百余人。反观我国的国家图书馆、上海图书馆等,在"公共图书馆精神"的旗帜下,向全社会开放,日接待读者数千甚至上万人次,工作人员为此终年紧张忙碌,还需时时担心外界的不良反馈,神经十分紧张。值得深思的是,我们似乎从来没有听到关于德意志图书馆"未能公平地向公众提供社会文化服务"一类的指责。

事实上,"公平"是一个抽象的概念,任何具体的"社会公平"都有相对限定的范畴。当上海图书馆向所有市民和来沪的国内外人士敞开大门时,形式上是再公平不过了。但事实上,真正获得比较充分文献服务的读者,仅仅是居住在上海图书馆周边的部分居民。

若就一般经济学的角度分析,可以得出一个"另类的"结论:上海图书馆的发展投入来自于全市居民的经济贡献,但能够获得日常文化服务保证的只是周边居民。因此,对于大多数市民而言,存在的却是"事实上的不公平"。以此推论国家图书馆的社会服务,结论就无须赘述了。

因此,法兰克福德意志图书馆的工作目标非常明确。它作为一所有着良好现代化技术装备的国家图书馆,其工作目标主要是为全德国的图书馆提供优质、标准的书目数据服务;为高校师生、科研人员提供文献和信息等直接的社会服务则是第二位的。对于中国同行关于社会公众文化服务的询问,他们感到困惑:这是国家图书馆的职责吗? 分析至此,大概就不会得出德意志图书馆缺乏"公共图书馆精神"的结论了。

回到本节的开始,我们可以进一步领会西方市民社会的价值观,及其基本社会活动理念。城市、社区公共图书馆的发展投入,直接取之于本地区居民,按照"谁投入,谁得益"的原则,必然需要向本地区的居民提供最充分的服务,"公共图书馆精神"的根源即在于此。至于通过其他各种形式,向外来人员开放图书馆,或向社会的困难、弱势群体提供文献服务支援等,则完全是一种慈善性质的服务,属于富裕社会中人们的道德境界的提升,与"公共图书馆精神"只有抽象的联系,而不是规范的义务。也正是在这样的价值观支配下,法兰克福的市民绝不会向德意志图书馆提出抗议,因为他们清楚地知道,国家图书馆的发展投入来源于国家的全体公民,他们也不会去要求得到德国其他城市居民不能享受的服务。

这样分析之后,我们或许可以对市场经济环境下的社会公平有比较深入的理解,对"精神"与"现实"有一个具体的认识,为科学地解读"公共图书馆精神"奠定思想基础。

3.3 行政法规与运作

有了以上分析,对于通过国家立法保障公共图书馆活动的理论,就可以有新的认识。欧美地区的国家图书馆法,是对于各个城市、地区的行政管理机构,不管它是政府还是议会的一种原则性普遍要求,就是必须维护公共图书馆制度。

欧美地区的图书馆法规,一般都着重于公共图书馆组织机构、活动模式、运行方式等基础领域的规范,地方的行政管理机构依此作为公共图书馆活动的评价基础。各个具体公共图书馆活动的社会服务效益,则需要通过本地区居民直接的感受,才能反映出来。一所公共图书馆的发展投入、组织管理等决策,自然地由代表这一地区居民的行政组织来决定,国家及政府文化行政部门根本无须花费大量精力进行干预。

相形之下,国内图书馆界诸多研究热点,始终停留在通过国家立法,保障公共图书馆发展投入的层面上,并把市场经济体制转化当作公共图书馆事业发展的阻碍,就显得比较幼稚。事实上,图书馆学研究者已经面对的一大堆由国家行政机关制定的、严密细致到繁复程度各级公共图书馆标准,还有着10多年来的一次次全面"评估"的总结报告。但是,此类研究的结果又是什么呢?除了掩盖公共图书馆整体发展窘境,粉饰事业发展障碍的空洞宣传语言,就是一味要求图书馆员加强自身修炼,提高思想情操的陈词滥调,再等而下之的就是对欧美文化制度的盲目崇拜和对现实充满哀怨的牢骚文字。

在这样的理论与实践环境中,原本朴实的"公共图书馆精神"被抬到至高无上的地位,成为文化制度建设的理想、图书馆法规制定的前提,变成图书馆员操守的基础。但是当这些制度、法规和守则等,脱离了公共图书馆及其社会环境,脱离了现实生活的需求和经济支撑的可能,就只能剩下几本装帧漂亮的书籍和一摞"红头文件",而没有任何实际价值。

总之,当代公共图书馆活动结出的果实之所以是酸苦的"枳",而不是甜蜜的"橘",很重要原因之一,就在于机械地解读公共图书馆精神,脱离了公共图书馆活动所需要的社会生存环境。理论研究和实践操作没有了正确的前提,再多的努力依然是枉然。

(选自《中国图书馆学报》2004 年第 5 期)

学科馆员制度范式演变及其挑战

李春旺　李广建

1　学科馆员制度的演变

20世纪中期,馆际互借制度尚未全面建立,每个图书馆主要依靠自己的馆藏来满足用户的需求。美国一些大学图书馆开始建立馆员与学科教师、研究人员之间的联络制度,通过他们协同工作,改善馆藏资源建设质量,提高图书馆的服务能力。这就是早期的"学科馆员",又称为"学科联络员"(Liaison),其角色职责主要是馆藏建设,并承担部分参考咨询的工作。进入20世纪90年代,受全面质量管理、全员目标管理思想的影响,图书馆的组织结构开始发生变化,学科馆员的角色职责增加了新内容,如公共关系、用户指导、专业参考咨询、电子资源管理等。学科馆员制度的产生,改变了传统参考咨询被动的服务方式,然而,由于受信息需求、环境因素以及服务手段等方面的制约,这个时期的学科馆员服务在内容上还很有限,服务层次还不够深入,还没有引起科研用户的足够重视。

20世纪末以来,网络技术、数字技术的发展给图书馆带来了前所未有的冲击。第一,网络资源的膨胀发展需要学科馆员的导航,而基于网络的新型学术出版与交流要求学科馆员发挥更重要的作用;第二,数字图书馆的建设在经历信息资源数字化、分布式互操作系统之后,开始向基于用户信息活动环境的方向发展,它希望能将数字图书馆的服务定制嵌入到科研环境中;第三,e-science的建设使创新学习机制的建立、研究机构数字资源的保存和基于开放存取机制的学术交流模式建立成为科研领域的热门话题,而这些方面的研究与建设也给学科馆员提供了新的发展机会。

信息环境、信息需求的变化导致了图书馆服务范围的扩展。根据米哈伊洛夫的科学交流模式,我们可以将信息生命周期分为信息产生、发布、组织与利用四个过程。传统图书馆的信息管理与服务主要面向信息产生、发布后的信息"组织"与"利用"过程,包括对信息的采集、加工、存储、检索、报道及原文传递服务等。在数字时代,图书馆将参与信息生命周期全过程的活动。一方面,网络出版使信息发布变得简单容易,图书馆参与信息发布成为可能,学科馆员开始担当学术信息出版者的职责;另一方面,信息环境与科研环境的网络化建设使学科馆员可以更多、更深入地融合到科研活动中,成为科研合作伙伴,开始参与信息"产生"过程的活动。这一切使得学科馆员制度在网络环境下发生了变革。

学科馆员制度是图书馆一种创新服务形式,其根本目标是建立图书馆与学科用户之间的联络机制,主动了解学科需求,并以需求指导信息组织,以便向用户提供主动的学科指导性服务。学科馆员制度从诞生那天起,一直在不断发展演变。依据学科馆员制度赖以依存的信息环境、角色职责、组织机制、服务模式等方面的不同,笔者将学科馆员制度划分为两个发展阶段,即基于传统图书馆的学科馆员制度范式(第一代)、基于数字图书馆的学科馆员制度范式(第二代)。当前学科馆员制度正在经历从第一代范式向第二代范式的演变,而这种范式的演变将使图书馆面临新的挑战。

2　第一代:基于传统图书馆的学科馆员制度范式

第一代学科馆员制度主要基于传统图书馆的组织机制与用户需求,依托印刷型文献资源和手工服务方式,致力于建立图书馆与研究机构之间的学科联络与主动服务机制,初步实现了学科服务与主动服务两大目标,笔者将这种服务模式统称为基于传统图书馆的学科馆员制度。

第一代学科馆员的核心职责是学科联络和专业参考帮助。具体职责可分为四个方面:①学科需求联络,即建立图书馆主动了解用户需求的交流机制,实现信息从学科用户向学科馆员的流动。②馆藏建设,包括了解本馆及合作单位馆藏学科资源,协助制订资源建设策略与规划,根据学科用户的意见制定采购订单,负责学科资源的著录、分类与管理以及资源建设质量的评价与监控等。③公共关系与营销,指学科馆员作为图书馆的发言人和资源、服务的推销员,主动向科研人员提供图书馆资源、服务以及相关政策与策略等信息,促进信息从学科馆员向学科用户的流动。④用户服务与用户教育,主要内容包括:提供一线读者服务工作,参考咨询服务,编写资源利用与服务指南,负责用户信息利用的指导与培训等。

在组织机制上,第一代学科馆员制度表现为逐渐成熟与不断发展的过程。主要有两种组织方式:一种是学科馆员分散在原来工作岗位上,兼职完成学科馆员的工作;另一种通过成立独立的学科馆员领导小组(一般附属于参考咨询部),学科馆员被集中组织、全职工作。具体的组织形式是:①图书馆制定学科馆员组织机制、岗位职责等相关制度,并予以公布;②选择具有一定学科背景和工作能力的馆员(多为高级职称)组建学科馆员队伍,公布学科馆员名单及联络方式;③在各个学科单位(系、学院、研究机构)聘任对口服务的图情教授;④实现学科馆员与图情教授之间的交流与联络;⑤主动的信息提供服务与用户指导。

学科馆员服务是参考咨询服务向纵深发展的结果,但与参考咨询又有明显区别。首先,参考咨询以图书馆内部的参考咨询台为中心,提供被动的提问应答式服务,即"需求提问→信息处理→服务反馈"(见图1)。学科馆员则是一种主动服务模式,它从图书馆内参考咨询台走进科研社区,在与用户的直接交流中主动获取用户需求,并根据用户需求,主动提供服务,其基本模式为"需求→服务"(见图2)。其次,参考咨询提供一般性服务,而学科馆员则提供专业化学科指导服务。

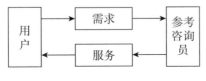
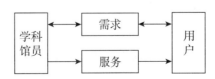

图1　参考咨询员工作模式　　　　　图2　学科馆员工作模式

在传统学科馆员制度下,用户联络的手段主要有电话、信件、调查表、图书馆内的参考咨询、图书馆外的面对面交流等。服务内容主要是印刷型资源,包括全文、文摘或线索信息。

服务方式包括:编辑出版学科指导信息并直接分发给对口学科用户,利用广播、报纸、宣传橱窗等工具宣传图书馆资源与服务,群体用户学科信息素养培训与教学,个别用户信息使用现场指导,等等。

3 第二代:基于数字图书馆的学科馆员制度范式

第二代学科馆员制度面向数字化、网络化信息环境,以数字图书馆为依托,充分体现"以用户为中心"的思想,通过数字图书馆系统与研究机构知识管理平台的无缝集成,使学科馆员可以更多地参与科研活动,将信息服务融入用户个人信息环境中,并根据用户需求指导信息组织,实现信息服务与资源组织的统一,称为基于数字图书馆的学科馆员制度。

3.1 第二代学科馆员的主要职责

网络改变了图书馆范式与机构文化和图书馆员的角色。网络环境下,学科馆员传统的职责发生了改变。学科馆员要深入到教学、科研活动中,成为教师、团队成员、科研伙伴、学习顾问等,重视学科联络职能。要以信息需求指导资源建设,将用户服务与资源组织相统一,特别强调对网络资源、电子资源的选择、评价、组织与管理。要充分利用网络技术,开展多种形式信息揭示、发布、导航服务,更注重提供深层次的、主动的学科研究指导性服务,提供学科信息个性化定制服务、主动推送服务、检索代理服务等。学科馆员成为事实上的教师,负责科研用户信息素质教育,并成为 e-learning 环境中的课件设计者、网络学习的指导者、技术环境的维护人员。

在保留、发展第一代学科馆员角色职责的同时,第二代学科馆员增加了多种新的角色职责。主要包括:

(1)学科信息作者与发布者。作为具有学科背景的信息管理专家,学科馆员将从单一的信息推荐者变为兼有信息生产者与信息发布者多重身份。第一,学科馆员作为二次文献的作者与发布者,负责本学科领域文献资源的分析、评价、导航、推荐工作,编写文摘、书目、书评、导航目录、数据库评价报告等,并利用网络进行发布。第二,学科馆员作为一次文献的作者与发布者,研究学科进展、发展态势,并建立专题网站发布自己的研究成果,这种形式随着 blog 交流方式的兴起而迅速发展起来。如 Greg Notess 创建了一个搜索引擎专题网站(the Seeach Engine Showdown),发布他在搜索引擎方面的研究成果,Search Engine Showdown 已经成为当前搜索引擎领域研究人员最重要的参考网站。又如华盛顿大学图书馆员 Gary Price,他创建了一个信息管理专业网站 Resourceshelf,用来发布他收集、组织、撰写的学术文献、评论信息以及学科新闻信息等,Resourceshelf 是当前图书馆学领域最有影响的两个 blog 之一。

(2)信息资源管理者。第一,学科馆员是馆藏印本资源、电子资源和分布式网络资源的管理者,负责这些信息的采集、组织、保存、访问权限管理、信息迁移服务与永久性保存服务等工作。第二,学科馆员是研究机构知识资产的管理者,参与机构数据库的建设与维护,负责研究机构知识资产信息的标准化组织、永久性保存以及学术成果网络发布(eprint)、交流、开放存取等工作。第三,学科馆员负责学术交流过程中产生的增殖信息管理,包括来自科研人员与学科馆员的交互信息,来自虚拟学术社区的讨论组信息等。通过对研究机构知识资产以及学术交流过程信息的管理,学科馆员真正融入科研活动中,有机会获取科研成果形成过程中的相关信息以及科研成果公开发布后的演变信息,以便构建复合数字对象,实现对信息的深层次揭示与管理。

(3)知识管理员。包括两方面的职责:第一是知识组织服务,即利用数据挖掘等技术对相关信息进行主题聚类、分析、评价、过滤,从而发现用户最需要的信息内容。第二是竞争情报研究,即根据研究机构的发展需要,由学科馆员综合学科信息、竞争组织信息、机构知识信息等,利用文献计量学等方法进行统计分析与评述,发现学科发展趋势、竞争对手动向以及本机构的优势、劣势等,为科研决策提供情报支持。

(4)研究人员。作为信息管理专家,学科馆员负责信息组织方法、管理政策、交流机制等方面的研究,跟踪学科进展,研究学科信息发展态势,指导用户获取、理解、使用信息资源,提供相关咨询服务,发挥网络馆员的作用。作为信息技术专家,学科馆员与对口学科研究人员、学习型组织成员、IT 技术专家等协同工作,参与数字图书馆技术研究,设计开发信息管理工具,实现数字图书馆系统和用户信息环境的无缝集成。作为特定学科专家,学科馆员成为机构科研团队的一员,参与对口学科的研究工作。

(5)虚拟交流的组织者。作为虚拟交流空间的创建、组织与协调者,学科馆员提供空间服务,负责虚拟交流活动的组织以及对交流中产生信息的管理,负责合作式信息挖掘与推荐,负责在线咨询以及专家咨询代理等职责。

3.2　组织机制

在第二代学科馆员制度范式中,图书馆通常组建一个学科馆员管理委员会或顾问组,负责学科馆员工作的发展研究与业务指导,如:制定学科馆员工作规范,研究、开发新的服务模式,推荐学科馆员人选,组织学科馆员培训,指导学科馆员制订个人年度计划,实施学科馆员岗位考核与评价等。委员会下设协调办公室,总体协调各个学科馆员团队的工作。学科馆员团队,是根据业务内容将学科馆员的工作划分为多种岗位(如资源及元数据管理、研究和教育功能、技术管理等),再根据学科服务需要,利用分工合作机制动态组建的。学科馆员团队的协作机制不仅包括学科馆员之间的协同工作,也包括学科馆员与学科专家、学科馆员与技术专家之间的合作,从而共同构成一个完整的信息服务体系。

3.3　服务模式

第二代学科馆员的服务模式(见图 3)建立在网络环境与数字化资源基础之上,核心目标是实现数字图书馆系统与科研机构知识管理平台的无缝集成,具体的策略是建设学科馆员平台系统,使学科馆员的工作与科研用户信息环境紧密结合。第二代学科馆员新增多种服务手段,如电子邮件、BBS、BLOG、wiki、虚拟交流、专题网站、协作式服务等,新的服务方式有主动推送服务、个性化定制服务、数字参考咨询服务、e-learning 等。

与第一代学科馆员制度相比,第二代学科馆员在服务模式上具有以下特点:

(1)信息采集、组织与服务等全过程工作都基于网络环境及相关工具。

(2)服务支撑资源从印刷型转化为数字型,存储方式从本地集中存储转变为分布式存储与互操作。

(3)服务方式专业化、个性化,面向学科组织资源,并集成专业化检索工具,提供垂直的学科服务和个性化定制服务。

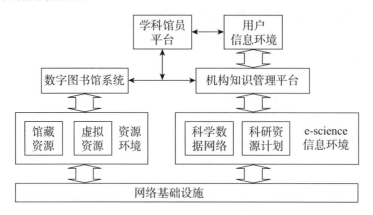

图 3　基于数字图书馆的学科馆员服务模式

（4）通过建立学科馆员平台,实现数字图书馆系统与机构知识管理平台的衔接,并与电子政务系统、科研档案系统、工作流管理系统、e-learning 等系统无缝集成,将学科馆员的工作在技术层面上延伸到教学、科研、管理各个领域。

（5）提供基于网络的协作式服务,包括一个图书馆内部不同学科馆员之间的和不同图书馆之间的学科馆员协作服务等。

4　学科馆员制度范式演变带来的挑战

由于网络技术、数字化技术的发展与应用,科研人员个人的自我信息管理与服务十分必要,设计、开发、集成、组织并提供专业信息管理工具成为一种新的信息需求,而创建并向用户提供虚拟学术交流空间,组织、协调网络学术交流活动将是学科馆员的一项重要工作。同时,学科馆员工作不再依托图书馆大楼,而是分散在科研社区,组合到科研团队里,通过参与科研活动,完成有针对性的信息组织与服务,这就是图书馆功能新的演变——渗透性图书馆。它与传统图书馆自主组织资源等待用户请求服务的方式截然不同,将导致图书馆内部机构组织和业务流程组织上的变革。

以需求为导向是学科馆员信息服务的重要特征。数字图书馆只有建立了学科馆员服务制度,才能将“以用户为中心”的思想落到实处,并促成图书馆业务中心的转移,即从注重资源建设转向以服务为本,从以图书馆内部业务管理为重点转变到以用户服务为核心,从提供一般性服务转向提供专业化、个性化服务,从文献服务转移到提高知识含量和知识价值的工作上来。传统服务模式下,资源组织者不负责服务,而用户服务者不负责资源,造成图书馆工作与用户需求脱节。学科馆员制度改变了传统图书馆的被动服务方式,通过主动建立与科研用户的交流机制,使数字图书馆可以有针对性地组织资源,并提供预见性服务。学科馆员制度发展必然导致传统图书馆信息服务的重组,包括服务功能的重组以及人力、物力、财力资源的重新分配。

在网络化数字化时代,学科馆员制度不但会进一步深化专业服务与主动服务,而且会拓展出个性化服务等新的信息服务方式。这里所说的个性化服务是指学科馆员与科研用户协同工作,一起创造、建设可定制的个性化信息而不是发现、检索普通信息,并提供主动的推送服务。传统的独立式学科馆员工作模式将会消失,取而代之的是学科馆员团队协作模式,在分工协作的基础上,学科馆员为用户提供全面而系统的服务。

在数字时代,学科馆员面临诸多技术创新挑战。第一是信息组织技术的创新,第一代学科馆员管理的资源仅仅局限于正式出版的文献,信息对象是单一的、静态的,信息组织技术也比较简单;网络环境下,学科馆员要集成实验数据、研究报告、预印本文献、正式出版文献、后出版文献等信息,构建动态的、复合的信息对象,这将是一种全新的信息组织技术。第二是服务技术创新,从传统图书馆到数字图书馆,学科馆员从在物理空间向用户提供物理服务转向在网络空间向用户提供虚拟服务,新的服务需要创新技术支撑。第三,学科馆员需要综合应用各种信息技术,为科研人员提供多种信息处理工具,包括可视化检索、多媒体信息处理、随叫随到的知识管理等工具,支持科研人员自我的信息管理与服务。

网络时代,新技术的发展并没有减少最终用户对图书馆的依赖,学生、教师、科研人员没有时间也没有足够的技能自己获取所需要的全部信息,学科馆员因其主动需求联络与渗透性服务等特点,将扮演更多、更重要的角色。第二代学科馆员不仅要具有传统学科馆员的所有技能,还要有深厚的计算机技术与知识。作为网络馆员,能够轻松驾驭网络环境,完成基于网络的信息采集、组织、研究与服务;作为信息技术专家,负责数字信息管理工具的设计、管理、用户使用指导等工作;作为图书馆的代言人,负责引导用户高效使用图书馆的服务;作为科研机构的信息需求代言人,负责需求导向策略的制定,并最终影响图书馆的信息组织与服务。

(选自《中国图书馆学报》2005 年第 3 期)

图书馆联盟的构建模式和发展机制研究

燕今伟

图书馆联盟是以实现资源共享、互惠互利为目的而组织起来的、受共同认可的协议和合同制约的图书馆联合体。这些联合体常常冠以"体系""系统"或"网络图书馆"等名称,其实质都是以联盟的形式在地区、全国或更大范围内进行全面的或某一方面的合作,实现图书馆之间的资源共享。

1 图书馆联盟的发展历程

图书馆之间的馆际协作活动,可以追溯到100多年以前。由于经费来源、通信联络和读者获取文献习惯等方面的原因,图书馆的文献资源共享大多是起源于一个地区内图书馆之间的合作活动。作为现代意义上的图书馆联盟的发源地美国,早期的大学图书馆联盟的形成与地理因素有着重要关系。如在联盟刚刚兴起的20世纪30年代初期,许多州的公立大学图书馆都开始了不同层次的正式或非正式的资源共享的探索和尝试,其中最具代表性的当属北卡罗来纳州的"三角研究图书馆网络"。当今图书馆联盟的顶尖代表OCLC,也是由当初一个州的图书馆联盟发展而来。

到了20世纪60年代后期,随着计算机的应用,图书馆的文献资源共建共享开始具有网络化的雏形,呈现日益显著的效益。尤其是20世纪80年代以来,由于计算机网络技术的迅速发展和通信基础设施的加速建设,许多国家和地区纷纷制订了依托计算机网络的图书馆馆际合作计划,并以图书馆联盟的形式把这些合作稳定下来,形成可持续发展的机制,使图书馆文献资源共建共享发展到一个新的阶段。

近年来,图书馆联盟的发展呈现了国际化趋势。1997年,来自世界各地图书馆联盟的代表在美国丹佛成立了"国际图书馆联盟联合体"(ICOLC),也被称作"联盟的联盟"。根据2002年底统计,参加ICOLC的各国图书馆联盟有155个。

国内现代意义上的图书馆联盟活动始于中华人民共和国成立以后,也是发轫于地区内图书馆之间的协作。1951年,上海新闻图书馆编印了《上海各图书馆藏报纸调查录—附新闻学图书馆目录》,共收录56个图书馆收藏的中外文报纸,这是中华人民共和国成立后出版的第一个馆际合作的联合目录。此后图书馆界的协作日趋活跃。20世纪80年代在一些省出现了大学图书馆之间现代形态的合作组织,如"湖北省高校图书馆协作组"等。90年代以来,在一些经济技术条件和网络通信设施较好的发达地区,开始出现基于计算机网络的地区性图书馆协作系统,如:中国科学院文献情报中心、北京大学图书馆、清华大学图书馆共同建立的北京"中关村地区书目文献信息共享系统"(APTLIN),成为我国网络环境下图书馆联盟探索与实践的先行者。

与发达国家图书馆联盟发展历程不同的是，由于经济体制的传统和差异，我国基础设施的投资主要掌握在中央一级政府部门，因而国内图书馆联盟的蓬勃发展是源于20世纪90年代中期以来高校、公共及科研等全国性的行业系统内文献共建共享项目的建设。随着科教兴国战略的实施、国家财力的增强和社会信息化的加速，各行业系统都着手建立本系统内全国性的文献信息服务体系，如：教育部1996年开始实施的"中国高等教育文献保障系统"（CALIS）建立了"全国中心—地区中心—高校图书馆"三级保障体系，被认为是我国图书馆信息资源共享的第一个较为完备的全国性解决方案。文化部2002年开始实施的"全国文化信息资源共享工程"构建了一个由国家中心、省级分中心和县、乡、社区基层网点组成的联网服务体系。

这些国家级系统的运行实践，为各地和其他类型图书馆联盟的建设提供了经验，促进了图书馆联盟建设高潮的到来。一些地方强化行业系统地区级文献中心在本地区文献共享服务体系中的支撑作用，建立了以地区中心为主导的省级或地区性的图书馆联盟。如1998年，江苏省以CALIS华东北地区中心南京大学图书馆为核心，建立了"江苏省高等教育文献保障系统"（JALIS）。一些地方政府出面，组建跨行业系统的图书馆联合体。一些专业图书馆组成了学科特色鲜明的协作组织。由于模式灵活，功能各异，协同发展，网网互联，这些联盟构成了一个网络化的、具有整合社会信息资源和提供文献保障服务功能的崭新的图书馆体系，在很大程度上改变了本行业、本地区，以至全国的图书馆信息资源共享的面貌。

2 图书馆联盟的功能

尽管各个图书馆联盟的组织机构、发展历史和持有的目标不尽相同，但他们的宗旨都是为了降低图书馆的运行成本，改善读者获取文献信息的条件，因而联盟的发展一直与联盟的功能演变息息相关。美国的20世纪70年代前的联盟，主要功能多是编制联合目录、采购协调、馆际互借等。1972年，Ruth Partrick撰写的研究报告中，把当时美国的大学图书馆联盟的任务总结为借阅特许、馆际互借服务、联合目录或资源目录共享、复印优惠、参考咨询服务协作和传递服务等六项，这六个传统服务项目仍是今天美国图书馆联盟的基础服务。20世纪80年代后期以来，随着计算机技术和网络的发展，图书馆联盟增加了许多以前没有的内容和任务，如：创建新的业务标准、改进获取文献资源的操作方式、共同建设数字化信息资源、进行整体的设备规划及维护、提供培训和咨询、数字图书馆建设等。今天，ICOLC将图书馆联盟的基本功能总结为七项：藏书建设协调、电子资源集团采购、电子资源存储与运行、馆际互借和文献传递、联合目录、人员培训和藏书保护等。

国内图书馆联盟的功能演变也同样体现了这一规律。早期的图书馆馆际合作基本上限于联合目录和馆际互借等功能。到了20世纪90年代中期，出现的联盟多基于图书馆自动化技术及网络环境，如：中关村地区书目文献信息共享系统、珠江三角洲地区公共图书馆自动化网络等。到了90年代后期，新建立的图书馆联盟，如CALIS，则将信息资源的协调采集、特色数据库、联合目录、馆际互借和文献传递服务及人员培训等作为联盟的主要功能。各种联盟组建的目的不尽相同，实现的功能也不完全一样。总的来说，目前国内图书馆联盟的功能可以归纳为以下七个方面:文献资源建设协调;联合目录和联合编目;馆际互借与文献传递;电子资源建设及资源合作贮存;参考咨询服务协作;计算机资源共享;人员培训与业务辅导。

3 图书馆联盟的类型和构建模式

20世纪70年代,美国SDC(System Development Corporation)对美国115个图书馆联盟进行了研究,将联盟归纳为基于大规模计算机自动化系统运作的大型联盟、读者服务与处理图书馆日常业务的小型联盟、限于某一特定专题领域的专业联盟,以及为解决馆际互借或信息参考合作网而建立的联盟等四种类型。从联盟的发展历史来看,当代美国图书馆联盟的基本形式没有什么大的变化,上述四种类型仍然是当前美国图书馆联盟的基本类型。

1998年,B. Allen、M. Hirshon和Arnold Hirshon按照图书馆联盟组织的严密程度将联盟划分为四种:松散型、跨类/跨州型、紧密型和资金集中的州内型。这一划分标准曾为很多学者所采纳。事隔三年后,Arnold Hirshon又根据图书馆联盟不断发展的形势,采用多重分类标准,如联盟的组织管理模式和运作方法、联盟自身定位和成员馆类型以及联盟的服务内容和功能等对联盟类型进行了更为详尽的划分。

从我们前面的分析来看,图书馆联盟是一个动态的发展过程。当联盟的成员彼此之间变得更加协调并建立了相应的合作机制时,联盟可能会从一种类型演变成另一种类型,或变为多目标共存的混合类型。而且,从不同角度、不同功能、不同目的可以将同一联盟划归到不同的类型。因此,根据国内图书馆联盟的构建模式,我们可以做如下的类型划分:

3.1 从联盟的组织模式角度划分

(1)系统或行业主管部门组织的全国性图书馆联盟。由系统或行业主管部门组织的图书馆联盟是全国性图书馆联盟的主要形式。这种系统内文献信息资源的共建共享符合我国目前文献信息资源布局的现状,有利于政府部门对系统内文献信息资源进行有效的协调,从而减少某一学科或行业领域内文献信息资源建设中的无序和重复现象,从整体上提高国家文献信息资源的保障能力。由教育部组建的中国高等教育文献保障系统,文化部打造的全国文化信息资源共享工程,科技部牵头组织的国家科技图书文献中心等都是这种类型的图书馆联盟。

(2)由地方政府主管部门推动形成的地方性联盟。政府的正确导向和持续支持是图书馆联盟发展的可靠保证。从我国实际情况看,现阶段较为成功的省市级地方性图书馆联盟都离不开政府的引导和支持。如:广东高校电子图书馆是广东省教育厅主办的网上图书馆;上海市文献资源共建共享协作网是在上海市政府部门积极推动下形成的包括整个地区公共、科研、高校、情报四大系统图书情报机构的图书馆联盟。

(3)由地理位置相邻的图书馆组成的区域性联盟。早期图书馆联盟的形成与地理因素有着重要关系。现在由于通信技术和网络的发展,空间距离和地缘关系已经不是影响图书馆联盟发展的决定性因素,但是,地理因素仍然在联盟的形成和组织中起着不可忽视的作用。一组地理位置相近的图书馆群,更容易相互之间沟通联系和理解信任,可能面对相同性质的读者群,有的还同属于一个行业系统,有共同的上级管理机构和资金来源,因此在文献资源建设协调和共享服务方面都容易取得实质性的合作成果。如:成立于 2002 年的"北京市北三环—学院路地区高校图书馆联合体",是由北京市北三环沿线及其周边的大学图书馆组成的。

3.2　从联盟的合作模式的角度划分

(1)共建共享式。一些省级的地方性图书馆联盟多采取此种形式。如:江苏省高等教育文献保障系统、河南省高等教育文献保障系统等,都是通过统筹规划本地区各图书馆文献资源收藏的范围和重点,分工协调,使无序的文献资源构成一个有机整体,成员馆之间相互提供服务。此种合作模式是对地区资源的优化组合,对各成员馆的要求较高,需要共同克服决策、经费、组织等方面的诸多障碍,才能渐进地实现共建共享的目标。

(2)会员制。"上海教育网络图书馆"是实行会员制的代表。上海教育系统的任何单位,通过签订《信息服务协议书》,每年交纳适量的信息费,就可成为网络图书馆的会员。网络图书馆依托数字化的统一服务平台,整合地区文献信息资源,会员单位的读者直接上网访问共享数据库和有关的信息服务。此种合作形式较为松散,会员单位之间依靠协议进行约束,非常适合馆际文献资源在虚拟空间的利用和传播。

(3)联合办馆式。浙江省滨江高教园区网络图书馆是此种模式的代表。这个网络图书馆是建立在六所高校联合办学的基础上,馆藏资源仍保留在各馆,各馆共用一个集成系统,共享采购、编目、读者等信息,具有联机采购、联机编目、联机检索、读者管理、通借通阅等功能。这种方式的特点是成员馆之间合作较为密切,不仅在文献资源建设方面协调,在自动化系统、业务管理和读者服务上都达到相当程度的统一。此种合作模式适合小范围区域内的图书馆间进行合作,并要求成员馆之间就各项合作事宜达成高度的共识。

3.3　从联盟的功能模式角度划分

(1)单一功能的联盟。图书馆联盟的功能取决于联盟所确定的目标及成员馆之间合作的程度。早期的美国图书馆联盟多是基于某一项具体业务的合作。国内目前也有单一功能的联盟,如:长三角地区图书馆讲座,资源共建共享协作网等。

随着现代信息技术和网络技术的发展,出现了两种值得注意的单一功能的区域性联盟。一是为争取某个电子资源或其他文献资源的优惠价格而组成的采购联盟。这种联盟的主要目的是以集团组织的形式与文献资源提供商谈判,以降低采购费用,共同承担文献资源价格日益上涨的压力。二是利用现代虚拟参考咨询技术组建的数字参考咨询服务联盟。在这样的联盟中,成员馆以各自的数字化馆藏资源和资深参考馆员为基础,为成员馆及社会提供网上参考咨询和文献传递服务。如由广东省中山图书馆和超星数字图书馆等 20 多个图书情报单位合作建立的广东数字图书馆网上参考咨询服务中心等,就是此类联盟。

(2)复合功能的联盟。现代图书馆联盟大多数都具有多项功能。随着网络的发展以及成员馆之间合作与协调能力的提高,图书馆联盟的功能仍在不断扩展和延伸。除了前述七项功能外,一些新近建立的图书馆联盟在新的领域进行着有益的探索。如"重庆数字文献信息资源与服务体系"(CDISS),不仅包括重庆市高校图书馆联合书目、高校图书馆的读者查询系统,还具备专家信息征询系统、实时的动态信息发布系统等多项新的功能。

4 图书馆联盟的特点及发展趋势

比较国内外各类型图书馆联盟的发展历程和现状,虽然由于社会经济状况和文化背景的差异而各具特色,但仍可以发现一些共性的特点和发展态势。

4.1 同质性是图书馆联盟发展的必经阶段

从国内外图书馆联盟的发展历程看,以相同性质的同类型图书馆结成的联盟成功率最高,运作质量也相应较好。在某种程度上也可以说,同质性是图书馆联盟发展过程中的一个必经阶段。

在美国,除前述北卡罗来纳州公立大学的"三角研究图书馆网络"外,被图书馆界"视为图书馆合作、集中投资和提供有效服务的典范"的美国"俄亥俄州图书馆与信息合作网络"(OhioLINK),也是从州政府投资建设高校图书馆联盟开始发展的。

在我国,同质性更是图书馆联盟的主流。投资渠道形成的条块分割是图书馆联盟组建之初不能回避的现实。目前国内图书馆联盟的建设资金基本上都是通过申报项目的方式从各级政府的主管部门获得。投资者希望本系统内的用户能够受益,因此,项目资金一般都是通过系统内部的组织渠道下达并分配使用,这就使得联盟的运作首先是在本系统内同类型的图书馆之间实现。

4.2 图书馆联盟开始相互渗透和融合

随着网络信息技术的发展和联盟活动的深化,一些图书馆联盟会转向与不同类型图书馆的联盟相互融合,或者吸收其他类型的成员馆,这个现象在区域性图书馆联盟中更为明显。在美国,许多原来基于公立大学图书馆的联盟现在都在某种程度上扩充了他们的服务范围,如乔治亚州的 GALILEO 现在的成员已包括私立大学图书馆、职业技术院校和公共图书馆,弗吉尼亚州的 VIVA 包括了私立大学图书馆并开始向州内的其他行业图书馆扩充。

国内图书馆联盟的发展也体现了这一趋势。如"上海市文献资源共建共享协作网"是国内第一个包括高校、科研和公共图书馆的联盟。

4.3 图书馆联盟的多极化趋势

虽然一些图书馆联盟在走向渗透和融合,然而并没有显现联盟无限扩大的趋势。正如费城大学图书馆馆长 Steven J. Bell 所言,"参与一个大型的图书馆联盟有可能在联盟中迷失自己","如果有可能,应尽可能多的参与多个联盟,这对图书馆的策略、经济、社会、智力和文化方面的发展都有好处"。一些有识之士认为,大型联盟也许有助于在集团采购中获得一个较大的折扣,但大型的联盟也可能导致联盟工作效率的降低和管理的复杂化。因此,国外很多图书馆一方面在购买电子资源数据库、联合目录等基本服务方面参加大型的联盟,另一方面也在组建或加入一些小的联盟以解决专门的共享需求。

国内的图书馆也开始意识到,加入图书馆联盟不是目的,而是作为满足不同需要的手段,他们力求根据自己的需求选择参加多个不同的联盟,并在其中扮演不同的角色。国内的不少图书馆同时属于几个规模大小不同的联盟,并通过参与这些联盟共享不同功能。如:华南理工大学图书馆既是广州石牌地区六校协作组的中心馆,又是广东省高校电子图书馆的成员。这种多极化的特点在目前电子资源集团采购中显得更为突出。图书馆根据自己的资源和服务特点有选择地参与多个联盟组织的集团采购以获得优惠,这使得国内图书馆联盟的数量在近年有了快速的增长。

4.4 图书馆联盟向数字图书馆的方向发展

在目前,实体资源共享已经与数字化资源共享结合为一体。从 ICOLC 网站上提供的各国图书馆联盟的功能来看,电子资源集团采购和用 Web 方式进行的馆际互借和文献传递正成为现代图书馆联盟活动的主流。许多图书馆联盟通过因特网将他们的目录或其他信息资源链接在一起并提供获取原文的服务。有些联盟采取更进一步的措施使原本不兼容的系统协调在一起,实现了联盟内各成员馆馆藏和借阅信息的无缝链接,一步步走向图书馆的无墙化、网络化。图书馆联盟正在演变成为未来数字图书馆雏形。

国内图书馆联盟的启动和建立大都是在 20 世纪 90 年代中期以后,正是中国互联网高速发展的时期。这些联盟一开始就摆脱了早期联盟的传统模式,联盟中的联机编目、联合目录、公共检索、专题数据库以及馆际互借和文献传递服务等都是基于网络设计和开展的。许多图书馆联盟已经开始尝试向数字图书馆转型。如天津高校数字化图书馆、广东高校的电子图书馆、北京高校的网络图书馆及上海教育网络图书馆等,都开始以建设数字图书馆为目标,将成员馆的信息资源整合起来,朝着数字图书馆的方向发展和演变。

5 图书馆联盟发展的要素分析

图书馆联盟的实践表明,文献资源的共建共享可以有多种模式,不同的目标可以使联盟具有不同的功能,联盟的组织管理和运行机制也各有特点。对国外图书馆联盟的研究可以发现,有价值的项目和服务、明确的发起者和所有者、尽责的成员馆、强有力的领导、有效的专业委员会、持续的交流、负得起责任而又灵活的组织机构及称职的工作人员等,是一个联盟得以组建和发展的重要基础。总的来说,一个联盟的成功与否,取决于联盟的组织领导、议事机制、经费来源和利益分配机制等因素。

5.1 强有力的领导及核心是联盟得以组建的重要基础

图书馆联盟的成员馆之间必然有共同的发展需要和共同的目的。由于分属的系统、上级管理机构、经费来源渠道和发展历史不一,图书馆之间共建共享机制的形成,还必须有强有力的领导和核心。

从国内图书馆联盟的实际情况看,其组建大都离不开政府或行业协会的领导和支持。政府主管部门或行业协会的权威地位,在同业中的号召力及有效的组织与管理是文献信息资源共建共享系统健康发展的基础。同时,良好的组织形式是联盟的骨架,有效的管理模式是联盟稳定运行的保证。在联盟中政府或行业协会所起的作用是宏观指导性的,联盟的具体实施,必须有一个承上启下进行日常管理协调的组织。在联盟的组建和发展过程中,由于各成员馆的能力、优势和对联盟的贡献不同,往往更多地需要依靠具有资源和技术优势的核心馆的力量。这个组织和核心馆的有效性、权威性、公正性、主动性和管理能力对联盟的建设至关重要。国内许多图书馆联盟都常设了一个管理机构,这个机构可以有不同的名字,但大都依托于一个核心馆,履行着对联盟的发展和日常工作进行策划和协调以及联络其他联盟的功能。

5.2 充分的交流与平等的议事机制是维系联盟生存的必要手段

在联盟的运行过程中,由于成员馆有各自不同的工作传统和管理制度,可能分属不同行业系统,资源状况和工作水平存在差异,有可能造成成员馆的个体目标与联盟总体目标的差异以至背离,从而导致联盟的解体。因此,一个成功的联盟需要成员馆之间的深入理解和相互信任,要遵循公开、平等的原则,建立充分的交流与平等的对话机制,维护各成员馆在联盟事务上的共识。

首先,联盟所进行的一切活动必须向各成员馆公开。其次,联盟中结盟单位不论大小、加盟时间早晚、担任联盟领导与否,其各项权利与义务一律平等,都有充分发表自己言论的权利。再次,在联盟内要有行之有效的对话和议事机制,要有大家认可的决策程序,保证最后能够形成大家必须共同遵守的行动方案。

5.3 成员馆信守协议是联盟得以运行的重要保证

从本质上来说,图书馆联盟是由多个有共同利益的图书馆组成的松散的联合体。各图书馆与自己所隶属的机构有严格的责任关系,而与联盟的关系则是靠成员馆之间的协议来维持。如果成员馆有违反协议的情况,联盟并没有强制性的手段来制止违约行为。因此,联盟的成员馆是否牢固地树立信守协议的观念,对联盟的发展至关重要。

在参加联盟之前,成员馆要清楚地了解联盟的目标和功能以及参加联盟后的利益、责任和义务,认真参加协议签署前的研究论证,不能盲目地签署联盟的协议。参加联盟后,成员馆就要认真履行承诺的协议事项。即使在运行过程中遇到履行协议会给本馆带来不利影响的情况,也必须克服困难,保证联盟事务的正常进行。如果事实证明本馆确实不适宜参加这个联盟,也只能在协议到期后,或在确认不会对联盟整体和其他成员馆造成不利影响时才能退出联盟的活动。国内的图书馆联盟中已经出现过签约后又擅自退出采购集团、对整个联盟的履约造成困难的现象。这是在联盟发展中需要认真注意的情况。

5.4 持续的经费支持是联盟可持续发展的必要条件

在美国,联盟的资金可通过政府资助、社会赞助和商业化运营等多种方式获得。政府资助是联盟建设初期获取资金的主要渠道,许多州的政府都为图书馆的各种共建共享活动提供专项经费,并列入常规预算,逐年拨款。有些图书馆联盟的经费来自政府研究项目、各种基金会或民间捐款,还有成员馆交纳的费用。联盟中收费的服务项目获取的资金也是联盟运作经费的补充。

国内由于经济体制的不同,图书馆联盟的启动和建设经费主要依靠政府的专项资金,基本上没有民间资金进入这个领域。而图书馆作为典型的公益性社会服务机构,无论在观念上还是在具体操作上,靠服务收费来支持联盟的建设也是难以实现的。这就决定了在目前的发展阶段,国内图书馆联盟的建设主要是靠政府的投入。尽管如此,各地的图书馆联盟仍在注意充分发挥整合后的资源优势及服务能力,尝试以联盟的名义筹集资金,拓展融资渠道,在获取政府提供的专项资金之外,争取得到其他社会资金的资助,并探索市场化运营的道路。

5.5　合理的利益分配机制是联盟保持生机的驱动力

由于图书馆联盟中各成员馆自身存在的差异,各馆对联盟事务的投入无论是在经费方面还是在设备和人员方面都有区别,成员馆之间的资源共享实际上是不平衡、不对等的。有的成员馆在资源共享中经常是提供方,而有的成员馆总是受益方。为了保证成员馆之间的资源共享机制能够不断发展,必须建立一种合理的利益分配机制,尽量减少投入与获益分配不均的现象,才能长期维持这种互利互惠的合作关系。合理的利益分配机制是建立在成本核算的基础上的。因此,首先需要对网络条件下联盟的运行过程中,图书馆资源共享的成本核算及补偿原则进行分析和研究;其次,要使成员馆在不同程度上通过资源共享获得实际的利益,保证各成员馆能比没有参加联盟时有更充足的资源满足本馆用户的需求,从而促进各馆加入联盟的积极性;同时要注意考虑文献提供馆的实际承受能力,使它们能够长期保持提供服务的能力。

（选自《中国图书馆学报》2005 年第 4 期）

信息伦理学：从西方到中国及其全球性整合

吕耀怀

1 西方信息伦理学的研究取向

在西方，关于信息技术的伦理问题的研究，最初是以计算机伦理学的形式出现的。

早在 20 世纪 40 年代，当美国麻省理工学院教授 Norbert Wiener 创立控制论的时候，他就已经敏锐地注意到我们今天称之为信息与通信技术中的某些伦理方面。1950 年，Norber Wiener 在自己的一本著作(*The Human Use of Human Beings*)中，虽然还没有使用"计算机伦理学"这一概念，但开始着手讨论计算机伦理学的某些基本问题。然而，Norbert Wiener 在这方面的思想并未在当时引起人们的重视。20 世纪 70 年代中期，Walter Maner 开始使用"计算机伦理学"这一概念，并为在大学中开设"计算机伦理学"课程提出基本的思路和教学法建议。1985 年，James Moor 在美国著名哲学杂志《形而上学》10 月号上发表影响深远的论文《什么是计算机伦理学》。同年，Deborah Johnson 出版了第一本计算机伦理学的教科书。至此，计算机伦理学才正式作为一门独立的学科而存在。

在计算机伦理学大行其道的时候，一门新的学科——信息伦理学也逐渐浮出水面。根据 Kay Mathiesen 提供的材料，"信息伦理学"这一概念最早出现于 1988 年的文献中。在那一年，三个不同领域的学者(哲学家 Rafael Capurro、图书馆学家 Robert Hauptman 和计算机安全专家 Harry Demaio)在他们各自的论文或著作中使用了"信息伦理学"这一概念。就此，我专门和 Rafael Capurro 有过联系，据他说，1986 年他就在一本著作中使用过相似的"科学信息的伦理学"一词。而他于 1985 年发表的《信息科学中的伦理问题》一文，实际上就开始了对信息伦理学的一些问题的研究。至于为什么在有了计算机伦理学之后，还要提出信息伦理学的研究问题，Rafael Capurro 在《21 世纪的伦理学对信息社会的挑战》一文中做了简要的说明：像洗衣机是机器一样，计算机只是机器而已。没有人可以表述洗衣机伦理学的知识。同理，计算机也没有伦理学。计算机伦理学之所以流行，是对计算机使用和应用的误解。在某些情况下，计算机伦理学已经成为关于计算机应用的伦理的或非伦理问题的简略表达方式，而信息伦理学则使信息的等级与信息的内容有关，而不是与处理信息内容的机器有关。

信息伦理学在西方产生之后，在许多西方学者的推动下，其影响越来越大。特别是近几年，西方的信息伦理学研究发展更为迅速。我在 2001 年 1 月 22 日通过雅虎搜索，仅找出不到 80 个与信息伦理学有关的英文网页。而现在去搜索，则可以发现这样的网页已达一两万。由于不同的西方学者对该门学科究竟应当研究什么及怎样进行这种研究有不同看法，因此，就造成了不同面貌、不同内容的信息伦理学。尽管学者们对于信息伦理学的学科性质及其定位尚有分歧,但可以归纳出两种基本的研究取向,即:非规范的信息伦理学研究与规范的信息伦理学研究。

非规范的信息伦理学研究,以 Luciano Floridi 为代表。Luciano Floridi 的论文《信息伦理学:计算机伦理学的哲学基础》,可以说是这种研究的最早的标志性成果。

Luciano Floridi 的研究始于对计算机伦理学的哲学性质的反思。为了提高计算机伦理学的哲学地位,他将热力学及信息科学中使用的一个重要概念——摘引人自己的研究,并以此为契机创立他所谓的计算机伦理学之哲学基础的信息伦理学。在热力学中,熵是表征物理系统的无序或不规则状态的一个参数:无序性越大,熵也越大。在一个封闭系统中,熵是标志可转化为机械能的热能之大小的一个尺度:熵越大,则可转化为机械能的热能的量越小。在信息科学中,熵是表征符号或消息传输过程中的噪音或随机错误的一个尺度。一条消息中所包含的信息越多,其随机性或噪音就越少,因而其熵也就越小。Luciano Floridi 将信息与熵的这种反比关系移入信息伦理学,但仅仅借用信息与熵的语义学价值。他指出:当信息环境(infosphere,或可译为"信息氛围")在其内容上趋于丰富和有意义时,熵会变得越来越小。而当信息环境趋于衰弱时,信息量趋于减少,熵则逐渐增大。Luciano Floridi 认为,信息有内在价值。因此,促进熵的减少(意味着信息的增加)是每一个理性存在物的义务;而任何导致熵的增加(意味着信息的减少)的行为,都属于恶。

按照 Luciano Floridi 的规定,一个行为在道德上是错误的还是正确的,并不取决于该行为自身的具体性质,而是一般地取决于这一行为是增加还是减少了信息。这样,Luciano Floridi 的信息伦理学就并不仅仅限于是计算机伦理学的哲学基础,而是扩展为一种适应于所有道德现象的宏观伦理学。事实上,在有关的案例分析中,他不仅将这种信息伦理学用于处理计算机伦理问题,而且还用于分析基因、死亡、破坏行为等问题。

作为一种宏观伦理学,Luciano Floridi 的信息伦理学剥离了任何具体行为领域的特殊性,从而也不讨论任何具体行为领域的行为规范。Luciano Floridi 说,他的这种信息伦理学是一种非规范的伦理学。

与以 Luciano Floridi 为代表的非规范的信息伦理学形成鲜明对比的是,大多数西方学者倾向于研究规范的信息伦理学。作为规范学科的信息伦理学的研究对象要窄于非规范的信息伦理学,它通常主要讨论与信息有关的某些特定领域或学科中的伦理问题。按照 ICIE(International Center for Information Ethics,国际信息伦理学中心)的说明,这些特定领域或学科包括:大众传媒、计算机科学、生物科学、图书馆与情报科学、商业领域等。在 ICIE 的说明中,似乎媒体伦理学、计算机伦理学、生物信息伦理学、图书馆伦理学(或情报伦理学)、商业信息伦理学、赛伯伦理学都在信息伦理学的范围之内。与非规范的信息伦理学研究不同,规范的信息伦理学的主要任务在于为与信息有关的各个特殊领域的行为提供具体的伦理指导。这样的信息伦理学未达到道德哲学的高度,但却体现出信息伦理学作为一门应用伦理学的应有功能。

由于以 Luciano Floridi 为代表的非规范的信息伦理学表现为一种新型的道德哲学模式,故进行这种信息伦理学研究的学者必须具备较为深厚的哲学功底,这使得能够进行这种研究的学者在人数上十分有限。而规范的信息伦理学的广泛应用性质,则使得不同领域的学者都有可能参与这种研究。并且,由于各个应用领域都有其专业上的特殊性,因此,规范的信息伦理学事实上也离不开各个应用领域的专业人士的广泛参与。就西方规范的信息伦理学的研究人员的构成来看,既有专业的哲学学者,也有计算机技术、网络技术、图书情报学、生物学、大众传媒、商务等不同领域的专家。在各种不同类别的学者和专家的推动下,西方的规范的信息伦理学的研究日趋繁荣,其研究成果涉及许多具体的、特殊的信息问题中的伦理方面,甚至为人们进行各种各样的信息活动拟订了相关的伦理准则。但与此同时,规范的信息伦理学也似乎成了一个无所不包的"集装箱",它把几乎所有与信息有关的具体的、特殊的伦理研究都收入其中。

2 信息伦理学在中国的兴起和发展

信息伦理学是西方信息技术发展和普及、西方社会日益信息化的产物。但信息伦理学在西方产生之后,随着信息技术的全球性扩散特别是全球性信息通道的开通,信息伦理学研究已经逐渐成为全球性的共同趋势,信息化的共同要求使得世界各国不得不普遍重视信息伦理学的研究。

我国的信息伦理学研究,根据现有文献记载,始于 20 世纪 90 年代。1993 年,桑良至在《情报资料工作》上发表《信息传播伦理:美国〈图书馆趋向〉论文综述》,对美国信息伦理学研究的一个特殊方面做了初步的介绍。1998 年,沙勇忠、王怀诗发表的《信息伦理论纲》一文,是我能找到的中国学者专门研究信息伦理学问题的最早的论文。该文首次对信息伦理概念进行界定,并讨论信息伦理的结构、功能和规范。但由于该文的作者不具有伦理学的专业背景,故其界定的信息伦理概念并不科学,而且其所提出的信息伦理规范似乎具有较多的法学、管理学的意味。但不管怎样,该文毕竟是中国学者进行信息伦理学研究的一个开端。

2000 年及之后,我国的信息伦理学研究逐渐铺开,吸引越来越多的学者参与其中。2000年,梁俊兰发表《国外信息伦理学研究》一文,概括国外信息伦理学的研究状况,分析、评价了国外不同机构的信息伦理准则。该文是中国学者第一次比较系统地介绍、评价西方信息伦理学的专文,对我国信息伦理学的发展起到重要的促进作用。我于 1999 年开始进行信息伦理学的专题研究,从 2000 年起,我在《光明日报》《科学对社会的影响》《系统仿真学报》《自然辩证法》等报刊上发表了一系列论文。在此基础上,2002 年,由中南大学出版社出版了我的《信息伦理学》一书,该书是我国第一本信息伦理学的专著。从 2000 年到 2004 年,根据中国期刊网的收录情况,我国公开期刊上以信息伦理为关键词的论文越来越多:2000 年有 5篇,2001 年有 3 篇,2002 年有 13 篇,2003 年有 12 篇,2004 年的不完全数据中已有 13 篇。从这些论文的内容来看,既有对信息伦理学理论体系的构想,也有对信息伦理学的原则、方法或特殊问题的探讨。

迄今为止,我国从事信息伦理学研究的多为各个与信息相关的专业领域的学者,如计算机专家、管理专家、图书馆专家、网络专家等,而很少有伦理学研究人员的介入。这就造成我国信息伦理学研究的某些不足:首先,我国至今还没有西方那样的非规范的、能作为一种道德哲学存在的信息伦理学研究,因为从事那样的研究需要较为深厚的哲学功底。其次,我国的信息伦理学研究基本上是规范伦理学的取向,而这种规范伦理学的研究又缺乏足够的学理性。尽管西方的规范的信息伦理学研究也多有非伦理学专业的其他专家参与,但由于西方应用伦理学非常普及,在大学中许多专业通常都开有与专业有关的应用伦理学课程,因此,西方的非伦理学专业的其他学者一般都有应用伦理学的理论基础,他们可以很在行地对本专业领域中的伦理问题进行有相当学理性的分析。而我国的非伦理学专业的学者们在进行相关专业问题的伦理分析时,则由于应用伦理学基础的薄弱,往往流于对西方信息伦理学的模仿或简单地照搬一般伦理学的思路。

我国目前的规范的信息伦理学研究,像西方的规范的信息伦理学研究一样,涉及许多具体的信息领域的特殊问题,包括网络、图书情报、大众传媒、商务活动等领域中的伦理问题。但这些问题,其实都有相应的更为特殊的应用伦理学学科(如网络伦理学、图书馆伦理学、情报伦理学、传媒伦理学等)在研究。在这种情况下,规范的信息伦理学作为一门独立学科究竟有何意义呢?换言之,如果要使规范的信息伦理学获得独立存在的意义,究竟应当如何确定其研究对象呢?人们不能不对此做出回答。

我认为,如果规范的信息伦理学只是将已有的各种有关信息活动的分支应用(规范)伦理学集成在一起,那么,规范的信息伦理学就失去了它单独存在的价值,因为这样的规范的信息伦理学所涉及的伦理问题,早已存在于与信息有关的其他应用(规范)伦理学之中,甚至还可能得到更为充分、细致的研究。我们需要规范的信息伦理学,但却不应把它简单地当成一个大的"集装箱"。

在我看来,规范的信息伦理学的研究对象应当是信息开发、信息传播、信息管理、信息利用等不同类型的信息活动中已经存在或可能发生的伦理问题,它的理论使命就是为人们的信息开发、信息传播、信息管理、信息利用等各种不同类型的信息活动提供一般的伦理规范。简言之,我所谓的规范的信息伦理学,就是研究信息过程中的不同类型的伦理问题,并为人们的不同类型的信息活动提供一般道德规范的应用伦理学学科。

规范的信息伦理学着眼于信息行为的类型,而带有特定领域、学科特殊性的那些与信息有关的应用(规范)伦理学则着眼于各种类型的信息行为在特定领域中的特殊表现。同一类型的信息行为,可以存在于不同的信息领域。例如,同样是信息开发行为,既可能发生于图书情报领域,又可能发生于生物科学领域;既可以利用计算机,又可能不利用计算机,等等。同一类型的信息行为所导致的伦理问题,具有某些共性,这些共性的东西,就是规范的信息伦理学研究的着眼点。同一类型的信息活动,发生于不同领域中,其所导致的伦理问题,往往带有特定领域的特殊性,处理和解决这些问题,甚至还可能需要借助于特定领域的特殊技术手段,因而对于这样的伦理问题,最终只能诉诸适应特定领域特殊性的应用(规范)伦理学,例如计算机伦理学、生物信息伦理学、媒体伦理学等。

规范的信息伦理学所提供的道德规范,不同于带有特定领域、学科特殊性的那些与信息有关的应用(规范)伦理学的道德规范。前者是一般规范,后者是具体规范。一般规范是具体规范的依据或基础。在特定领域的变化非常快的情况下,相对稳定的一般规范更是体现出指导制定与新情况相适应的具体规范的独特价值。而具体规范则是落实一般规范的手段,没有特定领域中的具体规范,一般规范就会在特定领域中因缺乏可操作性而趋于无效。因此,规范的信息伦理学与带有特定领域、学科特殊性的那些与信息有关的应用(规范)伦理学,各有其存在的价值和必要性。

3　全球化时代不同信息伦理学的整合

毫无疑问,中国学者所创立的信息伦理学,应当立足于中国的国情,应当充分吸取中国传统伦理文化中那些在信息时代仍然具有生命力的成分。只有这样的信息伦理学,才能在中国社会的信息化进程中发挥有效的价值引导作用。反之,若照搬西方的信息伦理学,则必定会发生"水土不服"的问题。但是,在当今信息全球化的趋势下,信息流动、信息传播往往打破了国别界限,在这种情况下,中国的信息活动主体如果仅仅依据符合本国国情的信息伦理规范,而与恪守西方特色的信息伦理规范的西方国家的人们进行信息交往,就有可能产生摩擦、冲突和矛盾。这一问题也可以一般地表述为:不同文化背景中的人们在全球化信息通道中,如果各自依据其特殊的信息伦理学判断行为的正确与错误,就可能导致全球性信息秩序的紊乱和消解。由此看来,必须形成对于信息交往行为的全球性信息伦理共识。这样,就有必要整合来自不同文化背景的信息伦理学,以为不同国家的人们所进行的全球性的信息交往提供一种公认的伦理规范系统。

要从具有不同文化背景的各国特殊的信息伦理学中整合出适应于全球性信息交往的共通的信息伦理学,就不能不涉及所谓"普世伦理"问题。什么是"普世伦理"? 按照万俊人的诠释,"普世伦理"是一种以人类公共理性和共享的价值秩序为基础,以人类基本道德生活、特别是有关人类基本生存和发展的淑世道德问题为基本主题的整合性伦理观念。大体上,"普世伦理"是伦理学界、宗教学界作为对全球化及其面临的问题的一种理论反应而提出来的。"普世伦理"的提出,不是为了解决某一特定文化背景中的特殊问题,而是为了解决世界各国所共同面对的全球性问题。由于文化背景的不同,各国自有的伦理体系表现为各个不同的由低到高的层级结构,以及由下而上的不同的价值序列。考察分处于不同文化背景中的伦理体系,可以发现,尽管在最高的道德理想、上位的伦理价值方面有着种种差异,但在最基本的、最起码的道德要求方面,各个不同文化背景中的伦理体系却是大体一致的。因此,如果要达成普世伦理的共识,就应当而且只能将目光锁定在那些虽然与特殊的道德理想、最高的价值目标有差距但又是绝对必要的、任何社会都不可或缺的那些最低限度的道德要求上面。这样,"普世伦理"也可以称之为"一种普遍主义的底线伦理学"。普世伦理似乎是一种"退而求其次"的道德选择,虽然谈不上有多么高尚,但若守不住这一"底线",则全球性问题的解决便会在道德上迷失方向;而如果能够牢牢地把握住这一"底线",则至少可以为全球性问题的解决提供起码的道德保障。

这里,我们没有必要对"普世伦理"的具体内容展开进一步的研究和讨论。值得指出的是,"普世伦理"构建的方法论和基本思路,可以为全球性的信息交往活动的伦理框架提供某种参考。既然全球性信息交往是跨地域的,参与这种信息活动的主体可能分属于不同的国家、地区、社会和群体,而如果他们各自以其特殊的信息伦理学作为行动的指南又会导致各行其是和混乱无序,那么,要形成在全球性信息交往中具有普遍约束力的信息伦理规范,也只能从分属于各个不同文化背景的信息伦理学体系中寻求共同点,这些共同点也只能是各个特殊的信息伦理学中的最基本、最起码的规范性要求。在这个意义上,可以把适用于全球性信息交往的信息伦理学,看作是一种特殊的"普世伦理",即在全球性信息活动领域存在并发挥作用的"普世伦理"。全球性信息交往中的信息伦理学,是全球性信息活动的参与者的道德共识,对跨国界、跨地域的信息交往具有普遍的约束力。就某一特定的国家而言,仅有这种调整全球性信息交往的信息伦理学可能还远远不够,因为一国有一国特殊的国情;但就全球性的信息交往而言,则只能提出不同文化背景中的人们都能接受的信息伦理要求。而且,如果有了这样一种最低限度的信息伦理学,那么,全球性信息活动的基本秩序就可以得到起码的保障。

不同文化背景中的信息伦理学在全球性信息活动领域中的整合,除了寻求最低限度的道德共识之外,还有一个重要方面,即不同文化背景中的信息伦理学可以相互吸取对方之长,以补己方之短。这就是整合中的互补作用。源自不同文化背景的各种特殊的信息伦理学,在全球性的信息交往中都没有绝对的优越性。即使是依托于西方强势文化的信息伦理学,虽然较之非西方国家的信息伦理学要先行一步,显得较为成熟一些,但仍然具有某些局限甚至缺陷。只有通过多元的、各种特殊的信息伦理学之间的不断整合,才能在比较中彰显各种特殊的信息伦理学自身的长处和短处,才能促进源自不同文化背景的信息伦理学在互补中走向成熟和完善。

西方发达国家的信息伦理学,贯穿着西方文化传统中固有的自由意识和民主精神。自由意识和民主精神特别适应于通过互联网进行的信息活动,因为网上行为本身即具有自由性的特征,而且不论上网者在现实社会中的地位如何显贵、身份如何特殊,在网上他也不过是一个普通网民而已。西方信息伦理学中的这种自由意识和民主精神,可能正是非西方的发展中国家的缺项或弱项。尚未实现现代化的或前现代化的发展中国家,其自由意识和民主精神往往发育不全,因此,在这样的国家中形成的信息伦理学就可能难以契合网上信息活动的行为特征,就可能难以为广大网民所普遍认同。通过不同文化背景的信息伦理学的整合,非西方的发展中国家可以适当地吸取西方信息伦理学中的自由意识和民主精神,这样才能构建出与信息时代特别是与信息全球化相称的信息伦理学。

基于非西方的文化背景的信息伦理学也可能有自己的长处。例如,中国文化传统中特别重视的"慎独",对于信息伦理学来说也是十分重要且不可或缺的资源。所谓"慎独",是指一个人在独居、独处之时,在其行为不为他人所见之处,也要做到谨慎有德。"慎独"的经典表述,源于《礼记·中庸》中的一段话:"莫见乎隐,莫显乎微,故君子慎其独也。"中国古人历来重视"慎独"的道德功能,甚至称之为"入德之方"。在互联网时代,在全球性的信息交往中,"慎独"更有其特殊的价值。众所周知,网上行为具有匿名性、假面性的特点,由于其匿名性、假面性,因此,有时候人们便很难判断甚至无法判断某些网上行为究竟是由什么人做出的。因为难以确定真正的行为主体,所以,法律可能对某些恶劣的网上行为鞭长莫及。而如果我们强调"慎独",提高网上信息交流主体的内在道德自觉性,使其即使在无人知道他是谁的情况下也能谨慎有德,那么,就可以极大地减少那些法律也难以管制的恶劣行为。西方信息伦理学植根于重制度的文化传统,没有强烈的"慎独"观念,而单纯依靠制度性的伦理规范又确实不能解决网上的诸多伦理问题,因此,中国文化传统中的"慎独",不仅是中国信息伦理学的重要资源,而且可以成为医治西方信息伦理学之弊病的一剂良方。

（选自《中国图书馆学报》2005 年第 6 期）

公共服务中的图书馆服务

陈 力

当前,我国正处于社会转型期。在社会转型期中,完善公共服务体系已经成为树立科学发展观、构建和谐社会的一项重要内容,并为学术界和各级政府所认同。公共图书馆以及具有一定公共服务职能的国家图书馆如何在社会转型期更好地履行自己的社会职能,如何认识和处理近几年来从国家图书馆到地方公共图书馆服务中激增的公共服务事件,这是一个为广大公众、图书馆工作者和图书馆学研究者所共同关注的问题。本文将从图书馆服务的根本属性——公共服务的角度来探讨这些问题,并对图书馆服务的一些基本原则提出自己的意见。

1 什么是公共服务

什么是"公共服务",学术界对此有着不同的解释,但是,为公众提供公共物品服务是公共服务的主要内容,这一点没有太大的争议。"人们在日常生活中主要消费着两大类物品:一类是私人物品,又叫作私人服务产品;另一类是公共物品,又叫作公共服务产品。私人服务产品主要是为了满足个人特殊需求;公共产品则主要是为了满足与社会上每个人都有利益关系的公共需求。一般认为,私人服务产品可以由市场机制主导供给;而公共服务产品由于其本身有比较特殊的性质(比如消费的非竞争性和非排他性、产品利益边界不清楚、投入成本和产出效益不成比例),就需要有政府来主导供给。"

非排他性,是指某人使用公共物品,并不减少他人使用该公共物品的效用,即不排斥其他受益者。如每个公民都可以无差别地享受国防的安全服务、环境保护服务。非竞争性,是指公共物品具有"共享"性,当某种产品的消费者增加时,其供给成本并不因此而增加(边际成本为零)。如城市里的路灯,并不因为走路的人多了而增加成本。对于图书馆来说,许多服务项目都具有非排他性与非竞争性,如通过网络查询图书馆的书目数据、到馆读者的阅览服务等。

由于公共服务具有消费的非排他性和受益的非竞争性(或有限的),服务的提供者很难准确地核算为受益人提供的利益,无法使每一个受益人公平地负担成本,因而无法收回成本并赚取利润。以利润最大化为目标的市场是不会提供这类服务的,这使得市场机制在这类服务中"失灵"。另一方面,公共服务的内容又是社会所不能缺少的,因此,提供公共服务是政府必须承担的职责。

从法学的角度来看,公共服务首先是基于人权保障的理念提出的。获得社会救济和福利、社会保障等公共服务是公民享有的基本权利,政府应该提供和保证。

从经济学的角度看，公共服务，实质上是对社会资源的另一种分配形式。现代社会资源的分配，主要是由市场进行，其分配的法则是市场规律，它所要解决的主要是经济发展的效率问题；而公共服务则是针对市场的"失灵"的一种资源合理配置与调整，它所要解决的是市场机制所不能解决的问题，如国防、社会救济、公共保健与卫生、教育与文化等，而这些问题又常常是关系到整个社会健康、和谐发展的，其分配的原则是公平。

对于公共服务的认识，有一个发展的过程。从19世纪末开始，公共行政理论中占主导地位的是对效率的追求。随着时代的发展，特别是科学技术的飞速发展，生产效率得到极大提高，这对人类社会进步的推动作用自然无可置疑。但另一方面，片面强调生产效率，也带来许多社会问题。在这种背景下，1968年一群年轻的美国公共行政学者提出新的公共行政学理论。与过去传统的公共行政理论强调以最少的投入取得最大产出的效率观不同，新公共行政学理论强调效率必须与公共利益、个人价值、平等自由等价值目标结合起来才有意义。"新公共行政学派"的创始人、美国学者弗雷德里克森在其《新公共行政学》一书中指出："社会公平包含着包括组织设计和管理形态在内的一系列价值取向的选择。社会公平强调政府提供服务的平等性；社会公平强调公共管理者在决策和组织推行过程中的责任与义务；社会公平强调对公众要求做出积极的回应而不是以追求行政组织自身需要满足为目的；社会公平还强调在公共行政的教学与研究中更注重与其他学科的交叉以实现对解决相关问题的期待……总之，倡导公共行政的社会公平是要推动政治权力以及经济福利转向社会中那些缺乏政治、经济资源支持、处于劣势境地的人们。"新公共行政学理论基于社会公平与正义的原则强调了政府提供公共服务的重要性，无论是从外国的情况还是中国的情况来看，对于树立科学的发展观，构建和谐社会，新公共行政学理论值得我们注意。

根据世界一般的发展规律，一个国家在经济发展的早期，政府会在经济领域扮演更重要的角色，政府投资在社会总投资中所占的比例较大，在基础建设如道路、供水、电力等方面起主要作用。而随着经济的发展，政府的角色应该随之调整，政府的经济性支出比例将逐渐缩小，公共投资的重点将从经济领域逐步转向教育、卫生、环保、社会救济等公共服务方面。另一方面，前期由于大量的公共资源投了经济建设，将会导致对公共服务投入不能协调增加而产生不足的问题，从而引发各种社会矛盾。例如，我国经济连续25年快速增长，但在公共医疗方面的财政投入却没有相应增加。1978年，农村合作医疗的覆盖面是85%左右，而目前还不到20%。近几年的一系列医卫事件的发生，与此有着直接的关系。

对公共服务投入的不足，已成为当前许多社会矛盾产生的重要原因，公共服务也成了当前最受各界关注的问题之一，成了政府工作的重点，树立科学的发展观、建立和谐社会也正是在这种背景下提出的。

公共服务是向公众提供公共物品的服务，公共物品依据其不同性质分为纯公共物品、混合性公共物品，对于不同类型的公共物品服务，应该有不同的政策与处理方法。

纯公共物品包括诸如外交、国防以及法律制度、市场机制的建立及维护、实现社会公正和保护公民的基本权利、社会救济、社会治安、环保、公共卫生、基础及尖端科学研究、义务教育、防灾减灾等。

混合性公共物品是指兼具公共物品和私人物品性质的物品，它既要由第三方提供而具有公共物品的性质，同时又不像路灯一样可以为每一个路人任意使用，具有某种私人物品的排他性和竞争性。这类物品包括一些资源性和工具性物品，如城市公共交通、公共图书馆及其他一些文化体育设施等。

纯公共物品应该全部由政府提供,而对于混合性公共物品,政府通常提供最基本的服务,为了避免拥挤和资源的过分消耗,同时也是为了保证公共资源的合理、公平使用,也可以根据非营利的原则对使用者收取成本费。

我们讨论公共服务的性质及其发展的一般规律,其目的在于说明,作为公共服务重要组成部分的图书馆服务应该如何定位?讨论公共物品的分类,目的在于弄清楚在图书馆服务实践中如何处理有关的关系,以及服务政策、服务方式、服务内容的制订的理论依据。

2 公共服务中的图书馆服务

正如许多学者所指出的那样,在社会转型期,政府的定位将发生很大变化,即从经济建设型政府向公共服务型政府转变。同时,由于社会转型期各种新的矛盾出现与复杂化,需要更多的公共服务来维护社会的公平与正义,帮助弱势群体。因此,对于公共图书馆来说,社会转型期一方面是一个很好的发展机遇,应该很好地把握这个机遇,找准自己的位置,履行自己的职责。另一方面,社会转型期是一个利益分化期,是各种矛盾显现与爆发期,也是公民权利意识的觉醒期,需要我们重新检讨自己的服务内容与服务方式,否则,我们将面临越来越多的问题,从而影响图书馆职能的履行,影响图书馆事业的发展。

转型期的社会,是一个多样性的社会,不同的人、不同的人群、不同的社会阶层,对公共服务有不同的需求,对图书馆提供的服务也有不同的需求。如何在公共服务的框架下,在有限的资金与人力、物力的情况下尽可能满足这些要求或者平衡这些要求,是公共图书馆包括具有一定公共服务职能和应该直接为公共图书馆服务的国家图书馆需要认真考虑的。我们认为,作为公共服务重要组成部分的图书馆服务,应该体现如下几条基本原则,并在实践中根据具体情况制订相应的政策,开展相关的服务。

2.1 公平原则

公共图书馆服务需要体现公平原则,这是一个没有争议的问题,关键是如何认识"公平"的"名"与"实"的关系,特别是在服务实践中处理形式上的"公平"与实质上的"公平"的关系。

在联合国教科文组织《公共图书馆宣言》的三个版本中,不分读者的身份、职业、宗教信仰、语言等差别而向其提供平等的服务等都是其最核心的内容。在一般图书馆工作人员的心目中,这一条似乎也是不容置疑的。但是,在中国传统的图书馆服务中,往往会由于制度与技术的设定使图书馆服务的公平性大打折扣。例如,在制度方面,图书馆在办理借阅证时采取的身份限制(如凭工作证、户口本),这就是对公平性原则的极大损害。

所谓技术设定,是指图书馆在服务方式与服务手段方面的一些规定与习惯。由于事实上公共图书馆大多设立在城镇,对于远离城镇的农村人口来说,即或没有身份的限制,他们实际上也不可能享受图书馆的服务。

表面上看,制度与技术的设定都是不经意的结果,但实质上与中国几千年的等级观念和长期存在的城乡差别有着千丝万缕的联系。

当中国进入社会转型期后，公共图书馆的服务应该将注意力转向基层群众，特别是占人口大多数的农村居民。社会转型的一个重要标志就是城乡差别的缩小。一方面，随着经济的发展，我国社会人员的流动大大增加，据统计，现在进城的民工人数已达 1.5 亿。大量农村人口进入城市，使得城市人口的结构较以前发生很大变化，这不能不对传统的公共图书馆服务产生重大影响。

公共图书馆不是城市图书馆的同义词（尽管有些公共图书馆就是城市图书馆，如深圳图书馆），而是区域性、面向所有公众的图书馆。目前，我国还存在着巨大的城乡差异，公共图书馆几乎成了城市居民的专利，虽然也曾有过各种形式的送书下乡如流动图书馆、汽车图书馆等，但与广大农村居民的实际需要相距甚远。随着人口流动的加速，大量民工进城，特别是随着公民权利意识的高涨，民工会问：在公共图书馆的财政投入中，没有我们的贡献吗？我们的权利如何保障？近年屡见报端的图书馆向民工送书的报道，也许是这些图书馆已经开始意识到，民工也需要读书，图书馆应该为他们服务。我们在表扬这些关注民工读书问题的图书馆时，还应该大声疾呼：民工有权利读书！向民工送书，不是对民工的恩惠，而是公共图书馆应该做的。向民工、向所有非城市人口敞开大门，是每一个公共图书馆的责任和义务。

除了进城的民工需要公共图书馆服务以外，广大的农村居民也需要公共图书馆的服务。特别是在数字化、网络化时代，如何为消除由于城乡差别、经济发展水平差别而日益加深的数字鸿沟尽到图书馆人的责任，应该引起我们特别重视并在服务中采取切实有效的措施。2004 年 12 月 31 日，中共中央、国务院公布了《关于进一步加强农村工作提高农业综合生产能力若干政策的意见》，其中第八条"提高农村劳动者素质，促进农民和农村社会全面发展"中指出：要"进一步发展农村教育、卫生、文化等社会事业。要落实新增教育、卫生、文化、计划生育等事业经费主要用于农村的规定，用于县以下的比例不低于70%。……加大农村重大文化建设项目实施力度，完善农村公共文化服务体系，鼓励社会力量参与农村文化建设。巩固农村宣传文化阵地，加强农村文化市场管理。切实提高农村广播电视'村村通'水平，做好送书下乡、电影放映、文化信息资源共享等工作"。公共图书馆为农民服务，应该从维护社会公平与公正、建立和谐社会的高度来认识。

公平性原则强调的不是形式上的公平。对于社会弱势群体来说，需要给予更多的关心甚至救助，使那些在社会竞争中处于劣势的人群能够享有与其他人群更为公平的机会，这也是公共服务最重要的一个职能。这些都需要体现在图书馆具体的服务中。

2.2 公益性原则

公共图书馆服务是一种公益性服务，这也是一个没有争议的问题。但是，对公益性的理解，不仅公众认识不一，就是在图书馆界和图书馆学理论界，也有不同的认识。

不少人认为，公益性服务就是免费服务。这种认识是不对的。公益性服务不等于免费服务，公益性服务包括免费服务，也包括非营利性服务。当然，营利性服务显然不属于公益性服务的范畴。

关于图书馆是否应该收费的问题，这是一个在图书馆界和图书馆学理论界长期争议的问题。范并思先生最近在一篇文章里引述国外关于图书馆应该收费理论具有代表性的J. Jaeger先生的观点：①财政紧缩；②新技术导致服务成本大幅上升；③私有化趋势；④改善图书馆管理的需要;⑤保护知识产权的要求;⑥馆际互借。范先生则从公共图书馆精神的产生到信息时代所追求的理想的角度阐述公共图书馆不应该收费的理由。我们认为,上述两种观点都有其合理的一面,但也都有一定的片面性。一个没有注意到公共图书馆产生与存在的根本价值与其主要的社会职能,只是从某些服务操作层面的现象就事论事;另一个只是从公共图书馆精神的角度讨论公共图书馆服务的根本宗旨。我们认为,公共图书馆的精神以及服务宗旨诚如范先生所言,但问题是,公共图书馆从诞生的那天起,服务内涵就在不断扩充、不断变化,如果我们不把公共图书馆的精神与对公共图书馆具体服务内容的分析结合起来,在讨论公共图书馆是否应该收费这个具体问题时就恐怕难免失之偏颇。

如前所述,公共图书馆的服务,属于混合性公共物品的服务,它所提供的服务也是多种多样的,有些服务属于纯公共物品的服务,例如对地方文化的保存与保护、文献的揭示服务、阅览服务等,而另外一些服务,又带有一定的私人物品服务的性质,如文献复制、专题咨询等。因此,从大的原则上说,凡是属于纯公共物品服务的部分,都应该是免费的,而对于某些具有一定私人物品性质的、服务受益对象明确、服务成本可以核算、带有可以计算的资源消耗的服务,则可以根据实际情况如政府拨款、社会捐款的情况采用免费或非营利的收费服务。

公共图书馆的开办、日常运行的基本费用都应该由政府提供,当然也包括机构和私人捐款(机构和私人捐款从实质上说也是一种公共资源)。因此,公共图书馆主要的服务项目应该免费,这在联合国教科文组织的《公共图书馆宣言》中有明确规定:

"公共图书馆原则上应当免费服务。开办公共图书馆是地方和国家当局的责任,必须由国家和地方政府特别立法和财政拨款支持。它必须成为任何文化、信息提供、扫盲和教育的长期战略的一个主要组成部分。"

在这个宣言中,强调公共图书馆"原则上应当免费服务",但是,这句话并不意味着公共图书馆的所有服务都是免费的。我们应该特别注意,国务院颁布并已在 2003 年 8 月 1 日开始实施的《公共文化体育设施条例》有如下的表述:

"公共文化体育设施管理单位提供服务可以适当收取费用,收费项目和标准应当经县级以上人民政府有关部门批准。

需要收取费用的公共文化体育设施管理单位,应当根据设施的功能、特点对学生、老年人、残疾人等免费或者优惠开放,具体办法由省、自治区、直辖市制定。"

公共图书馆的收费,不仅仅是由于图书馆经费不足造成的,甚至在绝大多数发达国家,公共图书馆也普遍存在着收费服务。其实,问题的关键不是图书馆的某些服务该不该收费,而是哪些服务不该收费、哪些服务可以收费? 可以收费的部分按什么标准收费? 收费的方式与程序是否合理? 收来的经费如何开支? 这一切,如果我们将公共图书馆服务的性质定位于公共服务,那么我们就可以在理论上厘清思绪,并在实践中有针对性地向政府呼吁并在服务工作中逐步规范自己的行为。

公共图书馆提供的公益服务包括免费与非营利的收费服务,这比较容易理解,但如何在具体的服务工作中操作,则是非常困难的。原因是,一方面,有一部分服务介于纯公共物品服务与私人物品服务之间,在资金不足的情况下图书馆通常会将此类服务定位于后者而实行收费服务,从而引发争议。另一方面,在实践中许多非营利性服务项目由于政府拨款不足而使其变成了营利性的服务。据统计,目前国内相当一部分省级公共图书馆运行经费的缺口达20%—30%,甚至更多,市县级公共图书馆这个问题更为严峻。为了保证图书馆最基本的运行,政府常常以"以收补支"的方式让这些图书馆通过一些服务项目收费来弥补整个图书馆运行资金不足的问题,其结果就是造成本来只应收取成本的非营利性服务变成了大大超出成本的赢利性服务(如复印费过高等),否则,图书馆哪有钱来补贴政府投入不足的那部分呢? 此外,收费方式以及资金使用方式等如同其他许多公共服务一样存在着这样和那样的问题,使得公共图书馆服务是否体现公益性成了广受各界关注与批评的焦点。

我们认为,原则上属于基本的公共服务部分的,特别是政府拨款以及社会捐赠支持的服务,应该实行免费的服务;对于超出基本公共服务范围的,特别是专指性较强,即消费具有竞争性和排他性、产品利益边界清楚的服务特别是后者,应该实行非营利的收费服务,因为它们已经不属于公共服务产品的范畴,如复印、打印,因为图书馆提供这类服务,受益对象清楚,会带来特别的并且可以计算的成本开销,如果不加以控制,进行成本核算,有可能导致公共资源的滥用。同时,个别人占用过多的公共资源本身也不公平。当然,这是一种理想的状态,必须是在政府保证足够的经费投入的情况下才是可行的。

2.3 无差别原则

公共图书馆服务的"无差别原则",是基于图书馆公平原则提出的,它属于具体操作的层次,也就是说,公共图书馆基于公平原则的服务应该是一种无差别的服务,即对所有读者一视同仁,不能根据读者身份的不同而有所区别。

公共图书馆服务的无差别原则是由图书馆的相关管理制度来实现的。如何在图书馆的管理制度中体现服务的无差别原则,是一件在实践中很不易把握、容易引发争议的事。

图书馆是分类分级的。不同类型的图书馆应该履行不同的社会责任,服务于不同类型的人群,让各种资源(包括图书馆的文献资源、人力资源、馆舍资源等)尽可能发挥最大的社会效益。因此,根据一般国际通行做法,会将图书馆分为不同类型,并赋予不同的服务职能。从表面上看,不同类型的图书馆针对不同对象的服务、提供不同内容或形式的服务与无差别原则是有冲突的,特别是不少读者并不清楚图书馆的分类分级特点,希望在任何一个图书馆享受所有服务,这是目前我国的图书馆特别是国家图书馆和公共图书馆服务中遭遇到的一个非常普遍的问题。我们认为,分层服务是社会资源合理配置与合理使用的必然结果,它与无差别原则是没有矛盾的,问题的关键是如何在具体的服务政策制订、服务项目和服务方式的设置上体现无差别的原则,而不是简单地追求形式上的公平,正如王宗义先生在一篇文章中所指出的那样:一个大型图书馆虽然向所有市民甚至外地、外国的读者敞开大门,但真正能够获得比较充分服务的仅仅是居住在该图书馆周边的市民。

目前比较普遍的做法是,在许多图书馆一馆之内,常常根据读者的身份区别来提供不同内容的服务,这是受读者批评最多的地方。我们认为,各级各类图书馆都有其专属的职能,这是社会与专业分工的需要,也是资源合理配置的需要。像美国国会图书馆、英国国家图书馆、中国国家图书馆,它们都是国家的总书库,承担着保存人类特别是本国文化遗产的重任。在服务方面,都要承担为国家立法机构服务的任务。同时,作为国家的书目数据中心,它们所编制的国家书目是为全国甚至全世界服务的,其重要性远远超出一般的读者服务。但是,无论大、中、小型图书馆,无论是国家图书馆还是一般的公共图书馆,都会或多或少地承担直接面向读者的服务,这类服务如果根据读者身份的不同、地域的不同而区别对待,的确有违平等的原则,也难以取得读者的谅解。理想的做法是,不同类型、不同级别的图书馆通过所提供的不同的服务内容和服务方式达到分层服务的目的,而不是通过身份的限制达到分层服务的目的。像法国国家图书馆那样只提供其他图书馆没有的文献服务,而不论读者的身份如何,是一个值得借鉴的做法。

图书馆服务中的无差别原则只是就办馆思想而言,绝不是指消极的、坐等读者上门、不考虑不同对象不同需求的"大锅饭"似的服务。

转型期的社会是多元的,不同的人群对于图书馆的需求也是不同的,我们现在暂时还不能想象很多农村居民会欣赏古典音乐,我们也不能想象城市居民会去读养猪养羊的书,如果图书馆不考虑本服务区不同类型读者的阅读习惯和需要提供有针对性的服务,要么是资源浪费,要么只是在无差别服务的幌子下实行有差别的服务。

关于"特色图书馆"。公共图书馆特别是基层的公共图书馆的服务内容是否应该具有特色,这个问题不能一概而论。如果本地区的民众需要有地方特色的服务,并且由于历史的原因或其他特别的原因,当然可以提供一般服务之外的特色服务,同时,这也是地方公共图书馆作为地方文献保存保护中心或资源共享的具体体现。但是,如果片面地、不适当地强调公共图书馆的特色服务,则与公共图书馆作为本地区公共服务内容之一的基本性质背道而驰。

2.4 适度原则

所谓"适度原则"也是一个属于操作层次的东西,它是基于公共服务应该是一种有限的、主要以满足社会公众最基本的公共服务需求的性质提出的,意思是公共图书馆提供的服务应该是适度的,应该免费提供的必须免费提供,应该通过公益性收费提供的就应该按非营利的原则提供服务,不应该提供或者不应该由本级图书馆提供的就不提供,或者通过其他方式来满足读者的需求。

"适度原则"是基于图书馆的基本性质即保障公民公平获取信息权利提出的。"保障公民公平获取信息"本身就包含了这层意思:即图书馆的公益性服务是基于社会平均需求水平的,太少了,不公平;太多了,也是不公平。前面我们提到,图书馆的服务是政府公共服务的一部分,因此,我们提出图书馆服务应该遵循适度原则就不难理解了。因为,公共服务应该是解决最基本的社会服务,而不是满足所有人的所有要求。这里需要特别指出,公共服务应该更多地关注社会的弱势群体,帮助他们增加在社会生活与经济生活中的竞争力是一种更高层次的公平。对于公共服务,任意扩大与任意缩小都是不对的。任意扩大,将会导致服务开支超出公共财政投入。同时,超出一般性需求服务的受益者常常是极少数人,少数人占有过多的公共资源实际上也是一种不公平。任意缩小更是不对的。任意缩小,它所影响的是图书馆存在的基础。因此,"适度原则"是根据公共服务是为满足社会基本的公共需求的特点提出的。

公益性服务的"适度原则"也是基于市场环境下如何保障图书馆与信息服务企业共同发展的目标提出的。在许多时候,当信息业发展,总是有一部分图书馆员感到恐慌和不安,怕信息业的发展有一天会取代图书馆的地位;同样,一部分信息服务企业也常常觊觎图书馆的"领地",不过这些信息服务企业譬如打着"数字图书馆"招牌的信息服务企业,通常只不过是要借这块招牌来达到它的商业目的。这两种现象都是不好的。图书馆与信息服务企业是基于不同社会分工的机构,两者虽然有小部分服务内容可能有交叉,但总的来说是互补与互相促进的。图书馆不应该企图包揽一切，公共图书馆如果包揽一切，实际上是对公共资源的滥用，一方面不可能，另一方面如果超出一定的界限，将会妨碍信息产业的发展，这对社会的发展也是不利的；信息产业也绝不可能取代图书馆，因为企业总是以营利为目标的，如果它能取代图书馆，那它就是一个慈善机构了。

必须指出，"适度原则"只是一个抽象的概念，其具体内涵会根据地区经济与社会发展水平和不断发展变化的情况来确定。在经济发达地区，政府对图书馆事业的投入相对较多，这意味着公民的税收较高（直接和间接的），那么，根据权利与义务对等的原则，免费的服务范围就应该更广，服务水平就应该更高，而绝不是利用这个原则去限制、缩小图书馆的公共服务范围、降低服务水平，达到满足本单位甚至个人的经济目的。

在谈到"适度原则"时，还有一个关系需要正确处理：公共服务所要求的基本服务与图书馆作为一个专业性很强的服务机构所提供的专业化服务之间的关系。关于这一点，我们将在后面讨论。

2.5　资源与服务的共享原则

图书馆资源与服务的共享原则也是一个属于操作层次的原则，它是基于公共物品的"非排他性"与"非竞争性"的特点提出的，也是基于对社会资源合理配置与合理使用的要求提出的，它与前面提到的分层服务有着直接的关系。

图书馆，特别是基层的公共图书馆，它们所拥有和能够获取的资源是有限的。有限的资源只能提供最基本的服务。如果一个基层图书馆针对某些读者的某些特殊需求而提供特别的服务，显然不符合适度的原则，势必影响最基本的公共服务，损害其他普通读者的利益。但是，尽可能满足读者的需要，既是图书馆员应该坚守的职业道德，也是图书馆能够吸引读者、保证自身发展的需要。如何在有限的资源条件下既保证向每个服务对象提供最基本的、公平的服务，同时又能尽可能满足读者的需求？这就是共享原则所要解决的问题。

在资源与服务的共知、共建和共享中，共享是核心。没有共享，共知与共建也就失去了意义。

图书馆资源与服务的共建和共享，几乎从图书馆诞生的那天起就被提出了（图书馆本身也是社会资源共享的产物）。在中国，特别是 20 世纪 50 年代中期以后，资源共建和共享早已成了图书馆学研究中不可缺少的议题。但是，以往的资源共享主要是从文献利用的最大化与资金付出的最小化的角度来考虑，并没有很好地解决资源与服务共建和共享的法理依据及操作上的可行性问题，因此，共建与共享最终几乎成了一句空话。

讨论资源与服务的共享原则，不能只着眼于解决各图书馆经费不足的问题，而应该从图书馆的根本性质来考虑。资源共享原则的提出，首先是为了满足公民合理使用文献的要求、实现平等获取文献信息的权利，同时也是为了尽可能满足读者的个性化需求。图书馆的服务，既要体现公共服务向公民提供基本的文化服务这一原则，同时也要体现图书馆服务这一专业化服务自身的特点，当然，还要考虑社会资源的合理配置与合理使用问题。因此，图书馆资源与服务的共享原则与公平性原则、公益性原则、适度原则是一个不可分割的整体。

图书馆资源与服务的共享原则的提出是有其充分的法理依据的。从国家图书馆到各级公共图书馆，其运行经费主要来源于政府的税收，具体到每个地方的公共图书馆，主要是来源于本级政府所掌握的资金。但是，纳税人的直接和间接贡献并不只是反映在本级财政上，其中一部分作为国税已经上缴。从这个意义上说,"国家图书馆是每一个中国人的图书馆,应该为每个中国公民提供服务"的提法是完全正确的。一个村民,有权利要求乡镇图书馆为他提供服务,也有权利要求市县图书馆为他提供服务,也有权利要求省级图书馆为他提供服务,也有权利要求国家图书馆为他提供服务。但是,如何让公民的这个权利得以实现? 让需要服务的读者都到省级图书馆甚至国家图书馆直接接受服务是不现实的,必须依靠基于共享原则上建立起来的分级分层的公共图书馆服务保障体系来实现。

新加坡的图书馆事业发展程度也许算不上世界最高水平,但它分级的公共图书馆服务体系却堪称完善,效果也是很好的。在新加坡,除了作为国家图书馆的参考图书馆外,在其不大的国土范围内分布有四个区域图书馆,起着地区中心图书馆的作用。在一些居民聚居区,又有数十个社区图书馆和儿童图书馆。国家图书馆—区域图书馆—社区及儿童图书馆构成了一个完整的文献收藏与服务体系。同样,日本及其他一些国家也有类似的图书馆服务体系。

分级分层的服务主要是通过文献提供的方式(包括传统的邮寄方式及现代的网络通信方式)来进行的。对于文献提供所需要的成本,各个国家根据自己不同的情况有不同的处理方式,新加坡、日本等国分级分层的文献提供费用是由政府负担的,而像英国国家图书馆文献提供中心的文献提供服务则是一种非营利的服务,读者需要自付成本费用。

从 20 世纪 50 年代起,随着文献资源共享观念的提出,在全国范围内建立以北京图书馆和上海图书馆为全国中心、各省图书馆作为本省中心图书馆以联系本地区公共图书馆及其他系统图书馆的协调机制。但是,在实际的运作中,这个分级的协调机制所从事的主要工作是藏书建设的协调,并没能发展成一个分级、分类藏书与服务的体系。我们认为,为了资源的合理利用,为了尽可能满足读者的需要,建立一套适合中国国情的分级、分类藏书与服务的图书馆体系的条件已经基本成熟。

我们认为,作为基层的公共图书馆,应该向所有的读者提供完全无差别的服务。而对于一个区域内的中心图书馆以及省级图书馆乃至国家图书馆,则应该根据其职能确定自己的工作重点。理想的做法是,建立一个国家图书馆—省级公共图书馆—市县级和乡镇图书馆的分层服务的保障体系,国家图书馆以各种形式的文献提供服务通过省级公共图书馆向该地区的基层公共图书馆的读者提供本省所不能提供的文献信息服务,并且通过图书馆学研究、各种专业标准、业务规范的编制、中高级图书馆员的进修培训等,为全国的图书馆界服务,真正起到"图书馆的图书馆"的作用;省级公共图书馆则通过向本省其他各级公共图书馆提供类似的文献提供服务,并且特别是在基层图书馆业务辅导、人员培训等方面提供重点服务。

需要特别指出的是,曾经有一段时间,不少人过高地估计数字技术和网络技术对图书馆带来的影响,认为网络可以使信息无远弗届,随着数字图书馆的建立,人们可以在任何时间、任何地点自由地利用数字信息。因此,许多人在谈到数字图书馆建设时,将注意力更多地放到了资源的合作共建上,对于如何服务,则考虑得比较简单,似乎大家只要协调了资源建设,把各自的特色资源放在网上,就可以实现资源共享。但是,随着数字图书馆建设的深入,人们已经越来越清楚地认识到,数字化服务仍然是有条件、有限制的。知识产权保护的原则打碎了无限制使用数字信息的梦想。因此,即或是在网络与数字化的环境下,文献信息的共建共享和分级的服务体系仍然是必需的。

2.6 不断发展原则

公共图书馆服务属于公共服务的范畴,它所提供的服务应该是最基本的公共需求。但是,图书馆服务又是一项专业性、技术性很强的服务,为公众提供最基本的公共服务不等于低水平的服务,不应该只是传统的借还书服务,而是需要不断地将社会的变化、读者需求的变化、科学技术的发展结合起来,从图书馆内部管理到服务内容、服务方式、服务手段不断发展,与时俱进,很好地履行自己的社会职能,特别是在消除数字鸿沟方面做出图书馆人的贡献。

随着科学技术特别是数字技术、网络技术和信息处理技术的发展,图书馆的服务内容与服务方式都将发生很大的变化。同时,外部世界的急剧变化会对图书馆产生什么样的影响,也需要我们对此有一个清醒的认识。不久前,当 Google 推出一系列服务项目并得到广大公众欢迎时,相当一部分图书馆员感到了竞争的恐慌,甚至提出:"Google 正在架空图书馆。"而一些图书馆的高层人士,也从保护文化多元化的角度对 Google 发出了猛烈的抨击。我们认为,Google 是一个时代的产物,没有 Google,也会有其他类似的东西出现,一切受公众欢迎的东西,都不应该是图书馆的敌人,如何将现代技术、包括商业产品引入图书馆的服务,把它们化为图书馆服务公众的助手而不是把它们当作对手,这是一个涉及图书馆发展观的问题。保护文化多元化,最大的敌人不是 Google,而是我们自己,保护文化多元化,是各国、各民族自己的责任,我们不能因为自己的无所作为而责怪人家做得太多了。我们所要防范的是 Google 走向垄断,我们所要关心的是如何充实、提升自己的服务,通过不断发展使图书馆服务能够随着社会的进步而发展。

图书馆服务不断发展还需要正确处理好现代数字化信息服务与传统的实体文献借阅服务的关系,处理好大众性的一般借阅和各种形式的文献信息提供服务与参考咨询等专业化水平较高的服务,特别是后者,作为专指性较强,受益对象明确、具有一定的排他性与竞争性的服务,理论上应该通过非营利收费的形式来提供服务。但是,这类服务又常常是图书馆培养较高水平专业人员所必不可少的练兵活动。同时,对于一些事关本地区社会经济发展的专业性参考咨询服务、定题服务,它所产生的社会效益非一般的大众型服务所能比拟,因此不能简单地用收费方式来处理这类需求,因为简单的收费处理可能导致这部分业务的丢失,使图书馆的服务能力不能得到提高,在社会中的竞争力越来越弱。今天的专业化服务也许就是明天的大众化服务。因此,在强调为公众提供基本的公共服务的同时不能放弃让图书馆服务能力不断提高的机会。正如阮冈纳赞的图书馆学五定律中所说:"图书馆是一个不断生长的有机体。"

(选自《中国图书馆学报》2006 年第 1 期)

关于"要素说"及图书馆学的研究对象

——纪念刘国钧先生逝世 25 周年

陈源蒸

1 问题的提出

当今社会,大概没有任何一个别的学科像图书馆学这样"兼容并包",能够将各种各样的理论体系与图书馆学融合,形成新的立论,自成一家之言。据统计,至今仅仅关于图书馆学研究对象的不同观点就有 50 多种。面对这种多元化状态,以致人们"似乎搞不清楚图书馆学到底是什么?"就连"图书馆是由哪些要素组成的? 这个看似简单的问题今天仍众说纷纭,莫衷一是"。数字图书馆概念传入我国以后,图书馆学的研究更加活跃、更加繁荣,所论更是五彩缤纷,令人眼花缭乱。业内有识之士不由感叹:"我们需要什么样的图书馆学?"面对这种状况,自然让我们想起刘国钧先生的《什么是图书馆学》。在目前情况下,需要重新学习《什么是图书馆学》,以明确我们的研究方向。

重新学习《什么是图书馆学》,我是深怀愧疚之心的。在 1958 年的学术批判高潮中,我们几个对图书馆学尚不很了解的学生组成批判小组,以阶级斗争论为武器,对该文进行批判。40 多年来,虽然在工作与学习中,我已不断从先生的遗产中吸取营养,以弥补过去的损失。但因偏于计算机技术的应用,虽然在纪念先生百年诞辰的文章中,对批判"方法中心论"的错误有所说明,但理论问题则因学习较少,未及清理,内心一直不安。因此,这次重新学习,一方面进一步理解刘先生的学术思想,另一方面对自己的错误认识做一次深入梳理,以去除心病。为此,我也选读了有关论著,更鼓起了进行自我批评的勇气。

2 "要素说"标签的由来

刘先生《什么是图书馆学》一文的中心思想是:"总体说来,图书馆学就是关于图书馆的科学。也就是研究图书馆事业的性质和规律及其各个组成要素的性质和规律的科学。"这里,前一段话讲的是图书馆学研究的对象,后一段话说的是图书馆学研究的内容。他认为,"图书馆事业有五项组成要素:(1)图书,(2)读者,(3)领导和干部,(4)建筑与设备,(5)工作方法。很显然,五者之中缺少任何一项,就不能有图书馆的存在。因此,图书馆学必须对这些要素分别进行深入的研究。……以上所说的种种研究合起来构成图书馆学的整个内容。"在对这五个组成要素分别论述后,刘先生强调指出:"现代图书馆之所以成为科学的事业,就因为它具有一套独特的科学工作方法。所以这方面的研究是图书馆学的中心。"他又说明："由于它的重要性,这项研究有时就被人认为是整个图书馆学而这样来称呼它。但精确的说来,这只是图书馆管理和利用的理论和方法,它只是图书馆学的一个部分而不是全体。"

当年批判该文的内容主要有两点:一是以"要素论"掩盖图书馆的阶级属性;一是以"方法中心论"与"阶级斗争论"相对抗。现在看来是多么的无知与偏见,给图书馆学研究产生了极其严重的负面影响。

我们把研究对象与研究内容混为一谈,对"图书馆学就是关于图书馆的科学"的说明"视而不见,断章取义",给刘先生扣上"'要素'即科学"的资产阶级学者帽子,"刘先生认为五'要素'就是图书馆事业,深入地研究这五'要素',即掌握了图书馆学。""要素说"的提法由此而来。这不仅是"历史的误会","结果造成图书馆学研究对象的扩大化、复杂化,一定程度上引起认识上的混乱。"其后关于图书馆学研究对象的论述,虽然摈弃了我们那些"左"的批判语言,但刘先生作为"要素说"代表的标签却一直贴到现在。

也有学者对此提出质疑,其中邱五芳的《历史回顾与现实思考——重读〈什么是图书馆学〉》一文,更是旗帜鲜明地为刘先生申辩,认为《什么是图书馆学》是新中国图书馆学的奠基之作,不是什么"要素说"的典型。邱五芳还诘问:"到底从何时起,《什么》被冠以'要素说'? 笔者没有找到原始的资料。"显然邱五芳没有见到那篇批判文章,这一历史错案,源头就是那篇批判文章。当时的论点是:"图书馆学无疑是属于社会科学范畴的。社会科学是阶级斗争的科学,它有着鲜明的阶级色彩。而刘先生把这样一门科学的阐述完全抽去其阶级内容,我们在五千多字的文章里,根本找不到一个'党性'、'阶级'、'阶级斗争'、'政治'等字眼。"并指出:"图书馆这些'要素'不仅仅是社会主义国家图书馆所独有的,而且资本主义国家图书馆也有,就连封建王朝图书馆也有。把这些东西搬来凑成图书馆学,也就使图书馆学丧失了阶级性和科学性内容。"邱文所引文化学院《社会主义图书馆学概论》那段话,出自那篇批判文章。

尽管邱五芳做了有力的申辩,也有不少论著改变了看法,但还有一些著作,仍然以刘先生为"要素说"代表,真是"积重难返"。"解铃还须系铃人",我们在此进行严肃的自我批评,纠正过去的错误认识。也诚恳地希望学术界从此改变对《什么是图书馆学》一文的评价,对图书馆学研究对象"要素说"代表的提法有一个清楚、正确理解。

3 提出"图书馆学研究对象是图书馆"的第一人

关于图书馆学的研究对象,刘先生在《什么是图书馆学》一文中,明确提出"图书馆学就是关于图书馆的科学""图书馆学所研究的对象就是图书馆事业及其各个组成要素"。即使在《图书馆学要旨》一书中,刘先生也是说:"什么是图书馆学? 图书馆学便是研究图书馆的组织法、管理法和使用法的学科。所以要明了图书馆学的真性质,就要先知道什么是图书馆。"

在程鹏列出的"中国图书馆学代表学说"表中,所列诸说多数是指的研究方法与研究内容,并非指研究对象。茅振芳曾逐一解析,说明其非。当前学术界的主流观念,比较认同"图书馆学的研究对象是图书馆",只是代表人物没有刘先生。所以现在应当还历史本来面貌,明确刘国钧先生是提出"图书馆学研究对象是图书馆"的第一人,其后的一些论述只是对刘先生学术思想进行诠释或补充。

有些学者不同意以图书馆为图书馆学研究对象,如"资源说"论者就认为:"因为图书馆是一种动态的信息资源体系,所以,图书馆学的研究对象是动态的信息资源体系。"这段话有同义反复的意思,既然同义,何必另设新词。论者关于"以机构命名的不科学性"的分析不能服人,学科的命名除了科学性以外,还有个约定俗成。例如,有博物馆学,无博物学;有档案学,无档案馆学;有情报学,无情报所学。什么道理?有待方家论证。倒是既有图书馆学,又有图书学,但是能以图书学代替图书馆学吗?那是以局部代替整体了。论者关于"资源说"的阐述,只是较为深入地讨论了图书馆学的一个方面,不能作为整体的图书馆学。

有人提出,"图书馆学的研究对象是知识集合",但论者又表示:"图书馆学以知识集合为研究对象,并不是说图书馆学仅仅研究知识集合,它还要研究客观知识(主要是文献知识)和知识受众。"这似乎是"书、人、法"三要素新的阐述。

另一个不同见解是:"图书馆学的研究对象是文献信息流、图书馆、读者(用户)。"关于文献信息的产生,另有所属学科,读者则是图书馆的一个组成要素。此论层次不清,与确立学科对象的基本原则不符。

4 关于图书馆学研究的内容

刘先生认为,图书馆学是研究图书馆事业的性质和规律及其各个组成要素的性质和规律的科学。他对图书馆学研究内容所下定义是科学的,符合社会发展规律,直到今天仍然具有其生命力。仔细领会刘先生的思想,实际上包容了后人所讨论的方方面面。

首先,"研究图书馆事业"。刘先生认为:"图书馆是客观存在着的一种事业,是人类社会生活现象之一。这种现象,这种事业,深刻地影响到我们的生活——学习生活、文化生活、科学研究生活。既然如此,难道不应该弄明白它的性质、它的发展规律、它的各个组成要素及其规律吗?"有学者言:"刘先生是提出'事业说'的第一人"。

其次,"研究图书馆事业的性质"。刘先生在《什么是图书馆学》一文中对此没有具体论述,他那时提出图书馆的信息属性是不可能的。在《图书馆学要旨》中比较多的是强调图书馆的教育功能,后人关于图书馆信息交流作用的说明,补充与丰富了这方面的内容。

再次,"研究图书馆事业的性质和规律"。刘先生指出:"人类社会之有图书馆是随着人类社会的发展而来的。在我国,图书馆的存在已有上千年了。在一定的历史时期中,它具有一定的性质,起着一定的作用。"后人的研究进一步说明,"图书馆学是研究图书馆事业的发生发展、组织形式以及它的工作规律的一门科学"。

刘先生对事业、性质、规律都有涉及,对组成要素的分析更为深入,具体论述了各个要素的内容,并说明了各组成要素相互间的关系,指出"工作方法的研究是图书馆学的中心"。

需要说明的是,刘先生是将图书馆这一整体作为图书馆学的研究对象,而把各组成要素看作是图书馆学的分科。在《图书馆学要旨》中对此有明白的叙述。

因此,刘先生关于图书馆学研究内容的阐述是非常全面的。笔者以为在我国图书馆学思想史上,应当充分肯定刘国钧先生关于图书馆学研究对象及研究内容所下的定义和研究成果,全面阐述其学术思想,力求在学术界取得共识,改变"一味追求多元化"的倾向,利于图书馆学研究的健康发展。

肯定刘先生的学术思想,并不意味刘先生的论述完美无缺,更不是说关于图书馆学研究对象及研究内容的探讨就此结束。任何一门科学,都要随着社会的发展而发展。不同意见仍要展开讨论,例如对"目录学和图书管理学是图书馆学的两根重大支柱"的提法,许多人并不认同。只是在讨论中不要将实际上不存在的事情(如认为刘先生是"要素说"的代表)作为论据。

5 全面评价刘国钧图书馆学思想的现实意义

"图书馆学主要由基础理论和应用技术两大部分组成。"刘先生在这两方面都做出了重大贡献,达到了他所处时代的最高峰。

在基础理论上,刘先生 1921 年发表《近代图书馆之性质及功用》,1934 年出版《图书馆学要旨》,1957 年发表《什么是图书馆学》,在几个不同历史阶段,提出与完善他的图书馆学思想。

1921 年,"新图书馆运动"开展不久,刘先生步入图书馆事业之初,在论文中即追求"今日之图书馆即使人人得利用其所藏之书为目的者也"。当时就以"自动、社会化、平民化"来描述图书馆之性质,认为"图书馆为社会所不可缺之制度"。

1934 年,刘先生从美国学成归国,潜心钻研,编制出版了《中国图书分类法》与《中文图书编目条例草案》两部巨著,进而系统地阐述其图书馆学思想。他认为要要明了图书馆学的真性质,就要先知道什么是图书馆。他进一步说明在 1921 年已形成的认识,"现代图书馆是自动的而非被动的,使用的而非保存的,民众的而非贵族的,社会化的而非个人的"。"总之,现代图书馆的目的是使人和书发生有机的关系,要使社会上无不读书的人,馆内无不被人读的书"。

1957 年,在新中国图书馆事业有了一定的发展,在"百家争鸣""百花齐放"的号召下,刘先生全面阐述了图书馆学的研究对象与研究内容,并指出:"图书馆学有其实践的目的——改变现实使它更合于人们的理想。它企图改造的现实乃是人们的文化生活、人们的思想、知识、技能,乃是人类社会生活中重要现象。"

从刘先生在几个不同时期阐述的图书馆学思想,可以看出刘先生充满"理想主义"与"人文精神",他是怀着"教育救国"热情,力图以图书馆事业之发展,改造社会,实现社会进步、人类平等之理想。他强调平民化是向着劳动阶级,他强调社会化是为的社会上每一个人,他研究图书馆学的目的是改变现实,使它更合于人们的理想。他努力研究管理图书馆的各种方法,都是为了达到这一理想:"图书馆乃是以搜罗人类一切思想与活动之记载为目的,用最科学、最经济的方法保存它们,以便利社会上一切人使用的机关。"

在图书馆方法学上,刘先生致力于研究描述与揭示文献内容的科学方法,从而把所有文献有序地组织起来,使读者能方便地查找、应用,以达到其目的。在刘先生的学术活动中,对于科学方法的研究占据了主要地位,并终生坚持这方面的实际工作。

在《什么是图书馆学》一文中,刘先生对五个组成要素分别论述后指出:"现代图书馆之所以成为科学事业,就因为它具有一套独特的科学工作方法。所以这方面的研究是图书馆学的中心。"这是刘先生图书馆学思想的精髓。早在《图书馆学要旨》一书中,刘先生即说明:"狭义的图书馆学往往只指着最后一项,就是所谓图书馆管理法。这项方法确是新图书馆运动兴起以后的产物。今日图书馆所以能成为一种社会力量,能负改进社会提高学术的责任的,都由于我们对图书馆有一个新的观念;而表现这新观念最充分最有力的就是这新式管理法。"这是图书馆工作和图书馆学有别于其他事物和学科的地方。

1929 年编制出版了《中国图书分类法》(我国现代图书分类法学史上影响最大的一部分类法)与《中文图书编目条例草案》(是当时各馆制定中文图书编目规则的重要依据),1957年编写了融分类与编目理论于一体的经典教材《图书馆目录》,参加了《中小型图书馆图书分类法》与《中国图书馆图书分类法》的编制工作。

1975 年发表《"马尔克"计划简介——兼论图书馆引进计算机问题》一文,第一次较为全面地介绍了美国国会图书馆的研制成果——MARC(机器可读目录),指出"图书馆工作全盘自动化,就现在的科学技术来说,是不会太远的"。1977 年又发表了《用电子计算机编制图书目录的几个问题》,阐述了对汉字编码、多文种字符集、文献著录标准与机读目录格式进行研究的要点。刘先生以他在图书馆方法学上的高深造诣,指出了应用新技术的明确方向。

无论从刘国钧先生在图书馆学研究上所取得的成就,还是从他在 20 世纪 20 年代到80 年代学术生涯的时间跨度,他都称得上是我国现代图书馆学的奠基者,是理论与技术融合、跨学科研究和理论与实际相结合的典范。

长期以来,不仅"刘国钧研究竟成了我国图书馆学术研究的一个盲点",而且"被公认为'要素说'典型,颇受非议"。即使对先生极其肯定的学者,称他为"中国最优秀的世纪性的图书馆学理论大家",但还只是赞同其"要素说",而对他充满"人文精神"和"科学方法"的学术思想,则提及很少,说明了当代学人在这方面的忽略。一方面有人以为"西方图书馆学理论注重人文价值取向和制度实证研究的取向,而中国图书馆学理论则注重技术价值取向和机构实证研究取向";另一方面许多人只是进行编目、分类与计算机应用等具体方法的研究,很少提高到将无序信息资源进行有序整合的科学方法理论。理论研究的欠缺,在实际工作中也产生了诸多负面影响。

因此,全面评价刘先生的图书馆学思想,弘扬他在图书馆学研究上所取得的非凡业绩,不仅有重要的理论意义,而且有极大的现实意义。今年是先生逝世 25 周年,谨以此文表达对先生的纪念。

(选自《中国图书馆学报》2006 年第 4 期)

让阅读成为我们生活的一部分

王余光

在联合国教科文组织第 11 个"世界图书与版权日"（亦称"世界读书日"）到来之际，我们高兴地看到中国图书馆学会科普与阅读指导委员会成立大会在东莞图书馆隆重召开了。该委员会的成立是中国图书馆学会发展历史上的一件重要事情，以此为标志，中国图书馆学会在推动全民阅读上有了专门的组织机构和指导原则，必将对全国图书馆界广泛而深入地开展全民阅读产生积极的影响。

1 让阅读成为我们生活的一部分

首先，阅读是人的权利。

联合国教科文组织创新、文化产业和版权部负责人戴奥克拉奥（Milagros del Corral）女士针对长期以来在阅读中存在的不平等，提出"我们必须保证让世界上每个角落的每个人都有书读"。我们开展大众阅读，就是为了让所有的人都有书读。

读书是一个人的权利。这种权利的保障，是由社会、政治、经济等条件所决定的。回顾阮冈纳赞对图书馆学五原则的论述，我们可以清楚地看到，从"读书是少数人的特权"到"读书是所有人的权利"这个过程是多么漫长。从亚里士多德开始，"雅典和斯巴达只向自由人提供教育，十分之九的人口是不享有学习的权利的……因而书是供有选择的少数人使用的"。到 18 世纪，"为了在最简陋的环境中使社会和平，人们安居乐业，就要求许多人除了贫困外，还要无知……因此，为了每个国家或王国的康乐和幸福，就要使劳动阶层的知识只限于他们的职业范围以内，而不可超越它。牧羊人、庄稼汉以及其他农家人，对这个世界，对与他们的劳动或工作无关的事知道得越多，对他们愉快地并心甘情愿地经受住劳动的艰苦和劳累越是不合适。阅读、书写、算术等对那些被迫通过他们每天的劳动以换取每天的面包的穷人来说是很有害的"。一直到 1913 年，要在莫斯科开办一所图书馆学校时，还有沙皇议会右派的领导人提出反对意见："政府怎能容忍图书馆的发展呢？ 这将会为一场革命铺下道路。"即使在中国这样一个自古以来就崇尚读书的国家，读书也要受到经济条件的限制，在过去没有图书馆的情况下，穷人家的孩子，当然就没有机会读书了，这种权利在某种程度上就被剥夺了。

其次，阅读有助于提高民族素质。

这是一个大道理，但也是一个实实在在的事情。中国正在面临着经济腾飞，但是经济腾飞，并不能表明中国就在世界上有很强的竞争力。而这种竞争力主要体现在国民的素质上，提高国民素质依靠教育和继续教育，阅读是一个非常重要的手段。阅读是人们接受教育、发展智力、获得知识信息的最根本途径,关系到整个社会的文化品质和可持续发展的潜力问题。朱永新也说过,一个民族的精神,一个民族未来的发展,在很大程度上取决于这个民族对阅读的热爱程度,因为一个人的精神发育史就是一个人的阅读史,一个人的气质和社会责任感,在很大程度上取决于这个人是不是能认真读书。不同的国家和不同的民族,其竞争力也取决于国民的阅读状态。

读书是中华民族的一个最优良的传统,中华民族几千年来都是尊重书籍、尊重知识的民族,阅读是我们这个民族一个最古老的话题和传统。今天,中国正处于一个非常的转型时期,在这个时代这个传统还需发扬光大。

第三,让阅读成为我们生活的一部分。

提倡阅读,尤其是传统经典的阅读,不仅是为了获取知识,也是为了一个悠久文化的传承与发展。它同时也是寻求一个完善、独立的自我与品格的最好途径。我认为阅读经典具有这样的作用:不仅对人们的系统思维和语言表达方面很有好处,还拓展了我们的生活,培养了我们的素质。一些美国学者认为,阅读经典是作为一个人进入精英阶层所必备的,是与人沟通的条件。无论中国也好,西方也好,有一点是共同的,就是存在这个民族所必须具备的知识,否则你在这个问题上就失去了发言权。

英国作家毛姆在谈到英国文学时说:"阅读应该是一种享受。……那些书,既不能帮助你获得学位,也不能指导你如何谋生,不去教你驾驶船舶的技巧,也不告诉你如何维修一辆出了故障的机车。然而,只要你们能真正享受这些书,它们将使你的生活更丰富,更充实而圆满,使你更加感到快乐。"

"在读书的时候,哲人的思想涤荡着我们的灵魂,在知识和智慧的指引下,我们更容易识别美与丑、善与恶,我们的生命也因此一次又一次向前展拓。读书,使我们的心灵变得辽阔而宽广,坚韧而顽强,也使我们获得一个温煦宁静的内心世界,以对抗外部世界的喧哗与浮躁。正因为如此,我相信:读书,在今天仍然是人类生活不可或缺的。"让阅读成为我们生活的一部分。

2 家庭藏书读书的传统及其重建

我国家庭藏书与读书人比例在 21 世纪的前几年呈下滑趋势,根据中国出版科研所主持的"全国国民阅读与购买倾向抽样调查"三次追踪调查,五年来全国国民的读书率持续走低。2003 年,在识字者中只有 51.7% 的被调查者每月至少读 1 本书。这一体现国民阅读概貌的读书率比 1999 年下降了 8.7%,其中城镇居民下降了 7.8%、农村居民下降了 9.6%。读刊率也从 1999 年的 57%、2001 年的 49.8% 下滑到 2003 年的 46.4%。只有 5% 左右的国民拥有"读书习惯"。调查表明,从国民的媒体接触率来看,高居前三位的仍是电视、报纸和图书,但互联网等新兴媒体日益深入人们的生活,带来人们阅读习惯的改变。今后,随着其他媒体将利用各自的优势进一步分流人们的注意力,分割人们有限的闲暇时间,全国国民的读书率可能会进一步降低。

在这样的背景下,我们推广读书、鼓励读书,希望重建家庭藏书,让书籍走入每个家庭,让"耕读传家"的传统在新时代得以延续,并赋予更丰富的内涵。今天,耕读传家在某种程度上可以诠释为"物质文明和精神文明一起抓"，"耕"就是物质建设，"读"就是精神建设。

在一些西方国家，他们也仍然保持着很好的阅读传统，比如，基督教强调读书，早期教徒读书主要是指读《圣经》，阅读是教徒跟上帝沟通的一种手段，在此基础上形成了好的阅读传统。有学者曾经对英国18世纪的家庭阅读进行过个案研究，在托马斯·特纳和佩吉·特纳夫妇家里，他们的阅读呈现出4个特点：第一，尽管这个家庭日常工作非常辛苦，但是在一年中的大部分时间中，阅读仍然是每天都必不可少的；第二，他们的阅读大部分是出于宗教的规定；第三，阅读是他们社交生活的一部分；第四，他们的阅读是间歇性的，也就是不同的文本交替阅读，或者边做其他事情边阅读。据说，犹太民族的孩子稍微懂事时，母亲就会在《圣经》上滴一点蜂蜜，让自己的孩子去吻，使其从小就知道书本是甜蜜的。西方的读书传统对我们来说，是有一定的借鉴的。

今天在具备了一定的经济基础的情况下，我们有能力重建家庭藏书。我主张应将购书经费列入家庭开支，建立家庭必备的基本藏书。家庭藏书的主要目的有两个方面。一方面，能让家庭成员有一些必备的读物，有些人家里根本无书可看。在目前图书馆还不是十分普及的情况下，我们提倡家庭阅读，就不仅是继承传统，还具有实际的意义，正如我们前面所讲的，让每一个角落的每一个人都有书看，家庭藏书在目前能够作为图书馆的一个重要补充。另一方面，家庭藏书可以给家庭成员营造一个阅读的环境和氛围。在此基础上，方可开展国际上比较流行的培养有修养的母亲、提倡亲子阅读等活动。如果让一个孩子从小就养成读书习惯的话，他一生都受用无穷。巴特勒曾经指出："人们的阅读习惯很重要，如果一个人已经养成了阅读的习惯，他就比那些没有阅读习惯的人更容易去阅读。"这就是我们建立家庭藏书、提倡家庭阅读的意义之所在。

3 图书馆在开展大众阅读中的作用及措施

首先，在信息时代，图书馆是一个地区或者一个社区、一个学校的信息中心，能够有力地提供阅读的保障。因为我们建立家庭藏书只是一个方面，毕竟家庭藏书是有限的，杂志、报纸往往都不具备，也没有必要，而图书馆可以提供我们一种连续阅读的保障。《第三次国民阅读与购买倾向抽样调查》有这样一个结论："国民家庭藏书比例超过一半，但数量不多，比例下降。"说明家庭藏书的普及率还很低，将近50%的家庭没有藏书。所以在中国家庭藏书还得不到普及的情况下，图书馆在我们大众的阅读生活里面意义就被凸现出来。

其次，图书馆本身承担着很多责任，比如政府咨询、科研保障等，但同样承担着民众继续教育、民众阅读的责任，这是图书馆的一个神圣的使命。中国从图书馆建立的100多年来，图书馆的研究者、工作者以及有识之士，都一直在呼吁图书馆要成为民众阅读、民众继续教育的一个重要的机构，图书馆要有大众意识，对大众开放。对大众开放是保证此目标的一种手段。强调公共图书馆对公众免费开放，就是因为让所有的人，不管他是什么人，都能够得到阅读的机会。公共图书馆以及各类图书馆，都有这样一个使命。当然有些研究图书馆可能不重视它，但并不是说它没有这样一个责任。从世界图书馆发展的角度来讲也是如此，图书馆一直在承担这样一个使命。今天我们呼吁要加强这样的使命感，让图书馆成为大众阅读的领导者和推行者。

第三,图书馆要主动地采取一些措施来推动社会阅读,比如:编制推荐书目,举办读书报告、新书宣传、协助社区和家庭开展亲子阅读等,像东莞图书馆举办的读书节活动就很有特色。该馆在 2005 年新馆落成之际,开展了首届"东莞读书节",今年已是第二届,推出了一系列与读书有关的活动,如:东莞图书馆专题动漫活动展、东莞学习论坛读书系列讲座、开通市民学习网、图书展、读书知识竞赛、"我的读书故事"征文比赛、"我喜爱的书房"设计大赛、"藏书与阅读"优秀图书推荐、推荐书目、"学习之家"评选、外来员工"读书学习,争做新东莞人"演讲比赛等。这些活动丰富了人们的文化生活,产生了良好的社会效果。在此基础上,东莞市政府还召开专门工作会议,着力打造建设"图书馆之城"。从全国范围看,许多图书馆都已经做出很多实际工作。

此外,图书馆还要营造一种阅读的氛围。清华大学的老图书馆极有这种氛围,我到那里参观,感觉那个地方真漂亮,宽大的落地窗、古典的书柜、宁静的氛围。坐在那明净宽大的玻璃窗下,阳光柔和地洒落在书桌上,或听着雨点垂落在树叶上的声音,我们不仅感受到书的魅力,也在体悟着时空的静谧。我觉得这就是我理想中的那种环境。我曾在 1995 年的一篇文章《双休日谈读书》里专门谈到这种感受,"双休日,图书馆应当成为人们读书的好去处"。今天我想变换一下说法:让图书馆成为每个读书人的理想居所!

（选自《中国图书馆学报》2006 年第 5 期）

信息资源建设:概念、内容与体系

肖希明

信息资源建设是近年来图书馆界、情报界和其他信息工作领域广泛使用的一个概念。但人们对"信息资源建设"的含义,却一直有不同的理解。尽管早在 2000 年高波、吴慰慈教授就试图"对(信息资源建设)表述混乱的学科名称进行梳理和规范",但时至今日,图书馆界、情报界和其他信息工作领域仍然按照各自的理解在使用着"信息资源建设"的概念:图书馆界较多地认为"信息资源建设"是"文献资源建设"的延伸与拓展,其范围主要还是图书馆业务工作领域;情报界和其他信息工作领域则认为信息资源建设主要就是指数据库建设,或数字信息资源建设。概念的歧义显然不利于学科理论的研究与实践的发展。本文试图对信息资源建设的概念、内容与理论体系进行较为深入的探讨,并希望通过同人的讨论,对信息资源建设的含义形成共识。

1 信息资源建设的概念与内涵

"信息资源建设"是从"文献资源建设"演变而来的。对这种演变的必然性,笔者曾撰文进行过分析,许多研究者也从不同的角度进行过论述,人们的看法大体上是相同的。但对什么是信息资源建设,人们却有各种不同的表述。

高波、吴慰慈认为:"信息资源建设是人类对处于无序状态的各种媒介的信息进行有机集合、开发、组织的活动。"定义强调了信息资源建设的对象是处于无序状态的各种媒介的信息,但没有指出信息资源建设要达到什么目标。

程焕文、潘燕桃提出:"所谓信息资源建设,是指图书馆根据其性质、任务和用户需求,有计划地系统地规划、选择、收集、组织、管理各种资源,建立具有特定功能的信息资源体系的整个过程和全部活动。"这个定义基本上沿用了"文献资源建设"的概念,将信息资源建设仍然局限于图书馆范围。

孟雪梅认为:"信息资源建设是指在一定范围内的信息资源中心对信息资源进行有计划的采集、积累、开发并合理布局,以满足信息用户的需求,保障社会发展和国家建设需要的全部活动。"定义似乎更注意了信息资源建设宏观方面的内容。

我们今天是在信息技术迅速发展,信息资源的生产、传递、获取、存储发生了根本性变化,信息资源建设有了更为丰富的内涵这样的背景中来讨论信息资源建设概念的。因而对信息资源建设的定义,要反映出在新的信息环境中,信息资源建设的对象和内容有别于传统的文献资源建设的新的特质,揭示信息资源建设要达到的目的。因此可以这样定义:所谓信息资源建设,就是人类对处于无序状态的各种媒介信息进行选择、采集、组织和开发等活动,

使之形成可资利用的信息资源体系的全过程。这一定义的内涵包括三个方面:

第一,信息资源建设所针对的是处于无序状态的各种媒介的信息。所谓各种媒介的信息,是指既包括纸质媒介的各种类型的文献,又包括非纸质媒介的各种类型的信息。对大多数图书馆来说,文献型信息仍然是信息资源建设的重点。但非纸质媒介的信息资源,尤其是电子信息资源,近年来发展非常迅速,而且在生产、存储、传递等方面具有纸质文献难以比拟的许多优势,因而越来越受到人们的重视,成为信息资源重要的组成部分。文献型信息、电子型信息和其他各种载体的信息,共同构成信息资源建设的对象。所谓无序状态,是指各种媒介的信息数量极其庞大、分布广泛分散、内容繁杂混乱、质量良莠不齐、形态极不稳定,人们对它的利用十分困难。信息资源建设则是要使这些处于无序状态的信息有序化。

第二,信息资源建设活动的内容是对信息进行选择、采集、组织和开发。选择就是要从浩如烟海的信息源中,经过鉴别、评价,挑选出符合特定需要的、有价值的信息。采集就是以人工的、自动化的方式和手段,通过各种渠道搜索、获取各种载体、各种形式的信息。组织就是对采集的信息资源进行加工、整序,揭示其内容和形式特征,组成各种信息检索工具和检索系统。开发就是以感知、思维、创造等方式,深入信息内容,去发现、发掘、提取有现实或潜在价值的信息,以供人们有效利用。对信息的选择、采集、组织、开发,构成了信息资源建设的全过程,每个环节都有特定的功能,同时又相互联系,相辅相成。

第三,信息资源建设的目的是形成可资利用的信息资源体系。信息资源是一种附加了人类劳动的信息。凡是未被组织和开发从而能够为人们所利用的信息都不属于信息资源。因此,可利用性是信息资源的重要特征。所谓可资利用,应该包括这样一些标准:①资源丰富,没有一定的丰裕度,资源就很难得到利用;②选择精良,即通过鉴别、选择,排除了那些繁芜、杂乱,可信度低、严重污染的信息,使提供利用的信息达到较高的精度;③查询简便,即检索工具和检索系统易学易用,使用方便快捷;④传递迅速,即使用者在需要的时候能够及时迅速地获得有关信息资源。这种可资利用的信息资源,应该是一个有序的信息资源体系。从微观上看,它要根据特定的目的,将不同内容、不同层次、不同载体、不同时间、不同语种的信息资源组成一个相互联系、相互依存的系统,以满足特定服务对象的信息需求。从宏观上看,要对一定范围(地区、系统或全国)的信息资源进行统筹规划、合理配置、科学布局,从而满足整个社会的信息需求。

2 信息资源建设的主要内容

信息资源建设的目的是建立可资利用的信息资源体系,信息资源建设就是围绕这个体系的形成、发展而进行的全部活动。其主要内容可概括如下。

2.1 信息资源体系规划

信息资源体系,是指信息资源各要素相互联系、相互作用而形成的具有特定功能的有机系统。信息资源体系规划,就是根据信息资源体系的功能要求,来设计这个体系的微观结构和宏观结构。在微观层次上,就是每一个具体的图书馆根据本馆的性质、任务和读者对象的需要,确定信息资源建设原则、资源收集的范围、重点和采集标准,提出本馆信息资源构成的基本模式。在此基础上,制订信息资源建设计划,安排各类型信息资源的数量、比例、层次级别,形成有内在联系和特定功能的信息资源结构,建立有重点、有特色的专门化的信息资源体系。宏观层次上的信息资源体系规划,就是从一个系统、一个地区乃至全国的整体出发,对信息资源建设进行统筹规划、合理布局,制定各种类型的图书馆及各类型信息机构之间在信息资源的收集、组织、贮存、书目报道、传递利用等方面的协调与合作规划,从而形成相互依存、相互联系的整体化、综合化的信息资源体系。

2.2　信息资源的选择与采集

根据已经确定的信息资源体系的基本模式,通过各种途径,选择与采集信息资源,建立并充实馆藏,扩大"虚拟馆藏",是信息资源建设的基础工作。这一工作至少包括如下内容:①印刷型文献的选择与采集,即根据既定的信息资源选择与采集的原则、范围、重点、复本标准、书刊比例等,通过各种渠道和各种方式,采集所需要的文献,建立并不断丰富馆藏资源。②电子出版物的选择与采集。这里所说的电子出版物,是指以实体形式存在的、单机使用而非网络传递的电子信息资源。图书馆要根据读者需求、电子出版物本身的质量、电子出版物与本馆其他类型出版物的协调互补、电子出版物的成本效益等原则进行选择和采集。③网络数据库的选择与采集。网络数据库是图书馆通过签约付费,可远程登录、在线利用的电子信息资源。国内外许多数据库生产商或数据库服务提供商已开发出各种文献数据库,直接购买这些产品或服务,也是信息资源选择与采集的重要内容。

2.3　馆藏资源数字化与数据库建设

馆藏资源数字化是网络环境下信息资源建设重要内容之一。因为只有经过数字化处理的文献才能通过网络为人们所共享。图书馆应通过计算机和大容量的存贮技术、全文扫描技术、多媒体技术,将馆藏中有独特价值的印刷型文献转化为扫描版全文电子文献,制成光盘或网上传播。

数据库建设是数字信息资源建设的核心内容。对图书馆来说,数据库建设主要有书目数据库和特色数据库建设。书目数据库是开发图书馆信息资源的基础数据库,也是图书馆实现网络化、自动化的基础,它直接关系到联机编目及联合目录数据库的建设。特色数据库是图书馆特色资源的集中反映,是图书馆充分展示其个性,提高其社会影响力和信息服务竞争力的核心资源。图书馆要根据本系统本地区的社会需求和本馆的技术力量、经费等条件,选择适合的主题,系统地将馆藏资源中的特色文献制作成独具特色的文献数据库或专题数据库,并提供上网利用。

2.4　网络信息资源的开发

因特网信息资源极为丰富,图书馆对它进行开发组织,就可以使这些分布在全球的网络信息资源成为自己的虚拟馆藏。这种开发和组织就是根据用户的需求与资源建设的需要,搜索、选择、挖掘因特网中的信息资源,下载到本馆或本地网络之中,经过分类、标引、组织,通过网络或其他方式提供给用户使用,或者链接到图书馆的网页上,如建立因特网信息资源导航库。这种虚拟馆藏对图书馆及各类型信息机构的信息资源建设和信息服务具有重要意义。由于虚拟馆藏汇集了全球范围内有关专业的信息资源,其网络终端无论延伸到何处,连接终端的用户都可以自由地利用信息资源,使图书馆和各类信息机构不仅有了丰富的资源保障,而且为拓展其服务功能创造了条件。

2.5 信息资源的组织管理

这里主要是指图书馆对本馆拥有的信息资源和可存取的信息资源进行的组织管理。包括:①对入藏的文献信息资源进行加工、整序、布局、排列、清点和保护。科学地组织管理信息资源的作用,在于完整地保存和有效地利用信息资源,满足用户的信息需求,保持信息资源处于最佳流动状态。②对数字化信息资源进行整合,将购买的数据库与自建数据库有机地集成在一起,对其内容进行充分的揭示,实现跨库检索,提供"一站式"服务,使用户能够像利用传统文献一样熟悉和利用数字信息资源。

2.6 信息资源共建与共享

信息资源共享是人类社会的崇高理想。而信息资源共享的前提是信息资源共建。在新的信息环境中,文献信息数量激增与图书馆有限收藏能力的矛盾加剧,信息需求的广泛性和复杂性与图书馆满足需求的能力形成强烈的反差,网络环境使信息资源共建共享变得更为必要和迫切,同时也为信息资源共建共享提供了重要的技术支持。在新的信息环境中,信息资源共建共享的主要内容包括:通过整体规划与图书馆之间的分工协调,建设相对完备的文献信息资源保障体系;形成覆盖面宽,利用方便快捷的书目信息网络,实现网络公共查询、联机合作编目、馆际互借、协调采购等功能;建立迅速高效的电子文献传递系统。

2.7 信息资源建设基本理论与方法的研究

信息资源建设是一项复杂的系统工程,它离不开理论的指导。因此,对信息资源建设基本理论和基本方法的研究,是信息资源建设的重要内容之一。研究的主要内容包括:信息资源的形成、特点和发展规律;信息资源建设的物质条件和信息环境基础;信息资源建设的原则、政策、方法及其实施;信息资源的选择与评价理论;传统文献资源建设的技术手段和业务流程;数字信息资源建设的技术支撑与方式方法;网络信息资源内容开发及信息资源网建设;信息资源共建共享的理论基础、结构模式、运行机制、保障条件;信息技术在信息资源建设中应用等有关新观点、新技术、新方法的研究等。

3 信息资源建设理论体系

信息资源建设既是图书馆和各类型信息机构的基础性工作,同时也是一门学科。作为一门学科,它应该具备相应的理论体系。

国内已有学者对信息资源建设理论体系进行过探讨。2000年,高波、吴慰慈撰文提出他们设计的信息资源理论体系,如图1。

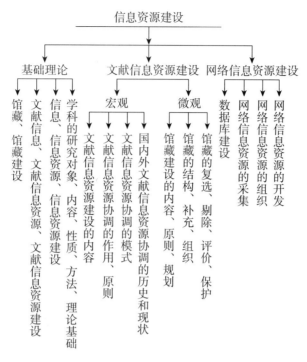

图1 高波、吴慰慈提出的信息资源建设理论体系

这个理论体系结构的突出特点,是将网络信息资源建设纳入其中,这是传统文献资源建设理论所没有的,但又是当今信息资源建设不可或缺的内容。然而,设计者只是将网络信息资源建设简单地叠加到原来的文献资源建设理论体系中,并没有与原来的体系进行整合。最明显的就是宏观研究似乎只与文献信息资源建设有关而与网络信息资源建设无缘。实际上,网络信息资源建设更应该具有宏观视野。

2002年,孟雪梅等也提出了一个信息资源建设理论体系。她将信息资源建设理论体系设计为总论、微观信息资源建设和宏观信息资源建设三部分。总论论述信息资源建设的共性问题,包括信息、信息资源、信息资源建设三方面的内容。微观信息资源建设包括微观信息资源建设的基本任务、主要内容和建设原则、微观信息资源的结构与体系、馆藏信息资源的补充、馆藏信息资源的组织、馆藏信息资源的复选与剔除、馆藏信息资源的评价等。宏观信息资源建设理论体系的主干是信息资源整体布局和信息资源共享。信息资源整体布局包括整体布局的含义、作用和原则;我国信息资源整体布局的现状和问题;信息资源整体布局模式。信息资源共享的具体内容包括实现信息资源共享的必要性;信息资源共享的原则;信息资源共享的内容与方法等。在这个理论体系中,作者也许希望对网络信息资源建设与传统文献信息资源建设进行整合,但至少在表述上,几乎看不到网络信息资源建设的内容了。

设计信息资源理论体系应该全面、客观、准确地反映信息资源建设理论和实践的发展现状,清晰体现信息资源建设各部分内容的逻辑联系,努力整合文献信息资源建设与数字信息资源建设的内容,使之成为一个和谐的整体。为此,笔者提出如图2所示的信息资源建设理论体系。

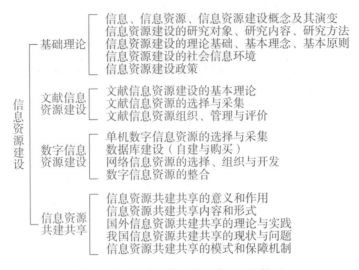

图2　本文提出的信息资源建设理论体系

　　如图2所示,信息资源建设理论体系分为4个部分。第1部分为基础理论,是指导信息资源建设的总纲,微观和宏观信息资源建设是融合为一体的,它既是对微观信息资源建设的指导,也是对宏观信息资源建设的指导。第2部分为文献信息资源建设,研究内容是文献信息资源建设的理论和方法,侧重于微观层次。第3部分为数字信息资源建设,研究内容是不同来源、不同获取方式的数字信息资源的选择、采集、组织和开发的方法与技术,无须区分微观还是宏观。第4部分为信息资源共建共享,从宏观上研究信息资源共建共享的理论与实践问题,这里的信息资源既包括文献信息资源,也包括数字信息资源。

（选自《中国图书馆学报》2006年第5期）

中国图书馆学应进一步弘扬实证研究

邱五芳

我国图书馆学在长期注重思辨研究的同时却忽略了实证研究，使得学科现实基础过于薄弱，抽象理论的目标指向不够具体明晰。为此，在沿用思辨研究的同时，大力弘扬实证研究，这对我国图书馆学改变主导话语的基础，开阔研究视野，转换研究内容，推动学科的自我更新，提升研究的学术水平是十分有益的。

1 实证研究及在图书馆学的应用

实证研究是一种通过对研究对象的观察、实验和调查，获取客观材料，从个别到一般，归纳出事物的本质属性和发展规律的研究方法，包括案例研究法、实验法、观察法、访谈法等多种具体方法。实证研究原是自然科学常用的研究方法，经实证主义哲学家的倡导运用于社会科学研究。它"主张用自然科学法则研究社会现象"，"坚持以观察和经验为证的原则"，并逐渐形成了从经验入手，采用程序化、操作化和定量分析等手段的研究程序，使社会现象的研究达到精细化和准确化的水平。作为研究方法，实证研究得到专家学者的一致肯定，广泛应用于社会科学各学科，在法学、社会学还形成实证法学、实证社会学等分支学科。

具体到图书馆学，实证研究的范围应更加宽泛，凡建立在现实的图书馆活动的经验事实基础之上的研究均为图书馆学实证研究。有两种具体形式：一是狭义的、传统的，即由研究者亲自通过观察调查、个案分析、模拟实验等获取具体数据和原始素材，并在此基础上得出一般结论。一是广义的，即以他人实证研究为素材开展的进一步的分析研究。也就是说，图书馆学实证研究并不是简单地反对和排斥基于文本的理论演绎，只是强调所有的研究都应该从实践出发，立足现实的素材开展，使研究具有现实性和客观性两个基本特点。所以，从这一意义上看，将图书馆学实证研究看作是图书馆学研究的一种应该值得大力倡导的原则或许更加恰当。

从研究目的看，图书馆学研究大致解答"图书馆是什么"和"图书馆应该是什么"两类问题。前者是事实命题，一般采用实证研究方法，即以现实图书馆为依据，通过对现实图书馆活动的客观描述来具体说明。这是最简便而且很有效的方法。后者为价值命题，以思辨研究为主，多借助理论的分析演绎。因为"应该"在本质上是研究者的主观认为。为了增强说服力，研究者必须借助某种理论、观念为指导，通过哲理的、历史的和现实的分析，以证明自己认为的正确。这类研究虽也会剖析现实，但只是为理论的分析推理寻找佐证依据或反衬实例。与此相对，图书馆学也形成了着重对现实存在的图书馆活动做经验性表述与说明的描述性研究和试图勾画理想的图书馆为现实图书馆活动提供规范性研究两种基本模式。

图书馆学是实践性很强的学科,不仅因为其研究的根本目的是指导现实社会的具体机构或事业的正常运作和科学发展,而且学科的主体也是图书馆实务研究,在图书馆学理论、应用和专门三个分支学科中,后两者研究的主要是图书馆的具体工作。显然,对这样一门实践性很强的学科,研究应该以回答事实命题的实证研究为主,而不应是阐述价值命题的思辨研究。

由于非常切合图书馆学实践性强的学科特性,所以实证研究是图书馆学最常用的研究方法。有人曾统计,在图书馆业最发达的美国,1950—1980 年,图书馆学研究采用的调查与实验方法高居首位,占了总数的 38.7%。在我国,实证研究与现代图书馆学几乎同时传入,对推动现代图书馆观念的普及,促进中国图书馆业从藏书楼向现代概念的图书馆转型发挥了很大的作用。1917—1919 年,留美回国的沈祖荣先生赴各省演讲图书馆的重要与方法,"是为西洋图书馆学流入中国之先河"。沈先生演讲用的就是实证方法。他携带多种资料器具,具体讲解图书馆的组织办法,在南京讲演中还曾用《美、德、英、法、日五国图书馆总数比较表》《各国图书馆之比较图表》等图表,令"观者无不称道"。此后,沈先生又多次开展全国性的图书馆调查活动,具体揭示当时较普遍残存的藏书楼陋习,有力地促进了中国图书馆业的转型。20 世纪 20 年代通俗图书馆的迅速发展,也是与一些学者通过实地调查和具体比较揭示其优点分不开的。

近年来,越来越多的专家学者开始关注中国现实的图书馆变革,通过实证研究,撰写了不少真实反映基层图书馆现状的高质量论文,产生了较大的影响。如武汉大学信息管理学院的王子舟教授等人对 5 省 10 县图书馆调查,北京大学信息研究所与湖南图书馆、衡阳市图书馆组成联合调查组,对衡阳地区 11 个市县基层图书馆进行详细调研;程焕文教授对广东省公共图书馆建设的全面总结等。尤其是北京大学信息研究所的调研成果引起了中央领导的高度重视和社会各界的广泛关注,并直接引发了中国图书馆学会志愿者活动的举行。专业刊物也出现了刊载基层图书馆写实性文章的专栏,如《图书馆杂志》的"一线调查"等。

2   实证研究是图书馆学发展的基础和主要动力

如果做更大范围的纵向考察可以发现,实证研究是图书馆学形成、更新、变革的基础和动力。

人类对图书馆现象的探究大致可分四个阶段。在图书馆学形成前,是依据一定的哲学观对图书馆活动的价值命题的理论演绎。图书馆是社会发展的产物,古人不可能先于事实,思考"图书馆是什么"这样的事实命题,所以最初探讨的必定是人类为什么要进行图书馆活动,即图书馆活动的价值、意义之类的价值命题。古人是通过对文献价值的肯定和赞美回答了这一命题。翻阅中外图书馆学的最早的文献,我们可以看到很多肯定和赞美图书的名言。这是早期图书馆思想的主要内容。古人的逻辑简洁明了,因为"智慧瑰宝主要蕴藏在书中",借助图书能使"今之所以知古,后之所以知今"。所以设立专门的文献收藏利用机构对人类社会是极其必要和重要的。

这种肯定和赞美虽非系统的理论,所反映的对图书馆的认识也很粗糙,但在很长的历史时期里却是图书馆领域内不言自明的公理,支撑图书馆探究的基础。然而,这一理论演绎并不能直接推导出图书馆学,图书馆学是在人们对现实的图书馆活动加以客观描述和总结以后,即在实证研究的基础之上真正形成的。随着图书馆实践的发展,现实的图书馆活动越来越多地受到关注,开始成为早期的图书馆学著作的主要内容。"我国第一部概论性的图书馆学著作"《麟台故事》共12篇,其中2篇讲解机构沿革和建筑格局,4篇介绍人员情况,介绍具体的工作则有6篇之多。"图书馆学开山鼻祖"诺代的《关于创建图书馆的建议》是"最早的图书馆学概论的著作",也是一部实用性的著作。"该书阐明为何要搜集图书,还列举了应该搜集和不应该收藏的书,探讨了排列书的方案,并描述了合乎要求的图书馆建筑及其装饰。"早期的图书馆学,从最初的施莱廷格"图书馆学是有关图书馆整理方面的学问",到紧随其后的艾伯特的管理说,经爱德华兹到美国的杜威,就是"从图书馆的具体实践活动出发",以"图书馆工作中的一切实际的技术、方法和操作过程"为研究内容的"实用图书馆学派"。在这些著作与学说中,主要的研究范式显然已是经验描述,而非思辨演绎了。

20世纪30年代前后图书馆学开始进入理性主义高扬的更新期,实证研究是图书馆学更新的基础和动力。理性主义是图书馆学"20世纪最重要的理论变革",以巴特勒为代表的芝加哥学派的崛起,阮冈纳赞《图书馆学五定律》的问世,谢拉图书馆社会认识论的提出,无疑是最能体现图书馆学理性光辉的杰出代表,他们的研究始终基于图书馆现实。芝加哥学派可谓是最重视理论的,而且成员多无图书馆工作经历,但因"推行以调查为主的实证研究方法",遂使"以一套社会科学的理念来研究图书馆学"的理论得以扎根于现实的基础。阮冈纳赞长期从事图书馆实际工作,最初着重于分类研究,著名的《冒号分类法》与《图书馆学五定律》齐名。其脍炙人口的五定律是"用归纳法将图书馆的实践经验概括为几条原则"而成的。社会认识论强调图书馆随社会发展而变,"作为社会部门,图书馆如果不是立即反映,也是最终反映着社会的变革。"就连这一理论本身也随时间推移而变化,在提出的30年间,谢拉"没有给出完全一致的解释"。但与此理论精髓相吻合的是,谢拉对最直接反映社会发展变化的图书馆技术方法的关注始终未变。他毕业于芝加哥大学,也被认为是芝加哥学派一员,但对该学派轻视图书馆技术的倾向曾直言批评。他也是主张发展图书馆技术研究的美国文献协会的发起人,所以说他重视图书馆学理论,毋宁说他更重视的是图书馆实践的技术方法。

进入20世纪后半期,图书馆学逐渐发生变革,对未来图书馆设计成为理论研究的主要内容,并一直延续至今。就研究范式而言,对未来图书馆的设计是以思辨研究为主要方法的规范性研究,回答的是"图书馆应该怎样"的价值命题。但它的兴起具有现实的基础,是信息技术对图书馆持续、全面、并日益深入冲击的结果。从这一角度看,研究所解决的正是图书馆发展亟待解决的现实问题。而且就这一研究发展本身而言,它也建立在对图书馆现实深入研究的基础之后,并非完全的理论演绎。从兰开斯特以计算机在情报检索领域的应用推断出的图书馆消亡论;经伯克兰德《图书馆服务的再设计:宣言》依据信息技术对图书馆发展的制约而对图书馆服务的重新设计;到随着信息技术对图书馆影响的逐渐明朗化,哈里斯和翰奈《走向未来:后工业时代的图书馆情报服务》、伯德萨尔《电子图书馆的神话——美国的图书馆事业和社会变化》、克劳福德和戈尔曼《未来图书馆:梦想、疯狂与现实》等人对图书馆和图书馆职业新的定位;直至最近复合图书馆的提出,图书馆人对图书馆的未来的认识,从最初的迷茫悲观,到略带盲目的乐观,最终回归现实的定位,这越来越清晰准确的认识,与信息技术在图书馆应用逐步推行深化的现实同步,不能简单地说只是思辨研究的结果。

强调实证研究在图书馆学发展进程中的作用,并非说对图书馆学价值命题的思辨研究不重要。相反,社会为什么需要图书馆之类的价值命题是图书馆学研究最基本的问题域。有关图书馆的目的、意义、功能,一直是不同时代、不同图书馆学家探讨图书馆时必须做出的第一判断。时至今日,如果打开基础性的图书馆学教材或著作仍可发现,它依然是我们的学科努力阐述的基本问题。

但是,作为支撑图书馆学基础的价值命题,往往是一些具有普遍意义的成熟观念,能在较长的时间内发挥指导性。而且一般从图书馆实践中概括提炼而来,形式上也十分简洁明了,很容易被图书馆人理解接受,著名的"图书馆学五定律"就通俗如白话。所以,在笔者看来,对已被公认的基本观念从不同角度进行反复阐述,固然可使理论更加严谨缜密,但对普通图书馆员理解基本含义其实并无太大的助益。只有当社会发展使原有的观念难以支持图书馆事业发展时,对图书馆学最基本问题域的探讨才应成为图书馆人关注的热点。相反,如何通过图书馆实际工作来实践这些观念,则是图书馆学时时必须探讨的主题。图书馆学发展历史也充分证明了这点,图书馆学变革前的发展史,实际上就是为弘扬和实践"藏是为了用"的观念。即便 20 世纪图书馆学理性持续高涨,但充实图书馆学身躯的仍是实际工作和技术方法的研究,很难想象,如果抽掉了图书分类、编目、文献共建共享,特别是计算机技术在图书馆的日益广泛深入运用的内容,20 世纪的图书馆学丰腴的身躯还能剩些什么?

正是由于图书馆学实践性很强,其发展不仅表现为基础观念的更新——为图书馆学发展奠定了基础和前提,更多地体现为研究内容的更新——充实和形成图书馆学的主体,所以,实证研究始终是图书馆学发展的基础和动力。

3 中国图书馆学发展呼唤实证研究

但现实的中国图书馆学的情况却正好相反,思辨研究和规范性范式占据绝对优势。如果以图书馆学研究方法为考察对象,长期呈现的是丰富与单一共存的尴尬局面。丰富指图书馆学研究方法的理论研究状况。文献调查显示,我国图书馆学自 20 世纪 80 年代初期到开始重视方法论研究,20 多年来研究持续红火,不仅在宏观上形成以"三层次说"(哲学方法、一般性方法、专门方法)为主的比较完整的方法论体系,而且还归纳出种类繁多的具体研究方法,多年前就有人做过统计分析,认为图书馆学使用价值较大的研究方法在当时已有 20 多种。单一是指在我国图书馆学研究中实际运用的研究方法却相对单一,绝大多数都是依据文本的思辨研究。从不同角度对我国图书馆学研究方法进行的分析统计都表明,采用实证调查方法的论文在我国图书馆学论文总数中长期徘徊在 10% 左右。近几年这种状况虽有所改善,但实证研究仍在边缘的处境徘徊,没能成为我国图书馆学研究的主流。

与此相对应,我国图书馆学研究也长期以来一直偏重宏观的、抽象的理论研究。20 世纪 90 年代前,世界图书馆界的研究重点"首先是信息存储和检索",但"在我国图书情报界,关于图书馆学情报学原理的研究居第一位"。最近的调查也表明,宏观层面的图书馆事业研究仍高居中国图书馆学研究的前列。即使是一些本应实践性很强的研究内容,我国图书馆学也会扭曲为抽象的思辨研究,与国际图情界通行的研究南辕北辙,如历史上《中图法》研究长期纠缠所谓的"三性原则",现如今引起非内地图书馆学家迷惑的"自己人研究自己人"的图书馆员研究。同样,尽管近年来我国图书馆学的研究热点层出不穷,但仔细分析,无论是人文层面的图书馆精神、图书馆职业道德、图书馆制度，还是比较偏重技术的数字图书馆、复合图书馆，乃至最新的图书馆 2.0 研究，其实都属规范性研究，即都是依据某种理论、观念或技术着力于理想图书馆的塑造。

不可否认，这有客观因素。面对信息技术的冲击、国家政治经济体制的改革和社会转型的影响，我国的图书馆事业正面临前所未有的挑战和机遇。中国图书馆学以理想图书馆塑造为重点，"从被动的诠释型向能动的创新型的转变"，以期对现实的图书馆变革有所指导，是顺应时代要求的选择。但是，我国图书馆学规范性研究先天的不足，使这一顺应时代的选择对图书馆实践本应有的指导意义被大大地削弱。由于图书馆学在整个学科体系中是弱势学科，而图书馆嬗变的动力又主要来自外部，加之中国图书馆事业在世界图书馆业中的相对落后的地位，所以我国研究者在塑造心目中理想图书馆时，很难找到已有的专业理论和现实依据，主要依靠汲取其他学科的理论营养、技术方法和借鉴图书馆事业较先进国家已有的经验，必然会与我国图书馆现实，尤其是基层图书馆实际产生相当的差距和隔阂。问题的严重还在于，当这种研究模式成为我国图书馆学研究的主流时，也就意味着支撑当前我国图书馆学研究的主要的基础是非图书馆领域的理论和非我国图书馆的现实。这也是我国图书馆学研究与我国图书馆实践渐行渐远的重要原因之一。

中国图书馆学建立在独特的图书馆现实的基础之上。我国图书馆业是十分复杂的体系，首先指我国图书馆业极其不平衡的状况：在不少地区图书馆尚是空白和简陋甚至原始的大量传统图书馆的基础上，耸立着不少可以与最先进国家图书馆相媲美的图书馆；其次指表层的直接受制于信息技术发展的资源、服务等方面出现的文本与数字共存、传统与虚拟齐飞的局面；第三指深层的管理模式、运作机制等领域，在以往依靠行政隶属维系的体制基本不变的同时，正出现越来越多的通过各种业务合作形成的新的组织模式。最后指抽象的观念层面，与物质层面的不平衡相适应，我国图书馆理论有引进的数字时代的最新理念，但也广泛存在的基于文本的传统观念，甚至还夹杂着一些藏书楼的思想。上述状况有些是世界图书馆界共同面临的问题，但也有不少是我国独有的状况。它们相互交叉组合，使我国图书馆业呈现多样化的复合构成：由不同观念指导、处于不同发展阶段和社会环境、具有多种形态的图书馆组成。这种状况的形成具有现实的基础，一方面是我国独特国情的真实反映；另一方面也是信息技术飞速发展与我国近几十年改革开放导致的社会转型对图书馆事业双重冲击的结果，同时也是伴随社会进步长期被忽略压抑的图书馆主体意识复苏的一种表现，是难以在短期内彻底改变或根本逆转的。这意味着目前在我国不可能推行一种图书馆形态的强势覆盖，即便这种形态是理想的、与世界接轨的、符合发展潮流的。

所以在今天，我们应该清醒地认识到，坚持统一与多样的结合，即在共同的指导理念、基本共识和根本目的的基础上，各馆依据自身的具体情况确定性质任务、创新组织形态、实施运作模式，是我国的图书馆事业发展应遵循的原则。由此也决定了近阶段中国图书馆学两方面的研究重点：在理论研究方面，努力探讨符合时代特点和中国特征的指导理念、基本共识和发展目标，为我国图书馆事业健康发展夯实理论基础；在实践研究方面，努力探寻适合我国图书馆事业的最合理有效的发展之路。我国图书馆学长期重理论轻实践的状况，使理论研究轻车熟路，取得了不小的成绩，信息时代图书馆的根本宗旨、指导理念和基本共识已基本形成，但在实践研究方面则任重道远。只有遵循实践是检验真理唯一标准的原则，通过广泛的、大量的实证研究，才可能归纳出适合不同发展阶段、处于不同发达地区、不同性质任务的图书馆的组织形态和动作模式,为我国图书馆事业的健康发展提供科学的指导。

中国图书馆学正日益融入世界,实证研究是中国图书馆学对世界图书馆学的学术研究发展做出应有贡献的必然选择。台湾图书馆学家赖鼎铭先生在分析我国图书馆使用者研究时指出,"中国有多元民族、多元文化,各阶层的人展现出来的信息行为必有差异,若能应用质性研究方法,整合中国传统文化的影响因素之考量,必能在该领域有不同于国外目前累积之研究发现,也可以增加该领域的研究可见度"。

4 弘扬实证研究的几点建议

毫无疑问,在图书馆学理论和技术都有待进一步发展提高的今天,我国图书馆学研究的主要问题并不是方法论。但在社会转型的背景下,面临前所未有的挑战和机遇,相比之下,图书馆与现实社会的关联,即事实层面的图书馆研究,对于构建现代中国的图书馆事业显然具有更重要的意义,而且这方面也确实是我国图书馆学研究的薄弱环节。所以,笔者认为图书馆人应该在坚持图书馆学基本原理,吸收先进图书馆理念和技术的同时,弘扬实证研究,以现实的、中国的,尤其是基层的图书馆现状为出发点,为中国图书馆事业发展探寻科学合理、切实可行的路径和方案,这不仅可能减少图书馆技术方法移植与管理体制改革的弯路,亦能开创一种新的学风,为此谨建议如下。

首先,始终坚持现实主义的研究取向。现实主义是文学艺术的一种创作方法,以反映现实生活的本质为特征。借用这一术语,是强调图书馆学研究必须以解决中国图书馆问题为出发点和归宿。图书馆学研究最重要的任务就是研究图书馆的一般性原理、技术与特定的社会制度、经济水平和文化特性相衔接、相适应,促进本地图书馆事业的发展,造福于社会,同时也丰富和促进图书馆学科的进步发展,所以现实主义的态度应该是图书馆学研究的基本立场,既适用于分析本国图书馆状况,也是评价其他地区图书馆业的基点。

其次,切忌只有自上而下的单一研究视角。因为信息技术是带给图书馆挑战和机遇的主要动因、图书馆学弱势学科的地位和中国图书馆事业相对落后的现状三方面的缘故,我国图书馆学研究移植借鉴信息技术的原理技术和图书馆事业发达国家的经验是完全必要的。由于众所周知的原因,这种移植借鉴是一种自上而下的扩散过程,话语权、主导权主要掌握在一些学术精英手中,图书馆实际工作者尤其是基层图书馆工作者基本上是被动接受,主动参与程度极低。学术精英对专业理论有精深的研究,对国际图书馆业的认识较多,但毋庸讳言,与这些长处相对的是,对中国图书馆实际的了解远不如实际工作者深切。因此,为避免在"与国际接轨"的口号下助长移植的轻率,或将借鉴蜕变为照搬,应该特别强调自下而上的研究视角,基于中国图书馆的现实资料和客观事实展开研究和论证。要破除移植借鉴的简单思维定式,不仅仅依据国外的情况坐而论道,以确实减少不切合中国图书馆实际的理论技术对我们的误导。

第三,客观认识图书馆的地位、作用和社会责任。实证性研究方法的前提是必须把图书馆理解为现实社会的一种机构。作为社会机构,图书馆的地位作用是社会分工的产物,而不是图书馆人自己决定的,所以要坚决纠正目前我国图情界较普遍存在的片面扩大图书馆作用的图书馆作用泛化论观点。其具体表现有二:一是技术派,以信息技术为图书馆作用发挥的唯一依据，将图书馆等同于一般的信息传递机构。一是理念派，从一些具有普遍意义的理念或概念出发，对图书馆地位、作用做社会学、政治学的抽象演绎。图书馆作用泛化论貌似在提升图书馆的地位、作用，但脱离了图书馆的特质，超越了图书馆的能力，实质是在从根本上挤压图书馆的生存空间。图书馆是公益性文化服务事业。这一基于中国图书馆现实的权威定性，是我们定位当前中国图书馆事业的地位作用和应担负的社会责任的基本依据。以此为依据，我们应该将图书馆与一般信息知识传递机构相区别，也不要对一个实际的文化服务机构做过多的理论拔高。切不可因急于改变图书馆社会地位日益边缘化的状况，和目睹现代信息技术与知识整序原理方法结合后的巨大威力，而在理论上对信息时代图书馆的作用做出不切合图书馆特质和能力的误判，进而影响和干扰现实的图书馆活动。

最后，避免陷入伪实证研究的泥淖。伪实证研究是以实证研究为标榜的非科学方法，其表现之一是用主观的理论观念来剪裁客观的经验事实。实例调查是实证研究方法的关键和基础，采用实证研究方法，无论是证实或"证伪"某个现有理论，或者产生一个新的理论，都必须基于客观事实之上。但伪实证研究的调查不是去发现事实，然后从中归纳出理论，而是希望寻找到一些事实材料来证实自己已经在头脑中形成的理论观念。这样的调查获取的不是客观的事实，而是主观的事实——经过"裁剪"或"过滤"的事实。在这基础上产生的结论显然是没有说服力的。表现之二是研究仅仅停留在确认事实的层面，研究的成果只是材料的堆砌。实证方法的研究目的不应仅仅停留在对个案的理解上，应该通过以小见大，见微知著，得出中国图书馆事业发展的一些带有规律性的认识，所以用理性的思维对材料进行必要的学术整理和表述是实证研究必不可少的步骤。但如果研究者缺少必要的知识积累和理论储备，在研究前没有明确的问题意识和合理的理论假设，在研究中不能对描述的对象有整体的视野和超越具体事实的理论关怀，在成果表述时也就无法全面把握以往的研究资料，难以和同类研究进行交流互动，从而导致研究只能停留在肤浅的观察上，难以做出更有价值的分析。

正确的研究方法是构建学科体系必不可少的催化剂，特别是当学科正以前所未有的速度进入突破的临界期时，研究方法正确能扩展和深化人们的认识能力与认识水平，有助于把零散的科学知识构建成宏伟的知识大厦。当前的图书馆学就处在这样的"临界期"，迫切需要实证研究这一助产士帮助已躁动着的新突破能早日来临。

（选自《中国图书馆学报》2008 年第 1 期）

书理学论纲

叶 鹰

著名思想家爱默生(R. W. Emerson)在有美国知识独立宣言之称的《美国学者》(The A-merican Scholar)中说过,"书籍的理论是高尚的"。书业人员和图书馆员确实希望有一个高尚的书的理论,既能指导工作实践,也能导引理论研究。从巴特勒的社会记忆说、阮冈纳赞的图书馆学五原则,到杜定友、刘国钧先生等的要素说①,无不表达了前辈学者孜孜不倦的探求。本文用抽象分析方法建构出图书馆系统的基础理论并称之为书理学,从而以在吸收、借鉴、继承、发展前人理论基础上形成的书理学作为图书馆学基础理论。

1 理论内核

通过对图书馆抽象分析获得的图书馆学研究轴心是"书—人—用",以这一轴心和"书是基础""人是关键""用是目的"三原则为基础,可将图书馆学基础理论纳入分析的框架。而直接将"一个轴心,三条原则"倒置为前提或公理,则可构成一个可称为"书理学"的理论内核,其逻辑建构过程如下。

1.1 图书馆的抽象分析

在系统论、信息论、控制论的思想框架下用分析方法分析图书馆系统,图书馆在本质抽象上是一个信息输入与输出系统。无论对传统纸质图书馆、现代数字图书馆,以至虚拟图书馆等图书馆形态,从外界看来,不外是以书刊收集等形式存在的信息输入和通过借阅、咨询等提供服务的信息输出。因此从外部观察,任何图书馆均可抽象为一个如图1所示的信息输入和输出系统模型。

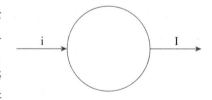

图1 图书馆外观抽象模型

其中 i 为流入信息量、I 为流出信息量,i 流经图书馆后变成 I,故可引入外观图书馆函数 L 来描述,使:

$$iL = I \quad (1)$$

---

① 杨昭悊先生早在1922年出版的《图书馆学》中就提出过"经费、建筑、设备是经营图书馆的要素","管理部、评议部是组织图书馆的要素"说;1929年陶述武先生也提出过书籍、馆员与读者三要素说;而杜定友先生1932年提出的书、人、法三要素说和刘国钧先生1934年提出的图书、人员、方法和设备四要素说以及1957年提出的图书、读者、干部、房屋设备、工作方法五要素说影响较大。

将(1)写成函数形式就是：

L = L(i,I)　（2）

再从图书馆内部看，图书馆人员和图书馆馆藏中蕴涵的知识以及设备中体现的技术等，都是知识和技术的象征，故可以用知识 K 和技术 T 作为表征图书馆内部构成和性能的抽象指标。这样，图书馆内观抽象模型如图 2 所示。

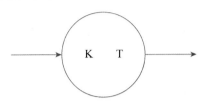

图2　图书馆内观抽象模型

引进反映图书馆内部结构的内观图书馆函数 N，其形式就是：

N = N(K,T)　（3）

综合图 1 和图 2，得到一个简单的图书馆抽象模型，如图 3 所示。

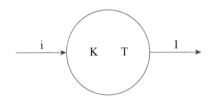

图3　图书馆抽象模型

其中内观图书馆参量 K、T 代表着图书馆的结构，外观图书馆参量 i、I 代表着图书馆的功能，当图书馆处于内外动态平衡即结构与功能匹配时，在数学表示上就是(2)与(3)相结合得到图书馆基本方程：

N(K,T) = F[L(i,I)]　（4）

或：

L(i,I) = f[N(K,T)]　（5）

其中 F 和 f 表示函数关系。此即图书馆的抽象分析模型和基本方程的起源。

1.2　图书馆系统的要素分析

输入图书馆的信息 i 通过与图书馆内存在的知识 K 相互作用，就形成图书馆的资源 R，这是图书馆的基础结构要素；利用图书馆的技术 T 推送出信息 I 就是图书馆的服务 S，这是图书馆的基本功能要素；而综合知识 K 与技术 T 的关键要素就是图书馆的人员 H，这是图书馆的核心要素。以上抽象模型中蕴涵三大要素，即资源 R、人员 H 和服务 S，如图 4 所示。

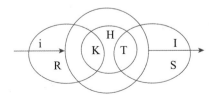

图4　图书馆要素模型

信息资源 R 是对当今图书馆内收集保存的所有载体化信息的总称,既包括传统十大文献信息源,也包括发展中的数字信息资源,以及以后可能出现的新型信息资源类型。也就是说,可用"信息资源"概括过去的图书、期刊、文献和当代数字化资源,以及这些资源的未来发展,其基础是"书",故简称"书"。

所有知识和技术都以人为枢纽运作,人是知识和技术的载体,即具有文化或知识的能动主体:文化人或知识人。文化人或知识人 H 既包括承载文化的图书馆员,也包括图书馆中所有知识的主体和技术的操控者,其关键是"人",故简称"人"。

信息与知识服务 S 则是利用图书馆的信息资源或知识资源满足读者或用户的需求,可将信息资源转化出知识价值。其核心含义是"用",故简称"用"。

因此,抽象图书馆是一个具有输入与输出信息功能和知识与技术结构的系统,其核心要素可整合为资源(书)、人员(人)和服务(用)。这就是分析图书馆学提炼出的"书—人—用"轴心。

加上用户(读者)反馈 U 后的自适应系统模型如图 5。

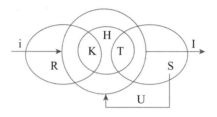

图 5 图书馆自适应模型

用户正是通过反馈机制 U 加入到了图书馆人员要素 H 中。

表述图 4 和图 5 的图书馆要素方程可写为:

$$U(S) = F(R,H) \quad (6)$$

其含义是让具有用户反馈的服务与图书馆拥有的资源和人员达成平衡。

在上述"书—人—用"轴心基础上,分析图书馆学已提出"书是基础、人是关键、用是目的"三条原则。其中"书是基础"点化了图书馆本体论——图书馆存在的本质是基于以书为代表的信息资源,这是对阮冈纳赞图书馆学五定律中第二定律"每个读者有其书"、第三定律"每本书有其读者"的概括;"人是关键"则体现了图书馆认识论——通过人的文化活动来认识图书馆,也是对克劳福特·戈曼"图书馆学新五律"中第一定律"图书馆服务于人类文化素质"、第二定律"重视各种知识传播方式"的综合;"用是目的"则体现了图书馆价值论——图书馆对于人和社会的价值主要就是能被"用",这也是对阮冈纳赞图书馆学五定律中第一定律"书是为了用的"、第四定律"节省读者的时间"和克劳福特·戈曼"图书馆学新五律"中第三定律"明智地采用科学技术提高服务质量"、第四定律"确保知识的自由存取"的综合。"书是基础、人是关键、用是目的"三原则相结合,既能包容从藏书楼到图书馆的历史演化,也能解说图书馆的未来发展。书、人、用相综合,就构成了结构—功能—效用一体化的图书馆,正好符合图书馆的分析定义,也是对阮冈纳赞图书馆学五定律中第五定律"图书馆是一个生长着的有机体"和克劳福特·戈曼"图书馆学新五律"中第五定律"尊重过去,开创未来"的总括。因此,"书是基础、人是关键、用是目的"三原则相结合,既可以作为分析图书馆学核心理念,也可以作为阮冈纳赞图书馆学五定律和克劳福特·戈曼图书馆学新五律中图书馆学核心精神的简明表述,应是图书馆基础理论中稳定的理论内核。

由"一个轴心、三条原则"构成的图书馆学理论内核与现有的图书馆学教科书中的基础理论要素兼容且更加紧凑,应可作为一种探索或进一步研究的参照系。

2 动力分析

将"书—人—用"轴心符号化为 R-H-S,由于影响 R,H,S 的关键因素是经费 M 和时间 t,于是有

$$R = R(M, \dot{M}, t) \quad (7)$$

$$H = H(M, \dot{M}, t) \quad (8)$$

$$S = S(M, \dot{M}, t) \quad (9)$$

其中

$$\dot{M} = \frac{dM}{dt} \quad (10)$$

是资金相对于时间的变化率。

按照资源和人员投入成本极小化和服务效益极大化的思想,把图书馆系统类比为物理系统,可用以下泛函和为图书馆的 Lagrange 函数:

$$L = L(M, \dot{M}, t) = R(M, \dot{M}, t) H(M, \dot{M}, t) - S(M, \dot{M}, t) \quad (11)$$

因为相应的 Hamilton 原理(变分原理)恰好可以体现投入成本极小化和服务效益极大化的思想:

$$\delta A = \delta \int L(M, \dot{M}, t) dt = \delta \int (RH - S) dt = 0 \quad (12)$$

其中 A 为系统作用量。

这一处理方法展现了"书的物理",故简称"书理",同时也包含并表达了"图书馆力学"。

对(12)式作变分运算得:

$$\delta A = \int \delta(RH - S) dt = \int (R\delta H + H\delta R - \delta S) dt = \int \Big[R\Big(\frac{\partial H}{\partial M}\delta M + \frac{\partial H}{\partial \dot{M}}\delta \dot{M}\Big) + H\Big(\frac{\partial R}{\partial M}\delta M + \frac{\partial R}{\partial \dot{M}}\delta \dot{M}\Big) - $$

$$\Big(\frac{\partial S}{\partial M}\delta M + \frac{\partial S}{\partial \dot{M}}\delta \dot{M}\Big) \Big] dt = 0 \quad (13)$$

由于

$$\frac{\partial X}{\partial \dot{M}}\delta \dot{M} = \frac{\partial X}{\partial \dot{M}} \frac{d}{dt}\delta M = \frac{d}{dt}\Big(\frac{\partial X}{\partial \dot{M}}\delta M\Big) - \Big(\frac{d}{dt} \frac{\partial X}{\partial \dot{M}}\Big)\delta M;$$

$$X = R, H, S \quad (14)$$

故(13)式成为:

$$\delta A = \Big(\frac{\partial H}{\partial \dot{M}} + \frac{\partial R}{\partial \dot{M}} - \frac{\partial S}{\partial \dot{M}}\Big)\delta M + \int \Big[R\Big(\frac{\partial H}{\partial M} - \frac{d}{dt} \frac{\partial H}{\partial \dot{M}}\Big) + H\Big(\frac{\partial R}{\partial M} - \frac{d}{dt} \frac{\partial R}{\partial \dot{M}}\Big) - $$

$$\Big(\frac{\partial S}{\partial M} - \frac{d}{dt} \frac{\partial S}{\partial \dot{M}}\Big) \Big]\delta M dt = 0 \quad (15)$$

因 δM≠0,故(15)分解为两项:

$$\frac{\partial H}{\partial \dot{M}} + \frac{\partial R}{\partial \dot{M}} - \frac{\partial S}{\partial \dot{M}} = 0 \quad (16)$$

$$R\left(\frac{\partial H}{\partial M} - \frac{d}{dt}\frac{\partial H}{\partial \dot{M}}\right) + H\left(\frac{\partial R}{\partial M} - \frac{d}{dt}\frac{\partial R}{\partial \dot{M}}\right) = \frac{\partial S}{\partial M} - \frac{d}{dt}\frac{\partial S}{\partial \dot{M}} \quad (17)$$

(17)移项得:

$$R\frac{\partial H}{\partial M} + H\frac{\partial R}{\partial M} - \frac{\partial S}{\partial M} = \frac{d}{dt}\left(\frac{\partial H}{\partial \dot{M}} + \frac{\partial R}{\partial \dot{M}} - \frac{\partial S}{\partial \dot{M}}\right) \quad (18)$$

(16)代入(18)得:

$$R\frac{\partial H}{\partial M} + H\frac{\partial R}{\partial M} = \frac{\partial S}{\partial M} \quad (19)$$

此即图书馆系统的动力方程。其含义是在图书馆系统中,资源乘人员对资金的变化率加上人员乘资源对经费的变化率等于服务对经费的变化率。

如把时间作为常量,将偏微分视为常微分,则(19)相当于:

$$RdH + HdR = dS \quad (20)$$

(20)式的现实含义是服务的增量等于资源乘人员增量加上人员乘资源能量。

或:

$$S = \int\left(R\frac{\partial H}{\partial M} + H\frac{\partial R}{\partial M}\right)dM \quad (21)$$

即图书馆服务等于资源乘人员对资金的变化率加上人员乘资源对经费的变化率对资金的积分。这也是对图书馆要素方程(6)的一种具体化表述。

(19)(20)和(21)三式表明当人员和资源相对于资金变化率相等时,资源量和人员量越大的图书馆产生的服务增量越大,服务总量也更大,亦即大馆的投资效益大于小馆(但注意同样的人员和资源相对于资金变化率所需资金,小馆总是小于大馆)。这是书理学采用分析方法获得的非直观结果,也是对分析图书馆学的理论拓展。

3 研究内容

作为"资源—人员—服务"的简称,"书—人—用"不仅可以涵盖古代的"图书—藏书—读书",也蕴涵当代的"信息或知识资源—信息或知识管理—信息或知识服务",从而构成图书馆学研究的一个相对恒定的轴心。这一轴心不仅可以包容图书馆发展的历史演变,解释研究现状,而且可以推论图书馆和图书馆学的未来发展。因此,无论过去、现在或将来,图书馆学的研究轴心总是"书—人—用"。参考卢太宏先生针对情报科学提出过的 3 个研究范式,可将书理学研究内容概括如下。

3.1 书的研究与 R 范式:书刊—文献—信息资源及其相关研究

书的研究即信息资源研究,既包括了对书刊、文献等传统十大文献信息源的研究,也包括了对数字图书、数字期刊等当代数字化信息资源的研究,还包括对以后可能出现的新型信息资源的研究，也就是说，可用"书的研究"概括过去的图书研究、期刊研究、文献研究和当代数字资源研究，以及这些研究的未来发展。

可以列举的具体研究包括：①以校勘学、版本学、目录学等为代表的图书理论和方法论；②以内容分析、计量分析、引文分析等为代表的书刊文献研究；③与出书—售书—藏书—读书—写书等书业各环节相关的实证研究；④结合信息资源推送对图书、期刊、专利等文献内容的分析研究；⑤对信息资源管理中涉及的各类问题的研究，包括分类编目、文摘索引等；⑥计算机信息处理技术在信息资源管理中的应用研究等。

这是一种围绕资源的研究范式，可简称 R 范式。

3.2　人的研究与 H 范式：馆员—读者—用户行为及其相关研究

人的研究即对图书馆涉及的人员所进行的研究，包括馆员研究和用户研究两方面。馆员和用户是既有区别也有联系的图书馆人员群体，用户反馈是其连接纽带；具备一定的知识和技能是他们的共同点，对图书馆的功能目标不同是他们的最大差异。如何最大限度地优化两类人员就构成人的研究的关键。

可以列举的具体研究包括：①以馆员素养和行为范式为重点的馆员研究；②以读者心理或用户心理为重点的读者服务或用户服务研究，如阅读心理、人性化环境、个性化技术等；③馆员职业道德和用户公德及其交互研究；④馆员与图书馆管理；⑤用户反馈与图书馆管理，等等。

这是一种围绕人员的研究范式，可简称 H 范式。

3.3　用的研究与 S 范式：服务—信息服务—知识服务及其相关研究

用的研究即服务研究，就是要研究图书馆的人员如何利用图书馆的资源对读者或用户提供服务，以满足读者或用户的需求，将信息资源转化出知识价值。随着新技术的应用和社会的不断发展，图书馆的服务不仅包括对读者或用户个人的协助行为，而且包含了对实现全人类崇高理想的促进活动，如信息平等、知识自由等。

可以列举的具体研究包括：①围绕推荐书目和阅读疗法的荐书与读书研究，包括导读等；②信息服务向知识服务的转化或进化研究；③信息与知识服务的支持技术研究，包括信息检索、Open Access 等；④信息素质教育；⑤信息公平等。

这是一种围绕服务的研究范式，可简称 S 范式。

当对书—人—用进行集成研究时，书—人—用三位一体就构成了图书馆核心竞争力及其未来发展或 RHS 范式综合研究对象。没有书或资源，图书馆将失去源头活水；没有人或人员，图书馆将失去维系核心；没有用或服务，图书馆将失去存在价值。正是书—人—用三位一体，相辅相成，为书理提供了稳定的基础轴心。

在以上书理学的研究内容基础上，图书馆学研究的基础问题和前沿问题也可围绕 RHS 范式来理解，这就是在书理学基础上整合图书馆学已有知识积累和现代学术体系，也是图书馆学在理论科学化、方法科学化和问题科学化上迈出的坚实一步，可望把分析方法真正应用于图书馆学研究。

4 问题讨论

引进分析方法和书理学的主要线索有以下两点:

(1)图书馆学需要一个相对恒定的理论内核来概括过去、现在和将来的研究,以总结积累的知识并推动图书馆学持续不断地发展进步。

(2)图书馆学的发展不能走颠覆性的途径——后人总是颠覆或彻底否定前人,也不能总是追逐流行概念而立学。颠覆性发展或追逐流行对一门学科的稳定和获得学界公认非常不利。

以图书馆学的知识积累为基础,综合运用系统论、信息论、控制论、数学分析方法并参考物理学理论构造出的图书馆学基础理论,就是书理学。

书理学的优势是运用成熟的科学方法并参照分析力学的模式构建了图书馆学理论的内核,概念简明、逻辑严谨。

书理学的局限是预设了图书馆在物理上是简单可积系统,因而只是一种理想模型。正如大千世界存在很多非理想、非线性现象而物理学至今主要成功处理理想、线性现象一样,书理学的发展也与之类似。

书理学可以导致图书馆学理论的精致内核,而这一内核只是理想化的图书馆学理论,如何用这一理想化的图书馆学理论处理千差万别的图书馆学实践,即是深入研究书理学需要面对的挑战。

从书理学反映抽象图书馆学和分析图书馆学,如同著名哲学家维特根斯坦在《逻辑哲学论》6.54 中所言:"任何理解我的人以这些命题为阶梯而超越之,即会知道这些命题没有意义。(也可说是登高之后扔掉梯子。)他必须超越这些命题,才会正确地看世界。"亦即把抽象图书馆学和分析图书馆学作为实现书理学的方法和过程。

在精神层面,可用"爱书、敬人、活用"作为书理学精神,以匹配"书—人—用"轴心,从而结合科学分析方法总结图书馆学的过去并开拓图书馆学未来。

5 结语

综上所述,运用分析图书馆学方法在"书(R)—人(H)—用(S)"轴心要素基础上建构了完全分析化的书理学。引进图书馆 Lagrange 函数 $L = RH - S$,通过 Hamilton 原理获得图书馆系统中资源 R、人员 H、服务 S 与资金 M 的一般关系式 $R\dfrac{\partial H}{\partial M} + H\dfrac{\partial R}{\partial M} = \dfrac{\partial S}{\partial M}$。将图书馆学的研究内容分解为书的研究、人的研究和用的研究,并按其知识结构概括为 R 范式、H 范式和 S 范式。

把抽象图书馆学和分析图书馆学定位于方法论,而将通过抽象分析建构的书理学作为图书馆学基础理论,可以较好地解释和理解图书馆及其相关信息和知识活动,这也是在抽象图书馆学和分析图书馆学基础上对图书馆学理论的一种深入探索,而"一个轴心,三条原则"

符合作为基础理论简明扼要的要求。

　　书理学在"一个轴心、三条原则"基础上将图书馆学的研究内容分解为书的研究、人的研究和用的研究,既有图书馆学的分析性基础理论,也有理解图书馆学研究体系结构的 R 范式、H 范式和 S 范式。希望能有益于图书馆学理论探索和有助于图书馆学学术思考。

　　　　　　　　　　　　　　　　　　（选自《中国图书馆学报》2008 年第 1 期）

数字时代的信息与知识组织研究

柯 平

　　根据调查,2007 年度关于信息与知识组织的文献量有所增加,内容涉及基础研究、多媒体信息组织、层次化信息组织、算法模型、网络信息组织、技术与系统以及语义网、本体、个性化专业化信息组织(如医学信息组织)、元数据等,其中高相关性论文集中在基础理论、方法、技术和应用等领域。国际知识组织学会(ISKO)主办的 *Knowledge Organization* 杂志 2007 年度共刊出 28 篇论文,其中分类 7 篇、技术及应用 6 篇、基础理论 1 篇。该年度也有一些重要会议召开:ISKO 第 8 次年度会议;多伦多大学信息学者组织的知识组织北美研讨会;由意大利米兰大学 Bicocca 图书馆合作举办的第三届 ISKO 意大利会议;UDC "全球社会的信息获取" 主题研讨会;"Mitteleuropa" 基金会关于哲学本体论的研讨会。K. S. Raghavan 和 K. N. Prasad 对知识组织、信息系统及其他论文进行了回顾。

　　关于基础理论的研究。主要集中在基本概念的深入,如对知识组织与知识管理的关系、一般知识网络和特殊知识网络的内涵与外延等研究。Kasten 认为,知识组织和知识管理两类文献继续蓬勃发展并趋向解决两者的共同问题,越来越难以划清两个领域的界限。通过探讨它们之间的关系以及知识管理系统运行的知识环境,很明显,大部分包含在知识管理中的功能都需要坚实的知识组织基础作为支持。理论研究与实际相结合,如通过实验研究目标如何影响对领域知识的组织和利用,表明目标使用的效果取决于目标的意义和它提供的与目标有关知识结构的连贯性;通过调查分析学科信息门户(SBIGs)存在的忽视整合信息组织工具以及低质量元数据引起的低质量知识发现的不足,提出改善学科信息门户的建议。比较新颖的是从认知心理学角度探讨了知识组织的理论和实践及其与人类感知的必然联系,并给出准则来选择用户进入知识组织系统的设计周期的方案。

　　关于方法研究。分类和主题研究是信息组织研究热点之一。《知识组织》杂志引入 Race Theory,结合元数据对大众分类法(Folksonomy)进行研究,开发利用旁注或"在页边空白处加注"等手段为读者将目前社会共享环境中的数字文件增加一个更深入的层次粒度和主题表示。

　　关于元数据。元数据和适当的元数据模型都是信息构建概念化与实施的重要构成,元数据获取可以改进检索过程、改进信息组织和导航并支持数字对象的管理,因此有研究如何理解元数据的需求并进行建模以支持综合统计知识网络(SKN)最终用户的工作。还有一些文献研究利用仓库网格概念化元数据,开发特定领域知识组织系统的开发方法。将本体集成到信息组织研究是信息领域的机会和挑战,涉及本体分类和语义关系,研究从用于双语词典构建术语的词典库的那些信息源导出的基本概念、分类、意义和关系。关于本体应用的研究成果较多,如为飞机发动机的设计创建一个基于本体的知识组织模型;为有效地激发学习者的学习兴趣,针对电子学习系统提出的一个情境本体模型,通过在学习过程中及时推导出不同情况,可以判断学习者的情绪状况,根据不同的情绪对学习者给以不同的鼓励、帮助和娱乐。利用网络组织知识是一个难点,Weikum 认为 Web 信息组织与搜寻是获得结构和背景知识以及语义的工具。作者设想从网上自动采集和组织知识并表示为和本体概念一样明确的实体和关系,这是一大飞跃。这可能形成三个强有力的趋势:一是丰富语义网形式的知识库如本体和分类;二是从高质量的文本源如维基百科中大规模抽取信息;三是 Web 2.0 中的社会标签。这三个方向就是语义网、统计网和社会网络。

关于技术研究。语义网研究目的是采用基于本体的更严格结构,使信息在机器中更可用。在此背景下,Benslimane 等提出了一种能从数据密集型 Web 应用中半自动化地抽取基于本体的语义网新方法,从而使网站内容可以被机器理解。由于组织内存在不同类型的数据资源以及信息系统的异质性,针对 XML 在企业集成中"缺乏语义"的问题,Cardoso 运用语义 Web 技术来集成 HAD 组织的数据资源,给出了一个语义数据集成中间件(SIM),采用基于本体的多源数据提取器/包装器的方法把信息转化为语义知识,只需一次查询就能够集成分布在不同数据源中的数据。语义网的应用研究包括语义 Web 技术在生物医学领域的价值,为理解语义网中的信息组织制作出一个模型,并用于理解医学上的范式转变。

关于可视化技术。一种可视化的工具 ConnectDots 能使用户查阅这个大型数据集的交互信息,并更容易感知交互的形态。获此信息后,任何个人都可以进一步了解其针对社会网络的当前决策,并观察到它们的关系如何受到影响。

关于数字图书馆与图书馆自动化系统。有关于特定领域知识组织系统的开发方法研究,涉及仓库网格技术和元数据技术;有网格在信息组织和管理中的应用研究,给出了一种新的基于网格技术的信息组织和管理的开发方法;有信息集成系统中关于数据组织中基于关键词冲突的解决方法,讨论了功能依赖环境中的数据冲突并提出了分解算法;针对知识管理应用于传统图书情报服务的局限性,有文献论述了图书馆自动化系统与知识组织系统集成的新发展,由知识组织系统担负一部分馆藏建设、发现和检索、导航、评估和可视化任务。知识组织系统研究领域的新趋势包括:如何跨知识组织系统开发一套具有相同含义的关系类型的核心集合,如何为知识组织系统内容挖掘开发 XML/RDF 的标准,以及如何整合知识组织系统到数字图书馆的架构和服务。论文提出集成知识组织系统的新一代图书馆自动化系统的设计、开发思路及特点,开发了统一知识描述机制,集成了多种应用,这将有助于为相关的研究与探索提供范例和经验。

关于应用。其应用范围非常广泛,如半导体企业的知识组织方式、信息系统中的知识表示研究、以警察调查中的侦探为例研究知识组织如何起作用等,特别是三类知识系统模型在健康知识方面的应用。研究结果表明,虽然这些知识模型对于背景研究是非常普遍的,但这里明显缺乏知识利用或基于案例的医药中的模型使用,建议在特定三维健康系统分析的未来研究中使用这个模型。

国外研究表明,信息与知识组织研究涉及多种学科的交叉性理论研究,相关学科的研究成果对本领域的研究有着重要的促进和理论支持作用。信息与知识组织目前的核心是网络化资源的信息组织,以及如何从信息中挖掘出知识,由此应用了多种信息技术,如语义网、可视化、数据仓库与挖掘等。研究领域继续拓宽,研究的广度和深度也在继续拓展。归纳起来,对我国研究的启示有:一是信息组织与知识组织的研究应该紧密跟踪计算机科学的前沿技术;二是网络环境下的知识组织是适应数字时代图书馆可持续发展的战略抉择;三是重视个性化、专业化信息与知识组织；四是重视科研成果向现实生产力的转化；五是信息与知识组织研究需要拓宽广度和深度。

（南开大学商学院信息资源管理系博士研究生黄兰秋参与了本文的文献调研和统计。）

（选自《中国图书馆学报》2008 年第 3 期）

走进普遍均等服务时代:近年来我国公共
图书馆服务体系构建研究

于良芝　　邱冠华　　许晓霞

1 引言

普遍均等服务是世界各国公共图书馆事业的共同原则和目标,也是我国几代图书馆界前辈的梦想。但是,直到21世纪的最初几年,在建设和谐社会和新农村的背景下,在"公共财政的配置重点转到为全体人民提供均等化基本公共服务"的前提下,我国公共图书馆事业才切实瞄准了普遍均等服务的目标。可以说,随着我国进入了经济、政治、文化、社会全面发展时期,公共图书馆事业也进入了一个新时代:普遍均等服务时代。在这样的背景下,中国图书馆学会决定立项"图书馆服务网络构建研究"课题,以期了解、分析、总结我国公共图书馆界在普遍均等服务目标驱动下开展四级服务网络建设的经验。

课题由苏州图书馆和南开大学信息资源管理系联合承担。课题组首先对全国的地级市图书馆进行电话访谈。对于专业文献中已存在相关报道的省份(如浙江、江苏、广东等),课题组将所有地级市图书馆都确定为访谈对象;对于专业文献中未见报道的省份,课题组一般先联系省图书馆学会或省图书馆,然后根据省学会或图书馆提供的情况对地级市图书馆进行抽样访谈。自2006年年底至2007年年初,课题组总共电话联系了163家地级市图书馆,成功访谈123家(无效访谈主要包括电话长期无人接听或拒绝访谈两种情况)。访谈内容主要涉及地级市图书馆及所辖各县图书馆开展服务点建设、总分馆建设和服务网络建设的内容和形式。考虑到全国图书馆界对上述概念的理解并不统一,访谈过程特意回避了概念界定,而是首先让接受访谈的图书馆自己判断他们是否开展了以上工作,如果回答是肯定的,再请他们介绍相关内容和形式。

根据电话访谈的结果,课题组确定了总分馆建设和服务网络建设比较活跃的以下城市作为实地考察对象:北京、上海、天津、苏州、杭州、广州、深圳、东莞、佛山,后来又补充了嘉兴。实地考察内容涉及总分馆或服务网络的启动过程(契机、所属项目、经费、主导力量、相关文件等)、建设目标、运行模式、制约因素、使用效果等方面。

随着研究的深入,课题组发现,四级服务网络的构建仅仅构成了近年来我国公共图书馆事业建设的一部分。事实上,为了建设覆盖全社会的、保障普遍均等服务的公共图书馆服务体系,我国政府和图书馆界在基层图书馆建设、总分馆建设、服务网络建设等方面均开展了形式多样的创新。课题组决定调整调研题目,以期更全面地反映这些创新的成果和经验。

本文是课题调研成果之一。它首先梳理了与普遍均等服务相关的关键概念(近年来,这些概念的使用一直存在着极大混乱,在有些领域,概念混乱已经开始桎梏我们的创新思路);然后对基层图书馆建设、总分馆建设、服务网络建设的创新性实践进行了总结、归类、比较、评价;在此基础上对未来我国公共图书馆服务体系的建设提出建议。

2 关键概念:普遍均等服务、公共图书馆服务体系、区域性服务网络、总分馆体系

公共图书馆服务体系是指一个地区的公共图书馆以保障普遍均等服务、实现信息公平为目标,独立或通过合作方式提供的图书馆服务的总和,或者说,公共图书馆服务体系包括所有单个图书馆以及它们建立的任何形式的合作平台。按这样的理解,一个国家的公共图书馆服务体系包括这个国家的所有公共图书馆及其合作关系,而一个地区的公共图书馆服务体系则包括这个地区的所有公共图书馆及其合作关系。

所谓普遍均等的公共图书馆服务是指一个国家或地区的公共图书馆服务体系可以保障居住其中的所有人,无论其经济社会地位、年龄、性别、身体状况、种族宗教等区别,都能就近获取其需要的知识、信息、文化资源以及其他图书馆服务。联合国教科文组织的《公共图书馆宣言》对普遍均等服务的表述是:"公共图书馆应不分年龄、种族、性别、宗教、国籍、语言或社会地位,向所有的人提供平等的服务。"而著名印度图书馆学家阮冈纳赞的表述则更简洁:"每位读者有其书。"

保障普遍均等服务的公共图书馆服务体系应该具有两个基本特征:一是全覆盖,即保证所有人都能就近获得服务——当然,就近的标准需要界定;二是包容性,即体系内的每个公共图书馆都不以经济社会地位、年龄、性别、身体状况、种族宗教等因素排斥任何人。

根据国外总分馆体系模式和国内近年来总分馆发展趋势,本研究将总分馆体系定义为:由同一个建设主体资助、同一个主管机构管理的图书馆群,其中一个图书馆处于核心地位作为总馆,其他图书馆处于从属地位作为分馆;分馆在行政上隶属于总馆,或与总馆一起隶属于同一个主管部门,在业务上接受总馆管理。与此相关的两个概念是公共图书馆建设主体和公共图书馆管理单元。建设主体指保障公共图书馆建设和运行所需经费的政府、社会团体或个人,在多数国家,公共图书馆的建设主体是某一级地方政府;管理单元指由同一个主管部门统一管理的图书馆群,例如英国共有 4000 多个公共图书馆,但只有 208 个管理单元。总分馆体系的基本特征就是总馆和分馆共享同一个建设主体并隶属于同一个管理单元。正是建设主体和主管部门的同一性将总分馆连结为管理统一、联系紧密的服务体系,使总分馆之间可以统一规划业务活动,统一制定规章制度,统一人财物管理,统一开展图书馆评估;使用统一的管理系统和读者证,实施通借通还。也正因为如此,在国外,某某总分馆体系经常被看作、称作某某图书馆,就如同它们是一个图书馆。例如,当美国同行提到芝加哥公共图书馆、加拿大同行提到多伦多图书馆、英国同行提到莱斯特郡图书馆与信息服务,他们事实上都在谈论一个总分馆体系。值得说明的是,在我国,由于受公共文化管理体制的约束,近年来发展起来的总分馆很少隶属于同一个建设主体和主管部门,因此,只能算是业务上联系相对紧密的准总分馆体系。

区域性公共图书馆服务网络是指一个地区的图书馆在一定的协调组织和计算机管理系

统支持下，组成由若干总分馆体系和独立建制的图书馆共同参与的网状行业管理结构。区域性网络与总分馆体系的区别在于，在真正的总分馆体系背后，是统一的建设主体（通常是地方政府）和主管部门（通常是地方政府的某个部门）；而在区域性网络背后，是共同的行业协调组织。

3 公共图书馆普遍均等服务进入我国政府议事日程

尽管公共图书馆界对普遍均等服务的追求由来已久，但最终决定这一目标能否实现的是政府。这是因为，普遍均等服务的两个基本条件，特别是全覆盖的条件，已经超出了图书馆职业的能力范围。正因为如此，20世纪30年代，世界著名图书馆学家阮冈纳赞在阐释阮氏版本的普遍均等服务原则——"每位读者有其书"时，就明确提出，这一原则的责任人是国家。

我国政府大约在"十五"前后开始把普遍均等的公共文化服务纳入议事日程。2002年3月，国务院办公厅转发文化部、国家计委、财政部《关于进一步加强基层文化建设的指导意见》，明确提出要把文化基础设施建到城市社区和农村村庄（"城市要在搞好群艺馆、文化馆、图书馆建设的同时，加强社区和居民小区配套文化设施建设……农村要因地制宜建设乡镇文化站和村文化室"）。2005年11月，中共中央办公厅、国务院办公厅《关于进一步加强农村文化建设的意见》继续强调文化基础设施到村，同时提出建设农村公共文化服务网络（"坚持以政府为主导，以乡镇为依托，以村为重点，以农户为对象，发展县、乡镇、村文化设施和文化活动场所，构建农村公共文化服务网络"）。2006年，《中华人民共和国国民经济和社会发展第十一个五年规划纲要》明确提出要"加大政府对文化事业的投入，逐步形成覆盖全社会的比较完备的公共文化服务体系"。《国家"十一五"时期文化发展规划纲要》进一步强调：要"以实现和保障公民基本文化权益、满足广大人民群众基本文化需求为目标，坚持公共服务普遍均等原则，兼顾城乡之间、地区之间的协调发展，统筹规划，合理安排，形成实用、便捷、高效的公共文化服务网络"；同时进一步强调文化基础设施到村（"在巩固县县有图书馆、文化馆的基础上，基本实现乡镇有综合文化服务站，行政村有文化活动室"）。

总之，"覆盖全社会""坚持公共服务普遍均等""保障公民基本文化权益""基本满足居民就近便捷享受文化服务的需求"等关键词系统一致地出现在近年重要的政府文件中，表明建设普遍均等的公共文化服务（包括公共图书馆服务）的目标已经进入我国政府的议事日程。

4 构建覆盖全社会的公共图书馆服务体系：主要工作与思路

在上述背景下，已有不少地方政府开始投入专门经费，按普遍均等服务原则构建本地区的公共图书馆服务体系；在政府还没有发挥主导作用的地区，公共图书馆队伍也开始通过各种途径将现有服务延伸到社区和农村。政府和公共图书馆界已经开展的工作主要集中在以下方面：

(1)基层图书馆建设。在整个公共图书馆服务体系建设中,这项工作的目标就是提高公共图书馆服务覆盖率,使更多的人能就近获取公共图书馆服务。

(2)总分馆建设。目前这项工作的目标是在一组图书馆之间建立起具有一定的统一管理能力、服务相对规范、联系相对紧密、可持续发展能力相对强的图书馆共同体(准总分馆体系);该共同体可以借助总馆的力量维持分馆的可持续发展,借助分馆的触角延伸总馆的服务。

(3)区域性服务网络建设。这项工作的目标是通过行业管理和合作,将一个地区隶属于不同建设主体和主管部门的图书馆联结为以资源共享为核心的服务网络,增强本地区公共图书馆服务体系的行业管理能力和普遍均等服务能力。

5 构建覆盖全社会的公共图书馆服务体系:基层图书馆建设

在我国,"基层图书馆"的概念通常被用来指县级及以下图书馆。从"六五"到"十五"的25年间,我们基本上实现了县县有图书馆、文化站的目标。近年来,基层文化设施建设的重点已经开始转移到街道/乡镇和社区/村庄两级。从普遍均等服务的角度看,这是一个非常重要的转变,因为只有这样,才能保证大多数人就近获得公共图书馆服务,换言之,才能保证公共图书馆服务对大多数人口的覆盖。

5.1 街道/乡镇图书馆建设

近年来,中央及地方政府的相关政策对街道/乡镇一级图书馆都有相对明确的规定,这包括:①性质:街道/乡镇图书馆是公益性文化设施的组成部分,主要由公共财政支持,是政府的责任;②覆盖率:普及到每个街道/乡镇,一般作为街道/乡镇综合文化服务站的组成部分;③建设主体:一般为街道办事处/乡镇政府,但2002年的《关于进一步加强基层文化建设的意见》已经提出,"加强基层文化建设的主要责任在县(市)、区级人民政府";④管理:乡镇文化站要配备专职人员管理。

在一些地区,地方政府已经开始按上述指导思想建设街道/乡镇图书馆。例如,北京市把街道/乡镇图书馆的建设标准纳入了《北京图书馆条例》,规定:街道、乡镇公共图书馆(室)的建筑面积应当达到100平方米以上,阅览座位应当达到30席以上;年入藏文献信息资料不得少于1000册(件)。2002年10月发布的《北京市人民政府关于进一步加强基层文化建设的意见》明确提出,区县政府应承担起基层文化建设的主要责任。2002年之后,北京市的不少区县(西城区、东城区、丰台区、崇文区等)都开始按《条例》标准,由区县财政支持街道(乡镇)馆建设,例如西城区财政每年为街道图书馆投入总共30万元购书经费。这一模式被称为"区街共建模式"。

在其他地区,街道/乡镇图书馆通常由街道办事处/乡镇政府与县级及以上图书馆联合建设,很多基层图书馆也因此成为县级及以上图书馆的分馆或流通点。

5.2 社区/乡村图书馆(室)

关于社区/乡村一级图书馆(室)的建设,我国的政策比较模糊。例如,在建设主体方面,政府一方面鼓励农民自办文化："大力发展农村民办文化。通过民办公助、政策扶持，鼓励农民自办文化，开展各种面向农村、面向农民的文化经营活动，使农民群众成为农村文化建设的主体。"另一方面又强调加大对农村的文化投入："各级财政要统筹规划，加大对农村文化建设的投入，扩大公共财政覆盖农村的范围，不断提高用于乡镇和村的比例。保证一定数量的中央转移支付资金用于乡镇和村的文化建设。"按目前公共文化的建设体制，社区/乡村图书馆建设主体的模糊性几乎是必然的：长期以来，我国一直实施"一级政府负责一级图书馆"的建设体制，最低一级地方政府负责的是街道/乡镇图书馆。社区和乡村图书馆既然没有对应级别的地方政府，因而也就没有对应的公益性建设主体。

目前的社区/乡村图书馆(室)存在多种形式。第一种是部分地方政府根据普遍均等服务原则，按照一个社区/乡村一个图书馆(室)的布局统一建设的公益性图书馆(室)。在深圳，多数社区图书馆(室)就是这样建设起来的。2003 年深圳市出台的《深圳市建设"图书馆之城"(2003—2005)三年实施方案》提出：用三年时间，争取让每个社区都有一座规模不等的图书馆(室)或"共享工程"基层网点；到 2005 年年底，基本实现每 15 万常住人口拥有一座公共图书馆，每 1.5 万常住人口拥有 1 个社区图书馆(室)。《方案》没有明确规定社区图书馆(室)的建设主体，但在《方案》实施的三年中，社区图书馆的最初设置经费大都来自区财政。在福田区，每建一个社区图书馆，区政府就投入 15 万元设置经费，另外每年再投入 10 万元运行经费；在南山区，区财政一次性投入 700 万元建起了 83 家社区图书馆；在宝安区，自 1998 到 2004 年，区财政陆续投入 900 万元，建立了 104 家社区图书馆。截至 2005 年年底，深圳的 622 个社区中，已有 473 个建立了社区图书馆。

第二种形式是农家书屋。目前大部分农家书屋都是"农家书屋工程"的产物。农家书屋工程是由新闻出版总署和中央文明办等八家单位联合实施的新农村文化建设项目；计划"十一五"期间在全国建立 20 万个农家书屋，2015 年基本覆盖全国的行政村；其目的是将农家书屋建设成农村出版物的发行、传播、利用的综合平台，所以从严格的意义上说，农家书屋不是图书馆，但"农家书屋工程"的发起者希望它涵盖图书馆的部分功能。

第三种形式是由居委会、村委会等基层组织以及各种社会力量与现有公共图书馆联合建设的图书馆(室)。在全国各地零散地分布着大量这样的图书馆。天津图书馆与阳光 100 房地产开发商合建的"阳光 100 社区图书馆"、与王兰庄村委会合建的王兰庄村图书馆、深圳南山区图书馆与工业园区合建的众冠分馆都是按这种方式建设的社区或乡村图书馆。

6　构建覆盖全社会的公共图书馆服务体系：总分馆体系建设

如前所述，根据国际上比较通行的做法，严格意义上的总分馆体系是由同一个建设主体设置和维持、同一个主管机构管理的图书馆群(其中的一个图书馆被指定为总馆)。不难理解，我国现有的"一级政府负责一个图书馆"的体制不可能产生这样的总分馆体系。近年来，我国公共图书馆界致力于建设具有一定的统一管理能力、服务相对规范、联系相对紧密的图书馆共同体(我们称之为准总分馆体系)。可以说，当前我国公共图书馆总分馆体系建设的实质就是在现有体制框架内寻求一种使图书馆共同体成为可能的途径或模式。截至目前，已经尝试的总分馆体系模式大致可以归纳为以下几种：通过自下而上全委托而形成的总分馆体系、通过自下而上半委托而形成的总分馆体系、通过自上而下全委托而形成的总分馆体系、通过自上而下半委托而形成的总分馆体系、通过体制改革形成的纯粹总分馆体系。

6.1 通过自下而上全委托而形成的总分馆体系

指一个总馆与其分馆之间通过协议建立的、按以下模式运行的总分馆关系:分馆或其主管部门将一定数额的年度购书经费和人员工资委托给总馆使用,总馆按双方认同的书刊数量、人员数量和资产管理办法为分馆配备藏书和人员,保证图书馆开放;分馆按双方认同的标准保证分馆运行所需的设备、场地和其他工作条件,同意将图书的资产权临时(在协议期内)转让给总馆支配;读者用一张借书卡可以通借通还总馆和任何分馆的图书。在我国现有体制框架下,这可能是最接近于真正意义的总分馆体系的模式。

苏州市采用的就是这种模式。苏州图书馆总分馆体系是以苏州图书馆为总馆、以苏州图书馆与基层政府合作建设的基层馆为分馆而构成的统一管理的图书馆群。苏州图书馆与基层政府合作的基本方式是:分馆所在地的基层政府承担场地、设备和物业等费用,并向苏州图书馆支付一定的年度费用(社区分馆为每馆每年5—8万元);苏州图书馆负责分馆的软件安装,每两个月为每个分馆调配400至500册图书(部分是新书,部分是周转书),为每个分馆配备两名以上工作人员,保证分馆每周开放不少于50小时;分馆的阅览和上网全部免证,外借需持苏州图书馆统一借书卡,可以在总馆及所有分馆通借通还。为了解决图书资产权对通借通还的限制,苏州图书馆提出了"动态资产权"概念以及与之相适应的管理办法:在资源调配和通借通还过程中,图书的资产权与图书本身一起流动;总馆将书调拨到哪里或读者将书归还到哪里,图书的资产权就"流"到哪里;因异地借还而"流动"的图书,系统会在读者还书时自动变更其资产权记录,使其作为接受还书的图书馆资产,在当地继续流通。

6.2 通过自下而上半委托而形成的总分馆体系

指一个总馆与其分馆之间通过协议建立的、按以下模式运行的总分馆关系:分馆(或其主管部门)将一定数额的年度购书经费委托给总馆使用,总馆按双方认同的书刊数量和资产管理方法为分馆配备藏书,分馆按双方认同的标准保证图书馆运行所需的设备、场地、人员和其他工作条件,并保证按时开放;读者用一张借书卡可以通借或者通借通还总馆和任何一个分馆的图书。天津图书馆扶持建设的一部分街道或社区图书馆就与天津图书馆一起构成了这样的总分馆体系。例如,天津阳光100社区图书馆就是天津图书馆与阳光100房地产开发商合建的社区分馆。开发商每年向天津图书馆缴纳2万元购书经费,天津图书馆则每年为其配送价值约4万元的图书。读者持天津图书馆统一借书卡。

6.3 通过自上而下全委托而形成的总分馆体系

指地方政府以文件或其他形式将支持辖区基层馆建设的经费委托给当地级别最高的图书馆使用,并责成该馆为下一级图书馆配备资源,实施业务管理和服务协调,从而在该馆与下一级图书馆之间形成具有业务隶属关系的总分馆关系;总馆为分馆配备的资源产权属于总馆,总馆因此可以在基层馆之间调配资源,使其在基层馆之间流动;流动的馆藏构成中心馆的流动分馆,同时构成基层馆的"馆中馆"。

由广东省政府支持、广东省立中山图书馆负责实施的广东流动图书馆体系就是这种模式的代表。从 2003 年起，广东省财政每年拿出 500 万元（2006 年起增至 600 万元），支持省立中山图书馆在欠发达县建立流动分馆。具体实施过程是：由希望参与流动图书馆建设的县级图书馆提出申请，在满足条件的地区，省馆、县文化局、县图书馆签订三方协议，并根据协议启动流动图书馆建设。协议规定，省立中山图书馆在县图书馆内设置流动分馆，县馆为流动分馆配备人员并负责分馆的服务。省馆为每个流动分馆配备初始藏书 12 000 册，书架 16 个，电脑 2 台，阅览桌椅若干，激光打印机、复印机、图书防盗仪、计算机管理系统各 1 台（套），价值约 40 万元。省馆每半年将图书流动一次，A 馆流向 B 馆，B 馆流向 C 馆，依次类推；每次流动前，先剔旧 2000 册图书，用来补充县级馆的原有馆藏；流动时，再补充 2000 册新书。流动书的产权归中山馆，县政府配套经费购买的图书产权归县图书馆，但所有图书的书目数据都在中山馆的书目数据库中，采用相关字段标识产权。截至 2007 年 3 月，广东省立中山图书馆已经按上述模式在 39 个欠发达县建立了流动分馆。

6.4 通过自上而下半委托而形成的总分馆体系

指一个地方政府以文件或其他形式将支持辖区基层馆建设的经费委托给当地级别最高的图书馆使用，并责成该馆为下一级图书馆配备资源，实施业务管理和服务协调，从而在该馆与下一级图书馆之间形成具有业务隶属关系的总分馆关系；总馆为分馆配备的资源产权属于分馆，读者用一张借书卡可以通借通还总馆和任何一个分馆的图书。北京西城区和东城区的总分馆体系采用的都是这种模式。在北京西城区，区财政每年为每个街道图书馆投入 3 万元购书经费（总共 30 万），同时委托区图书馆组建图书配送中心，为各街道馆采购、分编、配送图书；区图书馆作为中心馆，每年为每个街道馆配送 1000 册（件）左右的图书，指导街道图书馆的业务工作，开展街道图书馆人员培训。区财政每年为区图书馆提供 10 万元分馆管理费。

6.5 完全（纯粹）总分馆体系

指一个图书馆在本级政府支持下，投入一部分图书、设备、人员，在本馆之外另外开设新馆作为自己的分馆，总馆与分馆之间发放统一借书卡，读者用一张证可以使用总馆和任何一个分馆的服务。过去，这样的分馆基本上都是在馆舍更新中出现的，即图书馆在建设新馆舍后，将老馆作为分馆。值得注意的是，近年来已经出现了由总馆的本级政府主导建设的纯粹意义上的总分馆体系。佛山禅城区联合图书馆就是这样一种总分馆体系。"禅城区联合图书馆"自 2005 年开始建设，由禅城区政府资助，由禅城区图书馆作为总馆并负责实施，其目标是建成包括主馆 1 个、分馆 8—9 个的图书馆群；联合图书馆采用统一管理、分层服务；体系内的人、财、物由总馆统一调配，图书统一采购，书目数据统一编制，文献资源所有权归属总馆，全区书刊通借通还，资源完全共享。至今，禅城区已形成了由一个总馆、四个分馆组成的总分馆体系。

7 构建覆盖全社会的公共图书馆服务体系：区域性服务网络建设

20 世纪 50 年代，我国图书馆之间就已经开始建立比较正式的区域性合作关系，这种合作关系也经常被称为图书馆网,但这里所说的区域性公共图书馆服务网是近年来出现的一种新的行业合作形式。与以往的图书馆网不同的是,今天的区域性服务网已经突破了图书馆内部的业务合作,把跨馆利用资源的权限直接交给了读者,使他们不管持有哪个图书馆的借书卡,都可以自由利用网内任何图书馆的资源和服务。区域性服务网络建设的实质就是通过行业协调,在不同建设主体负责的图书馆之间形成资源共享机制,使读者的跨馆利用行为成为可能。近年来,各地正在探索的资源共享机制大致分为以下几种:一卡通借模式、一卡通借通还模式、分层通借通还模式。

7.1 一卡通借模式

指一个地区的图书馆在一定的协调组织和计算机管理系统支持下,组成由三级或四级图书馆(市、区县、街道/乡镇、社区/乡村图书馆)共同参与的网状行业管理结构;读者用一张借书卡可以到网内任何一个图书馆借阅图书,但需将所借图书归还原馆。典型的有 2007 年5 月前的"北京公共图书馆服务网络"。2003—2005 年间,首都图书馆与北京市的部分区县馆和街道馆共同构成了"一卡通借"网,读者只要办理了北京公共图书馆服务网络统一借书卡,就可以到任何一个网络成员馆借阅图书。从 2007 年 5 月开始,首都图书馆、西城区图书馆、朝阳区图书馆及 15 家街道分馆已经开始组成通借通还网。北京市公共图书馆服务网络的最终目标是在全市范围内实现图书通借通还,因而"一卡通借"在北京仅仅是一种过渡形式。

7.2 一卡通借通还模式

指一个地区的图书馆在一定的协调组织、计算机管理系统和物流系统支持下,组成由三级或四级图书馆(市、区/县、街道/乡镇、社区/乡村图书馆)共同参与的网状行业管理结构,读者用一张借书卡可以到网内任何一个图书馆借阅图书,且可以将所借图书归还网内任何一个图书馆。上海中心图书馆一卡通、杭州一证通工程所建设的都是这种模式的网络。上海图书馆自 2001 年开始建设区域性服务网络,至 2006 年年底已形成包括 1 个市馆、21 个区县馆、32 个基层馆在内的公共图书馆服务网络。网络的成员馆向读者发放统一借书卡,并保障他们在成员馆之间通借通还图书。为了解决图书资产权对通借通还的限制,上海图书馆提出"浮动馆藏"概念及相应的管理办法:读者持统一借书卡可以在任意馆借还图书,图书在归还地点继续流通,藏书地点自动变更,但资产权保持不变。杭州的区域性网络自 2004年开始建设,包括杭州市馆及其分馆、七个县级馆及其分馆以及杭州市少儿图书馆;市区各馆加上七个县级馆之间实行通借通还。纳入通借通还服务的图书(目前还只是馆藏的一部分,以通借通还专架的形式与其他图书区分)的书目数据和持一卡通借书卡的读者数据都集中在杭州图书馆,读者持统一借书卡可以到任何图书馆的通借通还专架借阅图书,也可以把所借图书归还到任何图书馆,归还的图书在接受还书的图书馆继续流通,但资产权不变,书目数据库根据图书的流向动态反映图书的藏书地点。

7.3 分层通借通还模式

指一个地区的图书馆在一定的协调组织、计算机管理系统和物流系统支持下,组成由三级或四级图书馆(市、区/县、街道/乡镇、社区/乡村图书馆)共同参与的网状行业管理结构,读者用一张借书卡可以在一定范围(如一个区)内通借通还任何图书馆的图书。目前的深圳图书馆之城就是一个实施分层通借通还的网络。第一层由深圳图书馆(市馆)与六个区图书馆构成,在技术上采用 D-ILAS 系统支撑,在物流上使用物流公司的服务:每个馆各准备七个袋子,将读者归还的图书按其产权归属分别装进相应的袋子,然后通过物流车将各馆的图书归还至各馆继续流通,物流车每周配送三次。第二层由六个区图书馆与各自的分馆构成。深圳图书馆之城的目标是建成遍布深圳的无边界的图书馆网,因此目前的分层通借通还似乎是一种过渡形式。

8 构建覆盖全社会的公共图书馆服务体系:现有模式比较

如上所述,近年来,为了构建覆盖全社会的公共图书馆服务体系,我国政府和图书馆界针对基层图书馆的普及、图书馆共同体(总分馆体系)的形成、服务网络的构建开展了一系列探索,形成了多种建设模式。表 1 至表 3 比较了这些模式的主要特点及实施条件。

表 1　基层(街道/乡镇、社区/村)图书馆建设模式

模式	特点	条件
政府主导型	→市区县政府主导,建设主体上移 →统一规划、统一布局标准、全覆盖 →项目思路:在一定时间内实现全覆盖,未必考虑可持续发展 →不一定产生总分馆体系	→地区经济较发达 →市区县政府重视文化建设(如制定有文化大省发展战略或文化立市发展战略)
联合建设型	→基层政府和市区县图书馆联合建设 →零散,无统一布局标准 →与总分馆建设相结合	→市区县图书馆具有较清晰的职业理念和较强的职业开拓性 →基层政府或社会力量比较重视文化建设

表 2　总分馆体系建设模式

模式	特点	条件
自下而上全委托	→分馆的主管部门作为建设主体;总馆作为全面管理者 →分馆权利全面转让(人事、经费) →资产权属于分馆,但比较淡化	→总馆具有先进的职业理念、较强的服务能力和管理能力 →开明的基层政府或基层组织
自下而上半委托	→分馆的主管部门作为建设主体;总馆作为文献提供者和业务扶持者 →无权利转让	→基层馆已经有一定的基础 →总分馆的互惠程度相当
自上而下全委托	→总分馆体系所涵盖地区的最高政府作为分馆的主要建设主体;总馆作为业务管理者 →资产权属于总馆	→经济比较发达 →总分馆体系涵盖地区的最高政府具有较强的财政能力和文化建设战略 →总馆能力较强

续表

模式	特点	条件
自上而下半委托	→总分馆体系所涵盖地区的最高政府作为分馆的联合建设主体;总馆作为业务扶持者 →资产权属于分馆	→经济比较发达 →总分馆体系涵盖地区的最高政府具有较强的财政能力和较具体的文化发展战略 →分馆具有较好的基础
纯粹总分馆	→总馆与分馆建设主体完全统一 →总馆作为分馆的行政和业务管理者 →总馆拥有对分馆的所有控制权	→公共图书馆建设体制的改革

表 3　区域性网络建设模式

模式	特点	条件
一卡通借	任意馆借书,哪借哪还	→统一管理的书目数据 →统一管理的读者数据 →统一的规范规章(如罚款规定)
通借通还	任意馆借,任意馆还	→统一管理的书目数据 →统一管理的读者数据 →统一的规范规章(如罚款规定) →统一的收益管理制度和系统 →浮动馆藏或动态资产权或遍布整个区域的统一的物流系统
分层通借通还	在一定范围内实行通借通还	→每个层次有统一的书目数据、读者数据、规范规章、收益管理系统 →跨层次图书馆要维持两套系统 →浮动馆藏或动态资产权或多个局部物流系统

9　构建覆盖全社会的公共图书馆服务体系:主要问题(瓶颈)

9.1　基层图书馆的建设主体问题

如前所述,在实现县县有图书馆的目标之后,我国已经进入了街道/乡镇以及社区/乡村图书馆建设阶段,即公共图书馆服务体系的末梢组织建设阶段。这一层次的图书馆不仅数量庞大,而且覆盖人口众多,其发展状况将在很大程度上决定我国能否真正实现普遍均等的公共图书馆服务。然而,按照我国目前的体制,这些图书馆的建设者恰恰是公共图书馆建设主体中能力最弱的部分——乡镇政府、街道办事处、居委会、村委会、社会力量。建设主体的薄弱至少为基层图书馆建设带来以下问题:①长效机制或可持续发展问题。过去的经验(如

20 世纪 90 年代建设"万册书库"的经验）显示,这级建设主体设置的图书馆,一般都存在服务能力低下、可持续发展力欠缺的问题。本研究的实地考察也发现,近年出现的街道/乡镇图书馆多数都存在经费不足、人员不稳定、人员素质无法保证、服务不规范、利用率低等问题,它们的可持续发展前景的确不容乐观。②基层图书馆的布局问题:《中华人民共和国国民经济和社会发展第十一个五年规划纲要》提出要"逐步形成覆盖全社会的比较完备的公共文化服务体系",《纲要》和随后的《国家"十一五"时期文化发展规划纲要》都隐含了"文化基础设施至社区和村"的全覆盖标准。在现行体制下,这样的全覆盖事实上就是要求按行政区划在每个社区和行政村设置一个图书馆或图书室,不考虑社区或村的人口密度、面积、两个相邻居委会（村委会）之间的距离、居委会与街道图书馆的距离等因素。我们的调研显示,由此形成的图书馆布局未必是科学的,也未必是经济的。以深圳为例,各区政府主导的社区图书馆建设就是按每个社区一个图书馆（室）的布局推进的,南山区为此设置了 83 个社区图书馆,但据南山区图书馆的估计,如果能够打破行政区划界限,这些图书馆完全可以整合为40 个。③基层图书馆"全覆盖"的可能性问题。目前,社区/乡村一级图书馆主要靠居委会、村委会等基层组织和社会力量维持,缺乏明确稳定的公益性建设主体,因此,这一层次的全覆盖事实上缺乏稳定的经费保障。即使政府可以通过短期项目或工程（如农家书屋工程）完成覆盖,也很难保障长期覆盖。

因此,要保证基层图书馆的持续健康发展,我们必须突破现有建设主体的分工,重新界定基层图书馆的建设主体。遗憾的是,近年来尝试的基层图书馆建设模式都未能实现这一突破。在政府主导型模式中,虽然财政能力较强的市区县政府开始主动分担基层图书馆的建设责任,但是,由于这种责任没有被制度化,市区县政府对基层图书馆的参与更多被视为善举而不是义务,因此具有不彻底性（如北京）和临时性（如深圳）。在北京的区街共建模式中,区政府的参与是以配套经费的形式提供的,因而只能在一定程度上辅助街道图书馆的发展;在深圳,多数区政府对社区图书馆的投入都是一次性的,由于没有后续经费,很多社区图书馆（有些区高达 2/3）不能维持运行。在联合建设型模式中,现有市区县图书馆一般是利用自己的常规经费扶持街道和社区图书馆发展,这首先限制了他们推动建设的基层图书馆的规模;其次限制了他们对普遍均等原则的贯彻——现有图书馆一般都选择条件较好的社区建立合作关系,这事实上加剧了公共图书馆服务的非均衡分布。

9.2 总分馆建设中的体制障碍

我国现行公共图书馆建设体制总的来说是分级财政的产物。这种制度在我国确立了公共图书馆的多元建设主体和多级管理单元。从建设主体看,我国公共图书馆的建设主体包括省政府、地市级政府、县级政府、街道/乡镇级政府以及各类基层组织,每一级政府和基层组织基本上只承担一个图书馆的建设责任,有多少个公共图书馆就有多少个建设主体;建设主体的行政级别越低,其负责建设的图书馆的服务能力也越弱。从管理单元来看,每一级政府都独立设置公共图书馆管理机构,负责本级公共图书馆的人事、政策、发展规划等,一个管理单元通常只有一个图书馆。不同的建设主体和主管部门就像是一层层套子,把每个图书馆分隔成彼此独立的实体,使任何两个或两个以上的图书馆都难以有效共享资源（包括经费、人员、文献、空间等）。这事实上排除了在图书馆之间形成统一管理、统一服务的总分馆体系的可能。我们现有的总分馆模式（除了纯粹的总分馆）都可以看作是图书馆职业为了追求普遍均等服务对体制障碍的突破。

这一努力的效果因模式而异。越是接近于纯粹总分馆的模式,越有利于资源的整合和服务的延伸,总分馆建设的效果也越好。苏州图书馆实施的就是一种比较接近纯粹总分馆体系的模式,其 2007 年的统计资料显示,从 1 月至 9 月,每个社区分馆平均每月接待读者 3803 人次(7 月份高达 7127 人次)。这个数字接近于 2004 年我国县级图书馆每月平均接待的读者人次(3967 人次);大约是苏州图书馆在实施这种模式之前设置的利用率最高的流通点月均访问量的 20 倍;是我们调研过的相对松散型总分馆体系(多数建立在半委托关系上)中较好分馆月均访问量的大约四倍。这种差距可能有很多原因,但总馆对分馆的馆藏资源、开馆时间、服务质量、人员素质等的控制程度无疑是一个非常重要的原因。在松散型的半委托模式中,由于建设主体和主管部门不同,总馆根本无法对分馆实施有效管理,因而无法保证分馆的服务水平,甚至无法保证其正常运行。在我们调研的一个总馆,承担分馆工作的部门负责人反映,该地区的分馆工作人员年流动率高达 70% ,即一年内有 70% 的分馆工作人员调动了工作。这可能是一个极端的例子,但却说明,如果总馆不能对分馆实施有效控制,什么情况都可能发生,从而使总馆与分馆之间无法行使预期的业务关系,使总分馆体系流于形式。总之,总分馆体系的正常运作依赖于能赋予总馆特定权力的管理体制,而这种体制在我国尚没有建立。

9.3　区域性服务网络建设中的认识(概念)问题

区域性服务网络由总分馆体系和独立建制的图书馆组成,是不同建设主体的图书馆之间建立的资源共享机制。它通过行业协商确定资源共享模式,可以采用成员馆认同的任何模式,包括通用、通借、通借通还。所谓通用是指网络成员之间相互开放阅览权限(在已经免证阅览的图书馆,这条将失去意义)和预约借书权限(即允许区域内任何读者通过网络或电话向任何图书馆预约图书,并指定一个图书馆代为接收图书和办理外借手续);通借指读者可以到任何馆借书,但需要将图书归还到借出馆;通借通还指读者可以到任何图书馆借书,也可以将所借图书归还到任何图书馆。一个区域性网络究竟采用何种形式取决于很多因素,如区域的大小、总分馆体系的状况、现有自动化管理系统的容量等,但不管采用哪种形式,都需要因地制宜,以效益为准绳。

截至目前,我们对"服务网络"概念的理解似乎存在两个误区:第一,我们理所当然地把通借通还当成了区域性服务网的内在的、普遍的形式,因而在网络建设中忽略其他资源共享形式,甚至为了追求通借通还而忽略效益。正在建设中的区域性服务网络几乎都在追求整个区域的通借通还;通借或分层通借通还仅仅被看成是一种过渡形式,而通用则基本被排除在外。其次,我们始终没有厘清"服务网络"与总分馆体系的区别,因而一直以网络建设取代总分馆体系建设,其实质是,我们在用行业行为替代政府行为,用行业合作取代建设主体的整合,用行业创新取代体制改革。

9.4　地区差异问题

目前,能同时从基层馆、总分馆、区域性网络三个方面建设公共图书馆服务体系的地区主要集中在北京、上海、江苏、浙江、广东,前面所述的几种创新模式也主要集中在北京及东部地区。其他大部分地区还在依赖公共图书馆的传统延伸方式,缓慢地推动公共图书馆服务向基层延伸。地区差距的拉大必将制约全国范围普遍均等服务的实现。

10 构建覆盖全社会的公共图书馆服务体系:建议

(1)进一步明确公共图书馆的建设主体。在综合考虑各级政府财政能力及图书馆事业管理便利性的基础上,我们建议:在2002年《关于基层文化建设意见》提出的"基层文化建设的主要责任在县(市)、区级人民政府"的基础上,进一步明确各类地区公共图书馆的建设主体,将大城市(直辖市和部分公共图书馆较发达的副省级城市)的区政府界定为全区公共图书馆的建设主体,将副省级城市和地级市的市政府界定为整个城区公共图书馆的建设主体,将市郊的区政府、县级市政府和县政府界定为全县公共图书馆的建设主体。公共图书馆建设主体的责任包括按特定的布局标准在整个辖区内建设规模不等的固定图书馆和汽车图书馆服务点;指定其中最大的图书馆作为总馆,其他固定图书馆作为分馆,形成以建设主体同一性为基础的纯粹总分馆体系;保障整个总分馆体系的运行经费(含购书经费、人员经费、设备更新经费等);建立管理整个总分馆体系的职能机构。将省政府界定为省级公共图书馆的建设主体,但在经济发展不均衡的省份(如广东、山东、江苏),可以参考澳大利亚部分州的做法,将省政府界定为欠发达区县公共图书馆的联合建设主体。

(2)进一步明确公共图书馆服务体系的管理单元。根据国外经验和我国公共图书馆建设体制的局限,我们建议:在整合公共图书馆建设主体和主管部门的基础上,形成以总分馆体系为界线的公共图书馆管理单元,即每个总分馆体系只有一个管理职能机构;该管理机构可以赋予总馆对所有图书馆的行政和业务管理权:由总馆统一管理整个总分馆体系的人、财、物,统一制定和安排业务标准和服务内容,统一监督图书馆服务质量。

(3)在上述管理机构的统一规划和管理下,合理布局总分馆体系中的固定图书馆和汽车图书馆服务点。由于总分馆体系的主管部门可以在更高层次上统一考虑图书馆布局,图书馆的设置不一定要做到每个社区、每个行政村都有一个图书馆,而是可以在综合考虑社区人口密度、面积、社区或行政村之间的距离等因素的基础上,设置固定图书馆;按固定图书馆的分布情况设计汽车图书馆的服务路线,以最低的成本最大限度地实现普遍均等的公共图书馆服务。

(4)调整公共图书馆的评估思路。由于按上述模式建立的总分馆体系是由同一个建设主体资助的、同一个主管部门管理的整体,公共图书馆的评估思路需要从"以单个图书馆为评估单元"转向"以总分馆体系为评估单元"。

(5)摆脱"区域性服务网络 = 通借通还网"的概念束缚。根据本地区总分馆体系的状况、地域特征、人口状况等因素,设计与当地情况相适应的资源共享模式。例如,在区级图书馆比较发达的大城市或在人口流动性较小的地区,不一定刻意追求全区域的通借通还,可以考虑建设使用便利的通用网络。

(6)调整国家对欠发达地区公共图书馆的援助思路,将对单个图书馆、单个村庄的援助改为对总分馆体系的援助,责成总馆在公共图书馆管理机构的监督下,负责援助经费或资源的调配、管理、使用,保证援助经费和资源的有效利用。

(7)重视图书馆职业在鼓励全民阅读中的核心作用。各地政府在发起社会教育、全民阅读、基层文化建设、农村及欠发达地区文化援助活动时,关注图书馆界的伙伴作用;关注图书馆界有关阅读问题的研究成果,用以指导社会各界的阅读促进活动、教育机构的阅读教学活动、出版机构的出版物策划活动;推广世界图书馆职业的阅读促进经验,注重从幼儿开始培养阅读兴趣,注重阅读的快乐体验,使全民阅读习惯成就于国人的幼年,贯穿于国人的一生。此外,要加大图书馆投入力度,关注图书馆人才培养,加强图书馆服务于"阅读民族"和"阅读国家"的能力,使普遍均等的公共图书馆服务体系真正成为"阅读中国"的支柱。

　　(本文系中国图书馆学会 2007 年资助项目"图书馆网络构建研究"的成果。苏州图书馆为课题调研提供了部分经费;苏州图书馆的杜晓忠、卢烨、中国教育图书进出口公司的祝祎星参加了课题的实地调研;南开大学 2005 级研究生朱艳华、刘煜蕾参加了课题的电话访谈。)

(选自《中国图书馆学报》2008 年第 3 期)

图书馆服务宣言

图书馆是通向知识之门,它通过系统收集、保存与组织文献信息,实现传播知识、传承文明的社会功能。现代图书馆秉承对全社会开放的理念,承担实现和保障公民文化权利、缩小社会信息鸿沟的使命。中国图书馆人经过不懈的追求与努力,逐步确立了对社会普遍开放、平等服务、以人为本的基本原则。我们的目标是:

1.图书馆是一个开放的知识与信息中心。图书馆以公益性服务为基本原则,以实现和保障公民基本阅读权利为天职,以读者需求为一切工作的出发点。

2.图书馆向读者提供平等服务。各级各类图书馆共同构成图书馆体系,保障全体社会成员普遍均等地享有图书馆服务。

3.图书馆在服务与管理中体现人文关怀。图书馆致力于消除弱势群体利用图书馆的困难,为全体读者提供人性化、便利化的服务。

4.图书馆提供优质、高效、专业的服务。图书馆充分利用现代信息技术,提高数字资源提供能力和使用效率,以服务创新应对信息时代的挑战。

5.图书馆开展信息资源共建共享。各地区、各类型图书馆加强协调与合作,促进全社会信息资源的有效利用。

6.图书馆努力促进全民阅读。图书馆为公民终身学习提供保障,促进学习型社会的建设。

7.图书馆与一切关心图书馆事业的组织和个人真诚合作。图书馆欢迎社会各界通过资助、捐赠、媒体宣传、志愿者活动等各种方式,参与图书馆建设。

中国图书馆学会
2008 年 10 月发布

（选自《中国图书馆学报》2008 年第 6 期）

2009—2017：
走出图书馆事业发展的中国道路

李国新

2009 年,对于中国图书馆事业来说是值得铭记的年份。图书馆界大力倡导的现代图书馆理念,与新时期公共文化服务体系建设保障公民基本文化权益、满足公民基本文化需求的目标高度吻合,伴随着公共文化服务体系建设的强力推进,从 2009 年开始,我国图书馆事业发展开始驶入快车道,迎来了跨越发展的黄金期。

近十年来,图书馆界的理论研究和创新实践高度互动。《中国图书馆学报》这一时期发表的文章,在法律和政策支撑研究、现代信息技术与图书馆服务融合研究、全民阅读推广理论与实践研究几个方面具有鲜明的时代特色,也成为这一时期中国特色图书馆事业蓬勃发展的缩影。

一、法律政策研究为顶层设计提供支撑

公共图书馆立法研究堪称这一时期引人注目的成果。2008 年 11 月,几经波折的图书馆法立法工作重新启动,并明确由制定覆盖各级各类图书馆的"大法"转变为制定公共图书馆法。按照立法工作的总体部署,中国图书馆学会和国家图书馆牵头组织开展公共图书馆法立法支撑研究,为法律的框架体系设计和条文起草提供思想、理论、学术、方案支撑。这次立法支撑研究,从全国遴选了 80 多位专家学者和实际工作者参加,设立了 11 个研究专题,前后历时两年多,参与人数之多、经历时间之长、专题研究之深入,值得载入中国图书馆事业发展史册。研究的最终成果,除提交国家立法机关参考外,还加以浓缩精炼形成 14 篇专题论文,《中国图书馆学报》开辟"公共图书馆法立法支撑研究"专栏,2010 年第 2 期至 2011 年第 2 期之间连续集中发表。《关于公共图书馆立法及其支撑研究》(李国新)、《〈公共图书馆法〉立法基础与必要性研究》(杨玉麟执笔)、《公共图书馆的设置与体系建设研究》(邱冠华执笔)、《公共图书馆基本服务研究》(蔡冰等执笔)、《公共图书馆管理体制研究》(肖容

梅等执笔）、《我国公共图书馆文献资源建设法律需求的调查分析与研究》（肖希明、张勇执笔）、《社会力量参与图书馆建设制度保障研究》（王素芳执笔）等，是这批成果的代表。如今，公共图书馆法草案已经进入全国人大常委会审议阶段，中国百年来几代图书馆人期盼呼唤的图书馆法即将诞生。从如今提交审议的法律草案中，我们可以看到立法支撑研究成果的影响痕迹，这是当代图书馆人为图书馆法治建设做出的时代贡献，《中国图书馆学报》为这一贡献留下了历史记录。

包括公共图书馆在内的公共文化设施免费开放，是这一时期公共文化服务体系建设进程中具有标志性意义的事件。2008 年，时任国务院总理温家宝在《政府工作报告》中提出，"具有公益性质的博物馆、纪念馆和全国爱国主义教育示范基地，今明两年实现全部向社会免费开放"。当年，这一要求就变为现实。2010 年，《政府工作报告》进一步提出推进美术馆、图书馆、文化馆、博物馆免费开放，文化部旋即开展了全国范围的公共文化设施免费开放调研，并组织国家公共文化服务体系专家委员会开展"三馆一站"（公共图书馆、文化馆、美术馆和乡镇综合文化站）免费开放保障政策研究和相关政策文件起草，图书馆界有专家参与其中。2011 年 1 月，文化部、财政部印发《关于推进全国美术馆、公共图书馆、文化馆（站）免费开放工作的意见》，"三馆一站"公共空间设施场地免费开放、基本文化服务项目免费提供迅即在全国普及。《中国图书馆学报》第一时间刊载了对这一具有划时代意义政策的解读文章，主要包括《以免费开放为契机全面提升我国图书馆公益性服务水平》（周和平）、《免费开放：理论追寻、历史回顾与现实思考》（余胜、吴晞）、《朝向公共信息文化共同体的公共图书馆发展观重构——基于"公共图书馆免费开放"的超文本思考》（张欣毅）等。这几篇文章不仅阐述公共图书馆免费开放对保障公民基本文化权益、满足公民基本文化需求的重要意义，还以专业视野论证免费开放是公共图书馆精神的回归，提出伴随免费开放政策实施，应着力解决好公共图书馆转变发展方式、完善服务体系、强化服务创新、改革管理体制和运行机制等深层次问题。《中国图书馆学报》密切呼应事业发展重大政策推出深度研究成果，体现专业首刊的责任担当，也体现倡导学术研究支撑事业发展重大政策的鲜明导向。

2015 年年初，中共中央办公厅、国务院办公厅印发《关于加快构建现代公共文化服务体系的意见》，这是公共文化领域落实党的十八届三中全会精神的"施工蓝图"和"行动指南"，标志着我国公共文化服务体系建设进入了新的发展阶段。《中国图书馆学报》率先发表了《现代公共文化服务体系建设与公共图书馆》（李国新），对文件内容做出全面解读，接着又较为集中地发表了一系列围绕现代公共文化服务体系建设与图书馆事业发展的研究论文,如《现代公共文化服务体系中的公共图书馆》(巫志南、冯佳)、《论县域公共图书馆总分馆制的构建与实现》(金武刚)、《公共图书馆提升服务效能的途径》(邱冠华)、《公共文化服务标准中的公共图书馆》(冯佳)、《公共图书馆法人治理结构现状调研及思考》(霍瑞娟)等,展现了图书馆人对构建现代公共文化服务体系背景下事业发展需要解决的重要问题、完成的重点任务、选择的主要路径的深度思考。

长期以来,对事业发展重大法律政策的支撑研究和实现路径研究,是我国图书馆学研究的薄弱环节。近十年来,这一状况发生了明显变化。学术研究怎样科学有效地支撑事业发展重大法律政策的制定,怎样引导和指导事业发展的创新实践,学术研究成果怎样转化为促进事业发展的现实生产力,引起越来越多专家学者的关注和重视。《中国图书馆学报》在这方面发挥引领和示范作用,成为这一时期的一大突出特点。

二、现代信息技术应用研究促进图书馆服务效能提升

近十年来,现代信息技术与图书馆服务的融合发展呈现方兴未艾之势。网络技术很好地支撑了图书馆总分馆制、通借通还、虚拟参考咨询系统、一站式检索等组织体系和服务方式创新的实现;云计算、移动终端、24 小时智能图书馆、线上线下相结合的服务等,为公众利用图书馆带来全新的体验;具有语义特征的书目数据不断增多,书目数据的普遍关联得以实现。总体上看,近十年来图书馆现代信息技术应用的研究与实践,不论成果的数量和质量都超过了以往任何一个时期。

继数字图书馆、复合图书馆之后,智慧图书馆在这一时期成为研究热点。《论智慧图书馆的三大特点》(王世伟)堪称站立于近年来我国智慧图书馆研究潮头之作。论文将智慧图书馆概括为互联的图书馆、高效的图书馆和便利的图书馆,特点被概括为全面感知、立体互联、共享协同;节能低碳、灵敏便捷、整合集群;无线泛在、就近一体、个性互动。论文预测,智慧图书馆将逐渐成为图书馆服务与管理的主导要素,成为未来图书馆的顶层设计,从而使传统图书馆从量变发展至质变,形成脱胎换骨的革命。《万物互联背景下我国公共图书馆新业态发展思考》(魏大威等),则从互联网时代智能感知与全面互联、大数据传播与分享、快速技术跟踪与应用等角度,阐述了公共图书馆发展的新特点、新业态。伴随着无线网络和移动终端的迅速普及,移动阅读渐成气候。《移动的书海:国内移动图书馆现状及发展趋势》(宋恩梅、袁琳)、《面向用户需求的图书馆移动

信息服务》（茆意弘），是这一时期移动阅读研究的代表性论文。

大数据是近年来又一研究热点。《中国图书馆学报》刊载的《大数据分析与情报分析关系辨析》（李广建、化柏林）、《大数据时代数字图书馆面临的机遇和挑战》（苏新宁）、《RDA 与关联数据》（刘炜等）、《数据治理——图书馆事业的发展机遇》（顾立平）等论文，既有基础理论研究，又有实践指导和发展前瞻研究，对图书馆服务中的大数据应用产生了积极推动作用。

数字技术与人文社会科学研究相融合而形成的"数字人文"，近几年引起了业界的关注。《中国图书馆学学报》发表的研究成果在三个方面颇具引领性。首先，有关数字人文基础建设和发展趋势的研究，如《面向人文研究的国家数据基础设施建设》（张永娟）、《数字人文研究演化路径与热点领域分析》（柯平、宫平）等。其次，以数字思维、数字方法研究图书馆学及相关领域的专业问题。如《"个人信息世界"——一个信息不平等概念的发现及阐释》（于良芝）、《基于数字原住民和数字移民的概念初探》（赵宇翔）、《人的发展：文化共享工程效果反思》（曹凌、杨玉麟、林强）、《农村数字化贫困群体的 ICT 接受行为研究——中国六省市田野调查报告》（闫慧、刘济群）等。第三，特别值得一提的是，这一时期的图书馆古籍保护与利用研究，不约而同地聚焦于数字化方法与手段，如《古籍保护与开发的策略与建议》（刘家真、程万高）、《面向数字人文研究的大规模古籍文本可视化分析与挖掘》（欧阳剑）等，形成了图书馆领域数字人文研究的独特场景，展现了图书馆人为实现以现代化手段表现古籍内容、让古籍中的文字活起来的不懈努力。

与现代信息技术应用于图书馆服务密切相关的一些基础性研究，近年来国内专家学者紧跟国际潮流稳步推进，《中国图书馆学报》对重要方面、重要节点上的研究成果均有适时反映。《高校图书馆 2.0 服务模式研究》（刘磊、穆丽娜）、《转型时期图书馆知识产权管理战略需求、目标与路径》（陈传夫等）、《网络环境下新型〈汉语主题词表〉的构建》（曾建勋等）、《中国高等教育数字图书馆：规划与实践》（黄晨）、《论网络信息存档权及其生成》（周毅）、《面向关联数据的语义数字图书馆资源描述与组织框架设计与实现》（欧石燕）、《机构知识库内容保存与传播权利管理》（张晓林等）、《MOOCs的兴起及图书馆的角色》（秦鸿）、《数据素养研究：源起、现状与展望》（孟祥保、常娥、叶兰）等，都是不同时段、不同方面产生的有较大影响力的成果。

2011 年，《中国图书馆学报》发表了张晓林的《颠覆数字图书馆的大趋势》。该文指出，"破坏性技术"颠覆已有数字图书馆模式的技术、需求与机制的现象已经或正在发生，国外学者认为图书馆界过去五年的变化超过了之前一百年，而未来五年的变化将使过去五年的变化微不足道。这一警示告诉我们,现代信息技术飞速发展,图书馆技术应用永远在路上,密切跟踪、研究并适时采用新技术,这是促进图书馆服务质量提高、服务效能提升的永恒主题。

三、阅读推广研究引领理论体系建设

全民阅读在中国已经走过了 20 多年的历程。图书馆是全民阅读的主阵地、主力军,阅读推广是图书馆的主流业务。近年来,伴随着全民阅读上升为国家文化战略,阅读推广活动在图书馆日益走向丰富多彩和深入扎实。2013 年中国图书馆学会年会以"书香中国——阅读引领未来"为主题,是阅读推广成为中国图书馆人职业自觉的写照。

近十年来,阅读推广在各级各类图书馆不断向纵深发展的一个重要标志,是阅读推广开始由实践型、体验型、随机型活动的丰富多彩向理论阐释、标准构建、经验提炼扩展延伸,中国图书馆界率先在世界范围内开启了构筑图书馆阅读推广理论体系的艰巨航程。2014 年《中国图书馆学报》首发《阅读推广与图书馆学:基础理论问题分析》(范并思),拉开了这一航程的序幕。该文的重要意义在于,提出阅读推广基础理论体系的框架,改变不论中外图书馆阅读推广主要停留在案例总结、方法调研、经验描述层面上的现状,把图书馆阅读推广提升到认识论、价值观、公平正义、创新能力的高度加以系统研究,为世界范围内的图书馆阅读推广做出了具有中国特色的理论探索。该文首发后,引发国内图书馆界有关阅读推广理论研究的小高潮,《中国图书馆学报》也陆续发表多篇力作,如《试论图书馆阅读推广理论的构建》(谢蓉、刘炜、赵珊珊)、《多维集成视角下全民阅读评估标准体系的构建》(夏立新、李成龙、孙晶琼)、《图书馆儿童阅读推广活动评估指标体系构建研究》(王素芳、孙云倩、王波)、《图书馆"阅读障碍症"群体服务的理论与实践》(束漫、孙蓓)等。可以预料,图书馆阅读推广基础理论研究、图书馆阅读推广理论体系构建,必将厚植中国全民阅读的内容体系,建立中国全民阅读的理论自信,对丰富和完善中国全民阅读发展战略具有不可替代的重要作用。

四、结语

近十年来,中国图书馆事业全面发展、系统提升,《中国图书馆学报》伴随着事业发展的脚步,全方位关照,鸟瞰式留真,不仅在重点领域形成特色,还推出一大批涉及事业发展方方面面的有创新、有突破的精品力作。如图书馆史研究方面的《关于中国图书馆史研究的几点思考》(韩永进)、《中国古代雕版印刷术起源新论》(陈力)、《国家图书馆百年沿革与传承》(李致忠);目录学研究方面的《改革开放 30 年来目录学实践的回顾与反思》(彭斐章、陈红艳);分类学研究方面的《马克思主义在中外图书分类法中的列类研究:演变和进展》(侯汉清、黄建年);文献计量学研究方面的《引文的本质及其学术评价功能辨析》(叶继元)、《论推动替代计量学发展的若干基本问题》(邱均平、余厚强)、《单篇论著学术迹与影响矩比较研究》(唐继瑞、叶鹰);图书馆学教育研究方面的《中国图书馆学教育九十年回望与反思》(王子舟)、《图书情报硕士"双学位"教育的一点思考》(沈固朝、周志远)。还有从哲学高度阐释图书馆学的《论图书馆本质的哲学解构与建构》(徐跃权),传播现代图书馆理念的《图书馆权利的界定》(程焕文),展望国际图书馆发展趋势的《开放交流合作——国际图书馆发展大趋势》(吴建中),探讨图书馆事业社会化发展的《对我国本土图书馆基金会的探索》(刘兹恒),总结分析重大活动经验和影响的《"百县馆长论坛"的历史意义》(李超平),分析公共图书馆法人治理结构改革试点利弊得失的《深圳图书馆法人治理结构试点探索及思考》(肖容梅),等等。一花独放不是春,万紫千红春满园。近十年来,中国图书馆事业以跨越式发展走出了中国道路,以理念变革、实践创新积累了中国经验,也以丰富多彩、百花齐放的研究成果为全球图书馆事业做出了中国贡献。

马克思主义在中外图书分类法中的列类研究:演变和进展

侯汉清　黄建年

1　马克思主义列类的历史演变

1949 年新中国成立前后,图书馆界纷纷编制了一系列新型图书分类法,从《东北法》《苏北图书馆图书分类表》(简称"苏北表")到《人大法》《中小型表》《大型法》等,为数众多。除《东北法》《山东法》未标明外,上述各分类法,都提出其编制的指导思想是马克思列宁主义、毛泽东思想。但是,关于如何体现这一指导思想,各家做法却不尽相同。

《东北法》是将马克思主义经典作家的著作作为特藏列出的,是特例,当时在类表的总类中设立了"泽东文库""鲁迅文库"专类。《山东法》继续采用这一方法,设置"泽东文库"。新中国成立后,随着马克思主义在我国思想界指导地位的逐渐确立,相关的研究著作也开始大量出现,为了满足这一需要,编于 1950 年的《苏北表》则"首次把马克思、恩格斯、列宁、斯大林、毛泽东的著作集中到分类表之首"。作为新中国成立后第一部大型分类法,完成于1953 年的《人大法》明确提出思想性、科学性与实际应用性等"三性"原则,并力求"在分类中贯彻马克思列宁主义思想体系"。《人大法》为"四分法",共分十七个大类,四大部类,即哲学、社会科学、自然科学、综合性图书四个基本部类。它不仅将马克思主义经典作家的著作集中在一起,专门设立了"马克思列宁主义、毛泽东著作"大类,还将之列于各类之首。需要指出的是,《人大法》将"马克思列宁主义、毛泽东著作"与"哲学、辩证唯物主义与历史唯物主义"统一包含在"总结科学"部类中,而并没有将其作为一个独立部类呈现。1957 年,《中小型表》由文化部社会文化事业管理局公布使用,首创"五分法",马克思列宁主义类目不仅作为第一大类出现,而且开始成为一个独立部类出现。马克思列宁主义在中国图书分类法中的至高地位此时方得以完全确定。五分法体例为以后编制的各大分类法所仿效,如《科图法》《武汉大学图书分类法》《大型法》《中图法》等沿袭此法,并一直沿用至今。实际上,将"马克思列宁主义"置于第一大类不是我们的独创,1951 年即完成草稿的《苏联图书分类法》就采取了这样的做法。不过,与我国分类法有所区别的是,《苏联图书分类法》部类按马克思列宁主义、自然科学、社会科学、综合性图书的顺序排列,哲学、心理学在类表中的地位不高,仅放置于最后一大类——综合性图书之前。

尽管新中国成立后"马克思列宁主义"类目的地位在逐渐提高,并最终在主流分类法中取得了至高无上的地位,但实际上"文革"后我国的分类法也并非全然如此。1987 年出版的《中国档案分类法》将"马克思主义研究""毛泽东思想研究""马克思主义哲学"等内容分别归入"H2 社会科学研究"类目下的 H21、H212 和 H221 等 3 个子类目(H 为第九大类),分别为 2—3 级类目,地位普通。另外,尚有《中文新闻信息分类与代码》《学科分类与代码》《人民日报索引分类法》等多部分类法,均没有将马列主义设置为第一大类,详见下文。

上述主要是马列主义在我国内地分类法中列类的演变情形,而在香港、台湾地区的分类法中,其列类变化不大。就以在台湾地区使用最广泛的赖永祥修订的《中国图书分类法》(刘国钧编)以及《中国图书十进分类法》为例来说,马列主义的类目在前者中从属于"549 社会改革论",在后者中则从属于"320 政治学总论",而且均分散列于各类,并不集中。多年来在各个版本中相关类目的地位几乎没有出现重大变动,只是内容有所增加,比如台湾《中国图书分类法》增订 7 版及 8 版中分别增加了"549.4211 毛泽东思想""549.4216 邓小平理论"等类目,这些类目的变化更多的是受到大陆分类法的影响以及此类图书的馆藏数量增长所致。

2　关于设置马列大类的争论

自新中国成立以来,关于马列大类的争论一直连续不断。主要的争论包括两个方面:其一是是否应该设置马列大类以专门存放马克思主义经典作品及研究著作;其二是承认设立马列大类的合理性,但是对马列大类的收录内容持有不同意见,比如马克思主义的三个组成部分是否需要列入马列大类等。

关于是否设立马列大类的争论最先围绕《中小型表》的编制而展开。1956 年 4 月,文化部社会文化事业管理局和北京图书馆联合召开中小型图书馆图书统一分类法座谈会,基本部类及其次序的讨论成为会议的重要议题之一。会议争论激烈,赞成设立马列大类,并置于各类之首的主要依据是此举可以体现图书分类法的"政治性与思想性",其代表人物为北京大学的刘国钧。而反对设立马列大类的主要依据是毛泽东关于知识分类的理论,其代表人物是武汉大学的皮高品。他提出,将马列主义作为基本部类并冠于全表之首,是"人为地突出马克思主义""和毛主席所说的世界上的知识只有自然科学、社会科学、哲学,此外没有了的说法是相违背的"。在《中小型表》的编制中,最终赞成设立马列大类的意见占了上风。但是,这场争论并没有结束。

1957 年,北大史永元撰写《关于马克思列宁主义经典著作在分类法中集中归为一类的意见》一文,指出了按人归类不太确当,而建议按照学科属性加以归类。据史先生回忆,此观点还得到了时任北大教授的刘国钧、王凤翥等的赞同。为了更详细地说明自己的论点,1958 年刘国钧专门撰写了一篇论文《图书分类浅说——关于使用中小型图书馆图书分类表的几个问题》。在该文中,刘国钧认为,将马列主义与哲学合并为一类"会局限马克思列宁主义,使人把马克思列宁主义和哲学等同起来",并说明此大类的"主要内容是经典著作"。同样,皮高品也通过刊物进一步表达自己的不同观点。但是,上述这些争论主要集中于是否采用五分法以及是否设立 A 大类,对于 A 大类内容的讨论虽然也有一些,但是并没有成为主流的声音。

"文革"结束后,这一情况发生了变化,《科图法》1979 年修订稿将当时党中央主席华国锋及其著作列入第一大类,引起了更大范围的争论。另外,《科图法》为朱德、周恩来的著作设立了专类——"07.2 周总理、朱委员长著作及其研究",其后,白国应还主张为刘少奇等人的著作列类,相关文字更多地涉及具体内容的归类。1980 年,《中图法》编委会在山西太原开会时,与会代表大多数不同意《科图法》的这一做法,因而《中图法》第三版编委会没有采纳这一方案。关于 A 大类的具体收录范围也有不同的意见,如范世伟认为"革命导师的论著单行本似宜分别归入各有关大类"。20 世纪 80 年代以来,邓小平同志的威望以及历史功绩逐渐得到世人的认可,关于邓小平理论是否列入 A 大类再一次在图书情报界引起较大的争论。俞君立、贺定安著文明确表示,"应保留 A 大类,并在 A 大类增设邓小平理论类目"。这一看法逐渐成为主流观点,因而在《中图法》第四版中,在 A 大类又增设了"A49 邓小平著作",并相应调整了相关类名,暂时使这一争论告一段落。但是,存在的问题并没有得到根本性的解决。

目前主要的争论集中在三种意见:一是主张继续"扩容",把江泽民提出的"三个代表"重要思想以及胡锦涛提出的"科学发展观",统统都加入马列大类;二是主张马列大类不能再大幅扩充了,以后该大类要予以"冻结";三是主张实事求是地改革马列大类,按照学科性质立类。

3　中外分类法对马克思主义的列类和处理

国内外主要分类法对马克思主义及其文献的处理和列类方法各不相同,了解这些方法不仅有利于了解国内外马克思主义研究的最新动向,同时亦可为当前《中图法》修订的借鉴。

3.1　《中文新闻信息分类与代码》

新闻分类应该比普通图书资料的分类更强调其政治性与导向性,但是,纵观作为国家标准的《中文新闻信息分类与代码》,并没有发现其中具有这样的导向。马克思主义既没有作为第一大类,也没有安排在压阵的最后一个大类,而只是作为一门科学安排在"33 科学技术"大类下的一个二级类。这种做法,对于以处理各种普通图书资料为主的《中图法》来说,应该能够提供有益的借鉴。

33 科学技术
33.01 科研机构建设
33.02 科研队伍建设
33.03 科技体制
33.04 科学技术管理
33.05 科学技术工作
33.11 马克思主义
33.11.01 马克思主义研究
33.11.02 列宁主义研究(列宁、斯大林研究入此)
33.11.03 马克思、列宁主义与中国(包括传播、学习、研究、运用、发展等)
33.11.05 毛泽东思想研究
33.11.05.01 毛泽东思想
33.11.05.02 邓小平理论
33.11.05.03"三个代表"理论

33.11.05.05 科学发展观

33.11.05.99 毛泽东思想研究其他

33.11.99 马克思主义其他

33.13 哲学

　　　宗教（入 01.13.21.22 宗教事务）

33.17 人文与社会科学

该表中，毛泽东思想、邓小平理论、"三个代表"理论以及科学发展观统一从属于"毛泽东思想研究"类目，这种处理方式值得借鉴。

3.2 《学科分类与代码》

国家标准《学科分类与代码》（GB/T 13745—1992）也未将马克思主义列为第一大类，而是作为专门学科处理，类名简单，并为"国外马克思主义研究"设立专类，建议《中图法》第五版修订时吸收这一做法。

710 马克思主义

710.10 马、恩、列、斯思想研究

710.20 毛泽东思想研究

710.30 马克思主义思想史

710.40 科学社会主义

710.50 社会主义运动史

710.60 国外马克思主义研究

710.99 马克思主义其他学科

另外，它将马克思主义哲学归入 720.20，将马克思主义关于伦理学、美学、宗教学、新闻学等论述或者理论，采用分散各入其类的办法，较好地解决了学科交叉问题。具体类目如下：

720.4530 马克思主义伦理思想史

720.5060 马克思主义美学

730.1110 马克思主义宗教学

790.2530 马克思主义经济思想史

860.1015 马克思主义新闻理论

但是，该法对于中国相关文献的处理没有予以特别的考虑，显然不如《中文新闻信息分类与代码》。后者专门设置"马克思、列宁主义与中国"一类，而且加入了恰当的注释，有助于用户正确地理解和处理此类著作。

3.3 《人民日报索引》

《人民日报》为了方便读者使用，自 1951 年起开始编制索引，基本上一年一卷。前三卷采用《中小型表》分类体系，共设立 26 大类，马克思列宁主义设为 A 大类。自第 4 卷至第 17 卷，尽管还是采用《中小型表》分类体系，但是有所修改，只有 13 大类，而且其中已经没有"马克思列宁主义"大类了，说明其分类思想也在发生变化。自第 18 卷（1965 年）开始，《人民日报索引》采用自编的分类体系，共分为总类、中国、亚洲、欧洲、非洲、美洲等 6 个大类，其中在总类下设立二级类目"马列主义、毛泽东思想"，收录世界性的资料，而在中国类目下设立"学习马列主义""学习毛泽东思想"两个二级类目。20世纪90年代后期，它又完全按照地区划分，取消了总类下的"马列主义、毛泽东思想"类，把它们并入"中国"大类下的"政治"类，类目设置为：

中国
　政治
　　政治理论
　　　马列主义·毛泽东思想·邓小平理论

通过上述事例，我们不难发现"马列主义、毛泽东思想"在《人民日报索引》分类体系中的变化，这种变化与《中图法》多年一贯的传统形成鲜明的对比。

3.4 《军事信息资源分类法》

《军事信息资源分类法》是近年来作为军用标准颁布的一部大型分类法，其中基本大类23个，共设各级类目8676个，23个基本大类中没有专门设置马克思主义大类，只是在"A军事思想"下设置二级类"A21马列主义军事思想"，与"A31军事哲学"等类并列，详情如下：

A 军事思想
A100 军事思想总论
A21 马列主义军事思想
A2121 马克思恩格斯军事思想
A2123 列宁军事思想
A2124 斯大林军事思想
A2125 毛泽东军事思想
A2126 邓小平军事思想
A2127 江泽民军事思想
A2128 胡锦涛及其他军委主要领导军事论述
A2168 中国老一辈革命家军事思想
A2189 其他革命家军事思想
A31 军事哲学
A51 军事革命
A61 中国历代军事思想
A71 外国军事思想
A91 军事思想史

3.5 《社会科学检索词表》

《社会科学检索词表》是国家哲学社会科学"七五"重点课题，是一部大型的分类主题一体化词表，分为分类表和字顺表两大部分，1993年通过鉴定。该分类表共分17大类，其中第一大类为"A马克思列宁主义"，共有75个类目，其类目设置为：

A 马克思列宁主义
A1 马克思主义三个来源

A2 马克思主义三个组成部分

A3 马克思主义史

A31 马克思主义

A32 列宁主义

A33 毛泽东思想

A5 马克思主义经典著作

A6 马克思主义经典作家

A7 当代马克思主义思潮

该表对马克思列宁主义类目的设置别出心裁，自成体系，值得我们参考借鉴。

3.6 《音像资料叙词表》

《音像资料叙词表》是一部分类主题一体化词表，分为分类叙词表（即分类表）和字顺叙词表两大部分。考虑到处理音像资料的特殊需要，分类表共分为文学艺术、哲学、社会科学、自然科学与技术、通用概念等5大部类，并细化为14大类。但是，14大类中并没有专门的马克思主义类目，马、恩、列、斯、毛只是出现在附表（人物表）中。

3.7 《学科专业目录》

1997年6月，国务院学位办发布实施《授予博士、硕士学位和培养研究生的学科、专业目录》，简称《学科专业目录》。它把马克思主义理论列于03法学大类下，并列举出马克思主义基本原理、马克思主义发展史、马克思主义中国化研究、国外马克思主义研究和思想政治教育五个下位类。这里并没有照搬《中图法》的做法，把马列主义安排在非常突出的位置上，也没有像国外一些分类法那样，把它列于经济大类之中，而是从高等学校学科设置的实际情况出发，排列在法学、政治学、社会学和民族学之后。

02 经济

03 法学

0301 法学

0302 政治学

0303 社会学

0304 民族学

0305 马克思主义理论

030501 马克思主义基本原理

030502 马克思主义发展史

030503 马克思主义中国化研究

030504 国外马克思主义研究

030505 思想政治教育

3.8 《杜威十进分类法》（DDC）

《杜威十进分类法》是国外使用最为广泛的分类法之一。关于马克思主义的类目在其最新版本集中于335.4类目下。其中330为经济学、335为社会主义及相关体系。具体类目如下：

330 经济学

335 社会主义及相关体系

335.1—335.3 非马克思及准马克思主义的社会主义体系

335.4 马克思主义

335.41 哲学基础、经济概念等

335.42 早期(1848—1917)

335.43 共产主义(马列主义)(1917 年以后)

335.4344 南斯拉夫共产主义

        铁托主义入此。

335.4345 中国共产主义

        毛泽东思想入此。

335.4347 古巴共产主义

        卡斯特罗主义入此

此表把马克思主义和共产主义合二为一,并按照时间和国家排列,有助于了解马克思主义发展的过程,也是一种组织文献的方法。

3.9 《国际十进分类法》(UDC)

UDC 是在 DDC 基础上发展起来的一部分类法,基本沿用了 DDC 的分类体系,把"马克思主义、共产主义"列在"33 经济学"大类,1964 年因此被打成"大毒草",并下令全部予以销毁。国内学者于 20 世纪 80 年代初重新评价 UDC 时明确指出,"UDC 把马克思主义列于经济类,是谈不上什么'贬低'、'歪曲'的","因为马克思主义的一个重要组成部分就是政治经济学"。它基本上按照马克思主义或社会主义的历史发展的次序,把有关类目排列(不同版本大同小异)为:

335 社会主义

.1/4 马克思以前的社会主义、空想社会主义

.5 马克思主义、共产主义

   .51 马克思主义

   .54 列宁主义、共产主义

   .55 国际共产主义组织

.6 国家社会主义

.7 其他社会主义

3.10 《美国国会图书馆分类法》(LCC)

《美国国会图书馆分类法》主要应用于美国高校图书馆与学术图书馆,共分 21 个大类。此法根据文献保证原则,完全依据美国国会图书馆的藏书情况而编制,因而实用性较强。其中关于马克思主义的相关内容只是作为社会科学的一个二级类目加以处理。

H 1 - 99 社会科学总论

HA 1 - 4737 统计学

HX 1 - 970.7 社会主义、共产主义、乌托邦、无政府主义

806 – 811 乌托邦
821 – 970.7 无政府主义

4　结　语

综上所述,中外各种图书分类法或分类体系在处理马克思主义文献时呈现出如下几个特点:

(1)把马克思主义当作一门科学或思想流派处理;

(2)往往采取中性原则,按照马克思主义发展的时间次序或者地区排列;

(3)考虑到马克思主义本身存在着不同流派,予以恰当的处置;

(4)考虑到马克思主义与其他学科的交叉,采取设置交替类目等措施,以解决相关资料集中和分散的问题;

(5)不少分类法都与时俱进,不断改进其与马克思主义相关的类目体系和类目设置。

《中图法》虽然早已风靡大陆,成为不是国家标准的"标准"分类法,但是至今它仍未走出国门,走出境门,为世界其他国家和地区所使用。这与《中图法》类目设置的现状,与《中图法》所做的国际化努力较少有关。

为此,我们建议在《中图法》修改时注意:①以中性原则取代分类法中的"党性原则",类目设置减少中国特色,采用国际化、通用化术语;②降低意识形态倾向,以满足内地及港、澳、台地区图书馆现状,同时满足其他国家图书馆图书分类的要求;③发行世界主要语言的版本或多语种对照版,以满足其他国家类分图书或使用中文文献数据库的需求;④尽早对 A 大类进行实事求是的改造。

(选自《中国图书馆学报》2009 年第 2 期)

国家图书馆百年沿革与传承

李致忠

2009 年是中国国家图书馆(以下简称国图)百年华诞。探寻百年来国图发展的轨迹,大体呈现出前 40 年和后 60 年的阶段性,而后 60 年中又表现出前 30 年和后 30 年的明显差异。前 40 年,社会动荡,政权迭更,战争连年,山河破碎,纲坠国殇,国图只能在夹缝中苟延残喘;后 60 年中的前 30 年,发展虽然不算很快,但进展平稳,脚步扎实;后 60 年中的后 30 年,伴随国家的改革开放,国图也迎来了自己的春天,实现了历史性的跨越,跻身于世界国家图书馆的先进行列。站在国图百年的历史节点上,回顾其百年的发展,理顺其百年的沿革传承,令人思绪万千,心情激越。

1 馆名的沿革

国家图书馆的前身名京师图书馆,创建于清宣统元年(1909)9 月 9 日。16 年后馆名始发生变化。

1900 年 8 月 14 日,八国联军攻占北京,慈禧太后挟光绪皇帝逃往西安。这一年是中国干支纪年的庚子,故称"庚子之乱"。翌年,即 1901 年 9 月 7 日,美、英、法、德、意、日、俄、奥等 11 国强迫清政府与他们签订了屈辱的《辛丑条约》。条约规定清政府要向各国赔偿"战争损失"4.5 亿多两海关银,分 39 年偿清,年息 4 厘,本息合计 9.8 亿多两银,史称"庚子赔款"。然列强并不满足,故于条约签订后,各国都虚报战争损失,索要赔款总额高达 4.6 亿多两银,比条约规定的 4.5 亿两多出 1000 余万两。并在如何分配赔款问题上,列强纷争,多次谈判。美国政府则从刚确立的对华门户开放政策出发,强调"更多的优惠和行政改革要比大量的金钱赔偿更合乎需要",因此,不但表示愿意按比例削减赔款数额,还多次指示美国驻华公使康格说服其他列强,在将各国的赔款总额削减至 4.5 亿两之后,美国愿意做出进一步削减,同时也希望其他各国按比例削减,但未得到其他列强的响应。美国游说失败后,时任美国国务卿的海约翰和当时负责远东事务的柔克义便开始考虑率先由美国单独退还庚款中虚报、高报的部分,想用实际行动促使其他列强一同退还。1908 年 5 月,美国国会参、众两院正式通过议案,授权美国总统退还中国部分庚款。12 月 14 日美国总统发布退款令,12 月 31 日美国驻华公使柔克义通知清政府,退还部分赔款。此次退款是从 1904 年 1 月算起美国摊得庚款多余的 1078 万美元,本息合计 2892.2 万美元。这是美国退还的第一笔庚款。1924 年 5 月,美国国会参、众两院再次通过议案,决定将从 1917 年 10 月算起的庚款余款 1254.5 万美元全部退还,此为美国的第二笔退款。两次总计为 4146.7 万美元。

美国既率先退还部分庚款,其用向当然要贯彻美国政府的意图。1907 年 12 月 3 日,罗斯福在为争取国会支持退还部分庚款而写给国会的报告中表示："我们这个国家应在中国人的教育方面给予十分实际的帮助，以便中国这个幅员辽阔、人口众多的帝国逐渐适应现代形势。实现这一目标的途径之一，就是鼓励中国学生来我们这个国家，吸引他们在我们的大学和高等教育机构里就学。"可知早在美国退还部分庚款之前，已经确定了庚款退还后的使用方向。

美国最初退还的部分庚款，都委托美国在华之花旗银行进行管理。按照前边所约"先赔后退"的办法，清政府每年要先将该赔付的庚款，汇入美国在华的花旗银行，经该行理收后，再由它按照美国政府的旨意进行退还，而中国政府收到"退款"后，又被限定存储在花旗银行的一个账户（后被习称为"清华基金"）。1924年5月，美国退还第二笔庚款。为保证退款不被中国政府纳入国库，经美国国务院同意，要求中国特设一个机构来进行管理，名称就叫"中华教育文化基金会"，也称为"中华教育文化基金董事会"（以下简称中基会）。中基会于1924年10月1日正式成立。1925年6月2日至4日，中基会在天津裕中饭店举行会议，会上通过了美国退还庚款当以"（1）发展科学知识及此项知识适于中国情形之应用，其道在增加技术教育，科学之研究、试验与表证及科学教学法之训练；（2）促进有永久性质之文化事业，如图书馆之类"两项决议案。

为贯彻上述第二项决议案，1925年10月22日，中基会与中国教育部协商订约，决定合办"国立京师图书馆"。11月26日，教育部下达第206号令，谓"原设方家胡同之京师图书馆，应改为'国立京师图书馆'，暂移北海地方"。12月2日，教育部训令第313号又谓："此次本部与中华教育文化基金董事会协商，组织国立京师图书馆委员会，将该馆改名为'国立京师图书馆'，并经派定委员在案。现经本部函聘梁启超为国立京师图书馆馆长，李四光为副馆长。合亟令行该馆，仰即遵照可也。此令。"这是京师图书馆馆名的第一次变更，即在"京师图书馆"之前加上了"国立"二字。

1925年10月22日，中基会与中国教育部合办国立京师图书馆议决并签契约。契约规定："馆中经费分两种：'（一）临时费，为一百万元，供开办时建筑、设备及购置书籍之用，由董事会完全担任，分四年支出。（二）经常费，第一年度内暂定为每月五千元，由董事会与教育部各任其半'。""旋即于11月依约成立国立京师图书馆委员会，订定委员会章程，聘定梁启超、李四光为正、副馆长，袁同礼为图书部主任。并租定北海公园内之庆宵楼、悦心殿、静憩轩、善安殿一带房屋；拨京师图书馆原有职员之一部，组织国立京师图书馆筹备处。"这些举措表明中基会与教育部合办"国立京师图书馆"之初进展十分顺利。契约中明文规定，教育部只需支付图书馆日常费用两千五百元，应该说这样的契约大概已经考虑了中国彼时的经济社会状况，似无难为教育部之意。然彼时中国军阀混战，国无宁日，国库空虚，连每月两千五百元的日常经费也拿不出来，无法履约。故于1926年1月13日，中基会致函中国教育部，要求履行《合办国立京师图书馆契约》。1月26日，教育部正式复函中基会，曰："因国库支绌，难于履约。"中基会于1926年2月24日再次致函教育部，"正式声明在教育部未能履行契约规定条件以前，应即暂缓实行契约"，"而原定计划中之图书馆，则暂由董事会独立进行，并改名为北京图书馆。所有原定之临时费一百万元，仍分四年支付。并聘梁、李二君为正、副馆长，袁君为图书部主任。又由董事会派委员五人，组织北京图书馆委员会，以为管理机构。本馆遂于十五年（1926）三月一日成立"。此为"北京图书馆"名称之所由来，也是梁启超、李四光又任北京图书馆正、副馆长的由来。可知"北京图书馆"名称的第一次出现，是由中基会擅改"国立京师图书馆"之名而来，与1949年新中国成立后的"北京图书馆"之名有本质的区别。

1927 年,南京国民政府成立。1928 年 5 月,北京政府解体,由南京国民政府接管。6 月 21 日,国民党中央政治会议议决改北京为北平,北平、天津为特别市。7 月 18 日,南京大学院致函京师图书馆,谓"旧京师图书馆奉中央命令改为北平图书馆"。7 月 24 日,南京大学院又通知京馆"京师图书馆应改为北平图书馆,属大学院"。这样,京师图书馆又改名为"北平图书馆"了。而中基会独办的"北京图书馆"亦不得再行用"北京"之名,而只好于是年 10 月改名为"北平北海图书馆"。这是"北平图书馆"及"北平北海图书馆"名称的由来。

1929 年 6 月,中基会在天津举行第五届年会,会议议决接受当时中国教育部部长蒋梦麟的提议,继续执行前北京教育部与中基会合办国立京师图书馆的契约,将北平图书馆与北平北海图书馆合组,成立"国立北平图书馆"。但在谁合并谁的问题上,又几经周折,后经国立北平图书馆委员会陈垣等人的据理力争,始将中基会之"北平北海图书馆"向"北平图书馆"合并,称为"国立北平图书馆"。此为"国立北平图书馆"名称的由来。

1949 年 9 月,中国人民政治协商会议在北平召开,决议改北平为北京,并定都于此。10 月 1 日中华人民共和国成立以后,改"国立北平图书馆"为"北京图书馆"。这个"北京图书馆",与 1926 年中基会独自改"国立京师图书馆"为"北京图书馆"的那个馆,既有一定的联系,又有本质上的差别。说它有一定的联系,是因为中基会的那个"北京图书馆"后来改名为"北平北海图书馆",1929 年"北平北海图书馆"又与"北平图书馆"合组而成为"国立北平图书馆";而新中国成立后的"北京图书馆"是改"国立北平图书馆"而来,故其中含有中基会之"北京图书馆"的影子,但本质有别。

1999 年,经国务院批准,北京图书馆在是年 9 月 9 日 90 周年馆庆时举行揭牌仪式,正式更改"北京图书馆"的馆名:对内称"国家图书馆",对外称"中国国家图书馆"。中共中央政治局常委、全国人大常务委员会委员长李鹏出席揭牌仪式并讲话,热烈祝贺国家图书馆 90 年的发展和对社会做出的贡献。

2 馆舍的沿革

1909 年虽经晚清政府正式批准成立了京师图书馆,亦曾计划在北京德胜门内净业湖南北一带辟建新的馆舍,但中经辛亥鼎革,事遂中辍。1912 年民国政府成立,京师图书馆归教育部领属。经过一番考察,是年 8 月 27 日始在今什刹海东北隅的广化寺开馆。此为国家图书馆最早的馆舍。可是开馆不足两个月,即同年 10 月,教育部又"部议本馆馆址湫隘卑湿,不宜存贮图书,拟更诸爽闿者,以谋永久。"并于翌年派本部社会教育司"佥事周树人、沈彭年、齐宗政,主事胡朝梁、戴克让前往,会同该馆馆员王懋镕、乔曾劬、秦锡纯、雷渝、王惠醇、杨承煦,迅将收藏图书,按照目录检查,装箱封存。其存款、账册,亦应逐一清理,悉交周树人等接收报部。该馆人员务宜交代清楚,以便迁移,听候改组"。此表明在广化寺开馆一年多一点,又闭馆待迁。

既然广化寺不宜开办图书馆,就要另谋他处以开之。经过鲁迅等人将近五年的努力,到 1917 年 1 月 26 日才又在安定门里方家胡同原清代国子监南学旧址开馆。此为国家图书馆历史上的第二处馆舍。

清乾隆二年(1737),刑部尚书孙嘉淦掌管国子监事,因国子监原有号房损坏,无法住人,便奏请将国子监以南也就是方家胡同的官房,让给国子监助教及肄业诸生居住,这就是所谓的南学,也称为南监。以后经嘉庆、道光、同治,至光绪二年时学生最多,共60名。但因为管理不善,入南学的人越来越少。同时,"贡生"又可以花钱捐纳,这样,南监事实上就停办了。国子监南学馆舍总计房屋119间,较广化寺宽敞得多,地势也不低洼潮湿,作为图书馆馆舍并无不可。但四周民户杂居,火灾隐患较大,并不利于消防。

京师图书馆在国子监南学办馆12年,仍不断遭到批评。批评的焦点是认为此地偏居北京东北一隅,交通不便,读者寥寥。故到1928年10月又将方家胡同馆南学舍改为京师图书馆分馆,而本馆则搬到了中南海居仁堂,于1929年2月重行开馆。

居仁堂原名海宴楼,是庚子年慈禧从西安回北京后所建,专为招待女宾之用。门外陈列十二生肖兽首人身像。1911年,袁世凯曾在此殿恫吓隆裕,迫使清帝逊位。袁世凯窃取大总统职位后在此办公,于是将该殿改名为居仁堂。1915年12月13日,袁世凯在此殿做复辟登基准备,受百官朝贺,因而又改总统府为新华宫。冯国璋执政时,又把居仁堂改做家属住宅,堂门改名为宝光门。居仁堂后有福昌殿、延寿斋、福寿轩、延庆楼、福禄居等建筑。曹锟时在延庆楼办公,在福禄居会客,居仁堂、延寿斋、福寿轩等处则成了他妻妾们的住房。第二次直奉战争爆发后,1924年11月2日,曹锟辞职,被冯玉祥软禁在延庆楼。内部战争时期,傅作义在居仁堂办公。此为国家图书馆的第三处馆舍。

中基会成立后,1925年与教育部签订契约,合办国立京师图书馆。契约中规定两项费用,其中临时费为100万美元,供馆舍建筑、设备及购置书籍之用,由董事会完全负担,分四年支出。后因日常费用教育部不能履约,终止了合同,但临时费用并未改变。中基会与教育部商办契约之初,曾择定北海公园西墙外御马圈空地,与养蜂夹道迤西之公府操场为新馆地址。该地本属官有,故契约原有无偿拨用之规定。其后契约既未实行,乃由中基会出资2万元,购定御马圈空地,先行筹备,委托北平长老会建筑师丁恩氏(S. M. Dean)丈量基地,拟绘设计草图。至征募图案之事,则托协和医院建筑师安那氏(C. W. Anner)主持进行。安那氏参酌美国建筑学会前例,拟订征募条例十八条,经图书馆委员会议决后,公布征集。1927年3月,收到图案共计17份,全部装箱,邮寄美国建筑学会审查评定。是年8月,接到该会电告,莫律兰氏(V. Leth-moller)获膺首选,遂照条例聘为建筑工程师,而以获第四奖之安那氏充监督工程师任务。

1928年9月5日,天津复新建筑公司中标承建新馆,17日举行破土仪式。1929年5月11日新馆建筑举行奠基仪式。1931年5月20日,北平馆呈文教育部报告新馆落成。"该馆以绿瓦红墙围绕,正门为三间琉璃门座式,体量高大,气势宏伟。门内庭院开阔,环境疏朗,主楼前矗立石碑、华表、石狮(由圆明园安佑宫迁来),增强了庭院环境气派。主楼二层带前廊,配楼一层,楼间连以平顶连廊,书库在主楼后部,各楼均有地下层。造型仿自清宫式大殿楼阁,绿琉璃庑殿顶,汉白玉须弥座石栏杆,半拱梁枋施青绿彩画,柱身也漆绿色(仿自故宫文渊阁)。比例端庄,色调雅致,总体权衡与细部做法基本合乎则例,是此类设计中比较成功的一座。"这是张复合《北京近代建筑史》一书对文津街老馆的评价。1931年6月25日,国立北平图书馆在文津街新馆举行开馆典礼。是日教育部等机关官员、国内外学术单位代表、名流学者、社会贤达,以及各国驻华公使2000多人前来参加开馆仪式。蔡元培馆长专程从上海赶到北平,主持开馆典礼,并致开幕词。教育部代表蒋梦麟、中基会代表任鸿隽等贵宾也分别致辞,表示热烈祝贺。袁同礼副馆长致答词。仪式后,全体与会人员进楼参观,而后是社会公众参观,前后持续 4 天,达 1 万多人,盛况空前,轰动一时。这是国家图书馆建馆以来第一次有了专门的馆舍,它是当时北平地标性的建筑之一,不但国图人感到由衷的高兴,图书馆界同人也为之欢呼。

中华人民共和国成立以后,国图发展很快,虽然在原地又扩建了书库,并先后新建了三栋小楼,但总计不过 3.4 万平方米,与书刊增长速度不成比例。书刊无处收藏,就由政府先后拨借神武门楼、北海松坡图书馆、故宫西路寿安宫、柏林寺、甘水桥皮肤病研究所及其门诊楼等,作为北京图书馆的临时藏书之地。但书分多处,管理不便,阅览不宜,加之周围环境复杂,更构成了安全威胁,故国家图书馆一直想在文津街老馆院内进行扩建。

1973 年 10 月 29 日,当国家图书馆老馆扩建计划呈送到周恩来总理手中时,总理看了北图的扩建计划和模型以后指示说:"只盖一栋房子不能一劳永逸,这个地方就不动了,保持原样,不如到城外另找地方盖,可以一劳永逸。"但那时还在"文革"当中,无法落实总理指示。1978 年十一届三中全会之后,党和国家的工作重心转向经济建设,实行改革开放,国力不断增强,才有了为国家图书馆建设新馆的可能。

1980 年 5 月 26 日,中央书记处第 23 次会议听取了馆长刘季平关于图书馆的工作汇报。6 月 1 日发出《中央会议决定事项通知》,指出"关于新建北京图书馆问题,会议决定,按原来周总理批准的方案列入国家计划,由北京市负责筹建,请万里同志抓这件事。"其后经过一系列的筹划和准备,到 1983 年 9 月 23 日下午,新馆在风景秀丽的紫竹院公园长河北岸破土动工。同时,邓小平同志也在百忙中为北京图书馆题写了馆名。1987 年 7 月 25 日新馆落成,10 月开馆接待读者。新馆总建筑面积达 14 万多平方米,设有 3000 个阅览座位,可容纳 2000 万册(件)藏书。这样,连同文津街老馆 3 万多平方米,国家图书馆就拥有了 17 万多平方米的馆舍,在当时排名世界第二位。这是国家图书馆在馆舍建设方面的跨越式发展,实现了国图人的夙愿。

2001 年,国家图书馆二期工程暨国家数字图书馆工程获准立项。2004 年 12 月 28 日举行了奠基仪式。该工程设计总建筑面积 8.0353 万多平方米,国家总投资 12.35 亿元人民币,目标是建成世界上最大的中文文献收藏中心、中文数字资源基地和国内最先进的信息网络基地。工程于 2008 年 6 月竣工,是年 9 月 9 日开馆。国家图书馆又新增 2900 个阅览座位,每日可再增加接待读者 8000 人次。这样,国家图书馆就拥有了 25 万多平方米的专门馆舍,成为亚洲第一大图书馆,排在世界第三位。

从 1909 年到 1987 年,时间长达 78 年,国图积累自己拥有产权的馆舍面积只有 3.4 万平方米,平均每年增加不到 436 平方米。而从 1987 年至 2008 年的 21 年间,馆舍面积就猛增 22 万多平方米,平均每年增加 1.1 万平方米,是前 78 年每年净增量的 25 倍多。这是我国改革开放 30 年国力增强的有力表现,是国家在文化建设方面大力投入的有力证明,是掀起文化建设新高潮的坚实基础。

3 缴送制度的承传

1916 年 3 月 6 日,教育部片奏北洋政府,要求饬下内务部,凡立案出版之图书请该部分送京师图书馆庋藏。片奏称："查国立图书馆为一国图书渊府，网罗宜广，规制务宏，非并纳兼收，无以极坟典之大观，供士民之搜讨。今世欧、美、日本各国图书馆所藏卷帙，皆多至以亿万计。京师图书馆现藏旧籍尚称富有，自应益求美备，广事搜罗，以验社会与时进化之几，而彰一国文物声明之盛。惟是时贤新著，海内名篇，辄以鸠聚为难，不免珠遗之憾。查英、法各国出版法中均规定，全国出版图书依据出版法报官署立案者，应以一部送赠国立图书馆庋藏。日本自明治八年设立帝国图书馆后，亦采用此制。法良意美，莫尚于兹。京师图书馆正在筹备进行，似可仿行此制。拟请饬下内务部，以后全国出版图书依据出版法报部立案者，均令以一部送京师图书馆庋藏，以重典策而光文治，似于教育政化裨益匪浅。是否有当，理合附片具陈，伏乞圣鉴。谨奏。"教育部片奏送呈之后，北洋政府"政事堂奉批，令交内务部查照办理。此令。洪宪元年三月八日。"这是京师图书馆接受国内出版物缴送的开端，也由此确立了中国图书出版缴送的最初制度，亦进一步确立了京师图书馆乃国家图书馆的明确地位。

1929 年 10 月 14 日，国立北平图书馆委员会呈文教育部转咨内政部，要求内政部修订《著作权法实施细则》时，增加新出版图书寄存平馆条款："查民国五年三月由前教育部陈明政府，凡新出版之图书依据按照出版法报部立案者，应以一部呈缴国立图书馆庋藏，通令照办在案。惟行之未久，遂等具文。十六年十二月，前大学院曾颁新出图书呈缴条例，十七年六月重申前令。现在国立北平图书馆改组伊始，旧藏卷帙尚称富有，新刊图籍尚待收罗，自应接受此项呈缴图书，以供阅览而广文化。拟请通令全国出版机关依例照办，并请转咨内政部修订《著作权法实施细则》，凡新出版之图书应以一部寄存本馆为必须条例。"1930 年 1 月，教育部函告国立北平图书馆，闪烁其词，未予正面答复。在 1930 年 3 月 28 日教育部公布的《新出图书呈缴规程》（以下简称《规程》）中，也未规定向平馆缴送。为此，平馆再次致函教育部，要求修改《规程》。教育部又致函平馆，谓《规程》公布不久，不宜遽改。平馆再次致函教育部，申明前规，呼吁教育部修改《规程》。1931 年 4 月 8 日，教育部复函，谓："顷准大函，请将国立北平图书馆与中央图书馆规定于《新出图书呈缴规程》第三条之内，并先通令全国出版机关，先行缴寄北平图书馆；或将本部保管中央图书馆之一份，悉数拨借，以供众览等由。查《出版法》及《新出图书呈缴规程》所规定，凡新出图书，应行呈缴之数，已在六份以上，似未便再行增加。所请将国立北平图书馆规定于《新出图书呈缴规程》第三条之内一节，碍难照办。惟拨借本部代管之中央图书馆一份，在中央图书馆未成立以前，尚属可行。除分别咨令青海省政府及各省市教育厅局，将呈缴新书检出一份，迳寄北平图书馆；并饬本部图书馆，将暂代中央图书馆保管之呈缴新书整理检寄外，相应函复，即希查照为荷。"显然这是在形式上做的某些变通，但本质上还是答应了国立北平图书馆的合理要求，从而保留了国立北平图书馆接受呈缴本的资格。

1955 年 4 月 25 日文化部（55）发出文钱秘字第 138 号文，颁布"中华人民共和国文化部关于征集图书、杂志样本办法"。办法称："凡公开发行的书籍、图画、杂志（以上均包括汉文、民族文字、外国文字的，装订成册或单张的，定期出版或不定期出版的，以及杂志的临时特刊），均应在出版后三日内由出版者按照左列规定缴送样本：1. 从第一版起，每出一版均应缴送文化部出版事业管理局二份，中国共产党中央宣传部一份，中国科学院图书馆一份，国立北京图书馆一份。当地文化局（处）一份。2. 同一版次而印次不同的，每一印次缴送本部出版事业管理局一份。3. 如同时或先后有不同装帧、开本、版式的版本出版时，其中一种版本按上列规定缴送,其余版本只缴送本部出版事业管理局一份。4.影印外国出版的外文图书、杂志,第一次印刷应缴送本部出版事业管理局一份,国立北京图书馆二份。""三、各机关、团体、学校用机关、团体、学校名义出版的书籍、图画、杂志除须保密者外,按照第二条第一项规定缴送样本。"此为新中国成立后由中央政府主管部门颁布的关于书、刊缴送的法规,又一次明确了当时北京图书馆接受书、刊缴送的资格。

1956 年 7 月 12 日文化部(56)发出[文陈出字]第 348 号文,修订全国报纸缴送样本办法。办法称"一、全国县、市级以上(包括县、市级)报纸和各地厂矿、高等院校定期出版的报纸,应定期(日报按月,其他刊期报纸按季)向我部出版事业管理局(地址:北京东总布胡同十号)缴送合订本 2 份,向北京图书馆缴送 1 份。有目录索引者,应附寄目录索引,份数同上(缴送时间不得迟于该报出齐后两个月)""三、本办法自 1956 年 7 月份起实行。县、市级报纸以及各地厂矿和高等院校定期出版的报纸,自创刊至 1956 年 6 月底以前出版各期,应补送合订本 2 份(1 份寄出版局,1 份寄北京图书馆)"。这表明新中国成立后中央政府主管部门对县市及县市以上单位、各地厂矿及高等院校所出版报纸的缴送,也做出了明文规定,当时北京图书馆同样享有此项受缴的资格。至此,北京图书馆对国内出版物有了全面接受缴送的权利,建设国家总书库的天职光荣地落在了国家图书馆的肩上。

改革开放后,出版体制虽无多大变化,但出版机制不断创新,各出版社缴送出版物状况参差不齐,为此,新闻出版署从国家大局出发,不止一次发文,要求各级各地出版社及时如数地向国家图书馆缴送各自的出版物。近年来,随着科学技术的飞速发展,出版介质多样化,电子出版物层出不穷,新闻出版署亦适时发文,规定缴送制度,确保国家图书馆的受缴权利和国家总书库建设。

从"洪宪"元年(1916)3 月北洋政府批准建立出版图书呈缴制度,迄今已历经 93 年,中间虽履经波折,但却赓续未断,传承有序。从单纯缴送图书,到相继缴送期刊杂志、报纸、电子出版物,出版介质虽不断更新,但缴送规定也与时俱进,使国家图书馆在接受不同载体出版物上也能赓续不断,承传有序。国家总书库建设更加宏伟和有声有色。

4 藏书建设的传承

国家图书馆的前身是京师图书馆,成立于 1909 年。但到 1949 年,也就是在 40 年的时间里,虽然迭经馆员百般搜采,到 1949 年 1 月,所积累的藏书也只不过 140 万册(件),平均每年净增书刊 3.5 万册(件)。其中还包括 1929 年北平北海图书馆合并到国立北平图书馆的藏书,1945 年 8 月 15 日日本投降、北平光复后接收敌伪单位的一些藏书,以及 1949 年松坡图书馆合并到北京图书馆的部分藏书,真真正正京师图书馆自己的藏书还不及此数。但它的藏书品类、文种在当时还算齐全,形成了国家图书馆初期的藏书基础。

1949 年,伴随中华人民共和国建立,国家图书馆回到了人民的手中,事业得到恢复和发展。1950 年至 1978 年的 28 年间,国图各方面都有了新的进展,其中藏书净增 755 万册(件),是中华人民共和国成立之前的 40 年累计总藏量的 5.4 倍;平均每年净增书刊 26 万册(件),是 1949 年以前年均净增量的 7.5 倍。这是一个很了不起的跨越。但截止到 1978 年年底,也就是国家图书馆走过 69 年历程时,其藏书总量也只是 891.5 万册(件),平均每年净增 12.9 万册(件)。而从 1979 年到 2007 年,又是一个 28 年,藏书净增量则是 1748.0842 万册(件),年均净增 63 万册(件),是 1950 年至 1978 年那个 28 年年均净增量的 2.4 倍,是 1909 年至 1949 年年均净增量的 18 倍。截至 2008 年年底,国家图书馆的藏书总量已达到 2696.7 万册(件),较 1978 年底增加了 1803.2 万册(件),30 年走出了 1978 年以前 69 年的两步半。这是何等惊人的增速!

上述几组数据清晰说明国家图书馆藏书发展变化最快的时段是 1978 年至 2008 年。这个时段,正是我国改革开放的 30 年,是神州大地发生天翻地覆变化的 30 年。人们可以用诗的语言讴歌这个伟大的时代,也可以用数字编织出一幅幅豪迈的蓝图。

世界上任何类型的图书馆,尤其是国家图书馆,其藏书量的增加,大概缘自三个方面的支撑:一是购书费的不断增加从而提高自身的购藏能力;二是本国出版物缴送率的不断提高从而增加免费入藏的数量;三是公私捐赠热情高涨从而增加公益助藏的数量。但放眼全世界国家图书馆的藏书建设,这三者当中最本质、最重要、最有效、最可靠的还是政府对国家图书馆购书经费的不断增加投入。没有这种投入作为保障,藏书量持续增加是不可想象的。

1978 年国家图书馆的国拨购书经费是 210 万元。第二年增至 275 万元,比上一年增加了 65 万元。而到 1988 年,国家改革开放已经十年,国家图书馆紫竹院新馆也已经落成开馆,读者量陡增,书刊流通量成倍增长,该年政府财政拨款 1655 万元,专供国家图书馆购置书刊报等文献信息资源,比十年前的 1979 年多拨 1380 万元,年均增拨 138 万元。而到 1998 年,政府下达给国家图书馆的购书经费已到了 8000 万元,较 1988 年增拨 6345 万元,年均增长 576.8 万元。到 2008 年,国拨购书经费已达 14500 万元,是 1978 年购书经费的 69 倍,1979 年的 53 倍,1988 年的 8.7 倍,1998 年的 1.8 倍。这种表面上不合逻辑的增长速度,反映的则是党的工作重心有效转移、改革开放 30 年经济社会协调发展、综合国力不断增强等合乎逻辑的投入。当然,30 年来书价上涨也不少,有一种不太准确的说法,世界书价大概每年以 15% 的速度上涨。我们扣除这些涨价因素,国拨购书经费仍然保持着逐年增长的态势。这是国家图书馆藏书量倍增的根本原因,也是国家图书馆藏书建设赖以传承的生命线。

5 服务能力的提升

传统图书馆的阵地服务能力,一是取决于藏书量多少,二是取决于阅览座位多少,三是取决于每年开馆天数及每日开馆时间的长短,还有就是利用书刊外借外延阅览范围。1931 年至 1978 年,国家图书馆的阅览座位,总计不过 1300 个,读者接待能力受到严重制约。1987 年紫竹院新馆落成后,增加了 3000 个阅览座位,使多年排队领号入馆阅览的窘况得到了根本改观。2008 年 9 月国家图书馆二期工程暨国家数字图书馆落成,又新增加 2900 个阅览座位。这样,国家图书馆所拥有的阅览座位达到了 6000 个,其接待读者能力大幅提升。

为读者服务是任何类型图书馆的天职,是图书馆的核心价值,所以任何图书馆都要千方百计地创造条件,提高自己的服务能力,改善服务态度,提高服务质量。当然,主观服务意识强,可以弥补一些客观条件差的缺失,但要从根本上解决问题,还得两者兼备。改革开放 30 年来,不仅仅是国家图书馆实现了跨越式发展,各省馆及大城市图书馆,也先后新建或改扩建了馆舍,提升了读者接待能力。

1978年至1987年,国家图书馆还在文津街老馆办公,但通过挖掘潜力,延长每日开馆时间,接待读者总计达597万多人次,年均接待量接近60万人次,但日均不过1600多人次。1987年10月迁入新馆后,从1988年至1997年的十年间读者接待总量为1370多万人次,是前十年(1978—1987)的2.29倍。如此巨大的变化,原因很简单,就是1987年新馆落成,馆舍面积净增14万多平方米,读者阅览座位增加到了3000多个,接待读者能力实现了跨越式提升。1998年国家图书馆实行全面改革,特别是1999年始实行365天全天候开馆,加之突破多年来大学三年级以下学生不得进馆的陈规,18岁以上公民都可以来国家图书馆阅览,来馆读者逐年猛增。1998年当年尚未看出明显效果,1999年则跃升到298万人次,比前一年多接待127万人次,一年等于前十年年均接待读者的两倍,日均接待量是前十年的2.18倍。2001年全年接待读者453万余人次,是1998年全年接待读者人次的2.7倍。2002年接待读者498万人次,日均接待13644人次,一年接待的读者差不多与1929年至1948年20年接待读者的总人次、与1949年至1977年29年接待读者的总人次相埒。这只是读者服务工作中的一种统计,尚不是全貌,且统计的只是来馆读者,也就是图书馆自己所说的阵地服务。图书馆的核心价值就是服务,服务就有效益。读者来馆阅读,就会增长知识、陶冶情操、获取资料、解决难题、促进创新、做出学问,这些既是读者的成果,也是图书馆的服务效益。

当然,这还只是传统服务的一面,伴随国家图书馆二期工程馆舍的落成,国家数字图书馆也同时建成。国家数字图书馆,构建了数字资源采集、加工、发布、保存技术支撑平台,配备了软、硬件系统设备,可满足公众通过网络索取数字资源的需求;构建了数字图书馆与服务所需的网络、服务器、存储和通讯平台,不但能实现自己馆区的网络连接,还要实现与教育网、科技网以及中国电信的连接,并实现卫星、数据广播的有线传输及双向网络连接,接通短信网关和呼叫中心接口,从而实现广泛的网络服务;同时还将陆续完成馆内各个数图业务子系统的建设。国家数字图书馆配备了1500台读者使用终端计算机,8000个信息节点,有线网、无线网同时覆盖,每日可以满足网站读者5万人次的点击,实现"让读者回家去""国图随时在你身边"的新型服务理念。这种发展,是国家图书馆革命性的变革,是又一历史性的跨越。它将带领国家图书馆进入真正复合型图书馆的时代,并继续阔步前进。

(选自《中国图书馆学报》2009年第5期)

中国图书馆学教育九十年回望与反思

王子舟

图书馆学教育是图书馆职业稳定发展的支撑，是图书馆学事业发展的重要基石。中国图书馆学教育有着近 90 年的历史，发展过程有起有伏，经历了三个大的阶段，每个阶段约 30 年左右，为中国图书馆事业的发展做出了巨大贡献，也取得了受人瞩目的成就。为迎接中国图书馆学教育 90 周年的到来，特撰此文以为纪念。

1 图书馆学的形成及早期专业特点

1.1 图书馆学科的形成

图书馆学是在图书馆实践中逐步产生的一门科学。古代图书馆工作以图书整理为主，长期的图书整理实践使之慢慢提炼出了一套系统的知识体系，如我国古代有关图书的版本、校勘、注释、分类、目录、辑佚、辨伪、编纂等学问，它们被晚清学者及近代学者笼统称为校雠学或目录学。西方古代图书馆知识体系也是建立在图书整理基础上的，也形成了有关图书的版本、校注、收藏、分类、目录、辑佚、手稿鉴别、编纂等方面的学问，被西方学者称为图书学（Bibliology）与书志学（Bibliography，亦称为目录学）。

而真正将图书馆知识体系视为一门独立的科学应从 1807 年开始。德国图书馆学家施雷廷格（M. W. Schrettinger，1772—1851）在这一年使用了"图书馆学"（Bibliothek wissenschaft）这个名称（德语中 wissenschaft 是被当作一个表示系统知识的一般术语来使用的）。他后来出版的两卷本《图书馆学综合性试用教科书》，更是系统地阐述了图书馆学的内容体系与基本特征。1886 年，世界第一个图书馆专业培训机构——格丁根大学图书馆讲座由齐亚茨科（K. Dziatzko，1842—1903）在德国格丁根大学图书馆开办，讲授的课程有目录学、抄本史、印刷史、古文书学、图书馆经营法等科目。目录学、抄本史、印刷史、古文书学是研究图书的传统知识体系，只有图书馆经营法是新图书馆的发展催生出来的新内容。可以看出，格丁根大学图书馆讲座讲授的图书馆学，基本上还是以图书整理为研究轴心的，它是以培养有能力辅助科学研究的图书馆馆员为目标的。如古文书学（Palaeography）的主要内容就是解释古代公文、书翰、敕令、特许状、遗嘱等内涵，判定其年代、真伪等。1887 年，美国图书馆学家杜威（Melvil Dewey，1851—1931）开办"哥伦比亚学院图书馆经营学校"的办学目的也是培养专业的图书馆职业人才，因此该校所开设课程多以实用技术为主（包括图书馆经营、目录学、专题讲演、业务指导、学术讲演等）。

齐亚茨科与杜威的办学改变了以往知识与技能"师徒相传"的方式，把图书馆学变成一种职业教育。至此，图书馆学不仅以一门独立的科学姿态面世，而且开始为推动图书馆职业化而进行了有意识的专业建制活动。图书馆学学科意识与专业建制的出现,至少向外界传达了这样一个信息:图书馆工作是一个专门的职业,具有专门图书馆学知识的人才能充任此职。正如杜威在1883年美国图书馆协会的一次会议上引述英国图书馆学家特德(Tedder)的话说:"图书馆员宣称其职业为一专业的时代业已来临!"

1.2 图书馆学专业的早期特点

这一时期的图书馆学,主要以经验性、操作性知识为主,知识深度与理论含量都明显欠缺。1918年,以巨款赞助图书馆事业的卡内基基金会委托图书馆学专家威廉森(Charles C. Williamson,1877—1965)调查美国图书馆学教育现状,三年以后,威廉森提交并公布了名噪一时的调查报告《图书馆服务之训练》(1923年)。这份报告批评了当时以职业技能培训作为教学目的的图书馆学校的通行做法,指出图书馆学校应致力于专业性训练而非事务性训练,专业性训练应在四年大学教育基础上进行,而且大学一年级的专业研究应属一般性及基本性的,二年级开始专门化的课程研究。此后,图书馆学普遍进入了美国大学课程之中,成为一门新兴专业并得到快速发展。

从图书馆学知识体系的形成以及图书馆学专业建立的历史来看,早期图书馆学表现出以下两个显著特征:

(1)图书馆学属于一门经验科学。经验学科不是以假设、公理、逻辑为基础的,而是以实践、实用为基础的,因此内、外部条件的变化(如技术进步)对学科的发展具有重大的影响力;经验学科的发展更多地借助人的隐性知识,其学术价值更多的不是以理论形态表现出来的,而是以实用工具(如各种书目、工具书)形式体现的;经验学科通常不是回答"为什么"的问题,而是回答"怎样做"的问题。韦伯说:"一门经验科学并不能教给某人他应当做什么,而是只能教给他能够做什么,以及——在具体条件下——他想要做什么。"按韦伯的意思,"应当"的问题只能由人文学科来解决,图书馆学解决的只是"能够"和"想要"的方法与路径上的问题,所以它自身具有社会科学的基本性质。

(2)图书馆学的职业支撑功能很强。德国格丁根大学图书馆讲座与美国哥伦比亚学院图书馆经营学校早期的职业培训,使得图书馆学专业在形成之初就具备了很强的职业支撑功能。虽然图书馆学后来成为大学一门新兴专业,但这个功能也没有遭到削弱。无论发达国家还是发展中国家,各国图书馆事业的发展,无不受益于大学图书馆学专业的存在。尤其是当图书馆职业在收入、权力、声望还没有获得高收益标签的时候,那些能留在图书馆并以其为终身事业的工作者们,他们大多数有着大学图书馆学专业的学习经历。而当代许多杰出的图书馆学大家、著名的图书馆事业活动家往往也来自他们中间。

早期图书馆学的特点,突显出图书馆学专业注重实用性与职业性的学术传统,这一学术传统对图书馆事业的发展起到了积极推动作用,但是这两种倾向也有着自身的局限性,为专业的未来发展带来了潜在的消极影响。

其一,经验之学使得图书馆学的实用性、工具性色彩极为浓厚,但也因匮乏原理知识、理论体系而容易致使自身沦入某种职业技术。20世纪30年代美国图书馆学"芝加哥学派"的兴起,标志着强调图书馆学研究科学化、从各种社会科学中获取学术资源、注重图书馆与社会的互动关系的理论图书馆学开始出现。理论图书馆学的内容日后逐步形成了图书馆学的基础理论。图书馆学内容体系也逐步形成了"理论"与"应用"两大板块。图书馆学原理知识、理论体系的丰富与完善,促进了图书馆学专业地位的提升以及职业视野的开阔,但这两个板块也经常出现相互之间关系的紧张。当理论过于盛行或与图书馆实际工作相关度不高,理论研究就会招致主要来源于实践层面的"理论无用""理论脱离实践"的批评;反之,理论研究也会指责实践层面过于实用主义而使自己变为浅薄的操作技术。

其二,图书馆学专业职业支撑功能固然有助于图书馆事业的发展,但是许多人忽略了一点,这就是美国教育家赫钦斯(Robert Maynard Hutchins,1899—1977)在1936年曾指出的:大学首先是一个纯粹追求真理的地方,其次才是一个为今后职业做素养储备的地方。尽管这两者之间时有冲突。由于社会各行各业希望大学为它们提供合格的、现成的"人才产品",后来大学专业院系的设置重心也不得不受此需求驱动。众多专业过于关注毕业生能否在未来职场中顺利找到职业位置,其结果不仅贬低了大学,也没有提高专业的地位。纯粹追求真理与知识的目标在大学里越来越变得模糊起来。图书馆学专业也没有脱离其影响,它对职业的兴趣远远高于学科理智的兴趣。其实,一个真正的专业学科,必须要有理智方面的内容,不仅强调专业训练,而且更加强调专业理解。大学图书馆学专业不仅教授学生"怎样做",还应该教授学生"为什么这样做",让学生们从专业积累下来的理智遗产中,学会对专业论题的反思与论证能力。

2　图书馆学教育的开端及第一个繁荣期(1920—1949年)

图书馆学作为一门科学,它在中国的产生主要有两个条件:一是西方公共图书馆制度的传入,即新式公共图书馆的纷纷建立急需图书馆学知识的指导;二是西方图书馆学知识在中国学术界的迅速传播,即一些美国图书馆学者、归国留学生在国内宣传先进的图书馆学知识。中国图书馆学是在20世纪20年代初开始形成的,其主要标志有三个:①1920年3月韦棣华女士与其学生沈祖荣等仿照美国纽约公共图书馆学校,在武汉创办了我国第一个图书馆学教育机构"武昌文华图书专科学校(Boone Library School)"(以下称"文华图专"),中国从此有了自己独立的图书馆学专业教育;②1921年前后,胡庆生、戴志骞、徐燮元、杜定友、洪有丰等接受美国图书馆学教育的留学生毕业后纷纷回国,在国内学术界崭露头角,兴起图书馆学宣传、研究活动;③1923年杨昭悊的《图书馆学》一书由商务印书馆分上下册正式出版,该书内容虽多取日、美两国成法糅合贯通而成,但已尝试用科学方法说明图书馆学原理及应用,开中国图书馆学通论之先河。所以,从某种程度上也可以说,我国专门的图书馆学教育机构"文华图专"的成立,既有中国图书馆学教育正式起步的标志意义,也具有现代图书馆学在中国确立的标志意义。

文华图专成立初期,经费主要依靠自筹,教员也以外籍为主,课程体系主要仿自美国图书馆学专业的课程设置。1928年后,才逐步建立起中西结合的课程教学体系,形成了初步具有中国特色的图书馆学教育。如文华图专达到或超过40学时的课程主要有:中国目录学、中文参考书举要、西文参考书举要、中文书籍选读、西文书籍选读、西文书籍编目学(实习在内)、中文书籍编目学、西文书籍分类法、中文书籍分类法、现代史料、图书馆经济学、西文打字法、各种字体书写法、各种图书馆之研究、实习等。此外,学校还设"特别演讲"课(1933年改为百科性的"群育讨论会"),专门邀请各科著名学者、教授为学生演讲学科的进展、提供推荐书目、开拓学生视野、引导学生阅读。文华图专注重教学实习，以自建的开架借阅和基本免费看书的公共图书馆"文华公书林"(Boone Library)为实习场所，办馆与办学融为一体，学生的动手能力得到了很好的培养。当时国内尚无达到一定水准的公共图书馆，因此这种办学路径有利于培养专门的图书馆人才，有利于推动中国图书馆事业的迅速发展。

20世纪20年代是我国图书馆学教育第一个繁荣期，除美国人韦棣华和沈祖荣创办文华图专之外，国内其他一些高校也积极创办了自己的图书馆学专业。1913年美国图书馆学家克乃文(Harry Clemens)在金陵大学开设了图书馆学课程，这是我国图书馆学教育之始。1921年广州市立师范学校增设图书管理科(杜定友为主任)；1925年上海的国民大学创设了图书馆学系(杜定友为主任，1926年停办)；1926年成都的四川图书馆专科学校成立(穆耀枢主事，不久也停办)；1927年南京金陵大学建立了图书馆学系(李小缘为主任，以后停停办办)等。

此外，这一时期图书馆学短期培训也纷纷出现。1920年8月，北京高等师范学校应各省之请，开办暑期图书馆学讲习会，各地参加者78人，首开中国图书馆学业余教育之先例；1922年，杜定友在广州开办图书馆管理员养成所，三周时间培训52名学员；1923年夏，南京东南大学举办暑期学校图书馆讲习班，第一期听课者达80人之多(以后又连续三年开班)；1924年上海圣约翰大学图书馆也开办了图书馆讲习会；河南开封小学校教员讲习会设立了图书馆管理课程；1926年华东基督教大学在苏州东吴大学举办的暑期学校，专设有图书馆学科；1927年湖北教育厅在汉口举办了首届图书馆学讲习所；1928年上海商务印书馆开办暑期图书馆讲习班等。这些短期图书馆学专业培训，为解决图书馆专门人才之需、提高图书馆管理水平做出了贡献。

进入20世纪30—40年代，国内的图书馆学教育进入一个动荡发展时期。由于战乱的影响，国内图书馆学教育进入了一个低谷时期，办学机构减少，条件也越来越恶化。但少数办学机构还是努力坚持了下来。如1938年文华图专为避日寇迁校重庆，1941年夏遭日军飞机轰炸，校舍片瓦无存，但师生坚持上课，共克时艰。此时期坚持办学的还有：1930年江苏省立教育学院民众教育系成立的图书馆组(供学生三年级分组时选择学习)、1941年在四川璧山开设的国立社会教育学院图书博物馆学系(学业四年，三年级开始学专业课)、1947年于国立北京大学文学院附设的图书馆学专修科。其中北京大学图书馆学专修科是王重民向北大校长胡适建议并核准后，专门由美回国创办的，1947年9月开始招生(当时只招收北大中文系、历史系成绩在75分以上的毕业生)。1949年1月之后，图书馆学专修科从中文系分离出来独立，王重民先生任主任。

中国的图书馆学教育事业自诞生之日起，就一直经受着国内动乱的考验，很多学校都只有短暂的图书馆学办学经历，有些学校甚至还没有招收到学生或学生还没毕业就被迫关闭。在如此恶劣艰苦的环境下，中国的图书馆学教育事业却培养出了一大批献身图书馆事业的杰出人才。以文华图专为例，截至1953年文华图专并入武汉大学之前，有专家估计文华图专在中华人民共和国成立前后的33年中培养了专科、讲习班等各类毕业生约有380人到400人左右。他们其中不乏著名图书馆学家，如汪长炳(南京图书馆馆长)、李芳馥(上海图书馆馆长)、顾家杰(中科院图书馆副馆长)、桂质柏(四川大学图书馆馆长)以及后来去台湾地区的蓝乾章、沈宝环(沈祖荣之子)、严文郁等。还有一些毕业生在国外图书馆就职，如美国哈佛大学燕京图书馆创始人和馆长裘开明(1921年毕业，后发明燕京图书馆汉和分类法）、房兆楹(1930 年毕业,在哥伦比亚大学执教)、童世纲(1933 年毕业,普林斯顿大学东亚图书馆馆长及美国亚洲研究委员会东亚图书馆分会主席)等,他们在海外期间取得了巨大成就,获得了许多荣誉和奖励。

民国时期的图书馆学专业教育为我国图书馆事业的发展做出了不可磨灭的贡献。但此时期图书馆学教育模式基本是美国的翻版,即在专业内容设置上主要以图书馆实用技术为主,重视图书馆实习,在学生培养方式上强调学中做、做中学。这样的专业教育范式,优点是培养出来的学生与图书馆实际工作可以"无缝链接",学以致用的成本低、效率高;缺点是培养出来的学生人文素养、科学基础比较薄弱,他们能胜任一般的图书馆业务工作需要,然而,对于一些学术图书馆来说,某些专深的知识信息工作甚至相应的学术研究却难以承担。一个典型的例子就是抗战前后中央研究院历史语言研究所图书馆缺乏馆员时,不断有人向研究所负责人傅斯年推荐图书馆专科学校的毕业生,结果都被他婉拒了。

此外,图书馆学专业教育的"中国化"虽然有了一些进展,但还是仅仅在课程安排上增加了中文书籍的编目、分类、参考,以及传统目录学的一些内容。在图书馆学专业的培养目标、课程体系、教材编写、学术研究等诸方面,还鲜有系统地、有机地、深入地探索与建树。早在1921 年,杜定友先生于菲律宾大学撰写图书馆学学士论文 *Chinese Books and Libraries* 时就曾经提到:"没有一所外国图书馆学校能够养成完善的图书馆学者,以应中国图书馆用的。"1925 年 6 月 2 日,梁启超在中华图书馆协会成立仪式上发表演讲,专门提出了"建设中国的图书馆学"的命题。他说学问无国界,中国诚不能有所立异,但中国的书籍、读者有自己的历史与特点,文化、国情与欧美不同,因此发展图书馆学要具有中国自己的特点。这些早期受欧风美雨沐浴的中国图书馆学者的自觉意识,就像一粒粒珍贵的种子,如果有充分滋养的环境与条件,这些理性的种子日后就会顺利发芽、开花和结果。可是,日本侵华战争就像一场自然灾害,延缓了它们的生长,而后来 30 年中的政治风暴,又把这种可能性给堵死了。

3 图书馆学教育的第二个繁荣期及其跌落(1950—1977 年)

经过近半个世纪的战乱纷扰,到 1949 年中华人民共和国成立之时,全国仅有私立武昌文华图书馆学专科学校和北京大学图书馆学专修科这两个培养图书馆专业人才的机构存在。20 世纪 50 年代初,随着国内高等学校院系调整风潮,这两个图书馆学专业机构有所调整并升格。1953 年文华图专并入武汉大学,成为武汉大学图书馆学专修科。1954 年与 1955 年,北京大学图书馆学专修科和武汉大学图书馆学专修科学制由二年制改为三年制;1956 年,两所学校学制又从三年制改为四年制,并成立了图书馆学系。1964 年北京大学图书馆学系开始招收研究生。20 世纪 50 年代其他国内高校创办图书馆学专业的还很少,1951 年西南师范学院设立了图书馆学博物馆学专修科(1954 年停办),1958 年中国科技大学科技情报学系设立了图书馆学专修科,东北师范大学和河北文化艺术干部学校也设立了图书馆学专修科,但是这些专业大多没多久就停办了。

20 世纪 50 年代与和 60 年代,国内图书馆事业发展很快,积压图书数量也很大,各馆急需专业人才。因此,除了北大、武大两所大学的正规本科教育之外,各种图书馆学的成人继续教育与短期培训也掀起了一个浪潮。1951 年和 1954 年文化部分别在沈阳和北京开办了图书馆学的短期培训班;1956 年北大、武大分别开办了函授图书馆学专修科教育,中国科学院图书馆开办了图书馆干部训练班;1957 年文化部等 6 个单位在南京联合举办全国省市图书馆人员进修班,同年教育部也在北京举办了高等学校图书馆员进修班;1958 年北京市成立图书馆干部进修学校,文化部也成立了文化学院图书馆学研究班。可以看出,20 世纪 50 年代到 60 年代国内图书馆学专业教育的发展又出现了一个高潮,但遗憾的是,这个高潮也展示出了一些发展中的扭曲,即专业教育政治挂帅、意识形态干涉学术,使得图书馆学专业教育误入歧途。许多教材不仅充斥了伪科学的内容(如强调阶级性),而且不乏因政治需要而速成者(如"大跃进"中《社会主义图书馆学概论》仅两个月就编写出来)。专业内容要"厚今薄古",专业教育讲"互教互学",专业培养倡"又红又专",完全脱离了研究与教育自身的发展规律。而且,这样一个病态的发展趋势没过多久还被急风暴雨式的"文化大革命"给打断了。

1966 年"文化大革命"运动开始,北京大学、武汉大学图书馆学系停课,教师受到批判,图书、设备遭到损失。1969 年,专业教师被下放农村劳动,图书馆学系陷入彻底停顿状态。1972 年,两个学校的图书馆学专业恢复办学,仅招收两年制的工农兵学员,到 1976 年有 5 批学员顺利毕业。图书馆学专业的正常招生与教学,直到 1977 年全国高考制度恢复才得以重新开始。

从 1949 年到 1978 年,北京大学和武汉大学两个图书馆学系共培养大学本科毕业生约2000 人,其他如西南师范学院图书馆学博物馆学专修科、北京文化学院图书馆研究班、吉林师范大学图书馆学专修科、中国科技大学情报科学系图书馆学专修班等,也有毕业生 200 余人,全国各校举办的函授班中,毕业和肄业的图书馆在职人员约 1250 人,三项总计约 3500余人。这些毕业生充实了图书馆职业队伍,他们中的多数还成长为国内省市公共图书馆、高校图书馆、专业研究图书馆的馆长,为我国图书馆事业的发展做出了贡献。

从整体过程来看,此时期图书馆学教育的规模不大,发展缓慢。其主要原因是由于政治的干涉,专业教育导向出现了偏差,尤其是社会动荡致使办学突然"断裂",致使图书馆学专业教育失去了应有的连续性。专业教育突然"断裂"所带来的后果,不仅在当时产生影响,而且对后来的历史也有长远的负面影响。首先,改革开放时期图书馆学教育的重新振兴,必须先恢复到原点,而不是从一个历史能给定的更高的起点出发;其次,回归原点、接续过去时,学术资源的断裂也为能否理解与继承前贤积累下来的学科发展的良好意识增加了不确定性。还有,"文革"结束,当中国的图书馆学教育开始恢复时,它已经落后于西方图书馆学,并且有了十多年的时差,这个差距也许要几代图书馆学者的努力拼搏才能赶上。

4 图书馆学教育的第三个繁荣期及其走低与再兴(1978—2008 年)

改革开放以来,中国的图书馆学教育经历了前所未有的辉煌发展时期,其中 20 世纪 80年代前期为恢复发展期,80 年代中后期为鼎盛繁荣期,90 年代为变革调整期,新世纪以来为振兴复升期。

1977 年随着高考的恢复,北京大学和武汉大学重新开始了图书馆学专业的招生,这标志着新时期我国图书馆学教育的重新启动。1978 年以后,国民经济的复苏、社会各项事业的发展,图书馆事业也开始对专业人员有了大量的需求。国内诸多高校纷纷开办图书馆学专业,如 1978 年山西大学、湖南大学、复旦大学分校、北京大学分校设立了图书馆学系,1979 年华东师范大学、安徽大学、南开大学分校成立了图书馆学系。从 1980 年到 1990 年十年间,国内图书馆学专业设置的数量从 2 个增加到 52 个,分布在综合性大学、师范大学、医科大学、工科院校以及农业院校。虽然进入 20 世纪 80 年代末、90 年代初,有些院校的图书馆学专业经过调整撤销,但国内图书馆学专业的整体规模还保持在 20 多个。

伴随着办学规模的扩大,办学层次也丰富起来。首先,在正规学历教育中出现了中等学历教育,如 1983 年长沙的湖南图书情报学校首开中等专科教育,其后北京海淀中学图书情报班、上海市图书馆职工中等专业学校、天津市图书馆中专班等诸多中等专科班相继开办,多时达 20 余所。其次,在高等教育领域图书馆学专业也建立起不同的培养层次。1981 年 11 月北京大学和武汉大学同时获得了图书馆学硕士学位授予权;1991 年北京大学建立了我国第一个图书馆学博士学位授予点,1993 年武汉大学和中国科学院文献情报中心获得了图书馆学博士学位授予权;2000 年国务院学位办批准北京大学和武汉大学为"图书馆、情报与档案管理"一级学科博士学位授予点。

经过 20 多年的平稳发展,到 2003 年年底,我国共有 35 个高等院校和科研机构开展图书馆学教育,其中有 25 个本科专业、21 个硕士授权单位、6 个博士授权单位、2 个博士后流动站,已经形成了一个具有本科、硕士、博士与博士后流动站层次齐备的图书馆学教育体系。此后数年,学科发展速度依然没有减缓。到 2006 年年底,我国图书馆学本科教育点从 25 个增长到 28 个,硕士学位授权单位从 21 个增长到 40 个,博士学位授权单位从 6 个增长到 9 个,获得一级学科博士点授予权的有 5 个机构。截至 2008 年年底,据中山大学资讯管理系的最新调查,中国大陆共有 50 所高等院校和机构开设图书馆学专业教育,其中有 29 个本科专业、42 个硕士授权单位、8 个博士授权单位、5 个图书馆情报与档案管理学博士后流动站,图书馆学专业在校学生 5000 人左右。

图书馆学办学层次的丰富还表现为成人教育(又称继续教育)、各种培训教育事业的繁荣。成人教育主要有函授、电大、自学考试三种类型。函授教育起于 20 世纪 50 年代,1980 年北京大学、武汉大学图书馆学系又重新恢复招生,有 2 至 3 年的大专和专本连读 5 年的本科两种学制。1980 年至 1985 年是我国图书馆学函授教育发展高峰期,仅北京大学招收函授生就有 2252 人,武汉大学招收函授生有 1282 人。图书馆学电大教育也兴于 20 世纪 80 年代,1985 年中央广播电视大学面向全国 28 个省、市、自治区招收了 2 万余名图书馆学大专生,学制 2 年,有 1.2 万学员毕业。进入新世纪以来,北京大学、武汉大学还在多个省区连续数年面向社会举办了图书馆学研究生课程进修班,学员遍及全国各地。

改革开放以来二十年的图书馆学教育,除了办学规模扩大、层次丰富以外,其良性发展的特点还体现在以下两方面:

(1)初步形成了较为合理的教学内容体系与教材系列。在教学内容上加强了图书馆学基础理论、基本技能与方法的教学与训练;同时,根据社会发展需要在 20 世纪 80 年代后期增开情报学、管理科学、图书馆自动化、缩微与声像处理技术等方面的课程,在 90 年代后期又增加了计算机基础、程序设计语言、数字图书馆、网络信息检索、传播学原理、文献计量学、情报分析与预测等课程。1992 年,首届图书馆学专业系主任联席会议确定了图书馆学基础、中国图书与图书馆史、目录学、文献资源建设、文献分类与主题法、文献编目、读者研究、社科文献检索、科技文献检索、图书馆管理、文献管理自动化、图书馆现代技术等 12 门核心课程。这些课程几乎都有新编教材问世,使得图书馆学专业核心知识保持了基本稳定的态势。

(2)图书馆学逐步与其相关学科形成"团簇"(cluster),共同发展壮大。图书馆学在人文社会科学中属于小学科,经常处于边缘的地位。为了增加自身的社会公认度与生长度,图书馆学积极寻求与自己有同族关系的学科形成团簇,如与情报学、档案学、出版学同组一个学科平台。1984 年武汉大学图书情报学院的成立,以及后来部分大学图书馆学系分设的情报学、档案学、出版学等专业,都表现出了较好的生机。图书馆、情报、档案、出版等工作,共同担负着知识信息的保存、传播和利用的使命,在文化传承与文明建设中发挥着不可替代的作用,根据这些学科的相同点将它们组合起来发展,不仅有利于图书馆学也有利于其相关学科的发展。1992 年公布的国家标准《学科分类与代码》将"图书馆、情报与文献学"列为一级学科;1997 年国家研究生专业目录将"图书馆、情报与档案管理"作为一级学科独立归属"管理学"门类,下设图书馆学、情报学、档案学三个二级学科,可以看出图书馆学的学科地位得到了提升。

值得一提的是,20 世纪 90 年代以后的图书馆学教育受中国社会现实的作用与学科赶超意识的影响表现出了两种趋向:一是在专业发展遭遇不景气时采取了突围之举;二是不断追踪国外专业发展水平尽快实现赶超。

20 世纪 90 年代以来,市场经济、信息技术快速发展,社会工具理性蔓延,图书馆事业发展步履维艰,高等学校图书馆学专业出现了招生难的局面,图书馆学教育一度遭遇到了发展困境。为了摆脱危机,图书馆学教育界采取了一系列的改革措施:院系更名(或与其他院系合并)、拓宽教学目标、调整专业目录、更新教学方案、重置教学课程,这种突围式的改革基本"闯关"成功,但也付出了巨大代价,有些课程改革甚至伤及本学科的传统核心,导致图书馆学专业知识增长速度减缓甚至落后于图书馆实践的发展。例如,原有的图书情报学院系改称信息管理院(系)后,图书馆学仅作为一个专业厕身其间。其课程体系为了与"信息管理"相吻合,许多课程名称加上了"信息"二字(或用"信息"取代课名中的"文献"),此外,专业课程内容驳杂,除了图书馆学原有内容,还包括数学、经济学、管理学、社会学、计算机科学、知识产权等多门学科知识,本科学生数年学习下来,竟很难说清自己的专业特色是什么。

而为了与国外本学科发展接轨,美国图书情报学教育的任何一种新动向都受到国内学术界的高度重视。如 20 世纪 70 年代美国图书馆学院系多更名为 School of Library and Information Science,我们国内图书馆学系在 20 世纪 80 年代也多更名为"图书情报学系(院)",并加大情报学课程或建立情报学专业。2003 年美国一些著名的图书馆学情报学院发起了"信息学院运动"(Information Schools Movement,简称 iSchool 运动),它们将"School of Library and Information Science"更名为"School of Information"或"College of Information"。新的信息学院致力于以信息、技术和人的关系为中心的研究与实践,注重与信息有关的跨学科整合发展。这一动向引起我国图书馆学、情报学界的高度关注。但"Library"一词正式离开了这些学院的名称,表现出去图书馆学的专业发展趋势,图书馆界感到 iSchool 运动与图书馆实践(职业)的关系更淡化了。在此情况下,我们是跟随其后,还是根据国情以及未来专业发展趋势做出与之不同的调整,这将是一个不能回避的问题。

5 未来图书馆学教育发展的理性前瞻

进入 21 世纪以后，随着文化事业单位改革的推进、社会公平与和谐理念的传播，尤其是各地图书馆事业发展态势的回升，国内图书馆学教育开始进入了一个理性振兴的发展阶段。但我们也应该看到，在图书馆学专业教育的发展思路上还存在诸多混乱的认识。例如，前几年在本科生源不足的情况下，有学者呼吁图书馆学专业应停招本科生，把专业培养的重心转移到研究生；近两年有人认为图书馆精神、核心价值观的缺乏是导致图书馆事业发展滞后的原因之一，所以力倡建立面向职业的图书馆学教学体系等。但仔细分析，我们会发现这些"药方"的副作用大于正作用。

看待专业的发展要有历史的视角、国情的把握与学理的洞察，缺乏其中任何一种因素都会使我们的判断产生失误。如把专业培养重心转移到研究生上，这似乎可以规避本科生源不足问题，集中教学资源致力高端培养，与欧美图书馆员准入制度接轨从而提升图书馆员的地位。但是，我国图书馆（尤其基层公共图书馆）待遇偏低、基层图书馆迫切需要专业人才、图书馆学专业毕业生较其他专业毕业生职业稳定性强、没有本科生会导致研究生生源萎缩等因素，致使我们不能取消本科教育。至于构建面向职业的图书馆学教学体系，弊端更大。因为，职业理念的培养来源于专业教育与职业实践两方面，我们不可能在专业教育一端解决这个问题；以职业理念来充任学科理论基础，有以职业规训替代学科原理、使学科理论基础浅薄化的危险；构建面向职业的本科图书馆学教学体系，容易变相走回某种职业技术的老路上去。

随着我国公共文化事业以及图书馆事业的发展速度加快，基层图书馆高素质专业人员会逐步出现紧缺。鉴于此，一些地方高等院校开始增设信息管理专业（含图书馆学），这些举措有其合理性。从某种视角来看，图书馆学教育也属于图书馆事业的一部分，但实际上，图书馆学教育有着自身的独立性，一方面它的发展与图书馆事业整体发展需求密切相关，另一方面图书馆事业量与质的提高，也必须依靠图书馆学教育的发展。所以，单纯根据事业发展需要而走扩大办学规模、提高教学单位数量的专业发展道路会有所偏差。应该看到，影响未来图书馆学专业教育发展建设的主要因素有以下几方面：①知识信息超载问题的严重性；②社会信息化进程的速度；③信息技术与信息产品的普及状况；④我国图书馆学创新能力及发达国家图书馆学教育的调整方向；⑤我国图书馆事业的发展规模与水平；⑥社会阅读风尚与终身学习行为的扩张程度。这些因素构成了图书馆学教育改革与发展的重要的内外部动因。

由于图书馆以及其他文献信息机构在未来知识社会"知识加油站"的作用会逐步凸显，因此，走内涵提升的发展道路，逐步形成"中国的图书馆学教育"是我们的理性选择。在未来一二十年中，应该在专业教育方面做出以下积极调整：

其一，由于社会分工的需要以及分工自然整合与分化的态势，各种信息的生成、传播、利用的职场会经过重新洗牌而逐步出现明晰的职业界线，图书馆学专业教育应逐步放弃面向信息的"宏大视野"，将专业注意力转移到"知识"上来。因为这是千百年来图书馆工作的场域以及未来可以继续发挥专业优势的所在。图书馆学包打不了"信息"的天下，图书馆学应该与自己的同族学科(情报学、档案学等)、相关学科(信息技术、管理学等)有所联系也有所区别,逐步发展属于自身优势的学科特长。如对文献等知识文本的形式与内容的研究,对图书馆等知识集合的组织方法的研究,对读者等知识受众的阅读与服务的研究。

其二,对以往丰富的办学层次重新进行定位。本科教育应该注重学生"通识+专业核心知识"的培养,硕士研究生教育应该注重专业研究能力的培养,博士研究生应该注重专业创新能力的培养。例如在本科阶段,图书馆学专业可以按照6:4的比例来安排通识与专业课程,通识课程主要由文史哲、经典文献选读、外语、数学、计算机技术等组成,激发与培养学生人文、科学、技术方面的好奇心、敏感力,使其具有独立之精神、自由之思想,专业课程主要向学生传授图书馆学中核心的知识、方法(如图书馆学原理、知识描述、知识组织、知识检索与利用、数字图书馆、目录学、古籍整理等)。这样培养出来的学生不仅了解了图书馆职业所需的工作方法、技能,树立起初步的职业理念,同时也将有较强的反思能力、不懈追求真理的精神,对本专业的理论问题有深刻的理解。

其三,继承前贤"建设中国的图书馆学"的思想,使专业教育逐步形成中国特色。我们正处于一个前所未有的知识社会大变革的时代,受新知识信息环境的影响,未来优秀的图书馆员的职业功能是"为不确定的知识与不确定的读者(或者反之)建立起确定关系",因此,他们不仅要有良好的交流能力,还要有较高的知识组织、知识鉴赏、知识咨询的能力。而要实现这一点,图书馆学教育除了教授学生知识组织课程外,还要着力培养学生具备有关知识文本与知识受众的知识,用梁启超的话说就是要理解读物与读者这两个图书馆的要素。由于中文文献与中国读者都有自己的特点,基于网络的数字图书馆建设、读者在线阅读及移动终端的普及也不同于他国,因而在专业教育中如何根据本国的特点在新信息环境下来扩展、深化读物与读者两个元素的研究与教学,这就可能关乎我们能否形成自己的专业特色。

我们希望中国的图书馆学达到世界先进水平,所以我国图书馆学教育的发展也曾大量借鉴了美国的经验。但今后如何"一方参酌欧美之成规,一方稽考我先民对于斯学之贡献,以期形成一种合于中国国情之图书馆学"(刘国钧语),这仍是摆在我们面前的重大课题。换言之,适合中国国情并能体现创新特点的中国图书馆学教育还没有真正形成,仍需我们努力为之。

(选自《中国图书馆学报》2009 年第 6 期)

关于公共图书馆立法及其支撑研究

李国新

1 《公共图书馆法》启动与支撑研究进程

2001年启动、2004年中断的《图书馆法》制定工作，是我国新时期图书馆立法的最初尝试。此后，在国家的立法和事业发展规划中，研究制定"图书馆法"的任务并没有消失。2004年中宣部印发《关于制定我国文化立法十年规划（2004—2013）的建议》，将图书馆法列入前五年的立法规划。2006年9月发布的《国家"十一五"时期文化发展规划纲要》，将"抓紧研究制定图书馆法"列为"十一五"文化立法的任务之一。2008年10月，十一届全国人大常委会立法规划公布，"图书馆法"被列为"第二类项目"，即"研究起草、条件成熟时安排审议的法律草案"。2008年11月18日，文化部召开《公共图书馆法》立法工作会议，明确了根据全国人大常委会立法规划的图书馆法从制定《公共图书馆法》做起。以此为标志，我国的图书馆立法工作在2004年中断以后经过为时不短的酝酿准备又进入到再次启动并加快进程的阶段。这次会议还决定，由中国图书馆学会和国家图书馆牵头，协调和组织全国的力量，首先对《公共图书馆法》将要涉及的基本问题和重要制度展开支撑研究，为法律的框架体系设计和条文起草提供思想、理论、学术、方案等方面支撑。

2009年1月初，中国图书馆学会2009年新年峰会在北京召开，专题讨论、部署《公共图书馆法》立法支撑研究事宜。与会代表热烈讨论、畅所欲言，确定了围绕《公共图书馆法》的11个支撑研究专题，并按照专家学者、图书馆管理者、图书馆实际工作者相结合的原则，组建了相应的专题研究组；为保证整个支撑研究的有机协调和整体推进，还成立了统筹与协调研究工作的"协调组"。会后，支撑研究以专题组为单位正式开始。

2009年7月中旬，支撑研究的初步成果由中国图书馆学会提交文化部，标志着支撑研究第一阶段工作的完成。在历时半年多的研究过程中，"协调组"先后召开工作会议5次，各专题组分别召开研讨会10多次，有的专题组还进行了大范围的问卷调查和典型地区的实地调研，直接参与专题研究的有70多人，汇总的初步成果达150万字左右。目前，支撑研究进入第二阶段，即对初步成果的修改与完善。

这次围绕《公共图书馆法》制定而进行的支撑研究，可以称得上是一次我国图书馆界动员力量广泛、涉及内容全面、研究目标明确、组织保障有力的立法专题研究。《中国图书馆学报》从本期起开辟专栏，连续刊载支撑研究的成果，展现的是在初步研究成果基础上经过修改、完善而又高度凝缩的核心内容，将为我国图书馆法治建设进程留下历史记录。

2 支撑研究的主要内容与基本原则

《公共图书馆法》立法支撑研究共涉及 11 个专题,具体如下:

(1)国内外图书馆立法资料收集与分析

(2)公共图书馆立法背景与必要性、可行性研究

(3)公共图书馆的性质与功能定位研究

(4)公共图书馆的设置与体系建设研究

(5)公共图书馆管理体制研究

(6)公共图书馆绩效评估研究

(7)公共图书馆人、财、物保障及呈缴本制度研究

(8)著作权保护法律法规在公共图书馆的适用研究

(9)公共图书馆文献资源建设法律保障研究

(10)读者权益与图书馆服务研究

(11)公共图书馆与"数字图书馆"——数字环境下公共图书馆发展研究

应该说,立法支撑研究比较广泛地涉及了与公共图书馆设置、运营、服务、保障有关的主要问题。这是因为立法支撑研究不是纯理论纯学术研究,是针对性很强的应用研究。支撑研究涉及的问题,与未来《公共图书馆法》将要规范的重要问题、建立的基本制度相一致。但是必须强调,支撑研究不是法律本身,支撑研究的结论也不是法律条文本身。在整个研究过程中,支撑研究秉持的基本原则是:

第一,以全面系统地梳理总结国内外已有理论、观点、制度、方案、事例的产生、演变与现状为基础。立法支撑研究不是个人学术专著,首先应该如实呈现相关问题的历史流变与现实状况,勾勒出国内外已有法律、政策的变化轨迹和发展趋势,展现各家之言,体现不同的利益诉求,为法律的最终选择与决断提供比较的基础、判断的理据、参考的事实,以及全面、系统、真实的资料。

第二,以我国目前公共图书馆事业发展进程中的重大现实性问题和事关我国公共图书馆持续稳定发展的基本制度为研究重点。中国的法律是要解决中国的问题,因此首先要明确,对国外经验的借鉴,必须考虑中国的社会发展水平和公共图书馆事业的现实状况,考虑引进或应用的社会环境、必要性与可能性,即便是发达国家今天已经比较成熟的公共图书馆制度,有些也难以简单地"拿来所用",因为发达国家的制度确立本身也经历了一个过程。其次,我国的公共图书馆事业发展面临着诸多困难和问题,试图毕其功于首次制定《公共图书馆法》一役是不现实的,这就需要我们分析研究目前阶段制约事业发展的主要问题是什么,这些问题有没有可能在今天解决,怎样解决,或者能解决到什么程度。总之,立法支撑研究必须在借鉴国际经验与立足中国国情之间、适当超前与面对现实之间、必要性与可能性之间寻求平衡,力求通过有重点、适度地解决一些事关全局的重要问题来推动事业稳步发展。

第三,以完善公共图书馆的社会功能、实现公共图书馆的社会价值、推动公共图书馆事业发展,进而保障公众基本文化权益、满足公众基本文化需求、促进公共文化服务体系构建为研究的指导思想。积我国改革开放 30 多年法治建设的经验教训,今天我们必须明确,《公

共图书馆法》不是公共图书馆"保护法"，也不是公共图书馆员"保护法"，它保护的是公众利用公共图书馆的权利，从根本上说保护的是公众的基本文化权益。所有对公共图书馆本身的条件保障和制度设计，都必须站在如何更好地保障公众实现利用图书馆权利的高度去审视、去选择、去研究、去设计。为图书馆事业立法，是党和政府以人为本、以改善民生为重点加强社会领域立法思路的体现，《公共图书馆法》立法支撑研究在指导思想上必须体现这样的高度。

3 关于"大法"与"小法"

"大法"与"小法"是业内的一种形象说法。所谓"大法"，是指覆盖各级各类图书馆的"图书馆事业基本法"；所谓"小法"，是指专门规范某一类图书馆的专门类型图书馆法。2001 年启动、2004 年中断的《图书馆法》被称为"大法"，目前正在制定的《公共图书馆法》被称为"小法"。我国首次制定"图书馆法"是应该立"大法"还是立"小法"，这是业内长期争论的一个问题。十一届全国人大常委会立法规划公布的是"图书馆法"，国务院行政主管部门在落实立法规划时将其具体化为《公共图书馆法》。直到今天，尽管制定《公共图书馆法》的工作已经在实质性进行，围绕"大法""小法"的争论仍未停息。

《公共图书馆法》立法支撑研究课题组对这一问题也有过多次热烈的讨论。目前达成的基本共识是，从理论上说，图书馆法治建设由"大法"切入还是由"小法"切入各有利弊；就国际经验看，图书馆立法以"公共图书馆法"居多；就我国图书馆事业的现实需求看，从《公共图书馆法》做起是解决迫切问题、加快立法进程的理性选择。

立"大法"可以为各级各类图书馆提供基本的法律保障，形成普遍性的基本规范，有利于图书馆事业的整体协调发展，有利于形成全国统一的图书馆服务体系。同时，尽管各级各类图书馆的性质功能有区别，但毕竟有许多基本理念、基本原则、基本规范是相同的，从图书馆法在整个国家法律体系中所占的地位来说，立"大法"是一种节省立法资源的举措。立"大法"在国际上有成功的先例。韩国 1963 年最初颁布、2006 年最新修订的《图书馆法》堪称范本：总则和图书馆政策建立、体系推进、图书馆在消除知识信息差距上的责任与义务等内容覆盖各级各类图书馆，国立中央图书馆、公共图书馆、大学图书馆、学校图书馆、专业图书馆等不同类型图书馆的设置、业务及特殊问题，则分章分别规范。韩国学者说，他们的图书馆法是"图书馆基本法"。立"大法"的难点在于不同类型图书馆的兼顾与协调。在中国，这一问题显得尤为突出。作为我国图书馆事业骨干力量的公共、高校、科研三大系统图书馆分属于国务院不同的行政主管部门，长期的条块分割、系统壁垒，使得相互协调和形成共识异常困难。2004 年搁浅的《图书馆法》，很大程度上就归咎于不同系统的图书馆及其行政主管部门的协调不够、不力。面对我国目前的图书馆事业管理体制和保障渠道，立"大法"很难快速推进图书馆法治建设的进程。

国际上迄今为止出现的图书馆法，确实也是以公共图书馆法为主。本次立法支撑研究"国内外图书馆立法资料收集与分析"专题组收集到的有全文文本的国外公共图书馆法就达71 部。有些国家的法律虽然名为"图书馆法"，但实际上是"公共图书馆法"，典型的如日本；韩国的《图书馆法》虽然覆盖了各级各类图书馆，但看一下具体内容，也是有关公共图书馆的规定面广、具体，有关其他类型图书馆的规定原则、简单。国内的地方性图书馆立法同样如此。在已经颁布的4部省级条例、4部省级政府规章中，只有《北京市图书馆条例》理论上覆盖了各类图书馆，实际上同样是以规范公共图书馆为主。国内外的这一共同现象说明：一方面，公共图书馆集中而典型地体现了现代图书馆的职业使命和社会职责，是图书馆的旗帜和代表；另一方面，公共图书馆的社会认知程度、生存和发展的环境面临着更多的社会性制约因素，因此更需要法律的保障。在我国这样的发展中国家，这一矛盾更为突出。从这个意义上说，由制定《公共图书馆法》入手推进整个图书馆法治建设进程，会产生举重以明轻、抓纲以带目之功效。

还有一点需要明确，制定《公共图书馆法》是我国图书馆法治建设的起点而不是终点。实际上，放眼世界，在一个国家的法律体系中，用于规范图书馆的专门法律虽说不可能太多，但也不是只有一部就行。美国以及和其体制类似的国家，图书馆立法以地方为主，日本和韩国国家层面的图书馆专门法律都有三部（日本为《图书馆法》《国立国会图书馆法》《学校图书馆法》；韩国为《图书馆法》《国会图书馆法》《学校图书馆振兴法》），与法律配套的规章、细则更多。先立"大法"还是先立"小法"，各国的做法也不尽相同。韩国走的是先立"大法"之路，日本则相反，现有的都是"小法"，20世纪80年代中期拟议的"图书馆事业基本法"至今未见下文。国内的和国外的、历史的和现实的经验都表明，图书馆事业持续稳定发展需要的是一个法律保障体系，法律保障体系建设需要有切入点，更是一个逐步推进和完善的过程。

4 关于国家图书馆与公共图书馆

《公共图书馆法》是否涉及国家图书馆？这是一个由立"小法"引发的新问题。业内对此看法不一，导致立法实践至今尚无定论。

从学理上说，国家图书馆确实是与公共图书馆具有不同性质、功能的图书馆类型。国际图联从1966年开始制定、1974年由国际标准化组织最初发布至今已更新至第四版的《国际图书馆统计》对图书馆的分类中，国家图书馆和公共图书馆是各自独立的、并列的图书馆类型。权威性工具书从《不列颠百科全书》到《中国大百科全书》、国内外的专业教科书在划分图书馆类型时也都是把国家图书馆和公共图书馆分列。当然，世界上的国家图书馆并不是只有一种形态。有国会图书馆和国家图书馆合一的，典型的如美国国会图书馆、日本国立国会图书馆；有大学图书馆兼做国家图书馆的，如丹麦哥本哈根大学图书馆、芬兰赫尔辛基大学图书馆；有科学图书馆兼做国家图书馆的，如美国国立医学图书馆、美国国立农业图书馆，我国的中国科学院图书馆改称"国家科学图书馆"后也属这种类型；还有公共性的国家图书馆，英国、法国和我国的国家图书馆都属此类。

就我国的现实状况看，一方面国家图书馆的形态原本就属于公共性的国家图书馆；另一方面，由于我国图书馆资源的短缺，长期以来国家图书馆事实上承担了许多公共图书馆的职能，因此，在许多人特别是一般公众的心目中，国家图书馆和公共图书馆没什么区别，国家图书馆就是全国最大的公共图书馆，人们也往往按公共图书馆去要求、去衡量国家图书馆。

学理和现实的矛盾表现在这次立法工作上，就引发了《公共图书馆法》是否涉及国家图书馆的不同看法。在立法支撑研究启动之初形成的工作方案是：争取国家图书馆单独立法，比如由国务院制定《国家图书馆条例》，《公共图书馆法》不涉及国家图书馆。据此方案，国家图书馆组织了专门的"《国家图书馆条例》支撑研究课题组"，与《公共图书馆法》立法支撑研究课题组并行工作。从国际上看，由于国家图书馆的特殊性，为其单独立法的国家并不少见。据《公共图书馆法》立法支撑研究课题组的初步调查，目前可以获得全文文本的国外国家图书馆专门立法至少有 24 部，既有像美国、英国、德国、加拿大、澳大利亚、日本这样的发达国家，也有像巴布亚新几内亚、毛里求斯、孟加拉、特立尼达和多巴哥这样的发展中国家。此外，还有至少 17 部主要针对国家图书馆的出版物呈缴法。从国际经验看，国家图书馆单独立法也不是不可尝试的路径。

笔者认为，面对我国目前图书馆事业的发展现状，可以暂时搁置学理上的争论而从实际出发考虑：如果有可能争取到国家图书馆单独立法，既使国家图书馆的未来发展有了法律保障，又可以廓清长期以来我国国家图书馆和公共图书馆纠结不清的局面，实为最佳方案；如果在目前阶段国家图书馆难以单独立法，则以专章写进《公共图书馆法》为现实选择。事实上，《公共图书馆法》是否涉及国家图书馆，绝不仅仅是多一个概念少一个概念的问题，而是牵涉整个法律草案的结构与内容。比如出版物呈缴制度、国家总书库功能、代表本国图书馆界开展国际交流合作功能等，都是国家图书馆特有的功能，《公共图书馆法》是否涉及国家图书馆，对这些问题的表述和规范是完全不同的。此外，如果涉及国家图书馆，由中国科学院图书馆演化而来的"国家科学图书馆"怎样处理，也是需要研究和做出决断的问题。在中国图书馆学会 2009 年年会上第一次付诸讨论的《公共图书馆法（讨论稿）》，明显地表现出了对怎样表述和处理国家图书馆以及相关问题的不够明确和不够到位。

5 余论

法律保障是图书馆事业持续稳定发展最根本的保障。但是，一部法律不能解决事业发展的全部问题；今天这样的社会发展阶段制定的法律，必定有今天的时代性和局限性；立法重要而艰难，法律的真正落实更重要，更艰难。这些，目睹了历史、参与了实践的图书馆人过去、现在都明白，将来也会明白，我国地方性图书馆法律规章在各地实施的成效不一、作用有别也再次证明了这一点。不过，笔者认为，法律不能解决所有问题，对业内关注的重要问题也许只能有限解决或暂时不能解决，甚至可能会给图书馆和图书馆员带来一些新的规范或约束，所有这些都不是不以积极和建设性的态度推动立法进程的理由。制定《公共图书馆法》是推进我国图书馆法治建设的历史性契机，在彰显图书馆社会价值、实现图书馆职业使命、促进图书馆事业发展等方面，法律有其不可替代的功能和作用，图书馆人应以积极、负责、理性的态度参与其中，推动立法进程。

立法支撑研究将伴随立法工作的全过程。支撑研究形成的成果也将不断拓展、深化和完善。支撑研究希望能在广泛吸纳业内同人长期积累的理论和实践成果的基础上开展全面、深入、扎实的研究，为《公共图书馆法》的制定提供切实有效的支撑。

（选自《中国图书馆学报》2010 年第 2 期）

转型时期图书馆知识产权管理战略需求、目标与路径

陈传夫　　饶　艳　　吴　钢

从全球业态看,图书馆正经历着历史上最深刻的转型(Transition)。这种转型的特征是:数字资源开发与应用,本地服务与远程服务融合,图书馆服务与图书馆资源融合,图书馆与社区融合,图书馆权威服务与联盟建设,等等。图书馆转型问题也受到学术界的广泛重视。国内外许多图书馆正在制定、实施转型战略以适应新的信息环境,如我国国家图书馆数字图书馆计划、中国科技信息研究所等组建的国家工程图书馆、美国国会图书馆的"美国记忆"项目、Montana 州立图书馆"数字图书馆转型计划"等。知识产权问题在国外转型实践中得到突出重视,并被认为是决定图书馆发展的关键问题之一。我国正在实施国家知识产权战略,图书馆知识产权问题得到了图书馆界的特别重视。然而,在知识产权管理实践中,我们的需求到底是什么? 管理的重点到底在哪里? 应采取什么措施实现知识产权的高效管理? 针对上述问题,我们在对国内 49 所图书馆的 200 多名专业工作者(主要是馆中层以上领导)进行问卷调查与面谈基础上,结合国际上图书馆转型实践,进行了初步探讨。我们的研究目标是通过知识产权高效管理,推动我国图书馆的转型,促进知识产权为图书馆事业的健康发展服务。本文所说的知识产权问题主要是指版权问题。

1　研究过程

我们的调研工作是 2008 年 1—4 月进行的。以全国范围的 49 所公益性图书馆(涵盖大学图书馆、公共图书馆、专业图书馆等主要类型)为样本,对这些图书馆中不同年龄、性别、职称、职务、学历背景、文化程度和工作属性的人员进行抽样调查。为便于对比分析,我们还向部分图书馆学教育领域人士发放了调查问卷。共发放问卷 203 份,回收问卷 124 份,其中有效问卷 116 份。为使调查数据更为客观真实和具有代表性,在自愿原则下,部分调查对象留下了真实姓名、联系方式,为进一步研究有关我国图书馆知识产权需求课题提供了可靠的数据。我们主要调查了图书馆界专业人士对于图书馆知识产权的客观认知状态,以评估他们对图书馆知识产权战略管理的态度;调研了知识产权保护标准适应我国图书情报工作的实际情况,以评估法律规范对图书馆发展的促进或限制情况;调研图书馆版权政策、人员、经费落实情况,以为选择符合我国实际的知识产权战略实施路径提供参考。

我们对 116 份有效样本进行了统计分析,利用频数分析、交叉分析、相关分析等方法对问卷数据进行处理和分析。在掌握总体样本的基础上,设置了年龄、性别、职业、职位等不同观测变量。样本中 21—30 岁的占 7.83%,31—40 岁的占 20%,41—50 岁的占 52.17%,51 岁及以上的占 20%。男性占 63.48%,女性占 36.52%。在大城市工作的有 79 人,占

68.69%；在中等城市工作的占 26.09%；在小城市或城镇工作的占 4.35%；该数据反映了调查对象大多集中在大中城市。博士研究生学历或博士学位获得者占 31.31%，硕士研究生学历或硕士学位获得者占 33.04%，本科学历或学士学位获得者占 34.78%。最高学历为图书情报档案类专业的占 67.24%，非图书情报档案类专业的占 32.76%。图书馆实际工作者占 60.34%，图书情报专业教育工作者占 33.62%。在 70 名图书馆实际工作者中，从事图书馆工作在 20 年以上的占 44.29%；从事图书馆工作时间在 15—20 年的占 18.57%；工作时间少于 5 年的占 8.56%。这反映出调查对象大多具有丰富的图书馆工作经验，对图书馆业务熟悉。

在问卷分析基础上，我们进一步考察图书馆版权管理的环境特点，国际上图书馆知识产权战略管理研究的文献、实例与战略文件，如英国图书馆协会版权联盟（LACA）《LACA 在数字环境下的版权立场》，英国图书馆和档案馆著作权联盟、博物馆著作权小组《英国著作权法修订方针》，英国国家图书馆《英国图书馆知识产权宣言》等，并结合我国实际进行了归纳。

1997 年以来，中国先后修订了《著作权法》（2001 年）、《著作权法实施条例》（2002 年），发布了《信息网络传播权保护条例》（2006 年），多次修改了《关于审理著作权民事纠纷案件适用法律若干问题的解释》（2000 年通过，2002 年和 2006 年两次修改）。2007 年 6 月，《世界知识产权组织版权条约》（WCT）、《世界知识产权组织表演和录音制品条约》（WPPT）两个公约在我国生效。这些表明中国版权保护环境正在优化。尽管如此，2009 年 2 月 18 日美国出版商协会（AAP）和其他版权工业协会联合向美国贸易代表办公室（USTR）提出全球知识产权评论报告。在报告中，国际知识产权联盟（IIPA）仍然要求再次将中国列入优先观察名单。他们集中提到教科书的盗版问题，以及网上侵权对学术出版商的影响、大学图书馆对侵权教科书和参考书的使用。此外，AAP 还特别点名某联机学术和专业期刊公司，指责中国著名大学的图书馆向这个公司提供期刊的电子拷贝。这些说明在中国图书馆转型时期，知识产权战略管理值得进一步研究、关注与重视。否则，会直接影响我国图书馆的健康发展。

2 转型时期图书馆知识产权战略需求

在转型过程中，我国图书馆的资源结构、服务模式、组织方式都发生了深刻的变化。显然，图书馆的这种转型适应了数字时代的发展需要，符合国际上的发展趋势。正如英国作者查尔斯·里德比特（Charles Leadbeater）在研究报告中指出的，如果不转型，公共图书馆的衰败将在 21 世纪末出现。然而，这些转型措施都与知识产权发生关联，知识产权应成为图书馆转型战略的组成部分。那么，我国图书馆在转型中对知识产权有何需求呢？

2.1 通过知识产权管理实现图书馆资源高效利用

图书馆收藏与提供利用的主要资源是著作、论文等创作的作品。这些作品是全球知识产权资源的重要组成部分，是人类共同的文化遗产。保存文化遗产，为文化、科学、教育服务，促进知识资源的高效利用，是全世界图书馆共同的使命。中国国家图书馆秉承"传承文明，服务社会"的理念，以传承和弘扬中华民族文化为己任。美国国会图书馆将其使命确定为"使国会和美国人民能够获取并且利用馆藏资源，为子孙后代维护与保存一个世界知识与创造力的馆藏资源"。图书馆要实现自己的使命必然要对图书、期刊、数据库等不同载体的资源进行评估、选择、收藏,并对这些资源进行组织与揭示,在正确的时间提供给正确的用户。数字环境下,图书馆的长期目标和使命仍然没有发生改变,但挑战更加严峻。正如美国麻省理工学院(MIT)图书馆所言,"版权环境将会继续带来实质性的挑战,并且可能会为教育和研究带来更多的问题"。因此,通过知识产权管理,促进馆藏资源的高效利用成为实现图书馆转型目标的关键。

2.2 通过知识产权管理实现图书馆发展主动有序

知识产权诉讼费时费力,处理不当会长期影响图书馆服务。例如:美国国家医学图书馆复制医学期刊上的文章提供给研究人员,导致的威廉斯—威尔金斯公司(Williams & Wilkins Co.)诉美国政府案前后耗时 7 年;1985 年 5 月美国 6 家出版商代表 83 家出版商,控告 Texaco公司一位科学家为工作需要从图书馆订购的《催化剂杂志》上复印 8 篇文章,侵犯原告的版权,到 1992 年美国地区法院裁决时已耗时 7 年;哈塔林诉教会图书馆(Hotaling v. Church of Jesus Christ of Latter-Day Saints)一案耗时 6 年。我国知识产权案件虽然审判效率很高,但往往影响深远、广泛。在一些案例中,一些原告利用高校本科教学评估等关键时刻提起诉讼,给大学的教学评估工作带来挑战。也有些诉讼涉及数百名作者,影响很大。这些案例说明知识产权问题处理不当会严重影响图书馆的公共形象。

2.3 通过知识产权管理实现图书馆高效运行

图书馆传统馆藏资源基本是线性结构,版权保护、识别与管理都比较容易。在数字环境下,作者身份的确认比较困难,侵权经常在非常隐秘的情况下发生。就传播方式而言,模拟环境下的主要传播方式是"点—面"大众传播,例如报纸、杂志,版权人很容易控制作品的传播范围。在数字环境下的传播方式是"点—点"按需(on-demand)传播,版权作品的使用者处于主动状态,版权人不能控制作品的传播范围。用户在数字资源下载、信息上传、资源复制或传输、私设代理服务器、规避技术措施和馆外使用过程中很容易发生侵权行为。而图书馆对这些行为在技术方面很难控制,因此时常影响图书馆运行效率。

2.4 通过知识产权管理维护公共利益

图书馆是国家科教文化事业的一部分,代表的是公共利益。图书馆知识产权管理是实施国家知识产权战略的需要。将图书馆知识产权管理作为战略问题来抓,有利于从长远规划图书馆的发展目标,将图书馆事业发展与国家知识产权战略环境和谐协调。图书馆知识产权战略也是提升我国知识产权创造、运用、保护和管理能力的战略组成部分。调查发现,超过80%的受访图书馆表示没有制订过专门的图书馆版权政策,接近90%的受访者表示其所在图书馆没有设置版权管理的专门岗位,超过75%的受访者表示其所在图书馆没有编制版权费用的预算,80%的受访者表示其所在图书馆在过去的一年内没有举办过版权讲座或培训,96%的受访者表示其所在图书馆没有与版权机构建立合作关系。这说明虽然图书馆的知识产权保护工作越来越受到重视,但在具体实施和落实相关的保护政策方面,我国图书馆需要进一步加强。

3 转型时期图书馆知识产权战略管理目标

图书馆知识产权管理的内容是由图书馆战略转型目标决定的，主要包括以下方面：

3.1 保障馆藏信息资源安全

图书馆战略转型的首要要素是馆藏资源的转型。随着数字出版技术的迅速发展，信息资源的类型、结构、存取和利用方式等都发生了巨大变化，数字资源海量递增，出版和图书馆进一步融合。各种信息资源购买、许可、获取和管理的复杂性大大增加，馆藏资源发展正面临着来自知识产权环境的实质性挑战。这一切变化使得通过知识产权管理保障馆藏资源安全成为转型时期图书馆馆藏资源发展的重要目标。

首先，要保障图书馆资源的合法性。一方面，快速增长的数字资源和图书馆经费之间的矛盾使得集团或联盟采购数据库成为图书馆资源建设的重要方式。采购或许可合同的合法性和约定内容的针对性是图书馆通过集团采购合同获得资源使用授权的基本着眼点。建立健全采购合同制度，与具有合适资质的资源提供商约定作品的复制权和信息网络传播权使用等事宜，是保障图书馆资源合法性的条件。另一方面，出版和图书馆进一步融合，数字出版可根据用户需要组合数字内容，图书馆更加关注特色馆藏的构建。世界各国图书馆纷纷认识到利用知识产权发展合法的数字馆藏的重要性。

其次，要保障图书馆资源的延伸使用。在数字环境下，读者的信息需求和信息利用方式都发生了巨大变化。OCLC 在 2009 年最新发布的联机 OPAC 调查报告指出，读者希望能直接链接到联机内容，比以往更关注馆藏资源的可获取性。图书馆资源是否能提供文献传递、馆际互借等远程服务，电子资源能否突破公共图书馆馆舍或高校校园网延伸到社区和街道，图书馆员能否利用数据库资源的元数据提供资源集成服务和一站式服务，能否利用信息挖掘技术为读者提供深层次的知识服务，都成了延伸服务的重要内容。

其三，要保障图书馆资源的长期使用。图书馆转型不仅要考虑现实的用户需要，更重要的是要考虑国家信息资源的长期保存与永续利用。数字资源的出现丰富了图书馆的馆藏，增强了资源获取的便捷性，也同时引发了数字资源的长期保存和利用等世界图书馆面临的共同难题。面对新型出版环境，图书馆如何实现馆藏资源的长期保存、利用及再生？这些都涉及转型时期图书馆迫切需要解决的知识产权问题。

其四，要保障图书馆资源的权威可信。网络时代虽然搜索引擎已成为人们查询信息的主要工具，图书馆仍然以其信息的权威性和更高的可信度成为社会的知识信息中心。知识产权制度不仅保障了作者权益，也从署名、发表权等方面保障了图书馆资源的权威可信。新型图书馆业态中不可避免地要利用网上资源丰富馆藏。图书馆要保持资源的权威、完整等特性，就必须重视知识产权管理。

3.2 保障图书馆均等服务

为公众提供均等服务是图书馆的核心价值理念之一。图书馆均等服务涉及图书馆的服务主体、服务对象、服务保障以及服务体系等方面。图书馆服务对象的不确定性要求著作权法授予图书馆一定的特权,只有授予图书馆特权才能真正实现均等服务。世界各国著作权法均授予图书馆这种特权。但是,享受法律授予特权的图书馆应具备一定的法律资格。加拿大、澳大利亚、新西兰、英国、日本等国的版权法都对"图书馆"进行了界定。澳大利亚版权法第 18 条规定,本法所称图书馆不得被解释为为了营利而建立或运行之图书馆,因为这样的图书馆由为利润而营业的某人所拥有;该法第 49 条第(9)款规定,本条中的"图书馆"是指所有或部分馆藏直接地或通过馆际互借为公众成员所获得之图书馆。澳大利亚和新西兰版权法都明确规定图书馆是指非营利性的、公益性的图书馆。美国众议院在 1976 年的版权法报告中明确指出,"一个纯粹的商业企业不得设立版权作品藏书,将其称为图书馆或者档案馆,并从事营利性复制和发行活动"。显然,立法机关有意将图书馆限定在非营利性公益组织范围内。IFLA 在《数字环境下版权问题的立场》中确认了国际图书馆界对版权的关注,"版权的平衡是为了每一个人""在数字环境里——图书馆将继续起关键作用,保证在信息社会中所有人都能接触到信息"。

服务对象和服务保障方面,普遍服务必须保障全国范围内的所有民众无论何时何地都能够以支付得起的价格获得服务,只有服务障碍消除才可能实现普遍均等。图书馆在资源建设、服务以及公众权益的维护过程中都会涉及知识产权成本的问题。只有通过知识产权战略管理降低或消除服务障碍,才能保障图书馆的均等服务。

3.3　促进资源深度开发

信息环境下,科研互动交叉融合,呈现出协同创新趋势。数字数据驱动、分布式、协同式、跨学科等成为 E-science 的典型特征,由此也带来图书馆文献资源与服务的网络化、数字化与集成化的发展趋势。一方面,图书馆要对信息资源进行深度知识挖掘和加工,构建知识库,满足用户的需要;另一方面,图书馆要建立各种资源开放集成与开放融合的机制,支持对信息资源的充分利用。

Web2.0 理念最重要的因素之一就是以用户为中心,强调用户的参与和分享。图书馆 OPAC 实际上已成了一个社会网络平台,融合了各种资源和服务,由此引发的知识产权问题将更加复杂。

在图书馆资源组织构架方面,资源整合已由基于文献载体书刊级别的信息统一揭示发展到基于篇目文献的内容信息,并在提供统一检索的同时提供一步到位的获取服务。图书馆力求将资源的元数据和数字对象等聚合在本地仓储中提供基于文献内容的组织、关联、导航、全局发现和知识服务。这就不可避免地涉及对数据库底层的剖析和对资源内容的深层次挖掘,需要合理的知识产权解决方案。

图书馆长期通过对馆藏资源的增值加工提供深层次信息服务,包括生成用于信息报导的书目、文摘、索引数据库、信息资源导航系统,以及用于信息咨询的参考咨询、定题跟踪等形式的知识产品。数字环境下,学术交流体系的变革、机构知识仓储的兴起以及用户需求的增加等因素促使越来越多的图书馆认识到知识产权所带来的问题及机遇,积极推进开放资源出版和机构知识仓储的建设。这些资源增值加工不仅可以形成高附加值的信息产品,有效优化图书馆整体资源体系,促进资源的合理利用,同时也推动了有关知识产权制度的讨论和发展。

3.4 实现与公共利益的协调

知识产权法律的宗旨是建立版权人和社会公众利益之间的平衡，并激励智力作品的创作与传播。国际上许多国际组织和图书馆在制定转型战略规划时，非常重视参与国家知识产权政策的讨论与制定，促进知识产权保护与图书馆发展协调，通过知识产权保护实现与公共利益的协调。如IFLA认为其首要战略行动就是对国际版权法和知识产权保护法施加影响，使图书馆用户可在公平使用原则下获取信息。美国国家医学图书馆的战略目标之一就是监督和提出公共政策。他们认为，因特网和万维网的普及，给公共政策的制定带来了越来越多的问题，限制了科学与医学信息的顺利传播。

转型时期的图书馆要通过知识产权管理，逐步打破时间和地域的限制，全方位地为社会公众服务，实现与公共利益的协调。如公共图书馆正在推行"图书馆就在你身边"活动，使图书馆服务突破馆舍限制，深入到街道和社区、农村和乡镇，积极推进社区利益的发展。通过CALIS、NSTL、CSDL、文化资源共享工程模式推进资源的共建共享。

4 转型时期图书馆知识产权战略管理路径

4.1 将知识产权纳入到图书馆转型战略规划

图书馆知识产权战略管理是一个连续不断的过程，涉及图书馆的全部流程，必须纳入图书馆转型整体发展战略体系中。目前战略规划已经被国外同行证明为卓有成效的图书馆管理工具。《国家知识产权战略纲要》明确要"加强文化、教育、科研、卫生等政策与知识产权政策的协调衔接，保障公众在文化、教育、科研、卫生等活动中依法合理使用创新成果和信息的权利"。这些国家政策性战略纲要文件直接构成了图书馆进行知识产权管理的战略依据。因此，一方面，我们必须将图书馆知识产权战略纳入国家知识产权战略视野中，从国家战略层面规划图书馆知识产权环境与政策，保障图书馆的高效运行。图书馆只有认清知识产权环境，掌握知识产权发展趋势，利用好知识产权相关政策，与有关版权机构展开良好的合作，才能实现图书馆知识产权管理的战略目标。另一方面，图书馆知识产权战略也是国家知识产权宏观战略管理不可或缺的重要组成部分，有助于提升我国知识产权创造、运用、保护和管理能力。斯坦福大学图书馆在战略规划中宣称，"版权问题的确定和管理将在用户服务中愈发重要""知识产权管理需要图书馆员在协商网络资源的版权许可协议时运用一些技巧，希望图书馆馆员能够为学生和教师在各种知识产权问题上给予帮助"。

4.2 建立图书馆内部知识产权战略支持系统

实施知识产权战略管理，图书馆应建立内部的战略支持系统，尤其应包括知识产权管理人力支持系统、财务支持系统。

国际上越来越多的图书馆已经考虑有关知识产权人才的培养和配备。熟悉和掌握知识产权知识和技巧成为未来图书馆员的必备知识技能之一。目前国际上许多大型图书馆尤其是大学图书馆已经考虑或设置了版权馆员（copyright librarian）岗位，如密歇根州立大学图书馆、亚利桑那大学图书馆、加拿大兰加拉学院图书馆、澳大利亚新南威尔士州立图书馆等；美国加州大学洛杉矶分校图书馆在预算中也明确提出版权图书馆员岗位问题。还有的图书馆设置了获取服务馆员、电子服务馆员、版权许可馆员等岗位,虽然名称各异,但其基本要求都包括馆员熟悉版权政策,能为用户提供各种版权咨询,指导用户利用知识产权实现对资源的充分利用。

预算时,图书馆应增加版权成本预算。书刊价格的逐年上涨使图书馆资源成本发生变化。在全球不断抬高知识产权门槛、版权保护趋向更加严格的法制环境下,随着电子资源在图书馆中比重的增加,图书馆服务的远程化与精细化,图书馆版权成本也必然增加。数字化资源建设、文献传递、远程服务、数据融合、版权人力、使用许可、诉讼成本、侵权监测等均是预算时需要考虑的因素。

4.3 建立高效的知识产权管理运行机制

在 49 所被调查的图书馆中,制订了专门的图书馆版权政策的有 8 所,占 16.33%;而没有制订过专门的图书馆版权政策的多达 41 所,占 83.67%。这项数据反映了我国图书馆的管理机制还比较滞后。另外,为了调查图书馆界对解决版权问题的看法,我们给出了四种选项,分别是:主要依靠政府履行职责,主要依靠图书馆主动积极,主要依靠市场自动调节和主要依靠版权人自己。结果有 62.39% 的调查对象认为解决图书馆中版权问题最主要的方法是"主要依靠政府履行职责",只有 24.77% 认为"主要依靠图书馆主动积极"。在图书馆知识产权管理的过程中,政府发挥着重要作用。作为由国家投资设立的公益性文化和信息服务机构,图书馆在进行知识产权管理过程中需要政府提供经费、人员的支持。但是,知识产权是私权,一般依靠私人力量解决。也就是说,图书馆本身才是解决版权问题的主体,而政府只能通过投入等措施,为知识产权问题的解决创造条件。

图书馆管理者应充分认识到知识产权管理的重要性,向全体馆员介绍知识产权管理战略的指导思想和具体做法,使全体员工积极参与到知识产权管理活动的每一个环节,严格地执行战略规划。图书馆转型是一个长期的过程,图书馆知识产权管理是一个完整的、连续不断的过程,必须事先建立一套高效的运行机制以及评估机制。图书馆知识产权方案的评估包括对知识产权管理方案的背景与环境适应情况进行评估、目标实现的效率与效果的评估、内部支持系统的评估、支持未来图书馆发展总目标能力的评估。

运行机制包括制订知识产权管理的运行规则,明确如何对实施过程进行有效监督,采用什么样的运行工具,如许可使用合同、版权声明等。运行过程中还要注意及时收集反馈意见,不断优化图书馆的知识产权战略方案和图书馆的各类版权政策,如采购版权政策、学位论文版权政策、文献传递版权政策、数据库使用版权政策、用户版权政策等。知识产权管理方案实施于图书馆管理的流程和各个环节。知识产权管理过程中,可能会遇到一些突发事件,也可能出现国际形势的变化,如国际版权条约的生效等,因此图书馆的知识产权管理制度必须根据新的情况不断修订完善。

4.4 鼓励用户参与知识产权管理

调查发现我国图书馆界对版权问题担忧的另一个重要因素是"用户利益"。图书馆解决版权问题最主要影响因素中排在第一位的是经费因素,排在第二位的是"读者的利益受到损失"(比例为 36.11%)。用户参与是 Web2.0 环境下图书馆的重要特征。图书馆知识产权战略的有效实施离不开用户的配合。知识产权教育是图书馆用户教育的重要组成部分。世界各国的图书馆在其战略规划中都把对用户进行知识产权教育作为重要的战略措施。以美国加州大学洛杉矶分校图书馆为例，他们为学生合理利用图书馆提供指导，如数据库许可使用、用户隐私、馆际互借的版权问题、电子教参和文献传递服务。鼓励教师和研究生讨论一些主要问题，包括版权管理、开放存取以及自存档。与学校管理者和院系合作，为教师管理他们的数字资产和知识产权提供支持，包括帮助进行版权管理、电子教参、课程管理政策、自存档和知识库的使用、关于开放存取期刊的咨询等。我国图书馆在制订知识产权战略管理规划时也应明确鼓励用户参与知识产权管理的目标与措施。

（选自《中国图书馆学报》2010 年第 2 期）

图书馆权利的界定

程焕文

近年来,图书馆权利研究已经成为图书馆学界的一个研究热点,出现了不少的研究文章,但是,明确地定义图书馆权利概念的文章并不多。概括起来,目前有关图书馆权利定义的观点主要有以下三类:

(1)民众权利论

这种观点以程焕文为代表,认为图书馆权利是指民众的图书馆权利。近年来,程焕文先后三次对这种观点做了近似的表述。2004年提出"人人享有自由平等利用信息资源的权利""平等利用信息资源是用户的基本权利""自由利用信息资源是用户的基本权利"和"免费服务是自由平等利用的保障"的图书馆权利概念。2005年提出图书馆权利"即用户平等、自由地利用图书馆的权利"。2007年提出"图书馆权利是指公民依法享有的平等、自由和合理利用图书馆的权利"。

(2)图书馆员权利论

这种观点以李国新为代表,认为图书馆权利是指图书馆员职业集团的权利。李国新提出:"从美国、日本业已形成的图书馆权利观念和规范可以看到,所谓图书馆权利,是图书馆员职业集团为完成自身所承担的社会职责所必须拥有的自由空间和职务权利。"

(3)公民与图书馆权利论

这种观点以范并思为代表,认为图书馆权利是指公民和图书馆的权利。范并思提出:"图书馆权利包括以下两种权利:社会意义的图书馆权利,即公民接受图书馆服务的权利;图书馆人的职业权利,即图书馆人维护图书馆科学有效地运作的权利。图书馆权利应该是这二者的统一。"有不少人比较认同这种观点。

究竟应该如何理解图书馆权利,如何定义图书馆权利呢? 既然"图书馆权利"一词源自英文"Library Bill of Rights"的翻译,那么,要准确地理解和把握图书馆权利的意义,就必须回归到美国图书馆协会《图书馆权利法案》(*Library Bill of Rights*)的文本上来分析。美国图书馆协会《图书馆权利法案》(以下简称《法案》)的内容如下:

美国图书馆协会坚信:所有图书馆都是信息和思想的论坛,以下基本政策应指导图书馆的服务:

• 图书和其他图书馆资源应该为图书馆服务范围内所有人的兴趣、信息和教化而提供。资料不应因为创作贡献者的出身、背景,或者观点的原因而被排斥。

• 图书馆应该提供对现实和历史问题提出各种观点的资料和信息。资料不应因为党义或教义的不同而被禁止或剔除。

• 图书馆在履行提供信息和教化的职责中应该挑战审查制度。

• 图书馆应该与一切与抵制剥夺自由表达和自由利用思想有关的个人和团体合作。

- 个人利用图书馆的权利不应因为出身、年龄、背景或观点的原因而被否认或剥夺。

- 图书馆为其所服务的公众提供展览空间和会议室服务,不管提出使用申请的个人或团体的信仰或隶属关系如何,都应在公平的基础上为其提供同样的便利。

需要特别说明的是,笔者的《法案》译文与我国学者目前使用的中文译本有如下明显的区别:其一,本译文依据的是《法案》的最新英文版本,而部分学者使用的是英文旧版本的译文。其二,相对于学者们目前使用的最新英文版本的中文译本来说,本译文可能比较接近英文的原意。例如:学者们现在使用的译本对于第 1 条的翻译是"图书馆应提供图书和其他馆藏资源以满足其服务社区内所有人兴趣、信息和启蒙的需要。图书馆不应以创作者的出身、背景或是观点为由排斥任何资料"。这与英文原文"Books and other library resources should be provided for the interest, information, and enlightenment of all people of the community the library serves. Materials should not be excluded because of the origin, background, or views of those contributing to their creation"有着明显的出入,因为英文原文是以"Books and other library resources"为主语的被动语句,并没有指明究竟是"谁"提供"图书和其他图书馆资源",也就是说,如果翻译时改为"主动语句"的话,那么其"主语"并不一定就是只指"图书馆"。这是该《法案》的精妙之处,所以,在中文翻译中不添加"图书馆"一词作为"主语"更符合原意。

从"美国图书馆协会坚信:所有图书馆都是信息和思想的论坛,以下基本政策应指导图书馆的服务"及其具体内容来看,《法案》实际上是美国图书馆协会阐述图书馆利用者的智识自由权利与平等权利和美国图书馆协会期望图书馆支持这些权利的政策性声明。作为美国图书馆协会通过的一项政策,《法案》本身是一项制度设计,其目的是确立作为社会制度要素之一的图书馆的一种价值体系,即图书馆的制度正义。我们知道,社会制度是一个包括了经济、政治、文化等全部要素在内的安排与设计的结构模式,这种结构模式的目的在于为人类活动提供有序的安排和稳定的社会规则秩序,从而使社会成员创造出一个令人满意的社会生活样式。制度既是一种秩序规则体系,又是一种价值体系。图书馆本身乃是为满足人的信息、知识与思想需求而安排与设计的社会制度的要素之一。作为社会制度的要素之一,图书馆既有外在的结构体系,也有内在的价值体系。《法案》关切的不是图书馆的外在结构体系,而是内在的价值体系,即图书馆作为社会制度结构体系要素安排的合理性与公正性,以及对民众的影响和增进个人与社会文明、进步与繁荣发展等福祉方面的价值。这体现的正是图书馆的制度正义,而制度正义在正义体系中是最重要、最关键的一种正义形态。作为一种图书馆的制度正义,《法案》使美国图书馆的观念正义物化为一种规范化、客观化和可操作化的制度事实,而公众则可以通过公正、公平等客观尺度来检验和评价这种图书馆的制度事实是否符合正义标准。

作为一种图书馆的制度正义,《法案》在表面上是规范图书馆的行为,在实质上则是声张图书馆利用者的正义。也就是说,如果图书馆依照《法案》来主张权利的话,那么,在本质上,图书馆所主张的不是图书馆自身的权利,而是图书馆利用者的权利。正因为如此,我国的部分学者比较容易混淆这种表里关系,将《法案》的内容解读为图书馆自身的权利(或权力),或者公民与图书馆自身的权利;而事实上《法案》不过是美国图书馆协会阐述图书馆利用者的智识自由权利与平等权利和美国图书馆协会期望图书馆支持这些权利的政策性声明。也就是说,就图书馆而言,《法案》阐述的不是图书馆自身的权利,而是图书馆的制度正义,即图书馆支持、维护和保障图书馆利用者权利的责任和义务。例如:美国图书馆协会在《隐私:图书馆权利法案的阐释》中就十分明确地使用了"rights of library users"(图书馆利用者的权利)和"responsibilities in libraries"(图书馆方面的责任)这两个标题来分别阐述民众的隐私权问题。同样,世界各国图书馆界制定和颁布的有关图书馆员的职业道德规范,其表面在于规范图书馆员的行为,其实质在于维护图书馆利用者的道德权利,而不是指图书馆员的道德权利。

从内容来看,《法案》主要是从自由和平等两个方面阐述了图书馆的制度正义及其相应的图书馆利用者的权利。

一是民众的自由权利与制度正义。

在制度正义中,最重要的价值就是自由,因为自由对于每个人而言是必需的,没有自由就没有一切。正因为如此,是否满足公民个人对自由的需求乃是评价社会制度是否正义的一个基本的衡量尺度。自由和权利是两个不同的概念,当自由成为权利时,实际上是指自由是权利的内容,即自由权利。《法案》主要从以下三个方面阐述了民众的自由权利与制度正义。

(1)自由表达(Free Expression)

《法案》第1条第2款规定:"资料不应因为创作贡献者的出身、背景,或者观点的原因而被排斥。"这一条款是从资料收集的层面来规范图书馆的制度正义,体现的是民众的自由表达权利。在一个民主政治的社会中,表达自由是除了选举自由权利以外最重要的自由;而资料(materials),包括图书、期刊、手稿、乐谱、地图等纸质资料,录音带、录像带、光盘等视听资料(或者非书资料),以及数据库、信息网络等数字资料,是自由表达的一种重要形式。《法案》第1条第2款的基本意义是指图书馆的资料收集应该"兼收并蓄",这是从制度上来宣明自由表达的正义。不过这种"兼收并蓄"并非是毫无限制的,也就是说,除了"创作贡献者的出身、背景,或者观点的原因"以外,可以因为别的原因而排斥或者拒绝收集有关资料。例如,可以因为图书馆的性质、任务和服务对象的原因而排斥或者拒绝收集不相关的资料。需要特别说明的是,《法案》对于这一条款的阐述采用了以"materials"为主语的被动句式,即《法案》没有指明究竟是"谁"不应该因为"创作贡献者的出身、背景,或者观点的原因"而排斥资料。显然,此条款可能指的"谁",并非只是图书馆,否则直接以"图书馆不应⋯⋯"的主动句式则更为简洁。因此,该条款背后的"谁"是指包括图书馆在内的任何个人、组织团体和政府机构。这实际上是从整个社会层面来声张民众自由表达的权利,它体现的是资料作为自由表达的一种重要形式所反映的民众的自由权利的普遍性,并为这种自由权利可能受到的威胁提供抵抗的制度正义。此外,该条款在"出身、背景,或者观点"的"主体",或者说"资料"的"主体"的表述上亦采用了比较繁复的"those contributing to their creation"(笔者翻译为"创作贡献者")表述方式,而不是简单的"author"(著作者)、"creator"(创作者)等词语,显然,这种表述方式实际上包含了以资料这种重要形式为载体自由表达的各种主体,如著作者、创作者、表演者、拍摄者、制作者、编辑者等。这体现的是一种普遍的自由权利观,即人人享有自由表达的权利。

(2)自由利用(Free Access to Ideas)

自由表达是个人的基本权利,而自由利用则是个人的具体权利,即个人在利用图书馆中所享有的自由权利。比较而言,自由表达侧重于"传者"的自由,而自由利用则侧重于"受众"的自由,这二者通过"资料"这个媒介,构成了智识自由的一个完整传播过程。从图书馆的角度来看,自由利用比自由表达具有更为重要的意义。自由表达在物化为"资料"这种媒介的过程中总会因为这样或者那样的原因而受到或多或少的限制或者威胁,而这个过程不在图书馆作为一种社会机构的可控范围之内。因为在自由表达物化为"资料"这种媒介的过程中,图书馆充其量只是物化主体中的一分子,并且是非主要的一分子。也就是说,维护和保障民众的自由表达是社会的普遍责任,而不是图书馆的主要责任或者专门责任。相对而言,尽管自由利用也是一种范围广泛的个人自由权利,但是,因为图书馆是专门收集、整理、保存和利用资料的主要社会机构,所以,维护和保障民众在资料利用层面上的自由利用是图书馆的专门责任或者主要责任。如果图书馆没有这方面的制度正义,那么,民众就会失去实现其自由行使权利的主要制度支持,并因此而使自由行使权利的实现在资料利用层面上的可能性受到极大的限制。正因为如此,在仅有 6 条 8 款的《法案》中,共有 4 个条款涉及自由行使权力的相关内容,十分充分地体现了美国图书馆协会对自由行使权利的高度关切和重视。

一方面,《法案》从资料和信息提供的层面规范了图书馆制度的正义。《法案》第 2 条第 1 款规定:"图书馆应该提供对现实和历史问题提出各种观点的资料和信息。"这是从积极或者主动的角度声张民众的自由利用,它体现的是图书馆在提供资料和信息上的客观和中立,也就是说,图书馆在提供资料和信息的过程中应该保持客观和中立,不应该渗入图书馆人的主观意志,并因此而限制或者剥夺民众的自由利用。

另一方面,《法案》又从资料管理的层面规范了图书馆制度的正义。《法案》第 2 条第 2 款规定:"资料不应因为党义或教义的不同而被禁止或剔除。"这是从消极或者被动的角度声张民众的自由利用,它体现的是资料管理上的公正和公平,也就是说,在图书馆的资料管理中,应该公正和公平地对待有关思想意识的资料。需要特别说明的是,这一条款采用的也是以"资料"为主语的被动句式,也就是说,包括图书馆在内的所有个人、团体组织和政府机构都"不应因为党义或教义的不同"而"禁止或剔除"资料。同时,这种不应"禁止或剔除"的前提条件仅限于"党义或教义的不同",也就是说,除了这种原因(即思想意识)以外,可以因为其他的原因而"禁止或剔除"资料,例如:可以因为色情的原因而禁止未成年人利用黄色资料,可以因为破损的原因而剔除资料。显然,这一条款与第 1 条第 2 款的规定"资料不应因为创作贡献者的出身、背景,或者观点的原因而被排斥"相比,既相互关联,又相互区别,具有明显不同的意义。

(3)自由权利维护

图书馆作为一种社会机构,具有维护和保障民众"自由利用"的社会责任。要履行这种责任,除了在图书馆内部以具体的行动积极作为以外,还需要抵抗来自图书馆外部的对自由权利的威胁。一方面,图书馆应该积极地抵抗审查的威胁,以捍卫民众的自由利用,所以,《法案》第 3 条规定:"图书馆在履行提供信息和教化的职责中应该挑战审查制度。"显然,《法案》所主张的图书馆"应该挑战审查制度"是限定在"履行提供信息和教化的职责"范围之内的,而不是无限的。另一方面,由于审查的威胁在绝大多数情况下都会超越图书馆的抵抗能力,图书馆需要团结一切可以团结的力量来共同抵抗审查,以捍卫民众的自由权利。因此,《法案》第 4 条规定:"图书馆应该与一切与抵制剥夺自由表达和自由利用思想有关的个人和团体合作。"这一条款是对自由表达和自由利用的延伸阐述。

二是民众的平等权利与制度正义。

自由所关怀的是个人的权利,平等则更加注重普遍的权利;自由所关心的是形式上的法律平等,平等所侧重的则是实质上的经济地位的平等;自由注重的是效率,平等则看重公平;自由是动力、活力,平等则是驿站、歇脚点。自由和平等是社会制度正义必不可少的两项重要内容。社会制度如果没有自由,就没有个人的生存之地,就没有社会政治上的民主和经济上的繁荣。社会制度如果没有平等,就只有特权,以及贫富的两极分化和与之相伴的阶级对立与斗争,从而使社会同样没有政治上的民主和经济上的繁荣。因此,缺少自由与平等中的任何一项,都会导致社会制度的专制或者不公正、不正义。

平等是指人人能够享有相同的权利。从法律面前人人平等的意义上讲,平等排除了民众因为民族、家庭、年龄、语言、教育程度、政治或其他见解等差别而导致的事实上的不平等,只承认和强调每个人在尊严和权利上一律平等。因此,与其说平等是一种权利,还不如说平等是一种原则更为贴切。通常,所谓的自由权利实际上是指自由是权利的内容之一,但是,所谓的平等权利却无法直指权利的内容,例如男女平等、民族平等、人格平等都是权利,却没有实际的权利内容,只是强调权利本身的平等或者平等的权利,即权利原则是平等的,所以平等权利实际上是权利平等。权利平等作为权利享有、行使、实现过程中的基本原则,具有三层含义。第一,主体的普遍性。在大致相同或相等的条件下,所有主体皆为权利主体,在法律地位上进行任何一种形式的差别划分都将损害权利主体的普遍性,从而使权利平等化为乌有。第二,内容的同一性,即权利内容在量上的同一性。一切权利主体享有相同或者相等的权利,这是主体普遍性的必然要求,否则主体的普遍性就没有意义。第三,权利救济的非歧视性。在权利实现遇有障碍时,法律无差别、无歧视地给予救济与保障,这是权利内容同一性的必然。从终极意义而言,救济和保障是权利内容实现的最终途径,即无救济即无权利。

如同自由权利一样,平等权利(或者权利平等)也是图书馆制度正义的核心内容和根基,二者具有同样重要的意义。但是,《法案》在规范这两种权利的制度正义中,首先(第1条第1款)阐述的是有关图书馆利用者的平等权利,然后才是图书馆利用者的自由权利(第1条第2款)。换言之,在《法案》中,图书馆利用者的平等权利要相对先于其自由权利。这不仅是因为没有平等就不可能有真正的自由,而且还在于,在权利的救济和保障上,作为社会机构一部分的图书馆自身能够承担的有关图书馆利用者的平等权利的责任和义务要重于或者多于有关图书馆利用者的自由权利的责任和义务。因为在履行权利救济和保障的责任和义务中,对于图书馆利用者的平等权利的救济和保障基本上在图书馆自身的可控职责之内,而对于图书馆利用者的自由权利的救济和保障则不尽然。例如,图书馆在抵制审查方面的能力总是十分有限的,有时甚至是无能为力的,但是,图书馆在平等服务方面则基本上具有自我决策和自主实现的能力。

《法案》从以下三个方面规定了有关平等权利的图书馆制度正义。

(1)普遍服务

图书馆普遍服务,作为社会普遍服务的一部分,是指在图书馆服务范围内使所有人都能得到可以获得的、非歧视的图书馆服务。这是民主社会中图书馆的社会责任和义务。《法案》第1条第1款规定:"图书和其他图书馆资源应该为图书馆服务范围内所有人的兴趣、信息和教化而提供。"这一条款从两个层面规定了图书馆在民众的平等权利方面的制度正义。

其一是平等权利主体的普遍性。《法案》使用了比"公民"（citizen）意义更加广泛的"所有人"（all people）一词，即在图书馆的服务范围内人人享有接受图书馆普遍服务的权利，且不受国籍（或者户籍）的限制。其二是平等权利内容的同一性。《法案》在这一条款的表述上也采用了以"图书和其他图书馆资源"为主语的被动句式，其中包含着两个方面的意义：一方面，作为社会普遍服务的一部分，提供"图书和其他图书馆资源"的普遍服务，不仅是图书馆的责任和义务，而且也是政府的责任和义务；另一方面，图书馆普遍服务的内容，不仅只是图书，而且还包括其他图书馆资源，例如非书资料、数字资源、空间资源、设备资源等。

（2）平等服务

图书馆平等服务是指排除个人事实上的不平等，使每个人在享有利用图书馆的权利和行使利用图书馆的权利中，享有人格和尊严上平等的图书馆服务。这是图书馆普遍服务的必然要求。《法案》第 5 条规定："个人利用图书馆的权利不应因为出身、年龄、背景或观点的原因而被否认或剥夺。"这一条款具有两个方面的意义。其一，它排除了个人因为出身、年龄、背景或观点的原因而存在的事实上的不平等，体现了个人利用图书馆的权利享有和行使的平等，即人格与尊严的平等。其二，它体现了图书馆在实现平等权利救济和保障上的非歧视性，这是普遍服务的必然。

（3）公平服务

图书馆公平服务是指图书馆在提供图书馆资源上不偏不倚，使行使利用图书馆权利的每个人享有机会与条件上相对平等或公平合理的图书馆服务。平等服务强调个人在享有和实现平等权利上人格和尊严的普遍平等，而公平服务则强调个人在享有和实现平等权利上机会与条件的相对平等或者公平合理，即对于同一服务、对于一切有关的人公正、不偏私的对待，这是平等服务的必然要求。《法案》第 6 条规定："图书馆为其所服务的公众提供展览空间和会议室服务，不管提出使用申请的个人或团体的信仰或隶属关系如何，都应在公平的基础上为其提供同样的便利。"这一条款的意义在于，图书馆在为其所服务的公众提供展览空间和会议室服务时，可以合理地规定时间、地点或者使用方式，但是不能做出对诸如展览和会议的内容或者主办者的信仰或隶属关系之类的资格规定，对于所有公众都应该"在公平的基础上"（on an equitable basis）提供同样的便利，即保证其服务的公正、不偏私。

总的来看，《法案》是一份指导图书馆服务的基本原则声明。作为一项基本原则声明，《法案》的文本十分简明扼要、提纲挈领，不可能穷尽一切具体问题，因此，一些图书馆在这些基本原则的具体应用中时常会提出一些问题。为了回答这些问题，经美国图书馆协会智识自由委员会（Intellectual Freedom Committee）起草和美国图书馆协会理事会批准，美国图书馆协会相继发布了一系列有关《法案》内容的解释文件，其中直接相关的有以下 21 个：

- 《儿童和青少年利用非印刷资料》（*Access for Children and Young Adults to Nonprint Materials*）
- 《利用电子信息、服务和网络》（*Access to Electronic Information, Services, and Networks*）
- 《问答：利用电子信息、服务和网络》（*Questions and Answers：Access to Electronic Information, Services, and Networks*）
- 《利用图书馆资源和服务，不论性别、性身份、性表达或性倾向》（*Access to Library Resources and Services, Regardless of Sex, Gender Identity, Gender Expression, or Sexual Orientation*）
- 《学校图书馆媒体计划中资源与服务的利用》（*Access to Resources and Services in the*

School Library Media Program)

- 《受异议的资料》(*Challenged Materials*)
- 《馆藏发展的多样性》(*Diversity in Collection Development*)
- 《信息利用的经济障碍》(*Economic Barriers to Information Access*)
- 《评估馆藏》(*Evaluating Library Collections*)
- 《展览空间和公告板》(*Exhibit Spaces and Bulletin Boards*)
- 《图书馆资料的删改》(*Expurgation of Library Materials*)
- 《未成年人自由利用图书馆》(*Free Access to Libraries for Minors*)
- 《学术图书馆智识自由原则》(*Intellectual Freedom Principles for Academic Libraries*)
- 《标记与分级制》(*Labels and Rating Systems*)
- 《关于标记与分级制的问答》(*Questions and Answers on Labels and Rating Systems*)
- 《作为一种资源的图书馆发起的计划》(*Library-Initiated Programs as a Resource*)
- 《会议室》(*Meeting Rooms*)
- 《隐私》(*Privacy*)
- 《关于隐私与机密的问答》(*Questions and Answers on Privacy and Confidentiality*)
- 《限制利用图书馆资料》(*Restricted Access to Library Materials*)
- 《自由表达的普遍权利》(*The Universal Right to Free Expression*)

不仅如此,美国图书馆协会在 1967 年 12 月 1 日还设立了"智识自由办公室"(Office for Intellectual Freedom),其使命是"负责实施美国图书馆协会在《法案》中提出的与智识自由理念有关的政策和美国图书馆协会有关自由利用图书馆和图书馆资料的基本政策",其职责和目标是"使图书馆员和普通公众接受有关智识自由在图书馆中的性质和重要性的教育"。"智识自由办公室"还负责监管美国图书馆协会的如下组织和会议:智识自由委员会、职业道德委员会(Committee on Professional Ethics)、阅读自由基金会(Freedom to Read Foundation)、智识自由圆桌会议(Intellectual Freedom Round Table)、LeRoy C. Merritt 慈善基金(LeRoy C. Merritt Humanitarian Fund)等。

20 世纪 90 年代末,美国图书馆协会设立了"智识自由委员会",其职责是根据《美国宪法第一修正案》(*The First Amendment to the United States Constitution*)和美国图书馆协会颁布的《法案》,与美国图书馆协会智识自由办公室密切合作,与美国图书馆协会涉及智识自由和审查的其他部门和官员合作,维护图书馆利用者、图书馆和图书馆员的权利。"智识自由委员会"的主要活动如下:①每年在美国图书馆协会冬季会议和年会期间负责组织四次会议;②每年向美国图书馆协会理事会提交两份会议报告;③编写《智识自由手册》(*The Intellectual Freedom Manual*);④起草《智识自由声明和政策》(*Intellectual Freedom Statements and Policies*);⑤修订《智识自由手册》和解释《法案》。

从 1948 年颁布《法案》,到 1967 年设立智识自由办公室,再到 20 世纪 90 年代设立智识自由委员会,美国图书馆协会一直在致力于制定、颁布、实施、宣传和推广有关图书馆权利的各项政策,使自由利用和平等利用的理念深入人心,成为图书馆的核心价值,进而推动图书馆事业和社会的和谐发展。由此可见,"图书馆权利"并不是什么新鲜事物,只是我国图书馆界长期忽视了其重要性,较少关注而比较陌生罢了。正因为如此,我国图书馆界在对"图书馆权利"及其相关概念的理解上往往存在较大差异。

例如,"Intellectual Freedom"一词传入我国后,因为理解的差异,其翻译并不一致,大陆图书馆界一般将其翻译为"信息自由"或者"知识自由",而港台地区则多翻译为"智识自由"。实际上,"信息自由"有对应的英文——"Information Freedom"或者"Freedom of Information","知识自由"同样有对应的英文——"Freedom of Knowledge"。尽管"信息自由"(Information Freedom)、"知识自由"(Freedom of Knowledge)、"智识自由"(Intellectual Freedom)三者在概念上十分近似,但是三者在实际使用上并不完全相同。因此,"至少在图书馆学领域,将 Intellectual Freedom 译为'智识自由'比较合适",理由如下:

其一,"Intellectual Freedom"一词是一个全球图书馆界通用的专门术语。美国图书馆协会设立有与《法案》相关的"智识自由办公室"和"智识自由委员会",并颁布了一系列的有关"智识自由"的政策,美国的一些州图书馆协会亦有类似的机构和政策。在国际上,IFLA 的情形也是一样。

其二,"Intellectual Freedom"在图书馆界具有特定的含义。什么是"智识自由"(Intellectual Freedom)? 美国图书馆协会对智识自由的界定是:"智识自由是每个人不受限制地寻求和接受各种观点的信息的权利。智识自由提供从所有思想表达到可能探究的问题、原因或运动的任何一个或者所有方面的自由利用。"

由此可见,"智识自由"与普遍意义的"信息自由""知识自由"是既互相联系,又互相区别的。

综上所述,根据《法案》的内容、美国图书馆协会智识自由办公室的使命、美国图书馆协会有关智识自由的定义等,我们可以对图书馆权利做出如下简练的界定:图书馆权利是指民众利用图书馆的自由、平等权利。

(选自《中国图书馆学报》2010 年第 2 期)

公共图书馆管理体制研究^①

肖容梅

本文所论及的公共图书馆管理体制是一个宏观命题,其指非在公共图书馆自身的管理机制,而是指国家对于公共图书馆的机构设置、隶属关系、权限划分及其活动进行管理的一整套制度化安排,其核心是政府管理部门、图书馆行业协会与作为独立法人单位的公共图书馆之间的相互关系及各自的责任、权利、义务。这是公共图书馆生存与发展的重大课题,也是公共图书馆立法支撑研究的重点之一。

1 国外主要国家公共图书馆管理体制

国外公共图书馆管理体制的情况错综复杂,难以穷尽论及,兹就部分较为典型且与我国情况相关、具有一定可比性的简述如下。

1.1 美国

美国公共图书馆实行的是典型的分权、分散和多元化的管理体制,这是建立在相对完善的立法基础之上的。全国范围内没有一个主管全国图书馆工作的政府行政领导机关,但也并非没有宏观控制。1970 年设立的"国家图书馆和信息科学委员会"是联邦政府常设的独立机构,主要职责是向总统和国会提供有关国家政策实施的建议报告。该委员会职能于 2008 年年初归并于美国博物馆暨图书馆服务机构(IMLS),该机构是依据 1996 年《博物馆和图书馆服务法案》而设立的联邦政府的一个独立机构,全美国的图书馆和博物馆来自联邦政府的资金主要由该机构提供,它在全国范围内协调与各州和地方机构的合作以促进图书馆和博物馆的发展。多数州的图书馆法规定了公共图书馆的管理机构是图书馆理事会或图书馆委员会,负责图书馆重大政策规划、经费预算、管理层人事任命和监督等工作。美国图书馆协会(ALA)是美国图书馆界的专业组织,成立于 1876 年,是世界上规模最大的国家级图书馆协会。ALA 的工作重点主要在培训图书馆员、促进图书馆立法、颁布图书馆标准、编辑出版物、保护求知自由、合作编目和分类、推动自动化与网络化、促进国际交流等。

1.2 英国与芬兰

英国是世界上最早为公共图书馆立法的国家。当前英国公共图书馆宏观管理职责由政府文化、媒体和体育部承担,单个公共图书馆服务则由 149 个地方政府负责提供。依照 1964

---

① 执笔人肖容梅,课题组成员包括吴晞、汤旭岩、万群华、肖容梅、梁奋东、肖永钤、刘杰民、邱维民。

年颁布的《公共图书馆与博物馆法》，文化、媒体和体育部大臣有责任管理图书馆服务和提升公共图书馆质量，该部资助的两个非政府公共机构"博物馆、图书馆和档案理事会"与"图书馆咨询委员会"紧密合作。前者成立于2000年4月，作为一个策略机构，协调和促进博物馆、图书馆和档案部门之间的合作；后者由高级图书馆员与拥有公共图书馆相关技能和兴趣的非专业馆员组成，为政府部门提供独立的咨询建议。英国图书馆协会成立于1877年，曾参与《英美编目条例》及其他有关图书馆的标准和指南的编纂与颁行工作，并发表过3个著名报告：1927年的《凯尼恩报告》推动了英国全国图书馆之间的合作；1959年的《罗伯特报告》推动了1964年《公共图书馆和博物馆法》的制订；1969年的《丹顿报告》推动了1972年《不列颠图书馆法》的颁布。同时，英国图书馆协会在国际图书馆界也发挥了重要作用：1927年在爱丁堡举行的纪念协会创立50周年大会上促成了国际图书馆协会和机构联合会（IFLA）的成立；主办过多次IFLA会议，促进了海外图书馆尤其是英联邦国家图书馆的发展。

芬兰的情况与英国类似。公共图书馆由教育部文化、体育和青少年政策司下辖的文化和媒体处管理。教育部负责制定全国图书馆政策指导规划、图书馆立法及相关决议准备、起草全国图书馆预算、分配图书馆专项补助金、编辑图书馆统计数据，以及评鉴图书馆和信息服务。地方公共图书馆财政来源于税收，由地方政府管理并决定图书馆服务提供的深度。公共图书馆接收25%—50%的中央政府补助金，用于图书馆建筑和购买流动书车，几乎所有的主要公共图书馆都是在中央补助金的支持下得以建造。省级馆支持所在区域的公共图书馆信息和馆际互借服务，现日渐强调其作为地区信息和资源中心的功能。芬兰图书馆协会于1910年建立。

1.3　日本与韩国

日本与韩国的情况较为相近。日本公共图书馆的政府管理机构是文部科学省属下的终身学习局社会教育处，文部省是集教育、文化、体育和科学技术部门为一体的大部。长期以来，日本政府在社会事务中的主导作用非常强，是公共事务的主要承担者和实施主体。自21世纪始，日本政府开始启动战后最大规模的行政改革，在国立和公立机构逐渐实行独立行政法人化改革，并尝试引进现代企业管理机制。2006年小泉政府上台后对国立国会图书馆实行了独立行政法人化改革，以实现行政决策与实施过程相分离，增强法人自主权和积极性，提升服务效率与质量。日本图书馆协会成立于1892年，主要参与制定图书馆法令、行业标准，维护馆员权益等。

韩国公共图书馆由文化体育观光部管理，主要负责确立和协调图书馆信息政策发展宏观规划、决定国家和地方图书馆运营系统、制定和修订图书馆相关法规等。总统属下设置图书馆信息政策委员会，负责制定、审议、调整图书馆政策的重要内容，由30人组成，委员长1人由总统在委员中推荐，副委员长由文化体育观光部部长担任，委员由中央行政机关的负责人和具有图书馆专业知识且经验丰富的人担任。各地设立地区代表图书馆，并相应设立地方图书馆信息服务委员会。公立公共图书馆由具有司书职称者担任馆长，同时设立图书馆运营委员会。韩国图书馆协会主要是加强馆际间的资料交换、业务合作与运营管理研究，振兴图书馆服务及图书馆发展，其运营必要的经费可由国家给予补助。

2 我国公共图书馆管理体制存在的主要问题

2.1 法制化程度低

西方国家比较成熟的做法通常是通过制定专门法律,明确政府、社会及法人的关系,各方依法履职。而我国在公共图书馆法制化建设方面,国家层面无法可依,地方立法又过于粗疏,成效不明显。自中华人民共和国成立以来,我国始终缺乏一部具有权威性的、由全国人大制定的图书馆专门法律,致使政府、行业协会、图书馆等各管理主体之间相互关系界定不清,职权、机构、程序、责任均未能法定化,基本处于文化行政事业一体化管理体制。目前,已有部分省市先行开展了地方性公共图书馆立法实践,深圳、湖北、内蒙古、北京等地通过了公共图书馆条例,上海、浙江、河南、山东、乌鲁木齐等地制定了公共图书馆管理办法,在一定程度上为全国公共图书馆立法奠定了基础。其中,关于公共图书馆管理体制的表述大部分为"县级以上地方人民政府文化行政管理部门负责本行政区域内公共图书馆的管理,指导、协调本行政区域内其他各类图书馆工作"。地方立法中存在的主要问题是法条过粗、内容笼统,对于一些需要明确规定的根本性问题如政府在公共图书馆事业发展中的责任、地位等只做了概括性规定,且过分强调政府是公共图书馆管理的唯一主体,多数没有实施细则,法规的可操作性大打折扣,执行上远没有达到应有的效果。

2.2 政府职能错位、越位、缺位并存

作为一个"后发"国家,中国的现代化模式明显属于"政府主导型"。政府无所不管,无所不包,是社会管理的唯一主体,行政手段是主要管理手段,整个社会显得秩序有余而活力不足。随着改革开放以来社会经济的发展,社会结构发生了巨大变化,"全能政府"的弊端越来越明显:公共产品及服务供给严重不足;社会需求越来越多,政府负担越来越重、力不从心,导致诸多失灵。在公共图书馆领域,政府职能不清主要表现为几种情形:一是职能错位,混淆了责任主体与实施主体的区别,采取"包办一切"的模式,公共图书馆没有自主权限,导致"管办不分";二是职能越位,文化行政部门对公共图书馆管得过宽、过死,抑制了其自身发展活力;三是职能缺位,在设施建设、购书经费等基本方面重视不够,各级公共财政对图书馆事业投入偏少,基本的公共图书馆服务供给滞后且有失公平,图书馆普遍服务原则难以体现,政府理应担负起的职责没能很好地履行。

2.3 行业管理体系独立性差、成熟度低、规范性弱

目前,我国虽从全国到地方形成了各级图书馆学会,在行业建设、学术研究、业务培训等方面发挥了一定作用,但从严格意义上讲,它主要定位于学术性群众团体,并不是行业管理组织。当前仅有北京、上海和海南建立了地区性的图书馆行业协会组织,但"协会"的作用并不明显。从总体上看,公共图书馆领域的行业组织体系尚未形成,其应有作用难以发挥,表现为:①独立性差。我国行业协(学)会主要由政府创建并受政府主导,由民政部门和业务主管部门实行双重管理体制,官办色彩浓厚;协(学)会负责人大多来源于业务主管部门的派遣和任命,对内缺乏独立的人事任免权和足够的管理控制权;主要收入来源于政府拨款和补

贴，运作经费匮乏，缺乏自身发展必要的自主性。②成熟度低。由于文化传统、市场程度和政治制度的差别，我国图书馆行业协会发育还不成熟，无论其结构还是功能都还没有定型，工作人员大多从政府或事业单位中分离出来，缺乏行业组织的管理技能和解决行业困境、满足行业发展需求的经验与手段。③规范性弱。行业管理是一种专业性、应用性很强的社会管理工作，而我国行业管理起步较晚，法律法规体系的基本框架还远未形成，图书馆行业管理领域更是存在法律空白，图书馆行业组织尚为弱小，难以承受政府的转移职能。

2.4 法人制度欠完善

法人意味着内部组织的科学合理，对外的独立自主，但是公共图书馆法人制度的真正确立还任重道远，主要表现在：①公共图书馆缺乏独立法人人格。我国的事业法人登记制度，主要是从管理角度而非法人制度角度设计相应的法律关系，是管理法而非主体法，政府与事业单位之间仍是行政关系、管理与被管理关系。公共图书馆虽然从登记上已成为法人，但现实中仍然是文化行政部门的下级机构，办馆在很大程度上还是要执行政府的行政指令，没有相应的人事和财务自主权，难以自主管理、自主办理有关业务，也难以独立承担法律责任，并不具备真正意义上的独立的法人人格。②馆长负责制未能落到实处。在1978年至1992年我国社会事业恢复期和事业单位改革初期，政府的主要举措是适当下放管理权，推行事业单位行政首长负责制，行政首长对本单位有经营管理权、机构设置权、用人自主权和分配决定权。在此背景下，1986年全国图书馆工作会议上提出实行馆长负责制，1987年中宣部、文化部、国家教委和中科院联合下发的文件中再次明确提出实行馆长负责制。但现实情况是，仍有部分公共图书馆没有实行馆长负责制，或虽然实行了馆长负责制，但并未很好地贯彻落实，流于形式。

2.5 新型管理模式遭遇体制障碍

自2003年文化体制改革试点以来，公共图书馆领域加快了构建公共图书馆服务体系的步伐，逐步建立了总分馆、图书馆联盟、流动图书馆、图书馆之城等新型服务体系，并进行了与之相适应的管理模式的有益探索，如公共服务委员会管理模式、集中管理模式、分级投入集中管理模式、分级管理中心馆援助模式等。举例而言：北京市海淀区成立了公共服务委员会，将原来隶属于各个政府部门的具有公益职能的事业单位剥离出来交由新成立的公共服务委员会代替行使公益职能；广东省流动图书馆实行分级管理中心馆援助模式；佛山市禅城区联合图书馆实行集中管理模式；嘉兴市总分馆实行市、区和乡镇三级政府分级投入、总馆集中管理模式；武汉城市圈图书馆联盟实行跨地域的协议合作管理模式等。

但上述新型管理模式均遇到了不同程度的体制性障碍。如在总分馆体系建设中，由于我国现行图书馆建设与管理是以分级财政体制为基础的，各自为政、文献资源重复建设问题甚为严重，因而迫切需要化解现行体制中的分级财政壁垒、人事编制和资产权属等体制障碍，创建新型的完整意义上的总分馆服务体系。在公共服务委员会管理模式中，由委员会负责公共事务统一规划，有利于打破政府管理、社会组织管理各自为政的僵局，但前提是必须建立起"管办分离"的基本框架，把涉及现实发展急需的公共产品，从原行政部门梳理出来，整合到新成立的公共服务委员会，并发展多元公共服务机构共同参与的社会公共服务体系，只有这样才能真正实现公共服务统一规划、投资及人财物统一管理。这些都有待于行政体制的改革。

上述问题的存在,归根到底是因法制不健全,管理体制不顺,参与公共图书馆管理的各方关系不清、权责不明。因此,构建新型管理体制的基本思路是重新调整政府与社会、政府与图书馆的关系,通过"政社分开""政事分开"的理念,清晰界定政府、行业协会、法人等各自的角色地位,明确各方权责,转变政府职能,推进专业化社会管理,充分保障图书馆自主权,建立起"政府主导、行业自律、公共图书馆法人治理的管理体制",使政府归政府,社会归社会,法人归法人,形成各司其职、各负其责的多元治理的图书馆管理格局。

3 政府宏观管理及其实现

3.1 政府的定位和作用

在多元化的公共图书馆管理主体体系中,毫无疑问政府处于主导地位,是公共图书馆管理的核心主体。公众通过向政府纳税,为自己享受公共图书馆服务的权利支付成本;而政府通过征税建立公共财政,支持公共图书馆建设,为公众提供公共图书馆服务,这是其应尽的职责。但这并不意味着政府就是唯一主体,公共图书馆管理应当是包括政府管理在内的全社会开放式的管理体系,政府合理的角色定位是公共图书馆的设立者、所有者、宏观管理者及监督者。

为了实现政府这一理想的角色定位,需要培育政府以外的社会管理主体与政府共同实现对公共图书馆事务的管理,政府在其中起掌舵作用。因此,在我国社会转型时期,为促进政府与社会的职能分化,政府尚需实现四个转变:一是由"管制型政府"向"服务型政府"转变,改变政府行政管理权限过于集中的状况,强化公共服务职能,增进公共图书馆资源的有效与公平供给,促进普遍均等服务;二是由无限责任向有限责任转变,从"全能政府"模式中解脱出来,给予社会应有的充分自主权,把现在由政府承担的部分社会管理职能,交给图书馆行业协会等社会组织承担;三是由集权行政向分权行政转变,正确处理中央与地方之间、地方各级政府之间的关系,建立起更为灵活的政府管理体系,破解现行公共图书馆服务体系建设中协调难度大、运作成本高、难以持续运行等困境;四是由行政管理向公共管理转变,在政府决策中充分发挥咨询委员会的智囊作用,逐步健全公民参与机制,保障决策的科学合理及民主参与,提高社会化管理程度和水平。总之,政府既要忠实履行应尽职责,确保对公共图书馆建设与服务的基本投入和制度供给,又要注意权力归位,防止"大包大揽"、管办不分,实现政府职能法定化。

3.2 政府职能及各级政府的具体责任

在公共管理中,政府的角色通常定位为确定法律基础、保持政策环境、投资社会设施、保护人类文化遗产、保护弱势群体等。在建立公共图书馆服务体系的过程中,政府作为公共图书馆的设立主体和宏观监管者,其职能主要体现在:投资建立公共图书馆,确保经费供给,以保证其正常运作;依据法律,并通过制定行政法规和配套政策对公共图书馆实行宏观管理;确定公共图书馆发展战略,制定公共图书馆事业发展规划,指导协调各级各类图书馆之间的关系,做到统筹兼顾;科学设立公共图书馆服务发展指标,对公共图书馆提供公共文化产品服务情况进行监督等。

中央政府和地方政府应当进行合理的责任划分。中央政府的责任主要是：①负责设立国家图书馆，为其提供必要的经费保障；建立全国公共图书馆专项资金，补助地方公共图书馆建设，促进全国图书馆事业发展，并适当向欠发达地区倾斜。②依据立法程序，提出关于图书馆的法律案；制定关于图书馆事业的行政法规和政策，对图书馆进行宏观管理和监督。③制定图书馆事业的全国规划，指导和协调各级各类图书馆之间的关系。④确立国家的图书馆标准和规范。地方政府的责任主要是：①省级人民政府负责设立省级公共图书馆；市、县级人民政府负责设立市、县级公共图书馆，并逐渐构建区域性公共图书馆服务体系，提供覆盖全社会的普遍均等的公共图书馆服务。②各级地方政府通过拨款和制定财政政策，为公共图书馆提供物质和技术保障，支持并促进地方图书馆事业发展。③依据立法程序，提交关于图书馆的地方性法规案；制定关于图书馆事业的地方规章和政策，对图书馆进行宏观管理和监督。

4 建立健全图书馆行业协会管理组织

4.1 行业协会的定位与优势

随着社会发展程度的提高，社会力量日益强大，包含行业协会在内的非政府组织的管理主体地位日益获得认可，成为公共图书馆管理的重要主体，被看作是政府的合作者，是弥补政府缺陷、克服政府失灵的有效组织载体。图书馆行业协会是由图书馆、图书馆员在自愿基础上共同组织起来，为维护图书馆共同利益、促进图书馆事业全面发展的非营利性社会组织，其活动特点是：不基于强制性规范，社会公信力高，行业权威性强。相对于政府管理，图书馆行业协会参与管理还有着独特的优势：专业；贴近基层；官僚化程度低；在组织体制和运作方式上具有相当大的弹性和适应性，便于根据不同情况及时做出调整，能够对社会需求迅速做出反应；有助于行业内的国际交流。因此，当前较为现实而理性的选择是培育行业协会，促使其发展壮大，通过建立以图书馆协会为主体的行业管理模式，可以充分发挥其在政府与图书馆、图书馆与社会、图书馆与图书馆之间的桥梁纽带作用，成为行业自治的管理者和政府的得力助手。

建议设立中国图书馆协会，省、自治区、直辖市设立相应的地方图书馆协会，设区的市根据需要也可以考虑设立图书馆协会。图书馆、图书馆员自愿加入所在地的地方图书馆协会。加入地方图书馆协会的图书馆、图书馆员，同时成为全国图书馆协会的会员。图书馆协会可在现有各类行业组织基础上合并或重组而成。

4.2 行业协会的职能与活动

作为图书馆专业的行业协会组织，基本职能和活动都应立足于两个层面：首先立足于公众和社会责任，保障社会大众的信息知识自由和文化权益，充分享受图书馆服务；其次立足于行业使命，领导并促进图书馆事业的全面发展和进步。具体如下：①维护知识自由和平等，推动全民阅读：保障公民基本阅读权利，消除弱势群体信息利用障碍，充分应用现代信息技术提供人性化、便利化服务；开展各类阅读活动，培养阅读习惯，提高信息素养，推进全民阅读。②行业宣传:作为整个行业的代言人,宣传行业核心价值,促进公众对图书馆职能的了解和对图书馆行业价值的认同,扩大图书馆的社会影响和作用,提升图书馆从业人员的社会形象和地位。③图书馆立法推进:制定行业立法规划,有系统地推进图书馆立法活动;与立法部门保持密切关系,争取对图书馆有利之立法;在影响图书馆和信息服务的国家和国际政策制定方面发挥作用,敦促有利于图书馆行业发展的政策尽快出台。④制定行业标准和发展规划:制定藏书、分类、著录等各项行业标准,指导业务工作,建立完整系统的图书馆工作评估体系;制定行业发展规划,定期审视和调整图书馆优先发展领域,做出具有前瞻性的远景规划。⑤职业教育与培训:从学历教育、继续教育、短期培训等多方面促进图书馆学的专业教育,提升馆员的专业技能,并制定职业发展规划,为从业人员提供发展空间,增强职业吸引力。⑥建立图书馆员专业资格认证制度:根据图书馆行业人力资源发展需要,拟定专业人员的任职资格、职业等级和相应薪酬指导标准,对教育机构和接受有关课程教育的人员进行水平认证,确保其具备工作需要的专业知识和能力,能够满足职业需求。⑦行业自律和协调职能:倡导现代图书馆服务理念,对从业人员进行职业精神和职业道德教育,加强行业自律;协调行业与政府、社会及媒体等对外关系,为行业可持续发展争取有力的支持和保障。⑧优化组织和服务会员:定期或不定期召开学术会议,出版协会刊物和学术专著,协调成员图书馆间的关系,维护图书馆行业和工作者的合法地位和权益,并不断优化自身组织,发展会员。

5 建立理事会制度,完善法人治理结构

按照政府转变职能、政事分开、管办分离的原则,同时也借鉴西方国家通行的公共图书馆管理模式,政府可逐步通过理事会行使重大决策权,并以理事会为核心完善公共图书馆法人治理结构。法人治理结构是根据决策权力机构、管理执行机构、监督约束机构相互分离、相互制衡和精干高效原则,建立图书馆的理事会、管理层、职工大会和社会监督机构分权制衡的组织架构,构建以公益目标为导向、内部激励机制完善、外部监管制度健全的规范合理的治理结构和运行机制。

5.1 理事会——决策权力机构

理事会是图书馆的决策权力机构,是法人治理结构的核心,负责确定图书馆的发展战略和发展规划,行使图书馆重大事项决策权。理事会成员由政府部门代表、社会人士、行政执行人等组成,并以社会人士为主。理事会可设立咨询委员会或人力、财务、审计等各类专业委员会,聘请社会专业人士担任委员,为理事会决策提供专业咨询和管理咨询服务。理事会基本职能包括:审议决定图书馆的章程、理事会章程、基本管理制度及图书馆的长期发展战略和发展规划;提名或通过公开招聘推荐馆长人选;审议决定图书馆年度工作计划、绩效指标、服务标准和年度报告;审议图书馆用人计划、激励考核机制、财务预算方案、薪酬分配方案、重大资产处置方案;聘任和更换专业委员会或咨询委员会组成人员,评估馆长和管理层的工作;促进图书馆与政府、社会公众的沟通等。

5.2 管理层——管理执行机构

由馆长及其副职组成的管理层是公共图书馆法人治理结构中的管理执行机构,具体负责图书馆的日常运行与业务管理。图书馆实行馆长负责制,馆长是法定代表人。管理层的基本职责包括:馆长作为行政执行人,参与理事会决策,组织实施理事会决议;决定聘任或解聘除应由理事会决定聘任或解聘的人员以外的人员;制定图书馆发展规划、绩效指标和服务标准,实施年度工作计划,编制年度报告;提出图书馆用人计划、激励考核机制、财务预算方案、薪酬分配方案、重大资产处置方案;拟订或建议修改图书馆编制设置、基本管理制度和图书馆章程等。

5.3 职工的民主参与和社会监督——监督约束机制

公共图书馆法人治理结构还要求建立内外结合的监督约束机制。内部监督包括理事会的监督和职工民主监督。理事会对馆长实施监督,并对财务进行审计监督;加强职工的民主参与,对涉及全体职工切身利益的重大事项,按照有关规定提请职工代表大会讨论,理事会在决策时应充分考虑职工代表大会的意见。外部监督包括由有关部门依法进行监督,以及由公众、媒体所形成的社会监督。其中,政府监督是指通过委派理事会成员并出席理事会会议来监管机构运营状况,并可通过行使对高层重要职位的人事管理权及对账务账目的定期审计进行管理。公众监督是指通过年度报告制度、绩效评估制度、信息公开制度来实现监督。

5.4 图书馆内部管理机制

建立法人治理结构后,图书馆将全面推行职级职位管理,实行全员聘用和岗位管理制度,按照管理岗位、专业技术岗位、工勤技能岗位分类分级进行聘用,健全岗位目标责任制,逐步淡化身份,强化岗位,转换机制,增强活力,调动各类人才的积极性和创造性。

综上所述,通过建立"政府主导、行业自律、公共图书馆法人治理的管理体制",可以比较清晰地界定政府、行业协会与公共图书馆三者之间的权责关系:政府作为公共图书馆的兴办主体,承担公共图书馆的设立、宏观管理与监督职能;图书馆行业协会作为非营利性社会组织,承担推进行业立法、制定行业标准、建立行业准入、加强行业培训与交流合作等职能,实行自律管理;公共图书馆作为事业单位法人,逐步建立以理事会为核心的法人治理结构,实行馆长负责制,依法行使管理权,自主办理图书馆业务。作为一种完整的管理体系,只有三方各司其职、相互配合、协同运作,才能实现公共图书馆管理效能最大化,加速构建覆盖全社会的公共图书馆服务体系,提供优质高效的公共图书馆服务。

(选自《中国图书馆学报》2010 年第 3 期)

我国公共图书馆文献资源建设法律需求的调查分析与研究[①]

肖希明　张　勇

公共图书馆文献资源建设有赖于国家政策和法律的保障,为此,即将制订的《公共图书馆法》需要对公共图书馆文献资源建设做出相关的规定。本课题组承担了"公共图书馆文献资源建设法律保障研究"项目,目的是通过一系列的调查、分析和研究,为《公共图书馆法》的立法决策提供一些资料和参考意见。项目研究内容之一是了解公共图书馆在文献资源建设中对法律的需求,为此我们设计了此项调查,并根据调查研究的结果,对我国公共图书馆法中有关文献资源建设的内容提出若干建议。

1　调查设计

在文献调查及对我国公共图书馆相关人员进行访谈的基础上,我们设计了问卷的整体框架,并确定了细节选项。问卷由 20 个问题组成,涉及范围包括公共图书馆文献经费、馆藏资源建设、信息资源保存保护、政府公开信息的采集、数字资源建设、文献资源共建共享等问题的法律需求,其中 19 个问题为必答题,每个问题提供若干选择答案,最后一个是开放性问题。

本次调查选择了我国省(自治区、直辖市)(不含港澳台)图书馆和省会城市的公共图书馆,并在每个省各选取 3—6 所地市级公共图书馆和县市级公共图书馆的馆长(副馆长)作为调查对象。共发出调查问卷 320 份,回收 134 份,均为有效问卷,占问卷总数的 42%。回收的 134 份问卷均回答了 19 个必答问题,其中 23 份问卷回答了开放性问题。在分析调查结果时,我们对有些问题进行了归并。由于每道题回答的人数不同,且有些问题有多项选择,因此在结果分析时我们以每题的回答人数为基数进行分析。

2　调查项目及结果分析

2.1　各级政府对公共图书馆文献资源建设的经费投入

公共图书馆的经费由政府公共财政投入,是世界各国通行的做法,也是各国的图书馆法普遍规定的内容。文献资源建设经费是公共图书馆经费支出的主要构成部分。我国《公共图书馆法》应如何规定以保证各级政府对公共图书馆文献资源建设的经费投入呢? 我们设

[①]　执笔人:肖希明、张勇,课题组成员包括肖希明、张勇、顾犇、许建业、王惠君、陈瑛。

计了 4 个选项:

A 规定公共图书馆的经费占地方财政支出的比例;B 规定公共图书馆购书经费的增长幅度;C 原则规定保证公共图书馆购书经费的增长;D 不必做这方面的规定。

134 份问卷中有 12 位被调查者选择了两个以上的选项。其中有 103 名被调查者选择 A,占回答人数的 76.8%;有 32 人选择 B,占 23.8%;有 12 人选择 C,占 9%;有 1 人选择了 D。可见,绝大多数公共图书馆都希望公共图书馆法对政府投入公共图书馆及其文献资源建设的经费有明确的、量化的和具有可操作性的规定。

2.2 公共图书馆文献资源建设经费增长幅度的主要参照依据

公共图书馆文献资源建设经费的增长受多种因素的影响和制约。那么,政府主要依据什么来确定对公共图书馆文献资源建设的经费增长幅度呢?我们设置了 4 个选项:

A 居民消费价格指数(CPI)增长幅度;B 文献定价增长幅度;C 财政收入增长幅度;D 不必做这方面的规定。

134 份问卷中有 12 位被调查者选择了两个以上的选项。其中有 92 名被调查者选择 A,占回答人数的 68.7%;有 31 人选择 B,占 23.1%;有 22 人选择 C,占 16.4%;也有 2 人选择 D。这说明,绝大多数公共图书馆希望各级政府对公共图书馆及其文献资源建设经费的投入与地方财政收入保持同步增长。而现实情况是,在很多地方,政府对公共图书馆经费投入的增长幅度远远低于当地财政收入增长的幅度。

2.3 公共图书馆的文献购置费要专款专列

公共图书馆经费包括人员经费和文献购置经费。然而公共图书馆在运行中常常出现"人吃书"(人员经费挤占购书费用)的现象。近年来,很多地方政府重视公共图书馆建设,投入加大,但是这种投入更多的是用于馆舍、设备的建设,以致某些地方的新馆成了一个"空壳"。针对这些现象,《公共图书馆法》是否有必要规定公共图书馆的文献购置费要专款专列呢?我们设置了以下选项:

A 非常必要;B 最好有这样的规定;C 没必要规定。

134 份问卷中有 92 名被调查者选择了 A,占回答人数的 68.7%;有 41 人选择了 B,占 30.6%;有 1 人选择了 D。可见,几乎所有公共图书馆都认同规定公共图书馆的文献购置费要专款专列,以确保文献资源购置经费不致挪作他用。

2.4 公共图书馆的最低人均藏书标准和每年增加藏书的最低标准

人均藏书量常常是用来衡量一个图书馆甚至一个地区或国家文献资源丰富程度的标准。公共图书馆是地区的信息中心,只有达到一定的藏书标准才能完成其公共服务的使命。《公共图书馆法》是否有必要规定公共图书馆的最低人均藏书标准和每年增加藏书的最低标准?我们设置了以下选项:

A 非常必要;B 最好有这样的规定;C 没必要规定。

134 份问卷中有 65 名被调查者选择 A,占回答人数的 48.5%;有 62 名选择 B,占 46.3%;有 7 名选择 C,占 5.2%。可见,大部分图书馆认为《公共图书馆法》有必要规定公共图书馆的最低人均藏书标准和每年新增藏书的最低标准。

2.5　鼓励国内外机构、团体和个人向公共图书馆捐赠文献,并对捐赠的文献实行进口免检、免税等优惠政策

文献捐赠是图书馆寻求社会援助的重要途径之一。文献捐赠的主体可以是慈善机构、社会团体、企业或个人,可以来自国内,也可来自国外,只要捐赠文献内容符合我国法律和图书馆文献资源建设原则都可以接受。对公共图书馆来说,文献捐赠是最经济的馆藏文献获取方式。而政府通过在政策上给予图书馆相应的优惠措施,如对捐赠文献实行进口免检、免税等,则可以激励社会向图书馆的捐赠行为。因此,针对这两个问题我们设计了 3 个选项:

A 非常必要;B 最好有这样的规定;C 没必要规定。

134 份问卷中有 85 名被调查者选择 A,占回答人数的 63.5%;有 43 名选择 B,约占 32%;仅有 6 人选择 C,占 4.5%。可见,大多数公共图书馆都已经认识到接受社会赠书是扩充和丰富馆藏、节约经费以及获取难得资料的有效途径,并希望法律对文献捐赠行为给予保障。

2.6　公共图书馆的文献采访自主采购权

联合国教科文组织《公共图书馆宣言》明确指出:"馆藏资料和图书馆服务不应受到任何意识形态、政治或宗教审查制度的影响,也不应屈服于商业压力。"在国内,图书馆文献采购自主权受到特别关注,主要是因为近年来不少图书馆文献采购被纳入政府招标采购的范围,而有些图书馆的主管部门往往片面追求低价采购文献而迫使图书馆不得不选择某些资质不高的书刊供应商,从而影响了文献入藏的质量。《公共图书馆法》是否有必要明确规定公共图书馆的自主采购权? 我们设计了 3 个选项:

A 非常必要;B 最好有这样的规定;C 没必要规定。

有 133 人回答了该问题,其中 94 名被调查者选择 A,占回答人数的 70.7%;31 名选择 B,占 23.3%;8 名认为没有必要规定。这说明目前不少公共图书馆在文献自主采购方面面临一些问题,期待相关的法律来保障其对于馆藏文献的自主采购权。

2.7　公共图书馆收藏区域性特色文献的权利与义务

区域性特色文献记载着一个地方的历史、地理、自然与人文资源以及政治、经济、文化和社会事业发展情况,内容包罗万象,地方特色鲜明,是公共图书馆的服务品牌与竞争优势。同时,公共图书馆作为地区信息中心,对保存地方的文化记忆也负有特别重要的责任。《公共图书馆法》是否有必要对公共图书馆收藏区域性特色文献的权利与义务做出专门规定呢? 我们设计了 3 个选项:

A 非常必要;B 最好有这样的规定;C 没有必要规定。

有 133 人回答了该问题。其中 66 名被调查者选择 A,占回答人数的 49.6%;58 名选择 B,占 43.6%;有 9 人选择 C,占 6.8%。可见,大多数被调查者认为对公共图书馆收藏区域性特色文献的权利与义务做出专门规定是必要的。这一立法的意义不仅在于明确公共图书馆收藏和保存地方文献资源的法定义务,同时也有利于公共图书馆建设富有特色的资源,更好地为区域经济建设和精神文明建设服务。

2.8 公共图书馆在文献信息资源保存和保护方面的权利和义务

公共图书馆担负着保存人类知识记录,传承人类文化遗产的重要使命,因此,对文献信息的保存和保护是社会赋予公共图书馆特殊的重要责任。《公共图书馆法》是否有必要明确规定公共图书馆在这方面的权利和义务? 我们设计了 3 个选项:

A 非常必要;B 最好有这样的规定;C 没有必要规定。

有 133 人回答了该问题。其中 93 名被调查者选择 A,占回答人数的 69.9%;有 39 名选择 B,占 29.3%;仅有 1 人选择 C。可见,对公共图书馆在文献信息资源保存和保护方面的权利和义务从法律上加以明确,在图书馆界已形成共识。

2.9 公共图书馆在古旧文献的保护性借阅方面的权利和义务

古旧文献中很多都是珍本善本,不仅具有重要的利用价值,而且具有珍贵的文物价值。保存和保护好这些古旧文献,是图书馆的天职。在现实中,古旧文献的借阅和保护的矛盾比较突出。有的读者对图书馆保护古旧文献的措施不太理解,也有的图书馆对古旧文献借阅利用的限制过于严格,为此,需要法律来协调这一矛盾。我们设计了 3 个选项,考察是否有必要明确规定公共图书馆在古旧文献的保护性借阅方面的权利和义务:

A 非常必要;B 最好有这样的规定;C 没有必要规定。

有 133 人回答了该问题,其中 84 名被调查者选择 A,占 63.2%;44 名被调查者选择 B,占 33.1%;5 人选择了 C,占 3.7%。可见,大多数图书馆认为有必要明确规定公共图书馆在古旧文献的保护性借阅方面的权利和义务。

2.10 公共图书馆古旧文献保护的经费保障

古旧文献的保护,无论是延缓性保护还是再生性保护,都需要投入大量的人力、物力与财力。目前大多数公共图书馆都很难从日常的运行经费中支出这笔不菲的资金,因而需要政府投入专项经费予以支持。我们设计了 3 个选项考察是否需要明确规定公共图书馆古旧文献保护的经费保障:

A 非常必要;B 最好有这样的规定;C 没有必要规定。

有 133 人回答了该问题。其中 90 名被调查者选择 A,占 67.7%;37 名被调查者选择 B,占 27.8%;6 人选择 C,占 4.5%。这一结果,说明公共图书馆对从法律上保障古旧文献保护的经费是相当关注和期待的。

2.11 各级人民政府向公共图书馆提供公开的政府信息

2008 年 5 月 1 日起,《中华人民共和国政府信息公开条例》正式施行,其中第 16 条规定:"各级人民政府应当在国家档案馆、公共图书馆设置政府信息查阅场所,并配备相应的设施、设备为公民、法人或者其他组织获取政府信息提供便利""行政机关应当及时向国家档案馆、公共图书馆主动提供公开的政府信息"。这充分体现出公共图书馆在政府信息公开中肩负着重要责任。因此,我们设计了 3 个选项调查是否有必要在《公共图书馆法》中明确规定各级人民政府向公共图书馆提供公开的政府信息的义务:

A 非常必要;B 最好有这样的规定;C 没有必要规定。

有132人回答了该问题。其中104名被调查者选择A,占78.8%;26名被调查者选择B,占19.7%;仅有2人选择C。目前,公共图书馆对提供政府信息查阅服务态度非常积极,但是有的地方政府向公共图书馆提供公开的政府信息的热情却不高。因此,图书馆界希望《公共图书馆法》能明确规定政府有向公共图书馆提供公开的政府信息的义务。

2.12 在数字资源建设方面,公共图书馆最希望法律解决的问题

随着信息技术的发展,公共图书馆正逐步朝信息载体多样化、资源分布化、服务个性化、利用共享化的方向发展。数字资源建设成为图书馆信息资源建设的重要内容。目前数字资源建设在技术上的障碍正在逐步消除,但是,与其他类型图书馆一样,公共图书馆在数字资源建设方面还存在一些需要通过立法来解决的问题。为此,我们设计了3个选项:

A国家对数字信息资源建设进行宏观规划与协调;B在涉及知识产权问题上,给予公共图书馆更多的权利;C对数据库建设的标准、质量评估体系等做出明确的规定。

回收的134份问卷中有21位被调查者选择了两个以上的选项。75人选择B,占被调查者的56%;选择A和C的被调查者分别占38.1%和21.5%。确实,公共图书馆作为公益性的社会文化机构,免费向全体社会成员提供基本的文献信息服务,保障了公民的基本文化权益,它所代表的是公共利益。国家有必要在涉及知识产权的问题上,对公共图书馆的数字资源建设和服务给予法律上的保护。

2.13 在文献资源共建共享方面,公共图书馆最希望法律解决的问题

文献信息资源共建共享是图书馆事业发展的必然趋势,也是公共图书馆发展的现实需要。影响文献资源共建共享的因素很多,除了技术因素外,有很多是需要通过法律法规来指导、规范和调节的问题。我们设计了4个选项来调查公共图书馆在文献资源共建共享方面的法律需求:

A国家统筹规划,指导全国图书馆系统的共建共享;B建立有效的利益平衡机制,保障参与各方的利益;C制定技术标准,并严格执行;D规定各图书馆参与文献资源共享的权利和义务。

134份问卷中有32位被调查者选择了两个以上的选项。86名被调查者选择A,占64.2%;73名被调查者选择B,占54.5%;7名被调查者选择C,占5.2%。可以看出,在文献资源共建共享方面,图书馆界呼声最强烈的还是要求国家做好宏观控制、统筹规划,尽快改变目前共建共享活动中条块分割、各自为政的局面;同时,建立有效的利益平衡机制,改变当前文献资源共建共享中"一些规模大、基础好的成员单位在共建中投入多却获益少,而一些成员单位则可能存在依赖心理,只享不供"的状况,以提高各成员单位的积极性,从而保证文献资源共建共享活动拥有长久的生机和活力。

2.14 在文献资源共建共享方面,明确规定公共图书馆的中心地位

公共图书馆是政府设立的重要的社会文化机构,是所在地区的文献信息资源的保障中心和服务中心。在地区跨系统的文献资源共建共享活动中,由公共图书馆负责组织、协调包括高校系统和科研系统在内的各类型图书馆的合作活动具有重要意义。公共图书馆服务面向社会,与社会各方面联系密切,与政府沟通渠道畅通,已经建立起来的各省中心图书馆委

员会和图书馆学会都是可以利用的开展合作共享活动的组织架构。那么,公共图书馆的这种中心地位是否需要从法律上加以明确呢? 我们设置了 3 个选项:

A 非常必要;B 最好有这样的规定;C 没有必要规定。

有 133 人回答了该问题。其中,80 名被调查者选择 A,占 60.2% ;45 名被调查者选择 B,占 33.8% ;仅有 8 人选择 C,占 6% 。可见,多数公共图书馆都希望有相应的法律法规明确其在文献资源共建共享活动中的中心地位,从而有利于更好地发挥组织和协调作用。

3 关于我国公共图书馆法中文献资源建设内容的建议

上述调查结果表明,我国公共图书馆界对《公共图书馆法》中关于文献资源建设内容有相当高的期待,希望有法律为图书馆的文献资源建设提供保障。由于文献资源建设影响因素复杂,需要法律规范、调节和保障的内容很多,而《公共图书馆法》作为国家的法律文件,只能对公共图书馆的文献资源建设做出原则性的规定。因此,我们认为有必要在制订《公共图书馆法》的同时,制订与该法律具有同等效力的实施细则。下面是我们根据本次调查研究的结果提出的关于我国《公共图书馆法》及其实施细则中有关文献资源建设内容的建议。

3.1 关于文献资源建设经费的规定

国外图书馆法一般明确规定国家有向公共图书馆文献资源建设提供充足经费支持的责任,并向不同的图书馆提供不同的财政拨款。本次调查结果表明,公共图书馆界对通过法律为图书馆文献资源建设提供保障最为期待。因此,在公共图书馆法中明确有关经费的规定对文献资源建设很有必要。首先,公共图书馆作为公益性的社会文化服务机构,其经费主要来源于政府拨款,将公共图书馆经费问题写入图书馆法中,明确规定各级政府应当将公共图书馆的业务经费和必需的资源、设备费用列入财政年度预算予以保证,并接受人大的监督,可以明确政府对公共图书馆的责任,从而使图书馆文献资源建设经费有可靠的保障。其次,由于我国各地区经济发展水平存在较大差距,公共图书馆发展很不平衡,对文献资源建设的投入差别很大,在公共图书馆法中明确有关经费的规定,有利于政府对中西部地区图书馆文献资源建设的经费投入实行倾斜政策,从而缩小经济发达地区和欠发达地区的“信息鸿沟”,加快西部地区公共图书馆的发展。

为此,我们建议在《公共图书馆法》及其实施细则中对文献资源建设经费做如下规定:

规定公共图书馆文献资源购置费要与地方财政支出构成合理的比例,并与地方财政支出保持同步增长;规定事业费与文献购置费保持同步增长。

明确数字资源是文献资源的组成部分,规定在文献资源建设经费中应包括数字资源建设经费以及通过网络远程获取数字资源的服务费。

规定公共图书馆文献资源购置费应单列,专款专用。

规定文献资源购置费应在图书馆事业经费中保持合理比例。

规定国家应对古旧文献、特色文献资源建设以及文献资源的共建共享在经费上给予重点保障。

规定国家应对欠发达地区文献资源建设实施特别经费援助。

3.2　关于公共图书馆文献补充的规定

文献补充是图书馆文献资源建设的重要内容。公共图书馆的文献补充不仅仅是从市场上购买书刊,还涉及接受呈缴(另外的专题进行研究)、接受捐赠、接受政府公开信息、国内外文献交换等,这些问题靠图书馆内部的规章制度或者政府的某些政策性文件难以解决,需要通过法律进行规范。这也是本次调查中公共图书馆反映比较集中的法律需求。我们认为在《公共图书馆法》及其实施细则中,关于文献补充的内容应该包括:

明确省图书馆作为地区的总书库,应成为本地区文献资源保障性服务中心;市、县图书馆及其他公共图书馆是本区域文献服务的主体。

规定市、县及其他公共图书馆人均藏书标准和人均年新购藏书标准。

规定公共图书馆拥有文献自主采购权,文献自主采购权与文献的政府招标采购并不矛盾。

规定各级公共图书馆应根据读者需要和本馆实际情况确定电子文献等新型载体文献在整个文献资源建设中占有合理的比例。

鼓励公共图书馆按照有关规定与国内外相关机构开展文献资料的交换,以拓宽文献补充的渠道。

鼓励国内外机构、团体、个人向公共图书馆捐赠文献,国家对捐赠的文献实行进口免检、免税等优惠政策,鼓励公共图书馆拓宽接受捐赠文献的渠道,并规定公共图书馆可接受赠书的范围、类型和质量。

鼓励公共图书馆进行特色资源建设,全面收藏地方文献,保存当地的文化记忆;应明确公共图书馆负有系统地保护与抢救古旧文献的责任。

《政府信息公开条例》的颁布使公共图书馆成为政府公开信息的查阅点,拓展了图书馆的服务功能,体现了图书馆的社会价值。《公共图书馆法》应明确规定各级人民政府有义务向公共图书馆提供公开的政府信息并缴送非保密性的政府出版物,规范和保障公共图书馆对于政府信息获取和提供的行为与权利,鼓励图书馆加强与政府单位的合作与联系,加强对政府信息资源的宣传、开发,提供更加完善的服务。

3.3　关于公共图书馆文献使用和文献处置的规定

公共图书馆文献资源属国家财产,从国有资产管理的角度,国家有必要立法对公共图书馆文献资源的使用、处置权予以规定。本次调查中涉及公共图书馆文献使用和处置问题,多数公共图书馆主张通过法律加以规范。我们建议在《公共图书馆法》及其实施细则中做如下规定:

规定文献资源属于国家资产,任何组织和个人不得非法侵占。

规定公共图书馆有责任对古旧文献和特色文献进行延缓性保护与再生性保护,对古旧文献实行保护性阅读。古旧文献属于国家文物的,其利用应按照《文物保护法》的有关规定执行。

明确公共图书馆可以合理确定文献在流通中有一定量的自然损耗。

规定公共图书馆对失去利用和保存价值的文献可以严格按照业务规范予以剔除。

3.4 关于公共图书馆文献资源共建共享方面的规定

文献资源的共建共享不仅是图书馆界的事情,也和图书的出版、发行界,数字资源的生产与供应商以及其他信息行业密切相关。在文献资源共建共享的过程中,各种利益的交织必然导致矛盾的产生,因而国家有必要以立法的形式来平衡各方利益,规范各方行为,明确各自的权利与义务。我们认为《公共图书馆法》应当:明确省图书馆承担本地区各类型图书馆文献资源共建共享的组织与协调的责任,包括文献资源共建共享政策与规划的制定、共建共享标准的确定和监督实施、共建共享活动的组织和调控、重大事件的决策程序、成员馆纠纷的仲裁、共建共享经费的预算,等等。

明确国家图书馆对全国文献资源共建共享的组织与协调责任;明确省图书馆对省域内各级各类图书馆文献资源共建共享的组织与协调责任。

规定各图书馆有义务执行国家统一制定的有关文献资源编目、加工的技术标准。

明确公共图书馆在文献资源建设中要注意保护知识产权,同时公共图书馆法要在知识产权方面赋予公共图书馆更多合理使用的权利。

(致谢:武汉大学信息管理学院博士研究生张新鹤、郭凌辉、戴艳清,硕士研究生郭以正、曹淼、杨小玲参与了调查和统计工作,谨致谢忱。)

(选自《中国图书馆学报》2010 年第 3 期)

我国城市化进程中的图书馆建设

周和平

图书馆是伴随着城市的发展而逐步发展起来的,它是城市记忆的存储器,在彰显和提升城市文化品位,促进城市文化发展,培养城市精神,提高城市综合竞争能力,推动城市持续健康发展等方面具有重要意义。随着我国城市化进程的加快,图书馆建设也应当同步加强。

一、城市化进程中图书馆的永恒价值

城市是伴随人类文明与进步发展起来的,它是人类文明的重要组成部分。世界上最早的城市起源于中东,而最早的图书馆大约在公元前 3000 年前也诞生于中东两河流域的美索不达米亚。在中国,最早的城市出现于距今 3500 年左右的殷商时期,与此同时,皇室就有了保存典籍的地方,也就是图书馆的萌芽,《史记》记载,老子曾任"周藏书室之史",也就是最早的国家图书馆馆长。可以说,图书馆是贯穿于人类的城市发展史,承载着城市的记忆与文明,与城市一同发展起来的。古希腊先哲亚里士多德说:"人们来到城市是为了生活,人们居住在城市是为了生活得更好。"目前世界城市人口已经超过全球总人口的一半,达到 35 亿,随着城市化进程的推进,21 世纪将是城市的世纪,预计到 2020 年,全世界约有三分之二的人居住在城市。

改革开放以来,随着中国经济的快速发展,我国的城市化水平迅速上升(见图 1),从 2000 年到 2009 年,中国城镇化率由 36.2% 提高到 46.6%,年均提高约 1.2%。城镇人口由 4.6 亿增加到 6.2 亿,净增 1.6 亿人。城镇县城区面积由 2000 年的 2.24 万平方公里,增加

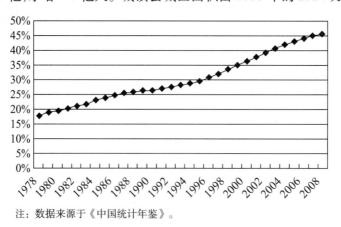

注:数据来源于《中国统计年鉴》。

图 1　中国城市化率示意图(1978—2008)

到 2008 年的 3.63 万平方公里,增加了 62%。目前,我国共有建制城市 655 座,其中 50 万人以上人口的城市达 236 个,占全球 50 万以上人口城市总量的四分之一,百万人口以上的特大城市 122 个,城市市辖区地区生产总值占到当年全国 GDP 的 62.7%。

在中国城市化步入快速发展期的同时,人们也越来越意识到城市化过程存在的诸多问题,例如从文化视角来看,在人口快速城市化的同时,大量农民工因文化差异难以真正融入城市;城镇居民的整体素质与建设一个和谐、美好的宜居城市的要求还存在差距;城市贫困人群普遍缺乏信息获取渠道,就业竞争力不足;各种利益群体之间的矛盾加剧,犯罪率升高,其中城市远高于农村;城市管理水平有待提高,管理方法有待改进,出现了交通拥堵、环境污染等诸多问题。城市品质和城市化质量较低。

这些问题的存在迫切需要我们加强城市文化建设,培育城市精神。城市精神是一个城市在发展过程中形成的独特的城市文化和城市性格,是一个城市的灵魂。一个没有文化和精神的城市,必然是灵魂缺失的城市,也必然缺乏可持续发展能力。图书馆作为城市公益性文化服务体系的重要组成部分,在城市精神的培育中有着特有的价值。

第一,市民素质的提高需要图书馆

城市的现代化不仅意味着城市空间的拓展、经济结构的优化、基础设施的完善,更重要的是作为城市化主体的城市市民的发展、优化与完善。只有全面提高人的思想道德素质和科学文化素质,城市才有可持续发展的空间。图书馆是社会教育的学校,终身学习的场所,它能够提供一种浓厚的文化氛围,营造崇尚知识、倡导文明、选择阅读的共同意识和行为方式,其丰富的文献信息收藏为人们学习知识、了解信息、完善自我提供了内容丰富、形式多样、使用便捷的学习资源,使城市居民通过学习获得其社会角色所需要的知识与能力,从而使自己不断适应变革中的城市生活。图书馆所提供的教育是面向全体社会成员的,教育的目的是注重提高人的整体素质,促进人的全面发展,并且这种教育贯穿于每个社会成员的一生,在学习范围上更具广泛性,在学习方式上更具灵活性,在学习内容上更具个性化。可以说,图书馆是通向知识之门,为个人和社会群体的终身学习和事业发展提供了基本的条件。它是没有围墙的大学,承担着提高市民学习能力与创新能力、滋养市民思想道德素质的重要责任,影响着城市精神的凝练,推动着城市的发展与进步。

第二,人的城市化需要图书馆

城市化的发展一方面使城市在空间上不断向乡村扩张,过去的农民变为了市民,另一方面使大量涌入城市的农民实现了职业与身份的双重变换,成为城市居民的一员。这两部分人群共同构成了城市"新市民"。尽管这些新市民已经从农村走进了城市,实现了农民角色向市民角色的身份转换,但他们中的大部分人仍然生活在城市中的"农村社区",原有的生活状态并没有得到改变,在生活方式、行为方式、思想观念等各方面表现出种种的不适应,这种不适应归根结底源于以农村和农民为载体的村落家族文化与以城市和市民为载体的城市文化之间的文化冲突。城市化不仅仅是"人口城市化",更是"人的城市化",是这些新市民群体在价值观念、思维方式、行为模式等方面完全适应城市文化,从而从城市边缘人真正转换为城市市民的过程。在这个过程中,图书馆秉承开放、平等的人文精神,成为促进人的城市化转换的一个重要阵地。

图书馆是国家和政府为保障公民自由、平等地获取信息和知识而进行的制度安排,正如联合国教科文组织《公共图书馆宣言》中所宣称的那样:"公共图书馆应不分年龄、种族、性别、宗教、国籍、语言或社会地位,向所有的人提供平等的服务。"在我国,各城市的公共图书馆在农民工融入城市的过程中都发挥了重要作用,仅深圳一市就拥有劳务工图书馆(室)近100家。各级公共图书馆向农民工敞开大门,提供没有门槛的与城市文化互动的场所,使城市外来人口可以通过图书馆及其所组织的文化活动获得城市文化的熏陶,激发农民工积极融入城市的意愿和努力,使他们在接受图书馆服务的过程中逐渐了解城市文化、适应城市文化,学习和接受与现代化的城市社会相适应的生活方式和价值观念,从而不断调节自己和社会的关系,最终促进农民的市民化进程。

第三,建立社会交流平台需要图书馆

当代中国正处在社会转型期,以农耕文化为基础的传统文化在城市化背景下受到严重冲击,尤其是使得我国传统文化中最具代表意义的家庭代际关系发生了诸多方面的改变。过去,村落是人们生存的环境,人们几代同堂,同族居于一地,生产生活、繁衍生息。家庭成员之间由于存在血缘关系,"血浓于水",家庭组织成为一个内聚力很强的非常稳定的社会组织。此外,中华民族历来重视邻里关系,所谓"远亲不如近邻",强调邻里之间保持和谐的关系。然而,城市化进程使"高楼、围墙和深院代替了村头看到村尾,鸡犬之声相闻的田园格局",家庭逐渐变小,邻里关系日趋淡化,经常是同住一栋楼里,邻居间却互不认识,躲进小楼成一统,每户家庭都封闭在一个空间里,居民之间十分融洽的关系已成为一个美好的回忆。这种人际关系的冷漠使得社会成员之间缺乏信任,社会组织原有的内生规则,包括道德舆论约束都不再有效,社会缺乏凝聚力,公民缺乏公共精神。因此,迫切需要建设公共交流平台,促进良好人际关系的形成,推动城市的和谐发展。图书馆作为社会公共文化空间,在促进人们思想交流、推动城市文化的传承与发展方面发挥着积极作用。

图书馆是知识与信息的集散地,人们在这里与古今圣贤对话。图书馆是城市传承历史、延续文明、拓展未来的重要资源基础,人们在这里回忆城市发展脉络,感受城市精神和文化。同时,作为一个开放的公共空间,图书馆也为人们提供了一个日常交流和文化休闲的场所,人们在这里开展文化娱乐,交流思想,发布信息,讨论共同关心的话题,加强彼此之间的了解,建立起人与人之间新的文化关系。图书馆依托丰富的信息与知识仓储,利用讲座、展览、文化沙龙、读书活动等丰富多彩的社会文化活动,丰富人们的精神文化生活,鼓励人们进行思想上的对话与碰撞,培育高尚的生活情趣,从而搭建起市民关注公共事务、探讨公共话题、沟通思想、互相交往的共享空间,促进公共文化氛围和公共理性思维的形成,培育良好的公共精神,在城市化建设中发挥着越来越重要的作用。

综上,图书馆作为城市公益性文化服务体系的重要组成部分,是保存城市历史、传播城市文化、增强城市综合竞争力的重要手段,对城市的现代化建设有着不容忽视的促进作用。然而,当前我国城市图书馆事业的发展还存在差距,在城市图书馆的馆舍数量、馆藏文献资源、服务水平与服务能力、信息化水平等方面都还滞后于城市化发展的需要,还不能满足人民群众日益增长的对图书馆的需求。因此,加快图书馆事业建设是各级政府义不容辞的责任,也是现代化城市建设的必由之路。

二、加快城市公共图书馆事业建设

图书馆是城市文化的重要组成部分，一个国家的城市化水平越高，人们对知识和信息的需求就越强烈，对图书馆的依赖程度就越高。因此，公共图书馆与城市发展是相互作用、相互促进的。在建设现代化城市的同时，应当同步加强图书馆建设。

第一，要将图书馆建设纳入城市规划

没有图书馆的城市将是一个不完整的城市，不重视图书馆事业发展的城市将是一个精神与文化缺失的城市。要将图书馆建设纳入当地经济和社会发展总体规划，充分发挥图书馆对城市文化建设的促进作用。改革开放以来，中国的图书馆事业进入了快速发展的时期，截至 2009 年，全国县级以上公共图书馆共有 2850 个，其中城市图书馆 358 个，县级图书馆 2491 个。此外乡镇（街道）文化站 38736 个，村（社区）文化室 246780 个，覆盖全社会的公共文化服务网络和公共图书馆服务网络正在形成。

各级政府要按照《公共文化体育设施条例》的要求，将本行政区域内的公共图书馆建设、维修、管理经费列入本级人民政府基本建设投资计划和财政预算，根据国民经济和社会发展水平、人口结构、环境条件以及文化事业发展的需要建设图书馆。根据《公共图书馆建设标准》的要求，服务人口在 20 万以下的，应当建设 800—4500 平方米的小型公共图书馆；服务人口在 20—150 万的，应当建设 4500—20000 平方米的中型公共图书馆；服务人口在 150—1000 万的，应当建设 20000—60000 平方米的大型公共图书馆。各地区公共图书馆事业的建设目标应当是，人均拥有公共图书馆藏书 0.6—1.5 册，千人拥有公共图书馆座席 0.3—2 个，千人拥有公共图书馆建筑面积 6—23 平方米。要按照公益性、基本性、均等性、便利性的要求，实现公共图书馆网络的全面覆盖与普及。只有这样，才能使图书馆与城市建设同步协调发展，从而充分发挥图书馆满足人民群众基本文化需求，营造与城市化建设相适应的城市文明氛围的功能。

第二，要建设覆盖广泛的图书馆服务网络

图书馆是公共文化服务体系的重要组成部分，承担着为社会公众提供普遍均等的公共文化服务，保障人民群体基本文化权益的重要职责。要建立覆盖市、区、街道、社区的公共图书馆服务网络，扩大公共图书馆服务的覆盖面，让全体城市居民都能够方便均等地享受图书馆所提供的公共文化服务，满足社会公众日益增长的多样化、多层次、多方面精神文化需求。目前，我国一些大中城市在图书馆服务网络建设中做了许多有益的探索，出现了多元化模式，例如，国家图书馆的部委分馆和国家数字图书馆分馆，上海的总分馆制，广东的"流动图书馆"模式，天津的"社区分馆、行业分馆"模式，以及杭州的"平民图书馆，市民大书房"建设等，都取得了较好的成效。要结合我国城市化建设以城带乡、城乡互动、协调发展的特点，使广大农村群众也能够享受到与城市居民相同的图书馆服务。例如浙江嘉兴等地整合图书馆资源，以城带乡，统筹发展，推进农村公共图书馆服务网络建设，构建城乡一体化公共图书馆服务体系。要注重社区图书馆建设，将图书馆设置在老百姓身边，使图书馆融入百姓日常生

活,为民众提供图书借阅、知识共享、文化交流等的便利,让孩子们从小在书香中长大,在阅读中成长,在全社会营造出浓郁的文化氛围。

保存人类文明成果和文化遗产是图书馆的重要职能。作为城市记忆的存储器,图书馆系统地收集、整理、保存、展示、传播那些记载着城市变迁历程与城市文明成果的、有地域特色的文献信息资料,它们是城市历史的见证,是城市发展的脉络,是城市文明的载体,是城市精神的积聚。要通过将地域内的各级图书馆组成一个有机的图书馆群,充分实现这些资源的合理配置与共建共享,各级图书馆间相互合作、共同服务,实现信息资源由孤岛到共享、信息服务由一馆独立到多馆联动的转变,确保所有城市居民都能够方便地利用图书馆的各种服务。

第三,要建设传输快捷的数字图书馆服务网络

随着互联网的快速普及,网络日渐成为人们获取信息的一种重要渠道,数字图书馆作为基于网络环境的一种新的信息资源组织与服务方式得到快速发展。要使城市各级图书馆都具备数字图书馆的服务能力,充分利用数字图书馆的建设成果,搭建起覆盖互联网、卫星网、移动通信网、数字电视网的虚拟服务网络,一方面满足社会公众通过网络获取图书馆服务的需求,另一方面充分利用数字图书馆的服务手段,拓展图书馆公共文化服务能力和传播范围,使数字图书馆在保障人民群众基本文化权益,促进城市文化建设方面发挥重要作用。

"国家数字图书馆工程"是由国家批准立项的重点文化建设项目,目前软硬件基础设施平台已经初步搭建完成,数字资源保有量已达 414TB。为使国家数字图书馆的建设成果惠及更广泛的社会公众,2010 年 2 月,文化部启动了全国"县级数字图书馆推广计划",在今年内将国家数字图书馆的资源陆续推送到全国 2940 个县和一批城市的社区,在此基础上进一步实现国家数字图书馆在全国的推广服务,力争用几年的时间,使全国各级公共图书馆都作为国家数字图书馆的基层节点,形成一个资源丰富、服务快捷、技术先进、稳定可靠的分布式国家数字图书馆服务网络,从而充分利用公共文化基础设施,提高公共文化数字化服务水平。

截至 2009 年年底,中国手机用户达 7.47 亿,数字电视用户达 6500 万;截至 2010 年 6 月,互联网用户达 4.2 亿。要充分利用这些广大群众喜闻乐见的新兴媒体,打造传播内容更为丰富、传播速度更为快捷、传播方式更为多样的、基于新媒体的数字图书馆服务,使图书馆真正成为人们身边的图书馆,成为嵌入人们生活的图书馆,为全民阅读提供便利条件。目前,国家图书馆正在打造新媒体数字图书馆服务平台,其目标是使全体社会公众能够方便地利用手机、电视、互联网,以及其他离线方式使用国家数字图书馆,从而实现国家数字图书馆建设成果的全民共享,为全面提高人的素质,推进城市现代化建设做出更大的贡献。

一个有文化积淀的城市才是有底蕴、有魅力、有可持续发展能力的城市。城市文化在城市的历史进程中形成,镌刻着岁月的痕迹,承载着地域的文明,反映着市民的风貌,引领着城市的未来,是一个城市的灵魂。让图书馆成为塑造城市文化、凝聚城市精神的旗帜,让图书馆使城市生活更加美好。

(选自《中国图书馆学报》2010 年第 6 期)

创新型社会中图书馆的责任

吴建中

今天我要讲的主题是"创新型社会中图书馆的责任"。几年前，我们讨论过图书馆精神，它让我们对自己的使命有了更深的理解，今天，我想聚焦图书馆责任的问题，和大家一起探讨如何为这个创新型社会承担自己应有的责任。

在所有的社会职业中，图书馆的变化可以说是最大的。2004年我访问香港大学图书馆，馆长让我看了该馆与通讯公司合作的无线上网手机。它不仅可以查阅天气预报、股票信息，也可以查询图书馆资源。馆里没有花一分钱，而且参考馆员人手一部。我不知道后来发展得如何，但看样子并没有普及开来。现在国家图书馆、上海图书馆和苏州图书馆都开发了手机图书馆服务，技术是更加成熟了，但问题是，手机图书馆应该为我们做什么？

这些年来，我们在图书馆开设网络学习室，在公共空间设立电子触摸屏和电子读报栏，在大街上设置24小时图书自动借还机，我们还可以举出更多的创新案例，它们为图书馆形象、为城市形象增添了不少光彩。最近看到美国图书馆协会的一条消息，说的是由于图书馆新技术像走马灯似地不断涌现并不断消失，所以加州大学伯克利分校的图书馆员Char Booth为图书馆开发了一种能判断哪些技术适应可持续发展的评价工具。这段消息给予我们一个启示，新技术与图书馆是什么关系，是主体的一个部分，还是一种点缀？如何让那些具有生命力的新技术有机地融入图书馆的体系之中？

《图书馆建设》2010年第6期上有一篇头版文章"实际空间与意义空间：论数字时代图书馆的场所感"。作者是从传统图书馆"场所感"的基础上探讨数字图书馆"场所感"的，认为图书馆的属性和功能没有发生变化，所以数字图书馆提供给读者的"场所感"本质上也没有变化。这篇文章引发思考。实体图书馆与数字图书馆是什么关系？它们之间是否是取代和被取代的关系呢？

2005年当美国正在兴起机构库的时候，麻省理工学院图书馆的机构库专家麦肯齐女士给我说了这样一个故事：一位教授拿给图书馆一张盘片，说这里有我的研究作品，图书馆员告诉他，抱歉，我们不收盘片。教授很纳闷，这可是原生的数字作品，难道图书馆只收纸质作品吗？机构库本质上是一种数字图书馆，但它却以与图书馆并行的方式发展起来。机构库是机构库，图书馆是图书馆，人们把它们看作是两张皮，捏合不到一块。

新事物总是以一种激进的方式压倒旧事物。2005年美国图书馆界有一件轰动的新闻，德州大学把9万本藏书搬出图书馆，改建成24小时开放的信息共享空间。今年8月新开放的斯坦福大学工程学院图书馆计划把85%的图书清除出去，又引起了一阵不小的骚动。我相信，这种激进的事件还会不断发生，但目前主流的做法是纸质媒体和新媒体结合，但做到合二为一的不多。

我们现在图书馆的整个业务流程基本上是传统的。从采访、编目、流通以及阅览室的设置等都是按传统的一套在管理,我们不仅在按传统的一套在管理,而且我们还要求电脑和网络也按照传统的一套来管理,比如 MARC 是按照卡片的要求来设计的,图书馆网站也是按传统图书馆的要求来设计的,总体上与 20 世纪末万维网诞生之初时的功能差不多。我们周围很多新的数字产品,如电子报栏也好,手机图书馆也好,严格说来还只是一种点缀,并没有给图书馆带来质的变化。

托马斯·库恩把新老两个模式的转换叫作范式转换,范式转换指的是一种革命性的变化,不是单纯的相加或减少。今天图书馆正处在范式转换的进程中,也就是说,正在从一个纸质媒体的时代进入一个全媒体的时代。这两种模式的图书馆之间不只是量的差异,而是质的根本变化。

为了说明这样一种趋势,我想从以下三个方面展开。

一、图书馆是成长着的有机体

很多人认为阮冈纳赞图书馆五原则的思想过时了,所以后来又有人推出了新五原则,以及数字图书馆五原则,其实阮冈纳赞当时就预测过"图书馆知识传播的本质功能将通过不同于印本的方式实现"(《数字图书馆论坛》2008 年第 3 期,第 14 页),说明他指的"书"不仅仅是指印刷型的书,"图书馆"也不仅仅指物理形态的图书馆。更重要的是第五条,"图书馆是成长着的有机体"。阮冈纳赞强调图书馆是有生命的,是不断成长的有机体。他把图书馆看作是一个有机体,就是希望图书馆随社会的发展而生生不息。

图书馆是生生不息的,构成图书馆的三要素——人、资源和空间也是发展变化的。对于公共图书馆来说,以前只有来馆的读者才是图书馆的服务对象,今天图书馆所在区域的政府部门、企事业单位以及广大民众都是图书馆的利益相关者,都是图书馆的服务对象;以前图书馆只收藏印刷物和手稿,或完整的、正式的出版物,今天它已延伸到所有承载人类文明记录的资源,即全媒体资源,博客、推特都是人类文明记录的一部分,所以今后也将成为图书馆的收藏品;以前图书馆是书库加阅览室,今天它已经扩展到包括实体建筑和虚拟空间在内的知识空间。

这两个范式是不同的:一个是静止的,一个是运动的;一个是独立于社会而存在的,一个是把自己看作社会有机体中的组成部分。阮冈纳赞强调图书馆是成长着的有机体,按照他的想法,一个生生不息的图书馆(a living library)应不断地回应和满足设置母体及其用户的信息需求,并根据这一需求自我调节,持续发展。

二、新环境下图书馆的责任

新的范式赋予图书馆新的责任。今天,图书馆的责任随着社会的发展而发展,随着需求的变化而变化。如,国家图书馆和首都图书馆在奥运会举办期间组织有关人员千方百计地提供各类信息服务,为奥运会的成功举办做出了积极的贡献;上海图书馆上海科技情报研究所从世博申办成功起就成立世博信息中心,然后开展了信息收集、专题服务、编辑出版、讲座展览以及主题演绎等全方位的信息服务，为世博会的筹办和举办做出了重大贡献，也为现代图书馆知识服务提供了一个成功案例。

现代图书馆是面向社会、面向需求的，因此，图书馆应该把社会对信息的需求看作是自己的责任。不仅要积极参与到大众的知识普及和更新之中，也要积极参与到政府的决策咨询中、研究群体的研发创新中以及企业和自由职业者的产业发展和产品增值中。各图书馆根据设置母体及其用户的需要，选择上述全部或部分责任为社会贡献自己的专业能力。

图书馆存在的价值体现在服务及其效益上。图书馆一旦融入社会，就会发现自己处在一个永不停息的循环中，新的需求不断产生，新的任务不断出现。社会对图书馆的依赖度越高，图书馆的价值就越大，这是一种良性的循环。而正是这种以需求为调节手段的良性循环，推动着图书馆不断地向前发展。

今天，社会各界都在探讨"十二五"如何发展。在后世博研究中，我发现一个问题：过去我们关注更多的是城市基础设施以及物流、交通流等硬件建设，而对城市信息流和知识流等软件建设关心太少。而社会的大量浪费和低效运营都是由于信息系统的不通畅、信息管理的不合理所造成的。因此我认为，现在是图书馆向社会展示自己专业能力的最佳时机。

三、创建适应需求的全媒体图书馆

上海图书馆曾经提出过要将购书经费中数字资源的比例占到30%，但一直没有达到，现在依然是百分之十几，要达到这一数字很方便，但我们是否已经做好了为远程用户服务的准备呢？这几年我们开发了e卡通，解决了远程访问的问题，数字资源有了较大幅度的增加，但由于图书馆原有的管理方式还不适应数字资源的应用，我们不敢走得太快。我手头有份资料，2000年美国研究性图书馆数字资源采购经费平均为13.5%。美国出版商交流集团（PCG）每年发布图书馆电子书市场研究报告，根据该公司对434家北美、欧洲以及亚太地区图书馆的调查，2005年用于数字资源的经费平均为27%，比2004年（24%）有所提高，其中北美最高，为30%，欧洲略低，为29%，而亚太地区仅20%。这两年由于金融危机，各国的图书馆经费都面临大幅度削减，尽管如此，图书馆员总体上仍对数字资源抱有较高期待。根据PCG的调查，2008年，43%的被访者希望增加电子书经费，42%希望保持原有经费比例不变；而2009年调查表明，40%的被访者希望在2010年继续保持电子书购书经费，20%希望要有所增加，两者相加达到60%。总体上各馆都希望进一步发展数字资源。以前图书馆既买电子书，也买纸质书，但面临削减的选择时，大部分选择保留电子书。《2009年研究图书馆电子书市场调研报告》表明有72%的被访者决定有了电子书以后就不再买纸质复本了。即使是数字资源较少的公共图书馆，也要求保留或增加数字资源经费。根据美国图书馆协会2010年2月份公布的统计资料，电子书在公共图书馆外借总量中仅占0.2%。但尽管如此，一些图书馆仍提出增加数字资源的采购。比如纽约长岛Great Neck公共图书馆在决定2011年购书经费时把其他纸质资源采购经费都减少10%以上，而唯独数字资源却增加6.2%。

数字化是一种趋势。但在转型的过程中我们还要看到有一个不断适应的过程。据PCG的调查，大部分用户对电子书感到不能适应，只有30%的用户觉得电子书使用是方便或比较方便的。事实上,数字出版的商业模式还没有真正形成,数字出版要成为不靠广告或其他商业因素辅助的成熟产业还有很长的路要走,两者肯定要并存一段时间。

我们必须承认这样一个事实:人类正在进入一个数字化社会,数字化信息对人类生活的影响已经或正在超过传统媒体。作为以收藏人类文明记录为己任的图书馆对此要有足够的准备。

但这里特别要指出的是,数字产品、图书、手稿等都是人类文明记录的载体,当印刷型出版物一开始在民间出现的时候,上流社会对它是不屑一顾的,官府刻书在9世纪发展起来以后,它们才登上大雅之堂,但图书馆并没有把手稿排斥出去。同样,当数字化走上主流舞台的时候,也没有必要将印刷型出版物赶出去,而应该去思考如何让它们发挥各自的功能。这就是我们期待的全媒体时代。

我们正处于旧范式向新范式转型的时期,旧范式的主要特征是以纸质资源为主体,而新范式将以数字资源为主体。以此为基础,我们将重新设计图书馆。

重新设计图书馆不是一件容易的事,首先是要改变理念和传统。MARC之所以要迁就卡片的要求,RDA之所以推行得不顺畅,图书馆网站之所以老是按传统的要求来设计,还可以举出很多例子,都是因为传统图书馆的惰性阻碍了现代图书馆的发展。

我们来看下面这幅图。图书馆的基本功能是采访、编目、流通和库存。多少年来我们都是这样走过来的。后来图书馆增加了参考咨询和文献提供,增加了讲座和展览业务,虽然我们强调它们已经成为图书馆核心业务的一部分,但实际上并没有有机地组合起来,成为两张皮,三张皮。

当数字图书馆发展起来以后,它的基本功能没有变,依然是收集、描述、传播和保存。但它们却在按传统的图书馆改造自己,于是传统图书馆与数字图书馆之间也像两张皮,互不相干,自我运行,但实际上这两者的基本功能是一样的:采、编、流、存。

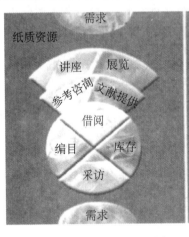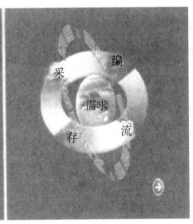

图书馆是一个成长着的有机体,它的每一个细胞都是图书馆的有机组成,图书馆按采、编、流、存的工作流程运转的同时,也在按以主题为核心的各项活动的知识流运转,每一个点、每一个项目都是相互联系、相互影响的,每一个点和项目之间的界限都是模糊的、开放的,我中有你,你中有我,共同形成一个有机体。

从包括博客、推特、产品样本、说明书在内的全媒体资源的收集出发,到全媒体资源的分类编目,到虚拟和实体形态的知识服务,再到资源的长期保存,整个流程需要重新设计。

让我们再回到图书馆责任的话题。

我很同意刘炜发表在《国家图书馆学刊》2010 年第 2 期上的一段话："图书馆职业在历史上一直承担着人类知识有序化的工作……数字图书馆技术的发展将有可能借助语义技术和许多新工具，使图书馆行业数千年来积累起来的知识组织经验，在万维网时代发扬光大。"但我接着要说的是，数字化改变了图书馆管理与服务的方式，但并没有改变图书馆的责任。相反，在创新型社会的建设中，图书馆不仅有更广的天地，而且有更多的机会。

让我们以高度的社会责任感，用自己的资源组织和信息咨询优势，激活需求，激活知识，融入社会，服务社会，赢得社会对我们这个职业应有的尊重。

（选自《中国图书馆学报》2010 年第 6 期）

图书情报硕士"双学位"教育的一点思考

沈固朝　周志远

2010 年,我国研究生专业学位综合改革教育试点在更广泛的学科领域开展起来,18 所图书馆学、情报学院(系)名列其中。"图书情报硕士"专业的建立,标志着研究生教育从长期的学术(或科学)硕士学位(以下简称学硕)衍生出面向行业或职业的专业硕士学位(以下简称专硕),标志着我国图书情报领域高级专业人才培养的教育模式和管理体制面临新一轮改革。各校申报积极、跃跃欲试、办学热情高涨之时,还需对如下问题进行思考:

①两种学位培养的都是高级应用型人才,如何既改变专业学位教育学术化倾向,又坚持"职业性与学术性的高度统一"?

②如何引导不同类型研究生合理定位,在培养方案的设计中区分学硕和专硕? 如何避免专硕变成"学硕的简化版"或者"换汤不换药","新名称,旧计划"?

③专业硕士一般要求有职业背景,但我国的国情决定了应届本科毕业生将是考生的主要来源,两种学位的全日制学生比例差别可能不大,加之图书情报学科本来就是一门非常强调应用的学科,因而面对几乎同样的学生,同样的核心课程,如何避免培养模式雷同,以满足用人单位、社会群体、学生个人各方的多元价值期待?

④目前社会上对专硕的理解和接受还不够,用人单位也无法从职场上证明其优势,将来就业的市场会是怎样? 两种学位是否存在竞争关系?

2010 年国家减少了学术型硕士 3.8 万名,用以增加专业型硕士,并且计划以后几年继续减少学术型硕士,减少的名额用以增加全日制专业型硕士。虽然专硕教育将越来越多地从原有的学硕教育中衍生出来,但不会完全取代。两者并存,如何兴利去弊,相得益彰,需要我们去分析各自的定位,去认识并克服原有学位教育在同时担负两种功能时"不伦不类"的尴尬和缺陷,以便遵循教育的规律,调整好人才培养结构,在面向科研和面向职业时都各有专攻。

1　硕士学位教育的学术性和专业性

学术是指系统的、专门的学问;学术研究是借助已有的理论、知识、经验对研究客体的假设、分析、探讨和推测,是对未知科学问题及其客观规律的某种程度的揭示。学术性学位(academic degree)表示受教育的程度在某一学科领域已达到的学术水平,而专业学位(professional degree)指通过高水平的专业训练,具有从事某一专门职业的能力和理论知识所获得的学位。

学术学位的缘起可以追溯到古代学府和中世纪的修道院,在亚里士多德对知识的原始分类中，就有了"理论的科学"（数学及自然科学）、"实践的科学"（伦理学、政治经济学、修辞学）和"创造的科学"（诗学）之分，到后来"三学四术"已经有了"学"（语法、修辞学、逻辑学）与"术"（几何、算术、音乐、天文学）的区分，代表学术活动的学院派和面向实际运用的实用派在许多知识领域中的分歧和争论开始形成。在学院派中，学生们被要求用理性来思考，他们是否达到应有的知识水平由大师们来确定，而不是由实践来检验。到了 20 世纪，学术生态上的经济发生重大变化，大学教育的市场价值观开始流行，在职业主义潮流的推动下，课程被越来越多地置于实用化的认识视野中。那种培养学识广博、文理兼通的学术型通才教育很难满足对某一职业高级人才的需求。

长期以来，我国图书情报教育界讨论的许多问题，诸如理论与实践、通才教育和专才教育、学术水平和操作能力、教育的学术取向和市场取向等，都似乎或多或少地与这两种学位制度有关。将学术性和职业性这两种性质不同的教育合二为一，造成许多说不清、道不明的问题。根据目前国内外的实践和我国学位制度的改革，学术性学位与专业性学位的内涵存在着如下区别：

从培养目的看，学硕以培养教学和科研人才为主，学位按招生学科门类分为 12 大类；专硕有更明确的职业指向——以培养高层次应用型专门人才为主要目标，以特定职业领域对人才知识结构和能力结构的要求为依据。其最大的特点是，获得这种学位的人，主要不是从事学术研究，而是有某种明显的职业背景，如律师、教师、工程师、医师等。

从教学方式看，英美等国家硕士的专业学位和学术学位分为修课式和研究式两种，修课式硕士一般只需要完成特定的课程，并且达到学院所要求的成绩便可以毕业；而大部分哲学硕士除了要求在修学课程上取得优异成绩和担任教学助理外，还要进行全职学术研究，并且撰写硕士论文才能毕业。

从学制上看，学术性学位是全日制正规大学硕士毕业，拥有学历、学位双证；专业性学位的学习方式比较灵活，大致可分为在职攻读（如台湾地区图书资讯学的在职专班）和全日制学习两类，毕业时拥有学位证书或学位与学历两种证书。

从社会就业来看，学硕的入学标准通常高于专硕，社会认可度较高，但由于大部分毕业生受到的是学术学位教育，用人单位反映其专业技能欠缺。对于硕士专业与本科专业方向完全不同，又无相关工作经验的求职者，单位更有所顾忌。

从知识结构看，学硕更靠近通才教育，注重理论的培养，重视综合性、广泛性和非功利性的基本知识、技能和态度，因此，如果不是在高校和研究机构任职，则较适合于对专门技能要求不高的岗位就业；而专业学位是与专才教育对应，注重学生实际工作能力的培养，在专门的领域具有某种就业的不可替代性，但在专业划分过细的情况下，狭窄的知识面会影响其后期发展。

从发展条件看，两者也有区别。比之职业指向性教育，学术活动更需要较长的年限和宽松的学术环境，学术自由的价值观是学术性学位取得创新活动的重要条件。如果把一切学术活动都硬性纳入某种具体的社会应用，带着功利的目的学习，或者用文献计量学所能测度的内容去评价学术内涵，则有可能忽视被教育者自身发展的主体性和自主性，模糊对创造本身特性的认识，影响学术精品的问世。

根据上述区别，我们看到，图书情报学教育存在着的一些弊病在某种程度上也是与不区分学术性教育和专业性教育有关。例如：在评价毕业论文的质量方面，不分学术论文还是面向职业的毕业设计或调研报告,用一把学术的尺子去衡量不同取向的学业成果,擅长学术研究的教师和擅长科研开发的教师对论文会做出不同的评判;创新帽子到处戴,不分究竟是指创造了新知识的研究,还是把已有方法应用于新的研究材料中?科研养成能力的标准也很含糊,是科研思维方式的养成?是学会科研工具的使用?还是能进行大量推导和解释?在教学评价上,有的教师侧重思维训练,而有的教师擅长教学生如何在工作实践中解决具体问题,不同价值取向的学生"叫好"程度是不同的,甚至是截然相反的;应用性课程比理论性课程更受欢迎,在求职简历和就业面试中,列出这类课程更能"拿分"。

需要指出的是,硕士学位在学术性和专业性上的分野,不是要割裂两者的关系,恰恰相反,它不仅有助于在更高的层面上更好地发挥各自作用,还能起到互相弥补、互相促进的作用。例如,当行业的发展需要我们不仅培养图书情报专业人员,而且还要面向更广泛的领域培养信息专业人员(information professional),或者再深入到面向各类用户更高层次的管理水平和信息需求培养知识管理人员(knowledge professional),那么我们就需要对信息的获取原理、传递原理、认知原理、再生原理、施效原理和组织原理进行研究,对信息资源整合与服务的组织、体制、架构、业务、系统及其实现进行研究,对课程设置、教材编写和教学方式进行研究,这就推动了学术研究的开展和对学术型高级人才的需求,研究的结果能更好地指导专业学位教育。

有的观点将"改变专业学位教育学术化倾向"等同于去学术化,我们不赞成这样的看法。图书情报学科建设是需要学界和业界、学术教育和专业教育共同努力的。任何一个领域都应该有一个充实的学科理论体系和高技能岗位,并以此为依托,生长出面向社会需要的方方面面。高等教育是以学科理论为基础建立专业的,学科理论是专业的基础,专业是对学科的选择与组织;学科知识对应的是一个行业或职业。学科的目标是知识的发现和创新,专业的目标是培养各级各类专门人才。法律、医学、建筑之所以能够形成专业学位,就是因为它们在与具体职业相对应的同时,也具备完善的理论体系和知识体系。相反,很多满足社会短时需求的新设专业之所以难以维持,正是由于它们缺乏学术性,没有坚实的知识和理论基础为支撑。因此,要推动专业建设,必然要通过大量艰苦的学术活动进行学科建设。学术学位与专业学位分开,更有助于在各个岗位培养学科建设的理论人才,同时也有利于担任具体岗位工作的专业人才的成长。图书情报管理的许多领域尚处于专业的初级阶段,或者说处于一个专业化的过程中,与其他成熟学科相比,属于前科学或潜科学阶段,许多研究还脱离不了工作研究的特点。但随着环境、对象和手段的变化,这个学科将会以高度发展的信息技术为工具,以人文社会科学中的相关学科为借鉴和基础,对它的基本原理、规律和特点加以研究、提炼和理论升华,使之更加规范化、科学化、普适化、体系化。只有这样,攻读专业学位的学生才能有清晰的学习目标和职业目标,才能拓宽视野,关注当前和未来的职业机会,打牢知识基础。

2 培养方案的几个主要区别及相互关系

2.1 培养目标

图书情报业就整体而言属于强调实践的行业,非学术型硕士与学术型硕士的区分并非泾渭分明,现实中也没有那么多的"研究岗"和"教学岗"给专攻学术的毕业生。无论面向业界还是学界,两者都要重视实践,都不能忽视理论的研究,区别在于学习的侧重不同。学硕和专硕都定位于"高级专门人才",尽管入学考试的标准有区别,但文凭没有高低之分,知识的积累和能力的提高在更大程度上是靠学习者本人,培养的作用在于引航和领路。

由于我国研究生教育长期受培养高层次学术人才的影响,课程设置、教学方法、考核标准和论文写作都带有明显的学术研究印记,讲宏观理论的多,讲微观操作的少。以"信息产业"为例,从一般理论、信息服务业、区域研究、国外研究、技术管理、政策管理、网络资源管理、资源布局等战略问题一一道来,如何从业的知识很少涉及。相比而言,加拿大为准备从事信息经纪业或受雇于信息公司的学生开设的课程有:"非传统工作""信息经纪业""如何开办公司""有利可图的图书馆学""信息企业家""收费信息服务"等,主讲人往往是成功的独立信息经纪人,内容涉及各类信息源、营销方法、用户关系、联机检索、工商谈判、公共关系、财务分析、非正式信息交流等。战略性思考和宏观性布局的研究前提是对行业的熟悉,不了解实际部门正在做什么,这种研究多是纸上谈兵,隔靴搔痒,既不能指导工作,又无益于本学科的理论建设。过去我们往往将这种现象归之于学风问题,没有从培养目标的分工层面上来认识。我们的"知识组织""信息结构"等新课程不分对象地取代了传统的"藏书建设""分类编目",以理论性的信息资源整体为对象来考虑高度专业的课程,而不问业务部门是否有这类的岗位和能否将这类理论知识转化为业务知识。我们常说,培养研究生既有独立担负专门技术工作的能力,又具备创新思维和创造知识等方面的能力,其实这样的要求集中在一个培养对象身上,是很难达到的。

总之,两类学位培养目标应该有各自的侧重。例如,学硕培养目标可以表述为:①培养管理型、研究型和教学型高级人才;②掌握宽厚扎实的图书情报理论知识,具备良好的学术素养、学识水平和职业道德;③具有较高的外语水平和较强的跨文化交流能力,善于跟踪学术前沿,吸收国外最新研究成果;④具有综合运用相关学科知识解决复杂问题的能力;⑤注重分析能力和创造性解决实际问题的能力;⑥有一定的专业实践能力和教学培训水平。专硕培养目标则是:①培养管理型、创业型、技能型和实用型高级人才;②针对社会信息服务业的需要,注重培养综合运用所学知识解决实际问题的能力;③强调技能的培养、技术的提供、特定环节和岗位的技术改进、企业创新的技术配套方面的人才培养与技能训练;④通过团队学习、案例分析、现场研究、模拟训练等方法培养研究实际问题的意识和能力。当然,两种学位的培养目标也有叠加交叉的部分。

2.2 课程设置

合理的课程设置不仅起到构建合理的知识结构、为学生打下扎实的专业基础的作用,而且有利于研究生良好的能力结构的形成。学硕与专硕在课程设置上的最大区别在于前者按学科的知识体系设计,后者按职业能力设计;前者的课程数量较少,后者的课程数量较多;前者往往是"先组式"体系,后者是可变动、较灵活的"后组式"体系;前者面对的学生群体相对窄小,后者面向的行业分布相对广阔,往往反映了导师、学生、用人单位和社会群体各方的多元价值期待。

按照专业学位的课程设置原则,以职业需求为目标,以实际应用为导向,以应用知识与能力的提高为核心,划分两种学位课程在理论上并不是一件困难的事,但由于师资等各种教学条件的限制,较难为两种学位课程安排独立且不重复的课程体系。因此,在设计两种学位课程时有三种选择:第一,有较大区别且需求不同者则分别设立,例如跨学科课程;第二,区别较小者可作为共同的课程,如作为平台课的基本素质类课或公共必修课;第三,两种学位都需要但侧重不同的同名课程,如信息获取能力、信息组织能力、信息服务能力、信息管理能力、信息研究分析能力、信息技术能力都是两种学位重视的能力,涉及的课程有信息检索、信息组织、信息分析、用户研究等,这类课程可分别开设,但在学时数、阅读物和内容侧重方面有所区别。专硕课程的设置应更具职业指向的针对性、随岗位变迁而产生的灵活性和与联合单位互动的可调整性,课程的知识"块"可切得更细一些,不能呆板地比照学硕课程。以信息组织能力培养为例,对于学术型学位,其培养重点体现在理解主题分析及表示法的经典理论和体系,掌握信息存储和组织的途径及信息存取系统的方式,能够使用主题分析的各种工具、标准和方法;而对于专业性学位,则重在图书馆分类编目技能的掌握,包括词表和分类法的使用等与业务知识密切相关的内容。

欧美国家和我国部分高校实行的模块化教学可值得参考。按照建构主义的教育理论,无论是学术性学位还是专业性学位,教育部门都要为学生自主构建知识体系和模块搭建平台。专硕的模块可以更自由和彻底地摒弃学硕模块的学科式体系,把不同学科之间并无直接关联的课程整合在一起,构成特定职业所需要的知识体系,实现知识、技能和素质的综合培养,且模块之间相对独立又横向联系,可灵活调整,适当扩充。南京大学已经在本科尝试"专业学术类、交叉复合类、就业创业类"三种发展路径。这种模式使学生有更多的课程选择、专业选择和发展路径选择权。在三个培养阶段中,学生可以根据自身的学习基础和学习兴趣,进行低年级阶段的"专业选择"和高年级阶段的"发展路径选择";成为专业学术类者在本专业升学,成为交叉复合类者跨专业升学或就业创业,成为就业创业类者在本专业就业或创业。这种尝试如果成功,将为研究生阶段的两种学位攻读者打下很好的基础,从而实现专业教育的重点转移和学术层次的提升。

2.3 教学方式

"同样的课程不同的上法"意即同一课程用不同的教学方式体现两种学位教育的区别。学硕教育要更多地关注思维训练,引导学生使用包括推测、演绎、假设、提问、联想等方法探寻不同的想法;教会学生如何将理论同自己的思想、经验和知识联系起来,并进行归纳;如何善于洞悉或辨别原始资料中主要的东西;如何尝试多种衡量标准,试图在不同的观念和想法中探寻含义、寻找模式和结构;如何鼓励导致多种答案的批判性的、发散型的、多面性的思维方式,且能评判每种答案的优点和缺点;如何鼓励跨学科的综合实践活动和基于学习资源的开放性学习,等等。具体到某一门课程如情报检索课(面向本科为其他学科的学生),这种教学思想则表现为:鼓励从检索项目实践中寻找问题、描述问题;学会识别需求;用指引性提问(guiding questions)确立信息搜集和分析的指标;鼓励多种查找策略,尤其从非序化的信息中进行查找;学会信息综合和信息评价;注意与研究课题结合,扩展多元学习的机会和体验。在指导方式上,教师可采用项目式教学,更多地充当学习环境的营造者、学生的激励者与引导者,而不是知识灌输者。对于侧重职业训练的专硕教育,则注重培养学生的六种技能,即:任务识别、信息源知识、检索工具的使用、搜索能力、信息的使用和一定的分析评价能力;在指导方式上,教师可更多地采用案例教学、课堂讨论、检索示例、咨询报告等,教学生了解信息源、检索策略和具体的搜索方法。

高质量的专业实践是专业学位教育质量的重要保证，需要各院系花力气构筑校外研究生教育创新基地，或巩固现有的产学研基地，或与图书情报馆所联盟。专硕生在学期间，应保证不少于半年的实践教学，可采用集中实践与分段实践相结合的方式。美国图书情报院系的实践要求学生同读者接触，或至少看到咨询馆员是如何同读者打交道的。在密西根大学，要求学生进行咨询台观察，并参加日常工作。UCLA 甚至提出"通过工作学习"的口号，学生要提交实践学习计划，撰写实践总结报告，业务指导者要对实习生进行全过程管理和学习质量评价。

2.4 学位论文

学术性学位论文一般要具备如下要素：新选题、新观点、新材料；较强的理论性、逻辑性和系统性；较全面的研究综述，严格规范的文献引用，参考文献要包括国内外最新或最权威的研究成果。美国图书情报类学术论文的写作多采用实证方法，形式上要符合"五段论"，即问题的识别、建立假说、搜集数据、采用某种检验方法加以证实或证伪、结论。学术性学位论文的目的主要在于科研能力的培养，但是对专业硕士而言，很多学校没有毕业论文的要求，允许用课程代替论文。

由于专硕教育在我国仍是高端专业人才的培养，学位论文对于很多院校的研究生教育仍是必需的。但我国对专硕的学位论文在形式上并无统一规定，至少要求：①论文选题应来源于应用课题或现实问题，要有明确的职业背景和应用价值；②学位论文形式可多样化，如调研报告、应用基础研究、规划设计、产品开发、案例分析、项目管理等形式；③学位论文须独立完成，要展示综合运用科学理论、方法和技术解决实际问题的能力；④字数可根据不同专业学位特点和选题，灵活确定；⑤鼓励论文结合实践单位的业务和问题开展研究，鼓励有一定难度的设计或开发项目选题，并可以在实践单位内进行；⑥学位论文评阅人和答辩委员会成员中，应有相关领域具有高级专业技术职务的专家，审核其解决实际问题的思路、方法的正确性，以及工艺、技术和设计的先进性和可行性。

2.5 师资队伍

如果说，学术性学位教育追求的是培养思想者和研究者，则专业性学位更多地培养从业者和实践者。"什么样的老师带出什么样的学生"，如果不懂图书情报实际业务的教师主导专业学位的教学，实践部门对教育部门难以避免的信任危机仍会继续蔓延，专业学位教育将会变得有名无实。目前，缺乏图书情报业务经验的高学历毕业生已逐渐成为大学教师队伍的主体，从书本到书本、从理论到理论、为教学而教学的现象仍将持续。学生对图书情报的基本知识也缺乏直观体验和深入思考的实践基础。理论联系实践虽然呼吁多年，但在现行评价体制下这一状况还将长期存在，双导师制也许是解决这个问题的一条有益途径。

双导师的含义，一是为大部分在职学生指派有实践经验的导师进行校外实践活动辅导；二是校内导师和校外导师合作指导论文、项目研究和参与课程建设。上海的经验表明，专业学位研究生教育办出特色的关键在于拥有一支结构合理、学术背景和实际工作背景并重的"双结构型"师资队伍。双导师制有助于克服许多高校图情院系与图情部门互不往来的局面，增进业界和学界的沟通，使彼此都了解研究领域和业务领域的状况和进展，提升学术研究能力和理论联系实际的教学水平。

集体导师制度是另一条可供考虑的改革途径。师傅带徒弟式的传道授业是目前我国研究生教育的主要方式。导师中理论基础、经验积累和项目实践的个体差别很大,传统的一对一或一对多带学生的方式,过分强调导师个人的作用,不利于学生在读期间学术上的提高和实践能力的改进,也不利于拓宽知识面、夯实理论基础。就学术训练来讲,个人的力量有限,要想在一个新的前沿性研究方向上取得明显进展,应形成合力,依靠科学群体有计划、有组织的连续冲击,以及研究生之间的互补长短、互相促进;就专业训练而言,一个教师的实践经验再丰富也难以跟上知识更新加快的形势,很难单独培养能适应不同岗位的复合型高层次人才。因此,对不同专业或不同专业方向分别组织一个导师团队,共同商定培养计划,不仅要指导学生完成具体的论文写作,还要帮助学生了解自身的学术特长,找到最为合适的发展方向,这一做法将有利于教学单位形成教师个人、教研室集体、学科整体力量相融合的格局。

3 管理机制是关键

两种同一学科、同一层次的学位制度并行,给长期实行单一学位制的图书情报教育带来新的挑战。充分认识两者的区别并在招生结构调整、与业务单位共建合作、考核与评价方法、课程管理、导师选聘制度、教学计划的制定等方面采取相应的对策,对于提升两种学位教育的质量、避免"穿新鞋走老路"是很重要的。

首先,在管理上,最重要的问题是树立新的教育观和质量观。与某些人文学科不同的是,图书情报教育的生命力和竞争力依赖于面向数字时代能否完成以教师为中心向以社会需要为中心的转变,能否完成以学科为中心向以信息服务机构为中心的转变,以及不断深化的课程体系,从而使教学、科研、实践三位一体,良性循环。

其次,课程管理是关键——如何避免拿着未加修改的同一教案去应付两种不同需求和价值取向的学位攻读者?要保障教育质量,不仅需要在录取学生时加大学科知识面、学术研究能力和专业意识的考察力度,也要加强对教师上课的督导力度。要强调教学过程管理,包括选课制度、选导制度、学生参与课程管理制度、任课资格审核认定制度、教学汇报与研讨制度、年末课程调查和教学评估制度等。

两种学位制度在我国已试行了十多年,很多专业学位是从学术学位衍生出来的,如何摆脱这种依附性,使新学位教育迅速成熟起来?从邻近学科获取经验也许有助于我们走出一条管理创新的途径。例如,工商管理专业学位(MBA)教授的是面对实战的"管理",而非注重研究的"管理学",看重的是能力的培养而非知识的灌输。那么,MBA 的教材能否为我们编制专业学位教材提供借鉴?它们的商业案例分析、实战观摩、分析与决策技能训练等教学方法能否作为我们的参照系,便于我们也能针对不同的职业岗位如信息服务机构的领导者、业务人员和技术人员设计专门的教学方案?公共管理专业学位(MPA)脱胎于作为公共部门管理及政府管理研究领域的公共管理学及公共行政学。它之所以取得相对独立的学科地位,一是定位于为政府部门及非政府公共机构培养高层次、复合型、应用型公共管理专门人才;二是较成功地整合了管理学、政治学、经济学等多学科理论与方法,使之成为专门研究公共组织尤其是政府组织的管理活动及其规律的学科体系。MPA 的实践给我们的另一启发是与行业主管部门的紧密配合。2004 年人事部专门发布了《关于公务员在职攻读公共管理硕士（MPA）专业学位有关问题的通知》，要求"各级人事部门要积极支持公共管理硕士培养院校开展有关调研、科研等活动"。取得政府的支持不仅在生源和教学资源方面可得到一定的保障，也有利于其教学更贴近于管理部门的实践。照此思路，图书情报专业硕士教育能否争取文化部、信息产业部门和国家档案管理部门的支持，以便在教学组织和资源配置方面获得一定程度的保障呢？是否也可以融合众多与信息管理相关的应用理论、技术与方法于一体，开办针对不同信息服务或管理机构的方向班？同样，在专业学位教育的职业指向性方面，教育硕士（Ed. M）与教育学硕士的区别表现得更为明显。教育硕士不仅是职业性学位，而且还是具有特定教育职业背景的专业性学位。它的专业方向依学科教学方向而异，比如"学科教学"分为数学、物理、化学、生物、地理、语文、历史等 15 个学科领域，各招生单位根据办学条件和培养能力及社会需要，可自行确定招生学科领域。这种细分化的市场培育和高度专指性的课程设置为相应的教师资格市场准入创造了条件。这些做法都是值得我们借鉴的。

中国的图书情报专业硕士教育已是箭在弦上，蓄势待发，它不仅将成为我们这个行业发展的新动力源之一，也是为信息经济和知识经济时代提供人力资源的又一重要途径，是图书情报高等教育必须承担的重要使命。需要注意的是，大学的专业化教育不等于普通职业教育，培养职业技能也不能忘了独立思考能力和终身学习能力的养成，不能忘了综合素质和专业素质的结合、公益性和功利性的统一是高等教育自身的发展逻辑。要让初露萌芽的专业学位教育茁壮成长，全依赖于我们处理好两者的关系，并给予高度重视、细心呵护和不懈的探索。

（选自《中国图书馆学报》2011 年第 1 期）

免费开放:理论追寻、历史回顾与现实思考

余 胜 吴 晞

免费向公众开放是公共图书馆应有之义。在我国公共图书馆经历了市场经济的冲击和阵痛,理性思考和回归公共图书馆精神,重新向社会公众免费开放之时,社会各界给予了极大的关注和赞许。2006 年杭州、深圳等地的公共图书馆率先向社会公众免费开放,一时成为社会的热点。此后,浙江省图书馆于 2007 年在全国省级公共图书馆中首先实行免费服务。从 2008 年春节起,国家图书馆全面减免服务收费项目,中央电视台、新华社、《人民日报》等数十家媒体竞相报道,引起社会广泛关注。2011 年年初,文化部、财政部联合下发《关于推进全国美术馆、公共图书馆、文化馆(站)免费开放工作的意见》,对全国公共图书馆全面推进免费开放提出了要求,进行了部署,吹响了公共图书馆免费开放的"集结号"。国家从政策、行政层面力推公共图书馆免费开放,对公共图书馆事业的发展无疑是十分有益的。然而,在全国范围内推进公共图书馆免费开放,是公共图书馆精神回归使然,还是一时的"应景"之举;免费开放面临哪些问题,公共图书馆应如何应对,使免费开放的效果真正落到实处;从理论上厘清免费开放的认识,实践上明晰现实的状况和应对措施,是图书馆界亟待思考和解决的问题。

1 大道之行:公共图书馆精神的追寻与回归

1.1 现代公共图书馆精神的形成

公共图书馆免费开放的理论基础是有关现代公共图书馆精神的观念和理论。

现代意义的公共图书馆是近现代社会的产物,产生不过 150 多年。目前学界普遍认为 1852 年创建的英国曼彻斯特公共图书馆是现代公共图书馆产生的重要标志。尽管在此前后,欧洲和美国曾出现多个具备公共图书馆意义的图书馆,人们给予曼彻斯特公共图书馆如此重要的历史地位,是因为 1850 年英国下议院通过了一个法案,授权地方议会为提供免费图书馆征税。这个法案是世界上第一部公共图书馆法,而后曼彻斯特公共图书馆就是依据此法率先建立的。曼彻斯特公共图书馆的建立,以非常清晰明了的表述,阐明了公共图书馆理念的精髓:"依据政府立法建立,公费支持,免费服务,以及为社会成员无区别服务。"这一表述清晰、明确,言简意赅,切中要害,堪称经典。英国曼彻斯特公共图书馆实际上是西方众多公共图书馆产生并走向成熟的一个代表,也是现代公共图书馆精神逐步形成的标志。此后,公共图书馆走上了历史的舞台,并逐渐成为图书馆事业的主流与核心,现代公共图书馆基本精神内涵也成为公共图书馆的立馆之本。

现代公共图书馆精神不仅体现在各国公共图书馆的实践中,更集中体现在联合国教科文组织/国际图联历年发布的《公共图书馆宣言》(以下简称《宣言》)和国际图联的纲领性文

件中。1949 年联合国教科文组织发布《宣言》，其后 1972 年、1994 年经过两次修订。《宣言》作为全世界公共图书馆纲领性文件，是各国公共图书馆运作和服务应遵循的基本准则和行动纲领。《宣言》中所倡导的"以人为本"理念和信息开放原则、信息自由获取原则、平等无区别服务原则、无偿服务原则等公共图书馆的基本理念和基本原则共同构成了现代公共图书馆精神的核心内涵。《宣言》的颁布标志着现代公共图书馆精神的形成和完善。现代公共图书馆的办馆理念、服务宗旨和免费原则，其源盖出于此。

1.2 公共图书馆精神的追寻与回归

我国图书馆界对公共图书馆精神经历了不断探寻和追求的历程。20 世纪初至改革开放初的几十年间，我国图书馆界对公共图书馆精神有过积极的探讨，如刘国钧先生在 20 世纪 20 年代曾大力向国人推介美国的公共图书馆精神："公共图书馆者，以城市之税营办而入览者无须纳费之图书馆也。"梁启超、韦棣华、陶行知等也曾大力倡导现代意义上的免费开放的公共图书馆。但总的看来，这些理论和做法还没有形成气候，在公共图书馆实践中所占的比例也不大。

对现代图书馆精神的研究始于 20 世纪 80 年代末。1988 年、1992 年程焕文先后发表《论图书馆精神》和《图书馆人与图书馆精神》，对图书馆精神进行了研究和阐述。1992 年刘洪波在《现代图书馆的精神内涵》一文中对现代图书馆的精神内涵进行了初步探讨，提出"开放""服务""平等和友善""知识处理""依法治理"等要素构成现代图书馆的精神内涵。此后理论界对此研究一直销声匿迹。据笔者通过 CNKI 系列数据库统计，1979—2000 年间题名论及"公共图书馆精神"的论文为零，题名论及"现代图书馆精神"的论文仅上文提及的刘文一篇。更令人颇感惊异的是，1994 年《宣言》颁布后，我国图书馆理论界竟波澜不惊，反应平平。据笔者检索 CNKI 系列数据库，1994—1999 年五年间，业界论及和宣传《宣言》的文章仅 4 篇，且大多是学习和理解的文章，少有深入研究的论文，更遑论由此而引发有关公共图书馆精神的研究和探讨。当然，这里仅以笔者检索到的文章为据，不一定是全貌，但也说明了这一时期图书馆界对公共图书馆精神的研究人少言微。

1999 年，吴晞发表《图书馆与人文关怀》，对当时图书馆普遍存在的把读者分为三六九等进行区别服务、藏书分为对外流通和内部控制等弊端进行了抨击，直言图书馆服务理念缺失了人文关怀精神，提出只有人文关怀，才是图书馆根本精神之所在。2000 年韩继章在《中国图书馆发展的人文化趋势》一文中提出在我国图书馆界"读者平等地享用图书馆服务的理念尚未深入人心"。同年程亚男、肖希明等人的图书馆人文精神研究也引人关注。这些研究从"人文关怀""以人为本"理念的角度出发，进而探寻公共图书馆的精神内涵，可谓是现代公共图书馆精神理论研究的发端。

2002 年，范并思发表《维护公共图书馆的基础体制与核心能力——纪念曼彻斯特公共图书馆创建 150 周年》，首次从社会知识或信息保障的角度提出公共图书馆是一种社会制度的命题，提出："公共图书馆代表的是一种社会用以调节知识或信息分配，以实现社会知识或信息保障的制度。公共图书馆制度能够保障社会信息利用机会的平等，保障公民求知的自由与求知的权利，从而从知识、信息的角度维护了社会的公正。"2003 年蒋永福发表《维护知识自由：图书馆职业的核心价值》，从维护知识自由的角度提出图书馆是维护知识自由的社会制度，图书馆职业的核心价值是维护公民的知识自由权利，进而提出图书馆职业必须坚持公益原则(免费和平等)、服务原则和自由存取原则。2004年3月,范并思在《公共图书馆精神的时代辩护》和《建设一个信息公平与信息保障的制度——纪念中国近代图书馆百年》两文中再次对公共图书馆是一种实现社会知识或信息保障的制度这一命题从理论上进行了阐述,提出公共图书馆精神的实质是"保障社会成员获取信息机会的平等,从信息知识角度维护社会公正",归纳现代公共图书馆精神的要点是"为所有人服务""公共基金维持""免费服务""无区别服务"等。2004年7月刘兹恒、李武在《论公共图书馆精神在数字时代的弘扬和延伸》一文中认为公共图书馆精神一直体现在:"公共图书馆不仅是一种社会机构,更重要的是,它是作为一种社会保障体制而存在的。"2004年蒋永福、李集在《知识自由与图书馆制度——关于图书馆的制度视角研究》一文中再次从知识自由角度对图书馆制度进行了研究,认为"图书馆是人类的知识自由权利的社会保障制度"。2005年程焕文、周旭毓在《图书馆精神——体系结构与基本内容》一文中对现代图书馆精神进行了研究,认为图书馆精神大致包括三个层面,即图书馆事业精神、图书馆职业精神和图书馆科学精神,其中图书馆事业精神的基本内容包括:"人人享有平等利用图书馆的权利,人人享有自由利用图书馆的权利,免费服务是平等自由利用图书馆的基本保障。"2005年张勇、余子牛等发表《继承与弘扬公共图书馆精神推进公共图书馆事业的可持续发展》,陈述公共图书馆精神缺失下公共图书馆的种种弊端,提出"提供免费的服务和平等的服务成为公共图书馆精神的核心"。

纵观2002—2005年我国图书馆理论界对公共图书馆理论和精神的研究,有两个显著特点:其一,对公共图书馆精神的研究基本形成日趋一致的观点。无论是从社会知识或信息保障的角度,从维护知识自由的角度,还是从维护图书馆权利的角度来研究公共图书馆的实质和精神,都是将公共图书馆作为一种维护社会知识信息公平获取的社会机构/制度来考察,进而研究阐发开来。尽管各学者从不同角度研究、阐释公共图书馆精神,但是,"以人为本"的理念,信息自由获取原则、信息开放原则、平等服务原则、免费服务原则等公共图书馆的基本理念和基本原则日益成为学界所普遍认可的现代公共图书馆精神的核心内涵。其二,公共图书馆理论及精神的研究在这一时期成为理论研究的一个高潮。据《中国公共图书馆发展蓝皮书(2010)》研究显示,2000—2009年发表在图书馆学情报学期刊的论文中,每年选出50篇被引率最高的论文,其中论及公共图书馆理论、读者权利、公共图书馆精神等方面的2004年有15篇,2005年有16篇,为十年来最高值。公共图书馆理论及精神在这一时期受到理论界的高度关注和深入研究,公共图书馆精神的研究日益成熟和完善。

2006年以后,随着杭州、深圳等地公共图书馆免费向社会开放,公共图书馆精神的研究在理论上得到进一步深化,实践上也进一步凸显出理论指导实践的巨大作用。公民自由获取信息的权利、免费开放、平等服务等公共图书馆精神的核心内容已广为图书馆理论界和图书馆工作者所接受并付诸实践。2008年10月,中国图书馆学会颁布《图书馆服务宣言》。这一中国图书馆界所共同遵守的行动纲领和行业宣言,以"对社会普遍开放、平等服务、以人为本"的基本原则,向世人昭示着以"开放、公益、平等、普遍均等、人文关怀"为核心要义的现代图书馆理念和精神在我国结出硕果。

"大道之行也,天下为公。"(《礼记·礼运》)。公共图书馆精神是公共图书馆的灵魂和精髓,是公共图书馆存在和发展的根本之"道"。历经百年的探索和追寻,公共图书馆精神在我国迎来回归和重塑的春天。

2 百年探寻：免费开放的历史回顾

我国近代公共图书馆产生于 20 世纪初。浙江绍兴徐树兰 1904 年向社会开放的"古越藏书楼"标志着我国藏书楼向公共图书馆的过渡。1904 年年初,湖南、湖北两省分别创办图书馆并对外开放,是我国最早设立的省级公共图书馆。百余年来,我国公共图书馆服务在免费问题上几经波折、几番反复,对公共图书馆免费开放之路进行了百年探寻。

1915 年 10 月,教育部颁布的《通俗图书馆规程》第 7 条规定:"通俗图书馆不征收阅览费。"通俗图书馆者,即供公众阅览的图书馆。但同年 11 月教育部颁布的《图书馆规程》第 9 条却规定:"图书馆得酌收阅览费。"在图书馆实践上,据沈绍期 1918 年《中国全国图书馆调查表》显示,17 家京师、各省、市普通图书馆、通俗图书馆与公立图书馆中,外借、阅览收费的 8 家,不收费的 7 家,不详的 2 家。可见,自 20 世纪初至新中国成立前,我国公共图书馆对免费服务问题,无论是在政策规章上、还是在实践上都是认识模糊、反复不定的。

中华人民共和国成立后至改革开放前,我国公共图书馆得到了普及和发展。公共图书馆总体上实行的是免费服务,但是,由于受"以阶级斗争为纲"政治环境的影响,公共图书馆在服务对象上方针任务不明确,过分强调"为领导决策服务""为科学研究服务",而对广大社会民众的借阅需求加以弱化甚至忽视,表现在服务对象上重身份讲级别,借书证的发放往往有指标、按级别内部发放,普通百姓一证难求;馆藏上划分为公开流通、内部控制、甚至封存等几部分。这一时期公共图书馆的基本服务虽是免费的,但由于思想认识上的偏差,广大社会民众的基本文献信息需求得不到满足,文献开放利用的意识和程度仍受封建藏书楼"重藏轻用"遗风的影响,这种免费服务是不平等的,不开放的,不是真正的免费开放服务。

从 20 世纪 80 年代初开始,受商品经济大潮的冲击和"以文补文"政策的影响,公共图书馆有偿服务成为风气。从开始搞副业进行创收,到图书馆基本服务也进行收费,公共图书馆有偿服务之风有愈演愈烈之势。各地公共图书馆的收费项目名目繁多,主要有:办证工本费、年度注册费、阅览费(分为年度,月度甚至当日使用)、文献保护费(珍贵、内部文献)、文献检索费、资料查阅费、咨询服务费、开库费(数据库)、上机费、上网费等,不一而足。同时,许多公共图书馆大大压缩读者服务的空间和阵地,挤出馆舍用于出租,举办各种培训班进行创收,将本该用于文献检索的计算机、网络设备面向社会进行收费服务等。公共图书馆愈来愈甚的收费服务将广大社会民众特别是社会弱势群体拒之于图书馆大门之外,限制、甚至剥夺了社会民众平等自由获取知识信息的权利,造成图书馆服务事实上的不平等、不公正,背离了"向所有人开放,平等免费服务"的公共图书馆基本原则和精神,引起社会公众的极度不满和愤慨。2004 年、2005 年个别公共图书馆因多重收费或因读者借阅文献门槛过多而引发的"公共图书馆事件"接二连三被披露。公众借助媒体和网络,从维护公民阅读权利的角度对图书馆的公益性提出质疑,对公共图书馆服务收费和各种限制提出尖锐批评,引起社会的广泛共鸣。回观我国公共图书馆二十多年来的收费服务问题,既受我国商品经济、市场经济发展环境的影响和"以文补文""以文养文"政策的误导,也有事业经费严重不足的客观原因,但更多的是我们对公共图书馆基本原则和精神的忽视和漠视。回归和重塑公共图书馆精神,是历史发展的必然,也是当代中国公共图书馆的神圣使命。

理念的变革是实践行动的先导。21 世纪初以来在图书馆理论界兴起的公共图书馆精神的讨论,以及日趋一致的关于公共图书馆基本原则和精神的理论,对公共图书馆走向免费开放时代提供了坚实的理论思想基础。政策层面上,2005 年中央关于公共文化服务体系一系列政策的出台,终于使社会民众享受公共文化权利的期待上升为国家政策。2006 年 9 月《国家"十一五"时期文化发展规划纲要》出台,其中关于公共文化服务平等、免费、关注弱势群体、覆盖全社会的基本理念和精神在这份政策文件中得到了充分体现。公共图书馆面向全社会免费开放势在必行。

风雷起于东南。2006 年 6 月,杭州地区公共图书馆联盟发布《杭州地区公共图书馆服务公约》,宣布从 2006 年 6 月 1 日起,杭州图书馆、杭州少年儿童图书馆等十家公共图书馆免费向社会提供服务。2006 年 7 月 12 日,深圳图书馆新馆建成开放,率先提出"开放、平等、免费"的服务理念,向广大市民敞开大门提供免费开放服务,读者证工本费、年度注册费、上网费等所有费用全部免掉,受到市民的普遍欢迎和广泛赞誉,开馆第一天有 5 万人次涌进深圳图书馆。《中国文化报》《南方都市报》和深圳各大媒体对此进行了报道,引起社会的广泛关注和反响。此后,浙江图书馆于 2007 年 12 月 1 日取消借阅证工本费和年费,在全国省级公共图书馆中率先实行免费服务。南京图书馆从 2008 年 1 月 12 日起对读者免收读者证工本费、注册费等,对读者实行免费开放。国家图书馆从 2008 年 2 月 7 日(大年初一)起全面减免服务收费项目。据报道,截至 2008 年 5 月,全国已有近十家省级公共图书馆和近百家市、县级公共图书馆实行了免费开放服务。历经百年的反复和曲折,我国公共图书馆迎来全面免费开放的新时代。

3 任重道远:推进免费开放的现实思考

2011 年 1 月,文化部、财政部联合下发《关于推进全国美术馆、公共图书馆、文化馆(站)免费开放工作的意见》(以下简称《意见》),提出:"到 2011 年底,全国所有公共图书馆、文化馆(站)实现无障碍、零门槛进入,公共空间设施场地全部免费开放,所提供的基本服务项目全部免费。"这对于全国公共图书馆进一步扩大免费开放范围、不断完善服务体系、提高服务质量,既是一次发展的良机,也带来了巨大的挑战。

3.1 免费开放的现状和存在的问题

从宏观层面看,我国公共图书馆免费开放在现状和认识上主要有两方面的问题,我们应有足够、清醒的认识。第一,目前我国公共图书馆的发展还存在区域不平衡和城乡差距,部分公共图书馆特别是中西部公共图书馆存在经费严重不足、馆藏资源匮乏、服务能力和服务水平有待提高等问题。目前我国平均每 46.8 万人、3368 平方公里(辐射半径为 32.8 公里)才拥有一所公共图书馆(国际图联推荐标准:每 5 万人应拥有一所公共图书馆,辐射半径不超过 4 公里)。截至 2009 年年底,全国 2491 个县级公共图书馆中,无运行经费的有 251 个,占县级馆的 10.3%;无购书经费的有 769 个,占 32%。这种状况对于图书馆通过免费开放服务,逐步构建覆盖全社会的公共图书馆服务体系无疑是一个现实问题。第二,免费开放只是公共图书馆"无门槛"走进社会大众的一个开端。免费不自然等同于阅读热,免费服务不自然等同于优质服务。公共图书馆免费开放只是向社会民众提供了一个阅读机会均等、免费的制度和保障，而如何通过完善服务方式、增强服务功能，引导全民多读书、读好书、爱读书，进而通过读书和参与各种活动提高全民的科学文化素质，才是公共图书馆服务的根本目的。因此，把免费开放服务的效果真正落到实处，比形式上的免费更为重要。也许经过一年的努力，我国公共图书馆都能完成免费开放的任务，但要达到取得社会效益的免费开放服务的目标或许还要经过多年的努力和追求。我国公共图书馆免费开放服务的目标任重而道远。

我国部分公共图书馆实行免费开放以来，受到广大社会民众的普遍欢迎和广泛赞誉，这从各馆免费开放后读者爆棚、门庭若市、人气骤增、借阅量剧增的景况可得到佐证。公共图书馆免费开放收到了良好的社会效果和广泛的社会影响，但在实践工作中免费开放也给各馆带来了一些具体问题，主要有：①管理的难度明显加大。由于图书馆面向社会"无门槛"免费开放，进馆读者人数骤增，因而带来阅览环境、秩序、安全、文献管理、卫生等诸多方面的问题。②工作量大大增加，馆员压力加大。由于免费开放，各馆的办证量、外借量、阅览量、电子文献检索量等主要指标呈直线上升的态势。如深圳图书馆新馆开放后，平均每天进馆读者上万人次，周末及节假日更是达到2万—3万人次，常常是"人满为患"，读者因无座位"席地而阅"是该馆的常态景观。杭州图书馆新馆自2008年10月1日免费开放后，短短7天时间迎来读者18万人次，借还图书达8万余册次。据各馆统计，免费开放以后各馆的进馆人次、办证量、借还图书册次等指标是免费开放前的3—6倍。③免费开放以后给各馆的文献资源供给、服务设施及服务能力带来较大压力。特别是文献资源的供给和保障的力度满足不了读者的需求，许多图书馆流行图书的供给量满足不了读者大量的外借需求，造成部分新书借阅一空的状况。④各馆的运作成本增加。由于进馆读者剧增、文献流通量加大加快、设施设备利用率大大提高等原因，各馆文献、设施的高利用率带来的损耗也相应增加，间接增加了图书馆文献资源更新、设施设备维护的费用支出。⑤对免费开放的认识和宣传不够。免费开放初期，部分图书馆由于对免费开放内容、政策的认识和宣传不够，在读者中造成了误解，以致一些读者进馆复印资料不付费，到馆内小卖部喝饮料不付费，遭遇过免费开放带来的"尴尬"。

3.2　推进公共图书馆免费开放的思考

3.2.1　各级政府要切实履行对公共图书馆的经费保障责任

建立和发展公共图书馆是国家和各级政府的责任，国家和各级政府应从财政上保障各级公共图书馆发展所需的经费。1994年的《宣言》明确指出："建立公共图书馆是地方政府和国家的责任，公共图书馆必须受到专门立法的支持，并由国家和地方政府财政拨款资助。"我国目前已起草的《中华人民共和国公共图书馆法》（征求意见稿）也明确规定了县级以上政府对公共图书馆的经费保障制度。近年来，我国各级财政不断加大对公共图书馆事业的经费投入力度，使公共图书馆的发展和服务受到越来越多的政府财政支持。例如，2007年年底，中央财政一次性给国家图书馆拨付专项经费9300万元，以支持国家图书馆免费开放服务；从1998年起，浙江省财政对浙江省图书馆的购书经费每年都以100万元的幅度递增，2007年浙江省图书馆购书经费达到1560万元。据报道，对于此次全国"三馆"免费开放，中央财政预计安排专项资金达18亿元。笔者认为，除中央财政支持外，更重要的是地方各级政府财政部门要切实建立起免费开放经费保障机制，以保证各级公共图书馆免费开放能正常运转,为社会公众提供有效的图书馆服务。

3.2.2 以免费开放为契机,不断完善服务方式,提高服务质量

免费开放对公共图书馆来说不单单是一次服务形式的转变,更是一次完善服务方式、提升服务质量、促进图书馆事业发展的良机。各图书馆应以免费开放为契机,通过科学整合文献资源、服务和人力资源,不断探索、完善各种服务方式,增强服务功能,为广大社会民众提供多样化的免费服务项目和有成效的服务内容和活动,促进全民多读书、读好书、爱读书风气的形成,把免费开放服务的社会效果落到实处,以促进学习型社会的建设。

3.2.3 制订应对措施,实行科学管理

对即将全面免费开放这一服务举措,各馆应对免费开放后的人流量、借阅量、对阅览环境的影响、安全问题、文献资源利用、服务的能力和压力等问题进行充分的认识和科学的分析,从文献保障、服务保障、安全保障、阅览规章制度等方面制订相应的对策和措施,在"以人为本"服务宗旨的前提下实行科学的管理和有效的控制。如深圳图书馆在免费开放初期,面对如潮的人流,其中许多是来参观的市民,该馆及时增加馆员和安保人员对参观人流进行疏导和指引,既满足市民的参观需求,也没有对阅览环境造成影响。南京图书馆在免费开放之后加强馆内各项规章制度的执行与监督,理顺工作关系,呈现以制度管理人、以制度管理事的局面,降低了管理难度。

3.2.4 合理调配资源,提高工作效率

借免费开放服务之机整合业务资源,以应对免费开放之后部分文献资源利用率提高、服务量加大、工作人员压力加大等问题,是各图书馆特别是较大型公共图书馆应着重考虑的问题。整合业务资源主要从文献资源的建设和调配、相关部门服务能力的增强、人力资源的合理调配等方面入手,以达到合理调配资源,提高工作效率的目的。例如,南京图书馆对工作强度较大、管理难度大的一线服务岗位实行政策倾斜,增加人员,增加津贴;对全馆业务流程进行整合,通过科学的流程设置,合理调配人力资源,提高了工作效率。有条件的公共图书馆可通过自动化技术、系统的引进和应用,以提高工作效率,减轻工作人员的劳动强度。如深圳图书馆在新馆开放之时就开发、应用了基于 RFID 技术的自助借还设备。该馆免费开放后日均外借量达 1.2 万册次,周末达 3 万册次,如此巨大的工作量有 95% 是由自助图书借还机完成的,大大提高了工作效率。深圳图书馆还通过与深圳市义工联合会联系,在周末和节假日等繁忙时间请部分义工到该馆开展读者疏导和服务引导工作,有效缓解了工作人员的压力。

3.2.5 加强宣传引导,促进免费开放

公共图书馆应对免费开放的含义、内容有清晰的认识和明确的概念。免费开放是指与图书馆职能相适应的基本公共文化服务项目免费,以及为保障基本职能实现的一些辅助性服务如办证、验证及存包等全部免费;图书馆公共空间设施场地免费开放,但不是在图书馆所有的服务项目和消费都是免费的,不是免费的"无极限"。文化部、财政部《意见》对免费的项目和内容做出了明确而详细的规定。同时《意见》对少数收费项目也做出了规定:对图书馆深度参考咨询服务(如为读者收集专题信息、编写参考资料、代译、复印资料等服务)以及赔偿性收费等项目,可以收取合理的费用,但要降低收费标准,按照成本价格为群众提供服务。在已实行免费开放的图书馆,诸如复印费、打印费、图书超期滞纳金等少数收费项目还是予以保留的。如果这些项目免费,不仅少部分人可能会占用或滥用大量的公共社会资

源，对全社会的纳税人是不公平的，实践上也行不通，而且世界各国公共图书馆也无此先例。

公共图书馆要做好免费开放服务的宣传。图书馆要利用多种渠道和方式向广大社会民众宣传、推介图书馆的文献资源和服务，特别是要做好免费开放服务的宣传和推介，包括免费服务的项目、内容和各种读者活动，以吸引更多的读者和民众来到图书馆，利用图书馆，享受图书馆。

4　结　语

免费向社会开放是公共图书馆历史发展的必然，是现代公共图书馆理念和精神的集中体现。中国公共图书馆经历了百年的探索和追寻，迎来了公共图书馆精神回归和重塑的春天。我们有理由深信，公共图书馆这一人类共建共享的社会文化机构/制度和成果必将平等免费地惠及更多的民众，人们自由平等免费地获取知识信息、充分享受公共文化权利之日正在到来。

（选自《中国图书馆学报》2011 年第 2 期）

网络环境下新型《汉语主题词表》的构建

曾建勋　常　春　吴雯娜　宋培彦

1　引言

《汉语主题词表》(以下简称《汉表》)是我国第一部大型综合叙词表,1980 年出版第一版,1991 年出版《汉表》自然科学增订本。作为我国图书情报界集体智慧的结晶,30 年来《汉表》在我国图书情报事业中发挥了重要作用,成为实现知识组织的有效基础工具。随着人类步入网络时代,数字信息资源呈指数级增长,网络技术飞速发展,计算机处理能力日益增强,用户的需求也从海量信息检索向有效知识获取转变。网络环境下从信息服务向知识服务转型过程中,《汉表》的表现形态、编制维护方式和功能定位都将发生深刻的变化,《汉表》的构建方法也需要随着时代的发展而创新。

2　新型《汉表》的建设方案

2.1　网络环境下新型《汉表》的形态特征

网络环境下,新型《汉表》是由基础词库、核心词库、叙词词库等构成的知识组织系统,将充分考虑用户检索用词和文献主题的准确表达,使叙词表词库与自然语言尽量一致。整个概念体系是机器可读和可理解的,采用 RDF、OWL 或 SKOS 机器语言表达概念关系,并以立体方式展现分布在多个树状结构中的叙词,为每个叙词设置超链接,揭示立体网状结构中的不同节点之间的关联关系,构成由简到繁的知识地图和初级本体级别的语义关系。此外,新型《汉表》的编制与维护将充分发挥用户的积极性,采用在线叙词表编制平台,提供基于知识组织的术语服务,加强与用户的交互。采用智能化和可视化技术,提供更多人性化的应用方式,并建立动态变化的专业知识体系更新机制。

2.2　总体建设思路

构建新型《汉表》需要以自然语言词汇为基本单元,以概念为核心,实现词汇术语的整合。在充分利用多年对科技文献数据库建设的成果,借鉴传统汉语叙词表的词间关系的同时,开发概念关系构建工具,通过大规模语义计算展现概念间的共现语义关系,并联合专业人员进行主题概念的遴选、概念关系的构建审核,进行语义关联,并在统一的范畴体系下,对概念进行范畴归类,构建以概念为核心的"概念关系网络",建设高度整合的新型《汉表》。

新型《汉表》编制的技术路线是调研和采集已有知识组织体系及其相关元数据集,与从文献数据库中抽取的关键词和用户检索词等一起构成来源素材；通过词形规范、词义规范等遴选规范形成概念；在借鉴综合性词表和专业词表概念语义关系的基础上，借助词共现，建立概念间相关属性关系；同时建立涵盖全学科的范畴体系，并对概念进行相应范畴体系归类，最终形成新型《汉表》，其构建框架如图1所示。

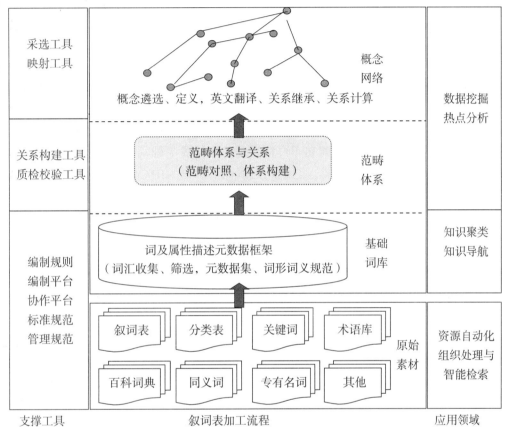

图1 新型《汉表》构建框架

3 基础词库建设

3.1 词汇词源获取途径

按照词汇的来源渠道，基础词库的词汇主要分为继承词汇来源和扩展词汇来源。继承词汇来源主要指现有的各种类型的传统叙词表、分类法、同义词集、术语列表等，是规范化词汇和概念的重要来源。扩展词汇来源主要包括各专业数据库关键词、各类领域词典、专有名词术语、专业网站专业词汇、领域用户检索词汇、百科全书等。因此，除了将传统《汉表》中的10万多条词语作为基础词库的基本来源，还要广泛调研国家编制的综合性词表和各个学科领域的各类专业词表等知识组织体系，全面收集规范化的词汇和术语及其相关属性描述信息，同时，从数据库和专业网站采集相关关键词等科技词汇，作为构建基础词库的原料和素材。

3.2　基础词库元数据框架

多来源词汇及其描述属性信息可能有着不同的存储格式,如数据库格式、纯文本格式、XML 格式或者网页格式,元数据项也各有区别。基础词库需要集成、整合和管理这些异构的来源数据,一方面要尽可能以规范的格式进行存储,如关系型数据库或 XML 格式;另一方面,还要保留这些描述信息与词源的关联,需要对基础词库建立统一的元数据框架,准确定位相关词汇和概念,并描述其属性信息。

为了客观、真实地描述词汇的所有来源信息,必须详细分析经过遴选确定的各种来源素材及其元数据结构,在此基础上构建统一规范的元数据框架结构。首先,对各种来源词表及其元数据结构进行分析,参照都柏林核心元数据 DC 进行规范化转换;然后,把收集遴选的关键词和检索词集按照元数据标准结构进行存储。这样,按照统一的元数据框架结构标准,由来源叙词表、术语表、作者关键词和用户检索词集等构成基础词库,由人名、地名、机构等来源素材构成科学名词的规范文档。它们均是以词汇术语为中心,并包括来源素材的各种属性和来源信息。

元数据框架标准包含词汇的唯一 ID 标识、概念标识、描述性信息、关联信息、来源信息、使用评价信息、加工历史纪录等元数据项。

3.3　基础词库词汇的加工遴选

基础词库词汇收录需要制定统一的规范,为词汇筛选提供共同遵循的标准。词汇选择包括选择词源和在特定词源中选择词汇两个层面。需要对词源的适用性、权威性、学科性进行评价,研究基础词库选词的原则,如从词汇使用情况、词汇的知识内容关联性、词形规范、语义清晰度、词汇专业性等角度对词汇进行综合评价及筛选。

在选择词汇时,按照词形规范标准,首先剔除来源数据中的非词语,继而划分为普通词和专有名词,这样把普通词中词形相似的词语集中到一起,主要解决词形变异、去重问题,可以为用户提供大量的检索入口词。同时,把专有名词划分为人名、地名、机构名、产品型号等形式类别,用于表示特定事物。对于大量的异形同义概念词,需要借助同义词词典、术语表等,把这些同义词汇聚到一起,构建同义词词群。在基础词库整合过程中,需要研究相同概念的不同表达,研究表达同一概念的多种词语(即同义词)及其词形变体的通用术语的选择,如缩略语、简称、俗称、惯用名等,以解决同形异义、同义异形的规范表示问题。

基础词库的规范化处理需要借助自动分词、词性标注、词频统计、新词发现、信息抽取、自动聚类等中文本体信息处理的最新方法和技术。

3.4　基础词库管理、维护与更新机制研究

词汇是概念的载体,随着科技进步和社会经济发展,新的学科领域和技术门类大量涌现,新词不断产生,词义不断引申,科学术语的产生、发展和演变明显加快,加强对动态词汇的研究是基础词库建设的一项重要工作,需要不断发现新术语,建立基础词库词汇维护、管理与更新机制;另一方面,基础词库的动态更新势必会增加词间关联结构的复杂度,引发多词间关联结构的变化,通过继承概念层中概念间的关联,向以概念为中心的元数据仓储中增加新词及其语义关联,进而将机器可识别的概念关系在专业领域内相对集中,在领域间互联

互通，保证基础词库内容的科学性、逻辑性和及时更新。

网络技术为新型《汉表》的维护提供了良好的技术手段。例如，利用 Web2.0 技术中的社会标注法（social tagging）和大众分类法（folksonomy）可以加强与用户的互动，吸收用户的修改意见；基于网络协作平台，词表编制人员可以对词语进行在线讨论、修订和分工管理；采用可视化技术，可以直观展示词间关系，便于发现和修改错误信息，等等。

3.5 基础词库与叙词库的关系

新型《汉表》所包含的核心词汇是有限的，为了提高其与用户语言的匹配效率，需要建立自然语言与规范语言之间的关联关系。基础词库词汇数量远大于新型《汉表》的叙词库术语数量，基础词库中的词汇是新型《汉表》中叙词库词汇的母体，语义关联密切。如基础词库中的词汇是新型《汉表》叙词库词汇的近义词，即同一概念的其他表达方式；基础词库中的词汇概念颗粒度更小，表现为词汇构词中有着更多的限定，它们与新型《汉表》叙词库词汇之间可以是隶属关系，即叙词的下位词；基础词库中的词汇更为具体，是实例或专有名词，在新型《汉表》中一般不会大量收录，这类词与新型《汉表》叙词之间是概念—实例的等同关系。

除了同义关系外，基础词库中的词汇与新型《汉表》中叙词可能还存在属分关系、参照关系、反义关系等关系类型，有必要对词汇映射机制进行研究，确定一套规范化、形式化的映射关系表示方法。由于基础词库词汇量巨大，必须研究基础词与概念间自动映射方法，包括借助中间工具，即基于现有的科技词典和机读词典，对自然语言中的词汇进行语义元素分析，构造同义词、近义词、反义词、上下位词等主题词群，对自然语言词汇和叙词表中的叙词进行语义相似度计算，映射到叙词库中，形成以核心概念作为叙词、以非核心概念作为非叙词的词间映射关系网络。

4 新型《汉表》范畴体系建设

范畴是概念的一个重要属性，用来说明概念所适用的学科领域。范畴体系实际上是一个学科/主题分类体系，一般以树形结构展开，用以展示范畴之间层层隶属的关系；叙词表的词族树则是把具有相同语义类型的概念按照从一般到具体的方式组织成的层级结构。这对于文献信息的主题聚类、分类组织及层级浏览具有重要意义。同时，范畴体系的建设也是通用本体建设的基础，有利于控制通用本体的维度和颗粒度，便于以后建立通用本体与新型《汉表》概念的映射关系，解决因学科交叉、表达产生的维（粒）度不同、冲突和重叠等方面的问题。

4.1 范畴体系构建原则

目前，我国分类思想大多延续《中国图书馆分类法》《中国图书资料分类法》的类目体系，传统《汉表》的范畴表主体类目结构也与《中国图书资料分类法》相一致，其他一些专业词表范畴也基本与之吻合。所以，针对我国主要分类表的应用现状和叙词表的范畴设置情况，新型《汉表》范畴体系应以《中国图书资料分类法（第四版）》分类体系为基准，同时参考

《汉语主题词表》中的范畴表、《国家学科分类标准》以及《中国分类主题词表》等,面向多个学科统一构建。其范畴类目设置根据社会、经济、科技的发展现状与发展趋势以及对应学科的文献量、词汇数量、学科交叉特征等,力求达到思想性、科学性和实用性的统一。

若想既发挥叙词表词族中属分关系相对明确的优势,同时又改善其在主题聚类中的不足,就需要强化范畴表的作用,进行范畴表的扩展。根据对范畴表扩展程度的不同,可以分成两种情况:一种是将范畴体系加细加深,每个范畴中仍包含多个主题;另一种是将范畴和主题完全合一,全部范畴和概念统一形成一个等级结构,即达成分类主题一体化。如果考虑到未来词表的本体化转换和应用,就需要对叙词表的关系类型进行细化,以区分不同等级关系,达到根据不同需要(主题相关、语义类型一致)展示不同的层级结构的要求,为基于叙词表的本体化奠定基础。可以把以上两种情况看成范畴表发展的不同阶段,范畴表越细对基于主题的文献聚类越有利,当范畴表细化到极致时,就达到了分类主题一体化。

4.2　范畴体系构建与调整

根据范畴表构建原则,需要确定范畴表的规模、层级,参照体系的设置方法、类目筛选方法、类目体系调整方法、类目命名和编码规则等。

对类目体系进行对照分析,在专业范畴表和分类法之间建立对照关系,区分不能映射的类目,结合基础词库词汇类目分布、类目文献数量,提出新型《汉表》范畴体系类目及其层级关系的调整思路。在《中国图书资料分类法》主体类目基础上,进行类目筛选和调整,对其类目体系进行细化、删减、新增、合并、移动等,调整形成范畴体系的基本框架,并考虑学科交叉特征,允许设置有主辅区分的交替类目,并建立类目间参照关系。在具体构建范畴表时,还可考虑将叙词表中的词族结构纳入范畴体系,将范畴体系进行扩展,逐步实现分类主题一体化。

为了进一步完善范畴体系,可以在基础词库中按比例随机抽取部分词汇,利用新型《汉表》范畴表对词汇进行分类试验,对分类过程进行记录,对分类结果进行统计分析,据此评价范畴表的适用性,研究范畴表类目分布与文献分布的关系。在此基础上对范畴表结构和类目进行调整优化,对类目定义和类目参照体系进行完善。

4.3　概念归类

在统一的范畴体系下,借鉴词汇原始范畴信息、来源信息、词间关系信息,解决来源词表概念的归类问题;依据在文献中的学科分布特征,或通过共现、共篇或共引等方法,借助各种计算机聚类分类手段和专家的人工判断,确定所属的范畴类目。传统《汉表》的词语映射到统一的范畴体系下,某些词语允许同时归入2—3个典型范畴。

5　新型《汉表》的概念建设

在统一的词表集成框架体系下,开展新型《汉表》的概念表达研究,确定新型《汉表》的概念体系。

5.1 概念归一与遴选

新型《汉表》关注的焦点是概念，而不是词汇、名称或术语。词汇的收集和组织以表达概念的含义为目的，将具有相同概念、来源不同的词汇及其变体通过概念标识联系起来，并在新型《汉表》中通过概念定义、概念语义类型、概念内的关系（表达同一概念的各种词和词汇的关系）以及概念被使用的信息等多种方式表达概念含义。在概念的定义方面，研究新型《汉表》中概念的定义，不同来源词表相同词汇所表达概念的定义、标示和消歧。在概念的语义类型方面，研究新型《汉表》语义类型的具体设置、类型标示、语义类型数量的确定等。在概念内关系方面，研究新型《汉表》集成过程中相同概念的不同表达、表达同一概念的多种词语（即同义词）及其词形变体的词汇选择、概念名称和其他词汇的连接、概念内词汇关系的多级表达结构模式。在概念属性方面，研究新型《汉表》如何整合和表达概念间各种属性关系。

对于来源于现有知识组织体系的概念，在不同知识组织体系之间实现等同概念之间的关联，同时尝试等同关系的合并、相关关系的合并，为新型《汉表》概念集成奠定基础。概念是通过词汇表达的，等同概念关联需要从词汇入手。例如，一是词汇相同、关系相同；二是词汇相同、关系不同或部分相同；三是词汇不同、关系相同。等同概念关联的部分工作可以借助计算机完成，系统应该提供关系相同与不同程度的计算功能，例如90%相同、50%相同等，具体列出相同的关系、不同的关系，然后由人工按照相似度从高到低处理所有有问题、有重复的词间关系，就此找出等同的概念，实现等同概念关联。

5.2 概念属性描述

对于每个概念，通过统一的概念描述模型进行规范化。以概念为中心，尽可能准确而全面地描述词语的各个属性信息。例如拼音、英文译名、定义、同义词、知识元、概念间关联、范畴号、形式分类等。简单知识组织体系（SKOS）可以作为描述新型《汉表》概念属性的有效工具，便于实现概念的准确描述。为了统一对概念的理解，对新型《汉表》中的每个概念，尽可能增加对应的、可参考的概念注释，可以是源词表中概念注释的继承，也可以是相关词典的定义解释或者相关的参考链接，既为同义概念认定、概念关系继承提供参考，也为上下文、同现关系确立提供支持。同时可对新型《汉表》进行基于概念的英文翻译，尽可能优选国际学术界及相关专业词表中的正式主题词作为概念的规范英文名称，以支持英汉双语检索。

6 新型《汉表》概念关系的建设

叙词表概念间关系主要包括等级关系和相关关系，可继承传统词表的概念关系，并借助新的信息技术丰富概念关系数量和类型。

6.1 对传统叙词表概念关系的继承

传统《汉表》具有相对丰富和可靠的概念关系，为编制新型《汉表》提供了良好的基础，需要最大限度地加以继承，保持《汉表》的系统性和稳定性；同时，要根据科技领域的最新进展，甄别和去除那些过时的词语或概念关系，并补充新的词语或概念，对概念的关系进行局部调整和更新。要尽可能排除由于关系集成带来的关系不一致甚至冲突的概念关系。需要通过叙词表的统一计算机化表示形式、规范和技术接口,开发词表转换的适配器、跨词表的语义分析工具、规范化主题词表的应用程序访问接口等,对概念关系集成后所形成的新的概念关系进行关系矛盾性、冲突性、一致性检查和梳理,继承重要的等级关系和相关关系。

6.2 概念关系新建及逻辑检查

概念间关系构建新方法研究。新型《汉表》概念关系的构建,需要研究知识概念关系的形成、表达和演化,研究利用计算机或通过大规模语义计算进行概念关系发现的方法。一方面,可以充分借鉴和继承已有叙词表的概念关系,对多个词表间的同一概念进行语义关系映射关联,形成跨领域、多来源的主题词表集成的概念网络体系。另一方面,使用候选词汇,统计每个词与其他词在文献中的共现频率,表现词汇概念同现关系信息;选取各专业相关的比较权威的专业文献,利用章、节各级标题间的上下位及同级结构,发现词汇概念树状结构关系;还可利用字面相似度、语义计算、关联规则等提供一些词汇概念的等级关系或相关关系的参考信息。最后,组织专业领域的专家队伍,按照叙词表编制规则和标准,对概念相互关系进行逐一思考和确认,区分并明确等级关系与相关关系,并进行相应关系的逻辑检查和修正。

通过共现聚类发现概念间关系属性。网络环境下,叙词表词间关系的建立,可以充分利用海量数据库素材和上下文语境。语料库存放了大量真实使用的语言材料,提供了词语使用的语言环境,将这些概念放在语料库中进行两两组合,采用隐马尔科夫模型 HMM 统计其在语料库中的条件概率和共现频次。共现概率高,说明词间关系比较稳定;共现概率低,说明有可能出现新的词间关系或词间关系错误。量化的数据有利于提高词间关系判定的准确性,并发现新的词间关系,使词间关系更为准确和丰富。

概念间关系逻辑检查纠正。为了集成和构建概念间的知识关系,在梳理来源词表关系,发现关系集成可能出现的矛盾冲突的同时,研究概念关系逻辑验证方法和自动修正算法。《汉表》包含多个专业,包含大量的专业劳动和知识活动。例如专业术语的确定、专业范围内概念相关关系的确立、等级关系的设定等,必须由专业领域研究人员参与,对专业领域知识结构进行总体指导和审定;对每个概念的相互关系,必须组织领域专家逐一进行确认和构建;最后将每个专业的叙词表进行合并,通过计算机检查梳理,对所反映出来的有冲突和矛盾的关系进行人工纠正。

7 结语

网络环境下,《汉表》的构建方法发生了重大变化。首先,编制词表所需的基础词库来自各个专业领域和大型的文献数据库,在统一的元数据框架下建立范畴和语义关系,词汇数量多、覆盖面广、规范性强,将大大提高叙词表的代表性和客观性;其次,构造了"基础词库—范畴体系—概念关系网络"三级联动机制,扩大了词语入口,用户可以以自然语言、范畴或语义关系作为使用接口,知识检索、知识导航、知识标引等更为便利和灵活,将提高《汉表》的易用性;再次,将大规模语义相似度计算、共现聚类、可视化等自动处理技术与领域专家知识相结合,进行概念的获取和审核,语义关系更为全面和丰富,编表的效率也将有很大提高;最后,借助于网络平台,用户全程参与基础词库建设、范畴归类以及叙词表的维护等各个阶段,加强与用户的交互,改变传统上过于依靠领域专家、较少考虑用户需求所造成的局限,体现"以用户为中心"这一思想,新型《汉表》将具备良好的用户基础。新型《汉表》在吸收不同知识组织体系优点的基础上进行改进,在网络环境下对传统叙词表进行创新和发展,将拓宽《汉表》在知识揭示、知识导航、知识学习、智能检索等方面的应用。

(选自《中国图书馆学报》2011 年第 4 期)

颠覆数字图书馆的大趋势

张晓林

1 引言

随着信息技术的迅速发展,文献信息的生产、传播与服务形态已经发生了巨大变化,数字图书馆已经逐步成为建设、组织和提供文献资源的主要机制。但是,现在的数字图书馆形态只是信息服务长河中的一个短暂阶段,发展的根本特征是持续的,往往革命性的变化。正如美国雪城大学(Syracuse University)的 Scott Nicholson 教授在"2005 数字图书馆前沿问题高级研讨班"上的讲演中指出,图书馆界过去五年的变化超过了前面 100 年的变化,而未来五年的变化将使过去五年的变化微不足道。为了应对未来的变化,我们不但要关注已经应用到数字图书馆领域内、对现有能力和机制起着增强作用的技术与方法,还必须高度关注那些可能对我们所熟悉的能力和机制进行破坏和颠覆的重大趋势。N. N. Taleb 教授在《黑天鹅:那些"高度不可能事件"的影响》中指出,我们所不知道的、超出正常期待范围的东西,对我们的影响要远远超过已经知道的东西。因此,必须高度关注可能的破坏性或颠覆性趋势,尤其是那些发生或将要发生在我们赖以生存的领域的趋势,主动利用这些趋势来进行战略性创新,才能驾驭发展,为自己创造未来。

2 破坏性技术

破坏性技术(Disruptive Technologies),是由哈佛大学商学院教授克莱顿·克里斯滕森提出,泛指那些有助于创造新价值、开辟新市场,而且逐步或者迅速地颠覆原有的市场格局、取代原有技术的新技术。当然,"技术"应作广义的理解,包括方法、工具、模式和机制等。

一般来说,破坏性技术在初始阶段比较简单或者"低端",往往针对被当时的主流市场所忽略的顾客群,往往能更加简单方便地支持顾客的目标,往往意味着不同的商业模式,往往来自市场的新加入者。

通常来说,"破坏过程"并不是发生在空白的或濒临垮台的市场上。市场上往往已有相当多参与者,他们激烈竞争并持续发展。市场的领先者仍然不断地改进技术与方法,甚至采用全新的技术来提高现有市场或产品的能力与价值,因此在这种持续性创新(Sustaining Innovation)下,市场及其原有的参与者仍然在发展。但是,这种持续性创新并没有增加新的价值类型,没有创造新的市场,而且由于其关注点局限于原有市场价值与产品能力,往往难以适应不断变化的市场与顾客,相反可能与之越来越背离。与此同时,针对新的价值、新的顾客群及其市场应用的技术开始涌现,尽管一开始与传统技术相比存在很多不足,甚至在某些传统的能力指标上与传统技术相比始终不足,但它们能更好地适应新的顾客群(以及那些陷于原有市场但其需求没能得到满足的顾客群),能创造新的价值,创造出新的市场并逐步将这类新市场扩展到愈来愈大的范围,从而"突然"引领和占领了市场,使得原有的市场领先者被边缘化,甚至败下阵来。其实,在整个过程中,原有的市场领先者也许一直在努力地发展和持续创新,但他们之前的成功反而将他们局限在原有的格局中,成功为失败之母(见图 1)。

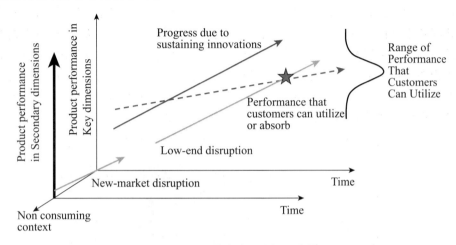

图 1　破坏性技术占领市场的趋势

破坏性技术及其对市场的影响就在我们的身边。表 1 是在维基百科有关资料基础上整理的一个对照表。其实,图书馆书目被 Google"边缘化"、图书馆期刊馆藏被电子期刊数据库"取代",参考咨询服务受到网络百科类和咨询类服务的"挑战"等,都是我们身边的破坏性技术颠覆现有市场格局的鲜活例子。

表 1　主流技术与破坏性技术

主流技术	破坏性技术
电报	固定电话
固定电话	移动电话
胶卷相机	数码相机
百货商店	大型超市
IBM 主机	个人计算机
存储软盘	闪存装置
Microsoft	Google
Google	Facebook
传统报纸	网络门户
网络门户	Twitter/微博
……	……

　　而且,我们的"市场"内部也开始显现许多值得特别关注的、容易让"破坏性技术"乘虚而入的缺口,预示着可能被颠覆的危机。OCLC 在 2010 年 3 月发布《研究型图书馆:危机与系统化变革》,调查了研究型图书馆馆长对面临的危机及其可能带来的影响的看法。图 2 的横轴代表各种变化的可能性(最右端是"几乎肯定要发生"),纵轴代表了这些变化如果发生的话可能带来的影响(最上端是"灾难性影响")。可以看到,多数馆长认为,关于图书馆的价值、图书馆的人力资源以及技术将肯定面临危机,而且这种危机将可能带来巨大的影响。2010 年 4 月,美国 Ithaka 研究所发布《图书馆调查 2010》,指出在 2003、2006 和 2009 年对教职工的调查中发现,用户对图书馆作为信息门户的认同逐步下降,对图书馆作为存储或保存机构的认同基本维持不变,对图书馆作为"采购者"的认同逐步增加。而且,被图书馆馆长认为重要的教学支持和研究支持服务,尚未得到教职工的普遍认同。这种状况,当然是对图书馆作为机构知识资源采集者的历史职责的进一步肯定,但是,如果教职工们日益倾向于把图书馆主要看成是一个"采购者",这将严重限制图书馆的地位和作用,而且,出版与传播模式的任何变化都可能严重影响图书馆的"采购者"作用(例如开放获取)。

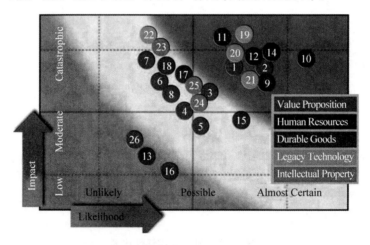

图 2　研究图书馆面临的危机及其影响

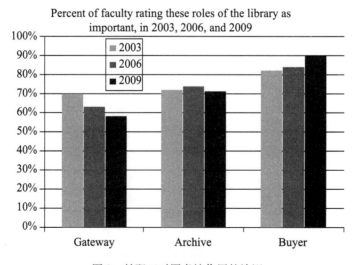

图 3　教职工对图书馆作用的认识

笔者认为,应充分意识到,现在的数字图书馆模式,仍然基本是传统图书馆模式的延伸,是传统服务价值和服务市场的简单能力提升和服务扩展,仍然依赖传统的文献类信息产品(Information Items)而不是依赖信息内容(Information Content)来提供服务,仍然主要是服务那些把书刊借回家去(或者从网络上检索下来)独立和孤立地阅读的信息使用者,仍然主要是依靠本地化的资源及其检索与获取服务,整个运营模式仍然高度依赖传统的以商业出版为基础的学术交流体系。这些资源和服务将继续发挥作用,但通过后面的分析可以看到,仅仅依赖或者局限于这些资源和服务,将把我们的未来置于危险的境地。我们必须持续关注可能颠覆我们的基本技术、机制和能力的破坏性技术,未雨绸缪,把握未来。

3 可能颠覆数字图书馆的破坏性技术

对那些可能颠覆数字图书馆的破坏性技术的分析,必须跳出我们现在所理解和运营的数字图书馆框架(文献的数字化、文献的组织与保存、文献的检索与传递以及围绕"如何利用数字图书馆"的咨询与素质教育等),关注那些可能创造新价值、开辟新市场、颠覆原有市场格局的新技术、新方法、新模式和新机制。笔者这里借助美国 OCLC 提出的信息环境(Information Context)框架,考察信息基础环境,信息用户行为,以及信息服务的基本运行机制。由于笔者所在机构的性质,笔者主要关心的是科研与教育环境,用户履行其科研和教育职责时的信息行为,以及为科研与教育提供信息服务支撑的运行机制。

3.1 教育科研信息的内容形态变化

数字化出版:数字学术文献已经成为科技教育用户依赖的用以学习与创造的基本保障。多数重要出版商的科技期刊和主要国家的专利文献已实现完全数字化出版,主要科技会议录、专著、工具书等学术型"图书"的数字化快速推进并迅速逼近市场转换的转折点,开放获取期刊和开放获取知识库迅速发展。例如,在 DOAJ 登记的开放学术期刊已经超过 6700 种,在 DOAR 登记的开放机构知识库已经超过 2000 个。

科学数据:科学数据的数字化、网络化组织利用正在高速发展。数据(包括各种数值型、事实型和文字型数据)一直是科学研究的基础产出,是科学出版的重要内容(包括嵌入论文、专著中的复杂数据),是科学研究与教育的基本信息资源。世界各国积极建设数字化、网络化的科学数据平台,包括中国科技资源共享网、美国的科学数据网、英国的科研与教育数据服务网等,同时许多领域都已经建立了大规模的科学数据服务机制,典型的如医学与生物领域的美国国家医学图书馆 NCBI、社会科学领域的美国高校 ICPSR、生物多样性领域的 BHL、地球与环境科学领域的 Pangaea、原子分子物理领域的 VAMDC 等。同时,人们正在积极建设从科研项目申请到科学出版全流程的数据管理与利用机制。美国科学基金会从 2011 年开始,要求所有项目申请者要提交相应的数据管理与共享计划,要求研究者有效组织和共享研究项目所产生的科学数据;多个国家的科技教育机构联合发起了 DataCite 项目,为科学数据集提供专门的唯一标识符和公共登记系统,支持数据集的规范引用和复用,并纳入 CrossRef 系统与文献的链接;多家出版商也发起了 Dryad 项目,对科学期刊文章中引用的科学数据集进行登记、描述、保存和公共获取服务。这些及其他努力正在建设一个全面的科学数据发现、关联、利用和复用的基础环境。

语义化出版:历史上,科学文献是供人阅读的。但是在数字化条件下,一方面,科技文献越来越多,已经没有任何人能完整阅读自己所在的哪怕一个很小领域的全部相关文献;另一方面,数字化使我们能够对科技文献中的每一个知识对象(人、机构、项目、时间、设施、活动、主题等)和它们之间的相互关系进行解析,能够基于这些解析来鉴别、关联和组织不同层次的知识内容。因此,在科学内容创作与出版时,对其中的知识对象与知识关系进行鉴别和标引,并把解析逻辑与结果作为内容出版的有机组成部分,支持语义化出版(Semantic Publishing),就成为未来科学出版的重大发展方向。大量的研究与试验已经开展,例如对LATEX文本进行语义标引的SALT项目,对科学文献进行细粒度语义解析的Nanopublication计划和Enhanced publication计划,对科学报告进行模型化标引的MOSTR计划,Elsevier的Article of Future计划,英国皇家化学会的Prospect项目,PLoS NTD的Semantic Enriching计划,等等。不仅如此,W3C已经在考虑标准化的科学文献置标语言ORB,而Google、微软和雅虎也在联合研究对网页的语义化标准机制。显然,当科技内容在出版时已经拥有深度和计算机可读的语义标引时,智能化检索与发现将呈现出全新的功力。

3.2 用户利用信息的基本方式变化

科技创新的战略转变:科技创新正走向自主创新和针对重大问题的战略创新,正在走向创新价值链中基础研究、应用研究、产品开发和市场营造等多个环节的转移转换创新。今天的科技创新面对的往往是海量、模糊、复杂关联和动态发展的知识,科技创新的信息需求发生了(或者说显露了)重要转变,也对信息服务提出了相当不同的要求。

支持高影响力的"弱信息"需求:在数字信息和网络级检索能力的支持下,人们越来越希望能够满足自己的"弱信息"需求。"弱信息"(Weak Information)和"强信息"(Strong Information)是Palmer提出的信息需求与内容分类,前者是那种问题结构模糊、知识范围不清晰、缺乏明确且系统的检索发现步骤、需要动态解构和探索大量文献内容才可能部分满足的信息需求;后者则是那种问题解构清晰、易于辨别和利用、可以通过对具体文献具体内容的检索、获取和阅读来满足的需求。在面对复杂和动态变化的研究问题时,对于"弱信息"的需求往往是"更为重要"和"更需要帮助"的需求。

支持高影响力的"战略性阅读"需求:在面对重大复杂问题和自主创新的挑战时,科研人员和科技决策者越来越依赖"战略性阅读"来帮助他们梳理科技发展的结构,把握科技发展的趋势,探索和决定(大到宏观科技布局,小到项目逻辑路线)所需要的方向与路径。这时,重要的往往是同时"阅读"许多文献,辨析和组织相关的内容,鉴别和分析可能的趋势、方向和路径。这时,"阅读"往往不是为了解决某个具体问题,而是建立宏知识(Meta Knowledge)。显然,快速地检索、分析和建构"宏知识"的能力已经成为"更为重要"和"更需要帮助"的需求,而且往往是"更高层次所需要"的需求。其实,为了支持"战略性阅读",许多机构和公司已经开发了多种工具(包括开源工具),例如汤姆逊-路透的InCite,Elsevier的SciVal、美国Drexel大学的CiteSpace、西班牙科学研究院的SciMago等系统,支持科研用户对海量数据的深度分析。

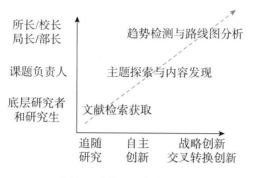

图4　对科研的支持服务

支持高效率的交互合作学习：上述信息需求的变化也反映到高等教育之中。在数字技术和网络技术的冲击下，教育的形态正发生根本转变。香港大学图书馆馆长 Sidorko 在"二十一世纪研究型图书馆的建设与发展研讨会"上指出，现在的教育是一种合作型、研究型和面向问题解决的团队活动。这种活动的理想基础设施就是互联网，这种活动的基本形态是对整个网络信息的灵活发现、解析、共享、重组和创造，而不是老师把演示文档在网络上播放给学生。因此，有人提出，未来的学校将会像开源软件社区一样，开放、交互、动态、问题驱动和创造驱动，需要新型的支持动态交互知识构建的信息服务。

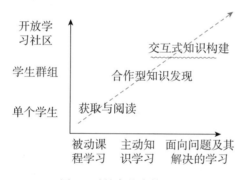

图5　对教育的支持服务

综合考虑本章的分析可见，对于今天的科研与教育用户，所需要的已经远远不是具体文献的检索、获取和阅读，而是在海量数据基础上的探索、发现和分析的支持。一个科学家，甚至一个学生，都不仅仅是一个读者，而更应是一个信息分析家。因此，除了为他们提供文献的检索与获取服务外，显然还有许多往往对用户的作用和影响更大的服务需要提供。

3.3　运营环境的釜底抽薪式变化

数字图书馆下的图书馆运营机制发生了很大变化，它所带来的同质化、外包与众包以及对图书馆价值的重新评价，已经成为悬在每个图书馆馆长头上的一把利剑。

馆藏的非本地化：数字图书馆带来了"馆藏"的"非本地化"以及基础服务的"无差别化"。数据库网络获取形态、集团采购、馆际互借联盟、开放获取资源、网络检索与服务系统等，成为伟大的均衡器，帮助许多中小图书馆实质上拥有与大馆几乎同等量级的"馆藏"和基础服务能力。例如，中科院各个研究所图书馆的中文电子期刊已经和国家科学图书馆（以下简称国科图）总馆一样多，许多研究所图书馆的外文电子期刊也达到好几千种，而且通过普惠的馆际互借系统能覆盖与国科图总馆同样多的其他外文期刊和会议录,同时,所有的研究所图书馆都能利用全院的网络化检索、馆际互借、参考咨询等服务系统。实际上,这样的例子在许多参加 CALIS 或区域集团采购的中小型高校图书馆和许多利用地区联合服务平台的公共或专业图书馆中也存在。而且,即使对于那些拥有"特藏"的图书馆,如果特藏不数字化,或者不把数字化的特藏开放服务,在其他机构看来,这种特藏就相当于不存在,对数字图书馆的同质化效力没有根本影响。笔者要强调的是,这种同质化在大大加强了用户信息获取能力的同时,也对图书馆长期以来的能力标准和能力贡献提出了强烈的挑战。图书馆再也不能仅仅靠自己的馆藏量去说明自己的智力内涵和能力水准了,必须要利用自己的服务来证明自己与众不同,使自己脱颖而出。正如上海图书馆馆长吴建中先生在到访国科图时提到,"图书馆的能力不在于它的大小,而在于它的智慧"。

服务的外包和众包:其实,图书馆服务的外包(Out-sourcing)和众包(Crowd-sourcing)对任何一个图书馆都已经不陌生。我们采购的以网络获取为基本形态的电子期刊数据库就是典型的外包——我们将这个数据库的维护、保存和服务委托给了出版商;我们参加的联合目录系统、馆际互借系统和联合参考咨询服务就是典型的众包——我们依赖众多的合作者来弥补相互之间馆藏或专家的不足。现在,外包和众包的道路在不断拓展,例如美国哥伦比亚大学和康奈尔大学之间的共享馆藏建设(2CUL),大英图书馆和英国多个高校图书馆的合作保存馆藏项目 UK Research Reserve,美国研究图书馆的共享数字化资源馆藏 Hathi-Trust,英美国家图书馆以 Portico 为基础的电子期刊与电子图书长期保存服务,加拿大科技信息所将文献传递服务外包给 Info Retrieve 公司,以及国内外许多学术图书馆开始利用的 WorldCat Local、Summon 或 Primo Central 等来综合检索服务,等等。外包和众包已经从"不得不为"的经济节俭措施逐步变成一种在有限条件下优化资源配置、提高贡献力度的战略。接下来的问题就是,图书馆必须回答,有哪些服务是自己不可或缺、也只有自己才能做好的服务?

证明自己价值和创造更大价值的压力:美国 Emory 大学的王雪茅先生在高校图书馆分会 2011 年会上介绍"美国高校图书馆馆长当前关心的问题"时指出,向学校证明、为学校创造更多的价值就是这样的问题。这不仅是由于美国的经济危机所致,其实更重要的是数字图书馆带来了人们(包括管理层和教职工)对图书馆价值进行的重新认识和解读;而且这也不仅是美国或英国的图书馆才会遇到的问题,我们大家都面临同样的质疑。这种质疑来自至少三个方面:①任何图书馆都必须用事实,而且是用户直接效益事实来证明自己的价值(User-oriented Value 和 Evidence-based Evaluation)。②真正的价值或贡献在于"贡献差",即通过你所提供的这种服务比利用相同投入从别处获得的服务更好更省。③这个价值或贡献只能通过你来实现,而不能通过外包或众包来更有效地实现。对于任何一个机构或社区来说,始终关注的是在有限条件下追求最大效益,这时合理的决策规则是"选择性优秀"(Selective Excellence),即将资源投入能创造更大效益的地方。在"馆藏"和基础服务都可以非本地化的情况下,如果一个图书馆在上述三点中的任何一点上难以证明,被边缘化或者被替代就是一个合理的选择。而且,证明这三点是一个持续的任务。

4 驾驭"颠覆性趋势"的策略

4.1 "破坏和颠覆"自己是根本的驾驭之道

在面对"破坏性技术"和"颠覆性趋势"时，消极的"抵抗心理"是必败之路。"破坏"和"颠覆"之所以能够发生，是因为现有的市场产品或服务模式不能适应甚至压抑了技术和需求的发展；破坏性技术所破坏和颠覆的其实是那些阻碍产品与服务发展、阻碍用户需求满足的东西，"破坏"和"颠覆"是有利于用户和市场的，固有市场的回避或者抗拒只会带来更大的颠覆效力。因此，感到"破坏"和"颠覆"压力时，即是警觉和行动之时。

其实，图书馆一直是主动改造自己和颠覆过去的受益者，正是这种主动改造和颠覆才有了今天数字图书馆的辉煌。因此，我们应该用开放和积极的心态去发现破坏性技术，主动利用这些技术去发展新的服务、创造新的价值、开辟新的市场，从自我循环自我发展到开放创新、转型发展，从而"驾驭"颠覆性趋势。

当然，要驾驭破坏性技术和颠覆性趋势，需要主动地探索车头灯照不到的前方未知领域（Look Ahead of the Headlight），需要建立面向持续创新的发展管理机制。取胜之道往往是通过战略性创新，在未来用户需求愿景驱动下，有意识有组织地进行突破性创新（不仅是简单的持续发展或机会主义化的偶发突破），创造能改变"游戏方式"和"游戏规则"、能给用户带来重大新利益的新服务、新产品、新机制，从而显著提高自己在用户迫切需要（而其他人还没有或不能够服务）的领域做出不可或缺贡献的能力。

4.2 "破坏和颠覆"自己需要转变"世界观"

有效把握或接受破坏性技术和颠覆性趋势，最困难的是"跳出固有局限"（Think Outside the Box）和打破只盯住一点的"隧道眼光"（Tunnel Vision）。

图书馆界经常遇到思维上的"鬼打墙"。一是以图书馆及其资源为中心的"地心说"理念，以组织自己馆藏、提供自己资源为核心（以"馆"为核心），对无法被自己"馆藏"资源及自己能力所对应和满足的需要就心安理得地排斥于自己的任务之外。我们需要从"地心说"转变到"日心说"（图6），以用户的需求为导向，充分挖掘和利用各方面的资源和能力来满足用户的需求，天下之材尽为我用，心中无馆天地更宽。

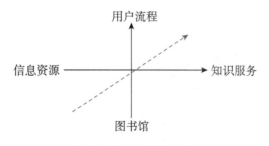

图 6 从地心说到日心说

另一个常遇到的思维牢笼是以文献检索和传递为中心的"检索观"，机械地把用户需求等同于文献检索，把图书馆服务局限于根据用户明确的需求提供明确的文献，把不清楚的需求、无法"用文献来表达"的需求、超出文献检索传递的需求都自然排斥在自己的视线和努力之外。我们需要从文献"检索观"转变到内容"利用观"(图7),通过开发和利用丰富的能力来支持各种用户对信息的各种利用需要,不断提升对用户的贡献力度。

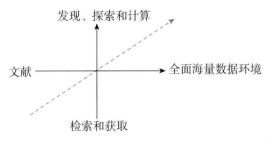

图7　从检索观到应用观

进一步驾驭"颠覆性趋势",还需要我们重新思考什么是现代或未来环境下的信息服务。笔者曾在 2005 年讨论了从数字图书馆到 e-Knowledge 机制的转变战略。传统图书馆的根本约束是我们对"知识"的固化与静态化认识,从而将信息服务"图书馆化",简单地把知识等同载体、把需求等同文献阅读、把服务等同于检索与获取。其实,"知识"既是一种对象、又是一种过程,同时还是一种体验。一个信息服务系统从本质上讲是一种知识服务,是帮助一定的用户群体(Community)根据一定的应用目的(Problem Context)利用一定的信息内容(Content)的过程。这个"利用"的具体形态则要尽可能深入地利用可能的技术,尽可能接近地支持用户解决问题的目标,尽可能充分地提高用户利用信息来解决问题和创新知识(或者进行学习)的效率(知识效率—Knowledge Productivity)。图 8 表示了一种从数字图书馆服务模式到知识服务的转折过程。

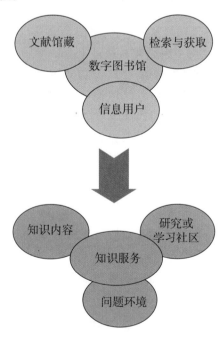

图8　从数字图书馆到 e-Knowledge

4.3 寻求"破坏和颠覆"的战略方向

不同的图书馆在寻求"破坏与颠覆"时应有不同的战略方向。作为中国科学院国家科学图书馆而言，需要通过战略创新实现知识服务模式的进一步转变与突破，尤其是集成海量数字资源、依赖灵活分析计算、嵌入个性化创新过程、支撑知识发现与情报计算。图9所示的新型数字知识服务机制微笑曲线表明，我们将在信息资源的知识化组织与集成化关联上进行突破，支持科技创新所需要的知识发现；我们将在知识资源的计算化战略化分析上进行突破，支持科技规划与决策所需要的知识计算。笔者将在后续的文章中详细讨论这个发展战略及其具体任务。

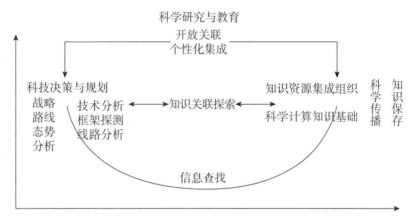

图9　发展新型数字知识服务

笔者承认，这个战略方向及其突破意味着跳出原来熟悉的工作模式，将是一个需要艰苦努力且有重大风险的挑战。但是，正如美国学院与研究图书馆协会（ACRL）的学术图书馆技术与变化圆桌会议所指出的那样，"对图书馆及其领导和员工的挑战，在于他们需要在新的知识创造与传播模式和新的学术社区环境中重新定位"。而且，如同美国研究图书馆协会执行主席 Duane Webster 在为美国匹兹堡大学图书馆馆长 Rush Miller 所著《超越生存》一书作序时指出，"维护现状和仅仅推广过去的成功是在准备灾难"。我们别无选择，而且我们选择的是一条把握未来和走向辉煌的道路。

最后要说，作为一个图书馆馆长，写"颠覆数字图书馆的大趋势"显然是个痛苦的过程。但实际上这个过程变成了一次洗礼与激励。破坏自己固有思维、颠覆自己熟悉的道路，往往意味着又有了一片新的更广阔的天地。有了发展的期盼，还怕什么呢？

（选自《中国图书馆学报》2011 年第 5 期）

RDA 与关联数据

刘　炜　胡小菁　钱国富　张春景　夏翠娟

　　书目数据是图书馆最重要的财富之一,也是图书馆赖以开展一切业务和服务活动的基础。图书馆的书目数据历来以有序、规范、有效地反映馆藏著称,如果将一馆的书目数据看成是其整个馆藏资源的结构化索引,那么所有图书馆目录的联合体就可以看成是人类所有社会知识的缩影。然而网络时代信息与知识高速增长,图书馆作为社会知识主要传播者和集聚地的地位岌岌可危,但职业的终极梦想——收藏和整序人类所有知识——不会轻易放弃,图书馆传统的书目控制方法有必要引入新的理念、方法和技术,进而走出"围城",不断适应数字化环境,正在成为网络从业者的共同理想,不断得到验证和推崇。

　　书目数据的有序化,直接取决于图书馆行业长期使用的编目规则。然而迄今为止,还没有哪一套编目规则,能够为全球一致采用,涵盖所有文献资源类型,并支持图书馆与外界信息系统进行内容整合。而且至今,图书馆的信息资源还基本上没有成为一种广为人知的网络存在,能够被方便地查找、标识、选择、获取、验证、参考引用以及进行再创造。近年来"资源描述与检索"(简称 RDA,下同)的推出和"关联数据"技术的兴起,第一次为上述目标的实现提供了一种可能。

1　从 AACR2 到 RDA:不同的世界观

　　图书馆编目是对将要纳入馆藏的资源进行描述(也称为"著录")和处理的过程,其目的是便于读者的利用和图书馆的管理,可以总结为"功能需求",其结果是书目记录构成的体系,不论是书本的、卡片的、机读的或者网络的。根据"元数据是关于数据的数据"的定义,图书馆的目录系统也就是图书馆馆藏资源的元数据体系。

　　目录是对于馆藏的模拟,对馆藏结构有什么样的认识,就会有什么样的目录结构。当然,这种认识是不断发展的,其发展过程尤其与计算机技术的进步密切相关,计算机所创造的信息世界本身就是对现实世界的模拟,从面向过程到面向对象,有许多分析方法和建模方法,都丰富和发展了人们对于知识内在结构的认识,使人们能够更好地通过计算机操纵、管理和利用知识。

　　编目规则从 AACR2(英美编目条例第二版)发展到 RDA 就深刻反映了这种变化。RDA是旨在取代 AACR2 的新一代编目条例,这种变化不仅仅是简单的编目规则的变化,它其实反映了两种世界观的不同:AACR2 把知识世界看成是文献的空间,通过文献(记录有知识的一切载体)来管理和传播知识,文献需要区分种类,需要从各个角度,以各种指标和参数去描述和揭示,才能很好地利用;而 RDA 把知识世界看成是相互联系的各类实体的空间,这些实体对象有类型、有属性、有关系等,需要利用实体—关系方法进行分析建模。前者的知识空间可以看成是一个硕大的平面结构,而后者是相互联系的一个多维度的网状空间(参见图 1 和图 2)。RDA 和 AACR2 在文本结构上的不同也反映了它们不同的特点。

AACR2 书目记录(b012345)

主要责任者:莎士比亚　著
题名:第十二夜
出版发行:上海:新文艺出版社,1955
载体形态:107 页;图;19 cm
馆藏附注:译者签名本
其他责任者:曹未风　译
分类号:I561.3

图 1　AACR2 书目记录的平面结构示例

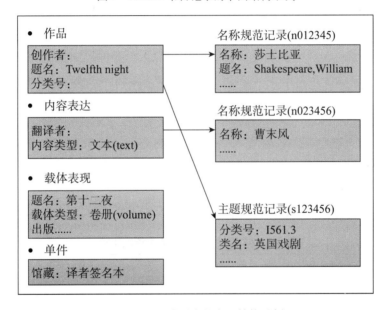

图 2　RDA 分层次的书目结构示例

　　RDA 应用了国际图联(IFLA)提出的"书目记录功能需求"(简称 FRBR,下同)概念模型,该模型采用实体—关系分析方法,把图书馆编目对象抽象为三类实体:作品及其各类物化实体(作品—表达—表现—单件)、责任者实体(个人、家族和机构团体)和主题类实体(概念、实物、事件、地点等),从属性描述和关系描述两个方面进行规范,改变了 AACR2 以具体的资源类型(图书、舆图、手稿、乐谱、音像资料、图像资料、电子资源、三维艺术作品及教具、缩微资料、连续出版物等)分述编目规则的体例(参见表 1)。这些类型在 FRBR 中基本都属于"载体表现"层次。同时,RDA 所采用的术语发生了很大变化(参见表 2)。所有这些改变有助于将图书馆的资源对象抽象为一个统一的模型,资源类型的不同只是它们实体属性和关系的不同,并无实质性的区别,从而可以在同一个框架中以不同的属性、关系和取值来区别。这样做的结果是改变了传统书目数据平面结构,并且使编目规则完全独立于数据编码和格式(尽管现在还都是以 MARC 字段来论述 RDA)。

表 1　AACR2 与 RDA 体例结构的比较

AACR2 结构	RDA 结构
Part I Description	FRBR/FRAD Attributes
①General Rules for Description	①Attributes of Manifestation and Item
②Books, Pamphlets, and Printed Sheets	②Attributes of Work and Expression
③Cartographic Materials	③Attributes of Person, Family, and Corporate Body
④Manuscripts	④Attributes of Concept, Object, Event, and Place
⑤Music	FRBR/FRAD Relationships
⑥Sound Recordings	⑤Primary Relationships
⑦Motion Pictures and Video recordings	⑥Relationships to Persons, Families, and Corporate
⑧Graphic Materials	Bodies Associated with a Resource
⑨Electronic Resources	⑦Subject Relationships
⑩Three-Dimensional Artefacts and Realia	⑧Relationships between Works, Expressions, Manifesta-
⑪Microforms	tions, and Items
⑫Continuing Resources	⑨Relationships between Persons, Families, and Corpo-
⑬Analysis	rate Bodies
Part II Headings, Uniform Titles, and References	⑩Relationships between Concepts, Objects, Events,
㉑Choice of Access Points	and Places
㉒Headings for Persons	
㉓Geographic Names	
㉔Headings for Corporate Bodies	
㉕Uniform Titles	
㉖References	

表 2　AACR2 和 RDA 主要术语的比较

AACR2 术语		RDA 术语	
Area	著录项	Element	元素
Main Entry	主要款目	Authorized Access Point	规范检索点
Added Entry	附加款目	Access Point	检索点
Area	著录项	Element	元素
Uniform Title	统一题名	Preferred Title of Work	作品的首选题名
Heading	标目	Preferred Access Point	首选检索点
See Reference	见参照	Variant Access Point	变异检索点
Author, Composer, etc.	作者、作曲者等	Creator	创作者
Physical Description	稽核项	Carrier Description	载体描述
Chief Source	主要信息源	Preferred Sources	首选信息源

2009—2017:走出图书馆事业发展的中国道路 ┃ 811

2 从语义网到关联数据:一个简化的实现

语义网(Semantic Web)的基础是采用资源描述框架(Resource Description Framework, RDF)对内容进行编码,从而使计算机能够处理语义。RDF 本身就是表达元数据的基本结构,即"资源—属性—属性值"三元组形式,是最基本的语义单位,也是语义网的结构要素。这里对于"资源"的定义是"具有统一资源标识符(URI)的任何东西",也就是说资源必须是一种网络存在,如果是物理资源,它也必须有一个具有 URI 的网络替身(Surrogate)。

语义网是万维网的发明人 Tim Burners-Lee 于 1998 年提出的概念,依据是其著名的语义网"堆栈"图,它是指在现有的万维网基础上,通过增加语义描述(RDF 编码),使一部分网络资源具有语义表达能力。元数据是一种最基本的语义表达,在此基础上,可进一步利用本体语言(也是基于 RDF)来表达领域模型中各类实体、属性、属性值之间的各种逻辑关系(主要是表示为描述逻辑的一阶谓词逻辑),从而支持一定的语义搜索,甚至具有初步的逻辑判断和推理能力。

语义网概念 1998 年提出至今已经十多年了,可能是因为语义堆栈过于复杂,RDF 的抽象概念又很难被大众所认识,其应用基本还局限于学术研究领域的试验性项目开发。对于计算机技术来说不普及往往就意味着遭淘汰,Tim Burners-Lee 在 2006 年提出"关联数据"概念,通过规定四个简单的发布原则,使所有的网络用户都可以进行自定义语义信息的发布。

这四个原则是:①使用 URI 作为任何事物的标识名称;②使用 HTTP URI 使任何人都可以访问这些标识名称;③当有人访问某个标识名称时,以标准的形式(如 RDF,SPARQL)提供有用的信息;④尽可能提供相关的 URI,使人们可以发现更多的事物。

这四个原则只是对数据发布的基本方式——命名和编码(URI + RDF)——做出了规定,这两项内容属于语义网堆栈的基础内容,因而可以认为关联数据是语义网的一个简化实现。下文针对图书馆的编目工作来解释上述四个原则:

原则一:要求编目对象所涉及的一切实体都应该是一个网络存在,并以 URI 表示这个网络存在的名字,而不是一个简单的文档链接。

原则二:规定了这个网络存在可以通过万维网上最通用的"超文本传输协议"进行获取,不需要任何特殊的、私有的协议(如 SRU/SRW 之类)或者任何应用程序接口(API),这实际上决定了关联数据的通用性和开放性。

原则三:希望以标准的元数据格式(最好是 RDF),尽可能完整地提供书目信息,也就是说元数据越丰富越好。

原则四:非常关键,它希望在对一个资源进行元数据描述时,尽可能复用已有的 URI 资源,例如某本书的作者,应该以某个权威机构发布的人名规范档中该作者的 URI 作为属性值,而避免使用作者名的字符串(这里称为"普通文字",即 Literal),更不宜采用"空节点"(Blank Node,即没有全局命名域的本地资源)。

符合上述四个原则的书目数据都是关联数据。从上述四个原则的表述可以看出,只有第一、二个原则是硬性规定,第三、四个原则很灵活,只是一种建议或推荐而已。如对于原则三,很多人并不赞同一定要以 RDF 形式发布数据,认为也可以有其他形式,如目前谷歌和微软等公司都支持的微数据 Microdata 也算一种描述语义的标准格式;对于原则四,只有当网上以 URI 形式发布的数据越来越多时,才能建立起丰富的语义链接。

W3C(世界万维网协会)对数据的关联程度进行了定义,提出了五个"星级"的渐进标准:

一星:以任何开放协议和格式发布于万维网;

二星:以一种机读格式,例如 excel 表格格式而不是扫描图片格式,发布于万维网;

三星:以一种开放而非私有的格式,例如 CSV 而不是 excel,发布于万维网;

四星:采用开放格式,并以 W3C 的开放标准进行标识和描述(即 URI + RDF),使人们可以链接;

五星:采用开放格式,并以 W3C 的开放标准将数据以 URI 进行标识,以 RDF 进行描述,并尽可能引用别人以 URI + RDF 发布的数据,从而为数据提供一种共同的上下文语义。

应该说到了"四星级"就符合"关联数据"的定义了,前面三个等级由于没有采用语义描述规范,不具有表达语义的功能。

3 RDA:为关联数据而生

RDA 只是一套编目规则或者说"内容标准",它还不是形式化的"元数据标准",但它距真正的元数据标准只有一步之遥。只有将 RDA 改造成元数据标准,才能将 RDA 以及用 RDA 编目的数据方便地发布成关联数据。

早在 2007 年,都柏林核心元数据组织(DCMI)就注意到了 RDA 的这种潜质,成立了 DCMI/RDA小组。在 DCMI 看来,FRBR(连同 FRAD、FRSAD)就是书目领域的本体,而 RDA 所涉及的一切规定不外乎实体、元素和取值以及各类实体、元素和取值词表(概念)之间的关系描述。RDA 可以经过形式化描述(形式化的含义是:用计算机能够识别的代码——如 RDF——进行编码),改造成机器可以处理的、书目数据领域的"元数据应用纲要"(Metadata Application Profle)。

详细来说,RDA 规定了对各类图书馆资源对象应该如何进行描述:首先要区分实体,然后确定每种实体所需描述的属性,但是它并没有明确地形式化定义这些元素,即赋予这些实体、元素或概念以必需的 URI,更没有规定这些元素的编码方式,这就是 DCMI/RDA 小组首先需要做的;进而定义每一个元素和其他元素构成的语义关系,如层次关系(子元素)、限定关系、可选关系等;然后对于元素集中的每一个元素的内容(取值)进行规定,RDA 只关心从哪里获取,遇到各类不同的情况如何处理,如何记录等,而 DCMI/RDA 需要明确这些取值所采用的规范词表(概念词表)。上述实体和元素集可以用 RDFS 编码,规范词表则可以用 SKOS 或 OWL 等关系定义更为丰富的模式。凡此种种,形成了一整套规范的元素和概念词表体系,这就形成了有关 RDA 本体模型的关联数据,关联数据技术提供了上述元素、概念词表及其相互关系进行表达、描述和管理的最简单而又最适用的工具。

以 Diane Hillmann 为主的 DCMI/RDA 小组经过数年的开发,终于完成了 RDA 涉及的所有实体、元素和概念的关联数据注册发布工作。他们将 RDA 中所涉及的元素、子元素、元素类型等均作为实体,赋予 URI 并编码成 RDF 模式,内容和载体类型均用 SKOS 进行编码。实际上是建立了一个关于 RDA 的本体。参见开放元数据注册系统(Open Metadata Registry,以下简称 OMR)包含 76 个类表和元素(概念)词表(见表 3),其中每个词表都明确定义了一组元素及其相互之间的关系,涉及数百个概念术语,如 RDARoles(角色)元素就集中定义了251种著作方式。在 2010 年 7 月以前由于一直得到美国国家科学数字图书馆(NSDL)的资金支持,当时叫作 NSDL 元数据注册系统,目前该注册系统并不满足于管理 RDA 的词表,计划进一步拓展到其他领域,支持各类元数据元素集和本体的注册,并且在功能上逐步完善,不仅提供 SPARQL endpoint 发布,还将提供不同本体之间的映射、转换服务等。

虽然参与 DCMI/RDA 小组的成员与 IFLA 以及 RDA 的主持机构 JSC 都有着长期的合作关系,但 OMR 并不从属于 IFLA 或 JSC,因此 OMR 上发布的 RDA 本体并未得到 JSC 官方的明确认可,JSC 相关各方是否还会"正式"发布 RDA 的其他命名域尚未可知。

表 3　在 OMR 系统中已经发布的 RDA 元素词表

RDA 元素集	
①FRBR Entities for RDA(Class List)	
②RDA Group 1 Elements	
③RDA Group 2 Elements	
④RDA Group 3 Elements	
⑤RDA Relationships for Concepts,Events,Objects,Places	
⑥RDA Relationships for Persons,Corporate Bodies,Families	
⑦RDA Relationships for Works,Expressions,Manifestations,Items	
⑧RDA Roles	
RDA 概念词表	
①RDA Applied Material	②RDA Generation for Videotape
③RDA Aspect Ratio	④RDA Generation of Digital Resource
⑤RDA Base Material	⑥RDA Groove Pitch
⑦RDA Base Material for Microfilm, Microfiche, Photographic Negatives, and Motion Picture Film	⑧RDA Groove Width
⑨RDA Book Format	⑩RDA Groups of Books in the Bible
⑪RDA Broadcast Standard	⑫RDA Groups of Instruments
⑬RDA Carrier Type	⑭RDA Illustrative Content
⑮RDA Choruses	⑯RDA Instrumental Music for Orchestra, String Orchestra,or Band
⑰RDA Colour	⑱RDA Layout
⑲RDA Colour of Moving Image	⑳RDA Layout of Cartographic Images
㉑RDA Colour of Still Image	㉒RDA Layout of Tactile Music
㉓RDA Colour of Three-Dimensional Form	㉔RDA Media Type
㉕RDA Configuration of Playback Channels	㉖RDA Medium of Performance
㉗RDA Content Type	㉘RDA Mode of Issuance

续表

RDA 概念词表	
㉙RDA Conventional Collective Titles	㉚RDA Other Distinguishing Characteristics of the Expression
㉛RDA Digital Representation of Cartographic Content	㉜RDA Other Distinguishing Characteristics of the Expression of a Legal Work
㉝RDA Emulsion on Microfilm and Microfiche	㉞RDA Other Distinguishing Characteristics of the Expression of a Musical Work
㉟RDA Encoding Format	㊱RDA Other Distinguishing Characteristics of the Expression of a Religious Work
㊲RDA Extent of Cartographic Resource	㊳RDA Polarity
㊴RDA Extent of Notated Music	㊵RDA Presentation Format
㊶RDA Extent of Still Image	㊷RDA Production Method
㊸RDA Extent of Text	㊹RDA Production Method for Manuscripts
㊺RDA Extent of Three-dimensional Form	㊻RDA Production Method for Tactile Resources
㊼RDA File Type	㊽RDA Recording Medium
㊾RDA Font Size	㊿RDA Reduction Ratio
51RDA Form of Musical Notation	52RDA Scale
53RDA Form of Notated Movement	54RDA Solo Voices
55RDA Form of Tactile Notation	56RDA Sound Content
57RDA Format of Notated Music	58RDA Special Playback Characteristics
59RDA Frequency	60 RDA Standard Combinations of Instruments
61RDA Gender	62RDA Status of Identification
63RDA Generation for Audio Recording	64RDA Track Configuration
65RDA Generation for Microform	66RDA Type of Recording
67RDA Generation or motion Picture	68RDA Video Format

值得说明的是,RDA 只是"一种"书目本体,语义网并不排斥一个领域可以有多个本体,例如书目本体 BIBO 也可以发布成关联数据,并与 RDA 建立映射。这些发布成关联数据的本体本身(如 OMR 中的关联数据)并不包含实例数据,可以认为他们是"元—元数据",即定义元数据仓储内部知识关联和结构的 Schema。图书馆领域最常见的实例数据是以 MARC 格式存在的书目数据,但 RDA 与书目数据格式无关,利用 RDA 进行编目的成果可以以任何数据格式(XML、RDF、MARC 甚至自定义)存在,而 MARC 以其 40 多岁的高龄绝非一种好的格式,可悲的是图书馆员可能只熟悉 MARC,于是当前对于 RDA 的应用测试大都以 MARC 来检验 RDA,给人一种摆脱不了 MARC 的宿命感觉。另外元数据是基于描述(Statement)的

而不是基于记录（Record）的，书目数据最合理的是以 RDF 描述的形式表达，然后可以根据 RDA 的 Schema 中所定义的关联关系拼装成一条条记录，包括可以以各种 MARC 形式输出。例如图 2 中列举的莎士比亚《第十二夜》的 RDA 书目数据，表达成关联数据形式应包含多个 RDF 数据，如图 3 所示。

书目部分	名称规范部分
B123456 创作者 n012345	n012345 标目莎士比亚
B123456 题名第十二夜	n023456 标目曹未风
B123456	主题规范部分
……	s123456 分类号 I561.3
B123456 内容类型 c123	
B123456 载体类型 m123	内容类型注册
B123456 馆藏附注 译者签名本	c123 标签 text
B123456 翻译者 n023456	载体类型注册
B123456 分类号 s123456	m123 标签 volume

图 3　RDA 数据的关联数据样例

4　结语：数字图书馆——语义技术的盛宴

目前 RDA 尚未正式实施，还处于试验测试阶段。在此之前，图书馆界已有许多关于关联数据的尝试，如美国国会图书馆的标题表 LCSH、瑞典国家图书馆的国家书目以及 OCLC 的虚拟规范文档 VIAF 等，关联数据在图书馆领域的应用并不仅限于 RDA，图书馆长期以来一直在做知识揭示的工作，因此语义技术无疑给了图书馆员一个渴望已久、功能强大的工具。RDA 的实施将极大地促进语义技术在图书馆的应用，使图书馆基于网络的数字资源组织、整合和服务全面进入规范控制时代，享用语义技术的成熟带来的盛宴。

以用户为导向是 RDA 的宗旨，关联数据的应用能够给两类用户——图书馆员和读者带来前所未有的好处。

对于读者而言：①支持知识提问。能够直接利用 SPARQL 语言进行知识提问，机器自动解决诸如"30 年代在上海大厦下榻过的外国知名人士"这样的查找。②提高查准率。能够提供更准确的查找，许多查找是基于概念而非基于语词的。③提供知识链接。能够提供维基百科等外部知识的链接，或将外部知识库整合进入图书馆的查询系统。④直接获取知识。书目库本身就是一个知识库，通过越来越丰富的语义链接常常能够直接获取包含知识标注的数字资源。⑤提供扩展查询。通过概念的相关关系提供强大的知识导航，实现知识的浏览功能，并支持各种扩展检索。

对于图书馆员来说：①提高编目质量。通过 RDA 网络编目工具的应用，能够大大提高编目的一致性，随着将来 RDA 注册系统的语义服务功能的完善，甚至能实现计算机的半自动编目。②实现 Web 全域的规范控制。规范控制一直是书目控制的难点，RDA 的元素和概念术语能够发布于网上，提供唯一的命名域和 URI 解引（Dereference），这对于网络化的书目数据服务具有了更加重要的意义。③实现一定的语义互操作。RDA 的语义化和网络化,能够为改善多语种、多资源类型和多应用系统的数据互操作提供基本的支持,为书目控制的世界大同打下基础,同时能够基于语义整合更多的外部资源库。④提供规范有序的知识体系。经过各类规范知识体系(如语义化的各类 KOS)的标引,图书馆的资源库可以映射为有序的知识空间。⑤提供可信的知识发布。图书馆作为公益性组织,其发布的信息资源一般被认为具有相当的可信度。

关联数据是互联网发展到语义网时代、提供对任何网上资源和数字对象进行"编目"和"规范控制"的基础技术,而 RDA 是传统图书馆书目控制理论与方法向语义网时代过渡的一个里程碑,RDA 为适应数字资源和网络环境已经做出了巨大努力,在编目原则、模型的采用、Web 化工具的开发和语义技术的应用等方面都进行了大量尝试,但是现在看来,RDA 阵营内部对于变革的认识还远没有统一,目前所做的还远远不够。作为一个历来走在信息技术应用前沿的行业,以关联数据为代表的语义技术带来了千载难逢的机遇,如果能利用好这个机遇,图书馆行业将成功实现向数字化、网络化的华丽转身,图书馆行业将延续其知识保存、组织、传播和教育者的职能,继续在网络时代创造新的辉煌。

(选自《中国图书馆学报》2012 年第 1 期)

机构知识库内容保存与传播权利管理

张晓林　张冬荣　李　麟　曾　燕　王　丽　祝忠明

机构知识库（Institutional Repository，IR）是教育与科研机构保存和传播知识成果的有力工具。为此，国际上众多教育与科研机构建立了自己的 IR，截至 2012 年 3 月，Open DOAR 注册 IR 超过 2190 个，ROAR 注册 IR 超过 2730 个，中国科学院也已有超过 70 个研究所的 IR。IR 正成为机构知识基础设施和社会学术信息交流体系的重要成员。

IR 保存和传播的知识成果类型繁多，往往有多个贡献者和复杂的利益与权利关系。因此，什么知识成果能在什么时间以什么形式保存，能在什么范围以什么形式开放利用，受到法律、合同和市场的不同支持或约束。为了有效保存和共享机构知识成果，需要厘清知识成果的权益关系，建立平衡各方权益的内容存缴与传播管理机制。

1　公共机构知识成果的权利关系

1.1　知识成果的基本权益关系

公共科研资助机构和公共教育、科研机构（以下简称公共机构）的主要产出是各类知识成果。为了描述知识产品的权利归属和转让（乃至交易），欧盟 Info 2000 计划支持了由出版商、音乐公司、作者、图书馆等共同参与的 indecs 项目，描述了知识作品的基本权益关系（见图 1）。这里，某个或某些角色（Parties）对作品（Assets）的创作与传播做出了贡献，从而对作品拥有一定的权利（Rights）。往往有多个角色在作品创造与传播的不同阶段或针对作品不同部分做出了不同贡献，他们都有权利针对自己的贡献获得相应利益。任何角色不能超越

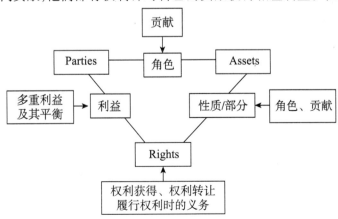

图 1　indecs 知识产权关系

自己的贡献来过度主张权利,也不能剥夺别的角色的合法权利。例如,资助机构为科学研究提供经费,科研机构作为雇主为科学研究提供基础设施和组织保障,科研人员实施研究、撰写论文,出版商提供编辑出版服务、促进论文传播,这些都为科研论文的创造和传播做出了贡献,因而对这些论文都拥有一定的权利。

这里,我们将公共机构作为贡献与权利主体之一纳入了权益关系。但是,有人误解了著作权法,认为"著作权只是署名作者的权利",或"著作权是私权,只保护作者个人或商业化机构",或"著作权是财产权即获得报酬的权利,国家和公共机构不应考虑获得报酬",因此不承认或者模糊公共机构对公共资金资助科研成果的权利。对此有必要予以澄清。

1.2　公共机构可依法享有机构知识成果的著作权权利

根据我国著作权法,著作权属于著作权人,著作权人包括作者和其他依照著作权法享有著作权的公民、法人或其他组织。如果作品是代表法人或者其他组织的意志创作,并由法人或者其他组织承担责任,著作权属于法人或其他组织。而且,公民为完成法人或其他组织工作任务所创作的作品是职务作品。职务作品中那些主要利用法人或其他组织的物质技术条件创作,并由法人或其他组织承担责任的工程设计图、产品设计图、地图、计算机软件等职务作品,或者法律、行政法规规定或合同约定著作权由法人或其他组织享有的职务作品,作者对这类职务作品享有署名权,但著作权的其他权利由法人或其他组织享有。即使是由作者享有著作权的其他职务作品,法人或其他组织有权在其业务范围内优先使用。受委托创作的作品,著作权的归属由委托人和受托人通过合同约定。公共机构资助的科研成果,主要是法人作品、职务作品和委托作品。机构不仅可以根据著作权法保留对法人作品或符合法律规定的专门职务作品的著作权,也有权利通过合同(包括雇用合同和项目合同)来约定自己对其他职务作品和委托作品的保存、传播和行使权利。

所谓"著作权是私权,因此只是个人或私人机构的权利"是一种简单化认识。根据民法精神(见百度百科"私权"条款),私权并不等于私人财产权,也不只是作为公民的个人权利。私权是公民、企业、社会组织甚至国家在自主平等的社会与经济生活中拥有的财产权和人身权,当国家不以公权身份来参加民事活动时也拥有私权。其实,这是在民事活动中将国家和公共机构置于与公民、企业和其他社会组织平等地位的法治措施。

1.3　公共机构应该保证享有机构知识成果的著作权权利

公共机构是科研成果生产的投资者,著作权法认可投资者获得权利的正当性。当作品创作与传播的分工日趋复杂,日益依赖大量投资时,离开了一定的投资者和组织者,作品的创作和传播往往难以实现。例如,在计算机普及之前,需要专门的出版社来编辑、编排、印刷、发行等,才能使科研论著得以广泛传播。出版社虽然不是作者,却因投资组织作品的传播,才有权利要求作者将作品的部分著作权权利转让给自己,并通过市场营销来获得投资回报。但是,科研资助者和雇主也是投资者,它们确定了科研需求,提供了必需的直接经济与技术条件,投资了保障科研活动和科研群体正常运行的基础设施与组织机制等,当然也是作品创作和传播的贡献者,也有正当理由享有部分著作权权利。

而且,出版社和公共机构对科研成果的相对贡献已大幅度此消彼长。计算机信息网络的快速发展,使得科研论著的编辑、排版日益便捷化,通过网络组织同行评审日益低成本化,通过网络发行和传播日益低成本化，因此作品创作和传播过程对出版社投资的依赖日益减少。同时，科研日益复杂化、跨领域化、跨地域化，越来越依赖大科学装置、大规模科学观测考察和大范围团队合作，资助者和雇主机构对作品创作和传播的投入日益重要。因此，原来纸本条件下不同贡献者间的著作权权利安排就必须调整，以合理反映不同角色的贡献和利益，制止不正当侵犯其他贡献者权利的行为。

1.4 公共机构需要保留和有效行使针对机构知识成果的多种权利

著作权包括人身权和财产权，但权利人通过财产权可以获得的不仅仅是经济报酬。学术论著等作为知识产品，可能产生多种收益，包括获得创作发明权、促进知识传播、扩大学术影响、提高社会地位，以及获得经济报酬。不同贡献者（权利人）可能侧重追求不同的利益。例如资助机构主要关注知识的创造与传播利用；雇主关注积累知识资产和提高社会地位；作者关注获得创作发明权和提高学术影响；出版商更为关注经济收益。同一权利人可能同时追求多元利益，或在不同阶段侧重追求不同利益，例如学术论文作者在发表前更关心获得创作发明权，发表后更关心扩大学术影响；同一权利人可能对不同作品侧重追求不同的利益，例如同一研究人员在期刊论文发表后主要关心扩大学术影响，但对学术专著还关心通过版税、再版等获得持续的经济报酬。

对于同一作品，不同权利人主张的权利可能冲突，需要平衡各方利益。利益的平衡必须公平，必须尊重各方的法定权利，必须尊重在先权利。例如作者在转让著作权权利时必须遵守自己与资助机构和雇主机构的合同约定，不能把本属于公共机构的权利擅自转让，而出版社在要求转让著作权权利时也不能要求作者转让本属于第三方的权利，也不能剥夺作者合理使用作品的权利。另外，利益平衡中必须遵守诚信原则，权利人应善意行使权利和履行义务，维护不同权利人的利益平衡，例如公共机构也要保护作者和出版社的合法利益。

作为以知识创造为己任的公共机构，其对科研活动的各类投资，实质上体现了社会（纳税人）通过组织科学研究来创造与应用科学知识、促进社会经济发展的意愿和安排，是公共投资的执行者。因此，这些机构有责任促进和保证公共投资的公共利益回报最大化，保护自己以及成员（受资助者或机构成员）社会传播和长期利用知识成果的权利。

2 公共机构知识成果的权属管理

2.1 公共机构知识成果的权属管理关系

公共机构知识成果的权属以及权利的许可与转让，可以通过一系列法律、科研管理规章、资助合同、雇用合同以及专门的政策予以规定（见图2）。作者在发表和传播公共机构投资项目所产生的成果时，必须遵循这些规定，保护公共机构的合法利益；出版商出版、传播和使用这些成果也必须遵守这些规定，保护公共机构和作者的在先权利。当这些法律、规章或合同没有详细规定权属或许可时，也不意味着公共机构就自动放弃了权利，必须根据相关法律和制度的精神，根据公共机构的职责，承认它们已通过默示方式（"权利人虽然没有明白确切地用明示的方式表示意思，而是通过实施有目的、有意义的积极行为进行意思表示"）保留自己保存和传播知识成果的权利,不能利用表面或细节上的许可沉默来臆断它们放弃了权利,不能随意甚至恶意做出侵犯或剥夺公共机构和作者合法权利的行为。

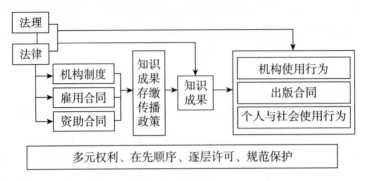

图2　公共机构知识成果的权属管理关系

2.2　国家与机构对机构知识成果的权属管理规定

除了著作权法已经对法人作品、职务作品和委托作品的权属管理做了原则规定外,我国有关部委还专门针对科研成果的知识产权管理做出了规定。

国务院办公厅在2002年转发了科技部、财政部《关于国家科研计划项目研究成果知识产权管理的若干规定》,其中第一条明确规定:科研项目研究成果及其形成的知识产权,除涉及国家安全、国家利益和重大社会公共利益的以外,国家授予科研项目承担单位。科技部在2003年颁布了《关于加强国家科技计划知识产权管理工作的规定》,其中第十一条规定:国家科技计划项目研究成果及其形成的知识产权,除涉及国家安全、国家利益和重大社会公共利益的以外,国家授予项目承担单位。科技部针对973计划(国家重点基础研究发展计划)和863计划(国家高技术研究发展计划)都明确规定,知识产权管理及其产生的知识产权归属和利益分配,按照上述两个文件执行。

教育部在1999年颁布《高等学校知识产权保护管理规定》,采用了与著作权法一致的法人作品和职务作品规定,其第八条规定:执行本校及其所属单位任务,或主要利用本校物质技术条件所完成的发明创造或者其他技术成果,是高等学校职务发明创造或职务技术成果,职务发明创造申请专利的权利属于高等学校。第十三条规定:在高等学校学习、进修或者开展合作研究的学生、研究人员,在校期间参与导师承担的本校研究课题或者承担学校安排任务所完成的发明创造及其他技术成果,除另有协议外,应当归高等学校享有或持有。

中国科学院在2011年颁布《中国科学院研究机构知识产权管理暂行办法》,其中第十四条规定:工作人员和相关人员执行本单位的任务或者主要是利用本单位的物质技术条件所完成的发明创造是职务发明创造,依法取得的知识产权归所在研究机构所有。第十七条规定:承担国家、院科技计划项目获得的知识产权由承担任务的研究机构享有。

上述规定已经将国家资助科研项目的知识产权授予项目承担单位,并赋予了这些机构依法行使权利的责任。这些规定的目的、精神和具体条款覆盖并适用各种形式的科研成果。

2.3 其他国家资助机构或雇主机构对机构知识成果的存缴与传播规定

由于法律和制度往往只是原则规定，雇用合同或资助合同可能不会详细列举复杂许可，国际上一些科研资助机构和教育科研机构通过专门的知识成果存缴与传播政策来说明对各类知识成果的保存或传播的具体权利或许可，为我们提供了良好借鉴。

美国国会 2008 年拨款法案要求：国家卫生研究院（NIH）院长应要求所有获该院资助的研究者，在论文被接受发表时向国家医学图书馆 PubMed Central 知识库（PMC）存缴其同行评议的最终稿，并在发表后不迟于 12 个月内开放获取。美国国会 2009 年拨款法案将该规定永久化，要求"在当前财政年度及以后"都要执行这一政策。NIH 具体规定，自 2008 年 4 月 7 日以后被接受发表的、所有由 NIH 全部或部分资助产生的，或由 NIH 成员撰写的同行评议论文都须遵循这一政策。受资助机构和个人有责任保证任何涉及上述论文的版权协议完全符合这个政策。PMC 的内容将供公众获取。

英国研究理事会（RCUK）发表关于研究成果开放获取的立场声明，要求"接受资助的科研人员应该将受资助研究成果存储在各研究理事会指定的知识库中"。其中，医学研究理事会（MRC）要求，从 2006 年 10 月 1 日起，由它全部或部分资助产生的同行评议论文都要将同行评议最终稿存缴到 UKPMC 中，在发表后不迟于 6 个月内公开发布。生物工程与生物学研究理事会（BBSRC）要求，从 2006 年 10 月 1 日起，由它全部或部分资助产生的同行评议论文都要将同行评议最终稿存缴到 UKPMC 中，在不晚于出版商时滞期内公开发布。2012 年 3 月，RCUK 公布了针对所有 7 个研究理事会的研究成果获取政策草案，提出"受 RCUK 部分或全部资助产生的研究论文都应将同行评议最终稿存缴到指定的知识库中，公开发布时间必须不超过 RCUK 可接受的最大时滞期。除了艺术与人文研究理事会（AHRC）和经济与社会科学研究理事会（ESRC）外，时滞期最长不得超过 6 个月。RCUK 同意 AHRC 和 ESRC 资助论文的时滞期不超过 12 个月，但这只是过渡措施，AHRC 和 ESRC 正努力确保所有论文的时滞期能够减少到 6 个月内"。

澳大利亚国家健康与医学研究理事会（NHMRC）提出研究成果传播政策，要求从 2011 年 7 月起，受它部分或全部资助的研究所产生的论文必须将同行评议最终稿存缴到指定机构的开放获取知识库中，在发表后不迟于 12 个月内公开发布。英国惠康基金会（Wellcome Trust）的政策规定，自 2006 年 10 月起，受它部分或全部资助的研究产生的论文必须将同行评议最终稿存缴到 PMC 和 UKPMC，在发表后不迟于 12 个月内公开发布。

欧美一些学校通过制定机构授权政策来规定机构保存和传播其知识成果的具体权利。例如，哈佛大学文理学院教师理事会决议："学院成员允许学校拥有非排他的、不可撤销的、世界范围的权利，只要不是以营利为目的的，可通过任何媒介形式，行使与其学术文章相关的任何著作权权利，也可允许其他人这样做。学院成员应不晚于出版时间，按照教务长办公室规定的格式，向教务长办公室指定代表免费提供其文章终稿的电子版。教务长办公室可将文章存储在开放获取知识库中向公众提供获取。这一政策将适用于作者作为学院成员的所有独创或合作的学术文章。如果学院成员有特定文章不能遵守这一个政策，需向院长书面解释，可由院长决定对此文章豁免。"哈佛大学教育学院、设计学院、法学院、商学院、管理学院、神学院也通过了类似政策。北美已有一批高校提出类似政策，包括普林斯顿大学、麻省理工学院、哥伦比亚大学、斯坦福大学、加州理工学院等。

3 机构知识库内容存缴与利用的权益管理

3.1 行使权利的条件与限制责任框架

由于知识成果权属的复杂性交织性,知识成果的使用权利必须通过一系列的条件与限制才能界定清楚(见图3):①具体使用环境是什么;②在此环境下被许可什么权利;③履行这个权利要满足什么先期条件;④履行权利过程中有什么限制;⑤出现什么情况后可以或应该取消这个权利;⑥这个权利是否具有排他性。严格地说,没有关于权利的"条件和限制",就没有真正的权利。这里的条件和限制一般由法律、法规、合同、政策等直接规定,还包括经过司法和市场检验的最佳实践方法,而后者往往由法律法规约定实施条件、法院判决、行业共识等决定。法律关于注意义务和诚实守信的基本要求也常常构成"条件"或"限制"。

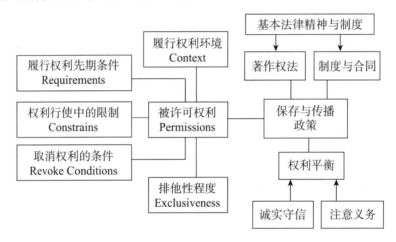

图3 权利行使责任框架

3.2 行使权利时的利益平衡策略

由于知识成果涉及多元的和相互交织的利益,权利与利益总是在博弈中实现的。而且,由于法律、政策和合同等对权利规定往往比较模糊,使得权利的边界和行使权利行为的影响常存在矛盾与模糊之处。因此,即使按照图3严格遵守了行使权利的条件与限制,也可能带来误解和冲突。

其实,在权利博弈中,总存在一些"正面支持因素",即能够为某些权利人带来正面利益、从而使其成为支持这种权利行使的因素,例如通过证明开放论文可增强学术影响力,来吸引作者支持开放共享;也总存在一些"负面反对因素",即可能对某些权利人带来负面影响,从而招致对这种权利行使的反对因素,例如如果在IR上开放共享论文时没有说明论文来源期刊,可能使出版社反对开放共享。在行使权利时(见图4),可以采取措施去强化正面支持因素。例如将论文元数据向主流搜索引擎发布以便广泛传播,统计下载数据支持作者证明"影响力";还可以采取措施去消减负面反对因素,例如建立论文与出版商期刊主页的链接,从论文即可直接链接到所在期刊网页。必须强调,无论是强化正面支持或者消减负面反对,它们并不是行使权利的必需条件,但能在不造成不必要困难的前提下有利于权利的顺利行使。

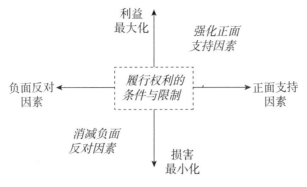

图4 行使权利时的利益平衡策略

3.3 正面强化措施与负面消减措施

在 IR 环境下,强化正面支持因素的措施包括:①促进传播类:促进利用、帮助权利人提高影响的措施;②支持创作与发表类:帮助权利人利用自己的作品、创造发表衍生或汇编作品等措施;③展示影响类:能为权利人证明其影响力的措施;④增值服务类:利用保存内容或传播数据为权利人提供增值服务的措施。例如,通过将元数据开放给主流搜索引擎来提高被发现和利用的概率,提供 IR 内作者相关文章检索或第三方数据库的作者相关文章检索或引用数据检索,提供下载统计、学术履历汇编、竞争力分析等。

削减负面反对因素的措施包括:①保护权利类:保护作品不被滥用的措施;②权利说明类:提供或链接关于权利及其条件与限制的说明;③尽责管理类:体现 IR 尽责管理的措施等。例如,提供学术论文与出版社期刊主页的 URL 链接;提供防止自动套录或恶意下载的机制;提供与机构和出版商政策的链接,提供发表论文时作者保留权利条款的范本;提供或链接维权说明和投诉渠道及法律援助渠道等。

3.4 IR 内容存缴与传播的权利政策架构范例

参考美国研究图书馆学会《高校与研究型图书馆关于合理使用的最佳实践规范》,可以采取以下政策架构:

(1)使用情形:每类知识成果的性质及其传播和利用情况;

(2)规范:在一般情况下机构针对这类成果的存缴与服务的要求;

(3)限制条件:实施上述规范必须满足的条件或措施;

(4)增强因素:可以用来强化正面支持因素或消减负面反对因素的措施。

例如,针对已发表的学术论文,可设计以下权利政策:

使用情形:学术论文指由机构成员在学术期刊、会议录和汇编文集中公开发表以及在会议网站、领域知识库等载体上公开发布的学术论文,尤指由公共资金资助或作为机构任务而发表的学术论文。学术论文是公共资助项目和公共机构研究人员职务工作的主要成果之一。公共机构通过投资对学术论文的创作和传播做出了重要贡献,拥有保存、利用、为公共利益传播这些学术论文的权利,也会通过学术论文的广泛传播来促进知识利用和提高学术影响。作者通过学术论文的发表来验证学术成果和证明学术成就,通过论文传播获得学术地位和提高学术影响。作者有义务保护公共机构的合法权利,保留自己为科研、教学、宣传等使用论文内容的权利。出版者对学术论文的编辑、出版和传播做出了贡献,拥有与其贡献相应的权益,对最终出版版式负责。出版者有权利在一定期限内通过论文传播获得经济利益,但不得损害社会、公共机构和作者的合法权利。实际上,大多数学术出版商已同意学术论文的同行评议终稿可存放在作者网站或所在机构 IR 中,并在一定时滞期后开放获取。

规范:作者或其授权者应在学术论文出版时将论文存缴到本机构的 IR,并在不迟于论文发表一年内开放获取。如果是开放出版论文,应在论文发表时即开放获取。

限制条件:①作者应存缴(或通过授权者存缴)自己拥有著作权的学术论文,包括自己的合著论文;②作者应存缴同行评议后的最终稿,如果论文是开放出版论文,或者得到出版者许可,可存缴出版 PDF 版本;③应以一种业界认可的形式,在 IR 提供学术论文的完整出版信息,并将此作为推荐引用形式;④论文提供开放获取时,应限于非商业性应用,可禁止利用论文汇编作品。

增强因素:①宜采用规范的开放获取许可机制(例如 Creative Commons Licenses),允许作者在遵守机构政策和权利以及出版者合法权利的前提下,设置论文开放获取许可的具体时间、范围和方式;②特殊情况下,作者可向机构 IR 管理部门申请具体的学术论文延缓存缴或延缓开放;③宜为作者和其他权利人提供方便的渠道(如 Email、电话、在线反馈单等)来提出对 IR 中作品的异议,IR 管理者应登记权利人的意见并及时回应;④宜为存缴的论文提供与期刊 URL 的链接;⑤可提供防止自动套录全文的措施,可建立监测非常规下载的机制;⑥可提供将文本等转换为 PDF 文档的功能,或者提供加载出版信息数字水印的功能;⑦可提供论文下载统计、个人论文集管理、个人学术履历管理、机构知识图谱分析等服务;⑧可提供链接期刊网站或出版者网站的论文关联检索服务;⑨可提供或链接公共机构关于科研成果公共共享、著作权许可、合理使用的文件或相关资料。

3.5　IR 服务中的权益管理机制

IR 服务中需要加强权益博弈。权益本身复杂、模糊,不同权利人对"限制条件"和"增强因素"也有不同理解,尤其是现行出版版权转让中存在许多不合理性(例如将公共机构和作者合法权利强制"转让"给出版社),再加上法律与政策的模糊性滞后性、公共机构政策的缺失等,IR 服务中关于谁有什么权利做什么就必然存在模糊区间和激烈博弈。公共机构要主动博弈,坚决捍卫法律明确的自身合法权利,审慎保护法律明确的他人合法权利,积极在模糊区争取更多权利。一方面要准确理解法律精神和条款,明确法律规章授权,建立机构知识成果保存与传播的明确政策;另一方面,积极强化正面效益增进措施,激励机构、作者和社会,逐步细化负面效应缓解措施,尽到义务,控制风险。再一方面,营造有利于知识传播的宏观环境。包括积极推进开放出版,从源头上支持共享;积极推进著作权良性发展,保障公共共享;加强 IR 联盟建设,壮大积极力量和支持基础。

IR 服务中需要注意风险管理。法律的适用往往需要具体问题具体分析,没有任何政策可以黑白分明地划分权利界线。而且,在法律和政策本身存在模糊性、滞后性时,争取权利本身就存在一定风险。但是,又不能躲进一个"非常明确"的安全区,因为那意味着丧失本属自己、可以争取和应该保护的利益。因此,在遵守诚实信用的基础上,需要风险分析(见图5):使用行为有无明确授权;如果没有授权也没有禁止,且行为人有理由相信行为是合法的,那么是否可能被第三方认为侵权（"被认为侵权"并不等于就是侵权）；如果可能被认为侵权，可能被要求承担的责任或损失会达到多大程度；行为人有多强的维权意志或准备投入多少维权资源去保护自己权利或承受可能的损失。任何机构不应奢望既充分有利又完全保险的政策，都要进行风险管理。

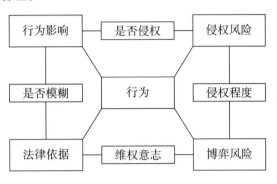

图 5　风险分析框架

为了有效地博弈和管理风险，机构要建立健全自己的权益管理机制，包括：①政策支撑，例如权益分析、政策指南和最佳实践案例。②服务支撑，例如技术支持——支持 IR 相关管理功能；资源支持——提供各种相关政策文件、出版商政策指南、国际范例等；研究与咨询支持——提供针对具体问题的咨询服务，跟踪法律和 IR 实践案例等；法律支持——提供必要的法律咨询和法律援助（或法律援助渠道）。③环境支撑，例如对政府与社会的宣传，提高关于公共知识资产管理的责任与权利的认识；对机构与作者的宣传，提高关于保护机构知识资产的责任与权利、关于 IR 提高影响力的作用的宣传。

（选自《中国图书馆学报》2012 年第 4 期）

论智慧图书馆的三大特点

王世伟

1 前言

作为未来图书馆的新模式,智慧图书馆已经和正在成为图书馆创新发展、转型发展和可持续发展的新理念和新实践。笔者于 2011 年发表了《论未来图书馆的新模式——智慧图书馆》一文,其中论述了智慧图书馆的提出、智慧图书馆的核心要素、智慧图书馆的主要特征、智慧图书馆的本质追求等内容,最后论述了智慧图书馆新模式的重要意义。2012 年 7 月,笔者应邀参加在台北淡江大学举办的第十一届海峡两岸图书资讯学学术研讨会,向大会提交了《再论智慧图书馆》的演讲论文,主要阐述了智慧图书馆是广泛互联的图书馆(馆馆相联、网网相联、库库相联、人物相联)、融合共享的图书馆(三网融合、跨界融合、新旧融合、多样融合)的观点。随着对智慧图书馆认识的深入,笔者对智慧图书馆有了更为全面深入的感悟,形成了对智慧图书馆三大特点的认识和概括,即智慧图书馆带来的各种变化可以从三个角度来观察:一是互联的图书馆,可以细分为全面感知的图书馆、立体互联的图书馆、共享协同的图书馆;二是高效的图书馆,可以细分为节能低碳的图书馆、灵敏便捷的图书馆、整合集群的图书馆;三是便利的图书馆,可以细分为无线泛在的图书馆、就近一体的图书馆、个性互动的图书馆。智慧图书馆与以往的数字图书馆、复合图书馆既有联系又形成了自己的特点,是信息技术发展推动下图书馆发展形态的新阶段。

2 智慧图书馆的三大特点

何为智慧图书馆? 笔者认为可以做如下的定义:智慧图书馆是以数字化、网络化、智能化的信息技术为基础,以互联、高效、便利为主要特征,以绿色发展和数字惠民为本质追求,是现代图书馆科学发展的理念与实践。有人将数字化、网络化、智能化作为智慧城市的主要特征,这只是揭示了智慧城市的外在特征;同样,智慧图书馆所依据的数字化、网络化和智能化的信息技术也仅仅是其外在的表象特征,互联、高效和便利才是其真正的内在特点。

智慧图书馆是实现图书馆科学发展的全面方案,互联、高效和便利正是实现这一方案的三大路径和目标定位。互联是指,通过全面感知、立体互联和深度协同,将智慧技术渗透融入图书馆服务与管理的各个领域、各项业务、各个流程和各个细节,实现图书馆科学发展的创新转型。高效是指,通过节能低碳、灵敏便捷和整合集群,将智慧管理融入图书馆的一线服务与二线保障,将资源节约、环境友好的可持续发展理念导入图书馆的前台与后台、硬件与软件,在书书相联、书人相联和人人相联的基础上为读者节约时间,更加方便快捷地处理各类事物,提升整合集群后的规模效应和效能,实现图书馆发展中各项资源的效益最大化、效率最高化、效能最优化。便利是指,在全面立体感知基础上形成的无线泛在环境,任何读者在任何地点通过任意方式获取所需要的知识信息并进行相应的信息互联,使图书馆服务成为随身、随处、随时、随意的服务,而互联集成的技术使原本单独、复杂、异地的服务整合成就近一体化的简化方案,并形成虚实、内外和个性的互动,这正是智慧图书馆人本理念的体现。

智慧图书馆的互联、高效、便利三大特点之间是互相联系的。互联是智慧图书馆的基础,是高效和便利特点所依托的技术支撑,也是智慧图书馆区别于数字图书馆和复合型图书馆的主要方面。高效是智慧图书馆的核心,是互联基础上服务与管理的进一步应用,也是智慧图书馆绿色发展和数字惠民本质追求的重要体现。便利是智慧图书馆的宗旨,是互联、高效特点的落脚点,也是智慧图书馆科学发展人本理念的精髓所在。需要提出的是,实际上智慧图书馆的三大特点及所折射出的许多理念,有的以往已经出现过,但在新的发展环境下,通过智慧图书馆将这些理念进行了整合与提升,在智能技术的支持下赋予其新的内容和生命。

如果说智慧城市可以带来更高的生活质量、更具竞争力的商务环境和更大的投资吸引力,则智慧图书馆可以带来更高的服务质量、更具吸引力的学习休闲环境和更高品质的管理,并通过智慧图书馆培养更多的智慧公众。智慧图书馆的发展新模式将提高图书馆广大读者和馆员学习和工作的自由度,将提高时间和资源的利用效率,也将推动图书馆在日新月异的信息技术发展环境下创新驱动和转型发展。

2.1 智慧图书馆是互联的图书馆

作为智慧图书馆的基础,数字化、网络化和智能化技术是智慧图书馆的外在特征,其技术的具体表现就是对图书馆人和物的全面感知;在感知基础上跨时空的立体互联;在信息共享基础上深度协同。

（1）全面感知的图书馆

全面感知不是部分或局部的感知,而是信息感知的全覆盖,把单本(种)文献的信息孤岛和读者馆员的信息个体连成一片,将碎片化的信息串联成互联化的信息,从而实现读者与馆员、前台与后台之间的智能联结。全面感知是建立在数字化、网络化和智能化的技术基础之上的。美国芝加哥大学的曼索托图书馆每年新增书籍约为 15 万册,运用智能技术,建立了机器人堆叠书库管理系统,对所收藏 350 万册书籍进行了全面感知,这种新型堆叠管理技术跳出了传统图书馆普遍采用的杜威十进制图书分类法,转而以书籍的书名和尺寸进行分类,这种按书籍尺寸排列的方法尽管在全球个别图书馆曾经使用过,但运用智能机器人来操作还是颇具新颖性;而这种智慧的方法占地面积仅为常规书库的七分之一。不仅馆内的文献信息需要感知,还需要将感知的触角伸向社会的方方面面。2012 年 5 月底图书馆服务宣传周期间,上海图书馆与盛大文学合作,网络文学在公共图书馆"登堂入室",面向广大读者开展了数字网络阅读服务。美国华盛顿州西雅图市图书馆在多媒体文献全面感知的基础上实现了读者服务的实时数据显示管理,图书、DVD、CD 等各类文献的读者实时服务数据通过大屏幕的分类显示一目了然。挪威国家图书馆的汽车图书馆也是在信息全面互联感知基础上实现了汽车图书馆内外人的互动以及文献借阅和音乐欣赏等多样化服务。这些都是全面感知的案例。

（2）立体互联的图书馆

立体互联是图书馆跨部门、跨行业、跨城区乃至跨国界的全面立体互联；是图书馆物理空间的楼楼相联、层层相联、区区相联、室室相联、桌桌相联、机机相联、屏屏相联、藏阅相联的互联；是图书馆文献的书书相联、网网相联、库库相联；是图书馆服务主体馆员间的互联，是图书馆服务客体读者间的互联，也是主体馆员与客体读者间的人人互联，是人机交互的互联，也是互联网、广电网和电信网的三网融合的互联。以图书馆的信息立体互联安全保障系统为例，需要在图书馆内外进行全天候实时信息监控，防火、防水、防盗、防突发安全事故发生；对图书馆在不同空间的建筑进行统一的安全监控；对进入图书馆的人员携带物品进行安全识别；对借阅和复制等文献等进行检验；对图书馆内外区域进行身份感应，设置不同的感应门禁，授予不同人员以不同的权限；对进入善本书库、机房等重地人员进行出入的信息识别等。通过立体的信息感知进行严密而有效的安全防范。

法国国家图书馆在多前年就已建立起图书馆座位预订信息管理系统。随着中国大学图书馆座位供需矛盾的出现，这种座位预订信息管理系统在中国的大学图书馆开始出现。继厦门大学之后，南京医科大学江宁图书馆在 2012 年 5 月推出了图书馆座位管理系统，在图书馆座位电子显示屏上，读者可以像在电影院选座位一样，通过可视化界面，方便灵活地选择自己喜欢的座位；可以预约图书馆座位，实现了人（读者）与物（座位）之间的立体互联，从而达到了高效使用座位资源并营造良好阅读氛围的效果。

（3）共享协同的图书馆

互联的图书馆需要有信息共享的基础和环境，突破体制和机制的障碍，实现信息互联共享基础上的深度协同。这种共享协同的创新实践在图书馆服务与管理中是可以大有作为的。如在各图书馆之间可以创建个人诚信信息系统，各个图书馆的读者诚信记录可以实现同城联网、全省联网乃至全国联网，这就需要运用智慧图书馆建设的协同理念，在信息技术的支持下创建图书馆诚信协同机制，并逐步建立起图书馆读者诚信网。图书馆各区域空间的服务与管理可以借用社会管理中的网格管理理念和方法，将图书馆服务空间划分为若干个服务管理网格，将共享协同管理在特定的网格空间中实现，及时就近为读者提供全方位和一体化的服务，使读者的问题和期望在某一服务点位上得到一揽子解决和满足，为读者节约时间，使读者服务更加方便快捷、管理更加主动到位。

2.2 智慧图书馆是高效的图书馆

高效的图书馆是节能低碳的图书馆，是灵敏便捷的图书馆，也是整合集群的图书馆。智慧图书馆表面上看在相当程度上是数字化、网络化和智能化的技术问题，但从深层次的角度观察，智慧图书馆实际上是一个服务问题、管理问题和环境问题，是一个图书馆的发展战略问题，也是未来图书馆的发展模式问题。

（1）节能低碳的图书馆

绿色发展是当代全球发展的趋势和聚焦点，也是智慧图书馆的灵魂，而节能低碳正是绿色发展的重要途径和方法。节能低碳的图书馆与智慧公众有密切的联系，许多方面需要读者与馆员转变阅读与工作方式,增强绿色发展的理念并付诸实践,从身边的事情做起,从一件件小事做起。

2011 年 12 月,上海交通大学图书馆与美国国家仪器公司 NI(National Instruments)合作,针对传统中央空调忽冷忽热的现象,发动大学生共同设计了国内首个高校图书馆室内"环境监测与节能系统",通过对空气温度的区域即时感应做出相应的温度调控,体现出智慧图书馆在节能低碳发展中的理念创新与实践创新。从图书馆建筑设计而言,应尽可能设计大平面建筑,以减少电梯的使用,如 2010 年前后上海援建的四川省都江堰市图书馆就是类似的建筑,这一建筑利用旧厂房改建而成,整个建筑呈三层平面展开,既方便读者,又相对节约了图书馆建筑中垂直交通的能源。而近年来新建成的台北市图书馆北投分馆正是以绿色为其设计、管理和服务的主要特征。该图书馆坐落于居民区旁的树林绿化丛中,整个建筑多采用木结构,以产生冬暖夏凉的效果,建筑顶部有太阳能板以生产清洁能源,并专门设计了雨水利用的坡度与管道,用于馆内的卫生间用水等,在图书馆建筑外的玻璃幕墙上,进行了绿色图书馆的主题宣传。这一图书馆"绿建筑"发展的全新案例为我们建设节能低碳的图书馆提供了成功的经验和有益的启示。

图书馆是用纸大户,如何在工作中减少用纸,对读者倡导数字网络的文献保存与传递方式以减少复印用纸,将有很大的节能空间。据测算,每节约 10 张 A4 纸,可节约 1 度电,每节约 3000 张 A4 纸,可少砍伐 1 棵 20 年树龄的树,如此,图书馆通过节约用纸即可在无形中为绿色发展做出不少贡献。图书馆还可以通过使用感应电梯、感应用水、节能照明、雨水利用等方法来节约能源。图书馆还可以通过讲座、展览等服务特色,倡导低碳伦理,包括节俭、责任、公正、和谐等原则。

（2）灵敏便捷的图书馆

智慧图书馆就是要实现图书馆服务与管理各要素间的整合转型,体现图书馆反应的即时性和适时性,使图书馆复杂的神经系统在面临千变万化的动态发展情况下能够做到"耳聪目明"并快速反应,借以提高图书馆管理的灵敏度;在智能技术的帮助下做到图书馆应急管理中的第一时间发现,第一时间处置,第一时间解决,第一时间公布,提升图书馆的管理效率。

随着 20 世纪末 21 世纪初图书馆大型建筑一个个拔地而起,图书馆电梯数量越来越多,电梯故障也时有发生。通过智能技术的物联网,可以实时监控电梯运行,让每台电梯自己成为"安全员",使电梯运行故障及时得到发现并处置。而同城（乡）一卡通服务体系的构建,也使图书馆信息系统的负载越来越大,系统故障不能完全避免;而体量巨大的信息系统一旦遭遇"短路",会给全系统的总分馆服务带来很大的影响,这就需要运用信息应急系统以缓解系统可能发生的突发故障,处惊不乱。如可以采用备用系统或替代方案等,并进行各图书馆相关人员的应急演练,以体现智慧图书馆信息管理系统的灵敏便捷、快速反应。

（3）整合集群的图书馆

智慧图书馆将实现跨系统的应用集成、跨部门的信息共享、跨网络的融合互通,以形成可操作、可控制、可监管、可共享的互联平台和集约发展,包括馆藏特色文献平台、全媒体数据库平台、人财物信息统计公开平台、读者服务数据统计平台、法规制度政策平台等,为读者和业界提供一体化和全方位的管理与服务,这正是智慧图书馆追求的整合集群管理的理想形态。

"同城一卡通"是 21 世纪初以来图书馆整合集群的典型案例,这种突破行政区划和城市中的分级财政而实现的跨区域的全城(乡)一卡通用,使图书馆公共文化服务体系实现了质的飞跃,使原本一个个独立的图书馆资源整合为集群共享的图书馆,使图书馆的设施资源、文献资源以及人力资源的效能走向了最优化。近十年来,网上讲座与网上展览整合集群联盟的形成与发展,也使这两项发展迅速的图书馆新的核心业务发挥出更大的效益,使东中西部图书馆的特色资源得到了互相支持和共同发展,尤其是广大的中西部地区和东北地区的读者能够享受原本难以得到的东部地区图书馆的讲座服务和展览服务,也使东部地区得到了颇具特色的中西部地区和东北地区的讲座和展览资源。

2.3 智慧图书馆是便利的图书馆

智慧图书馆将给读者和馆员的学习和工作带来巨大的变化,通过信息技术的引领、图书馆管理方式的转型以及读者信息素养的提升,智慧图书馆将给广大读者带来便捷利民的实惠,成为无线泛在的图书馆、就近一体的图书馆、个性互动的图书馆。

(1)无线泛在的图书馆

2001 年,韩国首尔提出了泛在城市计划,以构建城市内随时随地网络接入和服务接入的城市信息环境;2004 年,美国费城市政府在世界上第一个提出"无线费城"规划,以实现城市内宽带无线网络覆盖。泛在城市和无线城市给无线泛在的图书馆创造了良好的信息环境。中国信息环境的发展也为无线泛在图书馆创造了巨大的潜在用户。据 2012 年 5 月召开的 2012 世界电信和信息社会日大会上透露的信息,2009 年年初启动商业运营以来,中国 3G 用户已达到 1.52 亿,手机网民超过了 3.7 亿。截至 2012 年 3 月底,中国电话用户总数达到了 13.03 亿户,其中移动电话用户数达到了 10.19 亿户。宽带用户达到了 1.58 亿户,互联网网民规模超过了 5.2 亿人。移动互联网已深入到包括图书馆服务在内的电子商务、媒体传播、信息服务、生活娱乐等几乎所有社会生活领域。无线数字图书馆正在成为越来越多图书馆的服务方式。有线宽带城域网、无线宽带城域网、移动数字电视网、移动多媒体网的多网融合立体型基础网络架构正在一些城市中形成,并陆续应用于文化服务等领域。来自中国移动的最新数据显示,截至 2012 年 4 月底,全国已有 30 个省 302 个城市的无线城市门户上线推广。在这 302 个城市中,无线城市已上线 16 000 余个应用,环比增长 10.4%,累计独立用户超过 1700 万。通过无线城市的建设,图书馆已经并将不断构建起"图书馆总在我身边"的学习阅读环境,让读者通过手机和多媒体信息载体实现时时可读、处处可读、人人可读的学习休闲环境,即大多数文献都能够合理使用信息技术或在数字化环境中利用,大多数读者能够熟练运用信息技术进行文献查询和信息咨询,进行自主学习、探索研究并解决阅读中的问题,大多数的图书馆服务方式能够提供跨时空的服务路径,让读者可以得到个性化、可选择、互动型的服务。深圳图书馆倡导实践的城市街区 24 小时图书馆以及台北地区的多个无人自助式图书馆就被誉为智慧图书馆的一种泛在式的创新服务。

(2)就近一体的图书馆

智慧图书馆的精髓是以人为本理念下的数字惠民,就是要让读者能够就近实现同一空间一体化的阅读学习解决方案,享受智慧图书馆带来的身边的服务,以体现智慧图书馆便民、利民的本质追求。

手机图书馆或掌上图书馆成为就近一体图书馆的生动体现。上海图书馆的手机图书馆自2003年策划、2004年试点、2005年正式推出以来，2007年和2012年又先后进行了功能提升，实现了"上图信息、书目检索、读者服务、微博分享、移动阅读、你问我答和分馆导航"等多项功能的整合。重庆图书馆的手机图书馆功能也包括了丰富的内容，如书目查询、我的图书馆、重图新闻、重图电子书、入馆指南、读者互动、阅读通、讲座预告、使用说明等。中国国家图书馆的"掌上国图"则以其独特丰富的内容形成了服务的特色。移动通讯在图书馆中的广泛应用，使21世纪初提出的"我的图书馆"的创新理念真正落到了实处。

通过信息技术的整合，世界上的一些大学图书馆已实现了同一阅览空间的印本阅读、数字阅读、电子传输、数字下载、按需印制等一体化服务方案，让读者避免了以往服务中在楼层上下奔波；同时也让读者穿越了私人研究工作空间与图书馆阅读学习空间的传统隔离，可以更自由、更自主、更节约、更方便、更泛在地利用图书馆。

（3）个性互动的图书馆

智慧图书馆是服务质量更高的图书馆，这种高质量的服务品质，体现在智能化程度更高的个性化的服务以及读者参与互动式的自主式的服务与管理。2010年上海世博会举办期间，上海图书馆与普陀区图书馆合作，在世博园区中设置了图书自助漂流亭，这种自主漂流亭，可以进行网上信息查询、参考咨询、文献传递，也可以24小时自助借还印本图书。还有不少图书馆开展了"讲座队信通"服务，即读者预约图书馆讲座，只需提供手机号码即可进入网上排队系统，并以短信及时告知读者预约是否成功。图书馆的微博分享、你问我答、网上知识竞赛、电话预约、网上联合知识导航站、参考外借远地预约就近取书等都体现了个性互动的服务。这种个性互动的服务都是借助于日益发展的数字化、网络化和智能化的技术进行的。

智慧图书馆发展体现了以人为本的理念：智慧图书馆的发展是为了读者，图书馆的创新转型要让读者得实惠，图书馆提高服务品质要让读者共同参与，智慧图书馆的发展成果让读者共享。智慧图书馆的发展秉持如下的价值观：更智慧的图书馆、更优良的服务与管理。

3 智慧图书馆与数字图书馆、复合图书馆的联系与区别

智慧图书馆与数字图书馆、复合图书馆既有内在的联系又形成了自己的特点。从外在的特点分析，智慧图书馆与数字图书馆、复合图书馆都具有数字化和网络化的特征，但智慧图书馆的这些特征已经与其集群、整合、协同、绿色、惠民等内在特征和本质追求有机地结合了起来。智慧图书馆是图书馆数字化、网络化、智能化、文化全球化与社会信息化在特定历史阶段相互交融结合的产物，是数字化图书馆、复合图书馆发展理念与实践的延续、整合与升华。如果说，数字图书馆、复合图书馆还在一定程度上停留在图书馆的物理组合的话，那么智慧图书馆已发展至图书馆的化学融合，即将着力点聚焦于信息技术支持下图书馆的全面的优良服务与高品质管理之中，渗透在互联、高效、便利的三大特点之中，较之数字图书馆和复合图书馆更具有科学发展见识的新高度。智慧图书馆不是图书馆局部的解决方案，而是图书馆的全局解决方案。从发展阶段而言，在图书馆的发展进程中，数字图书馆与复合图书馆在传统图书馆的基础上，曾经成为图书馆服务与管理发展的补充要素与替代要素，成为

图书馆发展的过渡阶段,推动了图书馆服务与管理的局部变革;而智慧图书馆依托数字化、网络化和智能化的技术,提升了相应的管理智慧,硬软并举,将逐渐成为图书馆服务与管理的主导要素,成为未来图书馆的顶层设计,从而使传统图书馆从量变发展至质变,形成脱胎换骨的革命。从注重技术的图书馆信息化的发展,至技术量化发展的数字图书馆建设,再到全面智能化的智慧图书馆,实际上图书馆在发展过程中,在技术量的积累的基础上逐渐实现了质的根本性转变,即从专注于技术转型至图书馆的全面协调可持续发展,从数字信息的切入点转型至图书馆绿色发展的灵魂与以人为本的精髓,这就是智慧图书馆追求聪明、更聪明、最聪明的图书馆发展愿景。作为图书馆可持续发展的韬略,这种创新的理念与实践将成为图书馆未来可持续发展的新挑战和新机遇。

尽管智慧图书馆的理论出现时间不长,但在国内外已经有了一些实践探索,并注重了技术、管理和实践三个维度。其中技术维度注重凸现数字化、网络化、智能化的信息技术特征;管理维度则倡导应超出技术层面而将管理等要素放在更重要的地位;实践维度则以某一业务或某一地区或某一服务为切入点,进行实践探索。技术维度以技术为本,但忽略了管理要素和体制机制的障碍以及人的因素;管理维度以管理为本,但轻视了技术的基础作用;实践维度以应用为本,但缺乏顶层设计和全局谋划。从智慧图书馆的科学发展来看,应当将技术、管理、实践三个维度融为一体,体现出技术创新、管理创新和实践创新的有机统一。

如何在学习借鉴全球智慧图书馆建设成果的基础上,研究、解读并指导中国智慧图书馆的实践和发展的道路,将正在发展着的智慧图书馆的丰富实践概括并深入浅出地表述为图书馆发展的新理念,实现中国图书馆发展进程中具有中国特色、中国风格、中国气派的学术研究成果,是中国图书馆界理论与实践工作者文化自觉和文化自信的题中应有之义。中国智慧图书馆的未来路径选择应注重结合中国智慧图书馆建设的特色和各城市地区图书馆发展的特点,因地制宜,因城制宜,因馆制宜,实施区别化和层次型的发展战略,通过示范实验,积极稳妥推进,走出中国特色的智慧图书馆发展之路,以文化自信和文化自觉,为全球智慧图书馆发展做出贡献。

(选自《中国图书馆学报》2012 年第 6 期)

图书馆服务中儿童权利原则研究

范并思

1 导言

近年来，随着我国政府公共服务理念的确立，社会管理者逐渐承担起公共服务的责任。公共图书馆生存问题随之初步解决，并开始努力拓展服务领域与服务品种。公共图书馆服务拓展的一个重要方向是向未成年人提供优质服务。从发展的趋势看，公共图书馆未成年人服务正在由少儿图书馆走向其他公共图书馆，由部分条件较好的市县图书馆走向街镇社区图书馆，由单纯的信息服务走向阅读推广和更为广义的文化服务。然而，由于我国公共图书馆未成年人服务理论基础薄弱，政策指南和规章制度不健全，图书馆未成年人服务的基础知识不普及，图书馆未成年人服务的理论与实践存在不少认识的盲点与误区，直接影响服务水准的提高。

图书馆未成年人服务的基本理论是什么？我国现有图书馆学理论并没有给出很好的回答。基本理论的缺失，使得从事未成年人服务的图书馆人在服务方向的把握、服务设计和服务问题处理等方面，缺乏分析与判断的科学依据。其实，指导公共图书馆未成年人服务的基本理论是存在的，这就是公共图书馆服务理念和儿童权利原则。过去十年，公共图书馆管理者已经逐渐认识并掌握了公共图书馆服务理念，但是，如何在图书馆未成年人服务中认识儿童权利原则，运用儿童权利原则指导图书馆未成年人服务实践，仍然是一个在理论上与实践中都需要研究的问题。

确认儿童权利原则是现代社会的重要标志之一。儿童权利形成于具有法律约束力的文献《儿童权利公约》，该公约于1989年第44届联合国大会第25号决议通过，1990年9月正式生效，目前已获得193个国家批准，有超过70个国家将该公约有关条款的有关规定纳入到了国家立法之中。中国曾积极参与该公约的起草工作并于1990年8月签署、1991年12月批准该公约。《儿童权利公约》确立的最基本的儿童权利有四种，即生存权、受保护权、发展权和参与权。为保护上述儿童权利，《儿童权利公约》确立了四项基本原则，即不歧视原则，儿童的最大利益原则，确保儿童的生命权、生存权和发展权的完整原则，尊重儿童的意见原则。

儿童权利的四项基本原则，是我们分析、判断和处理未成年人服务中各种问题的基本指导思想。具体到我国公共图书馆未成年人服务的实践，则形成儿童权利的三个主题：儿童的平等权利、儿童优先原则、对所有儿童平等服务。笔者认为，通过对这三个主题的分析，图书馆未成年人服务的许多理论与实践问题都应该能得到解决。

2　图书馆服务中儿童的平等权利

儿童权利原则首先体现为儿童有平等享受各类公共服务的权利。《儿童权利宣言》规定,儿童有权"自由参加文化生活和艺术活动",主张"尊重并促进儿童充分参加文化和艺术生活的权利,并应鼓励提供从事文化、艺术、娱乐和休闲活动的适当和均等的机会"。以此推理,儿童权利原则要求图书馆对未成年人平等开放,以确保他们"充分参加文化和艺术生活的权利"。公共图书馆作为对全社会普遍提供服务的文化事业机构,在保障儿童平等、自由地获取各项资源,促进儿童身心健康发展方面有着不可推卸的责任。公共图书馆若是拒绝为未成年人服务,或者是因服务设施达不到要求,而制定将未成年人排除在外的服务政策,就是对于儿童权利的忽略。

2.1　图书馆对未成年人平等服务的趋势

儿童权利原则表明未成年人与成年人一样,享有平等接受图书馆服务的权利。公共图书馆是对全社会开放的图书馆,必须承担起对未成年人服务的职能。但是对于这一职能,图书馆的认识经历了一个漫长的过程。

以公共图书馆事业发展最好的英美两国为例,今天他们的公共图书馆无一例外地提供未成年人服务,但在公共图书馆发展的早期,人们更多着眼于图书馆在成人教育或扫盲方面的功能,并未顾及未成年人服务。即便是最早产生图书馆对儿童提供服务思想的英国,也是到1858年,才有一位图书馆员提出了设立专门针对男孩服务的阅览室的建议。1862年曼彻斯特一家图书馆提供面向儿童的服务,是英国历史上第一个有记载的针对儿童的服务。1865年伯明翰公共图书馆开始对儿童借书,1882年诺丁汉公共图书馆系统中独立出来了儿童图书馆,1932年英国图书馆协会年会上成立了一个儿童图书馆服务工作组,1937年成立儿童图书馆员协会。到20世纪50年代中后期,英国公共图书馆的分馆数量增多,服务范围扩大,儿童成了公共图书馆确定的服务对象。在美国,1876年以前只有宾汉姆公共图书馆、列克星敦青少年图书馆和匹斯堡乡镇图书馆的青少年图书馆从事儿童服务。1894年 L. E. 贝尔斯登在 ALA 年会提出了取消儿童使用公共图书馆的年龄限制等建议,此后图书馆儿童服务逐步受到重视。1900年美国图书馆协会成立儿童馆员部门。1929年美国图书馆协会青少年阅读圆桌会议成立,1949年发展成为青少年馆员协会。1967年 ALA 修订《图书馆权利宣言》,在第五条款中增加了"年龄"款目,即"一个人使用图书馆的权利,不因为其出身、年龄、背景或观点而被剥夺或削减"。美国《马萨诸塞州公共图书馆青少年服务标准》所确定的服务原则,第一条是:"青少年必须享有自由、平等获取图书馆所有服务和资源的权利,包括活动、信息服务、技术、教学参考书借阅和馆际互借、虚拟服务和远程服务。"

进入21世纪后,图书馆面临诸多新的挑战。为了吸引青少年走进图书馆,美国图书馆界进一步思考未成年人服务问题,并迈出了更大步伐。2009年美国国会图书馆成立儿童阅读中心,"在其历史上第一次有了一个专门满足少年儿童阅读兴趣的空间"。在此之前的200多年间,美国国会图书馆始终将自己定位于研究性图书馆,基本不对普通公众开放,更不对儿童开放。美国国会图书馆的这一举措,可视为图书馆为未成年人服务的一个标志性事件。

从《公共图书馆宣言》三个版本的变化，也可以看到国际图书馆界儿童服务立场的变化。早期公共图书馆的重要功能是帮助城市平民接受教育，这也是《公共图书馆宣言》(1949)中"人民的大学"的由来。这部《公共图书馆宣言》的副标题为"公共图书馆是平民教育的生力军"，第一、四小节的标题分别为"公共图书馆是教育的民主机构"和"人民的大学"，明显倾向于倡导成人教育。该宣言中关于平等服务的陈述是"以平等的条件对社区所有成员免费开放，不分职业、信仰、阶层或种族"，没有涉及不分年龄的平等服务。当然1949年前后公共图书馆的未成年人服务已经发展到比较高的阶段了，《公共图书馆宣言》(1949)记载了公共图书馆服务从成人向未成年人延伸的认识转变："虽然公共图书馆原本是服务于成人的教育需求，但它也应该辅助学校教育，提升儿童及青少年的阅读品味，帮助他们成年后能够鉴赏书籍，并通过利用图书获益。"1972年《公共图书馆宣言》首次修改，该宣言去掉了1949年版"人民的大学"的表述，在小标题中增加了"儿童的使用"和"学生的使用"，并在平等服务的项目陈述中加入了年龄：公共图书馆应该"对社区的所有成员免费、平等地开放，不论其种族、肤色、国籍、年龄、性别、宗教、语言、社会地位或教育程度的差异"。《公共图书馆宣言》1994年版则将未成年人服务提到更高的位置，其中对平等服务的陈述是"公共图书馆应不分年龄、种族、性别、宗教、国籍、语言或社会地位，向所有的人提供平等的服务"，这一陈述将年龄放到了平等服务的首位。

2.2　图书馆资源对未成年人开放的争议

图书馆对未成年人开放，允许未成年人走进图书馆，只是落实儿童权利原则的第一步，也是较为容易迈出的一步。随后图书馆服务实践中出现的问题是：对于未成年人，图书馆能否向他们敞开所有馆藏资源？除了法律禁止未成年人接触的文献外，图书馆还需不需要制定自己的政策，选择性地对未成年人开放资源？这是一个看似常识的命题，但却在理论和实践中存在着诸多争议。

主张限制未成年人自由使用图书馆资源，一般是认为未成年人的心智发育尚未成熟，他们对于知识缺乏足够的判断能力，而图书馆既有适合儿童阅读的、健康向上的读物，也有不适合儿童阅读的读物。除了在法律框架内明确限制未成年人接触的读物外，还有许多边缘性的、需要成年人判断是否适宜未成年人接触的读物。因此，包括图书馆员在内的所有社会工作者有责任引导或指导未成年人选择合适的读物。而反对限制未成年人自由选择图书馆资源的观点则认为，尽管指导未成年人选择读物是全社会的责任，但从社会分工看，儿童的监护人和学校老师才是帮助儿童选择读物的主体，而图书馆员的责任更多的是帮助未成年人掌握阅读技能，学会利用各种工具便于他们获取所需要的读物，或帮助他们对于自己的读物做出正确的判断。也就是说，图书馆员对于未成年人接触读物应该保持中立的立场，不限制未成年人接触没有被法律法规明文禁止的读物。

国际图联在其多个服务指南中对未成年人自由选择读物的权利有明确的说明。在《青少年图书馆服务指南》中，国际图联将自由选择资源的权利作为青少年服务十大目标之首："图书馆已经建立清晰的政策声明，青少年对于图书馆资源和信息来源具有自由获取的权利；图书馆尊重青少年根据自己的需要选择资源且不受审查的权利。"在《婴幼儿图书馆服务指南》中，国际图联认为："在家庭学习和终生学习的社会背景下，3岁以下儿童无约束地使用免费公共图书馆是一项基本人权，这也是提高算术能力和读写能力的重要因素。"美国是一个非常注重未成年人保护的国家,但美国图书馆协会却坚持未成年人自由选择图书馆资源的原则。该协会《图书馆权利宣言》第五条款明确规定:"个人利用图书馆的权利不应因为出身、年龄、背景或观点的原因而受到拒绝或消减。"美国图书馆协会的青少年图书馆服务协会(YALSA)在其"使命陈述"中明确表示:"在全国的每一个图书馆,图书馆员理解和尊重青少年的独特的信息需求、教育需求和娱乐需求,为青少年提供优质的图书馆服务。平等地获得信息、服务和资源被确认为一种权利而不是一种特权。"美国图书馆协会为帮助成员理解和执行《图书馆权利宣言》,相继发布了20多个解读条款,其中4个条款对未成年人的图书馆使用权利做出了明确的解答:《未成年人自由利用图书馆》是专门针对图书馆年龄限制问题做的进一步解释,提出了"使用图书馆的权利包括自由获取,不受限制地使用图书馆提供的所有服务、资源和设施。任何以年龄、教育背景、读写能力为借口对图书馆资源进行限制获取或使用都违反了第五条的内容";《儿童和青少年利用非印刷资料》规定应该确保未成年人对磁带、CD、DVD、音乐 CD、计算机游戏、软件和数据库等新兴非印刷资料的使用;《学校图书馆媒体计划中资源与服务的利用》认为馆员需要积极营造一种知识自由的氛围,确保所有的学生都能够平等享受学校图书馆的设备、资源和各种服务;《未成年人与网络的互动性》对网络环境下信息资源的自由使用进行了更深入的阐述。这些解读中的有些观点对我国可能过于极端,如认为对资源和信息技术的年龄限制"无论是否得到父母的允许"都损害未成年人的权利,但它们所揭示的对于未成年人平等服务的原则值得借鉴。

2.3 从管理未成年人到服务未成年人

未成年人自由使用图书馆资源的问题实质,涉及图书馆的管理者对于未成年人究竟应该以管理为主还是服务为主的问题。

图书馆界以往较多地强调图书馆员的教育责任,杜威曾认为图书馆员应该像牧师一样教化民众,这也是公共图书馆的早期传统。但这一传统在20世纪30年代以后随着公众权利意识的苏醒而受到挑战,"随着图书馆学的'科学化'进程,如同宗教般的对图书馆教化功能的虔诚被无情捅破了。因为没有任何'证据'可以证明图书馆员要比读者来得更高明,也没有任何'原理'可以说明图书馆员所提供的精神食粮要优于读者自己选择的。经过痛苦的选择以后,图书馆员被迫从意识形态的前台退了下来,强调图书馆员在意识形态上的中立性、客观性和被动性,强调读者有权自主选择自己所需的任何知识的权利"。而主张服务中立的观点,随着美国图书馆协会《图书馆权利宣言》被广泛认可,而成为现代图书馆的重要理念。

在未成年人服务领域,现代图书馆学同样主张中立地对待读者,将公共图书馆的使命严格限于服务。尽管每一位社会成员都负有教育未成年人的责任,但不同的职业有自己不同的角色。图书馆员的角色应该是以优质、平等、专业的阅读服务引导儿童阅读,而不是寻求对于儿童阅读行为的直接干预。现代图书馆的基本运作原理是搜集尽可能完善的文献信息资源并有序组织,保证使用者能够最有效地知晓文献、获得文献。例如,可以用服务过程中生成的客观数据,如有些儿童评价较高、借阅量较大的读物,展示这些记录以帮助儿童选择读物,就比推荐经典书目更符合图书馆服务中立的立场。

国际上图书馆未成年人服务中较为普遍的荐书书目是分级阅读书目,这种书目告诉图书馆员为不同年龄的儿童准备不同的书,一般不涉及读物对未成年人的引导倾向。但即使这种纯粹针对儿童认知能力或阅读能力的荐书，在出版界也是有争议的。如北京少儿出版社的安武林就反对分级阅读："所有的作品都在那儿了，让读者们自由地选择才是正确的做法。如果我们强调分级阅读，那等于是让读者产生无限的依赖的心理……寻找、鉴别、选择，是任何一个阅读者的基本权利，如果剥夺孩子们这种权利，那等于是犯罪。"

国际图联《公共图书馆服务指南》对于未成年人服务的定位是强调对于阅读过程而非对特定内容的关注："公共图书馆负有特殊的责任，以支持学习阅读的过程，推广儿童图书和其他资料。""通过提供范围广泛的资料和活动，公共图书馆提供了一个机会，让儿童体验阅读的快乐，受到知识和思想作品的鼓舞。应该教导儿童和他们的父母学会如何最好地利用图书馆，提升使用纸质和电子媒体的技能。"1998年，美国图书馆协会制定了新世纪的"五个行动领域"（后增加到了八个领域），其中之一是信息素养领域。该文件认为"协助和促进图书馆帮助儿童和成人发展他们所需要的技能——阅读和使用计算机的能力——并协助和促进图书馆认识到寻求和有效利用信息资源的能力对于全球信息社会是必要的"。可以说，以图书馆优质、平等、专业的阅读服务帮助儿童寻求与获取阅读资源，掌握正确的阅读方法，利用图书馆和其他信息机构开发的书目或信息工具，是比指导儿童"读好书"更为重要的服务。

3　图书馆服务中的儿童优先

我国第三个"儿童发展纲要"《中国儿童发展纲要（2011—2020年）》首次将"儿童优先原则"列入纲要，作为中国政府促进儿童发展的基本原则之一。所谓儿童优先原则，指的是在制定法律法规、政策规划和配置公共资源等方面优先考虑儿童的利益和需求。儿童优先原则是儿童权利的重要体现，包括公共图书馆服务在内的公共服务中应该充分体现该原则。

3.1　儿童优先的图书馆立场

儿童优先原则是现代社会管理与服务的基本原则，公共图书馆作为开放的公益性服务机构，有理由在服务中率先体现这一原则。国际图联在发布各种文献时，从不忽略未成年人问题。特别是1994年版《公共图书馆宣言》在使命（任务）部分所列12个使命中，排在首位的使命就是"从小培养和加强儿童的阅读习惯"，体现出儿童优先的立场。在国际图联《公共图书馆服务指南》中有多个专门针对未成年人的条款，如第1章"公共图书馆的使命和目标"中有"儿童和青少年"一节，第三章"满足用户需求"中有"面向儿童的服务"和"面向青少年的服务"。为充分体现图书馆儿童服务的特殊性，国际图联接连发布了3部专门针对未成年人的指南，即《婴幼儿图书馆服务指南》《儿童图书馆服务指南》和《青少年图书馆服务指南》十分细致地指导着各国图书馆的未成年人服务。

根据儿童优先原则，公共图书馆需要在服务政策、馆舍布局、场所及设施建设、文献资源配备、服务人员安排等方面对未成年人服务有所侧重，为未成年人提供优质的服务。在公共图书馆服务的目标人群中，未成年人群体由于自身阅读能力和行动能力的不足，属于需要提供特殊服务的人群。如果一家公共图书馆对未成年人平等开放，允许未成年人与成年人一样借阅文献，但该馆却没有满足未成年人对设施和文献资源的需求，未成年人实际是无法享受该图书馆服务的。因此，图书馆在其服务中体现儿童优先原则，就需要按照未成年人服务的特殊要求设计场地,改造设施,补充文献资源,并对馆员提出特别的要求。

在未成年人服务的场地、设施、文献和馆员诸要素中,馆员素质是最能体现儿童服务水准的要素。一般图书馆服务政策会对成年人与未成年人的馆员与读者比率做出不同的安排。如英国图书情报专业协会(CILIP)的标准,馆员与成年读者之比是 1∶15,而 2 岁以下儿童是 1∶3,2 岁儿童是 1∶4,3—5 岁是 1∶8,从服务人员数量上保证服务中儿童优先。在服务实践中,成年人接受图书馆服务,虽然也希望馆员有灿烂的笑容,但他们主要是来图书馆阅读,馆员即使心情不好,一般也不会对读者利用图书馆造成实质性影响。而在未成年人服务中,小读者可能频繁地需要从馆员处获得帮助或指导,馆员的一个不耐烦的表情,甚至可能使一位敏感的小读者从此再不愿走进图书馆。当在图书馆见到一位馆员在服务过程中蹲下身来回答小读者的问题时,我们基本能够确信该图书馆的服务水准相当不错了。

落实图书馆服务中的儿童优先原则,还有一个很大的阻碍,就是来自读者的压力。我国社会缺乏儿童优先的传统,很多成年人不善于与不同阅读习惯的人在一个公共空间中阅读,他们对未成年人阅读行为缺乏必要的尊重与包容,以成年人的阅读习惯约束未成年人。以致在公共图书馆服务实践中,未成年人进馆、进阅览室或吵闹,成为目前读者投诉最多的问题之一。特别是在一些馆舍面积不大的街镇社区图书馆,图书馆服务很受未成年人读者的欢迎,但由于狭小的空间无法很好地分隔未成年人服务区域,未成年人服务中产生的"吵闹"往往成为读者激烈投诉的重点。有些极端的读者甚至反对小读者进入他们喜好的阅读空间,而不论小读者是否真的吵闹。主管部门和媒体对此现象缺乏良好的引导,图书馆人对此无所适从,某些图书馆甚至因为这种投诉而取消了未成年人服务。对于这种情况,图书馆员在劝告未成年人读者保持安静的同时,最需要做的是向社会公众宣讲儿童优先原则,引导成年读者尊重未成年人的阅读习惯,学会社会包容,学会与未成年人在同一个公共空间阅读。只有说服公众接受了儿童优先原则,才能妥善地解决未成年人服务中引起的因"吵闹"而投诉等问题。

3.2 图书馆服务中的儿童安全

儿童优先原则涉及图书馆服务中的儿童安全问题。一般而言,图书馆建筑具有很高的安全性,图书馆服务属于十分安全的服务。但未成年读者、低幼儿童大多不具备自理能力,安全意识薄弱,自我保护能力不足,在监护人不注意时容易发生安全问题;而青少年群体则好动、好冒险,也可能发生安全问题。此外,一旦读者在图书馆发生意外事故,未成年人的事故处理比成年人更加急迫与复杂。因此,在图书馆服务中优先考虑未成年人的安全问题是落实儿童优先原则的具体体现。

保证对未成年人服务安全的前提是环境与设施安全。尽管现在公共图书馆管理者在这方面已经十分注意,室内装修与家具采购方面尽量符合国家标准。但有些细节问题仍然防不胜防,如近年冬季室内花卉流行圣诞花,有些图书馆将其摆放到未成年人服务空间以突出节日气氛,但这种花的茎和叶都有毒,不宜摆放在未成年人特别是低幼人群活动场所。因此,环境与设施安全仍然是落实儿童优先原则的重点。

对于未成年人服务安全影响最大的要素是图书馆员,员工的法律意识、专业能力和责任感是未成年人安全的最大保障。在国外,无论图书馆专业教育,还是图书馆团体的服务政策文件,都会对员工在服务中的安全行为提出非常具体的要求。例如,英国图书情报专业协会的要求包括：不要陪孩子到厕所；避免与孩子们的身体产生接触；在讲故事时切勿让孩子坐在你的膝盖上；不要牵着孩子的手离开图书馆寻找他们的父母；不要安排在图书馆外接触孩子；不要为孩子做他们自己可以做的个人性质的事。这些要求，同时也是保护图书馆员的"安全"。

当然，保护未成年人安全最重要的还是制定切实可行的儿童安全服务政策。在国外，既有图书馆组织制定的指南，如英国图书情报专业协会的《一个儿童安全的地方：CILIP 促进公共图书馆儿童安全指南》，也有单个图书馆制定的服务政策，如美国《托马斯·克兰公共图书馆的儿童安全政策》。这些文件十分详细地规定了图书馆服务确保未成年人安全的规章制度。例如托马斯·克兰公共图书馆的政策文件中规定，"4 岁以下的儿童在任何时间都必须被一位负责的成年人或 14 岁以上的儿童严密看管（在视线范围内）"，"5 岁至 9 岁的儿童必须得到一位负责任的成年人或 14 岁以上的儿童的直接看管（在图书馆内的同一房间或空间）"，"10 岁或以上而没有被看管的儿童必须是懂事和能够服从图书馆使用守则的。一般来说，如家长或监护人认为儿童在没有看管下不能单独留在家里的话，该儿童亦不能在没有陪伴下留在图书馆内"，"13 岁以下的儿童在图书馆关门时没有看管人陪同将被视为高危儿童。在关门后十五分钟内仍未能联络上看管人的话，图书馆员将通知警察。两位馆员将陪伴该儿童直至看管人或警察到达"，"图书馆员在任何情况下均无权送任何儿童离开图书馆"，"如家长/监护人被知会儿童安全政策后，仍然坚持让儿童单独留在图书馆内，图书馆员将会通知警方"。据笔者对我国公共图书馆未成年人服务现状的了解，目前还没有哪家图书馆或图书馆组织按此要求制定自己的儿童安全管理文件。

4　对所有未成年人平等服务

图书馆保障未成年人的平等权利，不仅需要使未成年人可以与成年人一样享受图书馆服务，而且需要采取措施，使那些无法正常接受图书馆服务的未成年人中的特殊人群，也能够同样享有图书馆服务。为达到这一目的，图书馆需要设计与提供特殊服务，以保证他们平等享有图书馆服务的权利。国际社会通常的做法，一是在未成年人服务中坚持多样性，二是在服务设计与组织中体现人文关怀。

4.1　坚持图书馆未成年人服务的多样性

多样性服务是国际社会倡导的图书馆多元文化服务的基本要求，也是保证儿童平等接受图书馆服务的基本途径。通过多样性服务，图书馆可以在为普通未成年人提供优质服务的同时，也对因为社会、经济、文化背景或生理状况而导致阅读困难的儿童提供特殊服务。也就是说，图书馆未成年人服务一定要做到丰富多彩，形式多种多样，以吸引不同年龄、不同家庭背景、不同智能水平与个人能力、不同兴趣爱好的儿童都能积极参加，使所有未成年人都享有良好的服务。

图书馆未成年人服务的多样性体现在以下几个方面：

（1）根据服务对象的年龄提供多样性服务。处于不同年龄段的未成年人有不同的心理、生理特点，对图书馆的需求有很大不同，因此图书馆要为每个年龄段的未成年人提供适合他们自身发展需要的多样性服务,保障每个未成年人群体都有自己喜爱的、适合他们需要的服务和活动。例如,公共图书馆可以为婴儿和学步儿童提供"认识自己""大腿上的时光"等活动;为学龄前儿童提供讲故事、亲子阅读和大声朗读等活动;为学龄儿童提供班级访问、阅读指导、暑期阅读、木偶剧、手工制作等活动;为青少年提供暑期阅读、书话会、参考咨询、益智活动和展览等。

(2)根据服务对象的智力和能力水平提供多样性服务。由于未成年人智能发展和家庭环境的差异,有许多未成年人群体无法接受普通的服务。因此,图书馆除了应该为家庭状况较好的健康的未成年人提供普通的服务,还应该针对家庭条件较为困难的儿童和阅读困难儿童、社会交往困难儿童等提供特殊的服务。例如,近年我国公共图书馆、少儿图书馆开展了"太阳花开"心理辅导、面向智障儿童的"让折翼的天使在知识的海洋中遨游"服务、面向留守儿童的"寄语视频库"等服务。这一类多样化的服务,很好保障了不同类型的未成年人群体平等享有图书馆服务的权利。

(3)针对服务对象的文化多样性提供服务。图书馆的未成年人服务要坚持文化多样性,保持与社会多文化性的一致,是国外公共图书馆十分注意的原则。如丹麦自20世纪60年代以后接收大量来自欧洲和讲英语地区以外的移民和难民,产生大量多元文化家庭。哥本哈根公共图书馆的一些分馆为多元文化家庭的未成年人提供特殊服务:图书馆员会在儿童出生到入学前进行4次家庭拜访。通过讲故事,向孩子(和他的家庭)介绍不同的图书馆服务。在每次造访时,孩子都会收到一本新书。近年来我国由于人口流动加速和国际化加速,公共图书馆也面临服务对象的文化多样性问题。因此,在为未成年人服务时,也应该注意保持与文化多样性的一致。如在外国人、港澳台同胞、城市新移民(即上海的新上海人、北京的新北京人等)、外来务工者居住较为密集的地区,图书馆应该针对他们的子女设计不同的服务。

4.2 图书馆服务设计与组织中的儿童平等

图书馆未成年人服务的重要特点之一是"服务活动化"。成年人的借阅、参考服务大多是一种被动的、静态的服务,其服务形态相对稳定,常年不变。但未成年人服务则需要更多地去策划组织,不断推出新的活动吸引未成年人,以保持他们对于图书馆服务和阅读的关注。图书馆的未成年人活动,既有阅读推广活动,如亲子阅读、绘本阅读、户外阅读、新媒体阅读,也有与阅读没有直接关系的活动,如志愿者活动、夏令营、游艺节目、知识竞赛等。

"服务活动化"是适合未成年人服务的组织方式,深受未成年读者的喜爱。因为开展未成年人服务活动较之传统的借阅服务更有利于细分服务对象,因此"服务活动化"也是使所有未成年人平等享有图书馆服务的基本路径之一。正如国际图联在《儿童图书馆服务指南背景文本》中所指出的,"儿童图书馆通过为儿童设计和成人不同的活动促进儿童权利"。

但是,并非所有活动都能自动促进儿童权利。图书馆的未成年人活动是很有个性的服务,需要图书馆员创造性的设计与组织。只有在活动中坚持儿童平等原则,保护未成年人中的弱势群体在图书馆服务中不受伤害,儿童权利才能真正得到保障。

例如,我国许多图书馆员不具备儿童教育或儿童发展心理学方面的专业知识,他们本身在应试教育环境中成长,对这种教育情有独钟。加上儿童家长普遍望子成龙,对图书馆开展的以鼓励个人拔尖,鼓励单项能力发展的活动有很强的需求,因此不少图书馆在设计、组织和开展活动时投其所好,设计了作文竞赛、抢答式知识竞赛一类活动。这种活动固然可以吸引未成年人参加,但其结果往往是学校教育的优生受到公共资金的再一次鼓励,而学校教育的落伍者一无所获,甚至受到再次打击。因为学校教育的落伍者大多数与他们的生理或家庭困难相关,所以图书馆举办这类未成年人活动,看似很热闹受欢迎,但却可能违背了图书馆公平服务的宗旨和人文关怀的传统。

国际图联的未成年人服务指南文件中,以"最佳实践"的形式介绍了许多相关的服务案例。尽管指南没有明文批评竞赛类活动,但大部分服务案例属于促进儿童早期阅读或残障儿童、边远地区儿童、家庭双语儿童的阅读,支持儿童全面发展的活动,几乎找不出任何与竞赛相关的活动。当然近年我国公共图书馆的未成年人服务活动也出现了可喜的变化。越来越多的图书馆在开展活动中,注重面向视障儿童、弱智儿童、学习困难儿童的阅读活动,这些人群一般无法适应正规学校教育,特别在选拔制教育体系中举步维艰,图书馆的活动维护了他们的社会权利和人格尊严。还有很多图书馆开展儿童志愿者活动,鼓励儿童参与图书馆管理、帮助他人利用图书馆,这些活动对于修正儿童在家庭中形成的自我中心倾向,促进社会包容方面,有积极的正面效用。

（选自《中国图书馆学报》2012 年第 6 期）

面向关联数据的语义数字图书馆
资源描述与组织框架设计与实现

欧石燕

1 引言

自 20 世纪 90 年代以来,数字图书馆这一综合研究领域在世界各地蓬勃兴起并取得了巨大发展。随着数字图书馆基础设施建设和遗留资源数字化工作基本告一段落,研究人员和从业者更多地开始关注如何保证在分布式的异构数字环境中,人们能够准确而全面地获得所需的信息与知识,这涉及当前数字图书馆关于资源组织与利用的几个难题:①信息在局部范围得到组织但在整体上并不相互联系,形成了许多分散独立的信息孤岛;②无法对不同的信息系统实现统一的访问;③无法通过机器对信息进行语义层面的操作。

进入 21 世纪以来,互联网技术得到了突破性进展,以语义网为核心的各种技术与标准的出现正在逐步影响并改变着当前的 Web 以及基于 Web 的各种应用,这其中也包括数字图书馆。将语义网技术应用到数字图书馆是国内外计算机和图情界近年来的研究热点。较早的研究主要偏重于采用 RDF、OWL、SKOS 等技术分别解决数字图书馆中的某些局部问题,如元数据、知识组织、信息检索等,当前的研究则更致力于探索如何利用语义网技术对数字图书馆中资源的描述、组织和检索等问题进行一揽子的解决,打造具有语义功能的语义数字图书馆,具有代表性的项目有三个:JeromeDL、SIMILE 和 Bricks。所谓语义数字图书馆,是指以机器可读可理解的 RDF 语言为介质,能够集成基于不同元数据的各种信息,支持与其他数字图书馆或信息系统之间在通信层面或元数据层面的互操作,并提供具有语义功能的浏览和检索服务的数字图书馆。当前几个语义数字图书馆的原型系统(如 JeromeDL)虽然实现了元数据的语义化描述,解决了元数据语义互操作问题,并支持语义检索,但是它们并没有真正成为语义网的一部分。首先人们对图书馆数据的访问需要通过 Web 应用程序接口(即 API)来进行,不同的数字图书馆系统拥有各自不同的访问界面,它们之间的互操作往往需要采用某种机制(如 OAI-PMH①)才能实现,因此无法在不同的数据集间建立无缝连接,从而像浏览 Web 文档一样通过链接的 URIs 地址在分布式的结构化数据之间进行冲浪。其次,虽然语义数字图书馆在一定程度上解决了语义互操作问题,但是这种互操作主要是针对图书馆的文献信息资源,还无法在不同的知识单元(如文献资源、知识组织资源等)之间建立显性链接来揭示它们之间隐含的各种相关关系,因此不同的知识单元是分散而独立地存在着。

---

① 全称 Open Archives Initiative Protocol for Metadata Harvesting,是用于收割基于 XML 的描述性元数据记录,实现不同信息系统间互操作的协议标准。

此外，即使在同一知识单元内部，也无法有效揭示资源之间的深层次关系，如相同、相关的资源等。关联数据的提出为上述问题的解决提供了现实和可能。

关联数据是由语义网创始人伯纳斯·李于 2006 年 7 月首次提出的一个概念，是指在语义网上发布、共享、连接各类数据、信息和知识的一种方式。它以 HTTP 协议可参引的 URI 地址命名所有资源，以 RDF 语言语义化地描述资源，以 RDF 链接指向相关资源并揭示资源间的语义关系，是一种推荐的语义网最佳实践。2007 年至今，许多机构和研究者已经开展了众多的关联数据项目，如 DBPedia①、DBLP Bibliography②、GeoNames③ 等，将不同领域的结构化数据发布到网络上进行关联和共享，构成数据之网。虽然当前在数字图书馆中还没能实现全方位的数据关联与发布，但是已经有了关联数据的局部应用，有两个代表性案例：一个是瑞典国家图书馆实现书目数据的关联，另一个是美国国会图书馆将其主题词表 LCSH 进行语义化描述后以关联数据的形式发布到 Web 上。但是这两个项目都没有对关联数据之上的应用（如浏览和检索）做进一步的探索。

本研究的目的是构建一个数据关联的语义数字图书馆原型，实现对数字图书馆各种资源的语义化描述和语义检索以及全方位的数据关联，其核心是基于本体的元数据语义化转换和关联数据的构建与发布。该数字图书馆将具有以下功能和特点：

（1）实现文献资源的语义化描述和不同元数据类型间的语义互操作；

（2）实现图书馆知识组织资源（如受控词表、规范档等）的语义化描述；

（3）实现图书馆不同知识单元间资源的关联，使图书馆的资源组织由传统的基于主题的层次化组织结构扩展到多方位、多层次的网络状组织结构；

（4）支持在网络上通过 RDF 链接浏览语义相关的资源，实现不同信息系统间或不同数据集合间信息的无缝过渡；

（5）实现对数字图书馆资源的统一检索和访问；

（6）支持语义检索和自然语言检索。

2　相关研究综述

本研究涉及数字图书馆和语义网领域的两个热门主题"语义数字图书馆"和"关联数据"。语义数字图书馆是由爱尔兰 DERI 研究所（Digital Enterprise Research Institute）的 Kruk 等人首先提出的一个概念，是建立在传统数字图书馆、语义网、社会网络和人机交互研究之上的一个新事物。语义数字图书馆系统将传统图书馆中的知识组织系统与语义网和社会网络技术相结合，支持对信息的语义标注和与其他信息系统间的语义互操作，并允许用户参与到信息标注和知识共享中来，使信息发现变得更加容易。相对于普通数字图书馆，语义数字

---

① 该项目将维基百科中的数据作为关联数据在 Web 上发布，见 http://dbpedia.org。

② 该项目将 80 万个科学论文书目数据作为关联数据在 Web 上发布，见 http://www4. wiwiss. fu-berlin. de/dblp。

③ 该项目将全世界超过 650 万个地名信息作为关联数据在 Web 上发布，见 http://www. geonames. org/。

图书馆有两个主要优点:①提供了对信息空间新的搜索范式,如基于本体的搜索/分面搜索;②提供了数据层面的互操作,如集成各种不同来源的元数据,在不同的数字图书馆系统之间建立连接。目前具有代表性的语义数字图书馆项目有 JeromeDL、SIMILE 和 Bricks。JeromeDL 是波兰 Gdansk 理工大学图书馆与爱尔兰 DERI 研究所合作进行的一个社会语义数字图书馆项目,它采用一个共享的书目本体 MarcOnt 作为中介实现不同类型元数据(即 Dublin Core、BibTeX 和 MARC21)的语义化转换以及它们之间的互操作,从而在同一个数字图书馆内部实现对各种资源的语义搜索和浏览。SIMILE 是麻省理工学院、万维网联盟(W3C)和 HP 实验室联合研制的一个数字图书馆项目,其目的是支持和扩展 DSpace 数字资源管理系统,提高它对分布存储在不同地点和环境中的各类数字资产、概念体系(包括词表和本体等)、元数据之间语义互操作的支持。通过对 RDF 和语义网技术的应用,SIMILE 提供了一系列用于转换、浏览、检索和映射异质元数据的工具,首先针对不同类型的元数据构建元数据本体,并在它们之间建立映射关系,然后依据各个本体对相应的元数据类型进行语义化转换,最后通过元数据本体间的映射关系实现不同元数据间的互操作。此外,SMILE 还将不同类型的数据(包括数字资产的元数据、OCLC 人名规范档、维基百科中的人物生平信息)进行了关联,可以看作是关联数据的雏形;但是因为没有采用可参引的 HTTP URI 地址将关联的数据在 Web 上发布,还不能算作是真正的关联数据。Bricks 是一个欧盟研究项目,目的是建立分布式文化遗产数字图书馆网络基础结构并实现互操作。Bricks 与 SMILE 实现元数据语义互操作的方法大致相同,都是采用元数据本体间相互映射的方法,但是 Bricks 是采用 OAI-PMH 协议在不同数字图书馆系统之间实现互操作,而 SIMILE 则是在同一数字图书馆系统内部实现不同元数据间的互操作。

本研究除了属于语义数字图书馆范畴,也属于关联数据在图书馆领域的一种应用。关联数据自提出以来受到了计算机和信息领域的极大关注,许多个人和组织机构采用关联数据作为发布数据的一种途径,从而构成了一个称之为数据之网的全球数据空间。数据之网的出现源自于语义网研究社区的努力,特别是得益于万维网联盟(W3C)的关联开放数据项目(Linking Open Data)。至 2011 年 8 月,以关联数据形式在万维网上发布的数据集,即构成"关联开放数据云"(Linking Open Data Cloud)的数据集,已达 295 个,其中图书馆及其相关领域的关联数据集有 87 个,约占整个数据云的 9.33%。图书馆拥有并一直在不断生成大量高质量的结构化数据,譬如书目数据、知识组织数据等,这些数据的发布、集成、发现是图书馆的核心工作之一,因此图书馆具有成为关联数据实践者和提供者的天然特性,可以利用关联数据发布资源,扩展资源发现服务,进行数据融合,促进异构数据的开放与复用,实现数字图书馆系统之间以及与其他信息系统之间的集成等。

图书馆采用关联数据发布最多的是知识组织资源。在关联开放数据云中,具有代表性的词表数据有:美国国会图书馆发布的美国国会图书馆标题表 LCSH,联合国粮农组织发布的多语言农业词表 AGROVOC,OCLC 发布的杜威十进制分类法 DDC,欧盟研究项目 TELplus 发布的法国国家图书馆主题词表 RAMEAU,德国国家经济图书馆发布的经济学词表 STW 等。这些关联数据化的词表通常采用标准 SKOS 语言或 SKOS 标签扩展(SKOS-XL)语言表示,采用 RDF 存储器存储,支持基于 HTML 和 RDF 浏览器的浏览,并能通过 SPARQL 终端进行查询。图书馆发布的第二大类关联数据是书目数据,代表性项目是瑞典国家图书馆将瑞典联合书目 LIBRIS 发布为关联数据,这是首个实现图书馆书目数据关联数据化的实例。

2012 年 6 月，OCLC 将 WorldCat. org①中的书目元数据发布为关联数据，是目前 Web 上最大的关联书目数据。此外，RDF Book Mashup 提供了一种虚拟的书目数据关联数据化的发布和访问模式，它将来自多个不同 Web APIs 的书目信息集成到一个语义网界面中，其实质是通过构建一个包装器使得需要用户通过各个不同 Web APIs 访问的书目信息能够统一以关联数据的虚拟形式进行访问。除了词表数据和书目数据，一些科技论文数据也被语义网实践者以关联数据的形式发布为数据之网的一部分。德国柏林自由大学和汉诺威大学的研究者采用 D2R②服务器将著名的计算机科技文献书目数据库 DBLP 发布为关联数据。英国南安普顿大学的研究者采用 RKB Explorer 将 DBLP 发布为关联数据。RKB Explorer 是欧盟 ReSIST 项目开发的一个能够将来自多种异质数据源的数据进行集成并在语义网上统一发布的工具。除了 DBLP、RKB Explorer 还能够发布来自 Citeseer、ACM、NSF 和部分 IEEE 会议的学术资源。此外，爱尔兰和英国的研究者们共同开发了一个以关联数据形式发布的语义网学术会议资料库 Semantic Web Dog Food。

我国对关联数据的认识比较晚。最早将关联数据介绍到国内的是上海图书馆的刘炜和华裔学者曾蕾。自 2010 年起，国内出现了大量关于关联数据的论文，但主要是对关联数据这一概念及其研究与应用现状进行介绍和综述，对关联数据应用与实践的研究还几乎没有。

3 语义数字图书馆资源描述与组织框架

在本文中，作者提出了一个层次化的语义数字图书馆资源描述与组织框架，将数字图书馆的资源描述、组织、发布和应用分为四个层次（见图 1）。该框架基于本体对图书馆的各种资源（如文献资源、知识组织资源、人名/组织机构名、地名等）进行语义化描述，采用关联数据原则发布数据，提供统一的数据访问机制，实现异构数据之间的语义互操作。

第一层是元数据层。在数字图书馆中，针对不同类型（如普通图书、学位论文、期刊等）、不同时期（如遗留资源、新建资源）、不同来源（如数字化的实体资源、网络资源）的文献资源一般采用不同的元数据规范（如 MARC、DC、Bib-Tex 等）进行描述，这导致同一数字图书馆内部往往并存着多种元数据规范，不同数字图书馆之间使用的元数据规范更是千差万别。这些元数据规范之间可能存在着某些相似之处（如共享相同的核心元素），但并不完全兼容。此外，元数据主要是为人而设计的，元素的语义缺乏明确的、形式化的定义，无法利用机器的强大功能对元数据直接进行理解和处理。因此元数据虽然提供了数字图书馆的语义基础，但却无法解决资源描述的异构性和语义性问题。

第二层是本体层。鉴于元数据的上述局限性，需要在资源元数据描述的基础上构建某种机制，实现不同元数据类型和格式间的语义互操作，这就是本体层的作用。目前通过本体实现元数据的语义化描述和语义互操作，主要有两种方法：一种是对不同元数据规范中的概念和属性进行整合，采用本体描述语言（通常是 OWL 语言）构建一个集成元数据本体，如

---

① WorldCat. org 是 OCLC 的全球图书馆和其他资料的在线编目联合目录，是世界最大的联机书目数据库。

② D2R Server 是一个将关系型数据库发布在语义网上的工具。

JeromeDL 项目中的 MarcOnt 本体,并基于该本体实现对各种元数据的语义化转换,转换成为统一的具有相同语义的 RDF 格式;另一种是采用本体描述语言对每种元数据规范进行本体化描述,并基于构建的元数据本体将相应的元数据转换成为 RDF 格式,然后通过不同元数据本体之间的映射关系,实现不同语义的 RDF 元数据之间的语义互操作,如 SIMILE 和 Bricks 项目中的做法。这两种方法各有优缺点。对于第一种方法,如果有新的元数据规范出现,必须修改和扩展集成元数据本体,使其能够容纳所有元数据规范中的概念和属性,因此灵活性比较差,但是在应用层面更容易实现不同类型元数据间的语义互操作。第二种方法更具有灵活性,因为当有新的元数据规范出现时,只需对它进行本体化并增加与其他元数据本体的映射,而无须改动已有的元数据本体及它们之间的映射关系,但是在应用层面实现元数据间的语义互操作比较复杂,需要借助 OWL 语言的推理功能。考虑到 DC 元数据是目前描述绝大多数文献资源的基本规范,作者综合上述两种方法的优缺点,提出基于 DC 元数据规范构建一个各种文献资源共享的核心元数据本体。之所以称之为核心元数据本体,是指该本体并不试图容纳各种元数据规范的所有元素,而是形式化地描述各种元数据规范所共有的核心元素(即 DC 元数据元素)。特定文献资源类型(如会议论文)所特有的元数据元

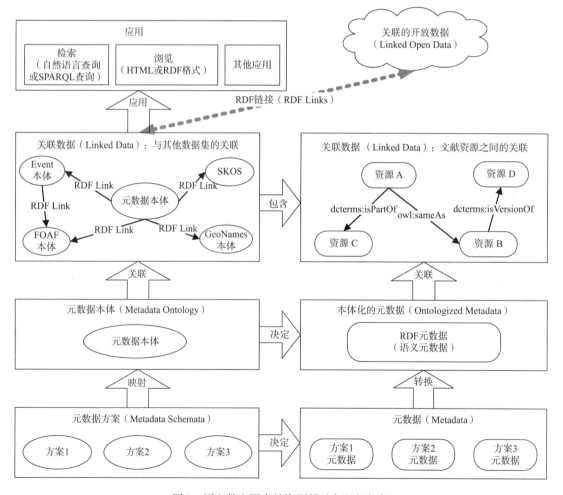

图 1　语义数字图书馆资源描述与组织框架

素(如所属的会议)或相互间关系(如会议论文与会议论文集之间的关系)可以动态地加入到核心元数据本体中来,通过对核心元数据本体进行定制化扩展生成针对特定文献资源类型的专门元数据本体。这样做的原因是既保证元数据本体具有灵活的适应性,可以针对不同类型的文献资源,又能使不同的元数据本体之间具有核心共享部分(即核心元数据本体),容易实现不同类型元数据之间的语义互操作。

第三层是关联数据层。虽然通过元数据本体,可以在语义层面上描述文献资源的元数据信息,并揭示它们之间的显性关系(如两个资源是整体和部分的关系),但是这些资源仅限于书目元数据,无法与图书馆中的其他资源(如知识组织资源)或外界的相关信息相沟通,也无法揭示资源间深层次或隐含的相互关系(譬如两个资源属于同一主题),更无法被读者直接浏览和访问①。因此作者提出采用关联数据的形式对本体化的元数据进行再组织,并采用关联数据原则在网络上进行发布。在类层面上,通过在不同领域的本体间建立联系,可以将图书馆不同知识单元的资源(包括书目元数据、知识组织资源、名称规范档等)在语义层面上相互关联起来;在数据层面上,可以将同一知识单元中的相同或相似资源进行关联,从而使图书馆中的各种资源构成一个有机联系的统一整体。为了实现数据关联,需要使用HTTP协议可解引用的URI地址命名每个资源,使用RDF链接连接相关的资源并语义化地揭示关系的类型(譬如作者关系、主题关系、相同的资源等),使用内容协商机制解决非信息资源(见5.1节)的访问问题,使得每个资源都可以使用浏览器通过URI地址进行直接访问,并可沿着RDF链接爬行从而访问其他相关资源,自由地在不同数据集中进行切换,使图书馆的各种数据构成一张立体的数据之网。此外,图书馆的关联数据还可进一步与其他图书馆的关联数据或其他领域的关联数据(如DBPedia)相关联,成为整个数据之网的一部分,更容易被读者所发现。

第四层是应用层。在应用层需要实现的是对关联数据的统一浏览和检索以及其他语义互操作。除了提供传统的基于关键词的检索方式,还可进一步提供界面更为友好的问答式检索,使用户可以采用自然语言的提问在语义层面精确地表达自己的信息需求,并获得精确的查询结果。此外,通过利用元数据本体间的映射关系以及本体的推理功能,或者利用术语服务机制中的查询词扩展与精炼功能,能够更进一步提高检索的智能性与复杂性。

4 本体的设计

图书馆面对的是多学科、多领域的文献资源,需要建立一种通用的、与领域无关的文献资源描述和组织方法。元数据,作为对文献资源的一种通用描述方式,已经在图书馆领域广泛应用,并且逐渐向着规范化的方向发展,即采用规范化的本体描述语言(如RDFS、OWL)对元数据规范进行形式化描述,譬如著名的DC和DCTERMS元数据规范均采用RDFS语言进行描述。近年来国外逐渐出现了采用OWL语言描述的书目本体、数字资源结构本体等,如MarcOnt和BIBO(Bibliographic Ontology)本体,对文献资源的书目元数据或者结构特征进行规范化描述。在本研究中,作者提出了基于元数据规范构建元数据本体的思想,其目的是对文献资源的属性以及文献资源之间、文献资源与其他资源之间的相互关系进行精确的语

---

① 在传统Web中,对数据资源的访问需要采用API等方式进行,不能像对Web文档那样直接访问。

义化描述,从而将不同格式、不同类型的元数据转换成为统一的以 RDF 格式表示的语义元数据,以实现不同类型元数据之间的语义互操作。

　　如上节所述,鉴于 DC 和 DCTERMS 是描述文献资源的通用元数据规范,因此作者首先基于 DC 和 DCTERMS 构建了一个通用的 OWL 核心元数据本体(命名空间为 co)。在该本体中,按照粒度不同将文献资源分成两大类———文档(Document)和文档集合(Collection),其中文档又分为单一文档(SingleDocument)和合集文档(CollectedDocument)。单一文档是指相对独立的一个文档,譬如一本图书(Book)、一篇文章(Article)、一本学位论文(Thesis)、一个图片(Image)、一份报告(Report)、一张网页(Web-page)等。合集文档是指紧密合并在一起进行出版和发行的一组文档,譬如由不同作者的论文汇编而成的编辑图书(EditedBook)、多卷书(MultiVolumeBook)、期刊中的一期(Issue)、会议论文集(Proceedings)等。文档集合是指一组相关文档的总称,但是并不绑定在一起出版和发行,譬如期刊(Periodical)、丛辑(Series)、网站(Website)等。文献资源的属性主要复用自 DCTERMS 中的 15 个核心元素,此外还根据需要自行扩展了一些新的属性或子属性,如 co:keyword(非规范化的关键词)。在核心元数据本体中,主要采用 dcterms:relation 属性的一对互逆子属性 dcterms:isPartOf 和 dcterms:hasPart 来描述文献资源之间整体与部分的关系,譬如论文(Article)是某期期刊(Issue)的一部分,而期刊中的一期(Issue)又是整个期刊(Journal)的一部分。核心元数据本体中主要的类和属性如图 2 所示。

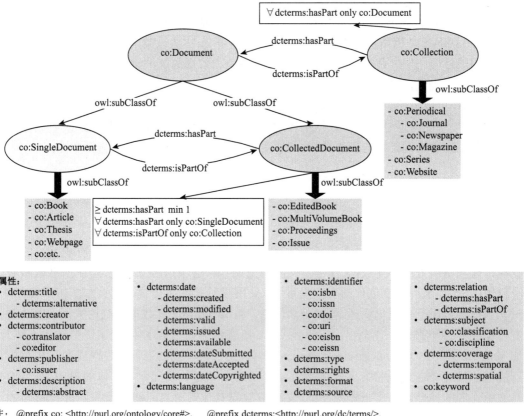

注: @prefix co: <http://purl.org/ontology/core#>. @prefix dcterms:<http://purl.org/dc/terms/>.

图 2 核心元数据本体中主要的类和属性

核心元数据本体是各种类型文献资源共享的一个通用本体。特定类型的文献资源（如期刊论文、会议论文、学位论文等）往往还具有各自特殊的属性，是核心元数据本体中所没有容纳的，此时可通过定义新属性或者为现有属性添加子属性来扩展核心元数据本体，生成针对某种特定文献资源的专门元数据本体。譬如对于学位论文，扩展了三个新属性：cox：advisor（指导教师），cox：degree（被授予的学位），cox：degreeConferredOrganization（授予学位的机构），这里命名空间 cox 指对核心元数据本体进行扩展的部分。

对于数字图书馆中的其他资源（如人名、地名、知识组织资源等），主要利用现有本体或者现有本体的扩展进行描述。对于个人/组织机构/团体，采用 FOAF 本体（命名空间为 foaf）中的 foaf：Agent 类及其相关属性进行描述。FOAF（Friend of A Friend）本体是在 FOAF 项目中创建的一个描述个人、团体和组织机构的本体，是目前应用最广泛的描述人及其行为的本体。foaf：Agent 类包含了 3 个子类：foaf：Person（个人）、foaf：Organization（组织机构）和 foaf：Group（团体），描述 foaf：Agent 类的属性有 foaf：name（姓名），foaf：title（头衔），foaf：homepage（主页），foaf：phone（电话），foaf：mbox（邮箱）等。对于会议等事件，采用 EVENT 本体（命名空间为 event）中的 event：Event 类及其相关属性进行描述。EVENT 本体是由伦敦大学玛丽皇后学院数字音乐中心于 2004 年开发的一个 OWL 本体，主要用于描述事件（如会议、演出、音乐会、节日等）以及与之相关的时间、地点、主体、因素、产品等信息。在该本体中定义了一系列描述事件的属性，如 event：place（事件地点），event：time（事件时间），event：Agent（事件主体），event：product（事件产品）等。对于时间的描述目前有两个比较著名的本体：一个是伦敦大学玛丽皇后学院数字音乐中心于 2004 年构建的 TimeLine 本体，另一个是南加州大学信息科学研究所于 2006 年开发的 Time 本体。这两个本体有一些重合之处，都包含了描述不同时间单元的两个类 Instant（时刻）和 Interval（时间段）类，但是 TimeLine 本体对这两个类的描述更加简单易读，因此在本研究中选择 TimeLine 本体描述时间概念。对于地名，作者直接从 GeoNames 地理数据库中获取其描述。GeoNames 地理数据库包含了约 620 万个地名，每个地理名称都有一个唯一的 URI 标识符，基于 GeoNames 本体进行了语义化描述，并且已经发布为关联数据。对于规范术语，采用 SKOS 语言进行描述。但是对于中文知识组织系统，如《中国图书馆分类法》和《汉语主题词表》，标准 SKOS 语言并不能够完全胜任，因此作者对 SKOS 核心模型进行了定制化扩展使其能够无损地应用于中文知识组织资源。

5 关联数据的构建

5.1 关联数据中资源的命名及访问机理

在关联数据中，所有实体对象或抽象概念（如文献资源、个人、组织机构、地点、事件、术语等）都必须采用唯一的 HTTP URI 标识符进行命名，但是它们的 URI 地址不能够被 HTTP 协议直接解引用。这些实体对象或抽象概念在 Web 架构中被称为非信息资源，以区别于传统 Web 中 URI 地址能够被 HTTP 协议直接解引用的信息资源（如网页、图片或其他数字媒体格式等）。对于非信息资源，Web 架构提供了两种方式来解决其在 Web 上的访问问题：一种是 Hash URIs，另一种是 303 URIs。

Hash URIs 方式是采用带有"#"分隔符的 URI 标识符命名非信息资源,如将元数据本体中定义的抽象概念 Book 命名为 < http://host/ontology/core#Book > 。当使用浏览器访问一个非 name 信息资源的 Hash URI 地址时,HTTP 协议会自动将 URI 地址中"#"符号之后的部分剥离掉,服务器返回的是剥离后的 URL 地址指向的信息资源的一个表示(如 OWL 文档),该表示包含了对被请求的非信息资源(如 Book 概念)的描述。Hash URIs 访问方式适用于小型的 RDF 词表,浏览器可以很快显示整个词表文档,而且因为文档长度较小易于浏览,但是对于含有大量三元组的 RDF 文档则不适用。

303 URIs 方式是采用带有"/"分隔符的 Slash URI 标识符命名非信息资源,如将一本图书命名为 < http://hostname/document/book/isbn9787301149034 > 。当使用浏览器访问一个非信息资源的 303 URI 地址时,服务器根据客户端浏览器的类型将其重定向到描述它的一个信息资源的 URI 地址,然后浏览器再向服务器请求这个新的 URI 地址,服务器返回 HTML 或 RDF/XML 文档,它提供了对被请求的非信息资源的描述。因此,对于一个非信息资源需要命名三个相关的 URI 地址:①资源本身的 URI 地址;②资源元数据的 RDF/XML 表示;③资源元数据的 HTML 表示。采用 303 URIs 方式的一个主要缺点是需要两次 HTTP 请求才能获取一个非信息资源的描述,因此会造成访问延迟。

在本研究中采用 Hash URIs 方式命名本体中的类和属性,采用 303 URIs 方式命名所有的实例(即个体)。

5.2 语义数据的构建与关联

本研究选择国家图书馆书目数据库和万方数据库作为数据源构建关联数据。为了使来源数据之间具有较强的关联性,下载的数据主要集中在"图书、情报与档案学"领域。作者从国家图书馆下载了以文本格式表示的 30 本中英文图书的 MARC 记录;从万方数据库中下载了以 XML 格式表示的 100 篇中英文期刊论文、50 篇国内外学术会议论文和 70 篇国内学位论文的书目数据以及相关的学术机构和科技专家信息。关联数据的构建分为两个阶段:第一阶段是基于本体构建 RDF 格式的语义元数据,第二阶段是将不同数据集中的 RDF 数据进行关联。

在第一阶段,基于前文中构建的本体(见第 4 节),作者采用 JAVA 语言实现了从 MARC 文本格式记录和 XML 格式记录到 RDF/XML 格式的转换,分别生成了文献、个人/组织机构和学术会议三种资源的语义元数据,其中文献资源又包含了图书、论文、学位论文、期刊、会议录、丛书等子集,个人/组织机构数据集又包含了个人、组织机构和团体三个子集。在这一阶段,对资源的描述基本上全部采用数据类型属性,即属性值为文本字符串。

在第二阶段,作者在不同数据集中的数据间建立 RDF 链接。链接类型有两种:数据层面的链接和语义层面的链接。数据层面的链接是指相同资源间的链接。在开放的 Web 空间里,经常会出现不同的信息提供者提供同一个资源的情况,他们通常采用各自的命名规则对资源进行命名,如 < http://hostname1/book/isbn978 1608454303 > 和 < http://hostname2/resource/doi 10. 2200_S00334ED1V01Y201102WBE001 > ,这两个不同的 URI 地址指向的其实是同一个资源。对于指向同一个非信息资源的不同 URI 地址,被称为 URI 别名(URI Aliases),通常采用 RDF 链接"owl:sameAs"连接两个 URI 别名,从而识别不同数据源中的相同资源。在本研究中只从两个数据源中获取文献资源,重复资源的情况很少出现,因此主要面对的是语义层面的链接而非数据层面的链接。语义层面的链接是指在同一本体的类之间、不同本体的类之间以及本体与概念体系之间的链接。通过在前文所述的元数据本体、EVENT本体、FOAF本体、GeoNames本体和SKOS概念体系间建立RDF语义链接（见图3），能够实现数字图书馆中文献资源、个人/组织机构/团体、地点和知识组织资源的相互关联，构成图书馆的关联数据。

在第一阶段生成的RDF数据中，数据之间的关联关系是隐含地存在于数据类型属性中的。在第二阶段需要将这种隐性的语义关系转换为显性的RDF语义链接，即采用URI标识符替换原有的文本字符串属性值，将数据类型属性转换为对象属性。通过图3中设定的RDF链接的值域，定位相应的数据集，然后采用字符串模糊匹配的方法自动从该数据集中查找与原有属性值相匹配的实体，用其URI标识符替换原有的文本字符串值。图4显示了基于万方数据库中的一篇会议论文记录生成的论文、会议录、丛书、会议、个人、团体、组织机构、地点相互关联的关联数据。

此外，图书馆内部的数据还可进一步与外界的关联开放数据相关联，如DBPedia、DBLP-Bibliography等，使图书馆中的各种资源成为整个Web空间数据之网的一部分，更易于被用户发现和浏览。

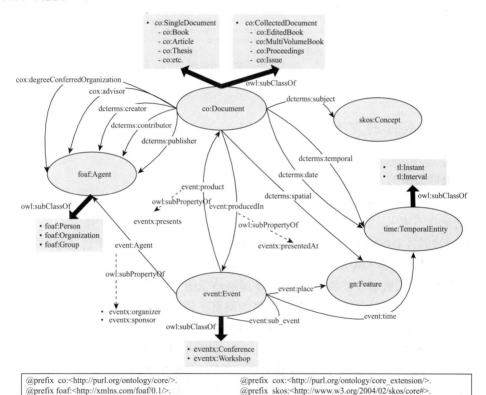

图3　本体间的语义关联示意图

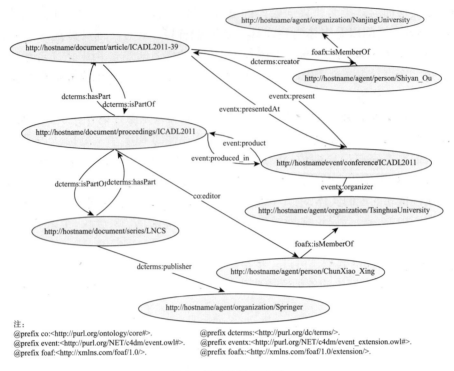

注:
@prefix co:<http://purl.org/ontology/core#>.
@prefix event:<http://purl.org/NET/c4dm/event.owl#>.
@prefix foaf:<http://xmlns.com/foaf/1.0/>.
@prefix dcterms:<http://purl.org/dc/terms/>.
@prefix eventx:<http://purl.org/NET/c4dm/event_extension.owl#>.
@prefix foafx:<http://xmlns.com/foaf/1.0/extension/>.

图4　关联数据示意图

6　关联数据的发布

目前关联数据的发布主要有以下六种方式:

(1)以静态 RDF/XML 文件发布关联数据:这种方式通常用于发布小型的 RDF 词表,对于大数据量并不适用,因为需要预先生成大量的 HTML 或 RDF/XML 文档。

(2)通过服务器端脚本发布关联数据:譬如 Semantic Web Dog Food 就是采用"Jena RDF 存储器 + Jena Joseki SPARQL 终端 + PHP 脚本"的组合发布 RDF/XML 格式的会议信息。

(3)以 RDFa 格式发布关联数据:譬如德国经济学图书馆采用该种方式发布了经济学词表 STW,其缺点是构建内嵌所需 RDF 三元组的网页比较复杂。

(4)从 RDF 存储器发布关联数据:该种方式是在 RDF 存储器的 SPARQL 终端的前端放置一个关联数据界面(如 Pubby、Elda),将不可解引用的 URI 地址转换为能够被 HTTP 协议解引用的,实现关联数据显示,譬如 AGROVOC 词表就是采用 Pubby 发布的。

(5)从关系型数据库发布关联数据:该种方式是利用现成的工具(如 D2R、Triplify、Open-Link Virtuoso)将存储在关系型数据库中的关系型数据直接发布为关联数据,譬如 DBLP 就是采用这种方式发布的。

(6)通过包装已有的应用或 Web APIs 发布关联数据:譬如 RDF Book Mashup。

在本研究中,选择以方式(1)和方式(2)发布关联数据。方式(1)用于将语义关联的各种本体(包括元数据本体、FOAF 本体、EVENT 本体、TIMELINE 本体等)发布为关联数据,因为本体的数据量较少,适于发布为静态的 RDF/XML 文件。方式(2)则用于将真正的图书馆数据(即相互关联的文献资源和其他相关资源的语义元数据)发布为关联数据。因为在本研究中已经预先生成了文献资源及相关资源(包括个人/组织机构/团体、地点、事件、知识组织资源等)的组 RDF/XML 语义元数据,适于直接将 RDF 数据存储在 RDF 存储器中进行发布。

在方式(1)中,选用目前广泛使用的 Apache HTTP Server(安装版本 2.0.64)作为 Web 服务器,采用该方式的关键是在 Web 服务器的主配置文件 httpd. conf 和(或)分布式配置文件. htaccess 中添加对 RDF/XML 内容类型的支持,开启重写功能并建立好 URL 重写规则。

在方式(2)中,采用"Jena TDB + Jena Joseki + PHP 脚本"的组合来发布 RDF 关联数据,其架构如图 5 所示。Jena 是由 HP 实验室开发的一个开源语义网框架,提供了一整套用于开发语义网和关联数据应用的工具和 Java 类库,目前由 Apache 基金会接管。TDB(安装版本 0.8.10)是 Jena 提供的一种持久化的 RDF 数据存储模式,具有速度快、效率高的优点,适用于大数据量的存储。Joseki(安装版本 3.4.4)是 Jena 提供的一个支持 SPARQL 协议和 SPARQL RDF 查询语言的 HTTP 引擎,能够为 RDF 数据提供一个独立的 SPARQL 查询终端,但因为该终端 SPARQL 查询结果中的 URL 地址是不能被 HTTP 协议解引用的,无法进一步在 Web 上进行浏览,因此这里采用服务器端脚本基于存储的 RDF 数据自动生成描述非信息资源的 HTML 或 RDF/XML 文档,并将其不可解引用的 URI 地址重定向到描述它的文档。Joseki 需要一个 Servlet 容器来运行,这里选择 Tomcat 7.0.25 作为 Servlet 容器,服务器端脚本则采用 PHP 语言来实现。

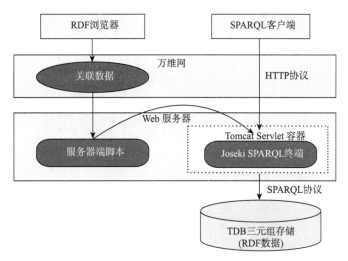

图 5　从 RDF 存储器发布关联数据架构示意图

对于关联数据的浏览,目前已经有了众多的关联数据浏览器(也即 RDF 浏览器),如 Disco、Tabulator、Marbles 等。据作者调查,绝大多数浏览器都只有在线版本,只有 Tabulator 具有本地版本,而且是以 Firefox 插件的形式存在的①。因此作者在 Firefox3.6.26 中安装了 Tabulator 插件,使之成为一个 RDF 浏览器,用于关联数据的浏览。

与传统的基于应用程序接口(即 API)的数据访问方式相比,关联数据提供了一种统一

①　据测试,Tabulator 插件只能安装在 Firefox3. X 版本。

的、标准的数据访问机制,避免了访问界面和结果格式的纷繁复杂。通过采用关联数据,能够在来自不同数据源的数据间建立链接,使数据源更容易被搜索引擎抓取,而且能够采用通用的数据浏览器(即 RDF 浏览器)访问不同的数据源。

7　结论与展望

本文提出了一个面向关联数据的语义数字图书馆资源描述与组织框架,该框架具有四个层次:元数据层、本体层、关联数据层和应用层,其核心是 RDF 语义元数据的构建与关联。本研究以"图书、情报与档案学"领域的数据为例对语义数字图书馆资源描述与组织框架进行了实现。实现的重点是在本体层和关联数据层,包括本体的设计、普通元数据到语义元数据的自动转换、不同数据集间 RDF 语义链接的建立、关联数据的发布等。在后续研究中,还将对应用层进行实现,其关键是如何对涉及多个本体的关联数据实现基于自然语言的问答式检索。这也是当前语义网和自然语言处理领域的最新关注热点。基于语义数字图书馆资源描述与组织框架,能够构建一个数据关联的语义数字图书馆原型,实现对数字图书馆各种资源的语义化描述和语义检索以及全方位的数据关联。

(选自《中国图书馆学报》2012 年第 6 期)

"个人信息世界"

——一个信息不平等概念的发现及阐释

于良芝

1 引言

"个人信息世界"是本文作者为了解释信息不平等和信息贫困现象的发生，在深度考察个人常规性信息实践的基础上提出的图书馆与情报学概念。在图书馆与情报学概念体系中，"个人信息世界"与萨沃莱宁（Savolainen）的"生活方式""生活能力"属于同类，表述个人的特征和经历并以个人为分析单元，因而有别于泰勒（Taylor）的"信息利用环境"、查特曼（Chatman）的"小世界"等表述个人所处环境的概念。在图书馆与情报学理论体系中，它是作为信息不平等理论的基础概念而出现的，但由于它产生于个人信息实践这一经验基础，因而也与信息行为理论存在一定关联。

作者在其他场合已经详细介绍了这一概念的形成过程及内涵。本文的主要目的是在简单介绍其产生背景与过程的基础上，集中阐述其含义和理论价值，希望以此吸引更多研究者对这一概念及其表达的现象的关注。为了避免与作者已发表的其他相关文献雷同，本文省略了经验数据的展示。与本文相关的数据展示，详见有关这一概念的更早文献。

2 形成背景

如上所述，"个人信息世界"概念是作者在采用整体性思路考察当代社会信息贫困和信息不平等现象的过程中发现的。所谓整体性研究，就是在嫁接社会科学常见的视角对立的基础上，从个人与社会、结构与主体能动性、客观与主观的交互作用中，探寻信息不平等和信息贫困现象的根源。这种思路主要借鉴了社会学领域的整体性研究，特别是法国社会学家布迪厄的研究。在社会学领域，整体性研究的突出贡献就是在弥合社会科学传统二元对立的基础上，重新阐释了社会再生产过程。这样的研究思路之所以对信息不平等和信息贫困研究具有特别价值，是因为在当代社会，信息资源的分布规律不可避免地体现着信息本身的二重性——它既是个人认知的基本材料，也是经济社会发展的战略资源。作为个人的认知资源，信息的生产、获取、利用受制于认知过程的特性与规律，如建构性、情境依赖性等；而作为社会的战略资源，其生产、传播、获取、利用又遵循这类资源的运动和分布规律，如与资本和权势密不可分。这种二重性决定，在信息贫困和信息不平等的发生过程中，个人与社会、结构与主体能动性之间几乎肯定会发生复杂的交互作用。因此，对信息贫困和不平等现象的完整理解,不仅需要同时考虑不同层次和不同性质的因素,而且需要考虑这些因素之间交互作用的机理(即不同因素之间发生交互作用的"桥梁")。

一旦我们按整体性思路来审视信息不平等现象,以往研究中用来表达信息不平等含义的基础性概念——它们可以被视为信息不平等研究的逻辑起点——就开始暴露出局限。20世纪70年代以来,虽然学术界已经开展了大量与信息不平等相关的研究,但除了一些理论性研究,大部分经验研究都只针对特定形态的信息不平等,由此形成了从不同侧面界定信息不平等的基础概念,如信息获取差距、信息技术采纳差距、信息技术技能差距、信息吸收差距(即知识沟)、信息利用差距等。其中,信息获取差距表达社会成员获取社会信息资源的可能性差距(信息资源对有些人而言唾手可得,而对另外的人而言则遥不可及);信息技术采纳差距指社会成员在信息技术扩散过程中的位置差距(有些是信息技术的早期采纳者而有些则是其落伍者);信息吸收差距指个人认知结构对信息内容的接受程度差距(在经历同样的信息传播过程时,有人比其他人更快接受信息内容,并使其成为个人知识结构的组成部分);信息利用差距指社会成员从信息传播中受益的能力差距(有些人更有能力利用外部信息解决生活中的问题,从而为自己带来更大的力量优势)。

对整体性研究计划而言,这些概念的局限在于,通过锁定特定侧面的信息不平等现象作为研究对象,它们不仅难以完整揭示信息不平等的真实面貌,而且还具有凸显特定信息不平等根源的内在倾向。例如,信息获取差距更容易凸显外部社会条件(特别是社会结构因素)的影响,信息技术采纳差距更容易凸显个人人口学特征的影响,信息利用差距更容易凸显个人信息行为及观念的影响。因而,至少从一定意义上说,这些概念本身也体现了研究视角的分割,不适合作为整体性研究的逻辑起点。

整体性研究思路需要我们用新的概念更完整地描述信息不平等现象,以支持我们在跨越二元对立的层次上,探究信息不平等和信息贫困现象发生的根源。"个人信息世界"就是在这样的背景下,作为整体性研究的基础概念被提出的。

3 经验研究过程

为了给信息不平等的整体性研究提供更宽泛的逻辑起点,本研究汇集了作者自2003年以来通过访谈调研收集的300多份个人常规性信息实践数据(这些数据分别来自三个相互关联的课题,涉及城市居民56人,农村居民290人);从中随机抽取40位访谈对象的信息实践数据,围绕"以信息为尺度,人群之间究竟存在怎样的差距"这一问题,对数据进行了归纳式分析。数据分析过程大致如下:首先对第一组8位访谈对象的数据进行初始编码,从访谈对象的叙述中直接提取了诸如图书、电脑、手机、听喇叭、培训、聊天、参观等编码;随后将这些编码与信息行为研究中已有的概念要素进行对比,以适当的信息行为概念要素对一部分编码进行了概念转换(例如将听喇叭、培训、聊天等编码转化为信息行为领域常用的"主动信息搜索"或"被动信息搜索"),同时用自行归纳的概念(如信息空间、信息资产)对剩余编码进行了概念转换,然后用新形成的概念性编码对第二组访谈对象的数据进行编码,并对部分概念性编码进行了调整(例如将表达信息活动的编码调整为三类:目的性实践、知觉性实践、无意识的实践)。在数据分析达到主题饱和之后(即不再有新的概念性编码产生),本研究又对所有的编码进行了归类和关联,最后形成了三组彼此关联、共同揭示信息不平等现象的概念要素:即信息实践(分为目的性实践、知觉性实践、无意识的实践三类)、信息实践的边界(分为空间、时间、智识三类)、信息和信息源(分为物理上可及的、物理及智识上可获取的、惯用的或基础性的、资产化的四个层次)。本研究认为,这些要素相对完整地界定了个人作为信息主体的活动领域,其综合差距较之其他单维差距可以更准确地揭示信息不平等。参考哲学领域"生活世界"的概念,本研究将这一领域称作"个人信息世界"。在此基础上,进一步将信息实践界定为个人信息世界的动力,信息实践的边界界定为个人信息世界的边界,信息实践的客体对象(信息和信息源)界定为个人信息世界的内容。

4　个人信息世界的含义

简单地说,个人信息世界是个人作为信息主体(information agent,即信息生产、传播、搜索、利用等行为的主体)的活动领域;或者说,它是个人生活世界的一个领域,在这里,个人作为信息主体的经历和体验得以展开、充实、积累。这个领域虽然是无形的,但却是实在的,正如同个人的其他经历(如消费、休闲等)各有其展开的领域一样。

4.1　个人信息世界的界定要素

根据前面介绍的数据分析,个人信息世界的状态主要由三大要素界定。有什么样的要素,就有什么样的个人信息世界。这三大要素是:内容、动力和边界。

4.1.1　个人信息世界的内容

个人信息世界的内容要素指信息主体活动的对象,包括各类信息源、信息和信息资产。其中信息源是那些能够向信息主体提供其需要的信息的来源物,它既可以是物质世界中的事物(如植物、实验用品),也可以是客观知识的记录(如图书、期刊、数据库),还可以是信息主体或其他人的头脑。这些来源对应着英国哲学家波普尔(Popper)所说的三个世界,即客观物质世界、客观精神世界和主观精神世界。其中,客观知识的记录和头脑已是不言自明的信息来源,但本研究发现,客观物质世界的事物也经常被人们作为重要的信息源。在本研究的经验数据中,有两组访谈记录可以作为示例。一组来自一位木材经纪商。他在谈到市场信息的收集途径时说,他几乎每周都去一趟火车站,试图从木材运载的目的地和运载量判断木材市场的位置和可能的价格变化。另一组来自一位农家乐旅游村负责人。这位负责人和村委会经常组织村民到其他农家乐经营地区参观考察。他们组织的最远(也是信息意义最大)的一次考察活动是赴日本考察"一村一品"特色旅游。这次考察产生了极其深远的影响:村委会根据考察结果,形成了被称之为"五亩之宅"的村级旅游业发展规划。这些示例不仅表明客观事物在特定情境下可以转化为信息源,而且表明,人们对这类"信息源"的利用程度与他们对其他信息源的利用程度一样存在差距。

信息社会是一个信息源异常丰富的社会,但并非所有的信息源对所有信息主体而言都是同样可及的。很多因素会限制特定信息源对特定信息主体的可及性。以前面提到的农家乐考察为例,如果这种考察活动超出了村民的承担能力,它就是不可及的。同样,如果一个人的生活和工作/学习环境中没有图书馆,那么绝大多数人类知识记录对这个人而言也是不可及的。在信息社会,个人可及的信息数量和质量在很大程度上影响他们参与社会活动的能力,因而一直受到信息不平等研究的关注,这也是为什么很多研究都以信息源和信息技术的可及性作为信息不平等尺度的原因。

从表面上看,对于任何信息主体而言,各类信息源只要是可及的(available),就有可能被他(她)获取和利用,从而产生信息效用;但事实上,由于下文即将阐释的个人信息世界其他要素的限制,并非所有可及信息源都会成为可获取(accessible)信息源。例如,对于一个文盲个体而言,任何文本形式的信息源都是不可获取的;对于不具有图书馆利用习惯的人而言,即使其住所毗邻图书馆,图书馆的资料对他来说也是不可获取的,除非他改变自己的习惯。图书馆与情报学的很多研究并不区分信息源的可及性(availability)和可获取性(accessibility),截至目前,信息不平等研究也很少进行这种区分,但正如这里的文盲个体和非图书馆用户的情况所显示的,信息源对特定信息主体的可及性和可获取性的区别,至少对信息不平等研究来说,十分重要。

不仅如此,可获取信息源还与信息主体经历的另一类信息源——这里暂且称之为"基础信息源"——不同。一个人的基础信息源是他(她)常规性地作为信息源而加以利用的各类客观事物、知识记录或人员,即他(她)可以声称具有"用户身份"(usership)的那部分信息源。对于特定的信息主体来说,可以获取和利用的信息源或许很多,但很少有人会常规性地利用他(她)能获取的所有信息源。例如,对于一个大学文科教师而言,他(她)可以获取和利用的信息源可能包括其大学图书馆和当地公共图书馆收藏的相当比例的社会科学文献、参考工具书、通俗读物、休闲性视频,但很难想象他会常规性利用上述所有可获取资源。更可能的情况是:他只常规性地利用与自身研究兴趣相关的学术性文献,很少甚至从不利用图书馆的通俗读物、休闲视频。"用户身份"(usership)尽管是一个相对模糊的概念(用户对特定种类的信息源利用到什么程度才算建立了稳定的用户身份,不存在确切统一的标准),但阅读研究、信息技术扩散研究或信息行为研究中的确存在一些约定俗成的工作定义,例如,我国的全民阅读状况调查对"读者"(readership)的工作定义是,过去 12 个月中曾经读过一本书的人,我国互联网用户调查对互联网用户(网民)的工作定义是,过去半年中使用过互联网的人。

即使是基础信息源,也不是其中的所有信息产品(如每一本图书)都有机会被利用。在这个被称为"信息爆炸"的时代,真正被信息主体利用并产生信息效用的信息产品占基础信息源的比例可能很小。例如,对于一个历史学教授而言,即使他的基础信息源仅限于本领域的图书、期刊和相关网站,真正能够被其利用的资源也必定是一个很小的比例。信息源一旦被利用,就有可能产生一系列效果,例如:信息主体可能由此获得其中的信息,记住信息的内容并将其纳入自己的知识结构;他同时还可能了解如何查到该信息以及从何处可以获取类似信息。在这里这些被利用的信息及其在利用过程中产生的认知结果被称为个人信息资产。个人信息资产如同个人的经济资产一样,具备可积累性。个人阅读过的信息在量上可以积累,由此获得的知识、技能和见识也可以积累。

因此,个人信息世界中存在的、可作为信息实践对象的内容事实上分为不同层次。首先是信息主体在物理上可及的信息源(available information sources),如分布在信息主体生活区域内的图书馆资源、信息中心的资源、各种咨询机构的专家、私人藏书、亲戚朋友的藏书等。其次是位于信息主体从事信息活动的空间之内、他(她)有时间获取和利用的、能够被他

（她）的认知所处理的信息源，本研究称之为可获取信息源（accessible information sources）；这些资源不仅是信息主体在物理上可及的，也必须是他（她）在时间上和智识上可及的。再次是可获取信息源中那些被信息主体常规性利用的种类，这些信息源不仅是信息主体在物理、时间及智识上可及的，而且也是他（她）的利用习惯可及的，本研究称这部分资源为基础信息源。最后是那些确实被信息主体利用过的信息产品及其产生的认知结果，这些资源经过了信息主体的利用，与他（她）发生了认知上的亲密接触，至少在一定程度上成为信息主体记忆可及的，如前所述，这部分资源及其产生的结果被称为信息资产或资产化的信息（information assets）。

4.1.2　个人信息世界的边界

边界是用来划定个人信息世界的范围，决定其大小的。本研究的经验数据显示，个人信息世界的边界包含三个维度：空间、时间、智识（intellectual sophistication）。其中，空间指有意识的信息活动（即下文所说的知觉性和目的性信息实践活动）发生的场所，如家庭、图书馆、博物馆、书店、教室或培训场所、报告厅、实验室、办公室、广场、集市、地铁、火车、飞机等。个人信息世界空间边界的差异首先表现在量的方面，即信息主体开展信息活动场所的多样性。假定一个人的生活常态如下：在图书馆或办公室查阅资料，在实验室观察实验结果，在教室和报告厅讲授课程，在餐桌上观看电视新闻，在出差的飞机或火车上阅读文献；另一个人的生活常态则是：白天在田间劳作，晚上看一定时间的电视。对比这两个人的个人信息世界，很少有人会否认，前者的信息世界具有相对宽泛的空间边界。虽然这两个例子都很极端，但它们的确表明，个人信息世界的空间边界存在量的差异，由此产生不同的信息经历和体验。个人信息世界空间边界的差异其次表现在质的方面，即信息主体开展信息活动的场所的类别。不同的场所与信息活动的关联度不同：有些是社会为了支持特定信息活动而专门设置的，例如图书馆；而有些则是为了其他目的而设置的，但可能会被某些人用来从事信息活动，如火车、飞机。假定一个人经常利用社会为支持信息活动而设置的大部分场所（图书馆、博物馆、书店等），而另一个人的信息活动则与任何社会性信息活动场所无关，那么，我们可以说这两人的个人信息世界具有不同性质的空间边界，并因此获得不同的信息经历和体验。由此可见，一个信息主体经常性利用的场所及其性质在很大程度上界定着个人信息世界的状态。

个人信息世界的时间边界是指个人在日常生活和工作中有意识地分配给信息活动的时间。有些人的大部分工作时间和相当比例的工作外时间都用来从事信息活动，有些人主要利用工作外时间从事信息活动，而有些人则很少将自己的任何时间（无论是工作内还是工作外的）专门用于从事信息活动。人们用于信息活动的时间长度不同、时段（工作内或工作外）不同，可获取的信息源也将不同，他们作为信息主体的经历和体验也必然不同。正因为如此，时间也在很大程度上决定个人信息世界的存在状态，并成为个人信息世界的边界之一。

智识水平指个人信息活动可以达到的智力和知识水平，在认知心理学中，比较接近的概念是"智识能力"（intellectual ability），即在特定时间点上个人已经获得的认知技能的总和，包括认字与计算能力、语言能力、分析能力、信息检索能力等。智识不同，人们实际上可以获取的信息源也会不同，由此限定的信息体验或经历也将不同。例如，对一个无法驾驭英语的大学生而言，纵然他有充分的自由和足够的时间利用学校图书馆，那里的英文藏书也无法进入其信息体验。而对文盲个体而言,几乎所有文本形式的信息都无法进入其信息体验。因此,智识与空间、时间一样,具有重新界定信息可获取性、限定信息体验的效果,并因此构成个人信息世界的边界之一。个人信息世界的智识边界越狭小,能够进入其信息体验的信息源也就越匮乏。

总之,空间、时间、智识三个边界同时限定了个人获取信息、提取信息价值、积累信息资产的可能性,因而限定了个人信息世界的内容及信息主体的经历和体验。一个边界狭小的个人信息世界意味着贫乏的信息经历和体验,因而对应着贫弱的信息主体。这样的信息主体才是真正意义上的信息穷人。

4.1.3 个人信息世界的动力

如前所述,在当代社会,信息主体是个人在经济主体、社会主体等角色之外获得的又一重要角色。这一角色之所以可能,是因为个人能够作用于或行动于信息和信息源这一客体之上,即针对信息源和信息开展信息实践,并因此获得不同于经济活动和社会文化活动的经历。

本研究的经验数据显示,个人在日常生活和工作中开展的信息实践具有不同类型。第一类是无意识的信息实践。这是指个人开展的不以信息生产、获取或利用为目的,但有可能偶发信息获取行为的实践活动。无意识的信息实践一般要满足两个特征:一是个人在开展这一活动时并不是以获取信息为目的,也没有意识到自己正在开展信息活动;二是在这一过程中实际上发生着信息的传播与交流。在这类信息实践中,信息或信息源作为潜在的客体存在,但个人的实践活动却另有目标,缺乏信息主体的自觉。例如当一个人与他人闲聊,他(她)的目标可能是为了避免冷场,也可能是为了联络感情,也可能是受到人与人之间交流本能的驱动,但无论属于哪种情况,交流双方都不太可能将这一过程视为信息交流活动并为此调动相关的主观能动性,换言之,他们不太可能形成信息主体的自觉。对个人信息世界而言,这类信息实践的价值在于,由于它们客观上涉及信息的传递,这就为个人在无意中捕捉信息提供了可能。这意味着,即使是无意识的信息实践,偶尔也能产生一定的信息效用。以打发时间、休闲娱乐为目的的闲聊、看电视、听广播等都属于无意识的信息实践。

第二类信息实践被本研究称为知觉性信息实践。知觉性信息实践是指个人为了实现一般的信息目标(如为了增长见识或为了在某一方面保持知晓度)而开展的信息活动,或应他人的要求/邀请而参与的信息活动。在这类信息实践中,信息主体知道自己正在从事特定的信息活动,但尚未将这一活动与特定问题、特定行动、特定决策等具体目标相关联。由于信息主体知晓正在从事的信息活动,因此,对信息内容具有较高的关注度。这样的关注度使信息主体除了完成"增加见识""获得知晓"的目标,还可以经常捕捉到对自己当前或未来生活问题有价值的信息。在本研究收集的农民信息实践中,参加村委会组织的农闲培训活动就属于此类信息实践。知觉性信息实践与无意识的信息实践的根本区别在于,在前者中,个人意识到自己正在开展信息活动,也会关注信息这一客体对象,即已经具备信息主体的自觉,而后者缺乏这种自觉。

第三类信息实践被本研究称为目的性信息实践。这是信息主体为了解决具体问题、支持具体决策或行为、填补具体的认识空白而主动开展的信息活动。目的性信息实践包括三个特征:①有特定的问题或需要作为目标,信息活动受到明确的目标驱动;②个人意识到目标的实现需要信息支持,信息活动建立在对信息价值的明确预期之上;③个人针对问题主动寻找信息并有一系列相关的信息活动,例如选择信息渠道、评估信息相关性、记录和保存信息等①。在本研究收集的有关农民信息实践的数据中,比较典型的目的性信息实践就是为了解决种养殖过程中出现的病虫害而开展的信息活动(如咨询邻居、查阅图书、咨询农业技术员)。

由于无意识的信息实践是个人作为其他主体(如社会主体)而无意开展的信息活动,因而,严格说来,只有知觉性和目的性信息实践可以视为信息主体的实践。不难理解,个人作为信息主体的实践活动发生在怎样的空间中,他(她)作为信息主体的活动领域就具有怎样的空间特征;个人作为信息主体的实践发生在怎样的时段和时间长度,他(她)作为信息主体的活动领域就具有怎样的时间特征;个人作为信息主体的实践达到怎样的智识水平,他(她)作为信息主体的活动领域就具有怎样的智识特征;同样,个人作为信息主体的实践以哪类信息和信息源为客体,其个人信息世界就具有怎样的内容特征。要改变个人信息世界的边界或内容,就需要改变信息主体的实践。可以说,个人信息世界的形成、维护和发展是通过信息主体的实践实现的;知觉性和目的性信息实践因此构成了个人信息世界发展变化的基本动力。

4.2　个人信息世界的定义

如果按内容、边界、动力三个基本要素来定义个人信息世界,可以将其定义为:由空间、时间、智识三个边界限定的信息主体活动领域,在这里,信息主体通过其信息实践从物理世界、客观知识世界、主观精神世界的信息源中获取信息,汲取信息效用,积累信息资产。

5　个人信息世界概念对信息不平等理论的可能贡献

"个人信息世界"是作为信息不平等研究的基础概念而提出的,有望从若干方面对未来的信息不平等研究做出贡献。

首先,"个人信息世界"把个人作为信息主体(不同于经济主体或社会主体)加以观察,可以辅助对信息穷人、信息富人这对以信息主体为所指(referent)的概念的界定和测度。自20世纪70年代以来,信息穷人和信息富人已经成为图书馆与情报学、传播学等领域的常用概念,但截至目前,人们依然主要依据个人的经济社会地位来界定和确认信息穷人和富人,把农村居民、社会边缘人群、残疾人群、少数民族人群、宗教信仰上的少数派等确定为信息穷人。尽管信息贫困与社会经济意义的贫困极有可能存在关联性,但我们只有分别确定出社会经济结构中的穷人和信息结构中的穷人之后,才有可能验证二者之间的关联程度。直接把社会经济意义的穷人定义为信息穷人,不仅使科学的关联性考察失去了可能,也使信息穷人和信息富人的概念失去了实质意义。与这一界定方法不同,"个人信息世界"假定信息穷人是个人作为信息主体的贫弱而不是他(她)作为经济主体或社会主体的贫弱;它认为边界狭小、内容贫乏、动力残缺的个人信息世界反映着信息主体发展水平的低下和信息主体性的

---

① 这一段采用了刘亚对这一实践类型的部分译介表述。来源:刘亚.教育对青少年信息贫困的影响研究.南开大学博士论文,2012.

不足,应该取代经济社会地位成为区分信息穷人与富人的依据。由此形成的信息穷人虽然可能与经济穷人存在很大交叉,但却对应着独立的"信息穷人"的概念。这个概念因为具有实质的含义而具有独立的分析功效。

其次,由于同样的原因,"个人信息世界"概念有望辅助信息不平等、信息贫困等复杂概念的界定。现有信息不平等研究主要从信息获取差距(对应着本文所界定的信息可及性差距)、信息技术接入差距等角度定义信息不平等。这种单维度的定义方法已经受到很多学者(如 Van Dijk)的批评,认为它无法揭示信息不平等的真实状态。与已有定义方法相比,个人信息世界包含边界、内容、动力三个要素,而每个要素又包含多个维度或层次,如边界要素包括时间、空间、智识三个维度,内容要素包括可及信息源、可获取信息源、基础性信息源、资产化信息四个层次。因此,由个人信息世界分化所表达的信息不平等可以综合反映信息领域存在的机会、能力、获取、利用、受益等多重差距;根据这些概念要素设计的测度工具,有望更全面而真实地测度一个社会的信息不平等状况。

再次,作者本人及学生截至目前的研究表明,"个人信息世界"概念有可能为信息贫困的发生提供部分解释力。这些初步研究显示,外界提供的信息即使能够进入个人生活的社会世界,也未必能进入其信息世界的边界;而除非这些信息进入个人信息世界的边界,否则它们难以进入个人的视野,因而难以进入个人的信息获取和利用过程。信息贫困的发生就是因为信息主体受资源、机会、社会流动、教育模式等因素的限制,只能构建狭小的个人信息世界边界;而狭小的个人信息世界边界又反过来限制信息资源的获取和利用。在这个过程中,个人信息世界至少在一定程度上产生了"井口"效应,让身置其中者只能看到一部分"天空"(部分可及信息源)。这似乎可以解释为什么在信息保障不断改善的情况下,被保障者的信息贫困却常常保持不变。

"个人信息世界"概念的提出还有望观照一些新的研究领域,如教育对信息贫困的影响、信息分化与社会分化的关联、个人信息世界中不同要素之间的关联等。以教育对信息贫困的影响为例,以往相关研究在考察教育与信息不平等的关联时大都关注教育年限的作用,且大都发现,受教育水平高的人在信息不平等中处于优势,受教育水平越高,信息优势越明显。这类研究发现隐含以下结论:教育是信息贫困的天然救赎,只要让个人接受教育,他们就有望摆脱信息贫困。这样的发现之所以能够一再被证实,是因为研究者把复杂的教育因素化约为教育年限这一单一变量,把复杂的信息不平等化约为信息资源/技术的接入差距。与现有相关研究不同,"个人信息世界"至少在一定程度上还原了信息不平等的复杂性,并因此凸显了一些很难用教育年限加以解释的不平等,如个人信息世界的动力、智识边界、基础信息源、信息资产等方面的差距,要求研究者在更大程度上关注教育模式(知识传授过程中教师、学生、知识之间的交互作用模式,如素质教育和应试教育模式)和教育质量(教育过程中知识传授的深度、广度、准确度及易学度)等其他教育因素的影响。这将显著拓展有关教育和信息不平等关系的研究。拓展后的研究很可能发现:不同的教育模式和教育质量至少会对个人信息世界的部分要素产生不同的影响;有些教育模式倾向于塑造狭窄的个人信息世界边界、残缺的个人信息世界动力或贫乏的个人信息世界内容,从而为个人的未来发展造成相对贫困的个人信息世界。

最后,"个人信息世界"作为信息不平等整体性研究的基础概念,期望为信息不平等的研究提供新的逻辑起点(即以个人信息世界分化作为逻辑起点)。这一起点首先因其相对丰富的内涵而比以往的逻辑起点更接近信息不平等的真实，同时因其对多维差距的关注而比以往的起点更有可能避免陷入信息不平等的归因偏颇。如前所述，从以往的研究来看，以信息资源/技术的接入差距为起点的研究更倾向于关注客观因素（如人口学特征）对信息不平等的影响，以信息利用差距为起点的研究更倾向于关注主观因素（如意义建构）的作用，两者都排除了同时考察主客观因素及其交互作用的可能性。个人信息世界分化所涉及的多维差距要求研究者同时关注不同因素及其交互作用。由此出发，按整体性研究思路，我们或许可以更清晰地揭示信息不平等的根源。

（选自《中国图书馆学报》2013 年第 1 期）

"百县馆长论坛"的历史意义

李超平

　　"百县馆长论坛"是一个专门面向县级公共图书馆馆长的全国性论坛,始于 2005 年,正常情况下每两年召开一次。本文针对已经举办的四届论坛及其对我国县级图书馆事业发展所产生的影响进行研究,目的是探析行业力量和社会力量对图书馆事业的推动作用,试图通过分析去发现在县级图书馆发展长期处于一潭死水的状况下,一些看似"偶然的事件"打破了沉寂,而在这些"偶然事件"的背后存在哪些必然性的因素。此外,作为兼具学术研讨和工作研讨双重性质的会议,四届论坛留下了哪些可总结的东西? 它们与县级图书馆事业的发展存在什么样的关系? "百县馆长论坛"的历史意义体现在哪些方面?

1　县级公共图书馆的困境浮出水面——来自图书馆行业的"预谋"

　　2005 年,一项调研结果引起了国内外的广泛关注,该项调研揭示了中国县级图书馆长期处于生存困境之中的现实,这种困境被比喻为"书吃人"与"人吃书"。所谓"书吃人",是指一些县级图书馆为了维持运转,不得不采取扣减人员工资的方式来购置少量书刊的现象;"人吃书"则是指许多县级图书馆在人员数量配置上大大超过了图书馆服务的规模,致使人员工资侵占了购书经费的现象。"书吃人"与"人吃书"的比喻形象地说明了相当一部分县级图书馆由于长期缺乏保障而丧失服务功能的现状,而且这种状况在经济欠发达地区普遍存在。该调研报告的主要内容由作者李国新在 2005 年中国科协乌鲁木齐年会上通过主旨报告的方式发布,随后《中国青年报》在头版予以报道。该报道见报后遂引发了中外媒体的大量关注,据不完全统计,国内外媒体转载或报道该信息的有三百家之多(见表 1)。这些后续跟风报道分为三种类型,一是转载,二是评论,三是深度的专题讨论。许多著名媒体做了深度专题讨论,如《人民日报》《光明日报》《工人日报》《解放日报》《东方早报》、中央人民广播电台、网易等。于此,中国县级图书馆尤其是中西部县级图书馆的生存困境浮出水面,毫不夸张地说,中国县级图书馆获得了全社会前所未有的关注。

表 1　部分媒体关于县级图书馆现状的报道与评论

标题	媒体	作者	时间
不是"书吃人"就是"人吃书"——全国 1/4 县级图书馆没钱购书	中国青年报	李润文、李健	2005 - 08 - 21
我国县级公共图书馆数量多 欠账多 半死不活的居多	人民日报	周朗、李晓清	2006 - 01 - 13
十几年没买过书　图书馆何以成"空壳"	人民日报	贺广华、王伟	2006 - 06 - 07

续表

标题	媒体	作者	时间
县级图书馆没落于见识短浅	人民网		2005 – 08 – 24
"书吃人""人吃书"与地方政府的政绩观	光明网	傅毅飞	2005 – 08 – 24
700多个县市图书馆严重"贫血"说明啥	光明网		2005 – 09 – 01
湖南:图书馆何以成"空壳"?	光明网		2006 – 06 – 07
基层图书馆为何离读者越来越远	光明日报	王晓樱、魏月蘅	2006 – 07 – 13
县市级图书馆"人吃书"凸显公共财政机制问题	法制日报		2005 – 08 – 23
1/4的县级图书馆没有购书费	南方周末		2005 – 09 – 29
公共图书馆:陷入困境的空壳	湖南频道	记者	2006 – 04 – 03
县城图书馆无人问津,沦为美容院、按摩店	海南特区报	记者	2006 – 06 – 01
几年不买一本新书 一半县级馆无购书经费	河南日报		2006 – 12 – 14
安徽:21个县级图书馆全年没有一分钱购书经费	经济参考报	熊润频	2006 – 12 – 18
县级图书馆——离读者越来越远?	江西日报	杨碧玉	2007 – 06 – 27

对县级图书馆的保障缺失是长期且普遍存在的,行业通常称之为"政府不重视"。在各级政府普遍不重视公共图书馆的时代,县级图书馆的境况比之中心城市的公共图书馆更糟;而在中心城市的政府逐渐开始重视公共图书馆建设以后,绝大多数县级图书馆的境遇仍旧停留在原处,甚至越来越糟糕。原因有两点,一是许多县级政府所能支配的财政资源远不如中心城市政府所能支配的资源多,很多县级政府处于"吃财政饭"的状态,导致县级图书馆购书经费严重短缺,大多数县级图书馆都不能正常发挥作用,形同虚设;二是政府在观念上缺乏对设置与维护一座公共图书馆的必要性的认识,在已经有图书馆的县或县级市,图书馆的存在往往仅具有象征意义,政府并不指望这个每年需要花费一定数量资金的设施发挥什么作用,只需要它作为一个"指标"存在即可。正是这种状况,导致了李国新的调研报告中所揭示的现象——许多县级图书馆的馆舍与比邻的县政府宾馆相比十分寒酸,甚至远远不如县级中学图书馆的馆舍。在一个县域内,公共图书馆作为县级政府所设置的机构,其弱势与边缘化的状态使其缺乏去改变政府对公共图书馆认知的能力,因此,在社会对之关注之前,这种状况就如一潭死水,其自身无力改变。

如果说李国新的调研还只是出自于一个学者的敏锐,但将调研结果向全社会发布就是当时中国图书馆学会的成功"预谋"了。在调研报告完成不久,恰逢中国科协学术年会即将在乌鲁木齐举行,作为该协会成员的中国图书馆学会争取了一个分会场的举办权,学会秘书处不仅策划了李国新以县级图书馆生存现状为主题的主旨报告——对他本人的调研报告进行发布,还动员了媒体来报道这一"发布"。这意味着,李国新和学会秘书处为全国的县级图书馆制造了一个改变命运的契机——让县级图书馆的困境浮出水面,引起社会各界的关注,从而引起国家决策层对县级图书馆的重视。

2 "百县馆长论坛"的起源

由于众多媒体对中国县级图书馆困境做了报道,中共中央对外宣传办公室主编的《互联网舆情〔2005〕231 期》转载了李国新调研报告的主要内容,当时的中共中央政治局常委李长春和国务委员陈至立阅后,先后做出了批示,要求文化部研究解决此问题。随即,文化部启动了专项调研,在调研的基础上启动了"援助贫困地区图书馆计划"。从李国新调研报告开始,到媒体的强烈反应,再到中央高层领导的批示,直至文化部采取行动,围绕"县级图书馆"所发生的事情就像一部电视连续剧,在高潮迭起中不断把剧情向前推进。当中央政府开始关注县级图书馆问题时,这意味着我国县级图书馆有了一个改变的开端,恰逢这个时候,中国图书馆学会"百县馆长论坛"经过一年多的筹备,如期举行了。

这或许是一种巧合,在李国新开展对中西部县级图书馆生存现状进行调研的同时,中国图书馆学会正在策划以县级图书馆为内容的全国性会议。策划这样一个全国性会议的初衷就是希望引起业界对"县级图书馆"这样一个群体的关注,中国图书馆学会认为,县级图书馆这个群体有太多的特殊性,不仅数量最多,存在的问题也最多,同时也最不被业界所关注。会议筹备的过程并不顺利,最大的难题是筹措经费:

> 与一般专业会议的筹备不一样,这个会议需要解决经费问题,这也是这样一个以县级图书馆馆长为参会对象的会议所具有的独特现象。因为,许多贫困地区的县馆馆长不可能有外出参加会议的经费,如果会议筹办者不为他们提供差旅费用,这部分馆长就将无缘此次会议,而如果他们缺席这个会议,就无从体现一个全国性县级图书馆馆长论坛的特性。

> 当我们筹措经费不太顺利时,时任《中国图书馆学报》常务副主编李万健先生建议我们去找找常州春晖信息服务有限公司总经理张正和先生,张先生系图书馆工作者出身,当时还担任常州市中小学图书馆协会理事长一职,一直热衷于基层图书馆的事务。当张先生得知正在筹划的全国县级图书馆馆长论坛遭遇资金困难时,当即表示愿意提供 5 万元赞助①。

2005 年 10 月 30 日至 11 月 2 日,首届"百县馆长论坛"在河南林州举行,会议的主题是"县级图书馆的生存与发展"。这次会议距中国科协乌鲁木齐年会仅仅两个多月,也就是说,人们在情感上还沉浸在被李国新的报告以及媒体的报道所调动起来的一种近乎于悲壮的状态中,"书吃人"与"人吃书"成为出现频率最高的表达。作为此次会议的赞助者、协办者张正和先生在即席感言中说道:

> 我从事图书馆工作 20 年,参加过省级以上各种图书馆会议不下 30 次,但这次会议给我的心灵震撼最大。一是北大李国新教授报告中关于县图书馆的振聋发聩的统计数字和部分县馆令人心酸的照片;二是湖南衡阳县县馆刘向阳、安徽金寨县县馆吴建国二位馆长艰涩而近乎悲壮的发言。……本来会议给我的半小时是用于推介我们春晖图书馆系统软件的,但我觉得如在今天这种会议上谈商业和技术问题,就与会议的气氛不协调了。

---

① 出自本文作者对"百县馆长论坛"的策划者之一、现任《国家图书馆学刊》常务副主编卓连营先生的访谈记录。

张正和提到的发言代表刘向阳和吴建国二位馆长，把这次会议的"悲壮"情绪推向了高潮。他们的故事，正是中国贫困地区县级图书馆的真实写照——为了让图书馆能够运行，想方设法赚钱来买书订刊，个中艰辛，让听者无不黯然泪下。不能上台交流的馆长，也充分利用小组讨论等机会诉说所在图书馆的种种困境。卓连营在谈到这次参加会议的馆长们时说到：

> 绝大多数馆长是第一次参加这种全国性的会议，他们与外界的接触太少，总是不自觉地把中国图书馆学会当作是能够为他们做主的权力机构，把学会的工作人员以及参会的专家当成是"钦差大臣"，抑制不住地要"反映情况"①。

这次会议上，来自发达地区县级图书馆的馆长也展示了另一番景象——宏伟的馆舍、充足的经费以及先进的服务理念。两极分化严重的局面对欠发达地区的馆长们形成强烈的冲击，令他们百感交集。吴建国事后写道：

> 参加这次论坛的县级图书馆的馆长们，差别是非常大的。浙江绍兴、江苏昆山的馆长们来回坐飞机，也许，相对于我们这些中西部地区馆长来说，他们的图书馆的模样已经是天堂了。

在一片"悲壮"的氛围之中，文化部社会文化图书馆司张小平处长宣读了文化部《关于援助贫困地区图书馆计划》，并就计划的实施征求与会代表的意见。这份即将推行的援助计划，给贫困地区的县级图书馆带来了莫大的希望，使得此次论坛"生存与发展"的主题不仅有对"生存"的描述，也有了对"发展"的希冀。

首届"百县馆长论坛"让与会者在生存的困境中萌生起对未来的希望，圆满地完成了它的使命。这次会议为中国图书馆学会留下了一个会议品牌，即"首届"只是一个开端，在县级图书馆已经引起广泛关注的社会环境下，有关人士有理由相信，县级图书馆已经迎来了一个获得发展的历史性机遇，如是，一个全国性的县级图书馆交流平台就显得尤为重要了。对于这次会议的意义，李国新评论说：

> 以一个全国规模的会议专门研讨县级图书馆的发展问题，在中国图书馆事业发展的进程中，不会是绝后的，但是是空前的。……从中国图书馆事业发展的现状来说，县级图书馆数量多，同时欠账多，问题多，半死不活的多，名存实亡的多，因此，能不能振兴县级图书馆，关系着中国图书馆事业发展的前途和未来。……可以相信，对于推动全国县级图书馆的发展，进而促进整个中国的图书馆事业的进一步发展来说，这次会议将会是一个标志，将会产生历史性的作用，我们这些人，就是这一历史进程的参与者和见证人。

---

① 出自本文作者对卓连营的访谈记录。

3 "百县馆长论坛"主题的演变

从 2005 年到 2012 年,"百县馆长论坛"已经举办了四届,每一届都围绕一个主题进行研讨,并形成一个"共识"(见表2)。

表 2 历届"百县馆长论坛"主题

序次	时间	地点	主题	共识
第一届	2005 - 10 - 30—11 - 02	河南林州	县级图书馆的生存与发展	林州共识
第二届	2007 - 10 - 30—11 - 01	江苏常熟	社区乡镇图书馆建设与发展	常熟共识
第三届	2010 - 05 - 12—15	江苏江阴	构建体系、提升服务、持续发展	江阴共识
第四届	2012 - 07 - 12—13	陕西神木	免费开放环境下县级图书馆的建设与服务创新	神木共识

"百县馆长论坛"主题设置的最大特点,是紧扣当时的社会背景以及公共图书馆界最关注的问题。从第一届的"县级图书馆的生存与发展"到第二届的"乡镇、社区图书馆建设与发展",这是沿着"问题延伸"的思路演进的。因为就公共图书馆服务体系而言,县级图书馆并不是最底层的机构,在它之下还有乡镇/街道、社区/村这些末端机构,如果说县级图书馆是一个数量多、问题多的群体,那么,更末端的这些服务机构存在的问题就更多。经过多年的建设,全国基本上已经实现了县县有图书馆,但县以下,如乡镇、社区、村这些层级上,图书馆设施或者阙如,或者形同虚设,少见能正常运行且能发挥作用的。

第三届论坛筹备的过程中,中国图书馆领域正在开展对公共图书馆服务体系的研究,理论上已经有了系列成果问世,实践中也陆续出现了"嘉兴模式""苏州模式""禅城模式"等一批以总分馆建设为特征的区域性公共图书馆服务体系。于是,如何全面推进区域性公共图书馆服务体系的建设,成为国内整个公共图书馆界关注的热点问题。就县级图书馆而言,它在公共图书馆服务体系中是一个承上启下的节点,认识县级图书馆在公共图书馆服务体系中的枢纽作用、解决县级以下图书馆分支机构的可持续发展等问题都是当时迫切需要解决的问题。这一届会议主题的意义在于,理论研究的成果需要向实践推广,服务体系建设的实践有太多的问题需要理论界去了解与研究。

2011 年对于中国公共图书馆界来说有着特别的意义,年初,财政部、文化部出台了《关于推进全国美术馆公共图书馆文化馆(站)免费开放工作的意见》(以下简称《意见》)。根据《意见》,到 2012 年年底,全国所有公共图书馆将实现公共空间设施场地全部免费开放,并免费提供与其职能相适应的基本公共文化服务项目。而实现这一"免费开放"政策的前提是中央财政的配套经费和地方财政的经费保障。从《意见》发布伊始,全国公共图书馆,尤其是县级图书馆,其关注的焦点是中央财政的配套经费能否按时、如数到位,而更深层次的问题是,如果中央财政的配套经费到位了,且地方财政的保障经费也到位了,作为县级图书馆,能够为民众提供什么样的服务? 多年来,由于经费保障与人员保障的缺失,大多数县级图书馆,尤其是中西部县级图书馆,其服务只是象征意义,没有真正发挥一个县级公共图书馆的作用。如果要概括县级图书馆在服务方面的整体情况,用"服务意识落后,服务能力低下"来概括毫不过分。在这样的背景下,第四届百县馆长论坛就策划了"免费开放环境下县级图书馆的建设与服务创新"的会议主题,应该说,这一主题很好地迎合了县级图书馆在这一阶段面临的迫切问题。

4 "共识"中的三种话语

每一届论坛形成一个"共识",这成为百县馆长论坛的一个品牌特征。每一个"共识",既是会议讨论成果的表达,也是与会者代表行业的一次集体诉求。纵观四个"共识"文本,大致包含着三种话语:一是行政诉求话语,即面向县级图书馆的设置主体和管理部门表达一种希望受到重视、希望获得发展的诉求;二是法制建设诉求话语,即面向立法机构表达希望推进行业法制建设的诉求;三是职业自勉话语,即面向县级图书馆从业者的一种自省、自律与自勉的话语。从单个"共识"文本来看,每一种话语的比重不尽一致,反映了会议举行的背景与关注点的不同。

4.1 行政诉求话语

将四个"共识"文本中的行政诉求进行提炼,可以看到在各届会议上行政诉求的演变(见表3)。

表3 四个"共识"文本中的行政诉求话语

"共识"名称	正当性与重要性陈述	现状陈述	期望陈述
林州共识	①公共图书馆是……重要组成部分 ②县级图书馆处于……枢纽地位 ③县级图书馆具有不可替代的作用 ④县级图书馆是……重要窗口	①县级图书馆发展不均衡 ②贫困地区县级图书馆发展明显滞后,即经费短缺、专业人员匮乏	①各级政府对公共图书馆给予高度重视 ②加快制定、实施图书馆职业资格准入制度及图书馆从业人员的继续教育制度 ③以现代技术设备和数字资源装备县级图书馆
常熟共识	①县级图书馆在乡镇、社区图书馆建设中的核心作用 ②县级图书馆对促进全民阅读的重要作用	针对生存问题的呼吁与期盼不同程度地实现	①进一步重视县级图书馆,加大投入力度 ②支持公共图书馆服务体系建设
江阴共识	①公共图书馆服务体系是公共图书馆实现社会功能的必由之路 ②县级图书馆对区域性服务体系建设很重要	①县级图书馆赢得了前所未有的发展机遇 ②生存问题得到有效改善	增加投入,转换机制
神木共识	①公共图书馆是公共文化服务体系的重要组成部分 ②构建公共图书馆服务体系,全民共享、城乡一体		①免费开放政策得到落实 ②基层公共图书馆馆长遴选与任命的专业化、规范化和制度化 ③推进公共图书馆行业的职业资格认证制度 ④解决基层公共图书馆人手不足与免费开放需求的矛盾

从表3看出如下特点:

(1)关于县级图书馆重要性的陈述贯穿于四届论坛,几乎成为四个"共识"文本中最重要的内容。

(2)对县级图书馆重要性的陈述与当下的政治语境紧密相关。在《林州共识》里,与公共图书馆,尤其是与县级公共图书馆相关的政治话语阙如;从《常熟共识》开始,对县级图书馆存在的重要性的陈述置于当时的政治话语之中,即从构建"普遍均等"的公共文化服务体系/公共图书馆服务体系的角度来陈述县级公共图书馆的地位与作用。

(3)对现状的陈述折射出县级图书馆办馆条件的改变。从《林州共识》中充满悲壮感的现状描述,到《常熟共识》与《江阴共识》中对现状得到不同程度改善的描述,再到《神木共识》不再做现状描述,不能说此时我国县级图书馆已不存在生存之忧,但至少已经走过了以"现状描述"来引起关注的时期。

(4)"期望陈述"围绕县级图书馆的两大核心问题展开。县级图书馆的两大核心问题,一个是经费,一个是人员。四届论坛历时七年,所表达的期望都围绕这两个问题,不能说这两个问题从未得到改善,但至少说明它们尚未得到根本性的解决。值得注意的是,在《神木共识》中,用前所未有的强度表达了对"人员问题"的期望,包括馆长的遴选、人员的职业资格、基层公共图书馆人员匮缺这三个当下十分突出的问题。

4.2 法制诉求话语

四届论坛上,关于公共图书馆的法制建设问题是呼声最强烈的问题。"共识"文本中关于法制建设的诉求见表4:

表4 四个"共识"文本中的法制诉求话语

"共识"名称	关于法制建设的陈述
林州共识	……建立、健全相关法律、法规,是保证经费及时、足额到位的根本保证。呼吁国家加快《图书馆法》的立法进程,并研究制定各相关配套法规及实施细则,使图书馆事业早日在法制的轨道上稳步前进
常熟共识	完备的图书馆法律法规体系是促进县级图书馆承担起公共文化服务体系职能的关键……呼吁加快立法进程
江阴共识	①与会代表对制定中的《公共图书馆法》高度关注,寄予厚望 ②希望以法律的权威和力量落实政府主导公共图书馆事业发展的责任,规范公共图书馆的服务与运营,保障公众利用图书馆权利的实现
神木共识	与会代表高度关注《公共图书馆法》的立法进展,希望有关部门继续积极推动立法进程……期盼《公共图书馆法》早日出台

在四届论坛期间的七年里,我国图书馆法制建设可谓一波三折。在每一届论坛上,县级图书馆馆长们最强烈的呼声当属"尽快颁布中国的图书馆法"。他们把县级图书馆生存问题的根本解决寄希望于"有法可依",希望通过"图书馆法"来彻底解决"将购书经费纳入财政预算"这一老大难问题,解决人员的专业性问题,解决公共图书馆服务的专业化问题等。可以说,四届论坛围绕法制建设所反复表达的诉求反映了我国基层公共图书馆人对法制环境

的渴望。"百县馆长论坛"这个平台给了中国公共图书馆职业一个连续表达法制建设诉求的机会，这种表达，既是来自基层公共图书馆界的诉求，也是整个职业想要表达的期望，只是相比较而言，县级图书馆的这一诉求更加强烈。

4.3 职业自律话语

县级图书馆的问题，除了条件保障之外，自身服务水平低下也是一个十分突出的问题。长期以来，由于经费短缺，人才匮乏，交流阙如，县级图书馆无论是在服务理念还是服务水平上都属于国内公共图书馆中的落后群体。随着"援助贫困地区图书馆计划"、全国文化信息资源共享工程、县级数字图书馆推广工程、"免费开放"政策的实施，大多数县级图书馆的办馆条件或多或少都得到改善。既然公共财政花了钱，如果不提升服务能力，县级图书馆将无法面对公众和政府主管部门的质疑。这就是为什么在四个"共识"文本里职业自律话语的不可或缺(见表5)。

表5 四个"共识"文本中的职业自律话语

"共识"名称	关于职业自律的陈述
林州共识	①承担社会责任，履行社会职责，服务公众，贡献社会，创造良好的社会效益，树立良好的行业形象，是县级公共图书馆生存与发展的前提 ②应加强行业自律，提高服务效益，勉尽天职，甘于奉献，共同铸就中国图书馆事业的美好未来
常熟共识	①积极参与(全国文化信息资源共享工程建设)，用好资源，使之惠及广大百姓 ②有效地组织区域内的阅读活动，让普遍均等的公共图书馆服务体系真正成为"阅读中国"的支柱
江阴共识	①转换机制，增强图书馆的活力，努力提高服务的专业化水平，赢得最大的社会效益 ②依托全国文化信息资源共享工程、县级数字图书馆推广计划等重大工程，乘势而上，实现数字化和网络化服务的跨越式发展 ③以保障公众的阅读权利为目标，以激发普通公众的阅读兴趣、提升阅读能力、满足多样化的阅读需求为重点，以丰富多彩的阅读活动为载体，与相关机构通力合作，形成合力，为促进全民阅读、建设学习型社会做出新贡献
神木共识	①公共图书馆要进一步明确自身在保障公众基本文化权益、满足公众基本文化需求上承担的责任和使命，以我们的职业奉献和专业服务为构建覆盖全社会的公共文化服务体系贡献力量 ②公共图书馆的"特色服务"应该是有特色的服务，而非面向特定对象的服务；"专业化服务"应该体现在服务水平的专业化上，而非服务内容的专业化 ③抓住国家三大公共数字文化惠民工程的契机，在推进公共数字文化建设制度设计、构建区域性公共数字文化传播利用平台、建设与整合数字化公共文化资源、创新服务机制与方式、提升数字资源提供能力和远程服务能力等方面做出贡献

从第三届论坛的《江阴共识》开始，职业自律话语有了明显的强化，这与国家针对县级图书馆各项政策与各个工程的颁布与实施的进程有关，也说明这个群体的服务自觉意识已经得到加强。

5 结语

中国图书馆学会为全国 2570 个县级图书馆所打造的"百县馆长论坛"这一会议品牌,既是一个学术性会议,也是一个行业工作会议。作为学术性会议,它是一个专事县级图书馆学术研究与交流的平台,使得"县级图书馆"这个长期被学术研究忽视的对象由此而被关注,为理论研究开拓了一个新的领域。作为行业工作会议,讨论与交流的主题涉及县级图书馆服务、管理等工作的方方面面,各种问题、难题、困惑以及经验在这里得以交流与分享,对于县级图书馆馆长来说,在"百县馆长论坛"开启之前,这种交流与分享是不可想象的。

《林州共识》有一个关于县级图书馆与中国图书馆整体事业之间关系的判断,即"制约我国图书馆事业进一步发展的瓶颈是县级图书馆",不为县级图书馆建立一个良好的运行与发展环境,就不可能建立覆盖全社会的公共图书馆服务体系,就不能保障全体国民享受普遍均等的图书馆服务的权益;不提升县级图书馆的服务能力,即使有了钱和各种资源,同样也难以提供专业化的图书馆服务。这就是"百县馆长论坛"的意义所在!

(选自《中国图书馆学报》2013 年第 2 期)

开放信息环境:学术图书馆信息资源建设的重定义与再造

孙 坦

随着信息技术的深入发展,人类科学研究又一次面临范式的转变,e-Science 环境已现端倪,数据密集型科学研究第四范式呼之欲出。同时,商业出版模式的垄断趋势对学术交流效率的束缚催生了开放获取运动的蓬勃发展,语义技术的不断成熟则推动信息知识化以及知识关联、重组和计算成为可能。因此,科学研究范式演进、开放获取运动和语义技术的发展共同推动信息资源形态与传播利用方式发生根本性变化。学术图书馆的传统信息资源建设模式无法应对这种变化,必须重新定义信息资源建设的内涵,并通过对信息资源建设中资源定义、发现,评估选择,采集与存储,结构化描述与知识化组织等多个方面的改变与新建,以完成信息资源建设模式的再造。

1 开放信息环境的内涵与特征

1.1 数据密集型科学研究与 e-Science

2009 年微软研究院出版了《第四范式:数据密集型科学发现》(*The Fourth Paradigm: Data-intensive Scientific Discovery*),提出了一种新的科学研究范式:基于数据密集型计算的科学研究第四范式,系统介绍了地球与环境科学、生命与健康科学、数字信息基础设施和数字化学术信息交流等方面基于海量数据的科研活动、过程、方法和基础设施。在宏观浅层次上,我们可以这样理解数据密集型科研:在实验科学、理论分析和模拟三个科学范式基础上,在计算科学和数字信息环境发展的推动下,大量的科学数据和相应的技术允许科学家不再仅仅依靠实验、理论分析和模拟仿真开展科学研究,而是在综合运用上述方法的基础上,通过对科研过程中产生的海量科学数据(文献也是数据)进行计算开展科学研究。

e-Science 是一种科研模式和科研组织模式,也是一个基于网格、跨越时空限制的数字科研环境。数据密集型科学是 e-Science 的一个组成部分,它试图从研究方法上将理论、实验和计算仿真统一起来,而从科研资源上将设备、数据和人员集成起来,以便开展基于协同、共享和计算的大科学研究。2007 年,吉姆·格雷(Jim Gray)在美国国家研究理事会计算机科学与电信委员会发表著名演讲《e-Science:科学方法的一次革命》,首次系统阐述了科学研究第四范式,并指出目前每个学科正演变为两个分支:X-Info 和 Comp-X(其中 X 代表一个学科),即任何一门学科均向学科信息学和计算科学演化,如生物学正在演化为生物信息学和计算生物学。e-Science 为这种趋势提供了及时的基础设施环境。2000 年,英国研究理事会总干事约翰·泰勒(John Taylor)率先提出了"e-Science"概念。2001 年,英国 e-Science 核心计划正式实施,成立了国家 e-Science 中心、七大研究理事会 e-Science 中心和十大地区中心,启动了300个以上的e-Science项目。同时,欧盟也通过第五研究框架计划(The Fifth Frame Work Programme,FP5)启动了e-Science建设,并一直持续到第六和第七框架。美国也通过国家科学基金会(NSF)和美国能源部(DOE)资助启动e-Science计划(e-Infrastructure)。

数字网络技术和计算技术的发展推动了数据密集型科学研究和e-Science的诞生与强力崛起,为人类科学研究带来了革命性改变。之所以称之为"革命性改变",不仅因为这是科学研究范式的转移,也因为这种改变不仅仅体现在科学研究方法和模式上,而是覆盖全局,包括学术交流模式和学术信息生态环境也随之发生了根本性改变,广泛开放、零时差传播和语义互操作的知识资源生态环境正在形成。

1.2 学术交流模式变革与开放获取运动

如图1所示,吉姆·格雷(Jim Gray)在那篇关于科学研究第四范式的著名演讲中也讨论了即将到来的学术交流革命,认为互联网能把所有科学数据与文献联系在一起,创建一个数据和文献能够交互操作的世界,以提高科学的"信息速率",促进研究人员的科学生产力。

美国学者J. M. Hurd研究了科学交流的变化,在Garvey/Griffith模型的基础上提出了2020年的学术信息交流模型。该模型体现了科学交流系统的演变,包括交流的基本方式的变化和现有的基于纸本载体交流系统中所不存在的新的功能的出现,主要讨论了出版机构和信息服务商的角色的转变。知识界及专业学术出版社协会(ALPSP)提出的未来的学术交流模型,则指出未来的学术交流系统,应该考虑以数据集、模拟、软件和动态知识的表述等为信息单元,能够对复杂文档进行管理,将不同形式、不同区域的学术交流产物有机地整合起来。

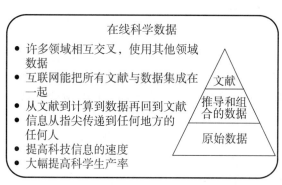

图1 科学数据与文献的交互操作

美国国家科学基金会(NSF)在其2007年的报告《学术交流的未来:为学术互联空间建立基础设施》中又提出了一个名为"学术互联空间(Cyberscholarship)"的发展路线图,期望整合原始数据以及各种来源的新模型,利用最新的工具去分析、可视化,以及模拟复杂的相互关系。建立更普遍、更广泛、交互性和功能性更适合研究机构的数字化环境,包括人、数据、信息、工具、仪器以及高水平的计算操作、存储和数据传输能力。建立有效的执行组织,克服跨学科合作中的阻碍,使新型的科研组织和支撑环境服务于个人、团体和组织,改革他们的研究内容、方式以及参与人员。

众多关于新的学术交流模式的讨论均体现出一个共同特征:在数字开放信息环境中如何提高学术交流中的"信息速率"。以商业出版和同行评议为主要特征的传统学术交流模式严重背离了数字信息环境与新型学术交流模式的要求,开放获取运动的出现与蓬勃发展成为必然。2001 年 12 月,"布达佩斯开放获取倡议"(BOAI)正式发布。截止到 2012 年年底,全球已有 8500 多种开放出版学术期刊和 3340 个开放获取知识库,开放获取论文已经达到 4000 万篇。2011 年,布达佩斯宣言相关组织再次召开会议,明确提出 10 年后在世界上的任何国家或地区任何学科领域的同行评议学术论文均实现开放存储与开放获取。10 年来开放获取的典型变化是包括商业出版机构在内的相关各方从抵制走向开放,并在适应数字信息环境新型学术交流模式与尊重各方权益的平衡中探索出很多有效的举措。目前,在基于现有同行评议的开放获取出版方面主要有三种模式:①作者付费模式,如 Springer 出版社的 BioMed Central(BMC)对 250 种同行评议期刊实行开放获取出版,作者付费,读者免费访问、下载和传播①。②科研资助机构通过法案强制存缴模式,如美国国家生物技术信息中心(NCBI)创建的 PubMed Central(PMC),完整收录期刊 972 种,其中美国国立健康研究院(NIH)资助论文的期刊 301 种②。③开放出版资助联盟模式,如国际粒子物理开放出版资助联盟 SCOAP3(Sponsoring Consortium for Open Access Publishing in Particle Physics)通过全球化合作资助粒子物理领域 12 种学术期刊开放出版,实现该领域内 90% 以上的学术论文开放获取。其中,作者付费模式和开放出版资助联盟模式属于金色 OA(GOLD OA),而机构知识存缴模式则属于绿色 OA(GREEN OA)。

1.3 语义网络与知识表示技术

新型学术交流模式与开放信息环境为数据密集型科学研究提供了坚实的基础,但要满足知识计算的要求,则必须有语义网络和知识表示与计算技术的支持。

2008 年,Mills Davis 提出网络发展趋向于两个基本态势,即一方面从资源内容层面上知识关联和推理功能逐步增强,网络资源表示方式呈现从无语义或惰语义表示到强语义表示和推理能力逐步增强的趋势。另一方面从人类参与的层面上网络与人的互动逐渐增强,最终趋向于类似于人类理解和学习的网络。语义网时代,则以富含语义的本体集为典型支撑,在人工智能、语义搜索、语义网站、语义平台、智能代理等方面得以发挥,使机器能够实现逻辑推理的操作。

面对开放信息环境中数据资源体量、复杂性和异构性的增加,语义方法成为解决异构互操作的必然选择。Mills Davis 将知识表示方式分为目录和分类法、词表、概念模型、逻辑理论和量子物理、价值论等五个阶段。目录和分类法阶段实现了语法层次上的互操作,词表阶段实现了结构化的互操作,概念模型、逻辑理论和量子物理、价值论阶段目的是实现语义上的互操作。目前处于概念模型阶段,以 RDF/S、UML、OWL 为研究内容。这个观点充分表明了语义网和知识表示在开放信息环境中支持异构互操作的必要性。Peter Fox 和 James Hendler 指出,e-Science 基础设施开发者越来越需要基于语义的方法、工具和中间件,从而能够推动科学知识的建模,进行基于逻辑的假设检测,实现基于语义的数据集成,构建各类应用组合,并能够对来源于不同科学领域和系统的数据实现集成化的知识发现和分析。

---

① 参见 http://www.biomedcentral.com。

② 参见 http://www.ncbi.nlm.nih.gov/pmc。

2 图书馆信息资源建设面临新要求与挑战

开放信息环境中,新的科学研究范式和学术交流模式对信息利用的要求是:在 e-Science 基础设施(网格、工具和中间件等)支撑下,对开放综合、异构互联的各类信息对象进行基于知识单元和语义互操作的集成分析与计算。Patrick Wendel 在英国 e-Science 先导项目 Discovery Net 中提出了"信息网格:动态数据集成"(InfoGrid:Dynamic Data Integration)的信息利用模式(见图2),支持用户按需访问各类数据源和结构化信息,并创建自己的数据集进行集成分析。

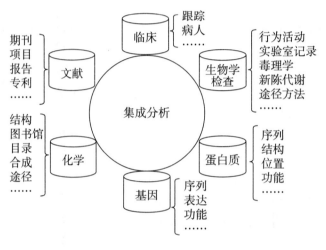

图2 动态数据集成

尽管图书馆界始终积极拥抱数字化网络化和知识组织系统,但是数字化商业信息资源仍是学术图书馆的根基,信息资源保障牢牢占据着学术图书馆服务的核心。开放获取运动正在将学术图书馆从传统服务中驱离,而第三方在关联检索和语义知识发现方面的飞速进展更迅速填补着新型科学研究与学术交流的需求空白,并日益侵蚀着学术图书馆服务创新的新空间。因此,第二代基于集成服务的数字图书馆提供的馆藏数字信息资源集成检索与获取服务面临着被迅速边缘化的严峻挑战。

2.1 开放信息环境颠覆图书馆"馆藏"根基

随着开放获取运动的蓬勃发展,OA 期刊、机构知识库和开放出版等将导致图书馆在学术期刊保障方面的垄断地位迅速弱化。学术专著作为学术图书馆保障服务的另一主要部分也承受着数字出版与营销模式变革的双重挑战。截至 2008 年,全球 STM 图书出版六强机构(Springer,Taylor & Francis,Wiley,Elsevier,CUP,OUP)已经占据了全球 STM 图书出版的约70%,其数字化比例达到约80%,占每年出版 STM 图书总数的50%左右。在电子图书的营销模式方面,出版机构不再依托集成商生产和发布。目前,六大出版机构已经全部退出集成商平台,在服务上针对移动设备不断增强电子图书使用功能,在营销模式上尽管图书馆仍是主要市场,但正迅速倾向于终端销售模式。因此,未来学术图书馆很可能面临无资源可采购的窘境。

另一方面，越来越多的综合科技信息资源开放呈现在互联网上，包括第三方开放资源集合、种类繁多的综合科技资源与服务登记系统、开放会议、开放课件、咨询报告、技术报告、行业(产业)报告、专利与标准信息以及经济社会和法律信息等。此外，学术社交网络和社会媒体提供了大量用户创建的信息资源，知名的学术社交网络 Academia. edu 目前已有 200 万科研人员注册，约占全球学者的 10%，每天增加用户约 4000 人，月访问量达到 450 万次①。同时，随着 e-Science 和大科学工程的发展，越来越多的科学数据实行开放服务，科学数据保存服务中心应运而生。上述开放的信息资源与科学数据对传统图书馆的资源建设困境无疑是雪上加霜，但对重构图书馆信息资源体系而言却是难得的机遇。

2.2 数字图书馆服务的边缘化挑战

目前，主流数字图书馆仍处于基于文献资源的集成服务模式：信息资源体系仍局限于期刊、图书等传统信息资源种类；在信息描述与组织方面，基于描述性元数据的文献集成与系统互操作仍是主流，信息资源主要呈现为 PDF 文档和自由文本形式的文献对象，缺乏结构化、数据化、语义化描述与知识组织；在信息服务方面，主要提供基于元数据的关键词检索和部分概念检索，缺乏语义搜索与知识发现服务。

越来越多的第三方知识服务产品日益侵蚀着学术图书馆的服务拓展空间。从 Web of Science 到 Scopus，从 TDA 到 Aureka，从 Pubmed 到 NPG，全方位地对学术图书馆的文献服务、信息检索、计量分析、关联发现等各层次的服务带来巨大冲击和替代。

(1)增强出版、语义出版和融汇型期刊。面对开放获取和新型学术交流模式的影响，商业出版机构从早期的抵制抗拒逐渐转变为积极面对和把握新的发展机遇，启动了出版的创新转型。

自然出版集团(NPG)在学术交流未来方向中明确提出了语义出版的模式，*Nature* 杂志将改变现有 PDF 格式的出版模式，将所有文章转换为一个论文元数据库和一组结构化数据集，表现为基于 RDF 描述的结构化的、可交互和查询的图、表和文本。传统的"检索"已消失，信息的发现是通过结构化的、交互化的、可查询的图表与文本实现，服务已更多地转为科学信息内容的分析、可视化与分发功能。英国皇家化学学会(RSC)期刊 *Molecular Biosystems* 则通过增强 HTML 标记机制，对文本中被化学术语数据库收录的词汇和来自基因、序列和细胞知识本体的词汇进行高亮显示，并提供外部链接。Elsevier 启动了"Article of the Future Project"，力图实现科学论文格式的彻底变革，并已经推出了 SciVerse 和科学工作流解决方案 Reaxys Xcelerate。增强出版和语义出版通过结构化和语义化实现了基于知识单元的语义交互，完成了从传统期刊向融汇型期刊的转型。

同时，以爱思唯尔(Elsevier)和汤森路透(Thomson Reuters)为代表的商业出版机构和数据库商更加致力于对自身海量信息的开发利用，通过关联、计量和挖掘直接面向用户提供科研评价、分析和战略咨询服务，对学术图书馆的传统文献服务带来巨大挑战。

(2)关联检索、语义丰富与知识发现

随着新型科学研究模式在生命科学领域的率先应用，在以 W3C 为代表的各类结构化、

① http://www.academia.edu

数据化、语义化标准的支持和语义网技术的推动下,以知识关联、重组和语义互操作为特征的新型知识产品与知识服务也集中呈现在该领域,如 PubMed Entrez、NxOpinion、NCIt、NC-BO、VIVO 等。

VIVO 是美国康奈尔大学开发的一个语义网应用项目,用于支持生命科学领域研究人员的知识发现①。该项目通过一个广泛适用于科研领域的科研本体和生命科学领域本体支持对海量科研人员、仪器设备、科研活动和项目、科学数据、科研成果以及文献资源等进行结构化、语义化的知识表示与可视化展示,支持科研人员的关联发现。NCBO(The National Center for Biomedical Ontology)利用 NCBO Annotator 工具基于 NCI Thesaurus(参考术语本体)和连接到 UMLS 中的 200 多个本体,实现了对自由文本的大规模语义标注,使非结构化的自由文本数据变得结构化、标准化②。为生物医学研究人员的知识密集型工作提供支撑,提供在线工具及基于网络的资源(如 BioPortal),使研究人员可以在生物医学研究及临床实践的各个方面实现对不同本体的访问、审查与集成,搜索与特定的本体术语相关的生物医学资源③。

新型知识产品与知识服务呈现出显著的开放化与个性化特征,普遍在开放信息环境或用户环境中,支持科研人员在语义层面集成化构建、管理和分析各类知识资源。

3 学术图书馆资源建设模式再造

通过上述分析可以发现,在开放信息环境和数据密集型科学研究中,学术图书馆文献保障服务功能迅速被边缘化,必须重新定义学术图书馆在新型学术交流中的角色定位和贡献模式。

吉姆·格雷在演讲中批评了美国国家科学基金会(NSF)的数字图书馆项目全部聚焦于传统图书馆的元数据,而非真正的数字图书馆,并建议建设支持科学数据与文献及其他各类信息开放互连和语义互操作的新型数字图书馆,以美国国家医学图书馆支撑生物科学的相同方式,建立支持其他科学的数字图书馆。张晓林教授提出开放获取、开放知识、开放创新推动开放知识服务模式,研究图书馆必须推进范式再转变,打造开放知识服务支持平台,构建由 Information Commons、Knowledge Tools Commons、Research & Creation Commons 组成的公共的 Knowledge Service Support Commons。他明确提出了将开放信息转换为可计算的开放知识的步骤:①支持开放信息的开放再使用;②支持开放信息的结构化;③支持结构化信息的语义化;④支持语义化信息的开放关联化。

学术图书馆信息资源建设模式重构的目标是:构建网络开放信息环境中的信息(知识)资源设施 Information Commons,即面向开放信息环境构建覆盖各类信息对象的开放信息资源体系,通过知识表示技术转换为可计算的开放知识资源体系,支撑面向用户驱动的开放知识服务的数字知识资源生态环境(见图3)。

---

① http://www.vivoweb.org

② http://www.bioontology.org/annotator-service

③ http://bioportal.bioontology.org/ontologies

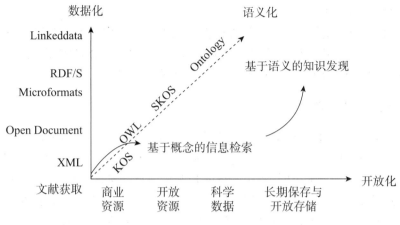

图3 学术图书馆信息资源建设模式再造方向

3.1 构建开放信息资源体系

面向开放信息环境,学术图书馆必须打破传统馆藏建设模式,创新资源建设理念,在整个数字空间(而不仅局限于图书馆)发现、评估、登记、采集、描述和组织各类信息资源,植根于用户环境构建开放综合、支持用户定制集成的信息资源体系。

(1)开放化、综合化。在继续夯实商业信息资源体系的基础上,向开放信息资源扩展,包括开放期刊、机构知识库、开放会议、开放课件、开放报告、行业信息、产业信息、科学数据、科研工具、仪器设备以及广泛的经济社会和法律信息资源等。

(2)评估与质量控制。针对缺乏同行评议的学术资源以及广泛开放的网络信息构建评估体系,建立评价指标体系、遴选标准与质量控制机制,包括建立不同类型开放资源的基于内容质量、技术约束、访问管理、利用许可、用户反馈等方面的评价指标以及开放协议、访问接口、知识产权和法律限定、存储约束等。

(3)开放资源登记、发现与集成。规范化地集成登记各类开放资源是一种有效解决开放资源发现的模式,如开放获取期刊目录 DOAJ、开放获取图书目录 DOAB、澳大利亚研究数据发现服务(Research Data Australia)、美国研究数据目录 Databib、英国经济与社会数据服务(Economic and Social Data Service)、开放获取仓储登记系统 OpenDOAR 和 ROAR、综合开放学术资源登记系统 Informain 和 IESR 等。登记系统要统筹考虑资源类型的选择、资源的覆盖范围、资源的质量控制体系、遴选方案、规范的元数据描述和知识化组织、系统的服务机制、可持续发展机制等多种因素。

(4)使用政策与协议。尽管以创作共用协议(Creative Commons)和数据共用协议(Open Data Commons)为代表的开放获取政策在不断试验、完善和发展,但各类开放资源在开放程度、方式和用途约束以及对竞争、隐私和公益保护的政策也不尽相同。使用政策与协议贯穿于开放资源的评估、遴选、登记描述、集成组织和服务全过程,包括:①不同程度、方式和用途下的开放信息资源的利用许可政策(包括元数据、全文、引文、附加数据等的再利用约束);②开放资源获取途径、技术使用条件和限制条件与技术规则(元数据接口和内容获取接口、机器可访问的内容级别等);③开放信息资源获取和利用过程中多种层次上的标准和协议,如 Web service (SOAP、Restful)、SRU/SRW、OAI-ORE、OAI-PMH、SWORD、Open Data

Protocol、SparQL 查询标准等。

(5)开放仓储与长期保存。在使用许可框架内推动开放资源本地化开放仓储与长期保存是保障资源可持续使用和计算挖掘等再利用的有效举措。该领域需要重点关注开放获取资源长期保存的资源体系构建、权益机制管理、技术保障机制等。

3.2 打造知识表示能力

打造知识表示能力,将开放信息资源体系转换为可计算的开放知识资源是重构学术图书馆信息资源建设的核心。目前,针对自由文本的知识表示与语义化路径主要包括:利用开放关联数据(LOD)实现语义关联、利用本体实现开放信息语义化、利用实体识别实现开放信息语义化和利用文本挖掘实现开放信息语义化等。其中,开放关联数据和本体标注的知识表示方式是学术图书馆资源建设重构的最佳选择,也是未来核心能力的主要体现。

(1)知识组织体系。利用知识组织体系实现信息资源的语义化表示主要包括两种模式:①基于传统知识组织体系扩展的语义网模式。例如,UMLS 通过定义语义类型并将集成的词表概念映射到语义类型构建语义网(Semantic Network)。STERNA(Semantic Web-based Thematic European Reference Network Application)则是利用 RDF 对信息元数据进行结构化描述,并映射到 SKOS 描述的知识组织体系构建参考网络支持异构资源的语义检索。②本体模式。主要是利用传统知识组织体系(叙词表、分类表、术语表等)构建本体,并对信息资源进行语义标注或注释,如联合国粮农组织的渔业本体(FOS)、美国国家生物信息中心的生物医学本体(NCIt)和欧盟的本体网络项目(NeOn)等。

(2)概念识别与语义标注。开放信息资源转换为可计算的开放知识的关键是实现语义标注。目前,基于词表、本体等知识组织体系进行概念识别与语义标注及扩展的主要方法包括:①根据概念或属性关系进行扩展标注。②基于本体语义相似度计算获取相关的概念并生成新的标注。③根据已有的本体之间的映射,找到其他本体中的相关概念词进行扩展标注。基于本体的语义相似度计算方法包括:基于距离的语义相似度计算、基于内容的语义相似度计算、基于属性的语义相似度计算和混合式语义相似度计算。

(3)用户知识环境构建。支持用户知识环境构建是学术图书馆开放知识服务的重要内容,也是资源建设打造知识表示能力的重要组成部分。主要包括两个关键内容:①开放资源与服务配置引擎,支持用户对各类信息资源和知识资源的个性化定制集成,构建个人知识库。②开放知识组织引擎,支持用户定制、完善个性化的知识组织体系并实现对个人知识库的知识表示与关联,构建个人知识网络。

3.3 学术图书馆资源建设再造

面向开放信息环境知识服务的需求,学术图书馆资源建设必须重新构建业务布局,重新定义业务交互模式,重新定位资源建设馆员的角色。

(1)重构业务布局。传统资源建设业务社会化是学术图书馆资源建设谋求业务布局重构空间的有效途径。在传统资源建设业务转型基础上,重点围绕开放信息资源体系构建和打造知识表示能力构建新的业务布局。包括:信息资源开放利用政策研究,开放信息资源评估、登记与集成,知识组织体系建设与应用,知识表示技术开发与应用,用户知识环境建设,开放存储与长期保存。其中,能够融合资源质量、使用许可政策、技术规则、资源内容、使用环境与用途等全面描述开放资源的元数据标准规范、知识组织体系与知识表示将成为新的业务核心。

（2）重新定义业务交互模式。传统学术图书馆资源建设业务交互主要局限于"采、分、编、检、流"框架内的图书馆员与信息资源之间的交互，封闭于馆藏内部。新型的业务交互模式呈现出显著的开放化特征，扩展为三个部分：①开放信息资源体系构建过程中，资源建设人员在整个数字空间内与各类信息对象及权益主体的交互；②在知识组织体系建设与应用过程中与用户和领域专家的交互；③在用户支持环境构建中与用户和领域专家的交互。因此，开放、协同成为新型业务交互模式的主体。

（3）重新定位资源建设人员的角色。数据密集型科学研究需要培育数据科学家群体，而数据标引专家、图书馆学家都是数据科学家群体的组成部分。新型学术图书馆模式中，资源建设人员将扮演一个全新的角色：数据图书馆员。他们承担的主要职责包括：①以数据的视角发现、评估、登记、采集、描述与组织、知识表示与语义标注的审核与质量控制等；②与用户和领域专家协同创建、维护和应用词表、本体、参考网络等各类知识组织体系；③与学科馆员、用户和领域专家共同创建和维护用户知识环境。

4 结语

无论怎样变化，学术图书馆保存和传播人类科学知识和学术成果的使命和职能无疑将会长期存在。但是，面向新型科学研究范式和开放语义环境的形成，学术图书馆信息资源建设必须更有作为，通过开放化、结构化和语义化知识关联体系构建，抢占新型学术交流模式的核心位置，打造学术图书馆开放知识服务的基础，支持数据型数字图书馆发展知识关联、计算、挖掘等知识服务的核心竞争力。

（致谢：本文是在中国科学院国家科学图书馆资源建设部承担的战略扫描、开放资源、知识组织等多个项目基础上完成的，对项目组成员表示感谢。）

（选自《中国图书馆学报》2013 年第 3 期）

阅读推广与图书馆学:基础理论问题分析

范并思

0 引言

回顾过去20多年的图书馆事业,除了信息技术给图书馆服务带来的变化外,最大的变化莫过于阅读推广成了图书馆的主流服务。图书馆人顺应社会发展给图书馆带来的挑战,持续推动阅读推广的发展,使阅读推广从以往自发的、零星的、补充式的图书馆服务,发展为图书馆服务中最具活力的、充分体现图书馆核心价值的自觉的图书馆服务。阅读推广的发展带来新的理论问题,对于阅读推广理论的研究正在形成新的图书馆学理论领域。

阅读推广能够成为图书馆的核心领域,首要因素是现代社会对阅读的关注度上升。进入20世纪90年代后,政治、经济和社会的发展对公民素养的要求提高。各国政要意识到,无论是推行民主政治,维持社会稳定,还是提升经济,增强国民竞争力,公民的自我学习能力都是极为重要的因素。在这种背景下,国际组织和各国政府一再出台各种政策或战略,组织大型活动,促进阅读推广或非正规学习以提升公民素养。1995年,联合国教科文组织将每年4月23日命名为"世界图书与版权日"(又称"世界读书日"),这个日子现已成为全球阅读的重要节日。此外,联合国教科文组织还有"素养十年"等中长期计划,鼓励各种机构培养公民读写能力和终生学习能力。世界各个国家和地区的政府大力推动阅读,相关政策法规和大型项目举不胜举。在全社会关注阅读的潮流中,图书馆始终走在前面。1994年国际图联发布的《公共图书馆宣言》,将"从小培养和加强儿童的阅读习惯"列为公共图书馆的首要使命。2005年,国际图联召开信息素养和终生学习高层研讨会,发布《信息社会灯塔:关于信息素质和终身学习的亚历山大宣言》,强调"信息素养和终生学习是信息社会的灯塔,照亮了信息社会发展、繁荣和走向自由的进程"。2003年,英国文化、媒体和体育部(DCMS)的政策文件《未来的框架》更是明确了现代图书馆职能向阅读推广的转化。这一文件认为,公共图书馆需要不断更新和宣传他们的社区服务目标,试图基于新的目标为英国公共图书馆描绘十年蓝图。报告第一次将阅读推广放到图书馆事业的核心位置或首要位置,认为图书馆的职能应该聚焦于"发展阅读和学习,数字技能和服务,社区凝聚力和公民价值",并以极大的篇幅强调公共图书馆阅读推广和促进非正式学习的职能。报告称现代图书馆使命的核心有三条,第一条为"阅读推广和促进非正式学习"。

中国图书馆学会2003年将全民阅读工作提上议事日程并列入年度计划,这是中国图书馆学会自觉推动阅读推广的起点。十多年来,中国图书馆学会不懈地宣传与推动全民阅读:从组织"4·23"阅读推广活动,到评选年度全民阅读优秀组织和先进个人;从成立学会的阅读推广委员会,到将"图书馆努力促进全民阅读"写入《图书馆服务宣言》。经过全国图书馆界十多年的努力,阅读推广逐渐从一种自发、零星、补充式的图书馆服务发展为一种自觉、普遍、不可或缺的图书馆服务,开展阅读推广的地区从沿海发达地区走向欠发达地区,主动进行阅读推广的图书馆从公共图书馆(含少儿图书馆)发展到高校、中小学图书馆。2013 年,中国图书馆年会的主题设定为"书香中国——阅读引领未来",这标志着阅读推广已经成为全体中国图书馆人的自觉。

1 阅读推广的基础理论问题

现代图书馆事业是具有专业化特征的职业行为,其专业化的重要特征之一是图书馆的管理与服务具备图书馆学理论的有力支撑。图书馆阅读推广属于图书馆实践领域,主要支撑性理论是应用性理论。阅读推广应用性理论的功效是指导阅读推广的具体操作,其内容包括阅读推广活动的策划、组织、宣传、绩效测评理论,阅读推广的环境设计与评估、馆员培训与要求、用户需求与心理理论,对于特定人群的阅读推广理论,此外还有儿童发展与儿童心理、残障人士心理与护理等相关理论。这些理论的研究,目前在我国还比较缺乏,需要大力推进,但国际上对于这种研究是有共识的,如国际图联素养和阅读委员会(2007 年以前名为"阅读委员会")特别强调理论研究在阅读推广中的作用。该委员会将自身职能定位为"为全体公民将阅读研究和阅读开发活动整合进图书馆服务,目的是促进图书馆在这些问题的领导、研究、实践,以及信息交流方面发挥作用"。它发布了《在图书馆中用研究来促进素养与阅读:图书馆员指南》,强调"研究"能够帮助图书馆员有效收集数据和实施测评,帮助他们提高推广效率。

阅读推广的支撑理论还包括图书馆学基础理论。基础理论属于间接支撑阅读推广的理论,它要研究阅读推广"是什么""为什么""应该怎么做"一类问题,解决阅读推广的服务目标和价值定位,指导图书馆人自觉开展阅读推广。从当前阅读推广发展现状看,阅读推广基础理论较应用理论更为缺乏,已经成为图书馆人自觉发展阅读推广服务,提升阅读推广内在品质,普遍开展阅读推广的主要障碍之一。当前阅读推广的理论与实践中主要存在四个基础理论问题。

(1)阅读推广的定义是什么? 或者它是否应该有定义? 阅读推广的字面理解很简单,就是对阅读进行推广或促进。这一词汇在中外图书馆学中普遍使用,但很少有人对其下定义。如《阅读推广手册》完全回避了对阅读推广下定义,《公共图书馆宣传推广与阅读促进》没有下定义。定义的难点其实在于对于阅读推广的基本认识,例如国外一般将休闲阅读当作阅读推广的主体,那么帮助读者的专业学习是否属于阅读推广? 为儿童、残障人士找读物无疑是阅读推广,为专家教授找读物是否也属于阅读推广?

(2)阅读推广与图书馆服务的关系是什么? 图书馆的所有服务都与阅读有关,不但外借阅览服务是直接帮助与促进读者阅读,图书馆的分类编目等业务也是为使读者更加便利地阅读,参考咨询服务中与书目工具相关的服务非常接近阅读推广,即使从事决策咨询类工作,大多数也定位于文献信息资源,如提供剪报,促进阅读的意图很明显。因此这带来一个问题:既然图书馆所有服务都与阅读有关,为什么现代图书馆服务需要如此强调阅读推广? 为什么阅读推广能够从传统图书馆业务中脱颖而出,发展成为一种核心业务?

(3)阅读推广是原有图书馆服务的延伸还是一种新的图书馆服务类型？原有图书馆服务中有一些服务项目，如新书推荐、阅读辅导，这些服务项目直接承担对读者推荐或推广图书的功能，在现代图书馆阅读推广中，它们仍发挥非常重要的作用。那么，图书馆阅读推广究竟是不是新书推荐、阅读辅导等原有图书馆服务的延伸？如果不是，这种新的服务与图书馆原有服务的区别与联系是什么？它的基本特征是什么？

(4)阅读推广是否符合图书馆核心价值？现代图书馆学确立了公平服务的核心价值，这一核心价值主张对所有人一视同仁。现代图书馆学还确立了智识自由的核心价值，这一价值主张尊重读者的阅读自由，不干涉读者的阅读行为。但是，现实中的阅读推广往往是针对特定人群提供特殊服务，并且带有推广性质的服务有明确的干预性特征。图书馆学理论应该如何解释这种服务？

2　阅读推广的目标人群

2.1　阅读推广的目标人群分类

图书馆，特别是公共图书馆的服务，是面向所有人的服务。面向所有人的图书馆服务不排斥任何人的参与，但并非图书馆的每一种服务都适用于所有人。也就是说，在具体的图书馆服务设计时，图书馆管理者需要考虑特定人群的需求。图书馆阅读推广作为一种图书馆服务，也有其特定的目标人群，在研究图书馆阅读推广时，需要对阅读推广的目标人群进行研究。

图书馆阅读推广服务类型很多，涉及的服务边界很广，除了少部分读者具有很强专业知识，到图书馆主要是为获取专业文献，大多数读者都能够成为阅读推广服务的目标人群。但是，通过对阅读推广目标人群进行观察，发现普通人群和特殊人群对于图书馆阅读推广的需要是不一样的。

(1)普通人群。与传统图书馆服务相关的阅读推广，如新书推荐、读书竞赛，是一种面向普通人群的阅读推广。此处所说的普通人群是具有一定阅读意愿并且具有较好阅读能力的读者，他们知晓和认同图书馆的社会价值，可以正常利用图书馆的各种资源与服务，即使没有图书馆员的特殊帮助，他们也能够通过图书馆的外借阅览服务，获得图书馆阅读资源。尽管如此，普通读者仍可能因为知识、视野、素养等方面的限制，难以更好地利用图书馆。面向这一读者群体的阅读推广，服务目标是帮助他们更加高效地利用图书馆，改善他们的阅读品质，并改善他们对于图书馆服务的评价。例如漫无目的的找书的读者可能通过图书馆新书推荐目录找到自己喜爱的新书。对于这类读者，图书馆员应该尊重他们阅读时对宁静与隐私的需求，更多地设计服务型、非干扰型的阅读推广项目。例如，近年华东师范大学图书馆和厦门大学图书馆利用已有的借阅数据，制作出毕业生回顾在图书馆借阅历程的产品，可进一步激发他们的阅读兴趣。而个人信息的网络发布则完全由读者自主选择。这种推广项目就没有对读者造成任何干扰。

(2)特殊人群。图书馆的读者中存在许多由于各种原因不能正常利用图书馆资源和服务的读者，国际图联图书馆特殊人群服务委员会(Library Services to People with Special Needs Section)关于特殊人群的定义是"不能使用常规图书馆资源的人群"，该委员会重点关注的人群是"因生活条件或身体、精神与认知障碍无法使用现有图书馆服务的人。这些人包括但不限于下列人群：在医院或监狱的人，无家可归的人，在养老院和其他保健设施的人，聋人，患有阅读障碍症或老年痴呆症的人。"《公共图书馆宣言》特别强调，公共图书馆需要为他们提供特殊服务。图书馆阅读推广的重点人群包括：①因为缺乏阅读意愿不愿意使用图书馆资源和服务进行阅读的人；②因为文化程度较低，图书馆利用技能或信息技能不足，或受到经济社会环境限制不善于利用图书馆资源与服务进行阅读的人；③因为残障、疾患、体衰等原因无法方便地进入图书馆阅读普通书刊的人；④因年龄太小或太老无法正常利用图书馆，需要提供特殊资源与服务的人。这些人群除了图书馆特殊人群服务委员会定义的特殊人群之外，还包括缺乏阅读意愿的人、文盲或半文盲、儿童等。因为这些人群具有不能正常使用图书馆资源和服务的共同特点，本文将他们统称为特殊人群。

面向普通人群的阅读推广对个人阅读具有帮助作用，而面向特殊人群的阅读推广则是一种建立、改造、重塑个人阅读行为的服务，它或者能够提升人的读写能力与信息技能，或者能够对阅读困难人群实施有效的救助。虽然图书馆开展面向普通人群的阅读推广不是可有可无的，但就图书馆使命而言，它只是一种辅助性服务，其重要性远不如面向特殊人群的阅读推广。面向特殊人群的阅读推广在图书馆十分常见，如送书上门，组织阅读兴趣小组，讲故事或读绘本，组织亲子阅读、户外阅读活动等。在国内外图书馆阅读推广服务中，它们是开展最普遍，也是最受社会欢迎的项目。

2.2 阅读推广与公平服务

与外借阅览等图书馆传统服务相比，阅读推广是一种服务受益读者相对较少，服务成本相对较高的服务。例如，馆员给读者讲故事一般要比管理阅览室成本高。这就涉及图书馆服务政策的理论问题：将资源投放到服务少数人的阅读推广是否有违图书馆的公平服务原则？图书馆事业的现实状况是，在当今全球图书馆经济状况不好，管理者追求图书馆效益的时候，阅读推广这种相对成本较高的服务却逐渐发展成为一种图书馆的主流服务。理解这种现象需要了解现代图书馆为特殊人群提供特殊服务的理论。

《公共图书馆宣言》称，公共图书馆应该向所有人提供平等的服务，"还必须向由于各种原因不能利用其正常服务和资料的人，如语言上处于少数的人、残疾人或住院病人及在押犯人等提供特殊的服务和资料"。对特殊人群提供特殊服务是对所有人公平服务的修正和补充，开展特殊服务是公共图书馆服务走向成熟的标志。图书馆为特殊人群服务的概念是从图书馆为弱势人群服务的概念发展而来。国际图联早在 1931 年就成立了"图书馆弱势人群服务委员会"（Libraries Serving Disadvantage Persons Section），2009 年该委员会正式改名为"图书馆特殊人群服务委员会"。名称改变背后所表达的图书馆服务理念的转变是深刻的：图书馆为弱势群体服务所表达的理念是慈善或救助理念，公共服务机构提供慈善服务是其社会责任，无论理论上还是实践中这种服务都是天然合理的，不存在异议；而为特殊人群提供特殊服务所表达的理念则是公平服务理念，《公共图书馆宣言》中对特殊人群提供特殊服务的文字就出现在平等服务条款中，紧随"向所有的人提供平等的服务"的表达之后。之所以要将对特殊人群提供特殊服务的表述紧随在对所有人平等服务的表述之后，是因为人们研究图书馆公平服务时发现，将资源与服务面向所有人一视同仁地平等开放，并不能天然地保证图书馆服务的公平性。因为任何社会中总是存在那么一部分人，一般是属于少数的社会边缘人群,或者由于先天能力不足,或者由于社会教育不良,或者由于尚未达到可以正常阅读的年龄,而无法正常利用图书馆的资源和服务。如果图书馆不对特殊人群提供特殊服务,这些人群将被排斥在图书馆服务之外,使图书馆的平等服务流于理念而无法真正落实。

中国图书馆人近年来致力于发展阅读推广服务,有着较为深刻的社会背景。当今中国图书馆界面临的问题,其实也是中国社会面临的问题,就是国民阅读意愿的缺乏。21 世纪初,公共图书馆管理者面对市场的诱惑忘却了公共图书馆精神,在"以文养文"的口号下,让原本应该承担社会信息保障职能的公共图书馆普遍开展收费服务。在许多城市,由收费构成的门槛成为市民走进图书馆的主要障碍。2006 年以后,公共图书馆免费运动逐渐发展,到2011 年国家宣布全国公共图书馆基本服务全免费,收费的门槛被彻底破除。但是在很多地方,特别是在经济不发达地区的城镇,没有门槛的公共图书馆内仍然缺少读者。其实,这些缺少读者的图书馆存在最后一道门槛,就是阅读的门槛。不少人有阅读能力,也有阅读时间和资源,但他们宁可将时间和资源花费在麻将台,也不愿意阅读。朱永新先生在推行新教育实验时,提出培养"精神饥饿感"的想法。借助这一概念,可以看到人其实是可以存在"阅读饥饿感"的。人不吃饭会感到饥饿,这种饥饿感是天生的,与生俱来的。也有人不读书会感到"饥饿",产生心理的空虚、精神的困苦等不适感,这种阅读饥饿感成为个人阅读的最大动力。与生理饥饿不同的是,阅读饥饿感并非与生俱来,而是在愉悦的阅读过程中逐步形成的。图书馆阅读推广服务的目标之一,就是培养现有读者和潜在读者的阅读饥饿感,使更多的人成为渴望阅读的人。

3　阅读推广的理论特征

从图书馆学理论角度观察图书馆阅读推广,可以看到阅读推广具有以下理论特征:
属性定位:阅读推广是图书馆服务的一种形式;
目标人群:阅读推广的重点是服务于特殊人群;
服务形式:阅读推广是活动化、碎片化的服务;
价值基础:阅读推广需要介入式服务。
由于上一节已经讨论过目标人群问题,本节对"介入式服务"的讨论也要涉及这一问题,本节不再专门讨论目标人群。

3.1　阅读推广是图书馆服务

研究图书馆阅读推广,首先需要将其当作一种图书馆服务。图书馆阅读推广,无论是编制导读书目还是组织读书活动,无论组织暑期阅读还是开展亲子活动,其目的与外借阅览一样,都是图书馆对于读者的阅读或学习的服务。图书馆阅读推广虽然势必对读者的阅读行为进行干预,但干预的目的是帮助读者喜欢阅读、学会阅读,而不是对读者进行价值观、品行方面的教育。

我国图书馆界有一个深入人心的认识,就是图书馆承担社会教育的职能。这一认识影响到图书馆的阅读推广服务。许多人认为阅读推广更应该体现图书馆的教育职能,要对读者进行各种教育,既包括读者利用图书馆的能力或信息素养方面的教育,也包括对读者的阅读内容教育(如读好书、读时事政治教育书籍)、阅读形式教育(如拥抱书香,远离屏幕),甚至包括对于阅读过程中个人习惯的教育(如纠正儿童阅读姿势,禁止或纠正衣着不整者进馆)。中国图书馆界执有这种教育理念有其历史的原因。杜威图书馆学信奉图书馆的教育功能,认为教化读者是图书馆人的使命。但是,这一近乎神圣的图书馆使命在20世纪30年代以后逐渐受到质疑。人们发现没有任何证据表明图书馆员有高于其他人的道德水平,同时公共资金资助的社会服务需要保持服务的公平性,不得将具有党派教义的"教育"掺杂其中。在美国图书馆协会《图书馆权利宣言》问世后,尊重公民使用图书馆权利的观念逐步确立,教化公民的观念逐步被放弃。西方图书馆学进入中国之时,正是杜威图书馆学时代,教化的观点影响了一代人。当西方图书馆学教化观念开始变革后,中国图书馆学却中断了对西方图书馆学的了解。直到21世纪初中国图书馆人开始研究"图书馆权利",人们才更多地了解服务读者是比教育读者更重要、更根本的图书馆职能。当然受到社会环境的影响,这种认识还远未成为我国图书馆人的共识。

比较国际图联《公共图书馆宣言》的变化可以看到国际图书馆界对于公共图书馆教育职能认识的变化。1949年版的《公共图书馆宣言》相信公共图书馆可以直接参与对公民的教育,宣言中设有"公共图书馆是民主的教育机构""人民的大学"这样的小标题,可见它对于教育的重视。1994年《公共图书馆宣言》修订版中仍然强调公共图书馆是开展教育的有力工具,但基本精神已经不再将公共图书馆当成从事教育的"机构"或"大学",而是提供平等服务的"通向知识之门"。

对于图书馆服务与教育功能认识的滞后,在一定程度上影响到阅读推广理论的发展。由于阅读推广在很多方面具有与教育类似的特点,人们很容易将阅读推广当作教育读者而不是服务读者的图书馆活动。具体误读表现为两个方面。一个是将阅读指导(Reading Instruction)当成阅读推广(Reading Promotion),例如中图学会阅读推广委员会的前称为"科普与阅读指导委员会"。阅读指导也可译为阅读教育,一般是学校语文教学的辅助,图书馆员在辅助学校教育中常常需要进行阅读指导,是人们将其误读为阅读推广的重要原因。另一个是将阅读经验分享当作阅读推广。不少图书馆做阅读推广就想到请名人,特别是文化名人讲座,分享他们的阅读经验。名人的号召力对于推动阅读的确有实效,但名人讲座服务的人群并非图书馆阅读推广的重点目标人群,许多图书馆将大量资源投放于此而忽略其他阅读推广服务,是不了解阅读推广是一种服务的表现。

3.2　阅读推广是活动化的服务

图书馆阅读推广作为一种服务,与传统图书馆服务的形态具有较大差异。这种差异可归纳为服务活动化和服务碎片化。活动化、碎片化的服务给图书馆管理与服务提出新的课题。

服务活动化是现代图书馆服务的新特征,也是一个重要趋势。以活动形式出现的图书馆服务不仅有讲座和展览等在专门场所和特定时间开展的活动,还更多地表现为在儿童阅读推广和其他特殊人群的阅读推广中,以活动化的服务取代传统外借阅览服务,即在原有借阅场所借阅时间中开展服务活动。在很长一段时间里,图书馆是一个幽静的场所。图书馆提供的服务,首先是外借阅览。外借阅读服务中,图书馆需要创造一个宁静的、不受他人打扰的阅读环境。现代图书馆还包括参考咨询类服务,这类服务往往比外借阅读服务有更多的对话,但由于对话规模不大,基本能够保持图书馆的宁静。但阅读推广服务则颠覆了原有图书馆服务的环境。读书会、故事会、抢答式竞赛、各种行为艺术在服务时间、服务场所出现,说话声、欢笑声甚至歌舞音乐声破坏了图书馆原有的宁静。美国新泽西州立图书馆介绍的公共图书馆十大创意活动,包括了扮演童话角色早餐、烹饪、探宝、模拟面试、街舞等。更具有颠覆性的事例是近年美国奈特基金会将音乐、演唱和歌舞带进图书馆,直接在阅览室进行歌舞表演,从资料看,图书馆和读者都乐于接受,活动也吸引路人进入图书馆。服务活动化在我国引起部分读者抱怨,他们习惯了图书馆高雅、舒适、宁静的阅读环境,难以适应服务活动化带来的变化,许多图书馆人也对阅读推广活动是否属于图书馆服务心生疑虑。如何改变这些观念,使图书馆管理与服务能够适应服务活动化,是图书馆学理论面临的新挑战之一。

无论服务活动化面临多少质疑,它逐渐成为公共图书馆主流服务的趋势不变。不但IFLA公共图书馆服务的各种宣言、指南中频频出现"活动"字样,阅读推广活动成为公共图书馆服务的新的指标也是这种趋势的标志之一。吴建中是国内学者中较早关注阅读推广活动作为图书馆服务新指标的学者。他在2012年中国图书馆年会主旨报告中介绍了国际图联大都市图书馆委员会一份调研报告,该报告提出影响图书馆未来发展的四个新指标中,第一个就是"推广活动"。图书馆服务活动化的趋势也影响到我国的图书馆评估,2013年文化部组织的第五次公共图书馆评估定级指标中增加了"阅读推广活动"的指标。

图书馆服务活动化直接导致服务的碎片化。传统图书馆服务是整体感很强的服务,图书阅览室的书籍按知识体系组织,图书馆的整体布局和书籍位置许多年不变。在这种具有整体感的环境中,读者在本馆或其他馆形成的经验可以方便地帮助他们阅读,图书馆员只要进行少许知识更新就可以长期胜任图书馆服务工作。图书馆的馆长或部门主管可以通过主导图书馆的布局和设计,基本实现对服务的管理。

但是阅读推广服务不一样。例如,在同一个儿童阅览室中,尽管阅览室布局没有大的变化,但它在学期中和暑期的活动不一样,每周周一到周末的活动不一样,每天上午和下午的活动可能不一样,甚至有些图书馆阅览室在半天内可以安排两场活动。这种服务活动化必然导致服务的碎片化,并给图书馆的管理带来新的问题,从以往图书馆馆长可以主导的服务,变成需要各个岗位上的图书馆员不断设计,构思主题,策划活动,解决服务资源的服务。一般而言,图书馆员无力独自承担如此多变的服务,只能将服务主体扩大到全社会,通过志愿者服务解决碎片化服务所需人力资源问题,而图书馆员的角色也由服务的直接提供者转型为服务的组织者。

3.3 阅读推广需要介入式服务

图书馆服务受人赞美,并被人提到维护社会民主制度的高度,不仅是因为图书馆能够为用户提供大量的知识与信息,还因为它在提供知识与信息时保持服务价值的中立性。最能体现图书馆服务价值中立性的是文献借阅服务。图书馆将百科全书式的知识按门类有序组织,将目录与文献全部对读者开放。读者根据自己的需要委托取用或自行取用,图书馆员仅仅承担传递文献或咨询服务,不介入读者挑选文献的过程,不指导读者阅读,将知识与信息的选择权完全交给读者,甚至保守读者秘密,不让他人知道读者阅读的内容。在图书馆参考咨询服务中,图书馆员对问题的解答中可能加入自己对于知识与信息的理解,但问题的来源属于读者,大部分问题的答案也是取自现有文献。

尽管图书馆服务价值中立的原则不可避免地受到意识形态或政治、文化因素的挑战,但国际图书馆界对此原则是有共识的。2012年国际图联公布的《图书馆员及其他信息工作者的伦理准则》中有"中立、个人操守和专业技能"条款,该条款称,"在馆藏发展、信息获取和服务等方面,图书馆员和其他信息工作者应当严守中立和无偏见的立场。中立才能建设最为平衡的馆藏,并为公众提供最为平衡的信息获取渠道""图书馆员和其他信息工作者应区分其个人信仰和专业职责。他们不应因为私人利益和个人信仰而损害其职业的中立性"。

从服务形态看,图书馆阅读推广对于读者阅读的介入程度远大于其他图书馆服务。在阅读推广时,图书馆员深度地介入读者的阅读过程。图书馆员不但直接介入从文献选择到内容解读的整个阅读过程,而且还通过各种措施鼓励读者阅读他们指定或推荐的读物。例如,在某些奖品丰厚的知识竞赛中,图书馆员明确告诉读者竞赛题的答案出自某几本读物,相当于明确指定了读者的阅读内容。介入式的阅读推广服务并不一定违背中立性原则。某些图书馆依据读者的阅读记录制作新书推荐书目,就是一种比较遵循中立性的阅读推广。但在更为一般的情况下,图书馆员需要依据自己的主观判断选择文献进行推广。因此,阅读推广服务的中立性受到人们的质疑。

在图书馆阅读推广服务中,表面上看图书馆员的立场是矛盾的。一方面,他们应该恪守服务价值中立原则,不介入读者阅读过程;另一方面,不能确保中立性的介入式阅读推广服务又在图书馆得到充分发展。解释这一矛盾依然要回到特殊人群服务问题。图书馆阅读推广的重要对象是特殊人群。由于特殊人群无法正常利用图书馆,如果图书馆员缺少深度介入的主动精神,这一人群不可能像普通读者一样接受图书馆服务,甚至可能完全被排斥在图书馆服务对象之外。因此,在"平等服务"和"价值中立"理论引导下的非介入式服务在20世纪90年代后期受到许多理论家的批评。英国图书馆和信息委员会的一份研究报告甚至认为,早期的"公共图书馆运动的核心逻辑仍然建立在继续推动普遍均等的公共服务,反映的是中产阶级白人的价值观"。所以该报告主张,"公共图书馆应该成为一个更加主动的,具有干涉精神的公共机构,肩负着平等、教育和社会正义的核心使命。唯有如此,才有可能让边缘化的被排斥的群体回归到社会主流之中,也只有这个时候,公共图书馆才实现了真正的开放和平等"。

表面上看介入式的阅读推广服务可能违背图书馆的职业准则,实际上它正是对普遍均等服务的补充。是公共图书馆"成为一个更加主动的,具有干涉精神的公共机构"所必须迈出的一步。当然,阅读推广的介入式服务也应该尽可能遵从价值中立,这是阅读推广理论和实践中需要进一步探讨的问题。

4 阅读推广的服务目标

图书馆阅读推广最容易看到的目标是提升服务指标。也即,通过面向所有读者的宣传,使更多的人了解图书馆,走进图书馆,利用图书馆,这种阅读推广还能增加特定文献(往往是原来利用率偏低的文献)的借阅指标,改善读者对于图书馆服务的评价。服务于这一目标的阅读推广有时也被称这"图书馆宣传"或"宣传推广",尽管它与阅读推广有很多重叠,但我更愿意将这类活动当成图书馆营销的一种形式。此外,为普通读者服务也是图书馆阅读推广的服务目标。但是,对图书馆最有价值,也最符合图书馆核心价值的阅读推广,应该是面向特殊人群的阅读推广。面向特殊人群的阅读推广服务目标可以归纳为三个方面。

4.1 使不爱阅读的人爱上阅读

对于缺乏阅读意愿的人群,图书馆阅读推广的目标是引导。通过阅读推广的引导,使他们接受阅读,热爱阅读,甚至迷上阅读。无论是读者人满为患的图书馆,还是门可罗雀的图书馆,都承担着一份使命,就是培养未来的读者。否则,无论图书馆如何改善藏书与读者服务,也无法逆转图书馆读者日渐稀少的局面。图书馆可以通过生动有趣、形式多样,甚至有奖励措施的阅读推广活动,引导他们感受阅读的魅力,在生活中享受阅读的乐趣,并逐步形成阅读的意愿,直至形成阅读的饥饿感。虽然这是一个十分不容易实现的目标,但也是图书馆阅读推广最有意义的目标。例如,美国素养基金会有一个阅读推广项目"爸爸和男孩——银河阅读项目",许多图书馆参加。该项目针对男孩不愿意阅读的家庭设计,在阅读能力协调员引导下使男孩和父亲一起阅读。结果发现,参与的男孩对待阅读有更积极的态度,更加喜欢阅读,比参与活动前读了更多的书籍。参与的父亲也表明他们与男孩一起阅读使男孩更加享受阅读。这一阅读推广活动的目的十分明确,就是培养男孩们的阅读意愿,并且成效显著。

4.2 使不会阅读的人学会阅读

对于有阅读意愿而不会阅读的人,图书馆阅读推广的目标是使他们学会阅读。在图书馆阅读推广的目标人群中,存在一类具有阅读意愿但不知道如何阅读的人群。他们相信阅读能为自己创造更多的机会,或者知道阅读能够愉悦生活,因此渴望通过阅读改变自己的人生。但由于文化程度较低,经济条件不好,或利用图书馆的能力不足,他们自主阅读存在困难。例如,成人中的文盲、半文盲、功能性文盲,许多是愿意阅读的,但是他们找不到适合自己的读物,同时也找不到适合自己的阅读方法,因而不得不远离阅读。又例如,3—10岁儿童通常会有较强的阅读意愿,但他们不识字或识字不多,无法阅读成人文字读物。对于这些人群,图书馆传统的文献借阅服务基本是无效的。图书馆需要通过有经验的图书馆员选择合适的读物,通过读书会、故事会、知识竞赛等组织方式,使他们在图书馆员或阅读伙伴的辅导下,逐渐地学会阅读。此类阅读推广最好能被设计成日常化、常规化的活动,同时需要训练有素的馆员、配套的读物和有吸引力的活动项目。如此长年训练,使读者在参加图书馆阅读推广活动过程中逐渐学会阅读。

4.3 使阅读有困难的人跨越阅读障碍

对于愿意阅读但阅读确有困难的人,图书馆阅读推广的服务目标是帮助他们跨越阅读障碍。图书馆的服务人群中存在许多无法正常接受图书馆资源与服务的特殊人群,如残障人士、居家不出的老人、各类阅读症患者等,图书馆需要为他们提供特殊服务。此类特殊服务,一般都属于阅读推广服务。例如,图书馆可以通过送书上门、诵读、读书会、绘本阅读等阅读推广活动,帮助他们走近阅读。上海浦东图书馆曾经坚持 8 年进行盲人数字阅读推广,2010 年获国际图联 Ulverscroft 基金会最佳实践奖。2013 年中国图书馆年会的一个主题论坛上,浦东图书馆的盲人读者王臻先生举起手中的盲杖深情地说:"这根盲杖带我走到这个会场,图书馆教我的数字阅读是我的第二根盲杖,它带我游览更宽广的世界。"王臻先生的话非常形象地说明了图书馆阅读推广对于阅读困难人群的价值:帮助他们跨越阅读障碍。

（选自《中国图书馆学报》2014 年第 5 期）

大数据分析与情报分析关系辨析

李广建　化柏林

0　引言

大数据分析(Big Data Analytics,BDA)是大数据理念与方法的核心,是指对海量、类型多样、增长快速且内容真实的数据(即大数据)进行分析,从中找出可以帮助决策的隐藏模式、未知的相关关系以及其他有用信息的过程。包括大数据分析在内的大数据理念和方法已经引起了图书情报界的密切关注,成为情报学的热点话题之一,2014 年公布的国家社会科学基金项目名单中,关于大数据的项目就有 18 个,在图书馆、情报与文献学领域占 13.7%,超过了其他任何选题。目前,比较主流的观点是大数据和大数据分析为情报学的发展带来了巨大的机遇,认为大数据对情报学的影响是多方面的,其中最直接的影响是情报分析,有关"大数据时代的情报分析……""大数据环境下的竞争情报分析……"之类的论文、项目越来越多,这些都反映了学界和业界对大数据分析的重视程度,值得肯定。

应该注意,情报学与情报分析早在 20 世纪 50 年代就已经存在了,而大数据及大数据分析则是近年来才出现的概念,两者各有特点,情报分析的发展有必要从大数据中汲取营养,但不是简单地套用大数据与大数据分析的概念。因此,需要分析大数据这一新思想、新理念、新方法、新技术与情报学的关系,特别是大数据分析在情报领域的适应性问题。包括:大数据分析与情报分析究竟有何共性,又有哪些不同;大数据的思想理念、方法技术在引入情报学后会带来哪些影响,又有哪些适应性问题需要改造。弄清楚这些问题,才能真正有针对性地助力情报学和情报分析的快速发展。

为此,本文对大数据分析与情报分析的共性和差异性进行讨论。通过比较找出两者的相同点,引入大数据分析的优势,强化情报分析。也通过比较找到两者的差异,明确情报分析的特色,从而借鉴大数据的思想,深入研究并充分发挥情报分析的优势,指导研究工作通过"差异化"的战略构建情报分析的理论及方法体系(或者叫范式),同时,也有助于避免在研究过程中,一味强调大数据带来的影响,导致情报分析学科的"泛大数据化"。

1　大数据分析与情报分析的共性

情报分析亦称信息分析或情报研究,是根据社会用户的特定需求,以现代信息技术和软科学研究方法为主要手段,以社会信息的采集、选择、评价、分析和综合等系列化加工为基本过程,形成新的、增值的情报产品,为不同层次科学决策服务的社会化智能活动。与本文前面提到的大数据分析概念做对比,可以看出,大数据分析与情报分析都是以信息和数据作为基础资源及研究对象,并对信息和数据进行有效组织管理、分析挖掘,从而为用户提供相关服务的过程。由此可见,大数据分析与情报分析有着天然的联系,两者的共性主要表现在三个方面:看重对数据的定量分析,关注多源数据融合,强调相关性分析。

1.1　看重对数据的定量分析

数据作为重要的资产已经在改变着组织决策的模式。有效收集并分析各种规模的大数据资源,运用多种方法充分挖掘数据的最大价值,已经成为衡量一个组织竞争能力的重要标志。人们已经充分认识到,随着大数据研究的深入,各种组织能够以合理的投入充分发掘大数据所带来的情报价值,为组织全面深入地洞察态势提供支持。*Science* 杂志在 2011 年《聚焦数据管理》的专辑中提出,"科学就是数据,数据就是科学""数据是金矿""数据推动着科学的发展"。"从大数据中发掘大洞察"等理念意味着对数据分析提出了新的、更高的要求。可以这么说,大数据时代就是数据分析的时代。

大数据的基础在于数据,大数据的特点在于数据体量巨大,数据类型繁多,数据价值密度较低,处理速度较快。淘宝网站每天的交易达数千万,数据产生量超过 50TB。百度公司每天大约要处理 60 亿次搜索请求,数据量达几十 PB。一个 8Mbps 的摄像头一小时能产生 3.6GB 数据,一个城市若安装几十万个交通和安防摄像头,每月产生的数据量将达几十 PB。医疗卫生、地理信息、电子商务、影视娱乐、科学研究等行业,每天也都在创造着大量的数据。根据麦肯锡全球研究院(MGI)预测,到 2020 年,全球数据使用量预计达到 35ZB。如何处理超大规模的网络数据、移动数据、射频采集数据、社会计算数据,已经成为科研界和产业界亟待解决的关键问题,也是大数据要解决的核心问题。大数据分析的任务是对数据去冗分类,去粗取精,从数据中挖掘出有价值的信息与知识,要把大数据通过定量分析变成小数据。定量分析方法包括聚类分析、关联规则挖掘、时间序列分析、社会网络分析、路径分析、预测分析等。

情报分析也十分重视数据基础。早期的情报分析强调分析人员的专业背景和经验,更多地依靠人的智力去解读特定的、少量的数据对象,通过人的分析、归纳和推理得出情报研究的结论。随着科学技术的迅猛发展,学科专业呈现出综合和分化的趋势,综合的趋势要求情报分析人员具备跨学科的知识,分化的趋势表现在知识分支划分越来越细,所涉及的内容越来越专深。与此同时,情报分析面临的数据量也越来越大,根据国家统计年鉴的数据,我国每年发表的科技论文已超过 150 万篇,专利年度申请受理量超过 200 万条,全世界每年的科技文献数以千万计。其他诸如会议文献、科技报告、技术标准等科技文献的增长速度也是非常迅猛的。在这种情况下,仅靠人力本身已经无法胜任情报分析工作了。情报分析越来越多地依赖以计算机为代表的信息技术,利用数据挖掘、机器学习、统计分析等方法,运用关键词词频、词汇共现、文献计量等定量化手段,通过计算或者在计算的基础上辅以人工判断形成分析结论。目前,"用数据说话"已经成为情报分析的突出特点,在情报报告中越来越多地使用数据图表也充分说明了数据定量分析在情报分析领域的重要程度。

1.2　关注多源数据融合

把通过不同渠道、利用多种采集方式获取的具有不同数据结构的信息汇聚到一起,形成具有统一格式、面向多种应用的数据集合,这一过程称为多源数据融合。如何加工、协同利用多源信息,并使不同形式的信息相互补充,以获得对同一事物或目标更客观、更本质的认识,是多源数据融合要解决的问题。一方面,描述同一主题的数据由不同用户、不同网站、不同来源渠道产生。另一方面,数据有多种不同呈现形式,如音频、视频、图片、文本等,有结构化的,也有半结构化,还有非结构化的,这导致现在的数据格式呈现明显的异构性。

大数据的特点之一是数据类型繁多,结构各异。电子邮件、访问日志、交易记录、社交网络、即时消息、视频、照片、语音等,是大数据的常见形态,这些数据从不同视角反映人物、事件或活动的相关信息,把这些数据融合汇聚在一起进行相关分析,可以更全面地揭示事物联系,挖掘新的模式与关系,从而为市场的开拓、商业模式的制定、竞争机会的选择提供有力的数据支撑与决策参考。例如,通过搜索引擎的检索日志可以获取用户关注信息的兴趣点,通过亚马逊、淘宝网可以获取用户的电子交易记录,通过 Facebook、QQ 等社交网站可以了解用户的人际网络与活动动态,把这些信息融合到一起,可以较为全面地认识并掌握某个用户的信息行为特征。可以这么说,多源数据融合是大数据分析的固有特征。

当前,情报分析工作正在向社会管理、工商企业等各行各业渗透,情报分析与研究的问题往往更为综合,涉及要素更为多元,同时也更为细化,这导致单一数据源不能满足分析的要求,需要不同类型的信息源相互补充。同一种类型的信息可能分布在不同的站点,由不同的数据商提供。例如,论文数据的来源包括万方数据、重庆维普、中国知网等。一项情报任务或前沿领域的研究,仅仅使用一种类型的数据是不全面的,如果把期刊论文、学位论文、图书、专利、项目、会议等信息收集起来,融合到一起,将更能说明某项研究的整体情况。另外,行业分析报告、竞争对手分析报告需要关注论坛、微博、领导讲话、招聘信息等各类信息,以全面掌控行业数据、产品信息、研发动态、市场前景等。同一个事实或规律可以隐藏在不同的数据源中,不同的数据源揭示同一个事实或规律的不同侧面,这既为分析结论的交叉印证提供了契机,也要求分析者在分析研究过程中有意识地融合汇集各种类型的数据,从多源信息中发现有价值的知识与情报。只有如此,才能真正提高情报分析的科学性和准确性,这不仅是对情报分析的要求,也是情报分析发展的必然趋势。

1.3 强调相关性分析

所谓"相关性"是指两个或者两个以上变量的取值之间存在某种规律性,当一个或几个相互联系的变量取一定的数值时,与之相对应的另一变量的值按某种规律在一定范围内变化,则认为前者与后者之间具有相关性,或者说两者是相关关系。需要注意的是,相关性(相关关系)与因果性(因果关系)是完全不同的两个概念,但常被混淆。例如,根据统计结果,可以说"吸烟的人群肺癌发病率比不吸烟的人群高几倍",但不能得出"吸烟致癌"的逻辑结论。我国概率统计领域的奠基人之一陈希孺院士生前常用这个例子来说明相关性与因果性的区别。他说,假如有这样一种基因,它同时导致两件事情,一是使人喜欢抽烟,二是使这个人更容易得肺癌。这种假设也能解释上述统计结果,而在这种假设中,这个基因和肺癌就是因果关系,而吸烟和肺癌则是相关关系。

大数据时代在数据处理理念上有三大转变:要全体不要抽样,要效率不要绝对精确,要相关不要因果。在这三个理念中,重视相关性分析是大数据分析的一个突出特点。通过利用相关关系,我们能比以前更容易、更快捷、更清楚地分析事物。只要发现了两个事物或现象之间存在着显著的相关性,就可以利用这种相关性创造出直接的经济收益,而不必非要马上去弄清楚其中的原因。例如,沃尔玛超市通过销售数据中的同购买现象(相关性)发现了啤酒和尿布的关系、蛋挞和飓风的关系等。在大数据环境下,知道"是什么"就已经足够了,不必非要弄清楚"为什么"。典型的例子是,美国海军军官莫里通过对前人航海日志的分析,绘制了新的航海路线图,标明了大风与洋流可能发生的地点,但并没有解释原因,对于想安全航海的航海家来说,"什么"和"哪里"比"为什么"更重要。大数据的相关性分析将人们指向了比探讨因果关系更有前景的领域。这种分析理念决定了大数据所分析的是全部数据,通过对全部数据的分析就能够洞察细微数据之间的相关性,从而提供指向型的商业策略。亚马逊的推荐系统就很好地利用了这一点,并取得了成功。

相关性原理也是情报学的基本原理之一,相关性分析也是情报实践的常用分析方法。任何一种情报结构都是按一定规则相互关联的,分析并揭示情报相互关联(即相关性)的规律和规则,是对信息、知识、情报进行有效组织检索与分析挖掘的基础。检索任务与用户情境的相关性、检索结果的排序都是典型的相关性分析,共词分析、关联分析、链接分析也是典型的相关性分析,这体现了相关性分析在情报学学科发展中的地位。在实际的情报分析工作中,相关性分析应用更加广泛。不同文献类型之间的关联分析,不同机构之间的关系分析都属于相关性分析。例如:根据论文与专利的时间差,利用论文的热点预测专利技术的热点;根据论文的合著关系,分析企业、研究所、高校之间的合作关系等;根据企业的上下游企业或供销存关系,分析产业链,识别竞争对手等。这些案例实质上都是相关性分析的具体应用,在情报分析领域取得了非常好的效果,其中有些已经成为情报分析的专门方法。

1.4 共性中的细微差别

大数据分析与情报分析在数据的定量分析、多源数据融合、相关性分析上有着非常相似的特性,但这些相似性仍然存在着细微差别,这也体现了大数据分析与情报分析各自的独立性,说明不能将大数据分析与情报分析等同起来。

首先,就定量分析而言,大数据通常使用的是相关业务系统中已有的数据,例如系统用户的日志数据,商业系统中的销售数据,监控系统中的视频数据等,一般情况下,只要业务系统正常运转,这些数据就能直接为大数据分析所用。情报分析的数据则通常需要专门搜集与构建,再如,根据情报分析任务从检索系统中找出相关文献,并进行充分的加工与清洗,以确保数据的准确性与完备性。再如,为了正确区分数据中的人物,必须对人名进行规范化处理,如果对重要领导、高层次人才、恐怖分子等关键人物不进行重名区分的话,可能会得出非常可怕的分析结果。

其次,尽管大数据分析与情报分析都强调多源数据融合,但由于大数据分析的目标是发现数据之间有价值的相关性,所以,其重点放在数据类别与模式的挖掘与分析方面,对个别信息真伪并不是太关注。而情报分析在这方面则有所不同,在情报分析过程中,个别关键信息会对分析的结果或结论产生颠覆性的影响,因此,情报分析除了关注数据类别与模式之外,还特别要求关键信息准确无误,而确保信息准确无误的方法之一,就是使用多源数据交叉印证。所以,情报分析在多源数据融合方面更强调数据之间的相互补充与交叉印证,只有更全面的多源数据融合才能提供更客观、更准确的分析结果。

最后,在相关性分析方面,大数据分析与情报分析也有所不同。大数据分析更强调相关的现象,并不太关注相关背后的原因,从因果分析转向通过相关分析进行预测,是大数据的核心理念。而情报分析除了非常注重相关分析之外,有时候还需要找出背后的原因,只有这样才能洞察事物的本质,摸清对方的战略意图,预测事情的发展态势。换句话说,对于大数据分析,找到相关性就够了,而情报分析除了发现相关性以外,还需要再深入一步。大数据分析强调大而广,情报分析强调精与深。另外,在相关性分析方面,情报分析除了注重事物之间的相关性之外,对于非相关也有一些妙用,例如,利用非相关文献进行知识发现,利用相关企业网站之间的非链接关系来识别竞争对手等。

2 大数据分析与情报分析的差异性

大数据分析与情报分析在数据的定量分析、多源数据融合、相关性分析方面有共通之处,但在数据对象、数据规模、分析时机、分析任务等方面则有明显的差异(见表1)。

表1 大数据分析与情报分析的差异性

比较维度	大数据分析	情报分析
数据对象	数值信息为主	文本信息为主
数据规模	大而全	适度数据,突出关键
分析时机	实时分析	分析有时滞
分析任务	挖掘新模式	任务明确,模式既定

2.1 数据对象有区别

情报分析与大数据分析的对象不同,数据的性质也存在差异。从实践上,无论是过去以定性分析为主的翻译、文摘、综述时代,还是现在以定量为主的动态监测快报、领域态势分析快报时代,情报分析都主要以文本文献作为数据的对象和基础,这些文本包括论文、专利、科技报告、政策文本、领导讲话等。正是因为主要对象为文本,而文本本身又具有语义关联,因此,情报分析的重要任务之一是找出这些文献中的语义关联。大数据分析则不同,其分析对象并不限于某种数据类型,从当前实际应用的成果来看,大数据分析通常以数值数据与结构化的短文本数据为主要对象,如销售数据、用户数据、传感器采集数据等。

2.2 数据规模有差异

大数据分析的对象是大数据,按照大数据的定义与基本特点,在 PB 以上级别的数据方称之为大数据。维基百科将大数据定义为无法在一定时间内用常规软件工具对其内容进行抓取、管理和处理的数据集合,也就是说用传统算法和数据库系统可以处理的海量数据不算"大数据"。另外,大数据分析强调分析全体数据,要全体不要抽样是大数据分析的一个重要特点。

情报分析在绝大多数情况下并不需要这么大量的数据,通常有海量数据就足够了。一方面,对于很多情报任务来说,获取与任务相关的全部数据,几乎是不可能的。例如,很多国家的一些高精尖设备的参数都是保密的,也就是说有些情报分析课题根本不可能获取全部数据，而且，有时情报任务的时效性也不允许搜集到全部的数据再进行分析。另一方面，即使拥有全部数据，情报分析也未必需要对全部数据进行分析，只需要分析关键数据或主导数据即可。例如，分析学科研究进展时只分析有代表性的核心期刊或权威期刊论文即可，对于政策的走向只分析主要领导者就可以说明问题，典型的案例是，美国兰德公司在进行朝鲜战争中国是否会出兵作战的分析时，就采用了人物传记的方法着重分析了相关领导人的性格特征。

2.3 分析时机有差别

就分析的时机而言，分析可以分为历史分析和实时分析。历史分析是对历史数据进行分析，包括交互式历史分析和批处理历史分析两种方式。实时分析是对变化着的数据做实时分析，包括动态流分析、基于时间窗口的实时分析等。大数据分析的提出，主要是为了满足数据大、数据类型广泛、数据处理速度快的要求。因而，实时分析是大数据分析的另一项突出特色，例如，通过搜索引擎的热点搜索或者社交网络中频繁关系等内容实时监测网民动态。当然，一些有特点的大数据分析系统，因为其应用场景不同，也会强调其历史分析能力。

与大数据分析不同，情报分析很少对历史分析与实时分析进行区分。情报分析虽然在动态跟踪时主要依赖于新的数据，但在规律总结与趋势分析时往往使用带有一定阶段性和滞后性的数据，即要分析一段时间内的数据。在情报分析报告或学术论文中经常看到"近十年""二十一世纪以来"等字样，如"CI's Analysis of China from Nationalism to Mao（1948—1976）""中美科技关系三十年——从冷战时期的科技外交到网络化世界中的伙伴关系""英国情报学研究进展五十年""国外信息行为研究十年：现状、热点与趋势"等，这都体现了情报分析在分析时机方面与大数据分析的不同。

2.4 分析任务有不同

大数据分析的典型任务是通过相关性实现模式挖掘与预测分析。一般情况下，就模式挖掘而言，大数据分析强调发现事先不知道的新模式和未知的相关关系，这一点与情报分析有显著的差异。就预测分析而言，大数据分析主要包括趋势预测和缺失信息预测。趋势预测是指通过事物的一些基本属性信息和先前的态势分析，预测事物发展的轨迹和最终影响力。缺失信息预测是指对现有信息中缺失的信息项或者还没有出现的信息进行预测，也称预见。例如，通过一条信息早期在微博网络上的传播情况，来预测这条信息最终的影响力等。Google 能够根据用户搜索日志预测到流感的爆发并能够找到传播的来源，Farecast 系统能用接近十万亿条价格记录帮助消费者预测在哪个时段购买美国国内机票最实惠，准确度高达 75%，平均可节省 50 美元。

与大数据分析不同，情报分析的目的和任务通常情况下是明确的，要回答具体的问题，如"纳米技术的最新进展""土壤质量调查和监测系统建设的国际发展态势""发达国家社会保障体系的建设与运行特色及启示""当一个国家的国民收入达到 6000 美元时，其国家的社会经济实际发展状况该如何""到 2020 年，我国科技论文国际被引及发明专利年度授权量将排全球第几位"等。换句话说，在情报分析的开始阶段就已经知道了结果的模式。情报人员需要做的就是紧密围绕情报分析课题的需求，广泛搜集各类相关信息，运用多种工具与方法进行内容分析，监测其中的新现象、新情况、新异常，并根据蛛丝马迹发现其中的规律、本质、战略意图等,并将这些内容"填充"到情报分析结果的模式中,或按预定的模式组织所发现的内容,形成情报分析报告。

3　结　语

通过以上分析,可以看出,大数据分析与情报分析有着天然的联系,两者既有共性,又存在着一定的差异。通过归纳大数据分析与情报分析的共性,可以更好地认识大数据给情报分析带来的机遇,借大数据的东风强化情报分析。但是,情报分析毕竟不同于大数据分析,情报分析在大数据环境下依然有自己的特色,其本质也与大数据分析有所不同,在数据对象与规模、分析时机与任务方面都有着诸多不同,应该充分认识这些不同,把情报分析的特色与优势发挥好,以迎接大数据带来的挑战。

作为一个新兴的理论和实践领域,大数据思想是对社会理念、用户需求以及技术手段发展水平的集中体现和综合反映,大数据思想不可避免地会对情报分析工作产生诸多影响,在大数据环境下,情报分析的技术体系、过程与方法都在发生着变化。如何在新的环境下发展与提升情报分析理论,如何构建适应时代特点的情报分析模型,以及如何集成情报分析技术与方法实现情报分析自动化等问题,值得我们进一步探讨。

(选自《中国图书馆学报》2014 年第 5 期)

21 世纪初年的"图书馆权利"研究与传播

李国新

1 图书馆权利"从无到热"

图书馆权利,20 世纪 50 年代之后国际图书馆界从理论研究到服务实践中的一个重要问题,一个产生了大量研究成果和典型案例的时代性问题,但 21 世纪之前在我国图书馆业界几乎没有任何研究成果。仅见的资料是,1985 年 2 月河北大学图书馆学系内部印行的《图书馆法规文件汇编》,在目录中列有"(美)图书馆权利宣言(1948 年 6 月 18 日美国图书馆协会通过,1961 年 2 月 2 日及 1967 年 6 月 27 日修订)""(美)学校图书馆权利宣言(1969 年美国图书馆协会核准)",但正文却予以省略;1990 年文化部图书馆事业管理局科教处编纂的《世界图书馆事业资料汇编》,收录了《美国图书馆权利法案》1967 年文本的中译本;杨子竞于 1990 年出版的《外国图书馆史简编》在介绍美国图书馆协会"维护公民阅读权利"职能时,用不足 300 字介绍了"美国图书馆权利宣言"。1996 年,第 62 届国际图联大会在北京召开,会议的许多主题讨论都涉及了图书馆权利问题,但 904 名中国代表没有发出这方面的声音,58 篇中国学者的入选论文没有一篇涉及这一问题,有关会议的大量报道、综述中,也没见到过这方面的消息。倒是国外的专业杂志上有过系统的回顾和总结,如日本图书馆协会图书馆自由委员会的系列出版物《图书馆自由》,在 1997 年对这次会议中有关图书馆自由权利的讨论做过较为全面、系统的介绍。今天,在 CNKI 期刊数据库中分别以"图书馆权利"或"图书馆自由"作为题名词、主题词、关键词检索,2000 年之前没有一篇切题文献命中。可见,21 世纪之前,真正意义上的图书馆权利研究成果在我国还属空白。

就笔者本人而言,我对图书馆自由/权利问题的研究始于 20 世纪 90 年代中期。2000 年 6 月,笔者出版了《日本图书馆法律体系研究》一书,该书的《后记》中有一段话,记录了笔者发现并研究这一问题的缘起:

那是 1995 年,受北京大学的派遣,我正在日本早稻田大学作访问研究。……在图书馆查阅资料的过程中,图书馆学研究领域一个吸引了大批界内外研究者、拥有大量研究成果的题目引起了我的兴趣——"图书馆自由"。什么是"图书馆自由"? 这是引起我兴趣的起点,因为在此之前,也许是由于视野和见闻所限,我还真没听说过这一话题。再往下了解,原来"图书馆自由"涉及了许多法律问题,甚至牵涉到了国家的根本大法——宪法,牵涉到了基本人权——生存权。图书馆中也有这么严肃而重要的法律问题? 带着疑问,我又开始关注日本的图书馆法律制度问题。

拙著《日本图书馆法律体系研究》第六章为"日本的'图书馆自由'",介绍了日本"图书馆自由"的含义与原理,日本"图书馆自由"运动的历史进程,日本《图书馆自由宣言》的主要内容,以及日本的《图书馆员伦理纲领》。2000—2002 年,笔者先后发表了《论图书馆的法治环境》(《中国图书馆学报》2000 年第 3 期)、《日本的"图书馆自由"述论》(《图书馆》2000 年第 4 期)、《日本"图书馆自由"案例研究》(《图书馆》2001 年第 4 期)和《对"图书馆自由"的理论思考》(《图书馆》2002 年第 1 期)四篇论文,集中表达了笔者对图书馆权利/自由问题的思考。

图书馆权利/自由问题在国内业界被较多有影响的学者关注并逐渐形成研究热点,大致是从 2002 年开始的。笔者认为,体现必然性的大背景主要有二。首先是 2001 年 2 月全国人大批准联合国《经济、社会及文化权利公约》在中国生效,紧接着 2002 年 11 月"十六大"报告明确提出切实尊重和保障人民的政治、经济和文化权益,过去很少提到的"文化权利/权益"理念出现了,人们的权利意识开始觉醒,讨论怎样保障人民文化权益的社会环境开始具备。其次是进入 21 世纪以来,伴随着"以文养文""以文补文"等市场化政策给图书馆等公益性文化服务机构带来的困境日益彰显,业界开始有学者思考图书馆怎样实现理论转型、功能回归和实践突破。这一时期,范并思关于公共图书馆基础体制、核心能力以及信息公平的研究,程焕文、肖希明、王世伟等人关于图书馆精神的研究,蒋永福关于知识自由与图书馆制度的研究,程亚男关于读者权利的研究,《图书馆》杂志的"新世纪新观点三人谈"系列等,殊途同归,针对的都是弥漫于当时图书馆界的"有偿服务"导致的理念与实践扭曲,呼唤的是现代公共图书馆精神与体制的回归,让图书馆成为"保障知识信息自由的社会机构/制度"成为共同的声音。

中国图书馆学会秘书处和业界专家学者密切合作、协同推动,是图书馆权利问题在我国迅速升温的直接动力。2002 年年初,中国图书馆学会启动了"图书馆员职业道德规范"制定工作,在此过程中,学会秘书处就和相关专家学者达成了共识:按照国际图书馆界的通行做法,由职业道德规范建设入手进而推动图书馆权利规范建设。2002 年和 2004 年中国图书馆学会年会中有关图书馆员职业道德问题的大会发言和分会场研讨,内容已经涉及了图书馆权利,营造了为图书馆权利问题预热的氛围。2004 年上半年,学会秘书处汤更生等人和几位在京专家频繁聚首讨论,策划创办中国图书馆学会新年峰会,并策划在 2005 年新年峰会、2005 年年会以及 2006 年的青年论坛上集中研讨图书馆权利问题。当时,学术研究中使用的概念有图书馆权利、图书馆自由、图书馆自由或权利、图书馆权利或自由、图书馆自由权利等,经过在 2004 年苏州年会期间广泛征求意见,决定在学会组织的学术研讨中采用"图书馆权利"这一概念。学会秘书处和相关专家从 2002 年就开始研讨中国图书馆权利规范的名称与内容,倾向性的意见是,美国叫"权利宣言",日本叫"自由宣言",作为中国图书馆学会发布的此类文件,考虑中国的国情和现状,叫"图书馆服务宣言"为宜。这就是后来于 2008 年 10 月发布的中国图书馆学会《图书馆服务宣言》。

总之,在十六大提出保障公民文化权益的大背景下,经过业界一批专家学者的多角度研究,在中国图书馆学会的组织推动下,到 2004 年年底,图书馆权利问题已经引起了业界同人的高度关注,开始聚焦成为新时期图书馆理论和实践的热点问题。

2 中国图书馆学会 2005 年新年峰会与图书馆权利

2005 年称得上是中国图书馆权利"元年",这一年伊始召开的中国图书馆学会首届新年峰会称得上是中国图书馆权利"元年"的"元点"。

新年峰会是当时中国图书馆学会秘书处策划创办的一个全新的会议类型，它和当时已有的年会、青年论坛、工作会议不同，既不是一个纯粹的学术会议，也不是一个纯粹的工作会议，也不是一个前沿讲坛，峰会的宗旨被概括为分析当前形势，研讨重大问题，凝聚群体智慧，推动事业发展，其实就是专家学者、政府官员、馆长和实际工作者坐在一起，分析当前事业发展的重要现实问题，通过研讨，统一思想，凝聚共识，形成应对方略和行动计划并付诸实施。首届新年峰会于2005年1月初在黑龙江大学召开，时任中国图书馆学会理事长詹福瑞、副理事长徐引篪和马费城、秘书长汤更生，以及文化部官员和20多位业界馆长、专家参加了会议。会议讨论了五项议题，第一项议题就是图书馆权利，这是图书馆权利这一概念在中国业界正规的会议中首次出现。研讨的重点是我国目前阶段的图书馆权利应该和可以包括什么要素，怎样对这些要素加以解释等，目标是启动中国的《图书馆服务宣言》制定工作。黑龙江大学蒋永福教授在会上对这一议题进行了说明，与会代表进行了热烈讨论。会后，范并思教授在其博客中记录了讨论的情况。

新年峰会有五个议题，最有新意也是讨论最热烈的议题，是"图书馆权利"。蒋永福教授首先对议题进行说明。蒋教授几乎没有一句废话，简明扼要地说明了这个议题的内涵与所需要讨论的问题。这个议题需要议的内容太多，在规定的时间里，还有许多代表没有尽兴。好在这个题目所要达成的是一种"共识"，而非一种需落实的方案，而在后面的讨论中，多数议题仍与"图书馆权利"相关。……徐引篪副理事长在总结时说道，2005年要对图书馆权利进行呼吁、造势，力争早日启动《图书馆服务宣言》。（2005年1月12日）

与会的李超平副教授在自己的博客中也有记录。

虽然这次会议有五个议题，但大家的共识是：核心问题是图书馆权利。一旦说及实践层面，观点的分歧便显露出来。几位公共图书馆馆长一致强调公共馆的实际困难，归根到底一句话，就是缺钱。但"站着说话不腰疼"的几位，却提出了另一种思路：如果图书馆不做好自己的事，得不到公众的认可，又如何得到政府的重视呢？图书馆必须走上良性循环之路。程焕文特别主张这样的理念，他用广东的公共馆这么多年以来的实践来论证他的观点，虽然广东有钱，但也有穷的地方，而且也不是一开始就得到政府的重视，也是一点一滴做出来的，过程同样艰辛。（2005年1月12日）

我也清楚地记得，这次新年峰会俨然就是一次讨论图书馆权利问题的专题会议，虽说是五个议题，但诸如中国图书馆立法、著作权在图书馆的合理使用等议题，说来说去就归结到了图书馆权利，甚至连学会荣誉体系建立、社会阅读也和图书馆权利挂上了钩。通过这次会议，中国图书馆学会领导层对图书馆权利研究的理论价值和实践意义有了清晰和统一的认识，专家、馆长和实际工作者在这一问题上形成了诸多共识，更重要的是确定了中国图书馆学会大力推动图书馆权利研究和实践的行动方案。

2005年7月，中国图书馆学会2005年年会在广西桂林召开。在这次业界年度最大规模的会议上，图书馆权利问题再次成为热点。范并思教授在题为"信息技术冲击下的图书馆人文思潮"的大会专题报告中说道，进入21世纪，中国图书馆学历史上第一次集中地关注图书馆人文精神、信息公平、图书馆职业理念、图书馆制度、图书馆权利与图书馆法律等问题，给技术发展以科学发展观的指导，是图书馆事业发展的新的活力。图书馆法律与知识产权研究专业委员会举办了以"图书馆权利"为主题的分会场，这是图书馆权利议题继新年峰会之后在更大规模的专业会议上亮相。分会场采用专题发言和公开讨论相结合的方式进行研讨。黑龙江大学蒋永福教授做了题为"图书馆权利:内涵与实现机制"的专题发言,正在北京大学留学的肯尼亚国家图书馆参考咨询部主任阿部做了题为"肯尼亚的图书馆服务与图书馆权利"的发言,引起了人们的极大兴趣。公开讨论的主题为"图书馆权利的迷失与复归——由事例说权利",由程焕文、陈传夫、李国新三人做主旨发言,围绕国内图书馆服务中的典型案例从图书馆权利的角度加以分析评说。2005 年年会对图书馆权利问题的讨论,在更大的范围传播了图书馆权利理念,也对业界的研究起了引领作用,推动我国的图书馆权利研究走向高潮。

2005 年,我国图书馆权利研究走向高潮还有另外一些标志性事件。值得数说的首先是当年国家社科基金公布的正式立项课题中,中山大学程焕文教授主持的"图书馆权利研究"获批立项,图书馆权利研究进入了最高层次的主流学术研究范畴,对拓展和深化研究具有引领、促进和示范意义。二是多种学术期刊以敏锐的学术眼光或开辟专栏,或集中研讨,发表了一大批研究论文,在推动图书馆权利研究向纵深发展上功不可没。《图书馆建设》的"走向权利时代"专栏、《图书馆》的"二十一世纪新图书馆运动论坛"专栏堪称代表。三是图书馆服务中出现的若干"事件"不断被界内外从"权利"的高度加以评论分析。典型的如"国图事件""苏图事件""信师(信阳师范学院图书馆)事件"等,从来没有那么多的与图书馆相关的"事件"成为大众话题,也从来没有那么多的界内外人士把图书馆服务中的摩擦碰撞上升到"权利"的高度,这表明,图书馆权利的理念确实已经发挥了启蒙作用。

以新年峰会为开端的 2005 年,在中国图书馆权利研究和传播进程中留下了浓墨重彩的一页。

3 《中国图书馆员职业道德准则》制定与图书馆权利

之所以要说到《中国图书馆员职业道德准则(试行)》(以下简称《准则》),是因为 2002 年中国图书馆学会主持制定该文件的过程,是图书馆权利理念在中国组织化传播的开端。

2002 年《准则》制定之时,图书馆权利的理念已经进入中国,并有了初步的研究。中国图书学会秘书处凝聚的一批学者,利用《准则》制定的契机,把图书馆权利的理念融入其中,把图书馆权利理念由个人研究转化为组织化转播,拉开了图书馆权利理念在中国传播的大幕。

《准则》制定和图书馆权利理念的密切关系主要体现在以下三个方面。

第一,明确把图书馆权利规范和图书馆员伦理规范一起纳入行业自律规范范畴。2002 年 11 月与《准则》正文同时发布的,还有一个由笔者起草、经过广泛征求意见而成的《〈中国图书馆员职业道德准则〉解说》,其中有这样一段话:

……(图书馆)行业自律规范主要通过两种形式实现:第一,行业协(学)会代表所有图书馆制定和颁布图书馆的"服务宣言"(又称图书馆的"权利宣言"),向社会公示图书馆作为一个社会性机构所承担的社会责任,以及图书馆作为一个整体为圆满完成肩负的社会责任所拥有的合法权利。这类自律规范被称为是图书馆对社会的"誓约"。如美国图书馆协会早在 1939 年就公布了美国的《图书馆权利宣言》(又译《图书馆权利法案》),日本图书馆协会

1954 年公布、1979 年修订了日本的《图书馆自由宣言》等。第二,行业协(学)会代表所有图书馆员制定和颁布图书馆员的职业伦理规范,向社会公示图书馆的从业者——图书馆员为完成图书馆承担的社会责任而应有的职业理念、专业素养和行为规范。这类自律规范被称为是图书馆员对社会的"誓约"。如美国图书馆协会最初于 1929 年颁布、1995 年最新修订的《图书馆员伦理条例》,英国图书馆协会 1983 年公布的《图书馆员伦理守则》,日本图书馆协会 1980 年公布的《图书馆员伦理纲领》等。

当时写下这段话是基于这样一种认识:从国际图书馆界的普遍做法看,"权利规范"和"伦理规范"是二位一体的事情,是图书馆界行业自律的通行实现方式。这段话隐含的一个意思是,中国图书馆学会将在完成《准则》制定工作后,适时启动中国图书馆权利规范的制定工作,从而完善中国的图书馆行业自律规范体系。

第二,《准则》的内容引进了一些现代图书馆权利理念。首先,《准则》从保障公民权利的高度,阐述图书馆的社会功能。《准则》的解说在说明"确立职业理念,履行社会职责"时指出:"图书馆从本质上说是一个通过文献信息资源的传播来保障公众'认知权利'实现的机构;图书馆员所从事的工作,从本质上说是为保障公民的文献信息资源获得权而服务。"这和 2005 年以后突出强调的公共文化服务以保障公众基本文化权益为目标的精神完全一致。其次,构建了图书馆服务的平等原则、守密原则和公德原则。《准则》的解说从生存权与图书馆利用、受教育权与图书馆利用、思想自由权与图书馆利用、休息权与图书馆利用等角度,阐述了利用图书馆是公民的权利,这一权利是现代社会公民拥有的一项新的"宪法权利",确立了图书馆平等服务的"权利"基础。把"保守读者秘密"写入《准则》,是当年的最大突破之一。为读者保守秘密,是国际图书馆界在 20 世纪 50 年代之后普遍奉行的服务原则,也是现代图书馆权利理念的基本要素之一。21 世纪之初,这样的理念即便在我国图书馆学研究领域也很少有人谈及。《准则》在解说中阐述了守密原则和保障权利之间的关系:"为利用者保守秘密,实际上是图书馆为社会公众提供一个限制和后顾之忧尽可能少的相对宽松、自由的利用环境,把图书馆的大门向所有人洞开。这种利用环境之所以必须,根本的目的在于保障公民平等地利用图书馆权利的真正实现。"再次,提出了"图书馆员的知识产权保护观念"。《准则》中所说的"促进信息传播",在解说中做出了具体阐释:"图书馆员职务活动的第一要义是促进知识和信息的有效传播,这是由图书馆所承担的社会责任所决定。图书馆员不讳言不同利益集团对待知识产权的态度差异,图书馆员了解知识产权保护理念和文献信息资源共享理念本身固有的矛盾,但图书馆员是'无传播就无权利'理念的忠实信奉者、积极实践者,图书馆员不赞同个人对知识产权的垄断。图书馆员职务活动的首要任务,是千方百计、全心全意地促进知识和信息的公平、通畅、合法传播。"《准则》所说的"图书馆员的知识产权保护观念",体现的就是现代图书馆权利的理念,它为日后中国图书馆学会有组织地参与《信息网络传播权保护条例》制定过程并与各方博弈,奠定了思想和理论基础。

第三,利用制定和宣传《准则》的契机,传播图书馆权利理念。2002 年 7 月,中国图书馆学会年会在西安举行,笔者做了一个大会发言,题目是"法治环境和国际视野下的图书馆员职业伦理",谈了三个问题:一是从法治环境建设的角度谈职业伦理,二是介绍正在制定过程中的《准则》的主要内容,三是谈国际范围内图书馆权利规范和伦理规范的关系。在第三个问题中,介绍了美国的《图书馆权利宣言》、日本的《图书馆自由宣言》,阐述了权利宣言和伦理规范在内容上的二位一体关系。2004 年中国图书馆学会年会在苏州召开,图书馆法与知识产权研究专业委员会举办了第二届图书馆法与知识产权论坛,主题是"国际视野下的图书馆员职业伦理与知识产权保护"。这次专题论坛的主旨发言包括:日本专修大学教授、日本图书馆协会常务理事、日本图书馆协会《图书馆员伦理纲领》策定委员会委员后藤畅的"日本《图书馆员伦理纲领》的核心理念与实施现状",美国加州大学图书馆学硕士、新墨西哥大学西南研究中心副教授玛利亚·特莉莎·马奎斯的"美国图书馆协会图书馆职业道德准则与图书馆事业",澳门大学杨开荆博士的"港澳台地区的图书馆员职业伦理建设"。这些发言,都不同程度地涉及了与职业伦理密切相关的图书馆权利问题。可以说,中国图书馆学会主持制定《准则》的过程,直接带动了图书馆权利理念在我国的传播,为图书馆权利研究的升温奠定了基础。

2002 年颁布的《准则》所采用的形式、所表达的理念,用今天中国图书馆界在理论和实践上所达到的水准衡量,无疑差距很大、问题颇多,但这就是当时所能达到的时代水平。从图书馆权利研究的角度说,没有《准则》的制定,就没有最初的图书馆权利理念的组织化传播。

4　图书馆学教育与图书馆权利

伴随着研究的兴起和推进,图书馆权利问题在中国大学的专业教育中开始了进课堂、进教材的历程。

2002 年秋季,笔者在北京大学信息管理系申请为硕士研究生开设一门名为"图书馆法治研究"的课程,内容设计为五个专题:①图书馆法律体系;②中国图书馆法治建设;③图书馆权利;④图书馆员伦理规范;⑤图书馆活动与著作权。其中"图书馆权利"专题涉及的主要问题包括:①图书馆权利的理论基础与源流演变;②图书馆权利的内涵分析;③中国图书馆权利的定位、实现与维护。经过一年时间的准备,2003 年秋季该课程正式开讲。据笔者的不全面了解,这大约是"图书馆权利"内容进入中国大学图书馆学专业课程的开端。在北京大学,这一课程以及有关图书馆权利的教学内容,至今仍在延续。为了配合课程教学,笔者从2003 年开始组织力量搜集、翻译国外的图书馆权利规范、图书馆员伦理规范文本,着手编纂《图书馆法治研究教学参考资料》,于 2005 年 10 月在校内印行供教学参考,其中包括 17 份国外图书馆权利规范中译文本,22 份国外图书馆员伦理规范中译文本。

2004 年 7 月,由中山大学程焕文教授、潘燕桃副教授主编的图书馆学专业"面向21 世纪教材"之一的《信息资源共享》由高等教育出版社出版。该教材提出了信息资源共享的"基本定理"说,其中"定理三"为"人人享有自由平等利用信息资源的权利"。具体阐释为:平等利用信息资源是用户的基本权利;自由利用信息资源是用户的基本权利;免费服务是自由平等利用的保障。该阐释虽然尚未直接采用"图书馆权利"的概念,但体现了图书馆权利的核心思想,标志着图书馆权利基本原理进入了我国大学本科专业教材。

黑龙江大学蒋永福教授稍晚出版的教材较为全面系统地吸收了 21 世纪以来有关图书馆权利研究的主要成果。其 2009 年出版的《图书馆学通论》在阐述"知识自由理念"时,落脚到了图书馆权利,同时还从"图书馆自律制度"的角度,介绍了图书馆权利和图书馆员伦理。其 2012 年出版的《图书馆学基础简明教程》列有专门部分,介绍图书馆权利的概念以及国内外研究状况。

图书馆权利理念进课堂、进教材的意义在于，丰富了图书馆的理论解释，完善了图书馆社会功能概括，向未来的图书馆员传达了一种新的思想理念，促进中国的图书馆学和图书馆事业融入国际潮流。

5 图书馆权利研究和传播的时代贡献

今天，当我们以历史眼光审视 21 世纪以来我国图书馆事业乃至公共文化服务体系建设的发展进程时，当我们梳理和总结理论创新对事业发展的促进时，可以看到图书馆权利思想、理念研究和传播的时代贡献。

第一，丰富了图书馆学基础理论，完善了对图书馆社会功能和价值的理论解释。长期以来，我国的图书馆学基础理论缺乏对公民获取和接受知识和信息的权利是公民基本人权、思想自由权的理论阐释，缺乏对图书馆制度是现代社会公民思想、知识和信息自由保障制度的理论阐释。图书馆权利理念和思想的研究，引进和吸收了 20 世纪 50 年代之后国际图书馆学的思想成果，丰富了中国的图书馆学基础理论，从一个新的角度阐释了图书馆存在于社会系统的合理性与合法性，使人们对图书馆的社会功能和价值有了更为完整的认识。

第二，指导了中国图书馆的公益回归和服务转型实践。21 世纪初期，正值中国图书馆事业在"以文养文""以文补文"的道路上徘徊彷徨的时期，中国图书馆事业向什么方向发展，图书馆事业回归公益的理论基础是什么，图书馆服务的最高准则是什么，图书馆权利思想和理念突出强调图书馆保障公众知识和信息权利的公益属性，强调图书馆服务的"有教无类"和普遍均等，对当时图书馆的公益回归和服务转型产生了重要影响。

第三，奠定了图书馆服务以人为本的理论基础，提高了图书馆的社会认知程度。在图书馆权利思想和理念研究与传播的过程中，专家学者从不同的角度阐释图书馆权利不是图书馆的权利，不是图书馆员的个人权利，图书馆权利从本质上说是利用者的权利，奠定了新时期图书馆服务以人为本、以读者为本的理论基础。图书馆权利思想和理念向全社会传播的结果，是启迪更多的公众认识到社会系统中设置图书馆是为了保障公众的思想、文化和信息权利，利用图书馆是公民的权利，从而拉近了图书馆和公众的距离，提高了图书馆的社会认知程度。

第四，唱出了公共文化服务以保障公众基本文化权益为目标的先声。2006 年 9 月发布的《国家"十一五"时期文化发展规划纲要》明确提出，以实现和保障公民基本文化权益、满足广大人民群众基本文化需求为目标，形成实用、便捷、高效的公共文化服务体系。图书馆事业是公共文化服务体系的重要组成部分。图书馆领域始于 21 世纪初年的图书馆权利研究，核心思想就是强调图书馆服务以保障公众的思想、知识和信息权利为目标，从这个意义上说，图书馆权利的思想和理念成为日后公共文化服务体系建设目标的理论先声。

（选自《中国图书馆学报》2014 年第 6 期）

万物互联背景下我国公共图书馆新业态发展思考

魏大威 李春明 温 泉 薛尧予

0 引言

信息技术正在经历一场前所未有的质变,对经济社会的影响越来越深刻且广泛。通信技术、互联网的发展使得社会信息跨越距离障碍,加快传播速度。计算机、移动终端等设备的普及转变了信息获取和处理的方式,物联网、大数据、云计算等技术带来了强大的计算和存储保障。可以说,信息技术的进步影响到社会生活的各个领域,为社会各行业的发展带来了新的机遇。信息技术环境变化的影响是多方面的,对图书馆发展的影响主要体现在互联网对用户阅读行为的影响。随着越来越多的事物、人、数据被互联网联系起来,互联网的力量正呈指数增长。人、流程、数据和事物的结合使得网络连接变得紧密相关,更有价值,越来越强大,这种情况就像是 1 + 1 大于 2 的效应。思科将这一发展趋势定义为万物互联(Internet of Everything)。认为在互联网越发庞大的今天,数百万台新设备连接到互联网,随着这些"物品"具备情境感知、增强的处理能力和能源自给等能力,随着越来越多的人和新信息类型连接到互联网,我们所处的世界正在从物联网(Internet of Things)时代迈入万物互联时代。思科预测,到 2020 年全球物联网设备将达 750 亿台。万物互联使网络规模呈指数级增长,相应的社会信息数据量也出现了指数级增长,因此大数据技术得以大规模发展应用。

当前人们信息获取和阅读方式呈现出多渠道、移动化、社交化的特点,数字阅读正在逐渐融入大众生活,满足了任何用户在任何时间、任何地点以任何方式获取任何内容的阅读需求。截至 2013 年年底,我国搜索引擎用户达 4.9 亿,即时通信网民达 5.32 亿,手机搜索和即时通信的用户数分别达到 3.65 亿和 4.31 亿。此外,博客和个人空间用户数量为 4.37 亿人,社交网络用户达到 2.78 亿。搜索引擎及各种社交网络成为人们获取信息的重要渠道。2014 年 4 月发布的"第十一次全国国民阅读调查"结果显示,2013 年我国成年人数字化阅读方式接触率首次超过半数,达到 50.1%,较 2012 年上升了 9.8 个百分点,其中有 44.4% 的成年人进行过网络在线阅读,41.9% 的成年人进行过手机阅读,此外使用平板电脑、电子阅读器进行阅读的比例逐渐上升。数字阅读日益普及,从最初的在线阅读、电子阅读器阅读,发展到现在以手机、平板电脑等移动终端为载体的移动阅读,人们获取信息的方式正在改变,呈现出移动化、社交化、碎片化、浅层化的新特点。

万物互联的环境和公众的多样化需求对于图书馆开展基于全媒体、多终端的服务提出了新的要求,也催生了图书馆的新业态。

1 图书馆发展形态之探讨

在信息环境下,图书馆的挑战与发展并存,图书馆形态也随之发生着变化,由传统图书馆发展为自动化图书馆、电子图书馆和数字图书馆,以及近年来业界普遍认可的一种形态——复合型图书馆。对于图书馆未来的发展形态,业界探讨主要集中于对图书馆业务模式发展带来的变化、技术驱动带来的变化、图书馆角色转变带来的变化等。张晓林引入破坏性技术概念,描述了可能颠覆当前数字图书馆模式的技术需求与机制,建议采取驾驭破坏与颠覆的态度观念,预测可能的战略发展方向。王世伟认为,智慧图书馆作为未来图书馆的新模式,将成为图书馆创新发展、转型发展和可持续发展的新理念和新实践,互联、高效与便利是未来智慧图书馆的三大特点。陈进等学者提出,将信息共享空间(Information Commons)与创新社区(Innovation Community)两个"IC",以乘法关系结合起来,强化学术创新支持与文化素养拓展,并形成平方级的(图书馆)服务效能提升。认为图书馆应成为活跃的学术交流中心、炫动的知识加工中心、蕴聚的文化传承中心。吴建中则提出,图书馆将更加注重作为城市第三空间的价值,更加注重复合型图书馆的建设,更加注重信息交互和咨询能力的提升,更加注重与社会各界的广泛合作。我们今天正在经历一场变革,我们必须要有充分的思想准备和饱满的创新激情,主动应对并积极推进从纸质书为主向全媒体时代的转型。

我国公共图书馆有其特殊的发展历程,在万物互联背景下,如何适应环境变化,在全国范围内整体规划,发展新的业态,是图书馆人应该思考的问题。下文简要回顾我国公共图书馆的发展历程和现状,总结万物互联背景下公共图书馆发展的新特点及要求,提出构建公共图书馆新业态需要完成的工作。

2 我国公共图书馆事业发展现状

2.1 发展概况

我国公共图书馆诞生于 100 多年前,1908 年清政府颁布《京师及各省图书馆通行章程》,使公共图书馆的建设有法可依。随着京师及各省图书馆建立及对公众开放,中国的图书馆事业完成了从封建藏书楼到近代图书馆的艰难跨越。中华人民共和国成立后,公共图书馆事业得到了普及与发展。1949 年以来我国公共图书馆的数量、馆藏数量都得到了极大发展,从以下数据可略见一斑。

表 1　1949 年以来公共图书馆事业发展情况一览

年份	图书馆数量(个)	馆藏数量(万册)	图书馆从业人数(人)
1949	55	1676	2208
1959	1011	10 669	4144
1979	1651	18 353	17 539
1989	2512	28 368	39 103

续表

年份	图书馆数量(个)	馆藏数量(万册)	图书馆从业人数(人)
1999	2669	39 539	48 792
2007	2791	52 053	50 423
2012	3765	78 900	54 997

近年来,中央和地方各级政府不断加大对公共图书馆建设的支持力度,以建立覆盖全社会的公共文化服务体系为目标,以保障群众的基本文化权益为着力点,进一步推进了图书馆事业的发展。在各级文化行政部门和全国图书馆界的共同努力下,图书馆新馆建设成绩斐然。县县有图书馆的目标基本实现,县级以上公共图书馆服务网络基本形成;公共图书馆文献资源日益丰富,服务理念不断创新,实现向社会公众免费开放;24 小时自助图书馆、手机图书馆、电视图书馆等新的服务形式发展迅速;各级图书馆在文化信息资源共享工程、数字图书馆推广工程、公共电子阅览室建设计划、中华古籍保护计划、民国时期文献保护计划等重大文化工程项目的建设中发挥了重要作用。近年来,各地探索实施了公共图书馆总分馆制、公共图书馆服务一体化、图书馆联盟、通借通还、流动服务车、自助图书馆服务等模式,在完善服务网络方面成效显著。

但公共图书馆作为公共文化服务体系的重要组成部分,事业发展存在着一些问题,如经费不足,设施网络不完善,布局不合理,区域发展不平衡,资源共建共享水平不高,服务尚未实现全覆盖,弱势群体和偏远地区服务相对薄弱,服务效能有待提高。资源建设服务与现在新媒体技术、网络技术的发展有较大距离,也与百姓的需求有较大距离。

2.2　当前环境及图书馆自身的改变

我国的图书馆从诞生之日起,就随着社会的发展不断演变,从藏书楼到数字图书馆的发展既体现了社会环境对图书馆的影响,也反映了图书馆自适应环境变化带来的转变。研究未来公共图书馆的业态发展变化,需要对目前及未来的发展环境和自身转变做相应的分析。

第一,图书馆应用新技术的速度加快。网络建设、服务器计算和存储能力、各类系统平台的发展与信息技术发展紧密结合。移动通信和移动计算技术迅速发展,许多图书馆都通过短信、Wap 网站、二维码和移动应用等形式提供服务,随着信息技术的进一步发展,许多图书馆开发了基于 IOS、Android 平台的应用程序,融入了社交互动、分享传播、位置服务等内容。图书馆的发展离不开信息技术的支持,而新技术的不断涌现为数字图书馆在软硬件平台、资源建设和服务方式拓展等方面提供了更多的可能性。

第二,信息资源从纸质向数字形式转变。在网络环境下,公共图书馆的资源构成已经发生了转变,以往图书馆以纸质资料、缩微胶片、实体音像资料为主,而现在,数字资源无论是经费投入比例,还是馆藏中的比例,均不断提升,数字资源规模总量急剧增长。根据文化部对公共图书馆基本情况的最新统计,截至 2013 年年底,全国公共图书馆纸本馆藏为 74 896 万册,电子图书总量为 37 767 万册,占纸本馆藏的 50.42%(见图 1)。而 2011 年全国公共图书馆电子图书总量为 5822 万册,两年时间增长了 5.5 倍。

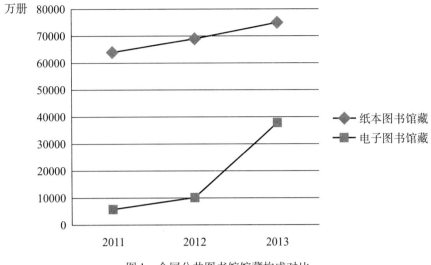

图 1　全国公共图书馆馆藏构成对比

第三,公共图书馆的服务格局随读者需求变化发生了巨大改变。图书馆提供数字化、网络化的信息服务,到馆阅读的传统方式正在向网络访问转变。文化部最新发布的 2013 年文化发展统计公报显示,2013 年年底我国公共图书馆计算机总量为 19.54 万台,供读者使用的电子阅览终端为 11.63 万台,而 2011 年这两个数字仅为 15.75 万台和 9.26 万台,两年时间分别增长了 24% 和 26%。再如,目前通过互联网查找图书馆资源的读者人数已经远超到馆读者人数。此外,由于馆内无线局域网的全覆盖和移动设备的普及,公共图书馆到馆服务呈现 BYOD(Bring Your Own Device)的趋势,越来越多的读者携带自己的移动设备到图书馆获取信息资源。

与此同时,文化部实施的文化信息共享工程、数字图书馆推广工程、公共电子阅览室建设计划三大惠民文化工程,积极营造信息技术环境下的文化发展氛围,着眼于将图书馆、信息资源与公众相互联结,提出要打造基于新媒体的服务新业态,鼓励数字图书馆建设项目的合作共建,互联互通。

图书馆是保存人类文化、传递知识的枢纽,其发展始终跟随着社会的进步,当社会信息环境向着万物互联的方向发展时,必然催生图书馆新业态的形成。

3　万物互联背景下公共图书馆发展的新特点

万物互联背景下,图书馆业态是一种结合了信息全面感知,资源自增长与智能流动,并提供丰富智能服务的新业态,体现了图书馆的相关要素按照万物互联的理念相互关联,图书馆的信息资源与用户关联紧密,图书馆与图书馆之间紧密相连。

3.1　智能感知与全面互联

万物互联给我们带来的是一个充满智慧的世界,移动计算、传感设备、近距离通信等各种智能技术的应用,使万物互联环境下的图书馆呈现出智能感知和全面互联的特性。

万物互联环境下的图书馆新业态,不但有全面的感知体系,还有得以稳定运行的基础结构,以及相配套的产业和应用有机体,构建要素如图 2 所示。

图 2　公共图书馆新业态构建要素分析

其中,全面感知体系可以划分为基础感知和业务感知。基础感知主要指读者反馈,包括从可穿戴设备、物联网络等智能设施获得的读者信息,社会媒体、平台的反馈,以及社交网络舆论信息等;业务感知主要指对图书馆管理数据、用户需求定位、图书馆业务表单等的感知。在数字图书馆建设中形成的基础架构,以及目前蓬勃发展的云计算、大数据分析等技术,构成了新形势下图书馆的基础结构。产业和应用有机体则包含了政策支持、各类开放性的合作、产业链的良性催生、图书馆各类创新性服务,以及通过数据运营为其他行业提供的服务等。在图书馆构建的各要素中,开放与创新是关键点,互联与智能是核心特点。

如果说智能感知为图书馆提供了信息感知与处理能力,那么全面互联就成为信息传播的渠道和沟通的桥梁。全面互联主要表现在两个方面。一是泛在的互联互通,也就是将分散异构的信息资源与数据、信息获取终端、用户本身连接起来,实现任何人、任何信息资源、任何位置、任何时间的全面互联和共享。国家数字图书馆的唯一标示符系统、统一用户系统,分别针对资源和用户构建基础性标识体系,目的就是为了智能感知和全面互联。二是图书馆界将打破地域和行业的限制,构建跨行业、互联互通、共建共享的服务体系。全国各类区域性图书馆联盟和网络互借平台呈现了联合共建、互联互通、融合发展的特点,同时文化资源共享工程、数字图书馆推广工程等一些重点文化工程,可在全国范围加快信息传播速度,互联共享资源,实现各级图书馆的全面互联。

全面互联使得图书馆的服务更加顺畅,同时为图书馆智能感知提供了信息反馈的渠道。资源的开放互联,将使用户从图书馆获取的不单是散乱的资料,而是更加完善的知识体系。用户与图书馆的紧密相连,则使图书馆能更有效地获取用户需求,并及时、有针对性地调整服务。图书馆之间的互通互联,将加大各个层面的共建共享,提升图书馆的资源建设能力和服务能力,使得知识的获取更加便利。

3.2 大数据传播与分享

万物互联是大数据滋生的土壤，数以千万计的各种传感器，源源不断地侦测、创建和传输大量的数据，而智能移动终端的普及则给大数据带来丰富、鲜活的个人数据信息，伴随信息载体从实体到数字的迁移，信息资源将呈现爆发式增长速度。根据 2012 年 IDE 与 EMC 发布的"数字宇宙 2020"报告，到 2020 年，全世界的数据量将达到 40ZB（ZB 即泽字节，等于十万亿亿字节），相当于 40 万亿 GB 的数据，其中大部分数据并不是由人类产生的，而是由机器产生的，包括机器传感器以及其他具备通信功能的智能设备，这些数据中的 33% 包含有价值的信息。即便是这 33% 的信息，数据也达到了惊人的 ZB 级别。

正是因为信息技术的发展始终引领着图书馆的技术应用、信息资源及用户服务，图书馆的大数据时代即将到来。按照数据增长规律，新的技术发展环境下，图书馆信息也将爆发式增长，并且很多数据来自于互联网。

一方面，图书馆将收录互联网产生的越来越多的优质资源，借助大数据应用可以实现资源的自动组织、整合与发布。目前，数字图书馆的资源建设已经突破传统图书馆资源建设的局限，资源类型包括电子图书、电子期刊、电子报纸、数据库、音视频资源、网络资源等。这些数字资源的来源既包括传统文献的数字化，也包括各种类型的原生数字资源，还包括其他异地存储为图书馆所用的虚拟馆藏及大量网络资源。根据数字图书馆推广工程 2010 年、2012 年两次调研结果，截至 2012 年年底，省级图书馆自建数字资源平均保有量为 16TB，相比 2010 的 7.3TB，增长了 1.2 倍；省级图书馆外购数字资源平均保有量为 42TB，相比 2010 的 20TB，增长了 1.1 倍。自建和外购是常见的两种资源建设方式，具体形式也呈现多样化趋势。对于自建资源，从单馆独立自建发展为馆际合作共建、交换共建、委托共建等；对于采购资源，已经形成多馆联合采购、馆际互购的格局。

另一方面，由于智能感知，未来图书馆将产生大量信息追踪、用户行为等数据信息。利用好、分析好这些数据，可以实现资源合理有效的配置，用户服务个性化、定制化，全面优化信息获取流程。

3.3 快速的技术跟踪与应用

数字图书馆的发展，已经呈现出与信息技术发展非常相似的规律。图书馆将始终伴随信息技术的发展而革新，并体现出信息技术的摩尔定律发展特征。近年来，负载均衡、分布式计算、"在线—近线—离线"三级存储机制等技术已经在图书馆实现，各类服务应用程序融入了社交互动、分享传播、位置服务的概念。不久之后，图书馆就会借助大数据来分析资源使用率和读者偏好，进而优化资源结构与服务模式。图书馆还可以借助物联网把图书馆的所有元素，诸如信息资源、网络入口、存储、地理位置、读者，甚至图书馆本身都关联起来，实现万物互联。数字图书馆的发展离不开信息技术的支撑，而新技术的不断涌现为数字图书馆在软硬件平台、资源建设和服务方式拓展等方面提供了更多的可能性。

摩尔定律揭示，每 18 个月 IT 产品的性能会翻一番，或者说相同性能的计算机等 IT 产品，每 18 个月价钱会降一半。数字图书馆经历了资源的大规模数字化、关键技术的攻关研发和集成服务系统的建设三个阶段，三个阶段呈现出信息载体数字化、信息技术加速应用的特点。下一阶段，图书馆界的万物互联将成为趋势，信息技术加速融合应用，也同样遵循此发展规律。以国家图书馆为例,从 2008 年到 2013 年年底,网络带宽从 100 多 Mbps 增长到 1.2Gbps,扩容近 10 倍,这 60 个月的时间,正好是 3.33 个摩尔定律周期;存储容量也能发现相同的特点,2000 年存储容量为 2.5TB,2012 年增长到 2270TB,13 年增长了 900 多倍。全国各地数字图书馆的发展也存在类似的趋势。

4 万物互联背景下公共图书馆发展的要求

一个新的业态的产生是在充分运用以往成果和经验的基础上实现的,但更多的是创新与提升,只有如此才能形成全局化规则,催生科学、合理的生态结构,并推出符合新业态特征的创新性服务模式。图书馆必然也需要发挥自身优势,在一些关键性的提升要素上下功夫,才能实现新业态的构建。

4.1 理念提升

首先,要注重规划与设计的全局性。构建图书馆新业态,规划和设计需要有全局性,万物互联背景下,图书馆不仅仅是一个楼宇自动化、服务智能化、应用网络化的单体图书馆,而应该是一个在全国范围内有机整合的图书馆群体,每个图书馆都是这个群体中的一个有机组成部分。根据技术的发展和用户需求的变化时刻保持图书馆业务的革新,使图书馆界成为一个生长着的有机体,在全局规划下,制定合理的机制和规则,使各图书馆都能根据自己的特性和优势,进行有侧重和有特色的建设与发展,而不是简单地对数字化、智能化技术的应用和复制。

其次,要将继承与发展并重。继承是发展的前提,发展是对继承的最好阐释,任何新业态的产生都是在继承与发展中前行的。百余年来图书馆事业的发展积淀了大量的知识与经验,发展必然还要保持图书馆传承文明、存储信息、服务社会的本色。新一代信息技术的发展使得图书馆形态在数字化基础上进一步实现智能互联。依托物联网可实现智能化感知、识别、定位、跟踪和监管,借助云计算及智能分析技术可实现海量信息的处理和决策支持。同时,伴随知识社会新形态的逐步展现,现代信息技术在对图书馆各类产业完成面向效率提升的数字化改造之后,将逐步衍生出一些新的产业业态和组织形式,使人们对信息技术引领的创新形态演变、图书馆变革有更真切的体会,对科技创新、以人为本有更深入的理解,对现代科技发展下的图书馆形态演化有更新的认识。

第三,产业催生与共赢相融合。文化事业发展的资源优势可以培育新的文化消费增长点,建立以文化事业发展培育消费能力的机制,带动文化产业发展。构建图书馆新业态,需要有与之配套的产业生态环境,形成多方共赢的良好局面。因此不仅是图书馆之间广泛合作,更需要图书馆与各行各业之间进行广泛的合作,通过良性的政策导向,激励多方参与,并创新出多样、科学的合作模式。良性的产业生态环境,不但要有宏观维度的规划和秩序作为保证,也需要有中观维度的分工和互联作为依托,更需要微观维度的成长和共赢作为基础。需要进一步分析产业构成,研究合理的产业分工结构,对产业链中的核心技术链条加以保护和鼓励,对产业链中的供需链条进行细化分析和梳理,使产业链形成的同时具有较强的生命力。各环节紧密相扣,并有足够的成长空间,使各方均能在整个环境下快速成长,并互相推动发展,形成良性互动。

4.2 模式转变

图书馆以传承人类文明为己任,历来被誉为知识的海洋,大量的古今文献、知识数据库、网络信息资源构成了图书馆的海量资源库,是图书馆独有而珍贵的数字资产。在万物互联时代,图书馆资源建设的模式必将发生重要改变。

首先,在大数据的环境下,未来图书馆的数字资源建设将吸纳传统纸质文献、缩微胶片和音视频等新媒体资源,以及大量的互联网信息资源,主要通过自建和外购两种方式来扩展。自建资源通过"横向扩大、纵向深入"的方式来实现。"横向扩大"是指图书馆不仅要保存已有领域和类型的数字资源,还要根据社会中不同行业的需要,以各种实体单位为潜在服务对象,广泛收集和保存行业性的结构化、半结构化和非结构化的大数据资源,从而建立起"单个机构—行业"的完整的行业大数据环境。"纵向深入"是指图书馆在已有数字资源的基础上,继续拓展资源类型,加强资源内容细粒度刻画和关联数据分析,将知识语义化、形式化,将信息资源语义化、可视化,形成以数据为支撑的知识集合。共享资源的对象包括图情行业等第三方已有资源,需要借助统一的技术平台,研究资源共享机制,充实图书馆已有的数字资源种类和储量。

其次,资源建设更强调以需求为导向的原则,将依据用户行为的大数据分析来实现。各类智能感应器、智能移动终端、社交网络成为大数据产生的主要源头,资源建设的决策将依赖读者借阅习惯、资源服务痕迹等数据的分析,而并非基于经验和直觉。

4.3 服务创新

图书馆新业态的形成,最突出的特点就是万物互联与全面感知,由此也必将带来图书馆服务形态由到馆借阅范式向主动服务范式转变,由人为筛选信息到知识智能发现转变,由单一图书馆服务到图书馆生态圈资源共享服务转变,即服务的重心由图书馆转向用户。随着我国经济社会的发展,图书馆界发展创新、转型提升的愿望越来越强烈。图书馆所处的信息环境迅速出现"E"化,传统的以纸本资源为主、提供到馆服务的模式已不能满足社会和民众的需求,数字学术文献已经成为用户学习与创造的基本保障,科研人员更倾向于优先使用网络资源。但在海量网络资源中寻找信息资源,往往得到的是浅层、宽泛的信息,实际上用户更期望得到精准、专业、权威的信息资源,而未来图书馆应该提供一站式信息搜索、知识发现和科研数据分析等智能化服务。因此,图书馆服务创新要解决的重要问题就是:如何揭示大量原始数据中蕴含的科学价值,通过人工智能技术挖掘更多元、深刻、全面的事物规律,构建完善的科学数据管理与交流平台,满足大数据时代用户的知识需求和个性化服务。从国家数字图书馆文津搜索系统的建设与使用情况来看,这一点得到了充分印证。文津搜索系统是通过全面整合图书馆资源元数据,对资源进行统一检索和揭示,并通过全国资源唯一标识符体系,给予资源精确定位,这为资源的深度整合和高效利用,以及资源知识挖掘奠定了一定的基础。服务的创新还体现在各种智能设备以及社交网络的运用,从而实现全媒体、全流程、全社会的服务。

5 开创公共图书馆发展新业态

图书馆担负着保存人类文化遗产,传播先进文化,开展社会教育等重要社会职能,是公民的终身学校,在推动经济社会发展中发挥着重要作用。图书馆事业发展水平是一个国家、一个地区文明程度的重要标志,是保障公民基本文化权益的重要途径之一。2011 年我国数字图书馆推广工程开始实施,各地数字图书馆建设蓬勃发展,工程与各地数字图书馆的建设发展有机结合、相互促进,使万物互联背景下图书馆新业态的构建成为可能。未来图书馆将通过与传统图书馆进行全流程业务整合,包括馆藏统筹建设、资源一体化揭示、服务整合,实现实体文献与数字文献资源之间的无缝连接,实现到馆服务与网络服务的互补,打破地域和行业的限制,建设跨行业、互联互通、共建共享的图书馆服务体系。

5.1 构建数字图书馆一体化网络

开创图书馆发展新业态,首先要加快和完善数字图书馆网络体系建设,扩大网络覆盖范围,提高网络传输能力,逐步建设以专网为主干,虚拟网为补充,连接国家省市县数字图书馆,覆盖全国的公共文化服务一体化网络体系,为全国数字图书馆系统互联、业务整合、服务协作和可持续发展提供网络设施保障。

通过覆盖全国的一体化网络,各类数字资源,包括电子图书、电子期刊、电子报纸、音视频等,可以方便快捷地传递,分发推送到基层。数字图书馆的网络和平台设施能够为公共文化服务体系建设提供技术支撑,加快各地公共文化服务的传播和推广效率。

5.2 建设标准化图书馆业务系统

开创图书馆发展新业态,要加强综合业务平台和标准化服务平台的建设。通过建设全国公共图书馆的数字资源加工网络体系、数字资源唯一标识符体系和版权信息管理体系,实现文化资源的数字化标准生产加工,促进全国各地图书馆数字资源的有效融合和统筹管理;通过建设数字资源组织和保存系统,加强对数字资源的有效组织与集中管理,逐步建立全国范围内数字资源分级分步的集中保存和长期保存体系;通过统一用户管理系统、文津搜索系统、数字资源发布与服务系统的推广部署和深入应用,建设数字资源服务平台,推动实现数字图书馆服务一体化。标准化图书馆业务平台的建成能够有效提升各地图书馆的资源建设能力、用户服务能力和业务管理水平,逐步建设形成全国数字图书馆标准化综合服务平台,对公共文化服务平台形成有效支撑。

5.3 丰富公共图书馆服务内容

开创公共图书馆发展新业态,要加快形成开放共享的数字资源保障体系。一是建设我国公共图书馆元数据仓储库,加强对全国图书馆资源的整合揭示。借助全国联合编目系统,逐步实现数字资源与传统资源的有效关联和深度整合,建设全国公共图书馆界元数据仓储,为全国文献信息资源的集中揭示、分级调度与服务奠定基础。二是加大资源联合建设力度,加快海量资源库群的规划建设。加强对资源建设的整体规划与主题设计,有重点地建设一批满足公众阅读需求、反映历史文化变迁、体现地域发展特色的专题资源库。加大适用于手机、平板电脑、数字电视等新兴媒体的资源建设力度。对已建数字资源进行深入挖掘和知识关联，逐步形成体系完备、主题突出的专题知识库群。三是积极拓展共享方式与范围，逐步实现各地数字资源成果在各级各类数字图书馆系统间的开放和多向流动，不断提高数字资源的使用效益。

各地数字图书馆资源建设形成的一系列适合互联网和手机等新兴媒体的精品佳作，强化了信息技术环境下数字文化健康发展的主导权，所取得的成果可以广泛应用于公共数字文化资源的组织与管理中，加快形成互联网上优秀文化资源的规模优势，促进体现中华传统文化特色、弘扬民族精神、反映时代特点的数字文化资源更高效、广泛地应用于公共文化服务，推动公共文化服务体系的建设与完善。

5.4　创新公共图书馆服务形式

开创公共图书馆发展新业态，要深化服务内容，推进服务均等化。一是夯实数字图书馆基础性服务，完善不同来源、不同类型数字资源的统一揭示和获取；开展数字图书馆专业化服务，积极探索为政府机关、科研院所、企事业单位及少儿、残疾人等各类读者提供个性化、知识化、智能化的文化信息服务；借助互联网、移动通信网、广播电视网等通道，利用手机、平板电脑、数字电视等新兴媒体终端，加大新媒体服务的力度。二是积极开展多角度、多形式的数字图书馆服务推广活动，通过资源推介、阅读沙龙、现场讲座、摄影比赛、展览体验等群众喜闻乐见的活动形式，培养群众数字阅读的习惯，使公众更加深入了解数字图书馆，使用数字图书馆。各级数字图书馆的数字文化服务水平需逐步提升，服务内容需不断创新与拓展，积极探索满足不同层次、不同群体的服务需求，切实创新公共文化服务形式，体现公共文化服务的均等性。

5.5　营造公共图书馆发展良好氛围

各地数字图书馆在立项和实施的过程中，注重对体制机制的总结探索，逐步形成一系列推动数字图书馆建设的政策、措施和制度。针对公共数字文化发展中出现的问题，重点进行以下几方面的探索：一是继续在国家层面实施数字图书馆推广工程，统筹各级数字图书馆建设，打破以往的地域壁垒，实现图书馆资源服务的共建共享，引导各级数字图书馆良性发展；二是各级财政加大对数字图书馆建设的投入，逐步建立长效经费保障机制，形成中央和地方财政投入为主，多渠道融资为辅的格局；三是图书馆界注重数字图书馆标准规范成果的应用推广，解决各地业务系统无法对接、资源无法共享的问题，提升我国公共数字图书馆的标准化水平和一体化进程；四是各地注重人才培训工作，与文化惠民工程一起，以点带面，相互补充，形成多级培训联动协调制度。此外，各地的数字图书馆在跨行业合作、吸引社会力量参与等方面积极探索，这些实施经验和相关制度建设成果，也为公共文化服务体系建设提供借鉴。

6　展望

信息技术的发展对公共文化服务体系建设有着不可比拟的推动和提升作用。无论信息技术如何发展,图书馆的核心价值依然是传承人类文化遗产、传播信息知识。数字图书馆建设充分依托现代信息技术,可以成为推动数字文化建设、提高文化创新能力和传播能力的新引擎,助力各地形成结构合理、发展均衡、网络健全的公共文化服务体系。我国的数字图书馆体系是由国家图书馆、各级公共图书馆、行业图书馆共同组成的,每个馆都是其中不可或缺的重要组成部分,需要图书馆界基于这个新起点,通力协作,探索实践图书馆发展的新业态,激发生命力和活力,释放图书馆生态圈的新能量。

(选自《中国图书馆学报》2014 年第 6 期)

论推动替代计量学发展的若干基本问题

邱均平　　余厚强

　　替代计量学是近年国际科学计量学领域的热点研究主题，逐渐引起国内学者的关注。替代计量学在我国最早是由刘春丽等人引介，但是因为译名、时机、内容等问题，没有引起国内学者注意。自邱均平等人系统梳理替代计量学的产生背景，并分阶段对替代计量学研究进展做详细分析以后，国内相关研究开始兴起。首先表现在引介性论文的大量涌现，例如：由庆斌等人介绍了替代计量学的指标、主要研究内容和分类情况；崔宇红介绍了替代计量学的定义、特征和数据源，综述其发展演变和研究主题；陈铭对替代计量学的起源、发展、定义进行了详细的阐述，并从研究对象、对待影响因子的态度、数据获取、发生时间、产生的影响力和同行评审六个方面分析其与传统计量学的不同。邻近学科也开始引介替代计量学，例如，赵文华等人从编辑的视角归纳了替代计量学公正、客观、透明的属性。

　　除了引介性论文外，还出现了实证性和理论性论文。宋丽萍等人将 F1000 与 WoS 引文指标做相关性分析，发现 F1000 因子与统计区间内的被引频次呈显著正相关，但同时有些 F1000 因子很高的论文并没有高频被引。刘春丽等人研究了 Mendeley、F1000 和 Google Scholar 与引文的关联性，发现 Mendeley 读者人数指标与 Google Scholar 的被引次数指标在论文评价结果中的相关程度相对较高。宋丽萍等对 F1000、Mendeley 和 WoS、Google Scholar 做相关分析，发现同行评议结果、传统引文分析指标以及以 Mendeley 为代表的影响计量指标具有低相关性。理论方面，余厚强等人阐述替代计量学的生态体系，据此构建在线科学交流新模式。

　　然而，与国外的替代计量学研究热潮相比，国内的相关研究还很薄弱。笔者认为有两点主要原因。①国内同行，包括期刊主编、专家学者，对替代计量指标持怀疑态度，认为下载、分享、阅读等作为评价指标，缺乏严肃性和可靠性。②我国学者对包括学术社会网络平台在内的在线科研工具利用率较低，使得替代计量数据积累不充分，可用于实证的替代计量数据源较稀缺，研究难度较大。第二点原因是我国客观科研环境造成的，这里先不做讨论，但是第一点原因却与缺乏对替代计量学的正确认识有关。诚然，替代计量学的快速发展，曾经带来一些困扰，但是随着更多实证研究的推进，这些问题日益清晰，本文对替代计量学最容易受到质疑的若干核心问题进行梳理，并对笔者之前提出的替代计量指标分层模型进行补充阐释。本文主要研究三个问题：①替代计量学到底研究什么？它要替代什么？②替代计量指标和传统引文指标之间是否存在关联关系，及其原因。③替代计量学的指标可信吗？基于网络数据的替代计量指标是否脆弱，又易受人为操控？

　　通过对这些问题的凝练和解答，能消除某些疑虑，为我国替代计量学研究铺开道路，吸引更多的学者投身到替代计量学的研究中去。尽管由于指标种类的多样性等原因，替代计量指标的内涵还没有完全明确，但是已经达成初步共识。有些研究人员也认识到，基于替代计量指标的服务是未来的潮流。

1 替代计量学内涵的演变

尽管 Priem 等人提出了"替代计量学"的术语,但是显然他们并不能决定它将向哪个方向发展,不同的利益相关者和研究人员,根据自己的理解对它进行阐释并开展研究。当我们认真审视替代计量学的发展过程时,不难发现最热衷于替代计量研究的群体是那些关注创新科学交流模式的组织或个人,例如致力于推动开放科学进程的 PLOS,专注于在线文献管理的 Mendeley 等。但是基金会资助政策的变革,出版巨头的青睐,和瞄准商机的创业公司,无疑起到推波助澜的作用。而支撑这些行为的原动力,来自对未来科研活动趋势的基本预测:科研活动将越来越开放,越来越多地转移到网上,与之相应的数据,也就越来越有价值。通过对所有替代计量学文献的回顾,笔者将替代计量学内涵的演变过程总结为三个阶段。

第一阶段,"替代计量学"提出者的最初界定。Priem 等人觉察到社会网络等在线交流渠道对科学交流产生了影响,相关的观察结果零星地散落在他们的早期文献里,随着他们对"科学计量学 2.0"理念的提出和推广,他们日益意识到自己的想法可能是革命性的。怀着无限热忱,Priem 等人在 *Nature* 上发文描绘了相对传统期刊时代的另一个全新的在线科学交流时代,比起科学计量学 2.0,对这种在线科学交流新时代的计量研究需要更专业的术语来进行概括,于是 Altmetrics 得以提出。起初模仿 20 世纪 70 年代医学领域兴起的"Alternative Medicine"(替代医学),叫作"Alternative Metrics",后来为了方便改称为"Alt-metrics",最后从计量学构词角度出发,将横线也去掉了。不得不承认,作为科学术语,"Altmetrics"并不严谨,它既没有揭示出研究的对象,也没有明确的界限,但是在当时的情境下,要提出结构合理、含义清晰的术语,确实难度太大。这一方面和 Priem 等人的学术功底有关,另一方面,也和该研究领域的重要创新性有关。在这一阶段,替代计量学被认为具备替代传统基于引文的文献过滤机制和科研评价机制的潜力,Priem 等人将其界定为"基于社会网络的新计量指标的建立和研究,旨在分析和全面衡量学术"。

第二阶段,"替代计量学"研究人员理解纷纭。"替代计量学"术语在得到推广的同时,也日益受到严厉的批判,一个几乎相同的论断是这一新指标无法替代传统引文指标,充其量是既有体系的补充。Priem 等人认识到替代计量学还在发展初期,不宜挑战现有体系,所以做出了让步,认为现阶段替代计量新指标可以作为既有体系的有力补充。当然,从最开始,引文分析的价值就从没有被否认过,替代计量指标只是换一种角度来测度。从历史的角度看,新生事物在初期都会饱受争议,引文检索就是一例。然而,新生事物要获得认可,例如在线科学交流新体系,除了要以愿景激励人心以外,还要在实际操作上具备切实可行的方案。根据现实的需求,Priem 等人创立 ImpactStory(www.impactstory.org),而替代计量的商业价值也造就了众多创业公司,其服务为出版商、机构知识库和高校所采用。替代计量学在迅速发展,但是其内涵诠释的多样性也给新进入的研究者造成一定困扰。美国信息标准化组织(National Information Standards Orgnization,NISO)甚至考虑要换掉"Altmetrics"这个术语,但是因为没有提出更好的,所以未能实行。在这一阶段,各个研究人员根据自己对替代计量学的理解,对其进行诠释,其中代表性的理解如表 1 所示。

表1　不同学者对替代计量学内涵的理解

序号	替代计量学的内涵	代表作者
1	替代计量学等同于社会媒体计量（Social Media Metrics），是利用社会网络来衡量学术成果更广泛影响力的替代性方法	Haustein、Fenner 等
2	替代计量学就是论文层次计量（Article-Level Metrics）	Lin
3	替代计量学是在论文层次计量之上更广泛计量指标研究的代称	Lin
4	替代计量学研究基于网络的替代性指标，与网络计量学是同义语	Roemer 等人
5	替代计量学对在线分享、保存、评论、采用和社会媒体使用进行计分，全面反映学术成果的影响力	Konkiel
6	替代计量学是一种研究在线空间，捕捉学者交互行为以反映学术影响力的新计量指标	Lapinski 等人
7	替代计量学衡量单篇论文获得的在线关注度	Mounce 等人
8	替代计量学要结合传统文献计量评价方法，给出学术影响力的替代性的、多维度的更加广泛的视角	Rasmussen 等人
9	新的学术成果和科学交流渠道需要新工具来衡量这些产出的影响力，替代计量学正是赋予这些新工具集合的名称	Sutton 等人
10	替代计量学将重构影响力的概念，正在挑战影响因子的地位	Neylon 等人
11	替代计量学还没有被广泛接受的定义	Holmberg 等人
12	替代计量学就是从多种渠道中获取学术成果的相关数据，包括主流新闻、博客、社会媒体、参考文献管理网站、同行评议网站和政策文件等	Liu
13	替代计量学是相对文献计量学而言的，是基于网络的指标，揭示文献和其他学术成果的影响力	Bormann
14	替代计量学是研究学术成果网络影响力的指标，并且侧重以社会媒体作为数据源	Shema 等人
15	替代计量学的"替代"是相对传统同行评议和文献计量学而言的，替代计量学来自两个背景，分别是论文层次计量和替代性计量指标，所以既可以用于反映单篇论文的影响力，也可以在更广泛的情境下替代传统评价方法，而替代计量学研究网络环境下的学术成果，应当视为网络计量学的子集	Tammaro

从表1可以看出，在这一阶段，学者对替代计量学内涵的认识不尽相同，甚至同一学者在不同的论文中，对替代计量学内涵的理解都在发生变化。归纳起来，这些理解主要在研究对象范围的界定上存在差异，最明确而狭义的理解是"替代计量学就是社会媒体计量"，最笼统而广义的理解是"替代计量学结合传统文献计量指标与在线新指标，给出学术成果全面的、有影响力的替代性测度方案"，这些理解是学者根据研究需要做的设定，同时，这种广泛讨论也为统一对替代计量学内涵的认识奠定了基础。

第三阶段，替代计量学界逐渐达成共识。替代计量的研究经过沉淀，内涵日益清晰，形成广义和狭义的区分，其学术地位得以确立，吸引越来越多的学者对此进行研究。国际学术界对替代计量学的内涵基本达成共识。广义的替代计量学强调研究视角的变化，旨在用面向学术成果全面影响力的评价指标体系,替代传统的片面依靠引文指标的定量科研评价体系,同时促进开放科学和在线科学交流的全面发展;狭义的替代计量学专门研究相对传统引文指标的在线新型计量指标及其应用,尤其重视基于社交网络数据的计量指标。所以说,替代计量学并非对既有引文指标的纯粹补充,因为替代计量指标能测度引文指标触及不到的领域,例如数据集的复用率、学术视频的影响力、学术博客的社会影响力等;替代计量学也并非全盘否定基于引文的传统指标,它要替代的是唯引文至上的学术评价体系,所以可以看到Plum X 对替代计量指标的分类中,引文仍然是重要的一大类。替代计量学的内涵得到明确后,更多的精力将转向相关的深层研究。诚如 Priem 所言,现在果树低处的果实快被摘完了,还有大量高处的果实等待采摘。

2　替代计量指标的内涵

与替代计量学内涵的演变相同,对替代计量指标内涵的认识,也经历了逐步深化的过程。最初,替代计量学者预期替代计量指标和传统引文指标呈正相关性,计划效仿加菲尔德(Eugene Garfield)建立引文指标的权威性那样,建立替代计量指标的权威性。引文指标的权威性建立在加菲尔德的研究团队进行的大量实证研究基础上,其主要方法是将引文分析结果和各种主流同行评议结果做关联分析,发现引文指标与同行评议结果呈高度正相关。加菲尔德领导的美国科技信息研究所甚至据此预测诺贝尔奖得主,准确率很高。于是,人们逐渐利用基于引文指标的评价结果来近似替代耗时耗力的同行评议。久而久之,形成了今天以引文指标为黄金法则(Golden Rules)的局面。沿着相似的思路,替代计量学者展开了广泛研究,逐渐揭示了替代计量指标的内涵。

(1)研究表明,部分替代计量指标不能反映学术影响力。替代计量学者以引文指标为参照,做了大量关联分析,得到的结论却各不相同,仅以 Twitter 提及量(Twitter Mentions)指标为例,既有 Twitter 提及量与传统引文指标呈正相关的研究结果。例如,Shuai 等人发现预印本论文的 Twitter 提及量与早期引文量显著相关,Eysenbach 等人计算得出 Twitter 提及量和引文指标有中等到显著的正相关关系,皮尔逊系数值在 0.42 到 0.72 之间。也有研究得出两者关联度不高的研究结论,例如,Priem 等人做的实证分析得出 Twitter 提及量与引文量的相关程度仅为 0.1,Thelwall 等人的分析结果表明两者之间甚至呈负相关。不过,针对 Twitter 提及量这一指标而言,目前已经有了定论,Haustein 等人的大规模研究证明,Twitter 提及量和后期引文量没有任何关系,从而彻底结束了这场辩论,其研究成果被 *Nature* 网站报道。另外两个与引文指标做关联分析最多的替代计量指标是,博文提及量(Blog Counts)与在线参考文献管理网站标签量(Bookmark Counts of Online Reference Managers),Bormann 的一项元分析表明博文提及量与传统引文量关联度只有 0.12,而在线参考文献管理网站标签量的关联度则在 0.23 到 0.51 之间。此外,还有将下载量、阅读量等替代计量指标与引文量做关联分析的研究。这些研究的共同结论是,替代计量指标能反映与引文指标不同的内涵,所以在评价时要结合起来使用。

(2)替代计量指标反映可见度、知名度和社会影响力。Altmetric.com 创始人 Euan 表示对 Haustein 等人的研究结论并不意外,认为替代计量指标反映知名度,是网络上对科研成果的关注度。Altmetric.com 针对每个科研成果发布衡量其受关注程度的"Altmetric 指数",并早在网站公告中声明该指数的正确用法是,避免根据该指数来评价科研成果质量或对科研成果进行排序,Altmetric 指数仅反映科研成果在线受关注程度,研究表明 Altmetric 指数高的论文被引量不一定高,反之亦然。Altmetric.com 每年还会推出最受社会媒体关注的前 100名论文,受到各界普遍关注。一般而言,Altmetric 指数最高的论文趣味性较强,易理解并与公众切身利益相关。Bormann 则另辟蹊径,结合基金会日益要求科研人员证明其成果社会影响力的背景,认为替代计量指标能覆盖更加广泛的科研成果使用者(不仅限于读者),反映社会影响力,为解决衡量科研成果社会影响力的困难提供了一种简便的方法。

(3)相比而言,基于学术界数据源的替代计量指标更能反映学术影响力。替代计量指标是否真的和引文指标没有关联,不能反映学术影响力呢? 这种论断无疑是片面的,因为替代计量指标具有多样性。Haustein 等人的研究仅证明了单纯的 Twitter 提及量不能反映学术影响力,事实上,许多深层次因素在该研究中没有被考虑进去,例如 Twitter 的用户群体,以及 Twitter 提及的情境和向引文的转化率等因素。在线参考文献网站标签量与引文指标相关性更高,其内在原因之一是 Mendeley、CiteULike 等工具的使用者大多为学者,数据主要源于学术交流,学术影响力理所应当要限定在学术界用户,因为学术界之外的用户无法贡献引文,所以数据源为学术界的替代计量指标与反映学术影响力的引文指标的相关性更高。此外,还有许多其他替代计量指标与引文指标的关联性有待检验,例如对学术成果的评级(打分)、点赞量等。Beltrao 曾将 Connotea 中标签为"Evolution"的论文抽取出来,结果发现这些论文的平均引文量比 Nature 和 Science 等顶级期刊论文的还要高。所以,在考察替代计量指标与学术影响力关系时,要更加关注学术界的替代计量数据源。

综上所述,替代计量指标反映科研成果获得在线关注的强度,能反映社会影响力,若限定在学术界的数据源,若干指标如标签量、评级等也能反映学术影响力,关键要根据应用情境进行细分。

3 替代计量指标的可信度

除了揭示替代计量指标的内涵,保证指标的可信度对于建立威信同样重要。替代计量指标的内涵说明其有用性,而可信度则说明其可用性,可信度(或者健壮性)是作为指标的必备条件。替代计量指标受到的质疑可以归纳为三个方面。①替代计量指标数据源存在被规模化操控的风险。网络公关公司和水军的存在,让基于网络数据的指标天然受到更多的质疑,而替代计量学的很多指标正是基于网络数据,这些网络数据存在由机器大规模自动生成的可能,丧失了原本应有的含义。此外,替代计量指标具备透明性,更容易受到黑客攻击,例如一旦 PLOS 完全公布数据采集算法,将面临数据被篡改的风险。②替代计量指标数据源的科学严谨性受到质疑。科研活动的整个过程都要求严谨,网络尤其是社交网络被赋予的娱乐化印象,使其可信度大打折扣。例如对学术研究知之甚少的公众可能凭直觉对科研成果进行评价和传播,造成"民主暴力"和谬传。③替代计量指标的部分数据源无法回溯。例如,微博被作者删除的现象十分普遍,后期难以回溯和查证;碎片化的成果难以管理,例如数据集(Dataset)会被分割成若干单元,分布在不同的应用里,难以追踪。

尽管替代计量指标的可信度受到上述三个方面的质疑,但是质疑者存在的最大误区是,无形中夸大了保障替代计量指标可信度的困难。必须明确的是,这些威胁能够消除,并且,从替代计量学研究中获得的价值,要远大于消除这些威胁的成本。下面分三个维度进行阐述。

(1)替代计量指标的规模化操控风险完全可以规避。首先,替代计量指标的数据源,是主流媒体和平台,这些实体本身有数据质量保障机制;其次,在汇聚数据时,替代计量指标集成者有数据一致性检验机制。Lin 介绍了 PLOS 的数据可信度控制机制,在政策方面定义了四种类型的数据行为,在技术方面开发了数据审计系统 DataTrust,能监测数据异常变动。需要指出的是,谷歌公司、信用卡公司、银行等都面临着强有力的规模化操控的风险,但是这些公司已经有了充足的经验和坚实的技术支撑,数据质量能够得到充分保障。替代计量指标集成者一方面可以借鉴和利用这些经验与技术,另一方面替代计量指标面临的操控动机要远小于上述实体。所以说,替代计量指标规模化操控的风险可以规避。Priem 认为,替代计量指标并不像表面上那样容易被操纵,这得益于替代计量指标的多样性和大规模特性,操纵某单项指标的数值难度可能不大,但要连动操纵系列指标所耗费的代价就相当昂贵。Fenner 等人比较了 PLOS、Altmetric.com 和 Mendeley 三个替代计量指标提供方的数据一致性,发现对于相同数据集,这三者提供的数据存在较大差异,并从三者数据收集方法上做了解释。

(2)替代计量指标反映了使用者的价值判断。虽然大部分替代计量数据是在非正式学术交流中产生的,但是使用者生产替代计量指标数据存在生成成本(Generation Cost),包括时间成本、精力成本和声誉成本,使用者的价值判断正是反映在这些成本里。不同层次替代计量指标的生成成本是不同的。例如:相对浏览摘要,阅读全文的时间成本和精力成本要更高;相比个人收藏,推荐到好友圈或进行分享的声誉成本要更大,因为推荐或分享的科研成果往往被认为反映该使用者的水准。同时,不论哪种替代计量指标,其对象都是科研成果,很少具备娱乐价值,严肃性有所保证。在科研成果的传播上,学术界始终拥有高度自治权,不受公众参与科研成果传播的影响,与此同时,公众的教育和知识水平不断提高,他们既有利用科研成果的权利,也有促进科研进步的能力。

(3)替代计量基础设施的建立让相关原始数据得到较好保存和复用。在网络数据保存方面,维基百科、ArXiv 等组织积累了经验,可以实现数据的版本管理和长期保存。Impact-Story、Altmetric.com 等机构均致力于替代计量原始数据的积累和保存,凡是涉及替代计量指标的原始数据,都有望得到备份,作为替代计量数据库中的一部分,即使作者删除原文,仍然可以回溯,因为仅限科研用途,不会侵犯用户隐私。科研成果管理也逐渐规范化,例如 DOI 等组织的设立,让任意碎片化的成果都可以被引用。

虽然包括引文指标、链接指标等在内的所有指标,在其发展初期都受到可信度的质疑,替代计量指标也不能例外,但是网络巨头公司业已积累的丰富经验,能被充分借鉴,用于保证替代计量的数据质量,而替代计量指标的多维属性,也保证其免受人为操控,从而最大限度地确立替代计量指标的可信度。此外,还能通过使人为操控成本大于操控者的收益,来规避人为操控行为。总而言之,替代计量指标在实际应用中具备可信度。

4 替代计量学的其他问题

除了上述最受关注的核心问题外，替代计量研究是多角度的，笔者认为以下两个方面值得关注。

第一，替代计量学的学科外意义。诚如 Alperin 所言，传统基于引文的学术影响力评价体系严重偏向北美和欧洲，对发展中国家不利，因为现有顶尖题录数据库（如 WoS、Scopus）都偏袒欧美期刊，以及和这些地区密切关联的研究主题，发展中国家的优秀科研成果甚至要付费才能纳入这种体系，而且其所有权还归发达国家所有。替代计量指标能更准确地衡量学术成果的影响力，并培养为本国发展目标服务的科研文化，让长期被主流平台屏蔽的发展中国家的期刊和学者的研究成果，在国际舞台上得到更好的展示，在繁荣科学交流的同时，扩大发展中国家科学家的话语权。Alperin 还研究了发展中国家情境下期刊与论文的替代计量指标，地区不限于北美，语言也不限于英语，指出了其与发达国家情境下研究结果的差异。

第二，替代计量新数据源不断涌现。替代计量学的提出，切实为许多新生科研交流模式和科研交流平台提供了契机。任何可能的科学交流创新活动都得到关注，既有的特色在线科学交流模式都可被挖掘，激发了学者的创造力，这一切部分归功于替代计量学这个学术平台的出现。例如，Lin 等人研究了维基百科的引文；Kaur 等人研究了 Scholarometer 的学术分类模式，提出了众源学科；Kousha 等人研究了学者网络简历链接分享对学术交流的作用，还研究了 Youtube 视频在学术交流和教学中的作用，对被学术成果引用最多的视频做了内容分析；Thelwall 等人比较了基于 ResearchGate 使用与出版数据的大学排名，发现和已有的学术排名高度相关；Shema 等人研究了 Research Blogging.org 博客引文用于衡量学术影响力的潜在价值。此外，还有 Zotero、CiteULike、Academia.edu、Lnyrd.com、Slideshare、GitHub 等众多新数据源。中国也出现了数据堂、新科学网、科学网、万方学术圈等数据源，尽管其他社会网络用于学术用途的情况还有待调研，但是完全可以大胆地去探索和尝试。

5 结论与讨论

替代计量学在中国的研究刚开始兴起，厘清涉及替代计量学研究的核心内涵问题，不仅对相关研究人员来说十分必要，对领域外众多利益相关者理解替代计量学的研究内容、思路和目标，从而支持和利用替代计量学研究成果也至关重要。本文的主要结论有三点。

（1）替代计量学有狭义和广义之分，狭义的替代计量学专门研究相对传统引文指标的在线新型计量指标及其应用，尤其重视基于社交网络数据的计量指标，广义的替代计量学研究新型在线科学交流体系，强调研究视角的变化，旨在利用面向学术成果的全面影响力评价指标体系，替代传统片面依靠引文指标的定量科研评价体系。所以说，替代计量学并非对既有引文指标的纯粹补充，也并非全盘否定传统的引文指标。国内对"Altmetrics"的翻译曾经产生过困惑，主要因为"Alternative"这个词的意思很微妙，译为"选择性""综合"则不知所云，译为"社媒影响""网媒影响"则过于狭隘，译为"另类"在内地语境有贬义，译为"新型"则与原词偏离较远,有学者将其意译为"补充",实则其内涵并非"补充"。尽管 Rousseau 教授撰文认为这个术语提得不好,因为出现下一代指标就会存在命名困难,但是从文中可知他也是理解为"替代"的。其实,医学领域早在 20 世纪 70 年就有了替代医学(Alternative Medicine)和补充医学(Complementary Medicine)的先例,可见"Alternative"这个词的翻译并没有想象中那样复杂,"替代"是比较合适的译名。

(2)替代计量指标直观上反映科研成果获得的在线关注强度,若根据应用情境对替代计量指标和数据源进行细分,既能反映学术成果的社会影响力,也能反映学术成果的学术影响力。例如,学术成果的微博提及量、新闻报道量等可以反映社会影响力,而学术界在线参考文献管理平台中的阅读量、评级和标签等可以反映其学术影响力。同时也需注意,替代计量指标可以反映社会影响力绝不意味着它是衡量社会影响力的唯一标准,社会影响力的体现形式多样,除了在网络上得以体现之外,还有科技成果转化、开设讲座、项目合作等许多线下形式,当然,这些线下形式也会逐渐在网络上有迹可循。

(3)替代计量指标是可信的,通过充分的政策保障和技术支撑,替代计量数据将得到严格的审计、保存和利用。互联网公司(如谷歌)对数据控制的丰富经验,以及替代计量指标自身的多样性和大规模特性,都有力支撑了替代计量指标的可信度。同时,笔者认为很多时候,替代计量数据的情境对用户更加重要。例如,同样是被微博提及,该科研成果是被谁的微博提及和以怎样的方式被提及,比起单纯的数字更加有价值,学者将对个人学术成果被谁利用、怎样被利用有更好的认识,这样的价值同样可以被传递给基金决策者和政策制定者。

替代计量学蓬勃发展之际,有学者认为它是让发展中国家科学家获得平等学术地位的契机,在线科学交流让发展中国家有同样的机会获得学术成果的可见度。但是,我们也要注意到,当前国际主流科学交流平台都是发达国家在开发和维护,而不同国家之间网络并非完全畅通,这是现实中要考虑的因素。此外,除了发现新的替代计量数据源,也要积极开发具备创新科学交流模式的新数据源,在这个过程中,不应过分夸大语言的障碍。多语言平台技术已经比较成熟,例如腾讯公司的微信在国外同样有市场。我国学者应当切实利用好替代计量学这个学术平台,创新和改革中国的科学交流与科研定量评价体系。

(选自《中国图书馆学报》2015 年第 1 期)

论信息安全、网络安全、网络空间安全

王世伟

信息安全、网络安全、网络空间安全是近年来国内外非传统安全领域出现频度较高的词汇，在各国的安全战略和政策文件中，在相应的国家管理机构名称中，在新闻媒体的文字报道中，在学术理论研究的名词术语中，以及在各类相关的活动用语中，这几个概念交叉出现，但逻辑界线并不清晰，需要进行深入研究，以便在信息安全研究与实践的逻辑起点上有理性清晰的认知，在信息安全的基础理论研究中能形成业界内外公认的学术规范。本文主要依据近年来全球信息安全领域的文献资料，并结合与之相关的实践活动，对信息安全、网络安全、网络空间安全等概念及其相互关系做初步探讨。

1 "信息安全"的概念与范围

1.1 "信息安全"概念的出现和发展

信息安全的实践在世界各国早已出现，但一直到了 20 世纪 40 年代，通信保密才进入学术界的视野。20 世纪 50 年代，科技文献中开始出现"信息安全"用词，至 20 世纪 90 年代，"信息安全"一词陆续出现在各国和地区的政策文献中，相关的学术研究文献也逐步增加。总部设在美国佛罗里达州的国际信息系统安全认证组织（International Information Systems Security Consortium）将信息安全划分为十大领域，包括物理安全、商务连续和灾害重建计划、安全结构和模式、应用和系统开发、通信和网络安全、访问控制领域、密码学领域、安全管理实践、操作安全、法律侦察和道德规划。可见，"信息安全"概念所涉的范围很广，在各类物理安全的基础上，包括了"通信和网络安全"的要素。据文献考察，1990 年成立的"德国联邦信息技术安全局"（BSI）（或译为"德国联邦资讯安全局"），是"信息安全"出现在机构名称中较早的例子。1992 年 3 月，欧盟理事会通过了"关于信息系统安全领域的第 92、242、EEC 号决定"，是欧盟较早的信息安全政策，也是"信息安全"一词出现在政策文件中较早的例子。1994 年 2 月，中国国务院出台了第一部关于计算机信息安全的法规《中华人民共和国计算机信息系统安全保护条例》；1996 年 2 月，法国也成立了"法国信息系统安全服务中心"。以上名称中均使用了"信息系统安全"。"信息安全"不仅成为机构和政策的用词，也逐渐细化为专指某一领域或某一方面的信息安全问题。

进入 21 世纪，"信息安全"一词出现的范围不断扩大，在各类文献中出现的频次也不断增加（见表 1）。

表1 2000—2014年"信息安全"在各类文献中的使用情况举例

时间	信息安全用词情况	备注
2000年6月	俄罗斯出台《国家信息安全学说》	对信息安全的目标、任务以及实施原则做出明确界定
2001年10月	《数字APEC战略》中提出"加强信息安全、个人数据保护和消费者信任"	在上海举办的亚太经合组织第九次领导人会议上发布的文件
2002年4月	中央办公厅和国务院办公厅发布《关于进一步加强互联网新闻宣传和信息内容安全管理工作的意见》	中办国办发〔2002〕8号文,文件名中提出了"信息内容安全"的概念
2003年9月	中央办公厅发布《国家信息化领导小组关于加强信息安全保障工作的意见》	中办发〔2003〕27号文,文件中提出实行信息安全等级保护等要求
2003年10月	日本政府发布《信息安全综合战略》	日本国家信息安全政策文件
2004年9月	中共中央发布《关于加强党的执政能力建设的决定》	首次将"信息安全"列入党的文件
2006年1月	国家信息化领导小组发布《关于开展信息安全风险评估工作的意见》	国信办〔2006〕5号文,文件名中使用了"信息安全风险评估"的概念
2007年3月	欧盟理事会通过题为《关于建立欧洲信息社会安全战略的决议》的政策文件	文件名中使用了"信息社会安全"的概念
2010年2月	《信息安全技术基于互联网电子政务信息安全实施指南》中国国家标准（GB/Z 24294—2009）	2009年7月完成,2010年2月正式实施,文件名中使用了"信息安全技术"的概念
2010年5月	日本政府发布《保护国民信息安全战略》	日本政府细化的信息安全政策文件
2011年3月	法国发布《信息系统防御和安全战略》	文件名中使用了"信息系统防御和安全战略"的概念
2011年9月	由中国、俄罗斯、塔吉克斯坦、乌兹别克斯坦四国共同起草提交了《信息安全国际行为准则》	提交给第66届联合国大会,这是从联合国层面推进全球信息安全治理的积极尝试
2011年10月	中国国家工业与信息化部信息安全协调司发布了《关于加强工业控制系统信息安全管理的通知》(工信部协〔2011〕451号)	文件名中使用了"信息安全管理"的概念
2014年2月	国务院公布《中华人民共和国保守国家秘密法实施条例》	国务院令第646号,文件中使用了"涉及国家秘密的信息""国家秘密载体"等概念
2014年11月	第十二届全国人民代表大会常务委员会第十一次会议通过《中华人民共和国反间谍法》	文件中使用了"国家秘密、商业秘密和个人隐私"的概念

从以上列举的国际组织和国内外政府的相关文件中可以发现，进入 21 世纪后，"信息安全"成为各国安全领域聚焦的重点。既有理论的研究，也有国家秘密、商业秘密和个人隐私保护的探讨；既有国家战略的策划，也有信息安全内容的管理；既有信息安全技术标准的制定，也有国际行为准则的起草。信息安全已成为全球总体安全和综合安全最重要的非传统安全领域之一。

1.2 "信息安全"的内涵及其引申出的系列相关概念

所谓信息安全，指保障国家、机构、个人的信息空间、信息载体和信息资源不受来自内外各种形式的危险、威胁、侵害和误导的外在状态和方式及内在主体感受。信息安全从研究和实践而言，可以从诸多维度来观察。以信息安全威胁而言，包括信息主权的博弈、各类信息犯罪、各类信息攻防的技术等。以信息安全政策而言，包括国际和地区组织的政策、国家或城市的政策、某一领域和行业的政策、国际的双边与多边协议等。以信息安全法律而言，包括国际和地区组织的法律、国家或某一城市的法律、某一领域和行业的法律等。以信息安全标准而言，包括国际信息安全标准、国家信息安全标准、信息安全管理标准、信息安全认证标准、信息安全评价标准、信息安全等级标准、某一范围的信息安全标准等。以信息安全机构而言，包括国际或地区组织机构、国家机构、各国的行业机构、学术研究机构和智库等。以信息安全产业而言，包括信息安全产业基地或产业园、信息安全企业、信息安全产学研创新联盟、信息安全产品、信息安全服务等。以信息安全教育而言，包括信息安全素养教育、信息安全专业教育、信息安全职业认证、信息安全教育实践等。以信息安全研究而言，包括信息安全研究机构、信息安全著作和论文、信息安全会议与论坛、信息安全刊物和网站等。

信息安全作为一个大的概念，也引申出一系列相关的概念，如信息主权、信息疆域、信息战等。所谓信息主权，是指一个国家对本国的信息传播系统和传播数据内容进行自主管理的权利，是信息时代国家主权的重要组成部分。由此也形成了信息疆域的概念，即同国家安全有关的信息空间及物理载体。在世界上，一些信息强国利用技术、语言、文化以及经济等方面的优势，控制、限制乃至压制他国信息内容的多样性、信息传播的自主性及信息管理的安全性。2014 年 7 月，习近平总书记在巴西出席金砖国家领导人第六次会晤和在巴西国会发表演讲时强调："互联网技术再发展也不能侵犯他国的信息主权。……更不能牺牲别国安全谋求自身所谓绝对安全。国际社会要本着相互尊重和相互信任的原则，通过积极有效的国际合作，共同构建和平、安全、开放、合作的网络空间，建立多边、民主、透明的国际互联网治理体系。"这里所提出的"信息主权"的概念，已经与建设民主平等的网络安全和构建全球互联网治理体系的创新思想联系在一起。"信息战"的概念则折射出信息安全与网络安全概念的前后相续和相互交织。信息战的研究始于 20 世纪 90 年代初。1990 年沈伟光的《信息战》一书问世，较早地提出了信息战的新概念，被誉为"信息战之父"。1994 年，温·施瓦图出版了《信息战：电子高速公路上的混乱》一书，提出了"电子珍珠港事件"随时可能发生的警告，这一新思想启发了网络大规模杀伤性武器等新概念的提出。2000 年 4 月，俄罗斯总统普京签署了《新军事学说》，同年 6 月，俄罗斯发布了国家政策文件《国家信息安全学说》，专门讨论军事领域的信息战问题，认为以侵略为目的的信息操作已成为世界形势不稳定的主要原因之一。以上列举的信息安全相关概念，都或多或少地反映出信息安全与网络安全、网络空间安全概念具有紧密的联系。

2 "信息安全"与"网络安全""网络空间安全"的联系与区别

随着全球社会信息化的深入发展和持续推进,相比物理的现实社会,网络空间中的数字社会在各个领域所占的比重越来越大,有的已经超过了半数。数量的增长带来了质量的变化,以数字化、网络化、智能化、互联化、泛在化为特征的网络社会,为信息安全带来了新技术、新环境和新形态,信息安全主要体现在现实物理社会的情况发生了变化,开始更多地体现在网络安全领域,反映在跨越时空的网络系统和网络空间之中,反映在全球化的互联互通之中。

2.1 互联网的发展使信息安全向网络安全和网络空间安全聚焦

20 世纪 60 年代,互联网发端之际,美国国防部高级研究计划署便将位于不同研究机构和大学的四台主要计算机连接起来,形成互联。20 世纪 70 年代,这样的互联进一步扩展至英国和挪威,逐步形成了互联网。20 年后的 1994 年 4 月,中国北京中关村的教育与科研示范网通过美国公司接入互联网国际专线,由此确立了全功能互联网国家的地位。随着互联网在全世界的普及与应用,信息安全更多地聚焦于网络数字世界。网络带来的诸多安全问题成为信息安全发展的新趋势和新特点,已很难直接用"信息安全"一词来准确表述网络安全和网络空间安全的新进展,且无法深刻揭示网络安全和网络空间安全的新特征。虽然"信息安全"仍经常使用,但"网络安全"和"网络空间安全"开始与"信息安全"并举,甚或直接用"国际联网安全""互联网安全""网络安全""网络空间安全"等词语。20 世纪 90 年代以来,信息安全开始向网络安全聚焦,经历了一个逐步发展和逐步强化的过程,这可以从国内和国际两个范围来考察(见表 2、表 3)。

表 2 信息安全向网络安全和网络空间安全聚焦的发展趋势举例(国内部分)

时间	内容	说明
1994 年 2 月	国务院发布《中华人民共和国计算机信息系统安全保护条例》	国务院第 147 号令,文件名中用"信息系统安全"表述
1996 年 2 月	国务院发布《中华人民共和国计算机信息网络国际联网管理暂行规定》	国务院第 195 号令,文件名中用"国际联网管理"表述
1997 年 12 月	公安部发布《计算机信息网络国际联网安全保护管理办法》	公安部令第 33 号,文件名中用"国际联网安全"表述
1999 年 12 月	国家保密局发布《计算机信息系统国际联网保密管理规定》	文件名中用"国际联网保密"表述
2000 年 12 月	《全国人大常委会关于维护互联网安全的决定》	文件名中用"互联网安全"表述
2003 年 9 月	中共中央办公厅和国务院办公厅转发《国家信息化领导小组关于加强信息安全保障工作的意见》	文件名中仍用"信息安全"表述

续表

时间	内容	说明
2004 年 9 月	公安部、国家保密局、国家密码管理委员会办公室、国务院信息化工作办公室印发《关于信息安全等级保护工作的实施意见》的通知	公通字〔2004〕66 号，文件名中仍用"信息安全"表述
2007 年 6 月	中国国家标准化管理委员会发布《信息安全技术、信息安全风险评估规范（GB/T 20984—2007）》	2007 年 6 月发布，2007 年 11 月实施，标准名中仍用"信息安全"表述
2012 年 6 月	国务院发布《关于大力推进信息化发展和切实保障信息安全的若干意见》	文件名中仍用"信息安全"表述，但文件正文中已多次采用了"网络与信息安全"的概念
2012 年 11 月	中国共产党举行第十八次代表大会并发表大会报告	报告正文中并用了"信息安全""太空安全""网络空间安全"等概念
2014 年 2 月	中央网络安全和信息化领导小组举行第一次会议	机构名中将"网络安全"与"信息化"并列
2014 年 11 月	首届世界互联网大会网络安全板块分别举行了主题为"网络空间安全和国际合作"演讲活动，以及主题为"构建和平、安全、开放、合作的网络空间"的高层闭门圆桌会议	信息安全的国际研讨开始聚焦于"网络空间安全"

表 3　信息安全向网络安全和网络空间安全聚焦的发展趋势举例（国际部分）

时间	内容	说明
1992 年 11 月	世界经济合作与发展组织理事会发布《信息系统安全准则》	文件名中仍用"信息系统安全"表述
2002 年 7 月	世界经济合作与发展组织理事会通过《信息系统和网络安全准则：发展安全文化》	文件名中并用"信息系统"和"网络安全"表述
2003 年 2 月	欧盟理事会通过《关于建立欧洲网络信息安全文化的决议》	文件名中用"网络信息安全"表述
2003 年 2 月	美国政府发布《网络空间安全国家战略》	文件名中开始用"网络空间安全"表述
2003 年 11 月	联合国"信息社会世界峰会"讨论通过《日内瓦原则宣言》《日内瓦行动计划》	文件正文中并行使用了"网络信息安全""信息安全""网络安全"的概念
2008 年 1 月	美国政府发布《国家网络安全综合计划》	文件名中用"网络安全"表述
2009 年 6 月	英国政府发布《英国网络安全战略》报告	文件名中用"网络安全"表述
2009 年 11 月	澳大利亚政府发布《网络安全战略》	文件名中用"网络安全"表述
2010 年 10 月	加拿大政府发布《国家网络安全战略》	文件名中用"网络安全"表述
2011 年 2 月	德国政府发布《德国网络安全战略》	文件名中用"网络安全"表述
2011 年 4 月	美国政府发布《网络空间可信身份国家战略》	文件名中用"网络空间"表述

续表

时间	内容	说明
2011 年 5 月	美国政府发布《网络空间国际战略》	文件名中用"网络空间"表述
2011 年 5 月	国际电信联盟发布《网络安全信息交换框架》	文件名中用"网络安全"表述
2011 年 5 月	印度政府发布《国家网络安全策略(草案)》	文件名中用"网络安全"表述
2011 年 7 月	美国政府发布《网络空间行动战略》	文件名中用"网络空间"表述
2011 年 8 月	韩国政府发布《国家网络安全综合计划》	文件名中用"网络安全"表述
2011 年 11 月	英国发布了《国家网络安全战略:在数字世界中保护和促进英国的发展》	文件名中用"网络安全"表述
2014 年 12 月	日本宣布将设立网络安全战略总部	机构名中用"网络安全"表述

以上列举的仅是国内外信息安全发展趋势的部分例子,从表中所提供的信息可以发现,在 20 世纪 90 年代广泛使用的"信息安全"一词,在进入 21 世纪的十多年中,已逐步与"网络安全"和"网络空间安全"并用,而网络安全与网络空间安全的使用频度不断增加,这在发达国家的相关文献中尤为突出,而中国对网络安全和网络空间安全的认知相对滞后。尽管信息安全至今仍然是人们常用的概念,但随着 2002 年世界经合组织通过了关于信息系统和网络安全的指南文件,特别是 2003 年美国发布了网络空间战略的国家文件,"网络安全"和"网络空间安全"开始成为较之"信息安全"更为社会和业界所聚焦和关注的概念,在理论研究和实践中也使用得更加频繁。

2.2　信息安全、网络安全、网络空间安全三者的异同

从上文所列举的国内外诸多政策和标准文献中,我们可以发现,信息安全、网络安全、网络空间安全三者往往交替使用或并行使用。如 2003 年 12 月在日内瓦召开的联合国"信息社会世界峰会"首次就信息社会问题进行了讨论。会议讨论通过的《日内瓦原则宣言》第五条原则"树立使用信息通信技术的信心并提高安全性"中,使用了"网络信息安全"的概念;会议通过的另一份文件《日内瓦行动计划》的十条措施中,多处并行使用了"信息安全"与"网络安全"两个概念。在中国,2012 年 6 月,国务院发布《关于大力推进信息化发展和切实保障信息安全的若干意见》,文件中多次出现了"网络与信息安全"的用词,如"夯实网络与信息安全基础""提升网络与信息安全监管能力""提升网络与信息安全"等。说明信息安全在受到网络安全和网络空间安全影响的过程中,这三个词有一个混用的模糊期,使人们对这三个词汇概念的理解和在实践的应用中产生一定程度的或然性,使学术规范受到了影响,在实践应用中也产生了不确定性。

同时,网络安全与网络空间安全这两个概念在实际使用中区分也并不严格。如 2011 年 11 月英国发布的《国家网络安全战略:在数字世界中保护和促进英国的发展》,文件名称中讲的是网络安全,但在文件的内容阐述中,专门讨论了网络空间如何驱动经济增长和变化中的威胁等问题;2014 年 11 月在中国浙江乌镇举行首届世界互联网大会,主办方在会议文件中对"网络安全"板块的讨论则用"网络空间安全"的主题来表述,使人们对网络安全与网络空间安全的概念难以区分。

那么信息安全、网络安全和网络空间安全这三个概念究竟应当如何理解并区分呢?

2.2.1　信息安全、网络安全与网络空间安全三者的相同点

（1）三者均类属于非传统安全领域。较之军事、政治和外交的传统安全而言，信息安全、网络安全、网络空间安全都类属于非传统安全领域，是进入20世纪末特别是21世纪初以来人类所共同面临的日益突出的安全问题。2004年9月，中国共产党第十六届中央委员会第四次全体会议通过的《中共中央关于加强党的执政能力建设的决定》，明确指出要"确保国家的政治安全、经济安全、文化安全和信息安全"以及"确保国防安全"。2006年10月，中国共产党第十六届中央委员会第六次全体会议通过《中共中央关于构建社会主义和谐社会若干重大问题的决定》，再次强调了四大安全领域，即"确保国家政治安全、经济安全、文化安全、信息安全"。2012年11月，中国共产党第十八次全国代表大会的报告中，先后提到了信息安全、太空安全、网络空间安全。2014年2月，中央网络安全和信息化领导小组第一次会议进一步提出了网络安全的新要求。近年来中国与世界各国和地区组织签订的双边和多边的各类协议和发表的共同声明中，信息安全、网络安全和网络空间安全成为相互协商和共同治理的重要内容。

（2）三者都聚焦于信息安全。信息安全可以理解为保障国家、机构、个人的信息空间、信息载体和信息资源不受来自内外各种形式的危险、威胁、侵害和误导的外在状态和方式及内在主体感受。网络安全、网络空间安全的核心也是信息安全，只是出发点和侧重点有所差别。

（3）三者可以互相使用，但各有侧重点。信息安全使用范围最广，可以指线下和线上的信息安全，既可以指称传统的信息系统安全和计算机安全等类型的信息安全，也可以指称网络安全和网络空间安全，但无法完全替代网络安全与网络空间安全的内涵；网络安全可以指称信息安全或网络空间安全，但侧重点是线上安全和网络社会安全；网络空间安全可以指称信息安全或网络安全，但侧重点是与陆、海、空、太空等并行的空间概念，并一开始就具有军事性质；与信息安全相比较，网络安全与网络空间安全反映的信息安全更立体、更宽域、更多层次，也更多样，更能体现出网络和空间的特征，并与其他安全领域更多地渗透与融合。

2.2.2　信息安全、网络安全与网络空间安全三者的不同点

（1）对应的英文名称反映三者的视角不同。信息安全对应的英文是information security，网络安全对应的英文是network security或cyber security，网络空间安全对应的英文是security in cyberspace。从三者对应的英文名称中可以看出，"信息安全"所反映的安全问题基于"信息"，"网络安全"所反映的安全问题基于"网络"，"网络空间安全"所反映的安全问题基于"空间"，这正是三者的不同点。

（2）三者提出的背景不同。信息安全最初是基于现实社会的信息安全所提出的概念，随着网络社会的来临，也可以指称网络安全或网络空间安全；网络安全则相对于现实社会的信息安全而言，是基于互联网的发展以及网络社会到来所面临的信息安全新挑战所提出的概念；而网络空间安全则是基于对全球五大空间的新认知，网域与现实空间中的陆域、海域、空域、太空一起，共同形成了人类自然与社会以及国家的公域空间，具有全球空间的性质。可见，三者的概念在安全的对象方面有所区别。

（3）三者所涉内涵与外延不同。信息安全作为非传统安全的重要领域，以往较多地注重信息系统的物理安全和技术安全。随着信息技术的发展，先后出现了物联网、智慧城市、云

计算、大数据、移动互联网、智能制造、空间地理信息集成等新一代信息技术和载体,这些新技术和新载体都与网络紧密相连,伴随着这些新技术和新载体的发展而带来的新的信息安全问题,形成了隐蔽关联性、集群风险性、泛在模糊性、跨域渗透性、交叉复杂性、总体综合性等新特点。在网络空间,安全主体易受攻击,安全侵害迅即发生,威胁不可预知,易形成群体极化,安全防范具有非技术性特点。如大数据在云端汇聚之后,就给网络安全带来了信息大量泄露的新威胁;物联网、智慧城市、移动互联网在提供高效、泛在和便捷服务的同时,也使巨量的个人信息和机构数据在线上不时处于裸露状态,为网络犯罪提供了可能。随着网络安全的发展,网络武器、网络间谍、网络水军、网络犯罪、网络政治动员等相继产生。不仅如此,网络安全和网络空间安全将安全的范围拓展至网络空间中所形成的一切安全问题,涉及网络政治、网络经济、网络文化、网络社会、网络外交、网络军事等诸多领域,使信息安全形成了综合性和全球性的新特点。以上这些都是以往"信息安全"一词所不具备的内涵或无法完全涵盖的,需要用"网络安全"和"网络空间安全"来表达。网络安全与网络空间安全形成了跨时空、多层次、立体化、广渗透、深融合的新形态,与其他传统安全和非传统安全领域形成了交叉渗透的联系,成为具有总体安全、综合安全、共同安全、合作安全性质的新安全领域。

与网络安全相比较,网络空间安全作为一个相对的概念,具有针对性和专指性,与网络安全有细微的差别。尽管两者都聚焦于网络,但所提出的对象有所不同;较之"网络安全","网络空间安全"更注重空间和全球的范畴。2011年4月,美国政府正式公布了《网络空间可信身份国家战略》,此战略阐述了美国政府试图在现有技术和标准的基础上建立"身份生态体系",进而实现相互信任的网络环境,促进网络健康发展。2011年7月,美国国防部发布了《网络空间行动战略》,这一战略明确将网络空间与陆、海、空、太空并列为五大行动领域,将网络空间列为作战区域,提出了变被动防御为主动防御的网络战进攻思想,推动了网络空间军事化的进程。在这一战略中所提出的五大战略倡议,包括确立网络空间的应有军事地位,进行主动防御,保护关键设施,防护集体网络,加强技术创新,使非传统安全的"网络空间安全"打上了传统军事安全的深刻烙印。可见,美国所推出的系列网络空间战略政策文件,实际上涉及了网络空间安全的生态环境问题,体现了网络空间的专指性,可以帮助我们认识网络安全与网络空间安全两者之间的差异。

2.2.3 案例说明

本文通过三个案例来进一步认识信息安全、网络安全与网络空间安全三者的异同。

(1)中国古代边疆面临侵犯危险时,多在高台上烧柴或狼粪以报警,被称为烽火、烽烟、狼烟、烽燧等,春秋战国时期及后来历代修筑的长城即筑有烽火台。公元前400年,斯巴达人发明了"塞塔式密码",形成了最早的密码技术,并据此产生了密文。注重高台、烽火的作用,以及使用密码等信息安全技术,这些都是传统信息安全的案例,具有现实社会信息安全的性质。

(2)2006年12月,由澳大利亚籍人士阿桑奇创办的维基解密网站,目的是在全球范围内公开秘密信息,这些信息来自匿名的个人、机构,以及网络泄露的信息。该网站没有总部或传统的基础设施,主要依靠《纽约时报》等五家合作媒体以及数十个国家的支持者发布重大消息。2010年7月,该网站公开了多达9.2万份驻阿富汗美军的秘密文件,引起全球的广泛关注。这一案例说明,网络安全具有载体虚拟化、传播网络化、影响跨国界的特点,注重从网络系统软硬件的互联互通着眼,关注网络系统中的数据内容是否遭到破坏、更改、泄露,系统是否连续可靠地正常运行等。

（3）2011 年 7 月，美国国防部发布了《网络空间行动战略》，这一战略将网络空间列为与陆、海、空、太空并列的行动领域。这一行动战略与同年美国政府发布的另两个政策文件一起，形成了系列的网络空间国家安全战略框架体系，另两个文件分别是 2011 年 4 月的《网络空间可信身份国家战略》和 2011 年 5 月的《网络空间国际战略》。其中《网络空间可信身份国家战略》以构建网络空间安全、高效、易用的身份生态体系为目标，《网络空间国际战略》以塑造并主导网络空间的全球秩序为目标，《网络空间行动战略》则以形成主动防御和技术创新的网络空间主导地位为目标。这是网络空间安全的例子，具有网络空间安全在特定空间领域的针对性、专指性和相对性，注重网络空间中信息安全的全球治理方案和各类战略举措。

综上所述，信息安全、网络安全、网络空间安全三者既有互相交叉的部分，也有各自独特的部分（见图 1）。信息安全可以泛称各类信息安全问题，网络安全可以指称网络所带来的各类安全问题，网络空间安全则特指与陆域、海域、空域、太空并列的全球五大空间中的网络空间安全问题。

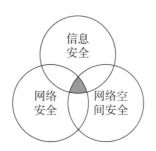

图 1　信息安全、网络安全、网络空间安全关系图

2013 年 11 月，习近平总书记在《关于〈中共中央关于全面深化改革若干重大问题的决定〉的说明》中，就加快完善互联网管理领导体制问题指出："网络和信息安全牵涉到国家安全和社会稳定，是我们面临的综合性挑战。" 2014 年 2 月，习近平总书记在主持召开的中央网络安全和信息化领导小组第一次会议上进一步强调："网络安全和信息化是事关国家安全和国家发展、事关广大人民群众工作生活的重大战略问题，要从国际国内大势出发，总体布局，统筹各方，创新发展。……网络安全和信息化是一体之两翼、驱动之双轮，必须统一谋划、统一部署、统一推进、统一实施。……没有网络安全就没有国家安全……网络安全和信息化对一个国家很多领域都是牵一发而动全身的。"这些论述阐明了新形势下信息安全必须注入"网络"的新要素，揭示了互联网时代信息安全必须关注网络安全的新战略，论述了网络安全与信息化之间的紧密联系，为我们认识信息安全、网络安全、网络空间安全三者概念的异同提供了新视野。

（选自《中国图书馆学报》2015 年第 2 期）

关于中国图书馆史研究的几点思考

韩永进

0 引言

中国图书馆史是图书馆学研究的重要领域之一。对中国图书馆史进行系统研究，其意义不仅仅在于深入探索图书馆事业发展的历史规律，完善图书馆学学科体系，丰富图书馆学学科内容，更在于从历史视角思考学科发展与事业发展的相关问题，从而对学科史观与方法论产生积极影响。同时，也为今后我国图书馆事业发展提供历史借鉴。

然而，同图书馆学其他研究领域相比，关于中国图书馆史的研究，无论是研究力量还是研究成果都略显薄弱。为此，2011 年，国家图书馆启动了专题研究项目"中国图书馆史"，联合北京大学、武汉大学、中山大学的专家学者，共同开展研究。该项目于 2014 年获得国家社会科学基金后期资助。在项目研究过程中，项目组围绕中国图书馆史研究的一些重要问题，包括"中国图书馆史"的时间跨度、古代藏书史与中国图书馆史的关系、中国图书馆史的历史分期，以及研究的宏观视野等，进行了理论层面的分析和研讨。

1 贯通古今的《中国图书馆史》

本部《中国图书馆史》在时间跨度上从先秦时期一直到公元 2009 年，记录中国 3000 多年的图书收藏、管理的历史，是一部大通史。众所周知，我国有重视通史编纂的优良传统，相对于断代史局限于某个时代来说，通史不间断地记叙自古及今的历史事件，具备跨时代研究的特点，最能够体现"大历史观"，其优势是贯通古今，有助于从长时段观察历史的走向和得失，便于从宏观上整体把握历史发展脉络。

通过对国内已有中国图书馆史研究成果的系统梳理发现，现有研究涉及面广，成果丰硕，累积资料非常丰富。其中，研究论文包括古代藏书、古代图书馆、近代图书馆、民国时期图书馆和中华人民共和国成立后图书馆事业各个方面。专著主要集中在三个领域。一是中国古代藏书的研究，代表著作有任继愈的《中国藏书楼》、来新夏的《中国古代图书事业史》等。二是对近现代图书馆史的研究，代表著作有来新夏的《中国近代图书馆事业史》、严文郁的《中国图书馆发展史——自清末至抗战胜利》、北京大学图书馆学系编《中国近代现代图书馆事业史》等。三是中国图书馆通史的研究，代表著作有王西梅的《中国图书馆发展史》、谢灼华的《中国图书和图书馆史》和李朝先、段克强的《中国图书馆史》

等,这些通史的研究至迟以1949年为下限,未涉及中华人民共和国成立后的内容。总体来看,现有研究对古代藏书和近现代图书馆史的关注相对更多,而对于1949年新中国成立以来图书馆的发展脉络缺乏系统的梳理与研究,尤其对改革开放30多年来我国图书馆事业的高速发展和巨大变化缺乏从历史视角的反思与研究。本部《中国图书馆史》将中国数千年的图书馆发展历程(先秦时期至2009年)分为古代藏书、近代图书馆和现当代图书馆三个阶段,旨在编纂一部现代意义上的中国图书馆通史,总结经验得失,探讨不同时期、不同时代图书馆事业的演变规律及发展特点,为今后图书馆事业的发展提供参考。这部《中国图书馆史》的时间跨度虽长,但重点放在现有研究中相对薄弱的近代和现当代图书馆发展历史,对这段不足200年的图书馆史的论述占据全书2/3的体量。对1949年以来尤其是改革开放以来图书馆史的研究更是本项目的重中之重,希望这一研究能够填补中华人民共和国成立以来我国图书馆史系统性研究的空白。

2 中国古代藏书史与中国图书馆史的关系

关于中国古代藏书史与中国图书馆史的关系,长期以来,学界一直存在两种观点。一种观点认为古代藏书与近代图书馆之间渊源颇深,"中国古代藏书楼是中国近代图书馆的母体"。另一种观点则认为"藏书楼无法孕育近代图书馆""中国近代图书馆所接受和继承的主要是西方图书馆的东西,而不是中国藏书楼的传统;这是一种取代,而不是演变过渡"。根据第一种观点,古代藏书史就应当是中国图书馆史的源头,研究中国图书馆史应当包括对古代藏书史的研究;而根据第二种观点,古代藏书史与中国图书馆史完全没有关联,应该将中国图书馆的历史界定在近代之后。

笔者认为,一方面,就实体机构来说,近代图书馆确实并非由古代藏书机构直接演变而来,从这个意义上讲,古代藏书与近代图书馆之间不存在所谓"渊源""孕育"的关系,而近代图书馆所遵循的思想、理念、技术、方法,的确大部分来自于西方图书馆,相对于中国古代藏书来说,是一种外来的新生事物。然而,另一方面,我们也不能以近代图书馆所具备的西方图书馆特征,就断然否定中国古代藏书的"图书馆"属性,不能把古代藏书史从中国图书馆的发展历程中人为割裂出去。

从本质属性来看,古代藏书和近代图书馆都是"图书馆"的呈现形式。关于图书馆是什么,学者们多有阐述。黄俊贵将图书馆定义为"开展文献知识组织与服务的文化教育机构";黄宗忠认为图书馆是"文献信息的存储和传递中心";吴慰慈认为"图书馆是搜集、整理、保管和利用书刊资料,为一定社会的政治、经济服务的文化教育机构";周文骏认为"图书馆是搜集、整理、保管和利用书刊资料为读者服务的文化教育机构";来新夏更是总结了图书馆的十种定义。随着图书馆日趋移动化、数字化、智能化,有学者又重新将图书馆定义为"针对用户群的信息需求而动态发展的信息资源体系""图书馆就如切尼克所述,只是'为利用而组织起来的信息集合',或者说是一种信息资源体系,而这正是图书馆的实质""通过对文献和信息的收集、组织、保存、传递等系列活动,促进知识的获取、传播与利用,实现文化、教育、科学、智力、交流等多种职能的社会有机体",等等。透过这些不同的表述和文字阐释,可以提炼和总结出,"图书馆的本质属性是收藏图书与提供使用"

"透过图书馆各种变化现象看它的本质——图书馆以知识为根，以服务为本。图书馆的本质就是知识与服务"。

由此衡量，古代藏书明显具有"图书馆"的本质属性，其收藏属性乃学界共识，此不赘言。在提供使用方面，古代藏书最为学者所诟病之处就是其重藏轻用甚至藏而不用的封闭性，也因此被排除在"图书馆"范畴之外。据实而论，无论官私，古代藏书的封闭性是毋庸置疑的，但同时这种封闭性又是相对的，是相对于近代图书馆面向社会公众普遍开放服务而言的。虽然中国古代藏书的服务范围狭窄，流通方式落后，但并非绝对封闭，而是具有同当时社会环境和历史条件相适应的开放性。就古代藏书的四种主要类型来讲，书院藏书和寺观藏书原本就是为用而设，以满足书院士子及寺观僧道等固定群体的需求。官府藏书在满足皇室成员以及官僚士大夫阅读需求的同时，一定程度上也对普通士人开放。比如唐代皇家藏书机构集贤书院许"学士通籍出入"；宋代官府藏书在一定范围内也可以公开借阅流通，"宋版《大易萃言》册末纸背印记云：国子监崇文阁官书，借读者必须爱护，损坏阙污，典掌者不许收受。"叶德辉《书林清话》专列有"宋元明官书许士子借读"一节，详考宋、元、明各代官府藏书对读书人开放的史实；清代乾隆时的四库七阁中的南三阁，更是为方便江南读书人而专门建造，"特开四库，建文宗，文汇，文澜三阁，准海内稽古之士就近观览""士子有愿读中秘书者，许其呈明到阁抄阅"。至于私家藏书，开放使用者也不在少数。晋人范蔚"家世好学，有书七千余卷，远近来读者，恒有百余人，蔚为办衣食"。宋代藏书家宋敏求藏书三万余卷，"居春明坊时，士大夫喜读书者多居其侧，以便于借置故也"。明代藏书家徐𤊟认为："贤哲著述，以俟知者。其人以借书来，是与书相知也。与书相知者，则亦与吾相知也，何可不借？""至则少坐，供茶毕，然后设几持帙，恣所观览，随其抄誊。"清代"赵氏书楼，名胜志，宋直敷文阁宗人赵不迁所建。邑人旧无藏书者，士病于所求。今所储凡数万卷，经、史、子、集分四部，立一人为司钥掌之。有来者，导之登楼，楼设几席，使得纵观"。其他如孙衣言的玉海楼、周永年的藉书楼、国英的共读楼、陆心源的守先阁等，在一定程度和一定范围内的开放性皆有文献可考。虽然也存在如唐人杜暹、明人范钦等"秘不示人"的藏书家，但显然不能因此全面否认古代藏书在利用方面的开放性。

由此可见，无论是思想意识还是实践层面，古代藏书都具有图书馆藏与用的本质属性。相对于近代图书馆来说，只不过缺少了"自动""社会化""平民化"等"近代化"属性。至于藏和用两方面孰轻孰重，以及开放程度的高低、服务范围的广狭、读者身份的差别、服务方式的不同、所有权的归属等，都不能改变古代藏书作为"图书馆"的本质属性。

从职能沿革来看，古代藏书和近现代图书馆是图书馆职能适应不同历史阶段社会需求的结果。一般认为，图书馆的职能可以分为基本职能和社会职能。基本职能是"收集、整理文献并提供使用"，社会职能主要包括"保存人类遗产，开展社会教育，传递科学情报，开发智力资源"。图书馆的基本职能"是由图书馆的本质属性决定的，反过来它又体现着图书馆的本质属性"，因此是相对固定的。而随着社会进步和社会需求的不断变化，图书馆的社会职能则一直处于不断的发展变化之中。古代藏书所体现的主要是图书馆"收集—整理—提供使用"的基本职能，其社会职能在民主意识、公共意识缺乏，文化学术主要为上层统治阶级所垄断的中国古代社会，受到极大的限制和制约，但同时又同这种历史背景密切相关且相互适应。以矛盾发展观来看，古代藏书的衰亡和近代图书馆的产生正是图书馆"藏"与"用"这对主要矛盾相互作用的必然结果。古代藏书之所以被近代图书馆"取代"，是因为近代图书馆的社会职能能够更好地适应近代中国社会的实际需要。而古代藏书之所以能够被近代图书馆"取代"，恰恰因为它和近代图书馆具有相同的基本职能。就像纸张取代简帛，成为文献的主要载体一样，就实体来看，是完全不相关联的事物，纸张并非由简帛演变过渡而来，也不能说简帛"孕育"了纸张，但正是由于纸张和简帛作为文献载体具有相同的基本功能，因此论及中国书籍史，恐怕没人会否认简帛时期是中国书籍发展过程的重要阶段。同样道理，虽然没有任何一个古代藏书机构最终演变过渡为某个近代图书馆实体，而是"整体式"退出历史舞台，最终被近代图书馆所取代，但这种取代关系本身，恰恰说明了二者基本职能的一致性，也恰恰印证了其本质属性的共通性。

徐引篪、霍国庆《现代图书馆学理论》在详细论述档案馆、图书馆、信息系统的特征和关系之后，指出："图书馆不过是一个历史名词。从档案馆到图书馆再到信息中心或信息系统（虚拟图书馆实质上是一种信息系统），这是一个从低级到高级的螺旋式发展链，图书馆只是其中的一个环节。"这显示出一种历史发展观的眼光。任何事物的发展都有其不同的阶段，不同的阶段自有其不同的时代特征，这是由各阶段所处的历史条件决定的。如果我们站在历史的高度来观察，就会发现，所谓古代藏书、近代图书馆、现代图书馆，都是同一事物的不同发展阶段。以近现代图书馆的开放性、平民化标准去衡量古代藏书，只见表象，不论实质，其本身就是缺乏历史发展观的表现，也不符合"图书馆是一个生长着的有机体"的客观规律。

因此，笔者认为古代藏书史是中国图书馆史的重要组成部分，理应将其纳入中国图书馆史的研究范围。

3 中国图书馆史历史分期的再考量

中国是具有 5000 年历史的文明古国，自有文字记录以来，中国的藏书传统一直赓续未断，构成了自先秦以来波澜壮阔的中国图书馆事业史长卷。在如此长的历史跨度下，如果不分期考察的话，就很难把握中国图书馆事业发展的内在规律。科学的分期，可以更清晰地展现特定时期内图书馆事业与政治、经济、文化发展的互动关系。

由于中国图书馆史不能脱离中国历史这一背景，基于中国历史分期的图书馆史分期方法成为研究这一问题的首要选择。早在 1959 年，谢灼华就将中国图书馆事业史划分为封建社会时期（上古—鸦片战争）、旧民主主义革命时期（1840—1919）、新民主主义革命时期（1919—1949）、新中国时期（1949 年以来）四个阶段。来新夏将中国图书事业分为周秦时期、两汉魏晋南北朝时期、隋唐五代时期、宋元时期、明清时期、鸦片战争时期、洋务运动时期、戊戌变法时期、辛亥革命以前十年、北洋军阀统治时期、十年内战时期、抗日战争时期、解放战争时期 13 个阶段。

此外，还有一些学者根据中国图书或图书馆事业发展的不同阶段进行历史分期。谢灼华以书籍形态的发展为依据，将中国图书和图书馆的发展划分为分为简帛书时期（春秋—两汉）、写本书时期（三国两晋—隋唐）、印本书兴起时期（宋—元）、印本书发展时期（明—清）、机械印刷时代兴起时期（1840—1911）、机械印刷发展时期（1912—1949）共六个阶段。黄太送提出"图书馆史时期的划分应以其质变为主要划分标准"，并根据这一思路将我国图书馆事业划分为保存自用时期(殷商—20世纪初)、开放式图书馆时期(20世纪初—1957年)、网络式图书馆时期(1957年至今)三个阶段。这两种划分方法都是从图书馆的服务对象和现代技术的应用角度来划分的。吴稌年则从知识组织角度,将中国图书馆史划分为文献保管阶段(殷—西汉成帝初年)、文献整理阶段(西汉末成帝时期至20世纪20年代)、文献组织阶段(20世纪20年代以来)、知识组织阶段(目前处于酝酿时期)四个阶段。

就现有的各种分期方法来看,或以中国历史分期代替图书馆史分期,强调政权更迭对图书馆事业的影响,但是忽略了图书馆事业自身发展的客观规律;或拘泥于图书与图书馆发展的自身变化进行历史分期,强调图书馆事业自身发展规律,忽略了社会历史发展对图书馆事业的影响。笔者认为,图书馆史分期与中国历史分期既有一致性又有差异。对中国图书馆史进行分期,既要遵循中国历史分期的普遍性,也要充分考虑中国图书馆事业发展的特点与规律,融历史的普适性和图书馆事业的特殊性于一体。应当融合其一致性与差异,将政治因素、经济因素、技术因素以及图书馆自身发展的特点作为中国图书馆史分期的主要依据。据此,《中国图书馆史》综合考虑中国社会历史分期与图书馆事业发展的特点与规律进行分期,将中国图书馆史大致划分为古代藏书(先秦—清中期)、近代图书馆(清末—民国)和现当代图书馆(中华人民共和国成立以来)三大阶段。其中,清代是古代藏书发展完善的时期,近代图书馆以鸦片战争爆发前林则徐对西方图书馆的译介为起点,现当代图书馆以中华人民共和国的成立为起点。这种分期在中国历史发展规律的基础上,充分考虑了图书馆自身发展变化的特点。首先,先秦至清代涵盖了古代藏书产生、发展和完善的历史,在这个阶段,中国形成了官府藏书、私人藏书、书院藏书、寺观藏书四种类型藏书的独特体系,与此后的图书馆有着显著的差异。第二,清末的西学东渐将西方图书馆理念、技术及方法传入中国,推动了中国近代图书馆的兴起和迅速发展,中国古代藏书传统和藏书文化随之衰落,这是古代藏书到近代图书馆的巨大转变。第三,中华人民共和国的建立,是鸦片战争以来中国社会的又一巨变,图书馆被纳入国家文化管理体制,全面加以规划和建设,逐步形成了更加完善的图书馆体系,20世纪90年代以来的科技发展更加速了这一进程。

在这三大阶段的基础上,再充分考虑中国图书馆事业在各个时期内的发展态势,每个大阶段下还可以做进一步的细化分期。中国古代藏书卷中,我们结合中华文明史研究的阶段性,将藏书活动放入社会历史进程中予以考察,将古代藏书划分为:先秦两汉藏书,魏晋南北朝藏书,隋唐五代藏书,宋代藏书,辽、金、元、西夏和元代藏书,明代藏书,清代藏书七个阶段。近代图书馆部分,从时间跨度来看,仅仅100余年,却是中国古代藏书向现代意义上的图书馆转变的分水岭。从社会发展来看,百年近代图书馆的发展与近代社会的发展息息相关。《中国图书馆史》将社会的重大变革与图书馆事业的发展变化相结合,将近代图书馆卷分为鸦片战争时期(1840—1860)、洋务运动时期(1861—1894)、维新变法时期(1895—1900)、清末新政时期(1901—1911)、民国初期(1912—1927)、民国中期(1928—1937)、抗日战争时期(1937—1945)和国内战争时期(1945—1949)八个时期。现当代图书馆部分,基于"国史"与"图书馆史"融合的理论,结合这一时期政治、经济、技术以及图书馆自身发展的特点等因素,划分为新中国图书馆事业创建与初步发展时期(1949—1956)、新中国图书馆事业曲折发展时期(1957—1965)、我国图书馆事业在"文化大革命"中受到严重破坏的非常时期(1966—1976)、我国图书馆在改革开放中快速发展的新时期(1977—1989)、我国图书馆向

现代化转型时期（1990—1999）和我国图书馆事业大发展大繁荣的时期（2000—2009）六个
时期。

4 社会历史发展大视野中的中国图书馆史研究

图书馆事业发展的历史属于专门史，专门史研究强调特定领域或学科在大的历史时期
或整个历史发展过程中的变化发展，也就是说，要将研究对象放置于各个不同历史时期的社
会大环境中，以社会历史发展的整体视野去观察和思考。本项目"中国图书馆史"既是专门
史，又属于通史。在时间跨度上力求通古达今，从整体上理解图书馆事业发展各个阶段之间
的因果联系；在对各个具体历史时期图书馆发展历史的研究中，还特别强调对当时历史时空
的客观还原，以深入理解图书馆在不同时期社会政治、经济、科技、文化、教育等多方面因素
影响下的兴衰变化和适应调整过程，探讨其反作用于社会历史变化发展的内在规律。只有
深入认识和理解图书馆事业与各个历史时期社会环境中诸要素之间的因果联系，才能更好
地为现在及未来图书馆事业的发展提供镜鉴。

与此同时，我们也应该深刻地认识到，中国图书馆事业是世界图书馆事业的重要组成部
分，在历史发展的各个时期，尤其是近代以来，它不仅深受世界其他国家图书馆事业发展的
影响，同时也以自己独特的思想精神和技术方法影响着世界图书馆事业的发展。因此，《中
国图书馆史》的编纂，主要关照两个比较宏观的层面，一是中国社会的整体发展，二是世界图
书馆事业的发展。

从中国社会的整体发展来看，中国图书馆事业的发展首先受到统治阶级政治意识和社
会主流文化思潮的影响。一方面，5000年朝代更替，战火频仍，统治阶级思想意识形态的反
复交替，无不关涉我国图书馆事业一次又一次的曲折兴衰。仅以古代图书文献的散佚情形，
便可窥知一二。陈登原先生在《古今典籍聚散考》一书中，归纳了造成我国古文献散佚的
"四厄说"，即"受厄于独夫之专断而成其聚散，受厄于人事之不臧而成其聚散，受厄于兵匪
之扰乱而成其聚散，受厄于藏弆者之鲜克有终而成其聚散"。其中，所谓"受厄于独夫之专断
而成其聚散"，是指历代统治者出于政治需要，采取焚书、禁书等暴力手段而造成文献散佚的
情形，典型如秦始皇焚书坑儒，汉代罢黜百家，明清大兴文字狱等；而所谓"受厄于兵匪之扰
乱而成其聚散"，则是指历代兵燹战乱给图书收藏和流传带来的劫难，我国藏书史上最为令
人痛心疾首的几大"书厄"，包括《四库全书》的损毁、《永乐大典》的流失，以及上海东方图书
馆等一批重要图书馆的破坏，莫不直接归因于此。另一方面，恰恰也是在这样一个朝代更迭
的历史进程中，社会主流文化思潮适应各个时期政治生活的需要，以不同形式不断发展流
变，从而在不同历史阶段催生出不同的藏书文化，渐次形成具有显著民族特色的官府藏书、
私人藏书、寺观藏书和书院藏书四大藏书体系，并适应不同藏书文化发展的需要不断推动我
国古代文献目录学、校勘学等专门方法理论的演进、成熟，为近代及以后中国图书及图书馆
事业与西方先进技术和理念的融合发展奠定了坚实的基础。《中国图书馆史》成书过程中，
对政治、文化、思想方面的变化给予了非常密切的关注，无论是论次各大藏书体系的形成、发
展及衰亡，还是剖析各时期藏书思想的传承与创变，都紧扣时代脉搏，以大量笔墨对当时社
会背景进行分析和研究。

此外,我们在研究过程中还特别关注到中国图书馆事业发展与经济发展和技术变革的关系。一方面,中国历史上一直有"盛世修史"和整理图书的传统,不仅为中华民族文明成果的存续传承做出了重要贡献,同时也在这一过程中推动中国古代图书馆学思想、方法和技术不断取得新的发展。如汉代刘向、刘歆父子奉旨校录图书,著《别录》《七略》,开目录校雠之先河;历代正史《艺文志》整理收录各代典籍文献目录;清乾隆年间广搜海内图书,编修《四库全书》,几乎囊括了清代中期以前传世的经典文献,同时以"总目"形式,对中国历代传承的古典文献分类标准和部别原则进行了全面系统的总结和梳理。另一方面,历史上每一次重要的产业技术变革,特别是文化教育及信息领域的技术进步,往往也会带来图书馆理念、方法和技术的重要转型。古代可追溯至造纸、印刷技术的发明和普及应用,这些革命性的技术进步都对图书文献的出版、流传、整理及存藏等产生了重大影响;清末民初,魏源、林则徐等有识之士积极将西方图书馆观念引入中国,恰是为"睁眼看世界""师夷长技以制夷",以谋求民族进步;及至20世纪80年代后期,计算机技术的应用推动了各级各类图书馆的自动化与数字化发展;21世纪以来,在互联网技术、移动通信技术等新媒体技术影响下,图书馆进一步走向网络化、智能化和全球化。研究中国图书馆事业在不同时期经济、技术背景下的进化与蜕变过程,是为了准确把握图书馆作为一个开放系统与其外部环境之间交换信息、共享资源、竞合发展的规律,从而更好地面对当前及未来的机遇与挑战。

中国图书馆事业的发展历史,尤其是近代以来的发展历史,是一段同世界图书馆事业相互影响、共同发展的历史。由于不同时期政治外交关系的变化,这种影响也是不同的。例如,清末民初我们更多地受到欧美和日本图书馆事业的影响,中华人民共和国成立初期则主要受苏联图书馆事业的影响。与我的图书馆事业发展一样,这些国家和民族的图书馆事业在其自身特性的作用下,也形成了各自不同的思想特点,并且在传入中国时产生了不同的影响,其中一些至今仍或多或少地留存于我国的图书馆事业当中,例如新中国成立初期对苏联图书馆分类体系和教育体系的全盘吸收产生的影响长期存在。《中国图书馆史》编纂过程中,特别对这些国家和地区图书馆思想传入中国的历史进行了全面系统的梳理,并对它们在中国图书馆事业发展进程中所产生的影响进行了客观的总结和评价,这一方面是为了充实中国图书馆学术思想史的研究,另一方面也期冀能够以历史的、发展的眼光,分别从本土化和国际化的不同视角来观察和思考中国图书馆事业发展中存在的一些具体问题,从而建立更加科学完备的、具有民族特色的中国图书馆学理论体系与实践规范。

5 结语

以古为鉴,可以知兴替。历史研究的使命在于揭示事物发展的规律,了解中国图书馆的昨天,更好地认识中国图书馆的现在,把握未来。中国是具有5000多年历史的文明古国,传统文化无处不在,博大精深。中国图书和图书馆作为中国文化的重要组成部分,在我国历史上留下了光辉的篇章。可以这样说,一部中国图书馆史就是一部中华文明史的缩影。因此,开展中国图书馆史研究,是弘扬中华优秀传统文化的重要路径,也是我们加深对中国历史和中国文化理解,增强民族自豪感和自信心的重要途径。本文是《中国图书馆史》编纂过程中关于一些基本问题的思考,这些问题是研究中国图书馆史无法回避。

关于这些问题思考的结果以及基于此而形成的原则和方法也始终贯穿于整个《中国图书馆史》的编纂过程中，指导着《中国图书馆史》的编纂工作，希望由此可以形成一部合乎历史规律、助益未来发展的研究成果。并希望通过我们的努力，使中国图书馆史研究的这些基本问题能够引起学者们进一步的重视，并加以充分讨论，合理解决，从而推动中国图书馆史研究的更深入发展。

（选自《中国图书馆学报》2015 年第 4 期）

大数据时代数字图书馆面临的机遇和挑战

苏新宁

0 引言

2012 年 12 月,马云和王健林关于"未来若干年内,电子商务能否取代传统实体零售"的辩论,虽然还没有最终结论,但 2014 年"双 11"那一天,仅仅阿里巴巴旗下"天猫""淘宝"的销售额就超过 500 亿元。这促使我们许多人开始重新思考电商在未来若干年能否超过传统商业。由此而来,也将引发我们的焦虑:大数据时代,传统的数字图书馆是否会被新兴的网络资源建设商所取代。提出这个问题,不是危言耸听,也不是蛊惑愚众,这是一个现实所在。

目前,学术资源建设商发展迅猛。例如,中国最大的学术资源建设商,中国知网(CNKI)资源建设已由中国期刊论文逐步拓展到国内外期刊论文、会议论文、学位论文、重要报纸文章、专利、标准等,在图书资源方面,也收录大量图书,不仅提供年鉴、工具书的查询服务,最近还建立了教辅平台。另一重要学术资源服务平台——万方数据知识服务平台,也提供了国内期刊论文、学位论文、会议论文、专利、标准、地方志、法规文献、科技成果、图书、行业机构、专家学者等学术资源。还有其他的资源建设商,如维普期刊服务平台等在学术资源建设方面都取得了许多成绩。目前,这些资源建设商所拥有的非图书资源是国内绝大多数图书馆都无法比拟的。我国大多数高校图书馆已经离不开这些资源建设商提供的学术资源服务了。

作为以图书提供服务为主的"超星数字图书馆",由北京世纪超星信息技术发展有限责任公司建设,该数字图书馆包括文学、经济、计算机等 50 余大类,拥有数百万册电子图书,500 多万篇学术论文,全文总量超 13 亿页,已经达到一个大型图书馆的藏书规模,假以时日,将会超过目前我国绝大多数图书馆的藏书。另外,该数字图书馆还收藏了近 20 万集的学术视频,这些收藏对我国传统数字图书馆形成了很大的冲击。

除了以上以文献资源建设为主的学术资源建设商,一些网络资源服务商也开始涉足文献资源。例如,百度已进入学术资源领域,除了百度文库、百度百科等学术资源,还提供数十万种图书供阅读,2014 年上线的百度学术搜索更是提供传统数字图书馆不能提供的学术信息,百度学术搜索是提供海量中英文文献检索的学术资源搜索平台,可以一站式检索到收费和免费的学术文献,是学术研究的好帮手。据测算,目前百度拥有的信息总量超过 1 000PB,相当于国家图书馆藏书数字化后数据量的 5 万倍,每天增加的数据量 10TB,相当于半个国家图书馆的藏书数字化后的数据量。当然,绝对用百度的数据量和国家图书馆的藏书数据相比较也许不一定合适,因为在数据质量和规范上,国家图书馆拥有更大的优势,而且现在国家图书馆也收藏了许多数字资源、图像视频资料以及互联网上的信息。本文在这里的数据量上的对比，主要为了引起图书馆人的重视，并对图书馆界产生警示。

由此可见，这些网络资源建设商在学术、教育、文化资源的建设上发展十分迅速，不论是资源的规模还是资源的种类，已经是图书馆所建的数字图书馆所无法比拟的。这些资源建设商对资源的开发还在深入和拓展，服务的形式将会更加多样化，如此发展下去，数字图书馆将面临很大的威胁，未来发展会受到严峻的挑战。数字图书馆将如何生存，如何发展，是否会被取代？这是图书馆必须要重视的问题。

当然，这种挑战也可能成为图书馆的机遇。图书馆必须借助大数据时代这一机遇，转变原有的对资源、资源组织、技术、服务以及职能等方面的认识，重新架构数字图书馆，把挑战变为再一次腾飞的机遇。这即是笔者撰写此文的目的所在。

1　相关研究与启迪

大数据时代，人们的思维发生了根本转变。对于数字图书馆而言，也应当接受大数据的思维。为了得到相关研究的启示，笔者检索了国内（CNKI）和国外（EBSCO）全文数据库，同时涉及大数据和数字图书馆主题的文章分别检索出40余篇和20余篇，真正将大数据与数字图书馆密切关联的文章只有10余篇，其中国外文献只有寥寥几篇。但这些文章对我们思考数字图书馆的未来具有一定启示作用。

1.1　国内外相关论述

大数据时代，人们在不断探求大数据与数字图书馆的融合点，国外学者在理念、技术和应用方面做了许多研究。美国加州大学伯克利分校图书馆的 Huwe 在《构建数字图书馆》一文中指出：大数据与图书馆是天作之合，图书馆员对用户进行研究的项目尤其适合大数据，希望能够加强数字图书馆对用户行为信息的采集。加州大学尔湾分校的 Renaud、麻省理工学院的 Britton 等人借助大数据技术，对使用大学数字图书馆用户的行为进行深度挖掘，并帮助学校对学生阅读行为及相关信息进行关联分析。在技术方面，美国加州大学洛杉矶分校的 Borgman 等人利用嵌入式技术，在数字图书馆系统中嵌入传感器，采集有关数据，为研究人员开展研究提供数据，为数字图书馆增添了新功能。还有许多学者已经开始关注数字图书馆对大数据中学术信息的采集、处理、关联，使数字图书馆更好地融于互联网，更好地利用大数据。

在国内研究方面也有许多相关成果和理念。如，曾建勋在《数字图书馆论坛》的"大数据与数字图书馆"专辑的卷首语中指出：大数据必将促进数字图书馆数据管理、数据分析、数据使用及数据服务的深层次变革，同时也对图书馆员的职责和意识提出了更高的要求。武汉大学陈传夫等人分析了大数据环境下数字图书馆面临的问题，并从转变观念、发展知识服务、完善财政投入机制、提高图书馆员素质等方面提出了有关建议与对策。上海图书馆的刘炜等人强调在大数据时代数字图书馆应关注大数据与关联数据，展望"大"关联数据和关联大数据两种不同的关联数据在数字图书馆中的应用前景。兰州商学院的陈臣从技术角度探讨如何建立高效的、满足用户个性化需求的数字图书馆搜索引擎。在大数据技术应用于数字图书馆的其他方面也有不少研究，陈茳等人研究了大数据环境下数字图书馆的移动服务技术,陈臣、李白杨等浅议了数字图书馆中的大数据存储问题,郭春霞涉猎了大数据环境下非结构化数据的融合问题,王宇鸽等人探讨了数字图书馆中大数据技术应用架构问题,等等。

以上研究说明,学界和图书馆界已经意识到大数据对数字图书馆带来的挑战和机遇,也正在进行数字图书馆和大数据融合的研究与实践。为了使高校图书馆和公共图书馆的数字图书馆在大数据时代得到更好的发展,并在人们的文化生活和科学研究中发挥更大作用,我们还应当深入思考,转变观念,提升竞争力。

1.2 启示与思考

学术资源建设商在大数据时代得到迅猛发展,其涉足领域不再限于网络资源和期刊论文,已包括所有类型的文献资源,资源的组织也不再是简单的文献组织,已经将文献间的关联关系(引用、同被引、引用耦合等)、作者与文献的关系、文献的使用信息、学者之间的关系等都建立联系,这些都是传统数字图书馆没有做到的。随着这些学术资源建设商的资源不断丰富,极有可能会超越传统数字图书馆,有取代高校和公共图书馆建立的数字图书馆之势。

因此,图书馆界应当引起重视,把来自资源建设商的威胁当作又一次勃发的机遇。图书馆可以汲取资源建设商的经验,从资源采集的范围着手,扩大数字图书馆的资源范畴,加强各类资源的融合,探索各类资源间的相互关联,并将它们有机组织在一起。在资源价值的发现方面,做到充分发挥数据的作用,对所采集的数据进行深度挖掘,找到其潜在规律,对相关数据进行深入分析,发现其内在价值。从服务角度,图书馆也必须学习资源建设商的一些经验,提供多种多样的服务形式,改变传统数字图书馆被动式(用户要什么给什么)、等待式(用户上门提出需求)的服务模式。

在大数据时代,我们必须要有这样的思维:传统数字图书馆的一切都要变,变得更加适应大数据,能充分运用大数据,把数字图书馆完全融入大数据之中,促进数字图书馆在人们的学习、生活、工作和研究中发挥更大作用。

2 数字图书馆的大数据思维

数字图书馆的大数据思维,即指从大数据的角度考虑数字图书馆的各类问题,把数字图书馆完全融入大数据之中,增加数字图书馆数字产品,提升数字图书馆服务水平,借助大数据技术解决数字图书馆有关问题,把数字图书馆作为"互联网 +"的重要分子。

2.1 数字图书馆资源建设

大数据时代,数字图书馆的资源建设思路应当转变。应当扩展数字图书馆的资源范围,把数字图书馆资源与整个互联网资源结合为一体,强调面向解决复杂问题的资源整合、资源加工的建设思路,树立大数据时代的资源建设观。

(1)拓展数字图书馆资源范畴

数字资源是数字图书馆的立足之本,是提升服务质量和服务水平的保证。长期以来,图书馆都非常重视资源建设,但基本限制在文献型资源上,如图书、期刊、报纸、学位论文、会议论文、专利、标准、科技报告等。大数据时代,必须开拓思维,数字图书馆不仅仅是将上述文献数字化或增加一些数据库资源,还要将一些政府信息、社会关注信息、网络热点信息囊括其中,更需要将用户使用数字图书馆、搜索网络的行为信息作为数字图书馆的采集资源。另外,还应增加对再生资源的生产、汇集和存储,包括经过关联、挖掘分析后形成的各类综合数据,真正扩大数字图书馆的数据资源范畴。

(2)增加数字图书馆资源整合的广度

大数据的特点是数据复杂多样,单纯文献信息已不能满足数字图书馆用户的需求,以文献服务为主的资源整合必然向以综合信息服务为主的资源整合发展。为了满足用户的各类需求,我们需要将文献信息、政府信息、社会信息、网络信息、用户信息进行整合,即将数字图书馆资源与社会资源有机关联,尤其是将公众关心问题的社会资源整合到数字图书馆中。

另外,还需加强面向复杂问题求解的资源整合。大数据环境下,用户对数字图书馆的期盼,不仅仅限于文献的需求,更希望数字图书馆能够帮助他们解决实际问题,希望能够指导他们解决复杂问题。因此,那种简单的堆积和分类式的信息整合受到极大挑战,只有从决策角度出发,面向复杂问题的资源整合,才能真正满足用户需求。

(3)加强数字图书馆资源组织加工深度

资源的组织加工是对资源的一种整序,其成果是一种资源的知识展现形式。在数字图书馆中,结构化信息(如书目信息)本身具有一定的知识表现形式,但这种知识表现基本上限制在资源库内部。在大数据环境下,我们必须拓展思路,努力将数字图书馆内外的资源建立语义关联,构成面向全社会资源的数字图书馆资源组织架构。

另外,在对图书馆资源的深度加工方面,应能够将信息经由知识解构的加工再深入至知识建构的加工。例如,从文献中分解出知识单元(知识解构),反过来将这些知识单元间或与文献间建立语义关联(知识建构),从而产生新的知识。在知识解构与建构上,除了强调利用数据挖掘技术、软件分析工具外,要特别提升图书情报领域所建主题词表、分类词表的应用能力和共享能力。

在数字图书馆资源组织加工方面,还有一种非文献资源必须得到重视,那就是用户行为信息资源。用户行为信息是数字图书馆知识服务与知识推荐的宝贵资源,需要深度挖掘、有机组织,做到将用户行为数据与文献资源、目标资源以及其他相关资源密切关联起来,使其成为知识服务的高效资源。

2.2 数字图书馆技术应用

大数据时代,数字图书馆技术已从处理局部数据转到处理更广域数据。从整个数字图书馆的技术体系来看,包括数据采集、信息处理、组织架构、知识挖掘、分析预测、结果呈现、服务技术等。如何将大数据相关技术应用并融入数字图书馆领域,是数字图书馆领域必须要思考的问题。

(1)语义技术

大数据环境尤其需要语义技术,如何使得大量复杂数据建立有机联系,需要靠语义技术来实现。数字图书馆要思考如何将词典(主题词表、分类表等)中的语义自动融入数字文献相关信息中。当然,如此大量的数据依赖人工标注信息间的语义关系是不现实的,必须要借助有关词典,应用人工智能技术、本体技术、语义分析技术等,自动标注数据间的语义关系,使数据间充满语义联系,从而促进所收录资源的知识扩充和知识挖掘。

语义技术在图书情报领域的应用并不是新奇的事情,图书分类法、汉语主题词表等工具本身就是语义关系构筑起来的。但这些工具只帮助我们构筑了文献间的语义关系,很少涉及文献或信息内部知识点间语义关系的建立,然而在大数据环境下对这一点却提出了要求。知识点间的语义关系方便用户的知识获取,建立了通过某一线索借助语义关系获得有用知识的途径。

(2)数据聚类技术

聚类是把相近的、有关联的信息或数据聚集在一起的过程。在繁杂、巨量的数据中,聚类是信息高效利用的有效手段之一。在数字图书馆中,更需要充分运用聚类技术,经过聚类的信息资源,将会在信息服务、信息分析和信息利用中发挥更大的作用。聚类不仅仅是对文献信息资源按照某一属性或特征聚集,还可以应用于用户需求,也可以运用于用户检索行为处理和分析。

大数据环境下,真正被利用的数据是很少一部分,聚类技术为这小部分数据的充分利用提供很好的途径。例如,对数据资源的聚类可将它们划分成一个个相互关联、主题相近的小数据集合,这些小数据集合非常适合面向问题的需求,方便用户对信息的检索、选择和分析;对用户需求的聚类有助于我们对相近需求的对比分析,帮助用户优化需求,促进其充分表达需求;用户行为的聚类可以发现用户利用资源的行为规律,为用户个性化推荐服务提供数据支撑。

(3)信息分析技术

大数据时代的数字图书馆应当能够充分利用信息分析技术。将大数据分析技术融入数字图书馆,并将数据分析作为数字图书馆的一项拓展工作,把分析结果作为向用户提供服务的高端产品。在这些分析技术中,如文献的信息汇编技术,可以为前沿研究领域的跟踪提供支持;联机分析技术(OLAP)可以在线分析用户利用数字图书馆的各类情况,为数字图书馆的管理运作提供数据支撑;还有许多定量定性分析工具与技术,如 Hadoop、SPSS、CiteSpace等都应当在数字图书馆得到充分应用。

(4)检索技术

未来数字图书馆的检索技术不能只限于本机构数字图书馆的检索,必须运用网格检索技术实现跨平台、跨资源的无缝检索。这需要构建各数字图书馆间的检索网络,每个数字图书馆能够实现馆内外资源关联检索,并提供网络资源搜索。学术搜索也应成为高校及科研院所数字图书馆提供的服务产品,以促进本单位学术研究。由于数字图书馆的利用与检索基本为自助方式,所以其检索界面应当通俗易用,而且需要有更强的功能,如语义检索、自动理解语言的对话式检索、跨语言检索等。

2.3 数字图书馆的产品与服务模式

大数据时代,文献信息已经不能完全满足用户需求,用户需要更加多样化的信息,不仅需要正式出版的文献信息,还需要视频、图像、非正式出版的灰色信息以及网络信息,更有甚者希望获取再生信息。

（1）数字图书馆服务产品

学术资源建设商的产品类型越来越多，不仅包括数字图书馆的几乎所有资源，而且还在不断扩充，对数字图书馆的影响越来越大。因此，未来数字图书馆的产品应该丰富多彩，才能更具竞争力。数字图书馆除了提供一次文献、有关网络信息的信息服务外，还应能够提供再生信息的服务，如知识库、方法库、推理库、战略库等智库产品。除此以外，科普教育文化类的视频信息也应成为数字图书馆的重要产品，如百科知识、科普讲座视频资料、历史文化视频讲座、大中小学精品课程视频等。

（2）数字图书馆分析产品

大数据时代不缺信息，缺的是解决复杂问题的知识，更缺少对众多信息处理分析、总结归纳后得到的分析信息，这类信息分析产品应作为数字图书馆未来信息服务的高端产品。因此，数字图书馆应注重用户行为分析成果，以帮助了解用户的需求，掌握用户关注主题和学术领域，并结合前沿领域的信息采集和科学分析，确定前沿领域和科学发展趋势。另外，通过用户行为分析也能够将用户经验进行总结推广，还可以发现用户的一些特异行为。对资源的利用分析成果，可以了解资源的价值所在，可以分析资源的缺失情况，还可以得到有关资源利用规律等。

（3）数字图书馆服务模式

从传统图书馆到数字图书馆，其服务模式已由被动提供服务为主的模式逐渐转变为自助为主的服务模式。然而，在大数据环境下，这种自助式服务使许多用户虽处在信息的海洋中，却感到迷惘，常常不能得到（更不用说及时得到）自己最需要的信息。因此，数字图书馆必须改变过去被动式服务和等待式服务的模式，应采取主动推荐式的服务模式。如，根据用户行为有针对性地主动推荐，增加对热点信息或事件的重点推荐，强化定题信息的服务，等等。

另外，数字图书馆的数字参考咨询服务应得到更加快速的发展，未来的数字参考平台不仅仅是数字化，更要智能化。如，将自动应答、用户互答、专家解答相结合，相互间实现自动转换的无缝衔接，使用户切身感受到参考咨询就是自己工作、学习和科研的良师益友。在信息类型的提供方面，数字图书馆应由文献提供为主的模式向多元信息提供的模式转换，如文化遗产、案例信息、综合分析信息、政府信息、声像视频信息，甚至城市社会信息等。

2.4　数字图书馆定位

大数据时代的数字图书馆应突破传统的图书馆思维，无论是数字图书馆架构，还是数字图书馆的服务理念以及工作重点，都必须有大数据思维。这就要求每一位数字图书馆馆员必须适应大数据时代，勇敢迎接挑战。

（1）跳出传统图书馆资源框架

大数据把我们带到了一个广阔的数据空间。数字图书馆面对的不仅仅是图书、期刊等文献信息，还面对着网络上种类繁多的信息。用户对数字图书馆的各类需求，促使对数据的采集、处理、组织以及服务都发生了很大的变化。我们必须构筑新的数字图书馆资源框架，要有全数据的理念，构建数字图书馆全数据框架。即数字图书馆不仅仅限于文献资源，还应把整个网络资源纳入数字图书馆框架体系，其框架内资源不仅仅限于文本信息，还包括图像视频信息。因此，信息的采集除了传统的订购方式以外，还要采取针对网络的信息自动获取手段；在信息的组织方面，应建立具有语义关系的、数据间联系更加紧密的信息组织框架。

（2）建立全方位服务理念

传统图书馆的服务基本是文献型服务，提供的服务形式多为等待型、被动型的服务。数字图书馆的服务资源已经有了拓展，各类数据库大大丰富了图书馆资源；服务形式也有了不少改观，由被动式的服务转向了自助式的服务。但从大数据时代这一角度出发，数字图书馆的服务理念还需进一步提升，应建立全方位服务理念。其一，面向全社会服务，即高校和科研院所建立的自有版权的数字图书馆内容也应面向全社会服务；其二，提供全资源服务，即提供各种类型信息资源的服务，如文献信息、数据库信息、网络信息、视频信息、分析信息、政策法规、政府信息等；其三，服务方式和传播形式也要进一步拓展，即除了提供用户的自助服务和简答资讯以外，还需加强推送服务、个性化服务，并建立虚拟参考咨询平台，除了提供面向固定网络的服务，还需提供面向移动网络的服务，全面拓展数字图书馆服务。

（3）拓展工作重点

大数据时代，数字图书馆的工作重点要有所拓展，除了把握数字资源建设这一基础工作外，还要提升自己的服务能力。除了继续做好常规服务以外，还需定位一些高端服务，努力把数字图书馆建设成信息分析策动地；密切关注学科前沿领域，同时对国家重大科研计划领域或本单位重点科研领域进行跟踪，并提供科研进展报告，对政府行政、科学决策、科研攻关等提供数据支持。

（4）数字图书馆馆员定位

大数据时代对数字图书馆馆员也提出了更高的要求。每一位馆员应具有对数据的理解分析能力，并立志成为数据分析家；要对大数据技术有一定了解，不一定要求每一位馆员创造技术，但应当学会使用这些技术，尤其需要充分了解大数据运用于数字图书馆的关键技术；能够了解并熟练运用各种数据分析工具和软件；对网络资源能够全面把握，不仅仅是文献数据库，各类数据库都要知会，成为学术资源、网络资源的百事通。

3 结束语

大数据开启了数字图书馆的一次重大时代转型，将拓展数字图书馆的数据资源，提升数字图书馆的能力，增强数字图书馆的服务功能，丰富数字图书馆的服务产品，一个崭新的数字图书馆将会出现在我们的面前。在这样的新环境下，我们应该对数字图书馆有新的理解，在资源框架、技术应用、服务模式等多方面进行思考，用大数据的思维看待数字图书馆的变革，使未来数字图书馆在大数据环境下，在与学术资源建设商的竞争中，相互依存，共同发展。

（选自《中国图书馆学报》2015 年第 6 期）

中国古代雕版印刷术起源新论

陈 力

印刷术是一种用直接或间接的方式对文献内容进行复制的技术,它能够大量、经济地复制文献内容,从而使其能够得到广泛传播。

在中国古代文明史上乃至世界文明史上,印刷术的发明是一个划时代的事件,其意义不仅仅在于一种新的图书复制技术的发明,而更在于其改变了文化的传播模式,极大地推动了社会的进步。美国学者卡特指出:"欧洲文艺复兴初期四种伟大发明的传入流播,对现代世界的形成,曾起重大的作用。造纸和印刷术,替宗教改革开了先路,并使推广民众教育成为可能。火药的发明,削除了封建制度,创立了国民军制。指南针的发明,导致发现美洲,因而使世界历史的舞台从欧洲扩展至全世界。这四种以及其他的发明,中国人都居重要的地位。"英国学者李约瑟指出:"要是没有这种贡献,就不可能有我们西方文明的整个发展历程。因为如果没有火药、纸、印刷术和磁针,欧洲封建主义的消失就是一件难以想象的事。"因此,在现代几乎所有研究中国图书史的著作中,雕版印刷术的起源都是一个备受关注的问题①。

1 雕版印刷起源探因

谈到雕版印刷术的发明,学者大多归之于刻石捶拓技术和玺印原理的启发。

中国的刻石起源很早,初唐时在今陕西凤翔发现十个石鼓,上刻有文字,为春秋时期秦国的石刻,也是目前我国所发现的最早的石刻文字。到了东汉,人们开始将儒家经典刻在石碑之上,作为士子学习的范本。南北朝以后,又出现了大量的佛经与道经的刻石。伴随着刻石,捶拓技术也发展起来了。捶拓技术起源于何时,现已不得其详,但根据现有的史料,至迟到南北朝时,这项技术就已被普遍采用了。据《隋书·经籍志》记载,唐初秘府尚存北齐以前石经拓本。

用捶拓的方法可以进行文献的批量复制,但是,一则刻石不易,二则捶拓技术也较复杂,三则刻石的字体都较大,如是篇幅较长的文献,刊刻捶拓都更加困难,再加上拓片的裱糊、收藏和展阅也都很麻烦,所以不可能用捶拓技术来进行普遍性的、大规模的文献复制。古人除了直接从碑石上捶拓,也用枣、梨等硬质木板仿刻前代一些著名的碑刻,然后再从其上捶拓,

---

① 参见:张秀民、韩琦:《中国印刷史(插图珍藏增订版)》,浙江古籍出版社,2006年;李致忠:《古代版印通论》,紫禁城出版社,2000年;肖东发等:《中国出版通史》,中国书籍出版社,2008年。此类研究成果很多,不俱录。

唐杜甫诗云:"峄山之碑野火焚,枣木传刻肥失真。"后世许多"法帖"就是用此方法翻刻拓印的。用枣木翻刻古代名碑与用枣木雕印书籍,虽有阴文、阳文之异①,但其原理毕竟是相同的。因此,将雕版印刷的产生与捶拓技术的发明联系起来自有一定道理。

由于捶拓的对象为正字书写,与雕版印刷术的反字书写然后刷印出正字的印本尚有一定的区别,中国古代很早就出现的玺印就提供了另一种启示。

玺印在中国出现很早,到战国时,它的使用已经很普遍了。玺印是将反体的文字刻在金属或石、木质块上,然后沾上印泥盖在纸上(最早是封泥),这样文字便印在纸上了。玺印的原理与后来的雕版和活字印刷术完全一样。清人李元复曾说:"书籍自雕镂板印之法行,而流布始广,亦籍以永传。然创之者初不必甚难,以自古有符玺可师其意,正无待奇想巧思也。"美国学者卡特亦谓:"模印的小佛像,标志着由印章至木刻中间的过渡形态。"

东晋葛洪(公元284—364年)说,道士入山,为了避免虎狼及鬼魅的侵害,要带上一种有一百二十字的黄神越章之印,这种印是盖在封泥之上的。一个黄神越章可以盖无数个护身的灵符,如果盖在纸上,那就是一件小小的印刷品了。向达先生指出:印刷术最先可能是由于需要大量复制佛、道教的画像及禁咒等而发明的。根据上面这些分析,捶拓与玺印技术与印刷技术有着非常相近的原理,当然有可能是印刷术的源头之一。

不过,所谓起于玺印,起于捶拓,仅仅是就技术原理的相似性而言,玺印早在先秦就已出现,为何那时没有用于复制图书? 又,将雕版印刷技术起源与玺印、捶拓相联系,也只是局限于在纸质物品上的复制技术而言,如果我们眼光放远一点,就会发现:其实在先秦两汉时期,以纺织品为承印物的印刷技术就已经非常成熟了,而这种技术从原理上说与雕版印刷技术是完全一样的,印刷的品质也完全不输于宋元以后的雕版印刷品。

中国古代纺织品很早就有了印花,至迟到西汉前期,凸版印染技术就已经非常成熟了。凸版印染是用木板或其他材料雕刻成凸出的花纹,然后在纺织品上压印而成。1972年,湖南长沙市郊马王堆一号汉墓出土了大量的丝织品,其中有相当数量的印花丝织品,分为两大类:一类是印花敷彩纱,一类是金银色印花纱。根据其中一件具有代表性的印花敷彩纱分析,该件织物通体图案由若干印花菱形单元连缀而成,"印花菱形单元图案的高约为40毫米,宽约为22毫米(花穗部分,嵌入下一单元之间的缝隙中,不计在内)。印花的图案由四个单元图案上下左右连接,构成印花分版的菱形网格。在织物上的印花单元图案纵横连续,错综排列,通幅有二十个单元图案分布。"在这些图案花纹中,没有发现墨渗和晕染的现象,也没有出现块面花纹,根据这些现象分析,它是用阳纹版(雕刻凸版)印制而成。在马王堆出土的丝织物中,还有三件金银色印花纱,"印花纹样的单元图案由三块纹板套印而成"。

1983年,广州南越王墓出土了两件铜质印花凸版,其中一件正面花纹近似松树形,同时还出土了一些印花织品,其中一件印花织品的图案恰与花纹近似松树形的凸版相吻合。不少学者都指出,从印刷技术的原理上看,马王堆一号汉墓所出土的印花织品与文献的印刷没有什么不同,它们都是雕版印刷,只是前者是印刷在丝织品上,而后者是印刷在纸上。

马王堆一号汉墓中出土的印刷织物与广州南越王墓出土的印花凸版,其印刷原理与图

---

① 王国维先生曾指出此乃阴识,非阳刻,是。王说见《观堂别集·晋开运刻毗沙门天王象跋》,上海古籍书店影印民国上海商务印书馆《王国维遗书》本,1983年。

书印刷是完全一样的，其纹样精美、精细的程度，也完全不亚于文字刻印，可见，至迟到西汉初年，中国人就已熟练地掌握了版印原理与技术，只是那时更多地将其用于纺织品花样的印刷而已。到宋代时，这项技术仍然在广泛使用并有了进一步的发展。宋代郭若虚《图画见闻志》记：

> 皇祐（公元 1049—1054 年）初元，上敕待诏高克明等图画三朝盛德之事，人物才及寸余，宫殿、山川、銮舆、仪卫咸备焉。命学士李淑等编次序赞之，凡一百事，为十卷，名《三朝训鉴图》。图成，复令传摹镂版印染，颁赐大臣及近上宗室。

这里所提到的"镂版印染"，可能不是指简单的镂版印刷，而是指彩色套印，或者先版印后着色。宋代朱熹知台州时，控告前任唐仲友任用正在服刑的犯人、用公款雕刻《荀子》等四子书版，然后运回其在家乡开设的书铺印书出售，"又乘势雕造花板，印染斑襕之属凡数十片，发归本家綵帛铺，充染帛用"。所谓"花版"及其使用，原理与印书雕版完全相同，只是一个是印在纸上，印的是文字；而另一个则是印在布帛上，印的是花纹。由此又提出了一个值得思考的问题：为什么早在汉初人们就已完全掌握了模印技术，但却未将其用于印刷图书？吾师徐中舒先生尝云：

> 盖中国雕刻当殷周之世，已极发达。其时遗物，如骨器铜器等，纹制精美，而甲骨文字及铜器铭文之刻铸，尤其铜范上反镌之字，与印刷之雕版，其形制几无差异。秦汉而后印刷用之纸张，既已发明于中国，而石刻碑碣，又日增月盛，汉魏石经，一再勒于太学，又与书有雕版何异？以如是宜于发生印刷之环境，历如是悠久之岁月，而印刷术犹不能立即发生。必待隋唐而后，石刻渐有毡拓，如今碑帖之打本，其与印刷相差只一间，以此为前导，而后印刷术乃继之而起。

显然，在图书印刷技术发明与应用的背后，有着更为深刻的社会与文化原因。

任何一种技术发明与应用，都要有一些基本的条件：一是技术本身，包括原理和具体方法；二是制作的材料；三是功能，即能满足人们的某种需求；四是能让这种技术得以应用的社会环境。原理与方法属于技术的层面，通常我们将其纳入技术发明的范畴；而功能，它应该是可以满足人们的某种需求，如果仅仅是一项技术发明，但其成果不为人们所需要，便不会得到实际的应用。V.戈登·柴尔德教授指出："任何一种技术，就像人的生活本身一样，包含着人的群体甚至社会成员之间常规的、经常的合作，群体的规模，社会公认的需求及群体成员之间的关系（社会组织），都对这种合作性群体的特征有深刻的影响。"当然，社会环境也十分重要，历史上曾有一些技术和发明，被当作奇技淫巧，不被人们所认同；还有一些技术，与人们生产、生活的实际需要距离太远因而无法得到应用和推广。只有得到社会的广泛认同与广泛使用，一项技术发明才有意义。

印刷术的发明与印刷出版业的出现是有区别的。印刷术应用只是利用印刷技术进行文献的复制，有可能规模很大，也有可能只是小规模、小范围的应用，对于社会并没有太大的意义。而印刷出版业的出现是以社会化的需求为前提的，它需要相关产业如造纸、制墨、专业的雕版和刷印工匠以及发行、销售等条件的支撑。作为一种产业，在有组织的社会中，还应当有相关的规则与管理制度。在中国古代，虽然印刷技术的原理早就被发现并应用于纺织品印染，且其精细、精美程度不输于图书印刷，但是，在很长时间，雕版印刷技术并未用于图书的复制，究其原因，当与中国古代社会的、经济的发展水平有关，而其直接原因，则与隋唐以前中国的文化、教育、宗教发展进程有关，即文献大规模批量复制的社会需求尚未形成，雕版印刷技术的应用尚未有足够的需求驱动，也缺乏必要的市场环境。

从社会发展的角度来看，城市在中国出现很早，但与欧洲中世纪的城乡二元结构不同，隋唐以前，城市与农村基本上是一元结构，战国以后一直到隋唐，城市的发展一直都比较缓慢，虽然有的城市的规模不小，如战国时代齐国都城临淄人口已达七万户，"临淄之途，车毂击，人肩摩，连衽成帷，举袂成幕，挥汗成雨"，但其他地方的城市功能并不十分明显，有学者指出，中古以前，城市不过是有围墙的农村。之所以如此，主要是因为中国古代的经济形态基本上是自给自足的自然经济，乡村自身就可以满足基本的生活需求，虽然自商代开始就已经出现了商业贸易，但商业活动基本上属于各地特产物资的贩运，专门为销售而生产和买卖的市场经济发展很不充分。另一方面，春秋以前，农民与土地、农民与地主或者领主的依附关系十分强烈。战国以后，由于国家的控制力增强，一些原来依附于领主的农民通过赎买特别是通过政府推行的授田制，逐渐成为国家的"编户齐民"，农民与领主之间的依附关系虽然被削弱，但同国家和土地的依附关系却增强了，"重农抑商"政策的社会根源即在于此。另一方面，由于土地兼并和为了逃避政府的徭役，一些原来的自耕农后来又逐渐成了豪强地主的荫附客户。魏晋南北朝时期，由于长期的战乱，人民流离失所，又转而依附于豪强地主，"流民多庇大姓以为客"，因而魏晋南北朝时期出现了大量"坞壁""坞堡"[①]，社会被分割成一个个有相当独立性的社会单元，很难形成一个开放、商贸活跃的大市场。因此，直到隋唐时代，除盐铁等由国家专营的产业以外，其他方面的手工业并没有形成规模化的产业，而在中国十分发达的纺织制造也基本上局限于自给自足或小范围内的交易。在这种情况下，像图书印刷出版这种需要造纸、制墨和雕版、刷印等多种行业配合，需要写样、刊刻、刷印、装潢装订等多项专门技术人才的结合，需要有能够满足全国范围内原料供给以及最终产品销售的大市场等多方面条件支撑的产业，必待社会发展到一定阶段后才有可能出现，而这种条件应该是随着南北朝混乱局面的结束、隋唐大一统局面的形成后才逐渐成熟的。

再从社会需求的角度来看，尽管早在商周时代中国就已进入了文明高度发达的时代，文化的传播当然离不开书籍的流传，但直到隋唐以前，无论是文化还是学术，其传播方式都是单点式的。例如文学作品的传播，需要批量传播的社会需求很少，虽然西晋左思的《三都赋》一出，"洛阳为之纸贵"，但手工抄写本身就是一种学习和欣赏，并且属于个案，尚不足以刺激一个行业的产生。一般的文学作品以及普通百姓需求量较大的医书、占卜、农书等的流传都主要是依赖手工抄写和小范围的市场来完成的，像东汉著名思想家王充少时家贫，就曾以替人抄书为生。同样，商周时代就已有了学校存在，特别是两汉魏晋南北朝时期经学十分发达，除了中央官学聚集了大量的学生以外，一些有影响的学者座下门徒往往以成百上千计，虽然他们对文献的需求量很大，但由于学术的专门化、家族化，老师教授、学生学习的内容常常局限于很少的几部儒家经典，抄写这些经典又是学生学习活动本身的重要内容，除了像

---

　　① 魏晋南北朝时期由于战乱出现的地方据险自守、经济自足的军事堡垒，在每个坞壁、坞堡之中，聚集了大量农民，依附于豪强，以求自保。

《苍颉篇》《凡将篇》《急就篇》这类识字书以外①，通用性、标准化的图书很少，因此，对于图书批量复制的社会需求并不旺盛，其他相关条件也不成熟。

隋唐以后，中国社会发生了很大的变化，为雕版印刷术的发明与应用提供了很好的社会环境：此后虽然仍有一些战争发生，但总的说来社会相对稳定，中国由此进入了一个长期、持续的发展时期，城市快速发展，工商业有了很大的进步；佛教、道教在魏晋南北朝时期发展很快，隋唐时达到了极盛；随着科举制的产生与发展，教育逐渐走上了普及之路。社会对宗教、教育和其他类图书的需求十分旺盛。

窃以为，直接催生雕版印刷用于图书复制的主要原因有三点：一是宗教类图书的大规模社会化需求；二是科举制产生以后对教育的推动，以及科举考试自身带来的特定文献批量复制需求；三是普通百姓日常生活常用之物，如日历、字书等，这类社会需求量大，价格又不能过于昂贵，印制也比较简单。

自汉代以来，中国封建社会进入了其发展的高峰时期，经济高度发展，文化学术繁荣。东汉后期，佛教及其经典传入中国，道教也从本土产生，但对普通百姓的影响还很有限，直到魏晋之末，佛经还没有大规模翻译成汉文（虽然也有一些佛经翻译成汉文，但数量较少，影响不大，传播的范围有限），而道经许多也"犹在天宫"，并未结集。晋代以后，佛教、道教迅速发展，佛经经鸠摩罗什、法显等人的翻译，广为传播，而道教经典也逐步成文并形成体系。由于佛、道教的盛行，人们需要大量的宗教经典和宗教画像，而人手抄录显然不能满足需要，特别是满足那些身居社会下层、没有文化的宗教信众的需求，社会亟须一种能够以大量并且价廉的方法来复制宗教图书供人诵念甚至仅仅是供奉，因而，迄今为止所发现的早期印刷品绝大多数都与宗教特别是佛教有关，这正如卡特指出的那样："给世界以印刷术的，也就是佛教。"这是因为，在佛教文化中，制作、供奉佛经、佛教画像以及传播佛经、佛教画像本身就是一种功德。对于宗教信众来说，相当部分是并不识字的妇孺老人，佛经对于他们来说是一种"法物"，必须有，但自己又无能力抄写，虽然可以由专门的"经生"（敦煌遗书中大量佛经即由"经生"抄写而成）来抄录，但其效率低，成本高，远不能满足一般的社会需要。因此，以批量的方式制作廉价的佛经、佛像形成了强烈的社会需求。特别是唐代密宗盛行，大规模制作陀罗尼经咒求得菩萨护佑颇为盛行，如果依靠人工抄录，费时费力，因此，用雕版印刷技术来大规模复制的方法就成了人们的必然选择。

对于雕版印刷的另一大需求来自于教育，即随着隋唐科举制出现和逐步完善而带来的教育的发展。科举制产生于隋代，但隋代的科举仅仅是"分科举人"，并未与学校教育直接挂钩。到唐代，一个很大的进步就是考试与学校教育相结合。由于科举与学校教育的结合，从中央到地方各级官学有着数量庞大的官学生，唐太宗时中央官学有学生三千二百六十人，玄宗时全国州县官学生达六万七千人，而作为基础教育以及官学补充的私学数量自应大大超过此数。科举制是分科举人，选拔人才的方式基本固定，考试的科目基本固定，学习的内容也基本固定，特别是与经学有关的考试内容也基本固定。换言之，过去是个性化的学习，而

———

① 罗振玉先生曾经提到，汉代常有将《急就》之类字书的文字制作于砖上（参见王庆祥、萧立文校注：《罗振玉王国维往来书信·罗振玉致王国维（1919 年 7 月 27 日）》，东方出版社，2000 年），看来像这类通用的识字书的确有批量复制的社会需求，只是当时社会环境、物质条件等不成熟而未以更为方便的形式进行大规模复制而已。

现在变成了制式化的学习。除了普通的考试之外，还有不少专科，如医学、律学、书学、算学等等，考试科目既定，学生学习的内容也就基本确定了，由此带来的一个巨大变化就是全国同一科举考试科目下学习的内容是基本相同的，教材也大同小异。因此，因科举而产生了对文献的大规模、批量化的复制需求。

对于像日历、字书之类日常生活用品的需求，在进入文明时代后就已经产生了，但它有一个前提：日历、字书之类的东西要能够卖得出去，首先要有一个相对较大的市场，能够以销量来降低单位成本的价格，这样才能为普通百姓所接受、购买。同时，有字的东西只有识字的人才需要，因此这类产品的一个社会前提就是教育特别是基础教育的相对普及，识字的人多了，购买日历、字书的人才多，产品才有销路。隋唐时代，随着社会的发展，特别是科举制的产生，中国古代的教育开始向普及化方向发展，也为印刷品的普遍使用提供了条件。

自汉代造纸技术发明以来，经魏晋南北朝，无论是纸张的质量还是产量，都有大幅度的提升。北魏《齐民要术》记载当时已有专门种植用于造纸的原料楮，因其"自能造纸，其利又多。种三十亩者，岁斫十亩，三年一遍，岁收绢百匹。"据史料记载，唐代纸的产地几乎遍及全国，用于印刷的松烟墨也早已发明。如纸、墨这种需要通过大区域流通交易的物资不仅是印刷出版的物质条件，它们的商品化也说明当时已经具备了良好的市场条件。

因此，雕版印刷技术的应用与普及，与其说是技术发展的结果，不如说是社会发展的结果。

2　早期雕版印刷实证

图书的雕版印刷在何时进入实用阶段并开始普及，在目前仍是一个争议很大的话题。学者在研究这个问题时，主要通过对史料的分析来进行，这当然是正确的。但是，我们现在见到的关于早期雕版印刷的史料，一方面大都出自后人之口，其所说是否符合历史实际，难以论断；另一方面，对史料的解释也是众说纷纭。不过，从历史研究的方法来看，傅斯年先生曾说过一段话，可以帮助我们客观、全面地认识中国古代印刷术的发明与应用问题：

> 古史者，劫灰中之烬余也。据此烬余，若干轮廓有时可以推知，然其不可知者亦多矣。以不知为不有，以或然为必然，既违逻辑之戒律，又蔽事实之概观，诚不可以为术也。今日固当据可知者尽力推至逻辑所容许之极度，然若以或然为必然，则自陷矣。即以殷商史料言之，假如洹上之迹深埋地下，文字器物不出土中，则十年前流行之说，如"殷文化甚低"、"尚在游牧时代"、"或不脱石器时代"、"《殷本纪》世系为虚造"等见解，在今日容犹在畅行中，持论者虽无以自明，反对者亦无术在正面指示其非是。

中国古代印刷术的发明与应用问题与殷商历史一样，如果仅有文献记载而没有实物证明，自不足以服人；但没有实物证明，也不能证明其无有；有实物证明，也只能反映其时间之下限，因此，"据可知者尽力推至逻辑所容许之极度"，实为研究这个问题正确而可行的方法。

关于印刷术发明的时间，学术界有许多不同的观点。最早的一种观点认为起于汉代，其他还有如始于东晋、始于六朝以及唐太宗印刷长孙皇后《女则》等说法，但都没有什么充分、可靠的证据,前人已有辩驳,是不赘。

在前人的记述中,亦有谓印刷术起于唐末者。明末清初学者朱明镐云:"《志》曰:'周显德中始有经籍刻板,学者无笔札之劳。'此言失之不考。按刊板始自后汉之乾祐中。聂崇义为国子博士,校定《公羊春秋》,刻板于国学,则经籍刻板,已大行于汉之乾祐时矣。愚又以刊板之事,固不始于周,亦不始于汉,而实始于唐之季代。五代之天子,率兵强马壮者为之,何知有诗书经籍之可重、而屑屑为梓木之举乎?其事始于武宗、宣宗之世无疑,但事实年月无所考耳。又真宗景德元年夏,上幸国子监,阅库书,问邢昺经板几何?昺曰:'十余万。臣少从师业儒,经有疏者,百无一二,盖力不能传写。今板本大备,士庶家皆有之。'由此言之,经籍刻板,权舆于唐,而盛行于宋,即显德学者无笔札之劳,亦非确论也。"朱氏之说在否定刊板始于五代之说,固属确论,但谓起于唐末,亦属推论,并且已为后来所发现的唐末之前的雕版印刷实物以及相关文献所推翻。

我们认为,如果以傅斯年先生所谓"逻辑所容许之极度"推之,以雕版印刷术印制图书,始于隋末唐初,应无大的问题,而从已知雕版印刷的实物及相关文献来分析,这种推论也有强烈的事实支撑。

从我们现在所掌握的材料来看,雕版印刷术至迟在唐代初年就已经出现并已比较广泛地应用了,开始可能是用捺印即像后世加盖印信的方式来印制,后来随着印制内容的复杂化,逐渐过渡到了刷印的方式。

目前所能见到的捺印实物几乎都出自敦煌遗书。敦煌遗书中有为数不少的捺印佛像,但都没有明确的捺印年代,只能根据一些相关的资料来分析、推测。据信年代较早的一件是收藏在中国国家图书馆的写本《杂阿毗昙心论》卷十,其黄麻纸的背面捺印佛像数幅并永兴郡印,据学者研究,其时代大概在北周武帝改晋昌郡为永兴郡至北周武帝灭佛即公元561—574年之间。

古代印度佛教信众常制作小佛塔,里面供奉抄写的佛经,然后积许多小塔放入大佛塔之内,以积功德。唐玄奘、辩机曾介绍说:"印度之法,香末为泥,作小窣堵波(即梵文"佛塔"之音译),高五六寸,书写经文,以置其中,谓之法舍利也。数渐盈积,建大窣堵波,总聚于内,常修供养。"这种习俗也传到了中国、日本,唐义净记供奉佛像之法与《大唐西域记》所载基本相同:

> 造泥制底及拓模泥像,或印绢纸,随处供养,或积为聚,以砖裹之,即成佛塔,或置空野,任其销散。西方法俗,莫不以此为业。

原本应该是手书经文置于佛塔之内,由于需求量大,手抄已不敷使用,因此便通过捺印、刷印等方式来大规模复制佛像、经咒。唐冯贽的《云仙散录》引《僧园逸录》说,唐"玄奘以回锋纸印普贤像施于四方,每岁五驮无余"[①],而玄奘弟子慧立亦记:玄奘在唐高宗显庆三年(公元658年)左右以唐皇所赐礼物"为国造塔及营经像,给施贫穷并外国婆罗门客等,随得随散,无所贮蓄。发愿造十俱胝(佛)像,百万为十俱胝,并造成矣"。此与《僧园逸录》所载正可相互印证。要制作一百万佛像,如果不是采用印刷的方式,显然不可能。此所谓制百万

---

① 宋代张邦基、洪迈等人认为此书为宋王铚伪作,其证据并不充分。姑不论《云仙散录》成书究在何时,但所引《僧园逸录》中玄奘印普贤像一事当无可疑。

佛像，与日本称德天皇于公元764—770 年间制作百万陀罗尼经性质相近（详后），时代也仅相差百年，因此可信程度极高。虽如一些学者已经指出的那样，无论是道士的黄神越章之印还是佛门弟子印制佛像，都与图书印刷有些差别，但是，从印刷原理来说，印刷符咒和佛像与印刷佛教经典并无质的差异，开始可能以印刷符咒、佛像为主，到后来便用来印刷道经、佛经甚至其他文献了。根据上面的史料我们可以推断，在唐高宗时，大规模的印造佛像和佛经已经开始，说明雕版印刷术已经成熟。与玄奘大致同时的法藏有一段话与佛经的印刷有关：

> 于此二七之时即摄八会同时而说，若尔，何故会有前后？ 答：如印文，读时前后，印纸同时。

在法藏的著作中，曾多次以此作为譬喻。对于这一段话的理解，日本学者神田喜一郎指出：

> 我们读印刷的书籍时，是由前往后循序而读的，而书籍在印刷之时，却没有前后的区别，而是同时被印刷出来的。明了这种用版片一版一版印刷出来制成书籍的雕版印刷方法，是有必要的。法藏则以这一众所周知的事实作为比喻来进行阐说。从以上所说的看来，我想可以充分证明，在法藏之时，雕版印刷已获广泛推行了。

如果神田先生这一理解不错的话，在唐代前期，雕版印刷术就已经非常普及了，并且这种技术的原理已为一般人所认识，否则，法藏不会用一个世人不太明白的东西来做譬喻。孙毓修先生在其《中国雕板源流考》中说："近有江陵杨氏藏《开元杂报》七叶（《孙可之集》有读《开元杂报》文，当即此也），云是唐人雕本，叶十三行，每行十五字，字大如钱，有边线界栏，而无中缝，犹唐人写本款式，作蝴蝶装，墨影漫漶，不甚可辨，此与日本所藏永徽六年《阿毗达磨大毗婆娑论》刻本，均为唐本之仅存者。"可惜杨氏所藏现在已不知去向，其真伪如何也无从查考了，而所谓日本所藏永徽六年（公元655 年）刻《阿毗达磨大毗婆娑论》，亦不详根据何在。如果二说属实，那么至迟在唐初永徽时，已有雕版印刷的佛经，而开元年间（公元714—741 年）已用雕版印刷来出版邸报了。

1966 年韩国庆州佛国寺释迦塔内发现了用汉字印刷的《无垢净光大陀罗尼经》，虽无确切纪年，但文中使用了四个唐武则天创制的文字，结合藏经的石塔和寺庙均完工于公元751 年等史实，因此日本学者长泽规矩也提出此卷是唐武后长安四年至唐玄宗天宝十载（公元704—751 年）间雕印的。此说一出，争议不断，其刊刻的年代、地方等等都是争议的焦点，有学术性的，也有非学术性的，恐怕一时难有共识①。

还有一件有争议的雕版印刷实物据说出自吐鲁番。1906 年新疆吐鲁番曾发现了《妙法莲华经》之"分别功德品第十七"一卷，黄麻纸印成，初归新疆布政使王树楠，后辗转由日本学者中村不折购得，因其中有武则天时制字，据长泽规矩也考定，此为武周时刻本。长泽规矩也是著名的印刷史和版本学家，他的说法曾经得到了许多学者的引用，但最近也引起了很

---

① 参见辛德勇："论中国书籍雕版印刷技术产生的社会原因及其时间"，载《中国典籍与文化论丛》第16 辑。

大的争议,同样,一时恐怕也难有共识①。

目前已知有确切年代且无争议的雕版印刷品是日本称德天皇印制的《无垢净光经自心印陀罗尼》(即《无垢净光大陀罗尼经》)。日本天平宝字八年(公元764年),称德天皇在平定了惠美押胜之乱后,为镇护国家和忏悔灭罪,于是发宏愿造小木塔百万基②,内置雕版印刷(也有学者认为是铜版捺印)《无垢净光经自心印陀罗尼》中的四段咒语,黄麻纸印制(少数为手抄),分置于十大寺。据统计,日本国内现仍存实物三千余件,清末驻日公使黎庶昌的随员陈矩也曾从日本购得二件送回国内,杨守敬在日本编印的《留真谱》中也曾影印了此塔经。虽然此经上并没有明载印刷的年代,但据记载,时间应该是称德天皇太平宝字八年至宝龟元年(公元764—770年)间,而木塔底也多有墨书"神护景云元年"(公元767年)、"神护景云二年"(公元768年)等题记,正可与《续日本纪》的记载相印证,因此,这是目前世界上可以考订确切年代的、最早的雕版印刷品实物,学术界公认,无论是造纸还是印刷技术,都受到了中国的影响。

1974年西安柴油机厂唐墓出土了置于铜臂托中的梵文陀罗尼经咒印本,1975年西安冶金机械厂唐墓又出土了一件置于小铜盒中的汉文《佛说随求即得大自在陀罗尼神咒经》,根据两种陀罗尼经咒纸张、雕刻技术以及同时出土的铜镜等器物的综合研究判断,整理者认为梵文陀尼罗经咒的刻印时间定为初唐(约公元七世纪),而汉文陀尼罗经咒刻印的时间大约在盛唐(陀罗尼经咒翻译成汉文时在唐武则天长寿二年,即公元693年,因此汉文陀罗尼经咒的刻印时间应在此后)。

---

① (日)长泽规矩也:《和汉书の印刷とその历史》,吉川弘文馆,1952年,第5—6页。近年中国国家图书馆李际宁先生、北京大学辛德勇先生对此提出了异议(李说详见"中村不折藏吐鲁番出土小字刻本《妙法莲华经》雕版年代考",载《版本目录学研究》第一辑;"中村不折藏传吐鲁番出土小字刻本《妙法莲华经》雕版年代补证",载《敦煌文献·考古·艺术综合研究——纪念向达先生诞辰110周年国际学术研讨会论文集》。辛说详见"论中国书籍雕版印刷技术产生的社会原因及其时间",载《中国典籍与文化论丛》第16辑。辛说基本上沿用李说),认为中村不折旧藏实与1978年苏州瑞光塔发现的宋天禧元年(公元1017年)九月初五日由雍熙寺僧人舍入之《妙法莲华经》(现藏苏州博物馆,其图版详见《第三批国家珍贵古籍名录图录》,编号07174)的版本相同,据此认为中村不折藏传出吐鲁番的《妙法莲华经》的刻印时代也在北宋初年。不过,李说尚存二个疑问:第一,所据以比较的是2005年日本书道博物馆出版之由矶部彰所编《台东区立书道博物馆所藏中村不折旧藏禹域墨书集成》(以下简称《禹域墨书集成》)中收录的《妙华莲华经》(编号120),而该书编者并未明确说此即传出吐鲁番者,且其中并无武周制字,行款也与长泽规矩也所述完全不同。此外,李文介绍《禹域墨书集成》中收录的《妙华莲华经》与龙谷大学1931年入藏的《妙华莲华经》为同一卷而被撕裂为两段,但龙谷大学所藏,长泽规矩也曾亲自见过,并明确指出其"无异体字(即武周新字)","其年代远远晚于前者(指传出于吐鲁番者)"。显然,长泽规矩也明确指出了两者不仅存在着内容上的差异(用与不用武周制字),刻印的时间也不相同。关于这一点,李文怀疑长泽规矩也未曾亲见中村不折所藏,但李氏的怀疑仅仅是推测,并无确证。因此,要推翻长泽规矩也的旧说,显然还缺乏足够的证据;第二,即使李氏前说成立,但苏州瑞光塔第三层塔心天宫中同出之佛经,还有唐大和辛卯(公元931年)之前抄写、大和辛卯修补并经唐显德三年(公元956年)再次修补后舍入者。同理,苏州瑞光塔所出《妙华莲华经》手书题记中"天禧元年"只是刻本《妙华莲华经》舍入佛塔之年,而非版刻之年。因此,中村不折旧藏相传出于吐鲁番之《妙法莲华经》的年代问题甚至苏州瑞光塔所出刻本佛经的年代问题都还有待于进一步研究。

② (日)藤原继绳、菅野真道、秋筱安人等:《续日本纪》卷三十:"初,天皇八年乱平(惠美押胜之乱),乃发弘愿,令造三重小塔一百万基,高各四寸五分,基径三寸五分。露盘之下,各置根本、慈心、相轮、六度等陀罗尼,至是功毕,分置诸寺,赐供事官已下仕丁已上一百五十七人爵,各有差。"吉川弘文馆,2000年。

此后的雕版印刷实物及文献数量不少,为省篇幅,不一一列举。

除了宗教文献以外,雕版印刷的世俗文献在唐代中后期大量出现。唐元稹在长庆四年十二月十日(公元825年1月5日)所作《白氏长庆集序》中写道:

> ……乐天《秦中吟》《贺雨》《讽谕》等篇,时人罕能知者。然而二十年间禁省观寺、邮候墙壁之上无不书,王公妾妇、牛童马走之口无不道。至于缮写模勒,炫卖于市井,或持之交酒茗者,处处皆是。(自注:杨、越间多作书模,勒乐天及予杂诗,卖于市肆之中也。)

清代著名学者赵翼指出:"'摹勒'即刊刻也,则唐时已开其端欤。"近代学者王国维先生也说:"夫刻石亦可云摹勒,而作书鬻卖,自非雕板不可,则唐之中叶,吾浙已有刊板矣。"

在雕版印刷的文献中,数量最大的应该是百姓日常生活用书。唐太和九年(公元835年)十二月丁丑,东川节度使冯宿奏请禁断印历日版:

> 剑南、两川及淮南道皆以版印历日鬻于市,每岁司天台未奏颁下新历,其印历已满天下,有乖敬授之道,故命禁之。

印历即雕版印刷的历书,是民间百姓日常生活用书,在过去几乎家置一本,且每年更新,社会需求量极大。在中国封建时代,对于农业社会来说,掌握季节的变化对于农业生产来说至关重要,《尚书·尧典》开篇即曰:"乃命羲、和:钦若昊天,历象日月星辰,敬授民时。"因此,制定、颁布历书自古以来就是一项中央政府最重要的权利和职责,民间私自编印历书,既有可能弄错季节时令致误农时,更是对国家权力的冒犯;而对于民间来说,历书除了官方历书所有的季节、时令等内容之外,还会加上其他一些内容,如六甲四柱之类的东西,关乎祭奠祖先神灵、趋吉避凶等,因此虽然国家禁止私造历书,而民间私造历书却屡禁不绝。在印刷术普及之前,仅靠手抄私造历书影响还不大,但当利用印刷技术来大规模复制后,矛盾就突显出来了。因此,冯宿奏请下令不准民间私自雕印历书。唐太和中民间刊印的"版印历日"今日仍有实物流传:《俄藏敦煌文献》新近公布了一件雕版印刷的"具注历",经学者考证,这是唐大和八年(公元834年)的历书,时间就在冯宿请禁民间私自雕印历书前一年,正可与《册府元龟》载冯宿所奏内容相印证。据此推断,至迟到公元834年,四川、淮南等地民间已经用雕版的方式私印日历贩卖了,并且成了一种十分普遍的现象。由于历书社会需求量很大,同时又要求价格便宜,雕版印刷大批量复制、成本低廉的特点正好可以满足需求。根据对敦煌文献的初步清理,现在已经发现并能考证出时间的至少就有唐乾符四年(公元877年)刻印的历书和唐中和二年(公元882年)剑南西川成都樊赏家刻印的历书等等。

除了历书等居家必备之书外,小学、占卜之书也是社会需求量很大的图书,自然也成了雕版印刷对象。唐代柳玭在其《柳氏家训序》中记载说:

> 中和三年癸卯(公元883年)夏,銮舆在蜀之三年也。余为中书舍人,旬休,阅书于重城之东南,其书多阴阳杂记、占梦相宅、九宫五纬之流,又有字书小学,率雕版印纸,浸染不可尽晓。

这段文字说明当时成都书肆中所卖的小学及占卜之书等大多为雕版印刷。

前面已经提到，从唐初开始，随着科举制与学校教育结合，产生了大量与科举有关的文献需求，这也是雕版印刷术得到应用并普及的一个重要原因，但在已经发现的五代以前的雕版印刷品实物中，还没有发现科举类参考书。我们认为，这与科举类参考书的性质有关。一般科举类参考书属于实用书籍，用坏即止，人们不会去刻意加以保护保存，同时因其非所谓"正经"图书，一般也不会被藏书家所收藏，这也是为什么宋代科举类雕版印刷的图书在记载中已经很多，但留传下来的实物并不多的缘故。

需要特别指出的是，无论是有争议还是无争议的雕版印刷实物及相关记载，它们所能证明的只是雕版印刷的时间下限，也只是具有傅斯年先生所说的"或然性"。前面所论，虽仅及古籍记载与今日所见古代印刷品实物，但印刷术产生的实际年代应当远早于此。因为一种技术产生并得到广泛应用，是一个渐进的过程，当其刚刚出现时，一般难以引起人们的重视，只有在大量应用并对人们的生产生活产生影响后才会有人来记述。至于印刷品的实物，未见未必即是未有，所见必晚于未见。因此，我们在探讨雕版印刷术的产生时，只能指出其年代的下限，而很难确指其时间的上限，也没有必要纠结于一条具体记载与一件印刷品实物的发现，而应该从文化史发展的一般规律和特点来认识和思考。

大量的文献和实物资料都已充分证明，至迟到唐初，我国已用雕版印刷术印刷图书，并且其镂板和墨印技术已臻成熟。到唐末时，刻印者主要是来自民间的佛教寺院、道观和书坊，内容主要是佛教和道教经咒、百姓日常生活和生产所用的历书、阴阳杂记、占梦相宅等杂书，以及小学字书和时人诗文集等，而儒家所谓"正经正史"尚未开雕，而昔人所谓雕版始于五代冯道，乃基于儒者心目中"正经正史"才算得上是"正经图书"而言，并不是指雕版印刷术的发明始于冯道。五代时，又出现了官府刻书和学者私家刻书，刻书的内容已发展到了经史子集四部，刻书的范围大大增加了。尤其重要的是，雕版印刷图书范围的扩大，特别是儒家经典，对于一般读书人来说，雕版印刷这时才真正有了意义。所以，五代以后，中国古代雕版印书进入了快速发展和完全成熟的时期。

（选自《中国图书馆学报》2016 年第 2 期）

图书馆学理论道路的迷茫、艰辛与光荣
——中国图书馆学暨《中国图书馆学报》六十年

范并思

0 引言:迟到的起点

近现代意义上的中国图书馆学,由于 1937—1949 年间战争的分割,形成特色迥异的两个阶段。中华人民共和国成立的 1949 年,一般被当成第二个阶段当代图书馆学的起点。1949 年战争结束,建设时期开始,图书馆事业恢复并快速发展,但图书馆事业发展并未直接带动理论的发展。在图书馆学基础理论领域,1949 到 1956 年间,除了杜定友一部科普性的《新图书馆手册》,几乎没有可以让人提及的成果。

1949—1956 年间图书馆学停滞不前的原因在于当时人文社会科学的研究环境。洪范五(洪有丰)的命运也许就是这一时期理论家的真实写照。洪范五是著名的图书馆活动家和理论家,1925 年任中华图书馆协会首届董事部董事,首届董事部 15 名成员中有梁启超等 12 位民国政要或名流,洪先生是其中的 3 名图书馆学家之一。1949 年 4 月,时任国立中央大学图书馆主任的洪先生没有随学校一起撤离,选择留在南京。洪先生成为南京大学图书馆主任,并成为南京文物保管委员会成员,协助新生政权接管文物工作。但不久洪先生等一大批民国时期的知识分子受到怀疑或冲击。1951 年洪先生离开南京进入苏州的华东人民革命大学学习。一年的学习内容已无从可考,从洪先生学习期间留下的数十页交待材料,读得出那一代人的无奈。学习结束后洪先生无法在南京继续工作,1952 年只身调来上海华东师范大学。洪先生的简历中填着副馆长职务,实际上直到 1956 年年初,洪先生一直在管理阅览室。

1956 年,周恩来《关于知识分子问题的报告》发表,洪先生等知识分子终于盼来了重新为国效力的机会。华东师大一位校领导"碰巧"去图书馆,在阅览室惊讶地认出大牌教授洪范五。于是洪先生正式出任副馆长。1956 年 12 月,中国图书馆学会筹备委员会成立,沈祖荣和洪范五这两位首届中华图书馆协会董事部董事重回图书馆学最高舞台,成为筹备委员会成员。无论史学家们如何褒扬 1949—1956 年间的图书馆学,我相信在图书馆学家经受着流放和屈辱的年代,不会有真正的图书馆学。1956 年才是中国当代图书馆学的起点。1956 年,全国图书馆工作会议和全国高等院校图书馆工作会议相继召开,北京大学图书馆学专修科的科学讨论会和南京图书馆第一届(全国)图书馆学科学讨论会相继举办,《人民日报》发表《向科学进军中的图书馆工作》的社论,中国图书馆学会筹备工作启动。因为战争和政权交替中断将近 20 年的中国近现代图书馆学,终于重新启动了。

1957 年创刊的《图书馆学通讯》，即今天的中国图书馆学会会刊《中国图书馆学报》，伴随着当代中国图书馆学前行中的迷茫、艰辛和荣光，走过了整整 60 年。

1　1957—1966：持续的徘徊

1956 年中国图书馆学重新起步后，1957 年开始，图书馆学家们的研究成果通过《图书馆学通讯》《中国科学院图书馆通讯》《图书馆》等为数不多的几种刊物公开发表。几代图书馆学家一起登上理论舞台，学术刊物上初现理论繁荣。老一代图书馆学家杜定友、刘国钧等，文华一代图书馆学家李钟履、钱亚新、皮高品、毛坤等，新海归一代（即 1945 年以后回国的学人）陈鸿舜、孙云畴、关懿娴、邓衍林等，新学人一代（1949 年以后出现的学人）黄宗忠、周文骏、谢灼华、彭斐章等，都是学术舞台上活跃一时的人物。这一时期最好的时间段是 1957 年和 1962 年。这两个时间段的学术论文覆盖了图书馆学的大多数领域。

当时刊物的文章中除了较多的工作研究文章外，通讯类文章占了较大比重。这也是理论起步之初的特征之一。1957 年，《图书馆学通讯》刊出一批介绍联合国教科文组织和世界各国图书馆活动的文章。涉及的国家除了苏联和东欧等"社会主义阵营"国家外，还包括美国（《美试验传真借书办法》）、英国（《略论"英国期刊联合目录"》）、丹麦（《丹麦拍摄"开放的书架"文献影片》）、日本（《日本高等学校图书馆概况》）、印度（《印度图书馆界消息》）、印尼（《印度尼西亚的公共图书馆》）等国。这些文章篇幅虽不长，但在当时环境下实属难得。如张遵俭译自《分类与编目杂志》的《杜威十进分类法第十六版编订情况》一文，介绍了杜威分类法十四版引起的学术争议，以及十六版的编订者转为美国国会图书馆等重要信息，文章对了解国际图书馆分类法的理论进展具有很重要的价值。稍有遗憾的是，1958 年开始，对国外图书馆的介绍又圈定在"社会主义阵营"国家范围了。

这一时期的图书馆学初步呈现理论繁荣，文献中不乏亮点，且一直为后人称道。当时发表的期刊论文中，除了由于特定历史环境导致的批判性文章和时政跟风文章（如向科学进军、"大跃进"类文章）外，有五个领域的研究较为引人注目：图书馆学基础、图书馆史、联合目录、图书分类和古典文献学。这五个领域中，图书馆学史的代表性研究是谢灼华对"古越藏书楼"的研究，古典文献学的代表性研究是王重民对"七略"的研究，这些研究在后人的总结中多次提及，这两个领域也缺乏可比较的国际背景，本文不再赘述。从中国图书馆学史和国际图书馆学进展这两个视角看图书馆学基础、联合目录和图书分类这三个典型领域，1956—1966 年的中国图书馆学，只能说是徘徊不前的 10 年。

1.1　图书馆学基础

图书馆学研究对象的讨论是一个图书馆学基础理论问题，1957 年后刘国钧《什么是图书馆学》引发了不少讨论，使"什么是图书馆学"的研究受到图书馆学史的高度评价。但实际上当时讨论的理论进步十分有限。《什么是图书馆学》提出了"五要素说"，"要素说"产生于 20 世纪 20 年代，刘国钧的贡献是将此前的三要素、四要素扩展为了五要素。这种扩展固然属于理论进步，但并不是突破性、颠覆性的进步。更何况《什么是图书馆学》几乎自发表开始即遭到一轮又一轮的批判，微不足道的理论进步成果惨遭破坏。

从国际图书馆学进展看,战后国际图书馆学基础理论取得极为重要的进展,1952 年谢拉创立"社会认识论",将其作为图书馆学理论基础。1957 年兰德赫尔出版《图书馆的社会功能》,创立图书馆社会学。除了这些属于"图书馆哲学"的基础理论研究外,更为重要的理论进展体现在图书馆职业理念的研究。早在新图书馆运动时期,刘国钧、杜定友、李小缘等人就已经提出图书馆为所有人服务的观点。这些观点在国际上虽然并不领先,但至少跟上了国际潮流。战后国际图书馆界通过公共图书馆社会职能的研究,大大丰富了图书馆职业理念的内涵。1947 年,S. H. Ditzion 的《民主文化的武器库》第一次将公共图书馆的职能与对社会底层人士的人文关怀联系在一起,深刻揭示了公共图书馆与现代民主政治的关系。1949年谢拉的《公共图书馆基础》、加库的《公共图书馆与政治作用》都阐述了公共图书馆与政治民主的关系,这些理论工作突破了芝加哥学派的图书馆哲学的纯理论范式,为联合国教科文组织《公共图书馆宣言》问世奠定了基础。相比同期我国图书馆学基础,图书馆职业理念研究比新图书馆运动时期大步后退,为所有人服务的观点受到批判且无人正面讨论,而公共图书馆与现代民主政治的问题更是无人敢触碰。相比较而言,"什么是图书馆学"的讨论只是在重复 20 世纪 20 年代一个学究式命题,远不能使中国图书馆学基础研究缩小与国际图书馆学的距离。

1.2　联合目录研究

我国图书馆学对联合目录的研究是 1957 年图书馆学的一个亮点。联合目录研究部分属于目录学研究,当年的论文在目录学领域并没有突破性的创新,但《试论联合目录》中对于多种欧美国家联合目录的介绍和讨论,国外资料之翔实,在"文革"前的图书馆学论文中十分罕见。联合目录同时也是文献资源建设的课题,这是当时联合目录研究的事业发展背景。1957 年国务院发布《全国图书协调方案》,成立了北京和上海两个中心图书馆委员会,开始了我国图书馆事业史上第一次大规模的文献资源共享。建立全国图书联合目录是这一工作的任务之一。毛坤和邓衍林等人对于联合目录的研究着眼于文献资源共享,毛坤认为联合目录的功用之一是"便利图书馆间开展馆际互借工作",邓衍林更是直接从《全国图书协调方案》的任务开始讨论联合目录,认为联合目录的意义是"充分发挥图书馆资源和潜力",其功用包括"便利馆际互借和复制工作,发挥全国藏书互通有无的高度利用率和流通量""协调书刊选购,避免不必要的重复"。这些研究工作,无论是研究领域的前沿性还是论文本身的学术水准,都超越了新图书馆运动时期的理论水平。

尽管从我国图书馆学发展史看,联合目录研究有明显的理论进步,甚至可以说是取得了重大理论突破。但放到国际图书馆学背景下考察,我国文献资源共享研究与国外的差距却并未缩小。二战结束后,文献资源共享领域出现的最重要变化是由文献共享走向文献共建共享。文献共建的最重要成果是 1948 年开始执行的美国法明顿计划。这一计划通过联合采购、联合目录和馆际互借,实现了在有限经费的前提下文献的最大保障率。由于当时我国图书馆学研究者无法了解法明顿计划等文献资源共享的最新进展,不能为决策者提供更先进的政策思想,只能听任苏联专家指导《全国图书协调方案》编制。《全国图书协调方案》试图通过图书调拨这种完全依靠行政命令、具有明显"一平二调"的手段,来实现文献资源的优化布局,其理论、思路大大落后于法明顿计划。毛坤等人研究联合目录的理论光芒,可以说被淹没在这一缺陷中。

1.3 图书分类研究

1949 年以后的我国图书分类研究一直为图书馆理论界所称道，中华人民共和国建立后，各地陆续编制新的图书分类法。新的意识形态确立后，图书分类法势必进行调整和修订，理论家们讨论修订的原则也是必然的，如 1951 年杜定友对"根据马列主义，确定分类大纲"的论证。1957 年以后，围绕图书分类的理论与实践，讨论逐渐增多，成为一个理论的热点。张德芳讨论图书分类法的编制原则，涉及的问题包括"图书分类与学术分类""客观原则"和"发展原则"，表现出当时难得的学术理性。有些学者的研究进入图书分类的技术层面，如汪家熔讨论同类书排列问题，分析了著者排列、书名排列和顺序号排列三种排列方式的优劣，主张"根据图书整理工作的科学化、系统化的要求来排列"。毛坤的标题目录研究质疑图书分类法"落后于现实"，杜定友提出了"在一定范围内充分利用字顺排列法，走向新型的分类主题目录"的图书分类法的路向，引发一场关于分类法发展方向的讨论。

张德芳、毛坤、杜定友的上述研究，较我国早年图书分类法研究有所进步。其实，20 世纪 30 年代我国图书分类研究已经有很高的水准，如子远对杜威法与国会法的比较研究，王晓初对杜威法与卡特法的比较研究，胡延钧对冒号分类法的研究。1957—1966 年间我国图书馆学家并未很好继承这些研究，他们对政治性、思想性问题的兴趣远远大于技术性问题。杜定友基于分类技术提出的图书分类法的路向问题，也很快变为政治批判的话题，成为一场理论闹剧。相比战后国际图书馆学，以阮冈纳赞为代表的图书分类学家根据信息获取与组织对于图书分类的新要求，大大发展了图书分类的理论与实践。1952 年出版的《冒号分类法》第 4 版中引入了分面分析、基本范畴等众多新的分类理论。1957 年出版的《图书分类导论》第 2 版是图书分类学史上最著名的理论名著，奠定了现代图书分类学的基本原则和指导思想。这些研究成果，直到"文革"结束后才被刘国钧介绍过来。从国际比较结果看，这一时期我国图书分类法研究与世界的距离没有任何缩小，而是在扩大。

2 1973—1978：艰难的起步

中国图书馆学全面停滞发生于 1966 年，但实际上 1958 年以后学术界频频出现的各种非学术的批判，早已将理论家们学术创新的热情与勇气消磨殆尽。刊登于图书馆学正式刊物上的对知名图书馆学家的点名批判，也是一块块无法抹平的历史伤疤。1964 年《图书馆》（即今天的《中国图书馆学报》）的停刊，更是显现图书馆学界的非学术争斗的巨大破坏力。1966 年"文革"开始，图书馆杂志普遍停刊，图书馆学教育也停顿多年，众多图书馆学家也被迫停止了理论研究。

"文革"造成的图书馆学全面停滞并没有延续到"文革"结束，而是自 1973 年起已经开始艰难起步。以 1972 年北京大学和武汉大学的图书馆学系恢复招生为标志，图书馆学出现复苏起步的迹象。1972 年中美关系改善使图书馆学受益匪浅，全面了解欧美图书馆学成为北京图书馆、中国科学院图书馆、北京大学和武汉大学图书馆学系等图书馆学主要研究单位的重要任务，一些介绍国外图书馆发展趋势的资料逐渐翻译印行，如刘国钧译《MARC 款式详细说明书》。"文革"后期的图书馆学远远谈不上繁荣，但优秀的研究者们已经回归了对于学术的敬重。

计算机应用是当时图书馆发展的重要契机,也是图书馆学重新起步的重要标志。1975年,刘国钧发表《马尔克计划简介——兼论图书馆引进电子计算机问题》,论文首次公开介绍美国国会图书馆 MARC 计划,特别是 MARC 格式,并对我国使用 MARC 和图书馆自动化问题进行了具有前瞻性的讨论。国际图书馆学正式采用计算机技术是在 20 世纪 60 年代后期,标志性成果是 1969 年美国国会图书馆 MARC Ⅱ 研发成功。刘国钧对 MARC 的关注表现出超凡的学术敏锐和学术责任,"表现出开放的视野与伟大的预见"。1975 年刘国钧对 MARC 的关注与研究,从中国图书馆学史的角度看是突破性的研究,从世界图书馆学角度看,则是大大缩小了中国图书馆学与国际图书馆学的时间距离。这一时期主题法研究进展也与计算机应用相关。1974 年国家"汉字信息处理系统工程"即"748 工程"启动。"748 工程"配套项目《汉语主题词表》同年开始编制,部分参与此项目的图书馆学家开始了新的理论工作。1976 年丘峰《主题法与分类法》发表。这篇论文回归检索层面讨论主题法和分类法的技术问题,表现出远超越我国以往图书分类研究的理论水准。

1976 年"文革"结束后,图书馆学并未立即走上正轨。部分学术刊物和学术论文中仍然有许多非学术成分。但代表我国图书馆学最高水准的一批论文却顽强地体现着学者们对于纯粹图书馆学的敬畏,如刘国钧《现代西方主要图书分类法评述》《用电子计算机编制图书目录的几个问题》、刘湘生《谈谈叙词表》等论文。

3 1979—1990:漫长的重建

1978 年年底中共十一届三中全会召开,中国社会管理者的价值取向从阶级斗争转向经济建设。图书馆学终于摆脱了 1949—1978 年间非学术因素的困扰,进入一个全新的理论时代。"文革"前一代图书馆学人敢于否定自己耕耘数十年的理论,"文革"后成长的新一代学人则成为经验图书馆学的最大冲击力。经过十多年的努力,中国图书馆学建成了基本具备现代社会科学特征,并具有与国际图书馆学对话能力的新图书馆学。1979 年复刊的《图书馆学通讯》,成为图书馆学理论重建的最主要见证者和参与者。该刊不但发表了一批激烈抨击经验图书馆学的高水平论文,而且在 1986 年以后的几个中青年学术会议上组织"会中会",直接介入图书馆学重建的理论交锋之中。

图书馆学理论重建持续了整个 20 世纪 80 年代,重建过程大致可以分为三个阶段:经验图书馆学复苏、经验图书馆学批判和新型图书馆学建立。虽然重建过程中有过一些波折或争议,但图书馆学理论重建的趋势从未改变。

3.1 经验图书馆学重建

1978 年年底开始的思想解放运动,使图书馆学家们摆脱了研究中的非学术因素的困扰,图书馆学理论开始重建。重建之初图书馆学理论规模不大,高水平文章不多,但仍有不少亮点。基础理论领域,周文骏的《图书馆工作的传递作用、体系和发展》从情报传递角度探索图书馆工作规律,提出了"传递图书情报是图书情报工作的核心""现代化是图书馆工作发展的必由之路"等新观点,这一观点后来深化为周的"文献交流理论"。应用图书馆学领域,黄俊贵和阎立中关于中文图书著录标准化的研究关注并认同了西方文献著录标准化的理论与实践，他们的研究为我国图书馆计算机应用奠定了基础。杜克关于图书馆网的研究主张借鉴西方图书馆事业网和计算机检索网两个网络建设经验，其中关于图书馆事业网的研究介绍了西方建立图书馆总分馆和流动图书馆的经验，可惜我国的总分馆建设在20多年后才真正走向实践。

1980年定型的教材《图书馆学基础》就是人们重建经验图书馆学的产物。这部教材由北京大学和武汉大学两校图书馆学优秀教师共同编写，清除了以往教材中许多非学术内容，并增加了图书馆现代化等新的内容。但由于当时的图书馆学家们对西方图书馆学了解非常有限，教材没有吸收芝加哥学派对杜威图书馆学的批判与改造成果，将图书馆学理论体系局限于图书馆工作流程或要素。因此，尽管它形式上不同于以往的图书馆学基础教材，但从学术思想渊源及体系结构看，它仍属于经验图书馆学，其理论特征是对图书馆活动的经验描述，而不是对图书馆活动的社会背景或内在机理的更为本质的分析。

受到改革开放早期中国社会普遍存在的乐观心态的影响，经验图书馆学重建被人们寄予太多的期望，给予太多的好评。但从国际图书馆学发展背景看，这一时期的研究并没有太多可以陈述的内容。

3.2　经验图书馆学批判

进入20世纪80年代后，人们不再满足于恢复新图书馆运动时期或"十七年"的图书馆学，而是将视野投向更具现代科学的其他学科，以及芝加哥学派为代表的西方理论图书馆学。1982年前后，人们对于经验图书馆学的不满开始加剧，由此形成一波对于经验图书馆学的批判。恢复高考后入学的一代人逐渐走上图书馆学舞台，也为这种批判带来新的力量。

中国经验图书馆学存在于图书馆学基础与应用图书馆学的各个学科，但对其批判主要发生在图书馆学基础领域。1981年彭修义《关于开展"知识学"的研究的建议》批评大学图书馆学基本理论和基础知识薄弱，概论式课程令人沮丧，培养学生的方式误人子弟。彭修义的文章在《图书馆学研究》等刊物上引起强烈反响，金恩晖认为"图书馆学基础理论至今还没有从知识的总体上，从信息产生与交流的规律上，从这门科学的本质上，概括出（或曰抽象出）具有规律性的原理来"。1982年邱昶、黄昕《论我国新时期的图书馆学研究》严厉批评我国图书馆学研究现状，指出我国图书馆学正处在"危机"和"革命"的交接处。随后沈继武、刘迅《论我国图书馆学的危机及其革命》则将"危机说"进一步系统化。1985年张晓林《应该转变图书馆研究的方向》指出我国图书馆学研究的主要方向和内容一直是"图书馆的组织，工作内容和方法"，这种认识和实践"违背了认识事物的客观规律，严重地束缚了我们的视线和思维，也严重地限制了图书馆研究和图书馆工作本身的发展"。文章发表后，《图书馆学通讯》随即刊载了相应的讨论。主要学术刊物《图书馆学通讯》《图书馆学研究》的高调参与，使经验图书馆学批判达到了高峰。

20世纪80年代中国图书馆人对于经验图书馆学的批判，有些类似于20世纪30年代芝加哥学派对于杜威经验图书馆学的批评。或者说，中国图书馆人终于完成了被长年的战争和政治运动打断了的图书馆学理论进阶过程。稍有遗憾的是，芝加哥学派的理论武器不仅有抽象化思维，还有源于田野研究的实证研究，而当时中国图书馆学仅仅继承了前者。

3.3 新型图书馆学建立

经验图书馆学的批判,导致图书馆学理论价值观和研究方法的变革,一种以现代科学精神为基本导向的新型图书馆学逐步建立起来。新图书馆学的建设是一个漫长的过程,但是在 20 世纪 80 年代中后期,这一过程特别令人注目。20 世纪 80 年代图书馆学科学思想的变革有四个理论特征:从经验描述到科学精神,从微观领域进入宏观领域,从批判式研究到建设式研究,理论格局从一元化走向多元化。在 20 世纪 80 年代图书馆学的进步中,图书馆学基础理论、文献资源建设和情报检索语言这三个研究领域的发展与变革最具有典型性。

在图书馆学基础理论领域,学者们没有停留在对经验图书馆学的批评,或对于学科现状的抱怨,而是在多元化的理论格局中探索新的图书馆学理论基础和理论体系,走上了建设式图书馆学的道路。例如,1985 年宓浩、黄纯元发表《知识交流和交流的科学——关于图书馆学基础理论的建设》,创建知识交流论。知识交流论认为"图书馆活动的本质应该是社会知识交流。在图书馆的知识交流过程中,读者是交流作用的对象,藏书是一种交流的媒介,图书馆员是交流的组织者和中介者,图书馆内部的处理工作则可以理解为以交流为目的的知识整序过程"。宓浩等人还以知识交流论为框架编撰《图书馆学原理》,使知识交流论成为较完备的学说。

检索语言研究领域,图书分类曾是图书馆学中最具有技术含量的领域,但自从思想性问题讨论进入这一领域后,分类技术研究举步维艰。张琪玉等人提出"情报检索语言"取代图书分类,试图使图书分类研究摆脱非技术问题的纠缠,将图书分类理论纳入"以检索效率为中心"的纯技术领域。1984 年《情报检索语言》的出版标志着这一领域的真正形成。从国际图书馆学横向比较看,尽管国外早有检索语言这一名词,但将检索语言作为一个完整的图书馆学分支学科来建设,中国人走的是自己的路。这也是新图书馆运动以来中国图书馆学学科理论创新的首次尝试。

文献资源建设领域,1984 年肖自力撰文首次采用文献资源建设的概念,随后这一概念被理论界普遍认可。1988 年"全国文献资源调查与布局研究"成为国家社科基金重点项目,带动全国文献资源建设研究。1990 年前后,该项目系列报告陆续在《图书馆学通讯》等刊物发表,将这一领域的研究推向高峰。从藏书建设到文献资源建设的发展是经验图书馆学发展到新图书馆学的一个缩影,文献资源建设概念的提出及研究领域的形成对中国图书馆学具有重要的创新意义,在中国图书馆学史上,中国图书馆学家首次用自己的概念创立一个研究领域。

4 1991—2001:迷茫中破局

进入 20 世纪 90 年代,迅猛前行的中国图书馆学似乎步入了十字路口。一方面,图书馆学博士点建立,国家社科基金项目图书馆学面上项目启动,《图书馆学通讯》改名《中国图书馆学报》,学科发展与变革的种种迹象,预示着中国图书馆学登上了新的台阶。另一方面,1992 年邓小平"南方谈话"推动中国社会市场化倾向,图书馆市场化的理论和实践给图书馆公益性原则带来世所罕见的挑战;市场化导致公众对图书馆的需求骤然降温,"经费紧张和知识贬值使公共图书馆的发展跌入低谷"。以刘迅为代表的一批优秀图书馆学家出国、"下海"、转行,20世纪80年代最富有朝气的一代学人几近腰斩。随着世纪之交的临近,图书馆学对自身现状与未来的认识变得更加迷茫。从学科理论史的角度看,这一时期也是中国图书馆学史上最难把握的一个时期。

4.1 清理学科现状

1991—1993年间,理论界希望对20世纪80年代迅速发展与变革的图书馆学进行梳理,以便更好地走向21世纪。1991年秋,于庐山召开的全国基础理论讨论会对20世纪80年代图书馆学基础理论的发展取得了共识:"长期流行的经验描述已渐被摒弃,随之兴起的是逻辑的理性思辨。在构建图书馆学理论体系时,人们不再满足于经验要素的简单堆砌,而是追求一种内在的逻辑联系,促使图书馆学理论体系更趋合理、科学。"次年,刘迅、范并思延续庐山基础理论讨论会的话题,以《世纪之交的思考》为名发表了一组信函,提出了绘制图书馆学的学科地图以避免图书馆学步入各种理论误区的话题,"绘制学科地图即理论界对图书馆学理论的总清理,是世纪性的理论反思"。绘制学科地图也是21世纪国外图书馆学关注的学科建设任务,如2011年美国图书馆学家D. Lankes出版的《新图书馆学地图》。1993年发表的《从经验图书馆学到新型图书馆学》从图书馆学分支学科、理论特征和科学组织三个方面讨论20世纪80年代图书馆学的发展与变革,给"清理学科现状"划上句号。

4.2 关于图书馆未来的对话

1991年中国承办62届IFLA大会的申请获批,经过5年精心筹备,1996年8月,主题为"变革的挑战、图书馆与经济发展"IFLA大会在北京召开。这届IFLA大会及会议前后各种学术交流,使中国图书馆理论界的国际交往变得空前频繁,但真正代表中国图书馆学国际化水平上台阶的学术成果,则是1995—1996年间吴建中《关于图书馆未来的对话》。这组对话包括吴建中与科林·史蒂尔、舒茨、帕特里西娅·沃德、竹内悊、韦伯、瓦拉莫夫、戈曼、盐见升、凯尼格等众多国际图书馆学家及张琪玉、侯汉清等国内图书馆学家的对话,内容涉及图书馆学基础理论(图书馆未来)、公共图书馆服务、图书馆管理、图书馆学教育、图书馆信息化及检索语言等。这组对话表明中国图书馆学家敏锐地关注着国际图书馆学的最前沿,他们看到了"图书馆正经历着一场革命。在这场革命中,图书馆的每一个组成部分都在发生剧烈的变化",并严肃地思考信息技术的迅速发展给图书馆学理论和图书馆服务带来的挑战。这组对话是中国图书馆学与国际图书馆学首次真正意义的大规模对话,它表明中国图书馆学已经走出了国外图书馆学文献译入/译出的底层次交流,是世纪之交的中国图书馆学国际交流登上新台阶的标志。

4.3 网络信息环境和数字图书馆技术

20世纪90年代是网络信息环境迅速变化的年代,对图书馆学研究影响最大的则是数字图书馆的研发热潮。自美国"数字图书馆先导计划"启动后,我国数字图书馆研究从一般介绍到逐渐深入,从关注技术问题到关注数字图书馆涉及的各类问题。如汪冰关注的问题包括"数字图书馆的基本含义;数字图书馆对传统图书馆的影响;数字信息时代的信息识知能力;数字图书馆发展中面临的问题,如技术问题、版权问题、经济压力以及其他非技术因素"。

当然数字图书馆研究对中国图书馆学的意义远不止几篇论文或几个项目。20 世纪 90 年代后期的数字图书馆研发动员了大批图书馆人，包括理论界与实践界、专家与普通馆员、图书馆专业人员与非图书馆专业人员，来研究或关注图书馆的技术进步。在中国图书馆学历史上，对一项"技术"的如此大规模的关注是空前的，它改变了中国图书馆学的基本属性，使得关于技术问题的研究真正成为图书馆学的有机组成部分。

5 2002—2016：新世纪的理论光辉

进入 21 世纪后，中国图书馆学迎来了全新的发展时期。随着中国社会权利意识的苏醒，国家社会管理和文化管理政策逐渐回归公益，国家对于图书馆的管理水平和投入逐年增加。理论领域，新一代图书馆学家逐渐成长与成熟，成为图书馆学研究的中坚力量。实践领域，图书馆管理者对于理论的理解能力和应用能力大幅提升，带动图书馆管理与服务的不断创新。在经历了对国际图书馆学百年追赶，以及追赶过程中长达数十年的停滞与迷茫之后，中国图书馆学终于成为国际图书馆学大家庭中一名名副其实的主要成员。

这一时期的理论研究在以下三个方面令人印象深刻。

5.1 图书馆服务理念的研究、宣传与应用

图书馆服务是专业化的服务，其重要特征就是在管理与服务中秉承这个职业的基本理念。这种职业理念源于公民文化权利，是图书馆行业对社会的基本承诺。在国际上，现代图书馆职业理念对于图书馆人几乎是不言而喻的存在。但在中国图书馆界，无论是新图书馆运动时期还是 20 世纪 80 年代图书馆学重建时期，理论家们都没有真正研究与认识它。这在某种程度上导致了 20 世纪 90 年代图书馆服务理念的扭曲。

2002 年李国新发表《对"图书馆自由"的理论思考》，通过对美国《图书馆权利宣言》和日本《图书馆自由宣言》的系统讨论和背景分析，阐明了"公众自由利用图书馆是一种'权利'"的观点。随后关于图书馆权利的研究逐渐升温，2005 年中国图书馆学会首次"新年峰会"，将此议题作为首个议题，《图书馆建设》开辟了"走向权利时代"的专栏。与图书馆权利研究并进的是公共图书馆精神的研究，2002 年范并思从研究公共图书馆制度的角度讨论了公共图书馆作为一种社会信息保障制度保障公民获取知识或信息的权利的问题，2004 年《公共图书馆精神的时代辩护》更系统阐明了这一观点：公共图书馆是一种社会知识或信息保障的制度，它的存在使公民具备了自由获取知识或信息的权利。

自 2005 年起，在图书馆权利和公共图书馆精神研究的基础上，理论界热烈地讨论现代图书馆服务的理念问题，涉及的问题有普遍服务和平等服务（免费服务）、延伸服务（包括服务体系建设和总分馆服务）、人性化服务、信息公平和信息保障，等等。至 2008 年中国图书馆学会《图书馆服务宣言》发布，宣告"中国图书馆人经过不懈的追求与努力，逐步确立了对社会普遍开放、平等服务、以人为本的基本原则"，现代图书馆服务理念的重建工作基本完成。

21 世纪中国图书馆学家对图书馆服务理念问题的研究，表面上看仅仅是中国图书馆人对国际图书馆学的追赶的继续，是对以往图书馆学理论不足的补课，但实质上这一研究具有

非凡的意义。21 世纪中国图书馆人对于现代图书馆理念的研究,使图书馆权利、信息公平、智识自由等现代图书馆学最为重要的命题成为中国图书馆学的流行话题,使社会政治意义上的公共图书馆研究进入图书馆学研究的主流位置。更重要的是,关于普遍开放、公平服务、免费服务、总分馆服务等领域的研究成果的应用,直接或间接地导致了公共图书馆政策、管理与服务的变革,推动了中国图书馆事业的跨越式发展。

5.2　在图书馆学前沿进行全方位的探索

2000 年前后互联网的发展遭遇"冬天",数字图书馆研发也遭遇瓶颈。但自 2004 年起,信息技术的发展进入新一轮发展时期。Web 2.0、云计算、移动技术、智慧技术(物联网)、大数据,一波又一波的新技术浪潮,为图书馆信息服务的升级发展开辟了新的空间。同时,由于信息技术给图书馆服务带来的持续挑战,图书馆人积极研究与图书馆管理、资源和服务相关的新问题,不断开辟新的理论范畴或领域。在 21 世纪图书馆的服务创新与新技术应用研究中,中国图书馆学不再是跟风追赶者的角色,而是积极参与新领域的理论研究,成为国际图书馆学前沿领域研究的重要成员。

在图书馆新技术应用领域,中国图书馆学紧跟图书馆学最前沿,积极研究元数据、图书馆 2.0(及新一代图书馆集成系统、新型图书馆网络服务)、关联数据、RDA、BibFrame 等图书馆技术前沿,也略有超前地关注着云计算、移动计算、物联网、大数据等影响图书馆信息环境的新技术应用。在新技术应用中,中国图书馆学家不但关注已经应用到图书馆领域,"对现有能力和机制起着增强作用的技术与方法",还"高度关注那些可能对我们所熟悉的能力和机制进行破坏和颠覆的重大趋势"。在图书馆管理与服务领域,中国图书馆学研究了几乎所有国际图书馆学的前沿问题,如图书馆核心价值、图书馆社会包容、信息素养教育、开放获取、图书馆绩效评估、图书馆空间改造(包括创客空间)、图书馆营销、新型阅读服务(以活动化服务为主要特征的阅读服务),等等。

这一时期的理论研究不再是一直跟随国际图书馆进行消化吸收,而是在学习的基础上,逐步产生了一些领先于西方图书馆学的研究成果。如图书馆 2.0 的概念首先产生于西方,但国内《图书馆 2.0:构建新的图书馆服务》比国外学术期刊刊发的首篇同主题论文《图书馆2.0:新一代的图书馆服务》早 8 个月发表,论文质量也优于后者。"阅读推广"一词在西方并非学理化的概念,中国图书馆学界将这一术语作为图书馆新型阅读服务的统称,对其定义、范畴、类型、性质及其他基础理论问题进行研究,《中国图书馆学报》等期刊发表的阅读推广基础理论论文,从理论上对"阅读推广"概念进行梳理和澄清,确立图书馆阅读推广的真正内涵,"提出了图书馆阅读推广理论所应包含的内容和基本的体系架构","构建图书馆阅读推广理论体系"。中国图书馆学会阅读推广人培训教材中也出现了《图书馆阅读推广基础理论》。相比我国图书馆学已经进入图书馆阅读推广的认识问题和价值观问题进行深入系统的研究,至今西方图书馆学对阅读推广的关注还基本停留在案例、调研等经验研究的层面,阅读推广的概念使用混乱,具有理论意义的研究十分难觅。

中国图书馆学全面参与国际图书馆学,还可以从更多方面表现出来。IFLA 官网上中文文档越来越多,文档译出也越来越及时。IFLA、ALA 的年会和各种图书馆专业会议上,中国图书馆专家参会做报告越来越频繁。图书馆营销这样新的领域中,清华大学图书馆和厦门大学图书馆也能积极参与并获得 IFLA 国际营销大奖。

5.3 图书馆学会成为理论研究的直接推动者

图书馆行业组织和期刊对图书馆理论具有非常重要的作用。1876 年美国图书馆协会成立和《图书馆杂志》创刊,使美国图书馆学开始走在世界的前列。我国图书馆的行业组织始建于 1925 年,但其成立没有改变图书馆学自发研究的状况。1956 年我国开始重新筹建中国图书馆学会未果,当时几个重要学术会议是高校的"五四科学讨论会"。1980—1990 年,虽然中国图书馆学会的某些专业委员会也组织过学术活动,但大学图书馆学院系对理论研究的推动更大。如 20 世纪 80 年代的"全国图书馆学中青年理论研讨会",20 世纪 90 年代的"海峡两岸图书馆学教育研讨会",这些影响很大的系列会议,都是在各高校图书馆学院系轮流召开的。

进入 21 世纪后,中国图书馆学会创造了一种与发达国家图书馆协会更为接近的工作模式,通过直接组织学术活动,引领图书馆行业参与理论研究。中国图书馆学会直接组织的学术会议和学术活动,成为 21 世纪图书馆学的强大引擎。2004 年中国图书馆学年会是一个标志性的事件。中国图书馆学会借纪念中国图书馆百年,将会议的主题确定为"百年图书馆精神"。并通过一系列学术报告,使会议成为理论界称之为"重续图书馆精神的历史链条"的会议。此后,图书馆年会一直是国内图书馆界最有影响的学术活动,近年来年会的预告还能登上 IFLA 官网,显示出较强的国际影响力。2005 年开始中国图书馆学会连续组织"新年峰会",会议超前地拟定当年重要学术议题,如图书馆权利、图书馆核心价值、图书馆服务体系建设等问题,都是新年峰会引发的重要理论议题。中国图书馆学会创立的两年一届的青年论坛和百县馆长论坛也是引领中国图书馆学理论的会议,如百县馆长论坛"使得'县级图书馆'这个长期被学术研究忽视的对象由此而引起了关注,为理论研究开拓了一个新的领域"。除会议之外,中国图书馆学会还组织了许多影响深远的活动。如基层图书馆培训"志愿者行动",组织了上百人次的专家教授,连续 5 年在全国各地对基层图书馆管理者宣讲先进的图书馆管理与服务理论,对基层图书馆的发展产生了深远的影响。这次志愿者行动持续时间长、覆盖图书馆范围大、参与者人数多,在国际图书馆界并无先例。中国图书馆学会自 2005 年以来促进阅读推广所采取的一系列行动,是中国图书馆阅读推广理论与实践能够走在国际前沿的重要因素。

6　结语:期待理论输出

国际图书馆学界对于走向 2020 年有着很高的期待,在部分中国图书馆学的论文或报告中,对 2020 年的展望也开始出现。今天的中国图书馆事业已经发展到了一个非常高的水平,国家公共文化服务体系建设导致图书馆的规模急剧扩张,信息技术应用促使图书馆服务能力的提升,新型阅读服务不断创新图书馆的服务形态。与之相对应,21 世纪的中国图书馆学也产生了一批具有国际水准的研究成果,有些成果甚至大大超出国际水平。那么,对于正在走向 2020 年的中国图书馆学,我们将有什么样的期望?

今天的中国图书馆学仍然未能真正走出国门。即使中国图书馆学家在英文学术刊物发文或在国际学术会议发言,一般还是事业调研、技术应用、资源与服务的介绍。今天中国图书馆学的优秀研究成果缺乏走出国门的勇气与自信，因而未能对国际图书馆学输出理论、思想或观念。因此，我期待走向 2020 年的中国图书馆学能够出现更加国际化的理论新人，完善理论输出的机制，使中国图书馆学真正成为国际图书馆学大家庭中有理论担当的成员。

（选自《中国图书馆学报》2017 年第 1 期）

《中华人民共和国公共图书馆法》的历史贡献

李国新

　　制定并实施专门法律,依法保障图书馆事业发展,是中国图书馆人的百年期盼和呼唤。早在 20 世纪初,当近代图书馆在中国刚刚兴起的时候,国内就出现过一次围绕图书馆法制建设的研究和实践。20 世纪 80 年代初,与改革开放同步,当代图书馆法治研究开始兴起。2001 年春,《中华人民共和国图书馆法》的制定工作正式启动,遗憾的是,这次立法工作到 2004 年 6 月陷于停顿。2008 年年底,图书馆立法工作重新启动,根据现实情况与急需程度,重新启动的立法工作决定先行制定《中华人民共和国公共图书馆法》(以下简称《公共图书馆法》)。经过近十年的艰苦努力,2017 年 11 月 4 日,十二届全国人大常委会第三十次会议表决通过了《公共图书馆法》,将于 2018 年 1 月 1 日起正式施行。在中国特色社会主义跨入新时代的历史时刻,党的十九大之后首部文化立法归于《公共图书馆法》,彰显了公共图书馆事业在中国特色社会主义文化中的重要地位,体现了公共图书馆在新时代满足人民日益增长的美好生活需要的重要作用,《公共图书馆法》历史性地成为我国历经百余年的公共图书馆事业跨入新时代的标志。

1　形成有中国特色的公共图书馆法律界定

　　什么是公共图书馆?自从 150 多年前近代意义的公共图书馆在西方问世以来,从联合国教科文组织到国际图联再到世界各国的公共图书馆立法以及多如牛毛的图书馆学教科书有许多种解释,较为通行的说法是公共图书馆应具备"三要素":向所有人开放,经费来源于税收,设立和运营有法律依据。我国的《公共图书馆法》第一次做出了既体现国际一般规律又具有中国特色的法律界定(第二条)。所谓体现国际一般规律,表现在遵从了公共图书馆向所有人开放的原则;规定了公共图书馆的核心任务是收集、整理、保存文献信息并提供查询、借阅服务。所谓具有中国特色,主要标志一是明确宣示了"免费开放",体现了对公众基本阅读权益的彻底保障,体现了公共图书馆服务以人民为中心的思想;二是突出强调了"社会教育"功能,拓展了公共图书馆的服务范围,强化了公共图书馆以形式多样的社会教育方式提高公民素质的职能,根本改变了公共图书馆只是"借书还书"阵地的传统观念;三是明确了"公共文化设施"的属性,这是与《中华人民共和国公共文化服务保障法》(以下简称《公共文化服务保障法》)的紧密衔接,本质上是规定了政府对公共图书馆的规划、建设、运行、服务、管理、保障承担最终责任;四是不限定设置主体,政府承担设置公共图书馆的责任,同时鼓励公民、法人和其他组织自筹资金设置公共图书馆,国家给予政策扶持,体现了政府、市场、社会共同促进公共图书馆事业发展的新思路。

从总体上看,法律对公共图书馆的界定,明确了基本性质,明确了主要功能,明确了免费开放,为全社会理解和认识公共图书馆,为各级政府设置和保障公共图书馆,提供了基本遵循。

2　指引我国公共图书馆事业发展方向

中国特色社会主义进入新时代,意味着中国特色社会主义道路、理论、制度、文化不断发展,意味着统筹推进"五位一体"总体布局和"四个全面"战略布局,意味着更好地推动人的全面发展、社会全面进步。《公共图书馆法》开宗明义昭示立法宗旨是传承人类文明、保障公民基本文化权益、提高公民科学文化素质和社会文明程度(第一条);明确了公共图书馆是我国公共文化服务体系的重要组成部分,本质功能是传承发展中华优秀传统文化、弘扬革命文化、发展社会主义先进文化(第三条);将业界在21世纪以来大力倡导的平等、开放、共享的现代图书馆理念提升为公共图书馆服务的法定原则(第三十三条)。什么是公共图书馆事业的中国特色,中国特色公共图书馆事业在新时代朝什么方向前进,坚守什么发展原则和服务理念,承担什么历史重任,法律做出了明确指引。

3　呼应新时代社会主要矛盾转化的历史要求

党的十九大做出重大历史判断:中国特色社会主义进入新时代,我国社会主要矛盾已经转化为人民日益增长的美好生活需要和不平衡不充分的发展之间的矛盾。满足人民日益增长的美好生活需要,必须提供丰富的精神文化食粮,必须着力解决好文化需求保障不平衡不充分的问题。《公共图书馆法》从几个层面做出规定,呼应了我国社会主要矛盾转化对公共图书馆事业提出的新要求。在解决发展不平衡方面,法律明确了国家扶持革命老区、民族地区、边疆地区和贫困地区公共图书馆事业发展的基本原则(第七条),明确了促进公共图书馆服务向城乡基层延伸的重点任务(第三十一条),明确了公共图书馆服务强化对未成年人、老年人、残疾人等特殊群体的人文关怀(第三十四条),为解决公共图书馆服务城乡、区域、人群发展不平衡指明了方向。在解决发展不充分方面,《公共图书馆法》把县以上人民政府设立、保障、监管公共图书馆的责任上升为法律责任,要求各级政府加大对公共图书馆事业的投入(第四条),加强固定馆舍和流动服务设施、自助服务设施建设,形成覆盖城乡、便捷实用的公共图书馆服务网络(第十三条),同时鼓励社会力量设立公共图书馆,调动社会力量参与公共图书馆建设和服务(第四条、第四十五条);要求各级公共图书馆践行平等、开放、共享的服务原则,通过免费提供基本服务、建立健全数字化网络化服务体系和配送体系、改善服务条件、建立反馈机制、加强公共图书馆与其他类型图书馆的交流与合作、开展联合服务、支持其他类型图书馆向社会公众开放等措施(第三十三条、第四十条、第四十二条、第四十八条),让人民群众享有更加充分的公共图书馆服务。

4 明确政府设立、保障公共图书馆的责任

《公共图书馆法》主要从三个方面明确了政府设立和保障公共图书馆的法律责任。

4.1 设施建设

设施是服务的阵地,设施网络是服务体系的基础。《公共图书馆法》规定县级以上人民政府应当设立公共图书馆(第十四条)。法律所谓的"应当",就是"必须",这一规定接轨了国际上通行的公共图书馆"必置制"——政府必须设立公共图书馆。政府设立公共图书馆的依据是什么? 法律提出了人口数量、人口分布、环境和交通条件四大主要依据(第十三条),体现了以人为本、以需求为出发点和落脚点的理念,目的是营造良好环境条件,增强公众的可及性,让公共图书馆真正发挥作用;针对的是有的公共图书馆建在远离人群密集、人口聚居或环境恶劣、交通不便的区域,造成闲置浪费的现象。明确了依据,还有一个怎么建的问题。《公共图书馆法》规定县级以上人民政府因地制宜,统筹考量,合理确定公共图书馆的数量、规模、结构和分布(第十三条)。数量说的是建多少,一级政府、一个城市建一个公共图书馆,解决不了平衡发展、惠及全民的问题;规模说的是建多大,公共图书馆不是越大越好,当然也不是越小越好,规模要和服务人口、资源存量、未来发展相适应;结构说的是规模、类型等要素的科学匹配,如规模上大中小型的科学匹配,形态上固定馆舍、流动设施、自助设施的科学匹配,功能上综合性馆与主题性馆的科学匹配等;布局说的是建在哪儿,选址要真正落实以人口数量和分布为依据,设施网络要具有覆盖区域内所有人口的能力。合理确定数量、规模、结构和分布,必然要求设施建设是固定馆舍、流动设施、自助服务设施相互结合、相辅相成,目标是形成覆盖城乡、便捷实用的公共图书馆设施网络。明确将流动服务设施、自助服务设施列为公共图书馆设施类型,是《公共图书馆法》的一大亮点,改变了传统的一说设施就是"盖房子"的观念,体现了对设施理解和认识的与时俱进,也体现了法律对实践成果的确认和对发展趋势的引导。

4.2 法定条件

公共图书馆承担着保障公民基本阅读需求、开展社会教育的功能,必须具备与履行功能相适应的基本条件,这也是公共图书馆发挥效能的基本前提。国际图联/联合国教科文组织《公共图书馆服务发展指南》(2001 年)提出,公共图书馆的馆藏通常以人均 1.5—2.5 册图书为标准;在总藏量的基础上,还提出了一个资源"采购率"的概念:服务 10 万人的正规图书馆,中等藏书量为 20 万册,年采购率为 2 万册。日本图书馆协会在 20 世纪 90 年代初提出过一个基层公共图书馆馆舍、资源和人员配置标准,要求最低藏书量应达到 5 万册,五年以内的新书占 80% ,年更新率不低于总藏量的 1/8 到 1/7,馆舍面积不小于 800 平方米,工作人员不少于 3 人。这些都是对公共图书馆履行职能、发挥作用应具备的基本条件的要求。长期以来,我国缺乏对公共图书馆基本条件的明确、系统规定,导致基层出现了一些缺乏基本服务保障条件、无法履行基本服务职能的"空心图书馆"。《公共图书馆法》第一次明确规定了设立公共图书馆应具备的基本条件,这是《公共图书馆法》的一个重要突破。

法律规定设立公共图书馆应具备的六大条件是：①有章程；②有固定的馆址；③有与其功能相适应的馆舍面积、阅览座席、文献信息和设施设备；④有与其功能、馆藏规模相适应的工作人员；⑤有必要的办馆资金和稳定的运行经费来源；⑥有安全保障设施、制度及应急预案（第十五条）。要求有章程，是与建立健全公共图书馆法人治理结构相适应，体现的是公共图书馆要建立现代治理结构，实行现代治理方式，这是对新时代公共图书馆的新要求。有关馆址、馆舍面积、阅览座席、文献信息资源、设施设备以及运行经费的要求，法律提出了基本原则，现行有效的《公共图书馆建设用地指标》（建标〔2008〕74 号）、《公共图书馆建设标准》（建标 108—2008），以及公共图书馆评估定级标准中有具体的量化指标。为设立公共图书馆规定明确了基本条件，而且使这些条件法律化，体现了我们对什么样的公共图书馆才能真正发挥作用的理解和认识有了质的飞跃，也与全面建成小康社会、人民群众追求美好生活所需要的公共图书馆建设相适应，必将对我国公共图书馆进一步提高质量、提升品质发挥积极的促进作用。

4.3　经费和人员

《公共图书馆法》在总则中对政府的经费保障责任做出了原则规定：县级以上人民政府应当加大对政府设立的公共图书馆的投入，将所需经费列入财政预算，并及时、足额拨付（第四条）。加大、及时、足额，是法律规范政府经费投入的三个关键词。加大的依据和标准是什么？联系《公共文化服务保障法》的有关规定可以具体化。《公共文化服务保障法》规定，各级政府安排公共文化服务所需资金的依据是"事权和支出责任"，事权责任通过制定并公布基本公共文化服务标准或目录实现清单化、公开化、法定化，依据事权责任测算所需经费，就形成了支出责任，这是衡量经费保障是否到位的基本标准。及时，强调的是预算经费到位的时效性，针对的是基层不时可见的预算经费拨付拖延、影响服务正常开展的现象。足额，首先是预算经费项目齐全，覆盖与公共图书馆提供服务相关的各方面、全链条，防止"有了马没有草料"，即防止项目不健全的现象发生；其次是预算经费足额保障，防止出现预算打折扣的现象。

政府对公共图书馆工作人员的保障责任，法律从两个方面做出了规定。一是提出了确定工作人员数量的原则依据。政府配备公共图书馆工作人员数量的依据，主要考虑服务功能、馆藏规模、馆舍面积、服务范围、服务人口五要素，为各级政府科学合理地确定工作人员数量提供了指引。目前，我国缺乏约束性较强的公共图书馆工作人员数量指标，可参考的只有作为推荐性国家标准的《公共图书馆服务规范》（GB/T 28220—2011），其中规定公共图书馆工作人员数量为每服务人口 10 000—25 000 人应配备 1 名工作人员。二是提出了对工作人员专业性的要求。国际上有所谓"现代图书馆必须在专业职务制度基础上运营"的说法，《公共图书馆法》规定，公共图书馆的馆长不仅应具备相应的文化水平和管理能力，还应该具备专业知识；一般工作人员应当具备相应的专业知识和技能；同时明确公共图书馆的专业技术人员可以按照国家有关规定评定专业技术职称。《公共图书馆法》在强化工作人员专业性方面，向前推进了一步。

5　创新公共图书馆体制机制

创新体制机制,是构建现代公共文化服务体系的重要任务。文化立法与文化体制机制改革重大政策相衔接,让所有重要改革都于法有据,是党中央、国务院的明确要求。《公共图书馆法》紧密结合我国公共图书馆事业改革发展的实际,将建立县域总分馆体系和法人治理结构、完善考核评价机制纳入了法制轨道。

5.1　建立县域总分馆体系

建立区域性总分馆体系是国际范围内较为通行的公共图书馆组织体系。我国的公共图书馆在十多年前就开始了立足中国现实、借鉴国际经验的总分馆建设探索实践。2006 年 9月发布的《国家"十一五"时期文化发展规划纲要》,第一次明确提出县(市)图书馆逐步实行总分馆制,形成统一采购、统一编目的图书配送体系,充分发挥县图书馆对乡镇、村图书室的辐射作用。2015 年年初,中共中央办公厅、国务院办公厅印发《关于加快构建现代公共文化服务体系的意见》,进一步要求以县级文化馆、图书馆为中心推进总分馆制建设,实现农村、城市社区公共文化服务资源整合和互联互通。2016 年 12 月,文化部等国务院五部门印发《关于推进县级文化馆图书馆总分馆制建设的指导意见》(文公共发〔2016〕38 号),对新时期公共图书馆总分馆制建设提出了新的目标任务,同时也标志着我国的总分馆制建设由图书馆辐射到了文化馆。

总分馆制的核心要义是让分散、独立的图书馆形成一个组织体系,从本质上说是图书馆管理体制和运行机制的变革。《公共图书馆法》总结提炼长期实践形成的成功经验、以往政策性文件中行之有效的基本规范,确立了有中国特色的公共图书馆总分馆法律制度(第三十一条)。这一制度的要点是:①公共图书馆总分馆体系的基本地域单元是县域,这是综合考虑我国地域特点、现行行政财政体制、城乡一体化现实要求等因素而做出的选择。②公共图书馆总分馆体系的建设主体是县级人民政府,明确了总分馆建设是政府行为而不是职业行为,彰显了总分馆制是体制变革的特点。③县级图书馆作为总分馆体系中总馆的功能体现,主要是加强对分馆和基层服务点的业务指导。④乡镇(街道)综合文化站、村(社区)图书室等,是总分馆体系中的分馆或基层服务点。所谓"等",旨在强调分馆或基层服务点不限于文化系统内的乡镇(街道)、村(社区)图书室,同时鼓励具备条件的学校、科研机构、企业等的图书馆(室)、职工书屋、文化室、符合条件且具有资质的上网服务场所,根据自身职能特点、在自愿原则下成为分馆或基层服务点。另外,乡镇(街道)综合文化站或村(社区)图书室都可以作为分馆或基层服务点,打破了单纯按照行政层级部署分馆和基层服务点的格局。⑤与组织体系变革相适应,公共图书馆总分馆体系应完善数字化、网络化服务体系,完善资源和服务配送体系,体现总分馆鲜明的时代特色。以《公共图书馆法》的规定为标志,因地制宜建立符合当地特点的县域公共图书馆总分馆体系,成为县级人民政府主导公共图书馆事业发展的一项法定任务,形成了法律化的公共图书馆总分馆建设的中国方案。

5.2 推动建立健全法人治理结构

推动公共图书馆、博物馆、文化馆、科技馆等公共文化机构建立法人治理结构，是党的十八届三中全会提出的深化文化体制机制改革的重点任务。之后，中共中央办公厅、国务院办公厅《关于加快构建现代公共文化服务体系的意见》和《公共文化服务保障法》对此都做出了相应规定。《公共图书馆法》承接上述顶层设计，明确规定国家推动公共图书馆建立健全法人治理结构，吸收有关方面代表、专业人士和社会公众参与管理（第二十三条），为推动公共图书馆建立健全法人治理结构提供了法律依据。

法人治理结构是由利益相关方共同参与治理的组织架构和运行机制。公共图书馆建立法人治理结构的主要任务，一是建立健全理事会决策的机制；二是建立管理层自主履行日常管理职责、对理事会负责的机制；三是制定机构章程，实现管理、运行"章程化"。法律所说的吸收有关方面代表、专业人士和社会公众参与管理，就是由利益相关方共同参与治理的理事会机制，目的在于通过利益相关方的共同参与，形成多元共治格局，确保公共利益圆满实现；推动政府转变职能，实现政事分开、管办分离；强化公共图书馆的法人自主权，激发发展活力；根本目的是促进公共图书馆管理水平和服务质量与效能的提高，从而更好地履行公共图书馆的社会职责。建立健全法人治理结构，是新时代公共图书馆管理体制和运行机制的深刻变革，是与新时代国家治理体系和治理能力现代化总目标相适应的改革。

2017年9月，经中央全面深化改革领导小组第37次会议通过，中宣部、文化部等七部门联合印发《关于深入推进公共文化机构法人治理结构改革的实施方案》（以下简称《实施方案》），提出了公共文化机构建立法人治理结构的总体要求、基本原则、主要内容、配套措施和组织实施，对于试点过程中公共文化机构普遍关切的问题，如理事会的性质、相关方职责、机构章程的主要内容、党组织在理事会中的地位，以及人事管理自主权、收入分配自主权等关联制度改革，都给出了明确的、可操作的指导。《实施方案》是下一步公共图书馆依法建立健全法人治理结构的施工蓝图和行动指南。

5.3 完善考核评价机制

政府促进公共图书馆发展的重要手段之一，是加强对公共图书馆管理、运行和服务的考核评价。长期以来，我国各级政府对公共图书馆的考核评价，更多地是体制内自上而下的行政性考核评价，或是兄弟单位之间的"友情评价"，同时，考核评价结果与激励机制的关联性不大，因此，考核评价的引领、激励、鞭策作用发挥不够充分。《公共图书馆法》针对存在问题，进一步改革和完善了考核评价机制，主要体现在以下四个方面（第四十七条）。一是明确国务院文化主管部门和省级人民政府制定公共图书馆服务规范，形成国家和省域相对统一的考核评价公共图书馆服务质量和水平的基本依据，体现政府依法行政、依规考核的思路。二是考核评价吸收社会公众参与，打破了传统的考核评价只是在体制内循环的格局，落实了《公共文化服务保障法》确立的公众参与公共文化服务考核评价的制度，体现了公共文化服务以人民为中心、以百姓的需求为出发点和落脚点的思想。三是考核评价的结果向社会公开。结果公开，一方面有利于对公共图书馆的激励和鞭策，另一方面有利于社会公众对公共图书馆服务的了解和监督，同时也是社会公众对政府实施考核评价过程、结果的监督，体现了《公共文化服务保障法》倡导的政府阳光施政、信息公开的理念。四是考核评价的结果作为政府给予公共图书馆补贴或奖励的依据。把考核评价与补贴奖励挂钩,这是针对以往考核评价与激励机制关联性不大的改革,是《公共图书馆法》的一个重要突破。可以相信,随着这一规定的全面落实,政府通过考核评价手段促进公共图书馆事业发展的作用会充分释放。

6 促进公共图书馆服务与现代科技融合发展

我国公共图书馆领域在广泛采用现代信息技术和传播技术建设数字图书馆、积极探索依托互联网和技术进步推动服务手段与服务方式创新等方面,走在了全国公共文化服务领域的前列,也创造出了一些具有国际影响的成功做法和经验。《公共图书馆法》站在新时代起点,面对以互联网为代表的现代信息技术和传播技术的飞速发展,对公共图书馆的数字化、网络化建设任务与发展方向给予了高度关注,做出了明确指引。

6.1 国家的责任

法律在总则中明确,国家鼓励和支持发挥科技在公共图书馆建设、管理和服务中的作用(第八条)。发挥科技作用的具体体现,主要是推动现代信息技术和传播技术在公共图书馆服务中的运用,目的是提高公共图书馆的服务水平,包括设施设备水平、资源载体水平、服务手段水平、文献传播水平,以及服务效能水平等全方位、全要素、全链条的水平,体现现代科技对公共图书馆服务的全面支撑和促进。

《公共图书馆法》以专门条款规定了国家在数字化、网络化建设上的责任(第四十条)。国家的责任也就是各级政府的责任,主要体现在三个方面:一是构建标准统一、互联互通的公共图书馆数字服务网络。在今天,公共图书馆必须有数字服务网络;数字服务网络不能是"平台孤岛",必须做到各级公共图书馆互联互通,全国"一盘棋""一张网";互联互通的前提是标准统一,因此构建标准体系、促进异构系统间数据交换格式和互操作接口的标准化是国家的责任。二是支持数字阅读产品的开发和数字资源保存技术的研究。数字阅读产品包括以数字化方式呈现的阅读资源和支持数字化方式阅读的阅读载体。第十四次全国国民阅读调查报告的数据显示,2016年我国成年国民综合阅读率为79.9%,其中数字化阅读方式接触率达到68.2%,连续8年保持上升势头。数字化阅读成为越来越多的人们日常阅读的主要方式,因此开发出更为丰富多彩的数字阅读资源、更方便实用的数字阅读载体,才能满足人民群众多样化的阅读需求。数字资源长期保存是伴随着公共图书馆文献信息载体构成变化而出现的新问题。近年来,我国公共图书馆收藏和提供利用的数字资源迅速增加。2015年,全国公共图书馆新增数字资源购置费比上年增长84.17%,新增数字资源购置费占新增藏量购置费的比例比上年增长58.98%,2016年这两项指标又在2015年的基础上分别增长了16.66%和6.43%。自然灾害、法律纠纷、系统灾难性故障、载体换代、财务危机、采购合同制约等因素,都给数字资源的长期保存和永续利用带来了威胁。在信息社会,数字资源长期保存事关民族记忆传承和国家文化安全,因此,加强对数字资源长期保存技术的研究,建设公共图书馆数字资源长期保存系统,是国家义不容辞的责任。三是推动公共图书馆利用数字化、网络化技术提供服务。所谓"推动",包括政策引导、条件保障、考核评价等多种措施和手段。

6.2 公共图书馆的责任

公共图书馆在数字化、网络化建设方面的责任（第四十条），法律首先强调了加强数字资源建设，这是因为公共图书馆数字化服务"内容为王"，数字资源是支撑服务开展的根本；同时强调了配备相应的设施设备，这是开展数字化服务的基础，各级政府对公共图书馆的保障应包括开展数字服务所需设施设备的配置。法律还特别强调了公共图书馆应建立线上线下相结合的文献信息共享平台。打造公共文化服务云平台，支持线上线下相结合的服务提供与活动开展，是近年来我国公共数字文化网络服务平台建设的创新，在扩大服务范围、吸引公众参与、有效对接需求、提高服务效能等方面已经产生了明显的效果，如服务和活动的网上预约、网上"抢票"、网络直播，设施的网络定位、网络导航，利用互联网对传统资源采购方式、文献借阅方式的改造等，目的是为公众提供更为便捷、优质的服务。《公共图书馆法》以法律的力量引导了公共图书馆数字服务平台建设的方向。

《公共图书馆法》还对总分馆建设和古籍保护的数字化问题给予了特别关注。关于总分馆体系建设，法律明确要求县级人民政府要完善支撑县域总分馆服务的数字化、网络化服务体系和配送体系，通过互联网服务和依托互联网的资源配送体系，促进公共图书馆服务向城乡基层延伸（第三十一条）。关于公共图书馆的古籍保护，法律明确了可以采用数字化手段进行整理、出版和研究利用（第四十一条）。

6.3 网络环境下的读者个人信息保护

公共图书馆是一个掌握着大量读者个人信息的公共服务机构，数字化服务、网络化管理运行，给读者个人信息保护带来了新的挑战。《公共图书馆法》是在我国第一次明确提出了保护读者个人信息的法律规范（第四十三条）。依照法律规定，公共图书馆承担保护义务的读者信息有三类：一是个人信息，指公共图书馆在业务活动中获得的能够确定特定读者的信息，如特定读者的姓名、性别、工作单位、家庭住址、个人电话和邮件地址等。二是借阅信息，指公共图书馆在业务活动中获得的特定读者利用公共图书馆文献资源的信息，亦即特定读者在公共图书馆的借阅记录。三是其他可能涉及读者隐私的信息，指公共图书馆通过业务活动获得的读者个人信息、借阅信息之外的其他有可能涉及个人隐私的信息。所谓隐私信息，按照一般的理解，是指与公共利益或群体利益无关的、当事人不愿意公开而这种不愿意被认为是合理的个人信息。与公共图书馆服务有关的可能涉及读者隐私的信息，国际上一般界定为读者个人的服务网络登录信息、读者的图书馆资料复制或下载信息、依据读者个人借阅信息分析阅读偏好或工作计划的信息、读者利用公共图书馆的频度信息等。法律规定的公共图书馆保护读者个人信息的方式，一是不得出售，二是不得以出售以外的其他任何方式非法向他人提供。法律所说的"他人"，包括了公共图书馆以外的任何团体、组织和个人；法律所说的"提供"，包括向特定第三方提供和向不特定人群披露；强调"非法"，意即符合现行法律规定的"向他人提供"不在禁止之列。在我国，2002 年由中国图书馆学会发布的《中国图书馆员职业道德准则（试行）》就提出了"维护读者权益，保守读者秘密"的职业理念，被认为是改革开放以来中国图书馆界思想解放的重要成果，是图书馆服务观念的一个重要突破。《公共图书馆法》将保护读者个人信息由服务理念上升为法律规定，与国际图书馆界的通行做法相接轨，是我国在互联网环境下不断强化和完善个人信息保护的缩影。

7　引导和鼓励社会力量参与

我国的公共文化服务体系建设长期坚持政府主导、社会力量参与的原则。近十多年来,我们对社会力量参与的理解和认识在不断深化。党的十八届三中全会把引入竞争机制、推动公共文化服务社会化发展作为构建现代公共文化服务体系的重要任务,中共中央办公厅、国务院办公厅《关于加快构建现代公共文化服务体系的意见》把社会力量参与提升到增强公共文化服务发展动力的高度。《公共图书馆法》在总结实践经验的基础上,将一些行之有效、发展成熟的引导和鼓励社会力量参与的政策措施上升为法律制度。

7.1　基本方针

法律将引导和鼓励社会力量参与确立为我国公共图书馆事业发展的基本方针。总则中明确了引导和鼓励的两大重点任务,一是国家鼓励公民、法人和其他组织自筹资金设立公共图书馆,二是县级以上人民政府积极调动社会力量参与公共图书馆建设(第四条)。《公共文化服务保障法》总结长期以来的实践经验,将社会力量参与公共文化服务的方式概括为兴办实体、资助项目、赞助活动、提供设施、捐赠产品等,这些方式也是县级以上人民政府调动社会力量参与公共图书馆建设的主要方式。对于社会力量参与公共图书馆建设的引导和鼓励方式,法律规定按照国家有关规定给予政策扶持。目前,国家规定的政策扶持主要体现在三个方面:一是支持各类文化企业参与提供公共文化服务的政策,如项目补贴、定向资助、贷款贴息等;二是政府向社会力量购买公共文化服务的政策;三是捐赠财产用于公共文化服务依法享受税收优惠的政策。

7.2　政府向社会力量购买公共图书馆服务制度

中共中央办公厅、国务院办公厅《关于加快构建现代公共文化服务体系的意见》明确要求建立健全政府向社会力量购买公共文化服务的机制,《公共文化服务保障法》将政府购买公共文化服务上升为法律制度,《公共图书馆法》具体化为国家采取政府购买服务等措施,对公民、法人和其他组织设立的公共图书馆提供服务给予扶持(第四十五条)。这一制度明确了政府通过购买服务等方式扶持的对象,是社会力量设立的公共图书馆;购买的具体内容在2015年5月文化部等部门公布的《政府向社会力量购买公共文化服务指导性目录》已有规定,与公共图书馆服务有关的内容主要包括:公益性数字文化产品的制作与传播,全民阅读活动的组织与承办,公益性文化艺术培训和讲座的组织与承办,文化遗产保护、传承与展示,公共图书馆(室)、农家书屋等的运营和管理,公共电子阅览室、数字农家书屋等公共数字文化设施的运营和管理,民办图书馆面向社会提供的免费或低收费服务等。

7.3　公共图书馆捐赠者冠名制度

《公共图书馆法》建立了公共图书馆捐赠者冠名制度(第二十条)。捐赠者冠名纪念,是对公益捐助的一种褒扬方式,也是对社会力量参与的一种鼓励方式,我国的公益事业捐赠法、慈善法都有相关规定。《公共图书馆法》首次在我国建立了面向公共图书馆捐赠的冠名纪念制度。该项制度包括三大要素：第一，不论是政府设立的还是社会力量设立的公共图书馆，都可以以捐赠者的姓名、名称命名文献信息专藏或专题活动。第二，公民、法人和其他组织等社会力量设立的公共图书馆，还可以以捐赠者的姓名、名称命名馆名，或者是命名部分馆舍以及其他设施。所谓其他设施，指馆舍以外的其他设施设备、文献资源等。第三，捐赠者冠名应遵守法律、行政法规的规定，符合国家利益和社会公共利益，遵循公序良俗。捐赠者冠名制度，既把捐赠者冠名纳入了法制轨道，又拓展了鼓励社会力量参与的方式和渠道。

8 明确国家图书馆的性质功能

8.1 国家图书馆兼具公共图书馆功能

按照国际标准化组织颁布的统计标准，图书馆分为国家图书馆、公共图书馆、高等教育机构图书馆、学校图书馆（指中小学）、专业图书馆，据此，国家图书馆并不等同于公共图书馆。但是，我国的国家图书馆有特殊性。首先是长期以来，我国国家图书馆一直承担着全国公共图书馆行业"龙头"的职能，在引领、推动、援助公共图书馆发展上发挥了重要作用；其次，由于我国的公共图书馆资源相对短缺，国家图书馆事实上一直在承担着面向公众提供服务的公共图书馆职能。在制定《公共图书馆法》的过程中，对于如何处理我国国家图书馆和公共图书馆的关系，经过了长期反复的研讨。《公共图书馆法》立足我国实际，充分考虑国际经验，明确了围绕国家图书馆的三大问题（第二十二条）。首先，明确了国家图书馆的设置主体是"国家"。具体来说，中央政府代表国家设立国家图书馆。其次，明确了国家图书馆的主要职能，包括国家文献信息战略保存、国家书目和联合目录编制、为国家立法和决策服务、组织全国古籍保护工作、开展图书馆发展研究和国际交流、为其他图书馆提供业务指导和技术支持等。所谓国家文献信息战略保存，强调的是国家图书馆的馆藏具有完整保存民族记忆、全面支撑国家经济社会发展、维护国家文化安全的战略意义，是国家文献信息总库。组织全国古籍保护工作，是国家图书馆具有中国特色的功能。我国有三千年的文字史，传世古籍数量堪称世界之最，《中国古籍总目》著录的传世古籍已达20万种。保存好、利用好传世古籍，事关中华优秀传统文化传承和民族精神弘扬。《公共图书馆法》在总结我国古籍保护工作经验的基础上，明确国家图书馆承担"组织"全国古籍保护工作的职能，为我国古籍保护工作实现全国"一盘棋"的统筹规划、摸清家底、分类指导、妥善保护、永续利用奠定了法律基础。再次，明确国家图书馆具有公共图书馆的功能。这是我国第一次从法律层面对国家图书馆承担公共图书馆的功能做出规定。这一规定既明确了国家图书馆开展面向社会公众的服务是法定任务，又为国家图书馆充分发挥全国公共图书馆行业"龙头"作用提供了法律依据。

8.2 出版单位出版物交存制度

《公共图书馆法》确立的一项与国家图书馆关系密切的制度，是出版单位出版物交存制度，国际上称为出版物呈缴制度。出版单位向法定机构交存出版物，目的一般认为有二：一是完整保存国家文化遗产，二是为公民利用文献信息提供基础资源，所以，出版物交存制度是实现国家文献信息战略保存的重要方式。目前，世界上已经有100多个国家和地区确立了出版物呈缴制度，也有不少国家为出版物缴送专门立法。我国早在20世纪50年代初就通过政府规章的形式建立了征集图书、期刊"样本"的办法。国务院 2001 年颁布、2016 年修订的《出版管理条例》规定,出版单位应当按照国家有关规定向国家图书馆、中国版本图书馆和国务院出版行政主管部门免费送交样本。20 世纪 90 年代末以来,深圳、内蒙古、湖北、北京、河南、上海、浙江等地的地方性公共图书馆立法中,也都包括了对出版物样本送交的规定。《公共图书馆法》总结我国以往出版物样本送交的经验和问题,形成了相应的法律制度(第二十六条),要素有三:出版单位履行向法定公共图书馆交存出版物的法律义务;"交存"的含义是免费提交保存;法定交存的对象是国家图书馆和出版单位所在地省级公共图书馆。其中,把交存对象扩展到出版单位所在地省级公共图书馆是一大突破,主要是出于国家文献信息战略备份、战略保存、文化安全的考虑。与以往的同类规定相比,这一制度最突出的特点,是建立了出版单位向法定公共图书馆单一交存出版物的体制,为改变长期存在的"多头送交"造成的执行不力、资源浪费现象奠定了基础,使出版物交存回归了本来目的。

《公共图书馆法》构筑起了我国公共图书馆管理、运行、服务的基本制度体系,开启了新时代我国公共图书馆事业发展的新篇章。但是,天下之事,不难于立法而难于法之必行。法律的全面有效落实,急需一系列支撑顶层制度设计的实施细则、配套规章,这是目前一项新的紧迫任务,同时,需要强有力的法律实施监督检查,确保有法必依、执法必严、违法必究。

(选自《中国图书馆学报》2017 年第 6 期)